U0637175

清华政治学书系

研究成果之一

《政策民主·第一部·马克思主义的理论基础》

研究成果之二

《政策民主·第二部·西方政治学的理论基础》

研究成果之三

《政策民主·第三部·理论体系的构建》

研究成果之四

《政策民主·第四部·改革开放以来的中国实践》

"清华政治学书系"导言

　　由清华大学政治学系和清华大学治理技术研究中心共同推出的"清华政治学书系"丛书,经过几年的努力,终于与读者见面了。

　　"清华政治学书系"是以清华大学政治学系和清华大学治理技术研究中心为研究平台的国内学者的研究著作、研究报告、论文集等的综合集成,重点涉及四方面的研究成果。一是政治学理论的研究,尤其是当前政治学界重点关注的民主理论、治理理论、法治理论等方面的研究成果。二是治理技术的研究,重点是以治理技术的视角开展的多维度的民主治理、多层治理、有效治理、转型治理、危机治理等方面的研究所产出的成果。三是中国政治发展的研究,从理论和实践层面对中国内地以及港澳台的政治发展进行综合性比较研究的报告、论文或学术专著。四是公共政策研究,既包括宏观政策背景和政策走向的综合性研究成果,也包括具体政策的案例分析和量化研究等系列性的研究成果。出版"清华政治学书系"的目的,是为中国的政治学界提供新的理论视野,以积极姿态促进中国政治学的良性发展。

　　"清华政治学书系"2017年11月首批推出的是史卫民教授所著的以"政策民主"为书名的三部著作。第一部重点阐释的是"政策民主"的马克思主义理论基础,不仅系统整理了马克思主义经典作家对政策与民主关系的看法,亦对巴黎公社、苏维埃、计划经济、民主集中制和改革开放五种政策民主的理论范式作了全面的说明。第二部重点阐释的是"政策民主"的西方政治学的理论基础,系统整理了非马克思主义的西方政治学者对政策与民主关系的看法,并对直接民主、意见表达、代议制民主等十四种政策民主的理论范式作了全面的说明。第三部是"政策民主"理论体系的构建,不仅对"政策民主"的概念给出了明确的定义,还就"政策民主"理论所涉及的权力、权利、价值、社会、信息、参与、法治、制度、程序、文化等范畴涉及的问题，作出了具体的解释，并概要性地说明了"政策民主"与其他民主的关联和区别。现在又推出的是以"政策民主"为书名的第四部著作，重点阐释的是中国改革开放以来"政策民主"实践的发展情况，从实践层面对"政策民主"理论作进一步的验证。

"清华政治学书系"的出版，得到了香港新范式基金会的支持和赞助，在此特别表示衷心的感谢。

关注中国问题、发展中国政治学，是"清华政治学书系"的基本宗旨。对于本丛书所推出的各种著述，欢迎学界同仁和广大读者提出批评意见。

张小劲

2017 年 12 月 15 日

目　录

前言 ……………………………………………………………（1）

第一章　"政策纠错"的基础性作用
　　（1976 年 10 月—1982 年 8 月） ………………………（3）
　一　确立实事求是的政策评价标准 ……………………（3）
　　（一）政策评价与"真理标准讨论" …………………（3）
　　（二）"大民主"不利于政策选择 ……………………（9）
　　（三）以实践标准检视以往的政策错误 ………………（13）
　二　恢复高等学校招生考试的政策选择 ………………（16）
　　（一）"教育革命"与工农兵学员 ……………………（16）
　　（二）一年内召开两次高等学校招生工作会议 ………（17）
　　（三）高度民主与高度集中的政策纠错路径 …………（20）
　三　终止知识青年上山下乡政策 ………………………（23）
　　（一）影响千家万户的知识青年上山下乡运动 ………（23）
　　（二）面对多重压力的政策讨论 ………………………（25）
　　（三）第二次全国知青工作会议的决策 ………………（27）
　　（四）回城风波与政策再调整 …………………………（29）
　　（五）对知识青年上山下乡政策的检视 ………………（31）
　四　回归根本和基本政治制度 …………………………（34）
　　（一）制度层面的"拨乱反正"和民主
　　　　　制度化、法律化的要求 …………………………（34）
　　（二）扩大直接选举的范围 ……………………………（37）
　　（三）恢复"民主集中制"的决策方式 ………………（39）

五　保障农民权利的政策举措 …………………………………… (41)
　　（一）"农业学大寨"引出的政策质疑 ………………………… (42)
　　（二）"包产到组"和"包产到户"的试点 ………………… (43)
　　（三）家庭联产承包责任制的政策选择 ………………… (45)
　　（四）农村政策纠错中的五个"突破" ………………… (49)
六　确定政策发展方向 …………………………………………… (51)
　　（一）"现代化"方向 ………………………………………… (51)
　　（二）"开放"方向 …………………………………………… (52)
　　（三）"先富"方向 …………………………………………… (54)
　　（四）"市场经济"方向 ……………………………………… (54)
　　（五）"调整"方向 …………………………………………… (55)
　　（六）"民主"方向 …………………………………………… (58)
　　（七）以"纠错"为基础的"政策民主" ………………… (59)

第二章　改革开放与政策放开（1982 年 9 月—1987 年 9 月）…… (66)
一　确定改革开放的政策路线 ………………………………… (66)
　　（一）作为"总政策"的改革开放政策 ………………… (66)
　　（二）先农村后城市的政策步骤 ………………………… (69)
　　（三）"渐进式"发展的政策要求 ……………………… (71)
二　"放至全民"的宪法讨论 ………………………………… (72)
　　（一）为政策奠定法制基础 ……………………………… (72)
　　（二）全民参与的宪法讨论 ……………………………… (73)
三　"放权"启动的国有企业改革 …………………………… (75)
　　（一）控制政策权力的要求 ……………………………… (75)
　　（二）"简政放权"的国有企业改革政策 ……………… (76)
　　（三）国有企业改革带来的权力关系变化 …………… (79)
四　"放两年再看"的私营企业政策 ………………………… (80)
　　（一）"大碗茶"的出现 …………………………………… (80)
　　（二）"傻子瓜子"风波 …………………………………… (81)
　　（三）慎重对待私营企业的政策态度 ………………… (84)
五　"全面放宽"的农村政策 ………………………………… (86)
　　（一）农村政策聚焦点的变化 ………………………… (86)

（二）放宽农村政策的具体措施 …………………………（88）

（三）"放开"和支持乡镇企业发展 …………………（91）

（四）"撤社建乡"的制度性安排 …………………（94）

（五）政策放宽带来的多样性机会 …………………（97）

六　"放开物价"的"价格双轨制" ……………………（99）

（一）价格体制改革的政策选择 …………………（100）

（二）应对物价上涨和"抢购风" …………………（102）

（三）"放开市场"的经济体制改革 …………………（105）

七　建立新的政策机制 ………………………………（106）

（一）为政策破除"制度性障碍" …………………（106）

（二）引入新的政策机制 …………………………（109）

（三）营造宽松政策环境的"政策民主" …………（111）

第三章　发展中求稳定（1987年10月—1992年9月） ……（116）

一　发展是硬道理 ……………………………………（116）

（一）坚持改革开放政策路线 ……………………（116）

（二）注重经济快速增长 …………………………（118）

（三）支持发展的重要条件 ………………………（120）

二　抑制物价过快上涨 ………………………………（120）

（一）以副食补贴的方法应对物价上涨 …………（121）

（二）"物价闯关"引起的波动 …………………（123）

（三）降低通货膨胀率和理顺物价关系 …………（124）

（四）发挥政策工具的作用 ………………………（126）

三　调整企业政策和产业政策 ………………………（128）

（一）搞活国有企业 ………………………………（128）

（二）对乡镇企业的整顿 …………………………（131）

（三）支持私营企业发展 …………………………（133）

（四）产业结构的调整 ……………………………（134）

（五）注重企业发展动力 …………………………（136）

四　深化农村改革 ……………………………………（137）

（一）发展高质农业 ………………………………（137）

（二）改革农产品流通体制 ………………………（139）

（三）发展农业社会化服务体系 ……………………（141）

（四）启动村民自治 ………………………………（142）

（五）对"徘徊"状态的政策解读 ………………（145）

五　扩大对外开放 ……………………………………（146）

（一）国际大循环与沿海发展战略 ………………（146）

（二）海南建省与开放 ……………………………（148）

（三）上海浦东开发 ………………………………（151）

（四）内陆与沿边开放 ……………………………（151）

（五）调整外贸政策 ………………………………（152）

（六）注重开放政策所要求的四个"结合" ……（154）

六　服务于发展的科技政策 …………………………（155）

（一）推行"火炬"计划 …………………………（155）

（二）确定科技发展战略目标 ……………………（157）

（三）科技体制改革的要求 ………………………（158）

七　关注民生政策 ……………………………………（160）

（一）实施"菜篮子工程" ………………………（160）

（二）住房制度改革 ………………………………（162）

（三）由"输血式"扶贫转向"开发式"扶贫 ……（163）

（四）重视回应与分配的"民主政策" …………（165）

八　决策科学化、民主化 ……………………………（168）

（一）坚持政治体制改革 …………………………（168）

（二）注重民主决策和集体决策 …………………（171）

（三）完善人民代表大会的民主讨论和民主表决

机制 …………………………………………（174）

（四）政治协商为决策科学化、民主化提供重要

保证 …………………………………………（176）

（五）鼓励群众的政策参与 ………………………（178）

（六）支持"发展"的"政策民主" ……………（179）

第四章　走向市场经济（1992 年 10 月—1997 年 8 月） ………（183）

一　市场经济的基本政策要求 ………………………（183）

（一）对社会主义市场经济的基本认识 …………（183）

（二）按市场经济要求确定的政策目标 …………………（186）

（三）注意市场与民主的关系 …………………………（187）

二 宏观调控初露锋芒 …………………………………（193）

（一）宏观调控的着重点 ………………………………（193）

（二）经济增长速度的调控 ……………………………（194）

（三）物价上涨的调控 …………………………………（196）

（四）财政收支的调控 …………………………………（198）

（五）对外贸易的调控 …………………………………（200）

（六）宏观调控中的"政策学习" ……………………（201）

三 企业的市场化改革 …………………………………（203）

（一）建立现代企业制度的国企改革目标 ……………（203）

（二）国企改革的六项举措 ……………………………（205）

（三）规范乡镇企业发展 ………………………………（207）

（四）制定产业政策的规范性程序 ……………………（209）

（五）"渐进式"的企业改革要求 ……………………（211）

四 重视三农问题 ………………………………………（212）

（一）三农政策制定程序化 ……………………………（212）

（二）发展大农业 ………………………………………（213）

（三）农民减负与增收 …………………………………（217）

（四）推动农村基层民主发展 …………………………（220）

（五）"目标导向"的政策利弊 ………………………（223）

五 教育发展与科技进步 ………………………………（223）

（一）教育发展的政策目标 ……………………………（224）

（二）实施科教兴国战略 ………………………………（227）

（三）教育政策与科技政策的民主要求 ………………（229）

六 着手建立社会保障体系 ……………………………（231）

（一）"八七"扶贫攻坚 ………………………………（231）

（二）建立城市居民最低生活保障制度 ………………（233）

（三）改革企业职工养老制度 …………………………（235）

（四）推进城镇住房改革 ………………………………（236）

（五）关注产品质量 ……………………………………（238）

（六）加强生态环境保护 ………………………………（240）

（七）建立新型的社会关系 ……………………（242）
七 机构改革与依法决策 ………………………（243）
  （一）转变政府职能的机构改革 ………………（243）
  （二）建立公务员制度 …………………………（244）
  （三）依法决策与民主决策的要求 ……………（246）
  （四）与"市场化"结合的"政策民主" …………（247）

第五章 适应经济全球化（1997年9月—2002年10月） ………（252）
一 保持经济较快增长 …………………………（252）
  （一）应对东南亚金融危机 ……………………（252）
  （二）发挥宏观调控的作用 ……………………（255）
  （三）经济全球化与贸易自由化 ………………（257）
  （四）中国加入世界贸易组织对国内政策的影响 ……（259）
二 国企改革攻坚 ………………………………（261）
  （一）国企三年脱困的政策思路 ………………（261）
  （二）国企改革的政策效果 ……………………（264）
  （三）国企职工下岗的政策要求 ………………（265）
  （四）实施再就业工程 …………………………（267）
  （五）强化失业保险和养老保险的作用 ………（269）
  （六）减轻就业压力的其他政策措施 …………（271）
  （七）对国企改革政策的基本评价 ……………（273）
三 "攻关"的三大政策 …………………………（274）
  （一）城市"低保"全覆盖 ……………………（275）
  （二）基本实现"两基"目标 …………………（277）
  （三）扶贫取得决定性进展 ……………………（280）
  （四）三大"攻关"政策的民主要素 …………（283）
四 面对全球化挑战的三农政策 ………………（284）
  （一）两本书揭示的三农问题 …………………（285）
  （二）土地政策的发展 …………………………（288）
  （三）农业结构战略性调整 ……………………（292）
  （四）农村税费改革试点 ………………………（295）
  （五）启动乡镇改革 ……………………………（299）

　　（六）　走向制度化的村民自治 ……………………………（302）

　五　环境保护与西部大开发 ……………………………………（305）

　　（一）　退耕还林还草试点 …………………………………（305）

　　（二）　生态环境保护纲要和环保计划 ……………………（308）

　　（三）　打造"节水型"社会 ………………………………（310）

　　（四）　注重"洪水管理" …………………………………（312）

　　（五）　"西部大开发"的政策设想 ………………………（314）

　　（六）　环境保护中的不当与正当政策行为 ………………（315）

　六　行政改革与政府创新 ………………………………………（318）

　　（一）　力度最大的政府机构改革 …………………………（318）

　　（二）　依法行政的要求 ……………………………………（320）

　　（三）　行政审批制度改革 …………………………………（322）

　　（四）　实施价格决策听证 …………………………………（324）

　　（五）　地方政府创新 ………………………………………（326）

　　（六）　推动政策过程开放的要素 …………………………（327）

　七　决策民主与政策参与 ………………………………………（329）

　　（一）　决策民主的新要求 …………………………………（329）

　　（二）　人大制度创新 ………………………………………（331）

　　（三）　开展城市社区建设 …………………………………（333）

　　（四）　增强政策开放性的"政策民主" …………………（336）

第六章　营造政策保障体系（2002 年 11 月—2007 年 9 月）……（341）

　一　危机处理保障 ………………………………………………（341）

　　（一）　抗击非典型肺炎的政策过程 ………………………（341）

　　（二）　积极应对禽流感 ……………………………………（344）

　　（三）　建立四级应急响应体系 ……………………………（346）

　　（四）　危机管理政策模式的形成 …………………………（348）

　二　反哺三农保障 ………………………………………………（350）

　　（一）　取消农业税的税费改革 ……………………………（350）

　　（二）　发放三项补贴 ………………………………………（352）

　　（三）　保证粮食安全的政策措施 …………………………（354）

　　（四）　建立农村最低生活保障制度 ………………………（355）

（五）保障农民工权益 ……………………………………（358）

（六）推进新农村建设 ……………………………………（360）

（七）"反哺"三农的政策效果 …………………………（365）

三　经济发展保障 …………………………………………（367）

（一）维持经济快速增长 …………………………………（367）

（二）调整人民币汇率 ……………………………………（373）

（三）四大区域经济协调发展 ……………………………（375）

（四）外国人眼中的"北京共识" ………………………（376）

四　基本安全保障 …………………………………………（378）

（一）食品安全的政策选择 ………………………………（378）

（二）药品安全的政策措施 ………………………………（382）

（三）饮水安全的基本保障 ………………………………（385）

（四）安全生产事故的处理和防范 ………………………（387）

（五）公民人身安全保障 …………………………………（390）

（六）安全保障中的民主要素 ……………………………（391）

五　资源与环境保障 ………………………………………（394）

（一）解决"电荒"问题的政策要求 ……………………（394）

（二）开启石油战略储备 …………………………………（397）

（三）鼓励公众参与的环境保护政策 ……………………（399）

（四）"节约型社会"的政策选择 ………………………（402）

（五）注重资源与环境保护的五种政策机制 ……………（404）

六　收入分配保障 …………………………………………（406）

（一）落实最低工资标准 …………………………………（406）

（二）提高城市最低生活保障标准 ………………………（407）

（三）国家机关、事业单位工资改革 ……………………（408）

（四）城市收入水平的快速提高 …………………………（410）

七　公共服务保障 …………………………………………（411）

（一）行政许可法与公务员法的颁布 ……………………（411）

（二）"服务型政府"取向的改革要求 …………………（413）

（三）农村综合改革试点 …………………………………（415）

（四）政务公开的新要求 …………………………………（418）

（五）行政服务中心的普及 ………………………………（421）

（六）建立公共服务新机制 …………………………………（422）

八 和谐社会的民主保障 …………………………………………（423）

（一）提高执政能力的政策要求 …………………………（423）

（二）构建社会主义和谐社会的民主要求 ………………（426）

（三）党内民主的新发展 …………………………………（427）

（四）更高层级的国家机关领导人员选举改革试点 ……（429）

（五）"参与式预算" 改革试点 …………………………（430）

（六）行政机关民主决策的程序性规定 …………………（435）

（七）提供基本保障的 "政策民主" ……………………（437）

第七章 应对国际金融危机（2007 年 10 月—2012 年 9 月）……（443）

一 着力于中国经济稳定增长 …………………………………（443）

（一）"保八" 和 "保七" 的努力 ……………………（443）

（二）抑制 CPI 上涨趋势 …………………………………（447）

（三）低位运行的股市 ……………………………………（449）

（四）中国经济结构战略性调整 …………………………（450）

（五）中国经济政策成功的要素 …………………………（455）

二 化解金融危机压力的三农政策 ……………………………（458）

（一）及时调整三农政策的侧重点 ………………………（458）

（二）以增加投入和补贴保证粮食丰收 …………………（460）

（三）提高农产品收购价格和减轻农民负担 ……………（461）

（四）解决农民工 "倒流" 问题 ………………………（464）

（五）维系农村发展动力 …………………………………（466）

三 以危机管理政策模式应对自然灾害和公共安全事件 ……（469）

（一）南方低温雨雪冰冻灾害的救灾过程 ………………（469）

（二）汶川大地震灾害的紧急救援过程 …………………（470）

（三）处理 "三鹿奶粉事件" …………………………（474）

（四）应对甲型 H1N1 流感 ………………………………（476）

（五）危机管理政策的经验积累 …………………………（477）

四 减轻社会压力的民生政策 …………………………………（479）

（一）提高标准的开发式扶贫政策 ………………………（479）

（二）注重 "应保尽保" 的城乡 "低保" 政策 ………（481）

（三）城乡合一的社会养老保险政策 ……………………（483）

（四）实施更积极的就业政策 ………………………………（485）

（五）建立城市住房保障体系 ………………………………（488）

（六）覆盖学前到研究生教育的国家助学政策 …………（489）

（七）提高收入和消费水平的收入分配政策 ……………（492）

（八）注重民生政策的降压作用 …………………………（495）

五　医疗体制改革引入的新政策模式 …………………………（497）

（一）来自香港医疗融资制度改革的启示 ………………（497）

（二）中国医疗体制改革的政策议程调整 ………………（498）

（三）由七套改革方案到九套改革方案 …………………（499）

（四）新医改方案的讨论与征求意见 ……………………（503）

（五）政策决定与政策内容 …………………………………（505）

（六）外来政策模式与中国典型政策模式的结合 ………（508）

六　"决策民主"的实践发展 ……………………………………（509）

（一）国家立法中的公开征求意见 ………………………（509）

（二）个人所得税起征点的争论 …………………………（512）

（三）地方人大的"开门立法"和"公开议事" …………（516）

（四）地方政府的开放式决策 ………………………………（518）

（五）限制决策权力的改革试点 …………………………（522）

（六）民主决策的程序化要求 ………………………………（524）

七　"政策执行民主"的实践发展 ………………………………（526）

（一）政策执行的民主要求和程序规定 …………………（526）

（二）依法行政的创新做法 …………………………………（528）

（三）"政社互动"的改革试点 ……………………………（533）

（四）"网络舆情"对政策执行的影响 …………………（538）

（五）地方"维稳"的政策模式 …………………………（540）

八　深化政治体制改革的政策选择 ……………………………（543）

（一）维系中国政策发展的重要理念 ……………………（543）

（二）"大部制"改革的政策取向 ………………………（548）

（三）实施党政领导干部问责制 …………………………（551）

（四）政策信息公开的规范性程序 ………………………（552）

（五）认同与压力体现的政策支持 ………………………（554）

（六）走向制度化的"政策民主" ……………………（555）

第八章　推动民主理论发展的政策民主实践 ………………（561）
　　一　人民民主理论与政策民主实践 ……………………（561）
　　　　（一）人民民主概念的提出和发展 ………………（561）
　　　　（二）人民民主权力观在政策领域的体现 ………（565）
　　　　（三）政策民主对人民民主权利观的发展 ………（569）
　　　　（四）政策参与体现的人民民主参与观 …………（572）
　　　　（五）人民民主价值观的政策化特征 ……………（576）
　　　　（六）人民民主社会观与政策的联系 ……………（577）
　　　　（七）人民民主法治观与"政策法治化"的实践 ……（580）
　　　　（八）人民民主制度观带来的政策制度化发展 …………（582）
　　　　（九）人民民主文化观的政策文化要求 …………（585）
　　　　（十）人民民主政治发展观与"政策主导"的政治
　　　　　　　发展范式 …………………………………（586）
　　二　使发展政策民主成为自觉行为 ……………………（588）
　　　　（一）政策民主实践发端的重要条件 ……………（588）
　　　　（二）政策民主实践的基本经验 …………………（589）
　　　　（三）政策民主实践面临的主要问题 ……………（591）
　　三　中国民主的系统性发展 ……………………………（593）
　　　　（一）发展多种形态的民主 ………………………（593）
　　　　（二）需要系统化的中国民主 ……………………（596）
　　　　（三）民主系统的支持性条件 ……………………（597）

参考书目 ……………………………………………………（599）

前　言

在中国的现代化进程中，政治发展扮演了重要的角色。通过对改革开放以来中国政治发展的全景式研究，尤其是对影响中国政治发展的经济、制度、民主、法治、政治文化、公民社会、社会冲突、国际影响、政策、发展方式十个主要因素的分析，可以看出尽管经济、制度、民主、法治、政治文化、公民社会、社会冲突、国际影响等因素在中国政治发展中都起了重要的作用，但这些因素都不是主导中国政治发展的根本性因素，真正主导或决定中国政治发展的应该是政策因素。政策因素极大地影响、主导甚至制约着其他因素的发展，并形成了"政策主导型的渐进式改革"的政治发展范式。① 换言之，在国家的现代化进程中，政治发展范式可以有多种选择，对政治发展范式本身也可以有不同的解释。在多种可能被选择的政治发展范式中，改革开放以来，中国真正选择的应是"政策主导"的政治发展范式。②

恰是因为"政策"在中国政治发展中扮演着极为重要的角色，作为政治学的学者，就不能不关注一个重大的理论问题：在"政策"与"民主"之间，能否形成紧密的关系？如果"政策"与"民主"能够结合在一起，进而影响国家的政治发展方向，那么中国的"政策主导"政治发展范式（"政策主导型的渐进式改革"的政治发展范式），就可能具有鲜明的民主特征，并最终成为一种被更多人理解和支持的政治发展范式。

为此，我们需要引入一个重要的概念，这个概念就是"政策民主"。在 2011 年出版的著作中，我们已经开始使用这一概念，着重于解释在中

---

① 见史卫民《"政策主导型"的渐进式改革——改革开放以来中国政治发展的因素分析》，中国社会科学出版社 2011 年 10 月版。

② 见史卫民、张小兵《中国政治发展范式的选择》，中国社会科学出版社 2013 年 10 月版。

国的政治发展状态下，"选举民主"与"政策民主"各有什么样的发展空间，并对"政策民主"给出了一个简单定义，即"政策民主是以政策民主化及公民参与政策过程为代表的民主"。① 2013 年，我们又对"政策民主"概念作了新的解释，强调"政策民主"是一种程序性的民主，要求以民主的方式改变封闭的政策过程，使公共政策能够获得更好的民意基础；此外，我们还讨论了"政策民主"与"选举民主"、"协商民主"、"人民民主"、"党内民主"、"网络民主"的关系问题，并对"政策民主"如何推动中国的政治体制改革作了总体性的说明。②

　　"政策民主"确实是一个新的概念，因为无论是在马克思主义学说还是在西方政治学的发展中，还没有人使用这样的概念，只出现过"决策民主"、"民主决策"、"民主政策"等与之相近的概念。"政策民主"要成为一个严谨并且通用的学术概念，并用之于实践，必须回答三个彼此相关的问题。第一个问题是如果将"政策民主"视为一种理论，它是有其自身的理论渊源，还是"无源之水"，直接由作者自己"构想"出来的；换言之，将"政策"与"民主"联系在一起，是否有过先例，甚至出现过一些具有代表性意义的理论解释范式。第二个问题是"政策民主"更准确的定义是什么，它将涉及哪些领域的问题，尤其是在规范性意义上，"政策民主"能否成为民主理论中的一种系统性的理论表述。第三个问题是与民主有关的概念不是太少，而是已经太多，那么为什么还要提出"政策民主"的概念，它的理论意义何在，实践意义何在，它与其他民主概念的区别何在。要回答这些问题，显然既需要进行更深入的理论研究，也需要对实践经验等进行更全面的梳理。

　　我们已经用"政策民主"的前三部书在理论层面对这三个问题作出了回答。第一部书阐释了"政策民主"的马克思主义理论基础；第二部书阐释了西方政治学为"政策民主"提供的理论基础；第三部书以前两部书为依据，不仅对"政策民主"作了最简洁定义，即政策民主就是用民主的方式制定和执行符合民主要求的公共政策，还构建了"政策民主"的理论体系。本部书则是以"政策民主"的理论视角，对 1976—2012 年

---

　　① 史卫民：《"政策主导型"的渐进式改革——改革开放以来中国政治发展的因素分析》，第 644—645 页。

　　② 史卫民、张小兵：《中国政治发展范式的选择》，第 177—192 页。

中国的"政策民主"实践发展作一个总体性的说明。

作为一个新的民主概念，"政策民主"强调的是政策和民主的并重关系，既需要代表"过程"的"政策的民主"（或可称为"民主的政策过程"），也需要代表"结果"的"民主的政策"（或可称为"符合民主精神的政策"、"民主政策"等）。"政策民主"的这两个重要维度，是分析"政策民主"实践发展必须密切关注的问题，并且需要强调"政策民主"理论为分析中国的实践发展提供了十个重要的视角，也可以说是十个要素，这些要素在不同的时间可能有不同的表现和作用。

第一个是"权力"要素，强调"政策民主"是控制权力尤其是控制政策权力的一种重要手段。

第二个是"权利"要素，强调"政策民主"是保障公民权利（包括"支配权利"和"应得权利"）的一种重要方式。

第三个是"社会"要素，强调"政策民主"要求与之相应的社会基础，尤其是"民主社会"的基础。

第四个是"信息"要素，强调基于信息公开和交流的"政策沟通"或"政策联系"，是实现"政策民主"的重要保障条件。

第五个是"参与"要素，强调"政策民主"要求多种政策参与方式的结合，因为选举式参与、表决式参与、表达式参与、组织式参与和行动式参与，都对构成"民主的政策过程"有重要的推动作用。

第六个是"法治"要素，强调"政策民主"不仅有明确的宪政和法治化要求，还高度重视"政策合法化"问题。

第七个是"制度"要素，不仅强调"政策民主"以代议制、官僚制、政党制和行政管理制度等为重要的制度基础，还强调应使"政策民主"达到制度化的标准。

第八个是"程序"要素，强调在决策、政策执行、政策监督、政策评估等不同的政策行为中，以"政策民主"作为核心要素，能够提出程序化的要求，使整个政策过程更具有民主而不是专制或专断的特征。

第九个是"价值"要素，强调"政策民主"具有明确的价值取向，这样的价值取向，既涉及公共性、公平、公正等诉求，也涉及利益、幸福、公共服务等公民的基本诉求。

第十个是"文化"要素，强调在"政策民主"的形态下，可以产生与之相应的"政策文化"。

　　为全面反映"政策民主"实践的发展历程，本书采用了历史叙事的方式，以中国共产党历次全国代表大会所涵盖的时间区分"政策民主"实践发展的不同时段，因为每一次代表大会的领导人员更动，都会为"政策民主"实践带来一些不同的内容。也就是说，本书大致上是一部1976—2012年的中国政策发展"简史"，但重点不在于具体政策的深度解释，而是选择一些对"政策民主"实践具有代表性意义的政策案例，描绘出"政策民主"实践发展的基本图景。

　　对改革开放以来的"政策民主"实践作"全景式"的描述，就是要强调"政策民主"是中国人基于实践作出的重要选择，并要将这样的民主选择坚持下去。中国已经走在发展"政策民主"的路途上，只是多数人还未意识到这样的走向。我们所进行的研究，不过是为了使更多的人看清这样的走向，并给予理解和支持，因为"民主"毕竟会涉及所有的公民，而"不民主"也会影响到所有的公民。

第四部

改革开放以来的中国实践

第一章　"政策纠错"的基础性作用
（1976年10月—1982年8月）

1976 年 10 月至 1977 年 7 月的中国共产党"十大"后期，以及 1977 年 8 月至 1982 年 8 月的中国共产党"十一大"时期，要解决的重大问题是中国的政策是否需要改变以及能否改变，在理论和实践层面都需要对这样的问题作出回答。

一　确立实事求是的政策评价标准

1977 年 8 月 12 日至 8 月 18 日召开的中国共产党第十一次全国代表大会，正式宣布了"文化大革命"的结束，但是在政策层面需要尽快作出选择，是继续延续"文化大革命"的政策，还是承认"文化大革命"曾有重大的政策失误，应该加以纠正。由此首先需要解决的是政策评价的标准问题，即用什么样的标准来评价"文化大革命"的政策，因为在政策评价标准上没有基本共识，会出现政策认知方面的重大分歧，并会导致截然不同的政策立场和政策行为。中央决策层之所以启动针对真理标准以及政策评价标准的讨论，就是因为这样的讨论将直接影响政策的走向。

（一）政策评价与"真理标准讨论"

对政策尤其是重大政策进行评估或者评价，既可以采用一些具体的标准，如评估政策本身是否具有公平性、正义性的"价值标准"，评估政策过程是否民主、是否符合民意的"过程标准"，以及评估政策能否达到预期效果、能否符合效率要求的"结果标准"；也可以采用宏观的标准，即全面评估重大政策的功过是非以及对国家发展前途的影响。"文化大革命"结束后在政策评价方面出现的不同看法，主要涉及的是政策评价的宏观标准问题。

对于是否延续"文化大革命"的政策，最先作出明确表态的是毛泽东生前选定的接班人华国锋。1976 年 10 月 26 日，时任中共中央主席、中央军委主席和国务院总理的华国锋在与中共中央宣传部门负责人谈话时明确表示，凡是毛主席讲过的，点过头的，都不要批评。① 1977 年 2 月 7 日，《人民日报》、《红旗》杂志和《解放军报》发表的由中共中央副主席、中共中央办公厅主任汪东兴审定、报华国锋批准的《学好文件抓好纲》的社论，更明确提出了"两个凡是"的论点："凡是毛主席作出的决策，我们都坚决维护；凡是毛主席的指示，我们都始终不渝地遵循。"在 1977 年 3 月 10 日至 3 月 22 日的中共中央工作会议上，华国锋又强调："凡是毛主席作出的决策，都必须维护；凡是损害毛主席形象的言行，都必须制止。"华国锋还特别向各组组长打招呼，有两个敏感问题不要涉及，一个是邓小平出来工作的问题，一个是"天安门事件"平反的问题。②

"两个凡是"的核心论点，是以维护领袖权威作为评判政策对错的标准。按照这样的政策评价标准，不仅不能质疑"文化大革命"的政策，还要继续坚持教育革命、农业学大寨、工业学大庆等一些重要的做法，不能随意改变政策，因为作为领袖的伟人，是不会犯政策错误的。③ 这样的政策评价标准，思想和认识基础就是对领袖的"个人崇拜"，并且将"个人崇拜"转换成了必须坚持既有政策的"政策崇拜"。

对于"两个凡是"的政策评价标准，邓小平于 1977 年 5 月 24 日明确表示了不同的看法："前些日子，中央办公厅两位负责同志来看我，我对他们讲，'两个凡是'不行。按照'两个凡是'，就说不通为我平反的问题，也说不通肯定 1976 年广大群众在天安门广场的活动'合乎情理'的问题。""这是个重要的理论问题，是个是否坚持历史唯物主义的问题。

---

① 新华月报编辑部编：《新中国五十年大事记》（上），人民出版社 1999 年 9 月版，第 514 页。

② 新华月报编辑部编：《新中国五十年大事记》（上），第 522 页。邓小平在"文化大革命"中先被"打倒"，1973 年 12 月"复出"，1975 年 4 月发生群众自发的悼念周恩来、反对"四人帮"的"天安门事件"后，邓小平又被撤销了党内外一切职务。

③ 作为重要的政策实践，1976 年年底，继续按照推荐的方法为高等学校招收"工农兵学员"，并在 1976 年 12 月 10 日至 12 月 27 日召开了第二次全国学大寨会议，1977 年 4 月 20 日至 5 月 30 日召开了全国工业学大庆会议，见新华月报编辑部编《新中国五十年大事记》（上），第 516—517、524 页。

彻底的唯物主义者,应该像毛泽东同志说的那样对待这个问题。马克思、恩格斯没有说过'凡是',列宁、斯大林没有说过'凡是',毛泽东同志自己也没有说过'凡是'。"①

在各方面的积极争取下,1977 年 7 月 16 日至 21 日召开的中国共产党十届三中全会,通过了《关于恢复邓小平同志职务的决议》,邓小平重新进入了中央决策层。

1978 年 5 月 10 日,中共中央党校主办的《理论动态》发表了由时任中共中央组织部部长、中共中央党校副校长胡耀邦审定的《实践是检验真理的唯一标准》的评论员文章,明确提出了以下论点:"革命导师们不仅提出了实践是检验真理的唯一标准,而且亲自作出了用实践去检验一切理论包括自己所提出的理论的光辉榜样。""他们并不认为自己提出的理论是已经完成了的绝对真理或'顶峰',可以不受实践检验的;并不认为只要是他们作出的结论不管实际情况如何都不能改变;更不要说那些根据个别情况作出的个别论断了。他们处处时时用实践来检验自己的理论、论断、指示,坚持真理,修正错误,尊重实践,尊重群众,毫无偏见。他们从不容许别人把他们的言论当作'圣经'来崇拜。""马克思主义强调实践是检验真理的标准,强调在实践中对于真理的认识永远没有完结,就是承认我们的认识不可能一次完成或最终完成,就是承认由于历史的和阶级的局限性,我们的认识可能犯错误,需要由实践来检验,凡经实践证明是错误的或者不符合实际的东西,就应当改变,不应再坚持。事实上这种改变是常有的。"②

1978 年 5 月 17 日,汪东兴对《实践是检验真理的唯一标准》的文章提出批评,认为该文章把矛头对准了毛主席思想,并要求中共中央宣传部把好关,不要用党报发表此类文章。5 月 30 日,邓小平在同几位负责人谈话时指出:"只要你讲话和毛主席的不一样,和华主席讲的不一样,就不行。毛主席没有讲的,华主席没有讲的,你讲了,也不行。照抄毛主席讲的,照抄华主席讲的,全部照抄才行。这不是一种孤立的现象,这是当前一种思潮的反映。"邓小平还特别强调:"毛泽东思想最根本、最重要

---

① 邓小平:《"两个凡是"不符合马克思主义》,《邓小平文选》第 2 卷,人民出版社 1994 年 10 月第 2 版,第 38—39 页。

② 1978 年 5 月 11 日的《光明日报》发表了《实践是检验真理的唯一标准》的文章,并于 5 月 12 日被《人民日报》和《解放军报》所转载。

的东西就是实事求是，现在连实践是检验真理的标准都成了问题，简直是莫名其妙。"6月2日，邓小平在全军政治工作会议上更明确指出："我们也有一些同志天天讲毛泽东思想，却往往忘记、抛弃甚至反对毛泽东同志的实事求是、一切从实际出发、理论与实践相结合的这样一个马克思主义的根本观点、根本方法。"6月15日，汪东兴公开点名批评胡耀邦，指责《实践是检验真理的唯一标准》等文章挑拨政治局常委之间的关系，挑拨中央委员之间的关系，挑拨毛主席和华主席之间的关系，挑拨工人和农民的关系，因此宣传口要抓紧把关。7月21日，邓小平又一次表态，要求不要再"下禁令""设禁区"了，不要再把"刚开始的生动活泼的政治局面拉向后退"。①

在邓小平等人的鼓励和支持下，从1978年6月开始，中国的理论界展开了"真理标准"的大讨论，不仅召开了专门的理论研讨会议，还在报刊上发表了几百篇文章。② 真理标准讨论也涉及了政策评价标准问题，如1978年6月24日《解放军报》以特约评论员名义发表的《马克思主义的一个最基本原则》指出："路线、政策、方针等，是理论见之于实践的决定性的环节。""党的总路线提出的是总纲领，是一般任务，当这个一般任务回到个别中去，回到实践中去，贯彻到各个具体工作领域中去的时候，它就要和各个别领域的实践相结合，接受各个别领域实践的检验。各个具体工作领域根据总路线并且按照自己的情况制订出具体的工作路线、方针、政策并且在实行中获得成功，那也是对总路线的正确性提供证明，而且这种具体化也必然要丰富总路线的内容。"1978年9月16日，邓小平也指出："怎么样高举毛泽东思想旗帜，是个大问题。现在党内外、国内外很多人都赞成高举毛泽东思想旗帜。什么叫高举？怎么样高举？大家知道，有一种议论，叫作'两个凡是'，不是很出名吗？凡是毛泽东同志圈阅的文件都不能动，凡是毛泽东同志做过的、说过的都不能动。这是不是叫高举毛泽东思想的旗帜呢？不是！这样搞下去，要损害毛泽东思想。""什么叫高举毛泽东思想的旗帜呢？就是从现在的实际出发，充分利用各种有利条件，实现毛泽东同志提出、周恩来同志宣布的四个现

---

① 郭德宏等主编：《党和国家重大决策的历程》（下），红旗出版社1998年1月版，第1130—1131页。

② 关于"真理标准"讨论的具体情况，见马立诚、凌志军《交锋——当代中国三次思想解放实录》，今日中国出版社1998年3月版，第49—68页。

代化的目标。如果只是毛泽东同志讲过的才能做，那我们现在怎么办？马克思主义要发展嘛！毛泽东思想也要发展嘛！否则就会僵化嘛！""所谓理论要通过实践来检验，也是这样一个问题。现在对这样的问题还要引起争论，可见思想僵化。"①

1978年12月13日，在召开中国共产党十一届三中全会前夕，邓小平更明确提出了依靠"解放思想"解决政策问题的要求："解放思想，开动脑筋，实事求是，团结一致向前看，首先是解放思想。只有思想解放了，我们才能正确地以马列主义、毛泽东思想为指导，解决过去遗留的问题，解决新出现的一系列问题，正确地改革同生产力迅速发展不相适应的生产关系和上层建筑，根据我国的实际情况，确定实现四个现代化的具体道路、方针、方法和措施。""思想一僵化，条条、框框就多起来了。比如说，加强党的领导，变成了党去包办一切、干预一切；实行一元化领导，变成了党政不分、以党代政；坚持中央的统一领导，变成了'一切统一口径'。违反中央政策根本原则的'土政策'要反对，但是也有的'土政策'确是从实际出发的，是得到群众拥护的。这些正确政策现在往往也受到指责，因为它'不合统一口径'。"②

1978年12月18日至22日举行的中国共产党十一届三中全会，高度评价了关于实践是检验真理的唯一标准问题的讨论，强调真理标准讨论对于促进全党同志和全国人民解放思想、端正思想路线具有深远的历史意义。全会还决定结束全国范围的大规模的揭批林彪、"四人帮"的群众运动，把全党工作的着重点和全国人民的注意力转移到社会主义现代化建设上来。③

真理标准讨论及其所带来的思想解放，不仅起到了在政策领域"拨乱反正"的重要作用，还为实事求是的政策实践检验标准奠定了基础。正如1980年12月25日邓小平所言："党的三中全会要求全党解放思想，开动脑筋，实事求是，团结一致向前看，研究新情况，解决新问题。两年

---

① 邓小平：《高举毛泽东思想旗帜，坚持实事求是的原则》，《邓小平文选》第2卷，第126—128页。

② 邓小平：《解放思想，实事求是，团结一致向前看》，《邓小平文选》第2卷，第141—142页。

③ 《中国共产党第十一届中央委员会第三次全体会议公报》，载中共中央文献研究室编《三中全会以来重要文献选编》上，中央文献出版社2011年6月版，第1—13页。

来，我们按照这个指导思想，确定了一系列的政策，进行了一系列的改革，取得了显著的成绩。"① 1983 年 4 月 29 日邓小平更明确指出："实践是检验真理的唯一标准，实践是检验路线、方针、政策是否正确的唯一标准。"②

尤其需要注意的是，以实践作为检验政策的唯一标准，为中国带来了四种重要的政策风气。

第一种是"不迷信、不搞个人崇拜"风气。真理标准讨论之所以能够起到终结"两个凡是"的作用，就是在理论和实践层面打破了个人崇拜，并终结了与之相关的"政策崇拜"或"政策迷信"。避免个人崇拜导致的重大政策失误，由此成为一个重要的原则和一种重要的风气，因为无论是旧的个人崇拜还是新的个人崇拜，都不符合中国政策发展的实践要求。

第二种是"积极讨论"风气。真理标准的讨论，既涉及学者的理论探讨，也涉及党内的争论；既涉及理论问题，也涉及实践问题；既涉及政治问题，也涉及政策问题。由真理标准讨论带来的思想解放，也包含了政策理念的解放，并对开启政策讨论风气起了重要的表率作用。

第三种是"实事求是"风气。"实事求是"是中国共产党的优良传统之一，但是这样的传统在"左倾"思想的影响下，受到了严重的削弱。否定"两个凡是"，就是要认真发扬实事求是的传统，不仅在个人评价问题上坚持实事求是，在政策评价方面也要坚持实事求是，并且真正遵循"实践是检验路线、方针、政策是否正确的唯一标准"的基本准则。需要注意的是，实事求是的政策风气，亦得到了一些西方学者的重视，如加尔布雷斯（John Kenneth Galbraith）所言："必须根据特殊情况的社会和经济价值作出决策。这不是教条的时代，而是实践检验的年代。""在一个美好且有智慧的社会里，政策和行动并不服从意识形态或教条。行动必须基于主要事实，实事求是。"③

第四种是"有错必纠"风气。真理标准的讨论过程，实际是一个重要的"政策纠错"过程，其中既有错误认识和错误理念的纠正（包括一些错误的政策提法，以及对一些重大政策的错误评价，尤其是错误的政策

---

① 邓小平：《贯彻调整方针，保证安定团结》，《邓小平文选》第 2 卷，第 357 页。

② 邓小平：《建设社会主义的物质文明和精神文明》，《邓小平文选》第 3 卷，第 28 页。

③ ［美］约翰·肯尼迪·加尔布雷斯：《美好社会——人类议程》，王中宝、陈志宏、李毅译，江苏人民出版社 2009 年 3 月版，第 18—19 页。

评价标准），也有错误政策方向的纠正。在这样的过程中，无论是承认错误，还是主动纠正错误，对领导者和决策者而言，都需要极大的勇气和魄力。"有错必纠"迈出第一步当然是艰难的，所以必须有真理标准讨论的帮衬，但只要形成了"勇于纠错"的风气，就可以化解各种阻力，及时纠正不同的政策错误，因为政策错误是难以避免的，而能够避免的，恰恰是"知错不改"。

（二）"大民主"不利于政策选择

与政策评价标准密切相关的是民主走向问题，即什么样的民主适用于中国，什么样的民主不适用于中国。尤其需要注意的是，"文化大革命"结束后，对于"大民主"是否适用于中国的政策过程，有一个认识上的变化过程。

中国政治语境下的"大民主"，指的是"文化大革命"中被发展到极致的以"大鸣、大放、大辩论、大字报"（简称"四大"）为代表的做法。"文化大革命"结束后，并没有否定"大民主"的做法。1978年2月26日至3月5日召开的五届全国人大一次会议，在《关于修改宪法的报告》中特别指出，我们党从来主张在广大人民中充分发扬民主，包括在必要的时候运用大民主的形式。宪法修改草案中规定公民"有运用大鸣、大放、大辩论、大字报的权利"，就是为了保障无产阶级领导下的大民主。由于"大民主"是毛泽东积极倡导的，从"两个凡是"的要求看，保留"大民主"是理所当然的，不但不能对此提出质疑，还应该以宪法的形式加以维护。

"大民主"是否应该成为中国共产党需要继续坚持的政策参与和政策选择方式，邓小平在1980年1月16日中共中央召集的干部会议上明确提出了以下看法："实现民主和法制，同实现四个现代化一样，不能用大跃进的做法，不能用'大鸣大放'的做法。就是说，一定要有步骤，有领导。否则，只能助长动乱，只能妨碍四个现代化，也只能妨碍民主和法制。'四大'，即大鸣、大放、大字报、大辩论，这是载在宪法上的。现在把历史的经验总结一下，不能不承认，这个'四大'的做法，作为一个整体来看，从来没有产生积极的作用。应该让群众有充分的权利和机会，表达他们对领导的负责的批评和积极的建议，但是'大鸣大放'这些做法显然不适宜于达到这个目的。因此，宪法有关'四大'的条文，根据长期实践，根据大多数干部和群众的意见，党中央准备提请人大常委会和全国人大审议，把它取消。"①

在 1980 年 2 月 23 日至 29 日举行的中国共产党十一届五中全会上，邓小平又指出："取消宪法中关于'四大'的规定，并不是说不要发扬社会主义民主，而是由于多年的实践证明，'四大'不是一种好办法，它既不利于安定，也不利于民主。"② 全会采纳了邓小平的意见，决定向全国人民代表大会建议，取消中华人民共和国宪法第四十五条中关于公民"有运用大鸣、大放、大辩论、大字报的权利"的规定。

1980 年 4 月 8 日，中共中央向全国人民代表大会常务委员会提出了《关于修改宪法第四十五条的建议》。1980 年 8 月 30 日至 9 月 10 日召开的五届全国人大三次会议决定对宪法进行局部修改，取消了对"大鸣、大放、大字报、大辩论"的规定。

彻底放弃"大民主"的说法和做法，对于建构与政策密切相关的民主评价标准，至少有四方面的积极意义。

一是有利于走出"大众民主误区"。以"大鸣、大放、大辩论、大字报"为代表的"大民主"，与"文化大革命"中的"造反"结合在一起，构成了无视法制和肆意破坏社会安定的"大众民主"形态。这是"文化大革命"带来的一个严重的"民主"错误，因为"大民主"在替代了所有的民主形式（如选举的民主形式、协商的民主形式、民主集中制的民主形式等）后，展现出来的是巨大的"破坏"作用而不是"建设"作用，并且为中国社会注入了"极端民主"的因子。只有彻底否定"大民主"，才能避免重蹈"文化大革命"的覆辙。不仅中国人从"文化大革命"的教训中认识到了"大众民主"的危害，一些西方学者也指出了"大众民主"所具有的"超级民主"或"极端民主"的反民主性质。如加塞特（Jose Ortega Y Gasset）所言："民主与法律——法律之下的共同生活——的含义是一致的。然而，今天我们正在目睹一场'超级民主'的胜利。在这种民主当中，大众无视一切法律，直接采取行动，借助物质上的力量把自己的欲望和喜好强加给社会。"③ 缪勒（Dennis C. Mueller）也指出：

---

① 邓小平：《目前的形势和任务》，《邓小平文选》第 2 卷，第 257 页。
② 邓小平：《坚持党的路线，改进工作方法》，《邓小平文选》第 2 卷，第 276 页。
③ ［西班牙］奥尔特加·加塞特：《大众的反叛》，刘训练、佟德志译，吉林人民出版社 2004 年 10 月版，第 9 页。

"在根本上是民主的政治体制的家族之中，一极是大众民主之极端形式，'多数'乃是政府决策所有领域中的决定性力量。在无限制的多数民主的相反一极的'制宪民主'，最终主权在于人民——所有公民，它的行使只有在所有人同意它应当如何行使时才是可能的。"① 卡尔·施米特（Carl Schmitt）更明言："现代大众民主作为一种民主，试图实现统治者和被统治者的同一性。""一种大众的——所有人的民主制根本就不能成其为一种国家形式，遑论成其为一个民主制国家。"② 中国要摆脱"文化大革命"的影响，尤其是避免"民主"带来的错误，显然需要果断地走出"大众民主误区"。

二是有利于走出"滥用权利误区"。从"政策民主"的权利要素看，公民的"政策权利"分为两大类。一类是公民参与政策所应具有的各种权利，另一类是公民通过政策应该得到的权利或者说是为公民提供基本保障的权利。前一类权利可以称为"支配权利"或"合作性权利"、"解决权利"，与公民的"积极权利"（肯定性权利）接近，主要涉及政治权利；后一类权利可以称为"应得权利"或"要求权利"，与公民的消极权利（否定性权利）接近，主要涉及公民权利、法律权利、经济权利、社会权利、文化权利等。公民运用大鸣、大放、大辩论、大字报的权利，属于"支配权利"的范畴，主要体现的是公民政治权利中的"表达权"。但是这样的"表达权"，往往超出公民依法"表达意见"（尤其是表达政策意见）的范围，变成了"造反"和"无限斗争"的政治手段，并且造成了对他人权利（尤其是政治权利和人身权利）的严重侵害。尤其需要注意的是，真正行使"斗争"权利的，只是社会中的少数人，以权利的滥用凌驾于多数人之上。取消大鸣、大放、大辩论、大字报的权利，显然不是要限制公民的"表达权"，而是要限制"过激"的损害他人权利的表达方式，并杜绝少数人对权利的滥用。只有对公民权利有全面的理解，才能真正解决"大民主"带来的权利损害问题。

三是有利于走出"运动误区"。大鸣、大放、大辩论、大字报的"大

---

① ［英］丹尼斯·缪勒：《制宪民主：一个解释》，载［加］布莱顿（Albert Breton）、［法］赛蒙（Pierre Salmon）、［意］卡罗地（Gianluigi Galeotti）、［加］温特伯（Ronald Wintrobe）等编《理解民主——经济的与政治的视角》，毛丹等译，学林出版社 2000 年 12 月版，第 63—88 页。

② ［德］卡尔·施米特：《政治的浪漫派》，冯克利、刘锋译，上海世纪出版集团、上海人民出版社 2004 年 8 月版，第 170 页。

民主"形式，以大规模的政治运动为基础，并借助运动发扬光大，成为维系运动的有效动员工具。运动一旦终止，失去依托的"大民主"也难以为继，被取消是顺理成章的事。尤为重要的是，政策问题不能靠运动来解决，如邓小平所言："我们过去在社会主义改造完成以后，仍然搞这个运动、那个运动，一次运动耽误多少事情，伤害多少人。发挥社会主义的优越性，归根到底是要大幅度发展社会生产力，逐步改善、提高人民的物质生活和精神生活。"① 将"运动思维"转变为"发展思维"，是一个重大的进步，为此对于"大民主"可能为未来运动埋下的伏笔，确实不能抱容忍的态度。

四是有利于走出"政治高于一切误区"。"大民主"的核心取向是"政治挂帅"，并且在"以阶级斗争为纲"的引领下，聚焦于政治斗争，极少涉及政策问题。大鸣、大放、大辩论、大字报作为民众的表达方式，主要体现的是"政治意志表达"，而不是"政策意见表达"。对于政策选择而言，"过分政治化"的"大民主"方式，消极意义远大于积极意义。尤为重要的是，"文化大革命"结束后，用"政策塑造政治"来替代"政治高于一切"，不仅是可行的，而且是一种正确的选择。即便是在西方国家，也不能不重视这样的转变。如保罗·皮尔逊（Paul Pierson）所言："传统上，研究者认为政策是政治力量的结果（因变量），但很少有人把政策看成政治力量的原因（自变量）。通过大量的经验研究，学者们开始强调'政策产生政治'这种观点了。""主要的公共政策组成了重要规则，它们影响到政治和经济资源的分配，改变了替代性政治策略的成本和收益，因此也相应地改变了随之而来的政治发展。""在宏大的环境和各种各样的情形下，政策重构了政治。"② 克劳斯·奥菲（Claus Offe）也指出："政治离公民越来越远，而政策则离公民越来越近。"政策离公民个体越来越近的含义是："所有古典'生产要素'（如资本、劳动和土地等）都不再是既定的了，而是被特定国家政策所发展、塑造、分配和指派，所有这些政策都与国家对自然和人类的干预有关，包括对后者心理方面的干预。"③ "文化大革命"

① 邓小平：《目前的形势和任务》，《邓小平文选》第 2 卷，第 251 页。

② ［英］保罗·皮尔逊：《拆散福利国家——里根、撒切尔和紧缩政治学》，舒绍福译，吉林出版集团有限责任公司 2007 年 12 月版，第 43、54 页。

③ ［德］克劳斯·奥菲：《福利国家的矛盾》，郭忠华等译，吉林人民出版社 2006 年 5 月版，第 39—40 页。

结束后，中国需要选择新的政治发展范式，新政治发展范式的重要起点，就是以"政策塑造政治"替代"政治高于一切"，并摈弃对政策选择无用的"大民主"方式，代之以其他的政策参与方式。在中国的现代化进程中，确实需要这样的具有决定性意义的变化。

（三）以实践标准检视以往的政策错误

在政策评价标准和民主问题上形成基本共识，是为了用明确的标准对以往的政策作出全面的评价，尤其是要认真检视党的领导人是否有重大的政策失误。

1979 年 9 月 25 日至 28 日召开的中国共产党十一届四中全会，明确要求对党的历史作出实事求是的评价。1979 年 11 月，中共中央开始着手起草《关于建国以来党的若干历史问题的决议》。对于如何评价领导人所犯的错误，邓小平确定了四条基调：一是"中央犯错误，不是一个人负责，是集体负责。在这些方面，要运用马列主义结合我们的实际进行分析"。二是"虽然我们党在历史上，包括建国以后的三十年中，犯过一些大错误，甚至犯过搞'文化大革命'这样的大错误，但是我们党终究把革命搞成功了"。三是"'文化大革命'同以前十七年中的错误相比，是严重的、全局性的错误。它的后果极其严重，直到现在还在发生影响。说'文化大革命'耽误了一代人，其实还不止一代"。四是"核心问题是对毛泽东同志的评价"，"对毛泽东同志的评价，原来讲要实事求是，以后加一个要恰如其分"。[①]

1981 年 6 月 27 日至 29 日召开的中国共产党十一届六中全会通过的《关于建国以来党的若干历史问题的决议》指出，1949—1980 年出现了三次重大的政策失误：（1）1958 年，党的八大二次会议通过的社会主义建设总路线及其基本点，其正确的一面是反映了广大人民群众迫切要求改变我国经济文化落后状况的普遍愿望，其缺点是忽视了客观的经济规律。在这次会议前后，全党同志和全国各族人民在生产建设中发挥了高度的社会主义积极性和创造精神，并取得了一定的成果。但是，由于对社会主义建设经验不足，对经济发展规律和中国经济基本情况认识不足，更由于毛泽

---

① 邓小平：《对起草〈关于建国以来党的若干历史问题的决议〉的意见》，《邓小平文选》第 2 卷，第 296、299、302—303、307、309 页。

东同志、中央和地方不少领导同志在胜利面前滋长了骄傲自满情绪，急于求成，夸大了主观意志和主观努力的作用，没有经过认真的调查研究和试点，就在总路线提出后轻率地发动了"大跃进"运动和农村人民公社化运动，使得以高指标、瞎指挥、浮夸风和"共产风"为主要标志的"左倾"错误严重地泛滥开来。（2）八届八中全会关于所谓"彭德怀、黄克诚、张闻天、周小舟反党集团"的决议是完全错误的。这场斗争在政治上使党内从中央到基层的民主生活遭到严重损害，在经济上打断了纠正"左倾"错误的进程，使错误延续了更长时间。主要由于"大跃进"和"反右倾"的错误，加上当时自然灾害和苏联政府背信弃义地撕毁合同，我国国民经济在 1959 年到 1961 年发生严重困难，国家和人民遭到重大损失。（3）1966 年 5 月至 1976 年 10 月的"文化大革命"，使党、国家和人民遭到建国以来最严重的挫折和损失。"文化大革命"否定了建国以来十七年大量的正确方针政策和成就，这实际上也就在很大程度上否定了包括毛泽东同志自己在内的党中央和人民政府的工作，否定了全国各族人民建设社会主义的艰苦卓绝的奋斗。历史已经判明，"文化大革命"是一场由领导者错误发动，被反革命集团利用，给党、国家和各族人民带来严重灾难的内乱。

对于重大政策失误的原因和责任，决议作出了三方面的评价。（1）1966 年至 1976 年十年中的一切成就，是在以毛泽东同志为首的党中央集体领导下取得的。这个期间工作中的错误，责任同样也在党中央的领导集体。毛泽东同志负有主要责任，但也不能把所有错误归咎于毛泽东同志个人。这个期间，毛泽东同志在关于社会主义社会阶级斗争的理论和实践上的错误发展得越来越严重，他的个人专断作风逐步损害党的民主集中制，个人崇拜现象逐步发展。党中央未能及时纠正这些错误。（2）对于"文化大革命"这一全局性的、长时间的"左倾"严重错误，毛泽东同志负有主要责任。但是，毛泽东同志的错误终究是一个伟大的无产阶级革命家所犯的错误。毛泽东同志是经常注意要克服我们党内和国家生活中存在着的缺点的，但他晚年对许多问题不仅没有能够加以正确的分析，而且在"文化大革命"中混淆了是非和敌我。他在犯严重错误的时候，还多次要求全党认真学习马克思、恩格斯、列宁的著作，还始终认为自己的理论和实践是马克思主义的，是为巩固无产阶级专政所必需的，这是他的悲剧所在。（3）党在面临着工作重心转向社会主义建设这一新任务因而需要特别谨慎的时候，毛泽东同志的威望也达到高峰。他逐渐骄傲起来，逐渐脱离实际和脱离群众，主观主义和个人专断作风日益严重，日益凌驾于党中央之上，使党和国家政治生活中的集体领导原则和民主集中制不断受到削弱以至破坏。这种现象是逐渐形成的，党中央对此也应负一定的责任。种种历史原因使我们没能把党内民主和国家政治社会生活的民主加以制度化、法律化，或者虽然制定了法律，却没有应有的权威。这就提供了一种条件，使党的权力过分集中于个人，党内个人专断和个人崇拜现象滋长起来，也就使党和国家难于防止和制止"文化大革命"的发动和发展。

决议也指出了华国锋所犯的政策错误：华国锋同志是由毛泽东同志在1976年"批邓"运动中提议担任党中央第一副主席兼国务院总理的。他在粉碎江青反革命集团的斗争中有功，以后也做了有益的工作。但是，他推行和迟迟不改正"两个凡是"的错误方针；压制1978年开展的对拨乱反正具有重大意义的关于真理标准问题的讨论；拖延和阻挠恢复老干部工作和平反历史上冤假错案（包括"天安门事件"）的进程；在继续维护旧的个人崇拜的同时，还制造和接受对他自己的个人崇拜。1977年8月召开的党的第十一次全国代表大会，在揭批"四人帮"和动员全党建设社会主义现代化强国方面起了积极作用。但是，由于当时历史条件的限制和华国锋同志的错误的影响，这次大会没有能够纠正"文化大革命"的错误理论、政策和口号，反而加以肯定。对经济工作中的求成过急和其他一些"左倾"政策的继续，华国锋同志也负有责任。

为纠正中央领导人所犯的政策错误，十一届六中全会同意华国锋辞去中共中央主席和中央军委主席职务的请求，选举产生了新的中共中央主席和中央军委主席。

《关于建国以来党的若干历史问题的决议》的重要之处，就在于告诫全党，即便是党的领袖，也可能犯严重的政策错误。这样的错误，既可能表现为方向性、原则性、全局性的错误，也可能表现为主观主义、严重脱离实际的错误，还可能表现为个人崇拜的错误。更为重要的是，对以往的政策作出实事求是的评价，尤其是明确指出"文化大革命"带来的错误政策，不仅是对错误思想和错误认识的清理，还使继续犯政策错误的领导人"问责下台"，真实地体现了中国共产党人"政策纠错"的勇气和决心，并使得政策与民主有了一次重要的结合。这样的结合既表现为从民主的角度评价政策可以成为一种新的政策评价机制，也表现为能够采用民主的方法来替换坚持错误政策的领导人。应该看到，这两种表现对于在中国开启"政策民主"的实践，都起了极为重要的作用。

二　恢复高等学校招生考试的政策选择

"政策纠错"既需要对以往的政策错误有全面的认识，也需要采取实际的纠错行为，1977 年恢复高等学校招生考试的政策选择，就是一个具有典型意义的政策纠错事例。

（一）"教育革命"与工农兵学员

中华人民共和国建立后，国家对全国的普通高等学校进行了调整，并实行全国统一的招生考试制度。1952 年，全国共有普通高等学校 201 所，当年全国招收的高等学校学生为 7.9 万人。"文化大革命"爆发前的 1965 年，全国共有普通高等学校 434 所，当年招收的高等学校学生共计 16.4 万人。①

1966 年至 1969 年，受"文化大革命"的影响，普通高等学校停止招生。1970 年 6 月 27 日，中共中央批准《北京大学、清华大学关于招生（试点）的请示报告》，要求废除普通高等学校入学考试制度，以群众推荐、领导批准和学校复审相结合的办法，招收工农兵学员，并确定工农兵学员的任务是"上大学、管大学、用毛泽东思想改造大学"。1970 年全国试点招收的工农兵学员共计 41870 人。此后连续 6 年普通高等学校招收工农兵学员，使工农兵学员的总数达到了 94.1 万人（历年招收的工农兵学员为 1971 年 4.2 万人，1972 年 13.4 万人，1973 年 15.0 万人，1974 年 16.5 万人，1975 年 19.1 万人，1976 年 21.7 万人）。

招收工农兵学员，是"教育革命"背景下的政策选择。毛泽东在 1968 年 7 月 21 日对《从上海机床厂看培养工程技术人员的道路》的调查报告所作的批示，被看作是为"教育革命"定调的"七二一指示"："大学还是要办的，我这里主要说的是理工科大学还要办，但学制要缩短，教育要革命，要无产阶级政治挂帅，走上海机床厂从工人中培养技术人员的

---

① 本节所述历年普通高等学校招生的人数，见国家统计局编《中国统计年鉴—1995》，中国统计出版社 1995 年 8 月版，第 586、588 页。

道路。要从有实践经验的工人农民中间选拔学生,到学校学几年以后,又回到生产实践中去。"① 毛泽东还强调,对旧学校培养的知识分子,既要"再教育",也要"给出路"。各高等学校按照"教育革命"的要求,采用了与工农结合的"开门办学"方式,施行与以往不同的教学和科研方法。② 更需要注意的是,1971 年 4 月 15 日至 7 月 31 日召开的全国教育工作会议,对 1949—1965 年的教育政策给出了"两个估计"的评价,即在这十七年中,毛主席的无产阶级教育路线基本上没有得到贯彻执行,资产阶级专了无产阶级的政;大多数教师和中华人民共和国建立后培养的大批学生的世界观基本上是资产阶级的,是资产阶级知识分子。会议还强调,工农兵学员是教育革命的生力军,要充分发挥他们上大学、管大学、用毛泽东思想改造大学的作用。③ 肩负重任的工农兵学员,由此被视为"太学生",但是绚丽的光环很快引退,"文化大革命"的结束,使得工农兵学员不得不接受高等教育严重衰退和自身学历"成疑"的政策后果,清楚地意识到"任何教育都比不上灾难的教育"和"绝大多数工农兵学员都成了时代的牺牲品"。④

(二) 一年内召开两次高等学校招生工作会议

1977 年 6 月 29 日至 7 月 15 日,教育部在山西省太原市晋祠召开全国高等学校招生工作座谈会,确定仍采用"群众推荐"的招生办法,并要求从应届高中毕业生中试招 4000—10000 名学生(占全国总招生人数的 1% 至 5%)。8 月 4 日,教育部向国务院报送《关于全国高等学校招生工作座谈会的情况报告》,并附上了采用"群众推荐"办法的《关于 1977 年招生工作的意见》。

在 1977 年 8 月 4 日至 8 月 8 日召开的全国科学和教育工作座谈会上,最年轻的与会者、武汉大学化学系副教授查全性在发言中指出:招生是保证大学教育质量的第一关,它的作用,就像工厂原材料的检验一样,不合格的原材料,就不可能生产出合格的产品。当前新生的质量没有保证,部

---

① 调查报告和毛泽东的批示,见《人民日报》1968 年 7 月 22 日第 1 版。
② 王年一:《大动乱的年代》,河南人民出版社 1988 年 12 月版,第 344—348 页。
③ 新华月报编辑部编:《新中国五十年大事记》(上),第 279 页。
④ 老久、锋子主编:《难言"太学生"——"工农兵学员"酸甜苦辣实录》,红旗出版社 1994 年 1 月版,"序",第 1、12 页。

分原因是中小学的教育质量不高，而主要矛盾还是招生制度。大学不是没有合格的人才可以招收，而是现行制度招不到合格的人才。如果我们改进招生制度，每年从 600 多万高中毕业生和大量的知识青年、青年工人、农民中招收 20 多万合格的大学生是完全可能的。现行招生制度的弊端首先是埋没人才，一些热爱科学、热爱文化、有前途的青年选不上来，一些不想读书、文化程度又不高的人反而占据了招生名额。1977 年的招生工作还没有开始，就已经有人在请客、送礼、走后门。甚至小学生都知道，如今上大学不需要学文化，只要有个好爸爸。查全性还特别提出了恢复高等学校招生考试的具体建议：入学招生名额不要下放到基层，改成由省、市、自治区掌握。按照高中文化程度统一考试，并要严防泄露试题。考试要从实际出发，重点考语文和数学，其次是物理，化学和外文则可以暂时要求低一点。从语文和数学的成绩，可以看出学生文化程度和抽象思维能力。另外，要真正做到广大青年有机会报考和自愿选择专业。应届高中毕业生、社会青年，没有上过高中但实际达到高中文化水平的人都可以报考。

主持全国科学和教育工作座谈会的邓小平认真听取了几位发言者要求恢复高校招生考试制度的意见后，提出了"今年是不是来不及改了"的疑问，当与会者明确表示"今年改还来得及，最多晚一点"后，邓小平即明确表示："今年就要下决心恢复从高中毕业生中直接招考学生，不要再搞群众推荐。"邓小平还要求教育部追回送给国务院的报告，重新讨论高等学校招生问题。

按照邓小平的要求，1977 年 8 月 13 日至 9 月 25 日在北京召开了第二次全国高等学校招生工作会议。与会者意识到，不否定"两个估计"，难以作出改变招生办法的决定。《人民日报》记者穆扬邀请六位曾出席 1971 年全国教育工作会议的同志，写出了有关"两个估计"出台经过的内参稿，由人民日报社以《情况汇编·特刊》的形式上报中央。[①]

1977 年 9 月 19 日，邓小平明确指出："最近《人民日报》记者找了六位参加过一九七一年全国教育工作会议的同志座谈，写了一份材料，讲了《全国教育工作会议纪要》产生的经过，很可以看看。……《纪要》

---

① 1977 年两次高校招生工作会议的情况，见钟岩《中国新三级学人》，浙江人民出版社 1996 年 7 月版，第 1—10 页。

里讲了所谓'两个估计'，即文化大革命前十七年教育战线是资产阶级专了无产阶级的政，是'黑线专政'；知识分子的大多数世界观基本上是资产阶级的，是资产阶级知识分子。这个问题究竟怎么看？建国后的十七年，各条战线，包括知识分子比较集中的战线，都是以毛泽东同志为代表的路线占主导地位，唯独你们教育战线不是这样，能说得通吗？《纪要》是毛泽东同志画了圈的。毛泽东同志画了圈，不等于说里面就没有是非问题了。……对这个《纪要》要进行批判，划清是非界限。""你们管教育的不为广大知识分子说话，还背着'两个估计'的包袱，将来要摔筋斗的。""为什么要直接招生呢？道理很简单，就是不能中断学习的连续性。十八岁到二十岁正是学习的最好时期。""你们起草的招生文件写得很难懂，太繁琐。关于招生的条件，我改了一下。政审，主要看本人的政治表现。政治历史清楚，热爱社会主义，热爱劳动，遵守纪律，决心为革命学习，有这几条，就可以了。总之，招生主要抓两条：第一是本人表现好，第二是择优录取。"①

第二次全国高等学校招生工作会议制定了《关于1977年高等学校招生工作的意见》。1977年10月3日，邓小平在教育部《关于1977年高等学校招生工作的意见》的请示报告上作的批示是："华主席：此事较急。请审阅后，批政治局会议讨论批准。建议近几日内开一次政治局会议，连同红旗杂志评论员文章（前已送阅）一并讨论。"② 10月5日，中共中央政治局会议对招生工作意见进行了讨论，10月12日国务院批转了《关于1977年高等学校招生工作的意见》。③

按照新的政策要求，1977年的高等学校招生，实行自愿报名、统一考试、地市初选、学校录取和省、市、自治区批准的方法，考试分文、理两类，文科考试的科目为政治、语文、数学、史地，理科考试的科目为政治、语文、数学、理化，报考外语专业的加试外语。考试试题由省、市、自治区拟题，县（区）统一组织考试。招收应届高中毕业生的比例占省、市、自治区招生总数的20%至30%。招生推迟到1977年第四季度进行，新生于1978年2月底前入学。从1978年开始，普通高等学校6月份开始

① 邓小平：《教育战线的拨乱反正问题》，《邓小平文选》第2卷，第66—70页。
② 见《教育部关于1977年高等学校招生工作的意见的请示报告》的批示，引自"共产党员网"。
③ 新华月报编辑部编：《新中国五十年大事记》（上），第526、529—531页。

招生，9 月上旬开学。有条件的普通高等学校，亦可通过考试招收研究生。研究生的培养，可以采取招收研究生班集体培养，也可以个别培养；可以采取指导教师负责制，也可以实行研究生指导小组集体负责制。

1977 年 12 月举行的"文化大革命"后的第一次高等学校招生考试，共有 570 万人参加考试，被录取的"七七级"高等学校学生 272971 人（录取率为 4.78%），于 1978 年 2 月至 3 月入学。1978 年夏季的"文化大革命"后的第二次高等学校招生考试，共有 590 万人参加考试，被录取的"七八级"高等学校学生 401521 人（录取率为 6.81%），于 1978 年 9 月入学。1979 年的高等学校招生考试，实行全国统一命题，当年招收的高等学校学生为 27.5 万人。

（三）高度民主与高度集中的政策纠错路径

1977 年先后召开两次高等学校招生工作会议，以后一个会议否定前一个会议的错误决策，在中国的重大决策过程中是相当少见的。就政策过程而言，恢复高考制度的政策选择，充分体现了"高度民主"与"高度集中"的结合。

"高度民主"与"高度集中"相结合，是"文化大革命"结束后邓小平首先提出来的。在 1977 年 7 月 16 日至 21 日举行的中国共产党十届三中全会上，邓小平明确指出："要好好学习毛泽东同志在党的建设这个领域里的思想，这里面内容很多。比如高度民主与高度集中相结合。"①

"文化大革命"刚结束即强调高度民主和高度集中的结合，应有四方面的意义：一是在如何看待民主的问题上，确实需要有清楚的认识，既不能犯忽视民主的错误，也不能犯"只有民主没有集中"的错误，而这两种错误在"文化大革命"中都有突出的表现。只有真正实现高度民主和高度集中的结合，才能避免在民主问题上再犯错误。二是中国确实需要认真汲取忽视民主制度建设的教训，需要强调高度民主的社会主义政治制度是不可或缺的，并且真正把发展和完善中国的民主政治制度视为党和国家极为重要的政治任务。三是由于"文化大革命"严重破坏了对人民民主权利的保障，需要重申高度民主是保障人民民主权利的重要手段，并且要清楚地认识到，保障人民权利不仅要有正确的认识，还要通过具体的政策

---

① 邓小平：《完整地准确地理解毛泽东思想》，《邓小平文选》第 2 卷，第 45 页。

措施来落实人民的民主权利。四是民主与政策的关系，不仅仅体现为以政策保障人民权利，还应体现在民众的政策参与上。中国要建立真正的"民主的政策过程"，确实需要以"高度民主"作为基础性条件。

"高度民主"与"高度集中"作为重要的理念，在1977年的高等学校招生政策纠错中，已经开始发挥重要的作用，并形成了几个关键性的步骤。

第一个步骤是第一次全国高等学校招生工作座谈会，囿于"两个凡是"、"七二一指示"和"两个估计"，作出了延续错误政策（继续采用"群众推荐"的招生方法）的政策选择。在这一步骤中，突出的是"遵从上意"，而不是民主地表达意见和讨论问题。

第二个步骤是全国科学和教育工作座谈会，主持会议的邓小平认真听取了几位发言者要求恢复高校招生考试制度的意见后，提出了改变招生办法的动议。在这一步骤中，既体现了"民主"（鼓励与会者自由表达自己的意见），也体现了"集中"（由会议主持者集中与会者的意见）。

第三个步骤是第二次全国高等学校招生工作会议，出现了否定"两个估计"的"上书"以及9月19日邓小平的讲话。在这一步骤中，以"上书"的民主形式扫清政策纠错障碍，是最大的亮点。

第四个步骤是促请中央迅速作出决定，邓小平的批示使中央政治局很快召开会议，作出了重要的政策决定，而这样的决定，恰是否定了不久前的错误决策。在这一步骤中，体现的是"高度集中"带来的快速决策。

应该承认，在"文化大革命"刚结束的历史条件下，尤其在一些重大问题上党内仍存在不同看法的形势下，能够以"高度民主"与"高度集中"相结合的方式纠正错误决策，尽快恢复高等学校的招生考试，确实是难能可贵的，因为改变高等学校招生办法，至少带来了四点重要的变化。

第一点是高等教育的变化。否定"两个估计"和恢复高等学校招生考试制度，使中国的高等教育重新步入正轨，并开始发展一套适用中国现代化需要的高等教育体系。换言之，否定"文化大革命"的错误教育政策，不是"回归"到中华人民共和国建立后十七年的教育政策（这一时期的教育政策，也有严重的"左倾"问题），而是按照迅速培养现代化人才的思路，寻找更有效的政策途径。

第二点是知识分子地位的变化。高等学校招生考试的恢复，一个重要的前提是尊重知识和尊重知识分子，知识分子的地位由此有了重要的改变，不再是需要"再教育"和"给出路"的对象，而是成为培养现代化人才所必须倚重的力量。为彻底摘掉"资产阶级知识分子"的帽子，邓小平在 1979 年 6 月 15 日还特别指出："我国广大的知识分子，包括从旧社会过来的老知识分子的绝大多数，已经成为工人阶级的一部分，正在努力自觉地为社会主义事业服务。"① 知识分子地位的改变和积极性的提高，为教育和科学技术的发展提供了重要的动力，这恰是政策调整所要达到的一个重要目标。

第三点是部分上山下乡知识青年命运的变化。按照国务院知识青年上山下乡办公室的统计，1977 年至 1979 年共有 43.9 万名上山下乡知识青年考入了大学，占三年招生总人数（94.99 万人）的 46.22%（七七级学生中有上山下乡知识青年 7.9 万人，占学生总数的 28.94%；七八级学生中有上山下乡知识青年 27.09 万人，占学生总数的 67.47%；七九级学生中有上山下乡知识青年 8.91 万人，占学生总数的 32.40%）。② 对于每个考上大学的上山下乡知识青年而言，都是重要的人生命运转折；对于国家而言，则是从上千万上山下乡知识青年中"挽救"了几十万的知识人才（1966—1978 年全国上山下乡知识青年的总数为 1661.23 万人，恢复高考后考入大学的上山下乡知识青年只占上山下乡知识青年总数的 2.64%）。

第四点是社会风气的变化。考试入学的方法，改变了"文化大革命"中形成的"学习无用"风气，不仅高中毕业生可以经由考试直接进入大学，社会上的青年人也开始注重学习，并使得电视大学、业余大学等应运而生。在学校教育和自学教育的密切配合下，学习知识很快成为社会的重要风尚。

从高等学校恢复招生考试的决策过程看，确实是一个快速的政策纠错行为。但是需要注意的是，就政策过程而言，快速决策需要四个重要的条件。一是政策问题具有急迫性特征，需要快速解决问题。二是政策问题相对单一，不牵涉过多的枝蔓问题。三是"少数人"决策，不需要广泛的

---

① 邓小平：《在五届政协第二次会议上的开幕词》，引自"人民网"所载"历届人大、政协会议资料库"。

② 顾洪章主编：《中国知识青年上山下乡始末》，中国检察出版社 1997 年 1 月版，第 308 页。

决策参与。四是决策阻力相对较小，尤其是在决策层没有坚决的反对者。

就高等学校招生而言，1977年采用什么样的方法招生，确实是一个急需解决的问题，因为是否改变"文化大革命"中的招生方法，对中国具有标志性的意义，延续老方法表明"教育革命"并未终止，只有采用新的招生方法，才能显示出中国的高等教育开始走出"文化大革命"的阴霾。高等学校招生显然牵涉不少深层次问题，但在政策选择上只是聚焦于"推荐"还是"考试"，可以去繁就简，使问题趋向于"单一化"。在政策讨论过程中，尽管引入了民主的参与机制，但毕竟只有少数人参与讨论，并没有要求更广泛的参与；当然，即便是少数人的参与，也需要"高度民主"，鼓励自由发表意见，而不是"一言堂"。对于以往教育政策的对错虽然存在不同看法，但是在决策层中并没有形成坚决反对"考试"的力量，当时的最高领导人华国锋也主动接受了邓小平的政策建议。恰是具备了这些快速决策的条件，才使得高校招生政策的快速纠错成为可能。

也就是说，快速决策尤其是快速纠错只是特殊时代背景下针对特定问题的一种政策纠错行为，在解决其他政策问题时，并不一定能够复制这样的做法，因为很多政策问题难以满足快速决策的四个条件。

三 终止知识青年上山下乡政策

"文化大革命"结束后，比恢复高等学校招生考试更为棘手的是城市知识青年上山下乡政策是否需要延续的问题。为解决这一问题，决策者采用"逐步降压"的政策方法，最终达到了停止知识青年上山下乡的政策目标。

(一) 影响千家万户的知识青年上山下乡运动

知识青年上山下乡始于20世纪50年代，20世纪60年代前期形成规模效应，1962—1965年全国上山下乡的城市知识青年共计158.1万人。采用知识青年上山下乡的政策，一方面是为了舒缓城市的就业压力，另一方面也带有培养新一代革命青年的政治要求。"文化大革命"爆发后，城市知识青年上山下乡并未中断，1966—1968年，全国上山下乡的城市知识青年共计238.48万人。[①]

①　顾洪章主编：《中国知识青年上山下乡始末》，第79、301页。

　　1968 年 12 月 22 日《人民日报》发表了毛泽东的最新指示:"知识青年到农村去,接受贫下中农的再教育,很有必要。要说服城里干部和其他人,把自己初中、高中、大学毕业的子女,送到乡下去,来一个动员。各地农村的同志应当欢迎他们去。"知识青年上山下乡由此成为一个重要的政治运动。① 1969—1976 年,全国城市知识青年上山下乡的人数共计 1202.98 万人,② 主要分为三种安置形式。

　　第一种是知识青年到农村插队落户,这是安置知识青年的最主要方式,1969—1976 年插队知识青年 882.04 万人,占同期上山下乡知识青年总数的 73.32%。

　　第二种是将知识青年纳入生产建设兵团和国营农场系统。为安置上山下乡知识青年,除了"文化大革命"前建立的新疆生产建设兵团外,还新建了黑龙江、内蒙古、兰州、江苏、安徽、浙江、广州、福建、云南、山东、湖北 11 个生产建设兵团和西藏、广西、江西 3 个生产(农建)师。1969—1976 年各生产建设兵团、生产师和未纳入生产建设兵团系统的国营农场,共接收城市知识青年 195.12 万人,占同期上山下乡知识青年总数的 16.22%。需要注意的是,1967—1968 年全国国营农场接收的 33.72 万名知识青年,后来大多纳入了生产建设兵团系统,使得"文化大革命"中生产建设兵团和国营农场安置的知识青年达到了 228.84 万人,占"文化大革命"中上山下乡知识青年总数(1441.46 万人)的 15.88%。③

　　第三种是以"集体场队"的形式安置知识青年。从 1974 年开始为城市上山下乡知识青年建立的"集体场队",至 1976 年共安置知识青年 125.82 万人,占 1969—1976 年上山下乡知识青年总数的 10.46%。

　　除了城市知识青年上山下乡外,农村的知识青年(初中和高中的毕业生)"回乡",是知识青年上山下乡运动的重要副产品。与上千万的城市上山下乡知识青年相比,"回乡知识青年"亦应达到上千万甚至是几千

---

　　① "文化大革命"中知识青年上山下乡运动的总体情况,见刘小萌《中国知青史·大潮(1966—1980 年)》,当代中国出版社 2009 年 2 月版。

　　② 历年知识青年上山下乡人数和回城人数的统计,见刘小萌、定宜庄、史卫民、何岚《中国知青事典》,四川人民出版社 1995 年 9 月版,第 917—918 页。

　　③ 生产建设兵团知识青年的情况,见史卫民、何岚《知青备忘录——上山下乡运动中的生产建设兵团》,中国社会科学出版社 1996 年 2 月版。

万的规模,只是国家没有这方面的精确统计数字而已。

1962—1976年全国城市知识青年上山下乡的累计人数为1531.94万人,通过各种途径离开知识青年安置地点的知识青年共计736.74万人(其中招生82.56万人,征兵41.61万人,招工483.28万人,病退、困退回城126.17万人,其他原因回城3.12万人)。按绝对数字计算,截至1976年年底,还有近800万(实际统计数字为795.2万人)的城市上山下乡知识青年没有"回城",并由此严重影响着几百万个城市家庭的生活状况。

(二) 面对多重压力的政策讨论

1977年宣布"文化大革命"结束后,知识青年上山下乡成为一个面临多重压力的突出问题。

第一重压力是如何评价知识青年上山下乡运动。知识青年上山下乡运动是毛泽东发动的,彻底否定知识青年上山下乡运动,等同于否定毛泽东。因此在中国共产党第十一次全国代表大会的中央委员会报告(简称"十一大报告")中,着重强调知识青年是早上八、九点钟的太阳,又有文化,应当把他们培养成建设社会主义现代化强国的生力军。毛主席关于"知识青年到农村去,接受贫下中农的再教育,很有必要"的指示,必须坚持贯彻执行。对于具体工作中存在的种种问题,则应当按照统筹解决的方针,切实解决好。

第二重压力来自上山下乡运动的参与者,主要表现为"四个不满意"。一是上千万上山下乡知识青年到农村后,挤占了农民的收入,增加了农民的负担,带来了农民的不满意。二是上山下乡知识青年面临收入低、住房困难、婚姻问题难以解决等问题,感到前途无望,有着极为强烈的不满情绪。三是上山下乡知识青年的家长往往要补贴生活不能自给的上山下乡子女,还要克服子女不在身边的各种困难,也有强烈的不满情绪。四是知识青年上山下乡运动给政府带来了巨大的财政负担,尤其是1973年提高上山下乡知识青年安置经费标准后,国家财政平均每年拨款8.2亿元,占同期国家财政收入的1%;此外,各地政府还要派出大量的带队干部,负责上山下乡知识青年的安置工作等;巨大的资金和人力消耗,已经引起了各级政府和干部的不满意。

第三重压力来自城市。由于城市就业途径较窄,难以安排大量劳动力就业。如果上山下乡的城市知识青年在短期内全部返城，城市不仅会出现就业困难的窘况，还可能出现普遍的住房困难问题，并在一定程度上影响城市的社会治安和基本稳定。

为解决知识青年上山下乡的三重压力问题，1977 年 12 月 12 日至 1978 年 1 月 12 日国务院知青办召开省、市、自治区知青办负责人座谈会，理出了需要调查研究的 11 个问题，并要求组成调查组就这些问题展开调查。会议形成的共识是对知识青年上山下乡应当历史地、现实地看问题，简单地肯定和简单地否定都不适宜；知青工作搞得好是培养一支生力军，搞不好是不安定因素。

1978 年 3 月 28 日，邓小平提出了解决知识青年上山下乡问题的重要政策思路，第一步应做到城市青年不下乡，然后再解决从农村吸收人的问题。

为解决知识青年上山下乡问题，1978 年 9 月至 10 月，中央决策层展开了三次重要的讨论。

第一次是 9 月 12 日，由国务院召集有关部门负责人研究知识青年上山下乡的大政方针，重点讨论的是如何改变上山下乡的老办法，解决"四个不满意"问题。

第二次是 10 月 9 日，国务院会议讨论知青办呈送的《关于知识青年上山下乡问题的汇报提纲》，提出了政策调整面临的几个重要问题。（1）800 万在乡下的城市知识青年怎么办？（2）知识青年统统下去对不对？（3）知识青年接受贫下中农再教育的说法是否正确？（4）知识青年问题实际上就是一个就业问题，知青下去，又把农民招上来，是不是最糟糕的政策？

第三次是 10 月 18 日，中共中央政治局会议讨论《关于知识青年上山下乡问题的汇报提纲》，聚焦点是如何开拓思路，使上山下乡知识青年能够在农村稳定下来。①

由于决策层没有形成改变知识青年上山下乡做法的共识，因此 1977—1978 年知识青年上山下乡依然进行，全国又安置了下乡城市知识青年 219.77 万人（1977 年 171.68 万人，1978 年 48.09 万人）；同期离开

---

① 1977 年和 1978 年知识青年上山下乡政策的讨论情况，引自顾洪章主编《中国知识青年上山下乡始末》，第 144—160 页。

知识青年安置地点的知识青年358.33万人（1977年103.01万人，1978年255.32万人）。按照新的统计数据计算，1962—1978年全国上山下乡的知识青年共计1751.71万人，已经离开知识青年安置地点的知识青年1095.07万人；没有"回城"的知识青年还有656.64万人。也就是说，城市知识青年有"下"（下乡）有"上"（回城），但是"上"的力度已经明显增强，使需要解决"回城"问题的上山下乡知识青年的数字，已经由近800万人下降到了650万人的水平。

（三）第二次全国知青工作会议的决策

1978年10月7日，中共中央发出《关于召开全国知识青年上山下乡工作会议的通知》，指出会议将重点研究解决七个方面的问题。（1）准确地理解毛主席关于知识青年上山下乡的一系列指示，统一思想认识。（2）研究如何广开就业门路、采取多种多样的形式安置知识青年的问题。（3）研究留城政策的调整问题，是否可以做到少下或不下？哪些地方现在就可以不搞上山下乡而自行安排。（4）研究如何"统筹解决"在乡的800万知识青年，特别是1972年年底以前下乡老知青的问题。（5）总结和推广知青工作典型经验。（6）研究如何在下乡青年中开展业余教育和培训工作，研究如何整肃迫害知青的犯罪行为和保护知青健康成长的问题。（7）研究知青工作的领导体制。

1978年10月31日至12月10日，在北京召开了第二次全国知识青年上山下乡工作会议（第一次全国知识青年上山下乡工作会议是1973年召开的）。在会议接近尾声时，《中国青年报》于11月23日发表的《正确认识知识青年上山下乡问题》评论员文章，对知识青年上山下乡运动作出了质疑性的评价："文化大革命之后，城市知识青年上山下乡规模迅速扩大，甚至出现了'连锅端'的现象，这显然是不正常的。究其原因，一是由于林彪、'四人帮'的干扰、破坏，国民经济长期发展迟缓，以至走到崩溃的边缘，城市各行各业能够吸收的人很少。二是由于他们全盘否定教育战线的十七年，大肆砍杀各类高等学校，使大学招生人数大大下降，同时又无视教育事业发展的规律，强行禁止中学毕业生直接上大学。这样一来，大部分城市知识青年，除了上山下乡，没有其他出路。可以说，这些年上山下乡的异常状况，主要是林彪、'四人帮'推行假左真右路线、破坏工农业生产和教育事业的结果。消除林彪、'四人帮'带给上山下乡工作的恶劣后果，需要花很大的力气。从长远来看，随着四个现代化的逐步实现，随着社会劳动力结构的变化，我国高等学校和中等专业学校将会招收愈来愈多的青年入学，城市各行业、各部门将会容纳愈来愈多的青年就业，上山下乡的人数就必将愈来愈少，以至最后不搞现在这样的上山下乡。不过，这需要一个过程，不可能很快就做到。从当前的趋势看，还会有一部分知识青年到农村去，但知识青年上山下乡的范围、规模、政策和做法将会有调整和改变。在这个时候，深入揭批林彪、'四人帮'干扰、破坏上山下乡的罪行，肃清他们的流毒和影响，分清路线是非，解决好同上山下乡有关的认识问题，是十分必要的。"由于这篇文章对与会者带来了极大的震动，会议领导小组特别在 11 月 29 日召集各省、自治区、直辖市出席会议的负责人和知青办主任开会，说明《中国青年报》的评论员文章不代表会议精神，会议仍按照中共中央政治局会议讨论批准的《关于知识青年上山下乡问题的汇报提纲》的精神讨论相关问题。

1978 年 12 月 12 日，中共中央批发了《全国知识青年上山下乡工作会议纪要》和《国务院关于知识青年上山下乡若干问题的试行规定》。

《全国知识青年上山下乡工作会议纪要》对既往的知识青年上山下乡政策给予了高度肯定的评价，强调知识青年上山下乡是毛主席、党中央的号召，毛主席的革命路线占主导地位，成绩是主要的。知识青年上山下乡是在一定历史条件下发生和发展起来的，是和我国社会主义革命和建设事业联系在一起的。全国 1700 多万上山下乡知识青年，在农村三大革命中，经受了锻炼，增长了才干，提高了觉悟，做出了贡献。

《全国知识青年上山下乡工作会议纪要》也指出知识青年上山下乡政策存在的问题，主要是"统筹兼顾"的方针没有能够得到很好的贯彻落实，城乡劳动力的安排缺乏整体规划，知青工作的路子越走越窄，下乡青年中的不少实际问题长期未能解决，安置知青人数过多的地方增加了农民的负担。

《全国知识青年上山下乡工作会议纪要》确定的基本政策思路是"统筹解决好知识青年的问题"，并提出了六条要求：一是今后若干年内，还要继续动员知识青年上山下乡。二是调整政策，逐步缩小知识青年上山下乡的范围。三是城乡广开门路，妥善安排知识青年。四是积极稳妥地解决好在农村的上山下乡知识青年问题。五是认真做好对上山下乡知识青年的培养教育工作。六是切实加强保护上山下乡知识青年的工作。

《国务院关于知识青年上山下乡若干问题的试行规定》作为配套性的政策文件,有涉及城市中学毕业生分配、知识青年上山下乡安置形式、培养教育和保护知识青年、支援青年点、国营农场的知识青年问题、上山下乡知识青年的选调、知识青年安置经费、知识青年口粮等问题的四十条规定。

由于国营农场已经成为知识青年最集中的地方("文化大革命"中建立的生产建设兵团和生产师等,在 1976 年以前已经全部撤销,转为国营农场),《全国知识青年上山下乡工作会议纪要》和《国务院关于知识青年上山下乡若干问题的试行规定》特别就这些知识青年面临的问题提出了以下要求:在国营农场下乡的知识青年,是发展农垦事业的一支骨干力量。各地要认真贯彻落实《全国国营农场工作会议纪要》(1978 年 2 月 12 日由国务院批转的文件,明确指出国营农场的职工,包括按国家计划分配在农场工作的城市知识青年、农场职工子女,都是国家职工,是工人阶级的组成部分),办好农场,不断改善知识青年的生活条件,有效地解决实际问题,使青年看到发展前景,充满信心,为建设现代化农业生产基地做出贡献。国营农场的知识青年,今后一般不办理病退、困退,如果家庭和本人确有特殊困难,可以通过组织商调。[①]

(四) 回城风波与政策再调整

第二次全国知识青年上山下乡工作会议没有从根本上解决上山下乡知识青年尤其是原生产建设兵团系统的上山下乡知识青年回城的问题,引起了仍在乡下和农场的知识青年的强烈不满,并带来了持续多个月的"回城风波"。

在第二次全国知识青年上山下乡工作会议之前,针对《全国国营农场工作会议纪要》的有关规定,原云南生产建设兵团的知识青年已经明确提出尽快回城的要求(1977 年至 1978 年上半年,原黑龙江生产建设兵团和内蒙古生产建设兵团的知识青年已大多回城,只有云南生产建设兵团还集中了近 7 万未能回城的知识青年)。1978 年 10 月 18 日,云南农垦总局西双版纳分局的知识青年向中央发出要求回城的《致邓副总理的公开

---

① 第二次全国知青会议的情况以及会议形成的政策内容介绍,引自顾洪章主编《中国知识青年上山下乡始末》,第 160—173 页。

联名信》，但是没有得到明确的回复。

1978 年 11 月 16 日，还在第二次全国知识青年上山下乡工作会议召开之时，原云南生产建设兵团的知识青年发出了第二封公开信，仍未得到回复。12 月 7 日，知识青年决定采取行动，成立西双版纳州农垦分局知识青年北上请愿筹备总组，并拟出了《请愿书》（第三封公开信）。

1978 年 12 月 10 日，西双版纳各农场的知识青年开始罢工，并于 12 月 16 日、18 日派出知识青年代表赴京请愿。第一批请愿团在赴京受阻的情况下发生知识青年卧轨事件，导致昆明发往北京的列车中断运行 72 小时。12 月 27 日，第二批请愿团的几十名代表抵达北京。

知识青年的不寻常举动，使中央领导同志颇为震惊。由农林部副部长、国家农垦总局局长赵凡率领的中央调查团迅速赶赴云南，在北京的知识青年请愿团亦被告知，中央领导人准备接见他们。

1979 年 1 月 4 日，国务院副总理王震和民政部长程子华接见来自云南的知识青年请愿团代表，不仅批评了知识青年的过激做法，还鼓励知识青年立足边疆建设新家园。

云南的事态在继续发展。1979 年 1 月 5 日，中央调查组在瑞丽农场向知识青年传达《全国知识青年上山下乡工作会议纪要》和《国务院关于知识青年上山下乡若干问题的试行规定》时，一句"青年职工同志们"的称呼激怒了在场的知识青年，他们尖锐地提出了以下问题："支边青年"是不是知识青年？是响应上山下乡号召来的还是招工分配来的？当初号召我们"屯垦戍边"到生产建设兵团，现在兵团撤了，错误路线为什么还不纠正？"四十条"未照顾农场知识青年的利益，为什么不能改变？当晚，瑞丽农场的知识青年代表起草了给中央的公开信，要求解决知识青年回城问题。同日，300 名知识青年进驻孟定农场场部。1 月 6 日，进驻孟定农场场部的知识青年人数增至 1500 人，并有 200 人宣布绝食。紧急赶到孟定农场的赵凡向知识青年表示，你们的合理要求是可以得到解决的，并承诺中央调查团会对知识青年面临的问题作全面的调查。调查结果超出中央调查团的想象，农场的知识青年不仅生活困难，非正常死亡急剧增加，青年婚姻问题等也难以按正常途径解决。中央调查团面临两难选择，要么解决知识青年的困难，要么同意知识青年回城。前者，似乎没有良策；后者，则不是他们的权力可以办到的。1 月下旬，知识青年罢工事件再次爆发，并出现了逐渐蔓延的趋势。

1979 年 1 月 23 日，国务院召开紧急会议，讨论云南农场知识青年问题。会议指出全国知识青年上山下乡工作会议对国营农场的知识青年问题确实研究得不够，尤其是停止病退和困退，使知识青年感受到"无路可走"。会议基本同意国务院知青办 1 月 18 日报送的《关于处理一些地方知识青年请愿闹事问题的请示报告》的六条意见，即一方面强调要尽量把知识青年稳定在农场，另一方面同意知识青年"商调回城"仍然可以参照以往办理病退、困退的规定，由知青部门负责办理。2 月上旬，云南省召集北京、上海、成都、重庆、昆明等市知青办负责人开会，具体落实国务院紧急会议的决定，昆明、成都、重庆三市均明确表达，保证在六个月内优先安置国营农场的知识青年返城。北京、上海则同意采用变通办法，以病退、困退的途径接收云南各农场的知识青年。按照新政策的要求，原云南生产建设兵团的知识青年，在 1979 年有 61515 人返城，占知识青年总数的 94%。

云南国营农场的知识青年回城风波，带来了连锁性的反应。从 1978 年 12 月开始，20 多个省、自治区、直辖市爆发知识青年"要求回城风潮"。1979 年的春节期间，在各地下乡的上海、杭州等地的知识青年更发起了大规模的城市请愿活动，并发生了知青卧轨事件。尽管 1979 年 6 月 4 日的中共中央、国务院《关于处理当前部分人员要求复职复工回城就业等问题的通知》明确提出了坚决刹住"回城风"的要求，但是也下力气扩大了知识青年回城就业的渠道，并大大压缩了新的下乡知识青年人数。1979 年全国上山下乡的知识青年仅有 24.77 万人，回城的下乡知识青年 395.39 万人，使有待回城的下乡知识青年缩减到 286 万人。1980 年全国上山下乡的知识青年为 15.5 万人，回城的下乡知识青年近 200 万人。1981 年，知识青年上山下乡全部终止，国务院知青办亦于当年年底并入国家劳动总局。仍留在农村的 96 万上山下乡知识青年，则由各城市在其后几年中逐步消化，不再作为重大问题由中央统一处理。[①]

(五) 对知识青年上山下乡政策的检视

全面检视 1977—1981 年的城市知识青年上山下乡政策，可以看出，

----

① "回城风波"的政策案例说明，引自史卫民、何岚《知青备忘录——上山下乡运动中的生产建设兵团》，第 407—423 页。

由于没有彻底否定知识青年上山下乡运动，使得相关政策只能沿着逐步舒缓压力的路径前行，并且不得不面对政策受众的质疑甚至抗争，尽管用五年时间实现了停止知识青年上山下乡的总体政策目标，但是并没有彻底解决上山下乡知识青年的回城问题。这样的问题，到20世纪90年代末才彻底解决。换言之，在整个政策过程中，确实有政策纠错的行为，但是纠错并不彻底。之所以出现这样的现象，主要有四个原因。

第一个是"政治"原因。城市知识青年上山下乡是作为政治运动兴起的，相关的政策安排，都要服从于政治目标。只有在政治上认定知识青年上山下乡运动是一个错误的政治运动，才能彻底纠正由此带来的错误政策。问题在于尽管有不少人已经指出以"再教育"为宗旨的知识青年上山下乡运动带有严重的错误倾向，但是并没有旗帜鲜明地否定这场运动，使得1978年的第二次全国知识青年上山下乡工作会议依然作出了坚持这一政治运动的政策表述。由此出现的"政策困局"，突出表现在"政治"上仍坚持知识青年上山下乡的方向并要求保持下乡知识青年的稳定，在"政策"层面则要求缩小城市知识青年上山下乡的规模，尽可能安排下乡知识青年回城，并适时终结上山下乡运动。最终"政策"摈弃了既定的政治目标，这样的目标也就不再有人提起，对城市知识青年上山下乡运动本身的全面评价，也就成了至今未解决的"悬案"。

影响了中国一代人的知识青年上山下乡运动，与红卫兵运动一样，都是错误的政治运动。从运动的整体性而言，这些运动都是"文化大革命"的重要组成部分，"文化大革命"所犯的政治运动错误，也包含了这些具体运动的错误。具体而言，无论是"再教育"的政治目标，还是"组织动员"的运动形式，都注定了城市知识青年上山下乡是一场逆现代化而动的、改变一代城市知识青年命运轨迹的错误运动。上山下乡知识青年做出的贡献和自身所经受的锻炼，与一代青年所遭受的"运动浩劫"和国家发展所蒙受的损失相比，实际上是微不足道的。如果说在"两个凡是"的影响下，无法正确评价知识青年上山下乡运动，那么在终结"两个凡是"后，对这一运动的错误性质还没有正确的认识，则只能说是一个重大的遗憾了。

第二个是"就业"原因。大规模的城市知识青年上山下乡，是"文化大革命"特殊背景下的一次重大的劳动力转移，出现了知识青年"出城"和农民"进城"的劳动力"互换"现象。尽管中央决策层在1978年已经意识到了这一严重的政策失误，但是城市就业基本饱和，确实难以下决心彻底解决上千万城市知识青年在城市就业的问题，因为不仅有 650 万下乡知识青年希望回城安排工作，还有几百万新的中学毕业生需要安排工作。在沉重的就业压力下，决策者只能在短期内采用"释放"压力的做法，即一方面要求继续上山下乡，缓解新毕业生带来的就业压力，另一方面要求加大下乡知识青年回城的力度，减轻来自下乡知识青年的压力。恰是出于这样的考虑，国营农场的知识青年被排除在了回城知识青年的范围之外，因为这些知识青年已经"就业"，需要的是稳定在当地，而不是给城市添加就业压力。决策者显然忽视了一个重要的问题，就是在国营农场的知识青年还有几十万人，并且是最集中、组织化最强的知识青年群体，他们依然强调自身的知识青年身份，并要求得到回城的待遇。对"就业"的不同理解，引发了矛盾和冲突，最终还是以"就业"的方式来解决问题，即认可国营农场知识青年的身份，允许他们回城就业。也就是说，城市就业困难，始终是知识青年上山下乡政策面临的难题，并且不得不采取一些权宜之计，因为谁也无法准确地估计出城市的真正就业容量。

第三个是"疑虑"原因。"文化大革命"结束后，不少城市对于"回收"上山下乡知识青年并不积极，除了"就业"问题外，还有一些重要的"疑虑"。在政治层面，主要担心的是作为"红卫兵"和"知识青年"的一大批人，如果从边疆和农村返回城市，可能带来巨大的政治冲击，引起城市的混乱。知识青年在"回城风"中比较激烈的集体行动，更加深了这种疑虑，使得一些城市选择了关紧上山下乡知识青年回城大门的政策。在生活层面，主要担心的是知识青年回城后要吃要住，城市本来已经很紧张的住房状况和消费状况都要遭遇一定的挑战，大多数城市都不愿意把已经卸出去的包袱再捡回来，重新背上。也就是说，对于数以百万计的上山下乡知识青年，各大、中城市是在没有做好相应准备的情况下，仓促展开了回收工作，有这些疑虑也是自然的。尽管事实上回城的下乡知识青年后来成了推动城市改革的生力军和稳定城市秩序的重要力量，但是在确定与回城有关的政策时，显然更多考虑的是回城知识青年给城市带来的压力，而不是为城市发展带来的助力。

第四个是"参与"原因。上山下乡知识青年掀起的"回城风"，尽管有一些过激行为，但是就整个政策发展过程而言，是一种"行动式"的政策参与，即以各种行动来表达对政策的不满，并要求得到应有的权利和利益保障。在"文化大革命"结束后第一次面对大规模的"行动式"政策参与，决策者虽然没有强行压制，但是明确表示出来的是不支持态度，刹住"回城风"就是最具代表性的说法。对原云南生产建设兵团知识青年回城问题的处理，也没有表示"行动式"的政策参与方式得到了认可，因为对参与方式的否定，并不影响问题的解决。也就是说，参与尤其是"行动式"的参与对政策改变确实有一定的影响，但是不能对这样的影响作出过高估计。

对于特定历史条件下的政策选择，指出其不足，并不是要否定政策所起的积极作用，而是为了提醒后人，对错误政策的根源认识不清，会导致不能彻底消除"隐患"的不完整政策纠错行为，应该以此作为重要的历史教训，尽量不再犯同样的错误。

四 回归根本和基本政治制度

以制度建设的路径恢复"文化大革命"破坏的制度体系，尤其是回归中华人民共和国的根本政治制度和基本政治制度，也是纠正错误的重要政策行为。

（一）制度层面的"拨乱反正"和民主制度化、法律化的要求

中华人民共和国建立后，明确了人民代表大会制度是根本政治制度，政治协商制度和民族区域自治制度是基本政治制度。选举各级人民代表大会代表和定期召开各级人民代表大会，自 1953—1954 年的第一次全国普选后，已经成为中国公民和人大代表定期参加的政治参与行为。"文化大革命"不仅中断了各级人民代表大会代表的选举，还通过"造反"、"夺权"等，以地方各级革命委员会取代了地方各级人民代表大会和地方各级人民委员会。尽管在 1975 年 1 月 5 日至 1 月 17 日召开了第四届全国人民代表大会，并通过了新的《中华人民共和国宪法》（简称"七五宪法"），但受到严重破坏的人民代表大会制度并没有被恢复。1964 年 12 月 10 日至 1965 年 1 月 5 日召开中国人民政治协商会议第四届委员会第一次会议后，全国政协在十余年中未召开过全体会议，政治协商制度也处于名存实亡的状态。

1976 年 10 月"四人帮"被粉碎后，当年的 11 月 30 日至 12 月 2 日

即召开四届全国人大常委会第三次会议,通过了中共中央提出的关于邓颖超担任四届全国人大常委会副委员长的建议,并决定提请下一次全国人民代表大会会议追认(但以后举行的全国人大会议并未办理追认手续)。1977 年 10 月 23 日至 24 日,召开了四届全国人大常委会第四次会议,听取华国锋代表中共中央所作的关于召开第五届全国人民代表大会的说明,同意中共中央提出的提前召开第五届全国人民代表大会的建议,决定1978 年春召开第五届全国人民代表大会第一次会议。但是在这次会议之前,中共中央已经正式发出了《关于召开第五届全国人民代表大会的通知》,明确各省、自治区、直辖市人民代表大会的代表名额和代表选举产生办法,由各省、自治区、直辖市革命委员会自行规定。第五届全国人大代表由各省、自治区、直辖市人民代表大会产生,代表名额为 3500 名。也就是说,1976 年 10 月到 1977 年年底,不仅全国人大代表没有开展过活动,全国人大常委会组成人员除参加两次常委会会议外,也没有开展活动,并出现了与法律规定不符的中共中央未经全国人大常委会决定先行发出召开全国人大会议通知的做法。①

1977 年 12 月 27 日至 29 日举行的四届全国政协常委会第七次扩大会议,根据中共中央的提议,决定 1978 年春季提前召开中国人民政治协商会议第五届委员会第一次会议,出席会议的人员还要列席同时召开的第五届全国人民代表大会第一次会议。②

1977 年 10 月至 12 月,29 个省、自治区、直辖市(当时没有海南省和重庆市)共产生省级人大代表 32828 人。1977 年 11 月至 1978 年 2 月,各省、自治区、直辖市均召开了人民代表大会,选举省级革命委员会组成人员和第五届全国人大代表。全国 32 个选举单位(包括台湾在内的 30 个省、自治区、直辖市加解放军、港澳 2 个单位)共选举产生五届全国人大代表3500 人(3 名代表由原选举单位撤销代表资格,实有代表 3497 人)。

1978 年 2 月 25 日至 3 月 5 日召开的五届全国人大一次会议,听取了国务院政府工作报告,并于 3 月 5 日选举最高人民法院院长、最高人民检察院检察长各 1 人,选举产生全国人大常委会组成人员 196 人。此次会议

---

① 全国人民代表大会常委会办公厅研究室编著:《人民代表大会制度建设四十年》,中国民主法制出版社 1991 年 3 月版,第 141—145 页。

② 新华月报编辑部编:《新中国五十年大事记》(上),第 540—541 页。

虽然有助于恢复人民代表大会制度，但是存在的缺欠，一是立法有限，只是修改了宪法并通过了修改歌词的《中华人民共和国国歌》，没有制定其他法律；二是国民经济计划和财政预、决算没有列入会议议程；三是最高人民法院和全国人大常委会没有向大会报告工作；四是代表没有提出一件提案，并且会期较短，很难说代表对各项议案进行了充分的审议。①

1978年2月24日至3月8日召开的五届全国政协一次会议，特别强调了在政协的各项活动中，要实行"知无不言，言无不尽"，"言者无罪，闻者足戒"，"有则改之，无则加勉"的原则，广开言路，集思广益。对不同意见的争论，要采取民主的、讨论的、批评的、说服教育的方法去解决。因为只有这样做，才能调动大家的积极性，把政协的工作活跃起来，使它在国家政治生活中更好地发挥作用。② 此次会议后，地方政协也恢复运作，因"文化大革命"被破坏的政治协商制度得以逐步恢复。

恢复人民代表大会制度和政治协商制度，是制度层面的"拨乱反正"，在理论上也需要作出明确的说明，由此有了"使民主制度化、法律化"的要求。

在1978年12月13日的中共中央工作会议闭幕会上，邓小平指出："为了保障人民民主，必须加强法制，必须使民主制度化、法律化，使这种制度和法律不因领导人的改变而改变，不因领导人的看法和注意力的改变而改变。"③ 十一届三中全会采纳了邓小平的提法，在全会公报中特别强调，为了保障人民民主，必须加强社会主义法制，使民主制度化、法律化，使这种制度和法律具有稳定性、连续性和极大的权威，做到有法可依，有法必依，执法必严，违法必究。

1979年6月18日至7月1日召开的五届全国人大二次会议，与会代表不仅听取和审议了国务院政府工作报告、全国人大常委会工作报告、最高人民法院工作报告、最高人民检察院工作报告，还讨论了选举法等7个法律草案，并审议通过了《关于一九七九年国民经济计划草案的报告》和《关于一九七八年国家决算和一九七九年国家预算草案的报告》。在这

---

① 全国人民代表大会常委会办公厅研究室编著：《人民代表大会制度建设四十年》，第146—150页。

② 《关于修改中国人民政治协商会议章程的说明》，引自"人民网"所载"历届人大、政协会议资料库"。

③ 邓小平：《解放思想、实事求是，团结一致向前看》，《邓小平文选》第2卷，第146页。

次会议上，与会代表共提出了 1890 件提案，不仅提案涉及面很广，数量之多也是空前的。全国人大常委会委员长叶剑英还特别指出："充分发扬民主，集中人民群众中的正确意见，广泛地发动人民群众的积极性，是做好我们的国家工作和政府工作的根本保证，是顺利地推进我国的社会主义现代化建设事业的根本保证。我相信，各位代表一定能够充分地反映全国的工人、农民、知识分子和一切爱国人士的意见，本着'知无不言，言无不尽'的精神，对于政府的各项工作，国家的各项工作，提出批评和建议。"[1]

（二）扩大直接选举的范围

1979 年 7 月 1 日，五届全国人大二次会议通过《关于修正〈中华人民共和国宪法〉若干规定的决议》以及新制定的《中华人民共和国全国人民代表大会和地方各级人民代表大会选举法》（简称"选举法"）和《中华人民共和国地方各级人民代表大会和地方各级人民政府组织法》（简称"地方组织法"）等法律。[2] 新制定的选举法和地方组织法 7 月 4 日由全国人民代表大会常务委员会委员长令第二号公布，1980 年 1 月 1 日起施行。新法律不仅要求恢复直接选举和间接选举，还在制度建设方面有了重要的发展。

第一，为消除"文化大革命"的影响，将地方各级革命委员会改为人民政府（人民公社革命委员会改为管理委员会），恢复省长、市长、县长等职务，县以上地方各级人民代表大会设立常务委员会。

第二，将直接选举的范围由人民公社、镇一级人大代表扩大到县级人大代表，彭真（时任全国人大常委会委员长）还特别说明了扩大直接选举的理由："在一个县的范围内，群众对于本县国家机关和国家工作人员的情况是比较熟悉和了解的，实行直接选举不仅可以比较容易地保证民主选举，而且便于人民群众对县级国家机关和国家工作人员实行有效的监督。"

---

① 《第五届全国人民代表大会第二次会议开幕词》，引自"人民网"所载"历届人大、政协会议资料库"。

② 选举法和地方组织法的原文，载刘政、于友民、程湘清主编《人民代表大会工作全书》，中国法制出版社 1999 年 1 月版，第 124—126、252—256 页；彭真关于法律制定的说明，载《人民代表大会工作全书》，第 127—129 页。

　　第三，进一步明确选举权和被选举权，除了规定"年满十八周岁的中华人民共和国公民，不分民族、种族、性别、职业、社会出身、宗教信仰、教育程度、财产状况和居住期限，都有选举权和被选举权"外，还对无选举权和被选举权作了新的认定，只规定依照法律被剥夺政治权利的人没有选举权和被选举权，无法行使选举权和被选举权的精神病患者不列入选民名单，并明确了每一选民在一次选举中只有一个投票权。

　　第四，取消举手投票方式，无论直接选举还是间接选举，一律采用无记名投票方法。

　　第五，无论是直接选举还是间接选举，候选人应多于应选人名额，即全部实行差额选举。无论是直接选举还是间接选举，如果所提候选人名额过多，可以进行预选，根据较多数人的意见，确定正式候选人名单。

　　第六，各党派、团体和选民，都可以用各种形式宣传代表候选人，但在选举日须停止对代表候选人的宣传。

　　第七，明确地方各级人民代表大会和人民政府任期，省、自治区、直辖市5年，自治州、县、自治县、市、市辖区3年，人民公社、镇2年。

　　1979年下半年，在66个县、自治区、不设区的市和市辖区进行了直接选举县级人大代表的试点工作，1979年12月召开了全国选举试点工作会议。1980年2月12日发出的《全国人民代表大会常务委员会关于县级直接选举工作问题的决定》，要求"今年上半年全国各地应继续作好各项准备工作，各省、自治区所属各行政公署、自治州和直辖市应当进一步进行试点，下半年分期分批地全面开展，争取在今冬明春基本完成县级直接选举的任务"。

　　"文化大革命"结束后的第一次全国性的基层人大代表选举，于1981年年底基本结束，全国29个省、自治区、直辖市共有县级单位2760个，2755个县级单位进行了选举。全国共登记选民539394620人，参加投票选民516829021人，平均投票率为95.82%。根据2712个县级单位的统计，共选举产生县级人大代表784458名，各县级单位亦在1979—1981年的选举中产生了县级人大常委会和县级正、副职领导人员。① 从1979年下半年开始试点到1981年年底结束的全国县级直接选举产生的县级人民

---

　　① 刘智、史卫民、周晓东、吴运浩：《数据选举：人大代表选举统计研究》，中国社会科学出版社2001年10月版，第90、222页。

代表大会的任期，全国统一从 1981 年算起。

五届全国人大三次会议还特别强调了全国人大常委会对县以上地方人大常委会任务、职权的四条要求：一是依法制定、颁布地方性法规。这是一项很重要的职权。立法的根据是各地的具体情况和实际需要，但不能与宪法、法律和中央的政策、法令、政令相抵触。二是讨论、决定本行政区域的政治、经济、文化、教育、卫生、民政、民族工作的重大事项，审议批准本地区"国民经济计划和预算的部分变更"。三是人事任免。这也是一项重要职责，绝不是可有可无的。对报请任免的人员，主要依靠报请单位的审查。但是，如果发现其中有的人有问题或不适当，委员们不同意，就可以不通过。同时还可以依法行使罢免或撤职的权力，将那些违法乱纪或者不称职的人员随时罢免撤换。四是监督本级人民政府和人民法院、人民检察院的工作，主要是监督他们的活动是否违反宪法、法律、法令，是否正确执行党和国家的方针、政策。[①]

"文化大革命"结束后"百废待兴"，在选举的基础上恢复人民代表大会制度，只是完成了基础性的任务。"制度建设路径"还需要解决的是如何健全和发展人民代表大会制度和政治协商制度，尤其是如何使人民代表大会和政治协商会议有效地展现其政策功能的问题。也就是说，制度建设的工作只是刚刚开始，还有一系列的任务（尤其是制度创新的任务）留给了"十一大"以后的各个时期。

（三）恢复"民主集中制"的决策方式

恢复被"文化大革命"破坏的"民主集中制"的决策方式，也是制度建设的重要内容。为防止主观主义和个人专断作风对党的决策方式的影响，需要特别注意"十一大"时期党和国家领导人对民主集中制所体现的四种政策关系的说明。

一是民主集中制与集体领导的关系。1979 年的国务院政府工作报告指出，按照民主集中制，各级负责干部在实事求是、群众路线的基础上作出各种决定，包括日常工作中的个人负责的决定，这是完全必要的。为了扫除官僚主义这个障碍，我们要采取有效的措施，坚决改变各级机构层次

---

① 彭真：《第五届全国人民代表大会第三次会议全国人民代表大会常务委员会工作报告》，载刘政、于友民、程湘清主编《人民代表大会工作全书》，第 534—539 页。

重叠、办事拖拉的严重现象，从上至下严格执行民主集中制和集体领导下的个人分工负责制，不允许重大问题一个人说了算，不允许任何人称王称霸，也不允许任何人不负责任。邓小平也在 1980 年 12 月 25 日的中共中央工作会议上明确指出："在党内生活和国家政治生活中，要真正实行民主集中制和集体领导。一言堂、个人说了算，集体作了决定少数人不执行等等毛病，都要坚决纠正。"①

二是民主集中制与政策执行的关系。胡耀邦在 1980 年 11 月的各省、市、自治区政治思想工作会议上指出："各级党委在执行的时候，一定要把中央和上级的指示，同本地区、本单位的具体情况相结合。任何时候，如果不把中央、上级的意见，即使是正确的意见，结合本地区、本单位的情况加以具体化，满足于照抄、照转、照搬、照套，就是错误的，就不可能把工作做好。因为中央是从全国的一般情况出发的，只能讲一般的原则。中央、上级也不可能把一切都想到，把一切都安排好。特别是我们这样一个大国，情况非常复杂，事物在不断地发展，中央不可能把一切问题都想得很周密。所以，五届人大三次会议以后，中央对地方提出了四条，就是：中央没想到的，地方可以想；中央没有叫干的，地方看准了的，可以干；中央所说的不适合地方情况的，地方可以变通办理；中央决定错了的，地方可以争论。一个叫想，一个叫干，一个叫变，一个叫争。当然，按照组织原则，这几条都需要向上级、向中央及时反映汇报，或者交换意见，或者请示报告。同时，该集中的一定要集中，一定要服从统一指挥。否则，各行其是，上级和中央一点不知道，那也是会出问题的。"②

三是民主集中制与党政分开的关系。邓小平在 1980 年 8 月的中共中央政治局扩大会议上指出："权力过分集中，妨碍社会主义民主制度和党的民主集中制的实行，妨碍社会主义建设的发展，妨碍集体智慧的发挥，容易造成个人专断，破坏集体领导，也是在新的条件下产生官僚主义的一个重要原因。""中央一部分主要领导同志不兼任政府职务，可以集中精力管党，管路线、方针、政策。这样做，有利于加强和改善中央的统一领导，有利于建立各级政府自上而下的强有力的工作系统，管好政府职权范

---

① 邓小平：《贯彻调整方针，保证安定团结》，《邓小平文选》第 2 卷，第 360 页。
② 胡耀邦：《做一个彻底的唯物主义者》，载中共中央文献研究室编《三中全会以来重要文献选编》上，第 484—491 页。

围的工作。""今后凡属政府职权范围内的工作,都由国务院和地方各级政府讨论、决定和发布文件,不再由党中央和地方各级党委发指示、作决定。政府工作当然是在党的政治领导下进行的,政府工作加强了,党的领导也加强了。"①

四是民主集中制与人民当家作主的关系。1978年的修改宪法报告强调,在我国社会主义制度下,人民是国家的主人。我们的社会主义民主,是确实保障人民当家作主的民主。十一届三中全会公报也指出,为了适应社会主义现代化建设的需要,全会决定在党的生活和国家政治生活中加强民主。在人民内部的思想政治生活中,只能实行民主方法,不能采取压制、打击手段。要重申不抓辫子、不扣帽子、不打棍子的"三不主义"。各级领导要善于集中人民群众的正确意见,对不正确的意见进行适当的解释说服。

从民主集中制应体现的四种政策关系可以看出,在政策过程中倡导民主集中制,重点是要解决政策机制中存在的党政不分、集体领导弱化、政策执行不力、思想僵化等问题。要解决这些问题,不仅需要在认识上提出一些明确的要求和标准,还要通过政策实践来落实这些要求和标准。应该承认,在经历了"文化大革命"之后,重新审视民主集中制在政策方面的要求,是极为重要的,因为这样的审视确实能够为解决政策难点问题提供重要的助力。

五 保障农民权利的政策举措

保障人民权利问题,在1978年的五届全国人大一次会议时已经受到高度重视。此次会议的国务院政府工作报告指出,我们的宪法明确规定了人民的各项权利。各级国家机关应当采取切实有效的措施,保障广大人民群众享受和行使这些权利。任何侵犯这些权利的行为,必须严肃处理,情节严重的要受到法律的制裁。修改宪法的报告也指出,关于公民在政治、经济和文化教育等方面的民主权利也增加了一些新的规定。对于各项公民权利的物质保障,要在国家的指导下,靠国营企业、人民公社、集体企业、人民团体和人民群众自己共同努力,在发展生产的基础上逐步加以扩大。我们现在肃清"四人帮"的流毒和影响,就要大力恢复和发扬民主

---

① 邓小平:《党和国家领导制度的改革》,《邓小平文选》第2卷,第321、339—340页。

传统，同任何破坏民主生活、侵害公民权利的行为作斗争。对人民权利的认识固然重要，但更重要的是在实践层面以保障人民权利尤其是保障农民权利作为重要的政策"突破口"，带来了农村政策的重大转变。

（一）"农业学大寨"引出的政策质疑

"文化大革命"中"极左"的"农业学大寨"运动，在"四人帮"被粉碎后依然延续，1976 年 12 月 10 日至 27 日召开的第二次全国农业学大寨会议，明确要求到 1980 年全国三分之一的县要建成大寨县。[①] 十一大报告也强调，抓住学大庆、学大寨的伟大革命群众运动，能够产生巨大的威力。要奋战几年，按照原定规划，按照大庆式企业和大寨县的标准，在第五个五年计划期内，把全国三分之一的企业建成大庆式企业，三分之一的县建成大寨县。做到这一步，我国社会主义制度就将大为巩固，社会主义经济也将大为繁荣。

"农业学大寨"依靠的是人民公社的组织形态和三级所有（公社、大队、生产队）的集体所有制形态，实行集体生产和集体分配（按工分进行实物和现金分配）。这种集体化运作机制，不仅在意识形态中被固化，在舆论宣传中也被不断地神话。

农业学大寨运动并没有真正起到调动农民生产积极性的作用，农业、农村和农民的实际情况，对集体化的"优越性"形成了巨大的挑战。从全国的粮食总产量看，1966—1969 年的年产量在 21000 万吨上下徘徊；1970—1976 年的年产量，由 23995 万吨增加到了 28630 万吨；1977 年的全国粮食总产量为 28272 万吨，比 1976 年减少 358 万吨。[②] 从分配情况看，每个公社社员从集体分得的年平均收入，1965 年为 52.3 元，1976 年为 62.8 元，11 年间增加了 10.5 元，平均每年增加不到 1 元。相当多的社队口粮不足，现金分配很少，有的甚至分配不到现金，社员生活极为困难。[③] 从政策推行情况看，"农业学大寨"搞的完全是表面化的形式主义，如收回自留地，取消家庭副业，关闭集市贸易，浮夸和瞎指挥（强求生产队搞"四个一样"，即土地一样多，村庄一样大小，人口一样多，水利

---

① 新华月报编辑部编：《新中国五十年大事记》（上），第 516—517 页。

② 本节所述历年全国粮食总产量，1977 年及以前数据引自中华人民共和国国家统计局"国家数据"网站，1978 年以后的数据见《中国统计年鉴—1995》，第 347 页。

③ 朵生春：《中国改革开放史》上卷，红旗出版社 1998 年 7 月版，第 212—213 页。

工程一样兴办),不断地在农村开展各种运动等。由于农民的自主权得不到保障,缺乏生产积极性,使生产和生活都受到严重影响,并形成了持续的恶性循环状态。[1] 农村的落后状态急需改变,但是按照"农业学大寨"的总体政策思路,难以找到真正的发展契机,不得不从怀疑政策和另辟蹊径上找出路。

(二)"包产到组"和"包产到户"的试点

突破"农业学大寨"政策框架的试验,首先来自安徽省。1977 年 6 月,万里出任安徽省省委书记。当时安徽省农村的形势极为严峻,全省要求的救济粮累计高达 10 亿多斤,仅凤阳一个县申请的救济粮就 4000 多万斤,还要求救济款 3000 多万元。阜阳、宿县和滁县等许多农村不仅出现断粮断炊现象,而且农民一年到头分不到钱,反而要倒找钱,超支户不计其数,凤阳县每年外出讨饭的农民高达五六万人。

在万里的支持下,安徽省农村政策研究室在调查研究的基础上起草了《关于目前农村经济政策几个问题的规定(草案)》。1977 年 11 月 15 日至 21 日,万里主持召开全省农村工作会议,讨论这份草案,并特别指出,农业政策怎么搞好,管理怎么搞好,主要应当因地制宜,应时制宜,实事求是,走群众路线。最重要的生产力是人,是广大群众的社会主义积极性。没有人的积极性,一切无从变起。调动人的积极性要政策对头,干部带头,一定要想农民之所想,急农民之所急。会议对草案提出了修改意见,并最终形成了安徽省委 11 月 28 日下发的《关于目前农村经济政策几个问题的规定(试行草案)》。这个被称为"省六条"的政策文件,要求尊重广大农民群众的自主权,允许根据不同的农活,可以组成作业组,定任务、定质量、定时间、定工分,只需个别人去做的农活也可以责任到人;粮食分配要兼顾国家、集体和个人利益;允许和鼓励社员经营正当的家庭副业,并允许将产品到集市上销售。这些规定,都突破了"农业学大寨"的政策限制。万里还特别表示,农民的种植权、产品的支配权我们都管了,农民还有什么权利?还会有什么生产积极性?我们必须正确对待他们,尊重农民的自主权。

---

[1]　王立新:《要吃米,找万里:安徽农村改革实录》,北京图书馆出版社 2000 年 1 月版,第 46—50 页。

　　1978 年 3 月，新华社向全国发布了安徽"省六条"的通稿，安徽的尝试引起了全国的注意。四川省也在 1978 年年初制定了《关于目前农村经济政策几个问题的规定》，简称"十二条"，要求尊重生产队的自主权，允许和鼓励社员经营少量自留地和家庭副业，并特别肯定了四川一些地方已经实行的"定额到组，评工到人"的做法（四川省 1977 年年底已在广汉县推行了"包产到组"的试点）。

　　安徽省在 1978 年遭遇特大旱灾，出现了大批外出乞讨的灾民，使得省委、省政府不得不进一步考虑如何保障农民权利和调动农民生产积极性的问题。1978 年 9 月 1 日，万里主持通过了安徽省委"借地给农民"的新政策（借给每个农民三分地种菜；农民还可以利用荒岗湖滩种植粮油作物，谁种谁收）。同日，安徽省肥西县山南区开始在柿树公社黄花大队进行"包产到户"试点，并在 9 月中旬推广到了三个公社。滁县则在"借地种保命麦"中普遍采用了"包产到组"的做法。对于肥西县的"包产到户"和滁县的"包产到组"，尽管有不少反对意见，但万里统一了省委的认识，采取不宣传、不推广、不见报的态度，让实践证明其是否正确。万里在向中央领导汇报时特别指出，少数地方搞起了包产到户和包产到组的联产责任制是否可以试试，有什么错误，省委负责。农村太穷，不把土地划给农民，就无法扭转危局。

　　安徽省凤阳县也在 1978 年进行了"包产到组"的试点，但效果不明显。1978 年 11 月 24 日，凤阳县梨园公社小岗生产队的 18 户农民秘密签订了"包干到户"的保证书。凤阳县委书记陈庭元对于这种"反大寨"的行为，也采取了不推广、不宣传、不制止的态度，并且在万里的支持下，在第二年春耕时仍坚持"大包干责任制不能再动"，使得小岗村在 1979 年收获粮食 66185 公斤，是 1966—1970 年粮食生产的总和；还收获了 17600 公斤油料，养了 135 头猪。小岗村当年卖给国家 12497 公斤粮食，超过政府计划的 7 倍；卖给国家 12466 公斤油料，为政府既定任务的 80 倍。小岗村的农产品收入 47000 元，平均每人 400 多元，"包干到户"一年使小岗村发生了巨大变化，农民真实感受到了政策变化带来的好处。①

---

　　① 安徽省农村改革试点的政策案例说明，引自徐勇《包产到户沉浮录》，珠海出版社 1998 年 5 月版，第 217—251 页；参见宋晓明、刘蔚主编《追寻 1978——中国改革开放纪元访谈录》，福建教育出版社 1998 年 11 月版，第 36—49、62—70 页。

(三) 家庭联产承包责任制的政策选择

1978 年 12 月的中国共产党十一届三中全会认可了"包产到组"的做法，但明确强调"不许包产到户，不许分田单干"。到 1979 年春耕时，全国已经有 200 多万个村的 3 亿社员实行了"包产到组"。

1979 年 3 月 12 日至 24 日，国家农委在北京召开关于农业生产责任制的座谈会，围绕"包产到户"问题展开激烈争论。反对者认为"包产到户"即使承认集体对生产资料的所有权，承认集体统一核算和分配的必要性，但否定统一经营，本质上与"分田单干"没多大区别。支持者则强调"包产到户"只要坚持生产资料公有制和按劳分配原则，就与"分田单干"有本质的区别。以中共中央文件转发的座谈会纪要，继续强调"不许包产到户"，要求已经搞了包产到户的地方，要积极引导农民组织起来，坚持走集体化的道路。

对于来自中央的压力，万里代表安徽省向中央明确表态：不管怎么说，我们这里已经干开了，就是单干也不要变了。我们的态度是不宣传、不推广、不见报，但要保护群众的积极性，一切等秋后再说，不论什么办法，能增产就是好办法。在万里的坚持下，安徽省的 379855 个生产队，包产到组的占 22.9%，大包干到组的占 16.9%，包产到户或包干到户的占 10%。1979 年安徽全省粮食总产量达到 320 亿斤，比 1978 年增长了 8%。

其他省份的情况则不容乐观，不仅出现了强行纠正"包产到组"、"包产到户"的现象，还在一些省份出现了"批判"安徽搞"资本主义复辟"和"搞倒退"的宣传攻势。

1980 年 1 月，万里在安徽省农业工作会议上明确指出，包产到户是责任制的一种形式，包字是个好东西，不要怕这个包字。"包产到户"没有什么可怕，我们的根本态度是不能打击群众的积极性。群众已经认可了，苦苦哀求"让我们再干两年好不好啊"。批准！为什么不可以？为什么责难那么多？1980 年 4 月 2 日，邓小平在找胡耀邦、万里、姚依林等人谈话时也明确表示了支持农民"包产到户"的态度：农村地广人稀，经济落后，生活贫困的地区，像贵州、云南，西北的甘肃等省份中的这类地区，我赞成政策要放宽，使他们真正做到因地制宜，发展自己的特点，有的可包产到组，有的可包给个人，这个不用怕，这不会影响我们的社会主义性质。①

1980年5月31日，邓小平又指出："农村政策放宽以后，一些适宜搞包产到户的地方搞了包产到户，效果很好，变化很快。安徽肥西县绝大多数生产队搞了包产到户，增产幅度很大。'凤阳花鼓'中唱的那个凤阳县，绝大多数生产队搞了大包干，也是一年翻身，改变面貌。有的同志担心，这样搞会不会影响集体经济。我看这种担心是不必要的。我们总的方向是发展集体经济。实行包产到户的地方，经济的总体现在还是生产队。""总的说来，现在农村工作中的主要问题还是思想不够解放。"②

1980年6月19日，任国务院副总理、中央财政经济领导小组组长的赵紫阳在给已任国务院副总理的万里的信中，说明了自己对"包产到户"的三点看法：第一，在那些困难落后的地方，可以包产到户；第二，在那些生产比较正常，集体经济搞得比较好的地方，原则上不搞包产到户（至于社会的副业生产和多种经营，可以包括专业组、专业户、专业工）；第三，现在有些经济搞得比较好的地方也搞了包产到户的，允许进行试验，经过一段实践看看结果如何。③

1980年9月14日至22日，中共中央召开各省、市、自治区党委第一书记座谈会，并于9月27日发出座谈会纪要，对"包产到户"的政策原则作了具体的说明：当前，在一部分省区，在干部和群众中，对于可否实行包产到户（包括包干到户）的问题，引起了广泛的争论。为了有利于工作，有利于生产，从政策上作出相应的规定是必要的。我国多数地区集体经济是巩固的或比较巩固的；但也有一些地区，主要由于"左"倾政策或其他领导工作上的原因，集体经济没有办好，生产力水平依然很低，群众生活十分困难。根据这种情况，对于包产到户应当区别不同地区、不同社队采取不同的方针。在那些边远山区和贫困落后的地区，长期"吃粮靠返销，生产靠贷款，生活靠救济"的生产队，群众对集体丧失信心，因而要求包产到户的，应当支持群众的要求，可以包产到户，也可以包干到户，并在一个较长的时间内保持稳定。就这种地区的具体情况来看，实行包产到户，是联系群众，发展生产，解决温饱问题的一种必要的措施。

---

① 1978—1980年年初"农村政策"的政策案例说明，引自徐勇《包产到户沉浮录》，第254—303页；王立新《要吃米，找万里：安徽农村改革实录》，第126—160页。

② 邓小平：《关于农村政策问题》，《邓小平文选》第2卷，第315—316页。

③ 徐勇：《包产到户沉浮录》，第304—305页。

就全国而论，在社会主义工业、社会主义商业和集体农业占绝对优势的情况下，在生产队领导下实行的包产到户是依存于社会主义经济，而不会脱离社会主义轨道的，没有什么复辟资本主义的危险，因而并不可怕。在一般地区，集体经济比较稳定，生产有所发展，现行的生产责任制群众满意或经过改进可以使群众满意的，就不要搞包产到户。这些地方领导的主要精力应当放在如何把集体经济进一步加以巩固和发展。已经实行包产到户的，如果群众不要求改变，就应允许继续实行，然后根据情况的发展和群众的要求，因势利导，运用各种过渡形式进一步组织起来。上述不同地区如何划分，由各省、市、自治区认真调查研究，按当地社队的状况确定。党在农村实行任何一种政策，开展任何一项工作，都必须照顾农民的经济利益和尊重农民的民主权利。在建立健全生产责任制的工作中，违背当地群众愿望，强制推行一种形式，禁止其他形式的做法是错误的。[①]

1981年12月，中共中央召开了全国农村工作会议。1982年1月1日，中共中央批转了《全国农村工作会议纪要》，成为1982年的中共中央"一号文件"。文件指出，截至目前，全国农村已有百分之九十以上的生产队建立了不同形式的农业生产责任制；大规模的变动已经过去，现在，已经转入了总结、完善、稳定阶段。目前实行的各种责任制，包括小段包工定额计酬，专业承包联产计酬，联产到劳，包产到户、到组，包干到户、到组，等等，都是社会主义集体经济的生产责任制。不论采取什么形式，只要群众不要求改变，就不要变动。前一个时期有些人认为，责任制只是包干到户一种形式，包干到户就是"土地还家"、平分集体财产、分田单干。这完全是一种误解。包干到户这种形式，在一些生产队实行以后，经营方式起了变化，基本上变为分户经营、自负盈亏；但是，它是建立在土地公有基础上的，农户和集体保持承包关系，由集体统一管理和使用土地、大型农机具和水利设施，接受国家的计划指导，有一定的公共提留，统一安排烈军属、五保户、困难户的生活，有的还在统一规划下进行农业基本建设。所以它不同于合作化以前的小私有的个体经济，而是社会主义农业经济的组成部分；随着生产力的发展，它将会逐步发展成更为完善的集体经济。在各地建立的生产责任制中，实

---

① 见《中共中央印发关于进一步加强和完善农业生产责任制的几个问题的通知》，载中共中央文献研究室编《三中全会以来重要文献选编》上，第473—476页。

行联产计酬的占生产队总数的百分之八十以上，一般地讲，联产就需要承包。联产承包制的运用，可以恰当地协调集体利益与个人利益，并使集体统一经营和劳动者自主经营两个积极性同时得到发挥，所以能普遍应用并受到群众的热烈欢迎。目前存在于不同地区的名目众多而又各具特色的责任制形式，是群众根据当地不同生产条件灵活运用承包形式的结果。总之，不同形式的承包，都有它在一定地点和条件下的适应性和局限性，即使在一个生产队内，也可以因生产项目、作业种类不同而采取多种形式。各级领导干部在推导群众确定生产责任制形式时，一定要下苦功夫向实践学习，向群众学习，尊重群众的创造精神，真正做到因队制宜。至此，关于"包干到户"的争论基本结束，在全国实行家庭联产承包责任制的政策也基本定型。

中央决策层对"包产到户"的认识转变，带来了全国性的由"包产到户"向"包干到户"的重要转变。"包产到户"要求的是在农村集体经济组织坚持生产资料公有制和坚持统一计划、统一经营、统一核算、统一分配的条件下，把耕地农作物和某些畜牧业、养殖业和副业生产任务承包（包用工、包费用、包产量）给农户负责，实行的是超产奖励、减产赔偿的承包方法。"包干到户"（即安徽省小岗村的"大包干"），则是以农户为单位，在集体经济组织统一组织和经营下，根据统一计划，承包一季或全年以至更长时间的生产任务，根据双方签订的有关权利、责任和利益的承包合同，由农户自行安排各项生产活动，产品除向国家缴纳农业税、向集体缴纳积累和其他提留外，完全归承包者所有。农民把这种方式概括为"保证国家的、留足集体的、剩下都是自己的"。按照农业部的统计，1978 年年底到 1980 年 1 月底，全国包产到户的生产队有 407 万个，占当时生产队总数的 84.8%；有 1100 个生产队实行小岗式的包干到户，仅占生产队总数的 0.22%。到 1981 年 6 月底，实行联产承包责任制的生产队有 559.4 万个，占当时生产队总数的 95.1%，其中有 66.2 万个生产队实行小岗式的包干到户，占生产队总数的 11.26%。到 1982 年 6 月底，实行联产承包责任制的生产队已占生产队总数的 99.2%，实行小岗式包干到户的生产队则占生产队总数的 66%。1983 年实行联产承包责任制的生产队占生产队总数的 99.5%，实行小岗式包干到户的生产队占生产队总数的 98.3%。1984 年，全国 100% 的生产队实行了实行联产承包责任制，其中实行小岗式包干到户的达到 99.1%。全国用四年的时间（1981—

1984 年),以小岗式的包干到户取代了包产到户。①

家庭联产承包责任制的实行,对改善农民收入起了重要的作用。1978—1982 年,全国农村居民家庭的人均纯收入翻了一番(1978 年 133.6 元,1982 年达到 270.1 元,是 1978 年的 2.02 倍)。全国的粮食总产量,1978 年为 30477 万吨,1982 年则发展到了 35450 万吨,比 1978 年增长了 16.32%。②

(四) 农村政策纠错中的五个"突破"

综观 1976—1982 年农村政策的重大转变,需要特别注意的是在政策过程中实现了五个"突破"。

一是"权利"突破。注重农民的权利,尤其是注重农民的经营自主权和产品支配权,承认这些权利都是农民的"应得权利"(或者是必须为农民提供的"保障性权利"),是挑战错误政策的重大"突破口"。恰是权利的给予,使农民有了自主生产的机会,并催生了发展生产的强大动力。"包产到户"和"包干到户"之所以在几年内能够全面实施,就是因为这样的做法满足了广大农民的权利需求,进而使农民自身的利益在生产发展和生活改善中得到了一定的保证。

二是"体制"突破。全面实行家庭联产承包责任制,不仅改变了"集体生产"的农村生产体制和"集体分配"的农村分配体制,还对"三级所有"的集体所有制和人民公社的管理体制带来了重大的冲击。体制的改变,是为了更好地发展生产力,当然打破"体制桎梏"并不是容易的事情。采用新的农业发展政策之所以一波三折,就是因为在"体制"问题的讨论和争论上花费了不少的时间,并且不得不承受"维系体制"的"纠偏行为"带来的各种压力。

三是"政治"突破。经济问题"政治化",是"农业学大寨"政策框架的核心内容,突出表现的是以"以阶级斗争为纲"和"坚持学大寨运动"的"政治正确"主导农村的发展。从"包产到组"到"包产到户"再到"包干到户",都是对这种"政治正确"的挑战,由此引发了一系列的"批判式"的"政治干预"。真理标准讨论和否定"两个凡是",

---

① 宋晓明、刘蔚主编:《追寻 1978——中国改革开放纪元访谈录》,第 74 页。
② 《中国统计年鉴—1995》,第 279、347 页。

对否定"农业学大寨"政策的"政治正确"起了决定性的作用，不仅使发展生产力成为新的"政治正确"标准，也使农村政策在一定程度上"去政治化"，不再纠缠于"复辟资本主义"或"破坏社会主义"的高度意识形态化的政治问题，而是选择最有利于经济发展的手段和方法。应该承认，恰是有了这样的"政治"突破，才使得政策的纠错过程得以最终完成。

四是"地方"突破。农村政策的改变，不是在"自上而下"的政策路径中完成的，而是在"中间突破、上下结合"的政策路径中实现的。安徽省和四川省不仅率先出台政策文件，突破中央的政策限制，还鼓励基层开展各种试点，尤其是对农民自发的做法秉持保护态度，并主动向中央表示承担政策风险和政策责任。中央一些部门对安徽省的做法，从暗中支持转向明确支持，以及邓小平等中央领导人的明确表态，为克服阻力实现政策转折提供了重要的助力。这样的政策选择过程，验证了邓小平倡导的"地方先试"和"从群众中来，到群众中去"的"实践出政策"的方法确实是可行的，并且能够起到纠正错误政策的重要作用。

五是"政策研究"突破。农村政策的变化，需要对相关的政策问题进行深入、细致的调查和研究，为此于1979年3月成立了国家农业委员会，委员会下设政策研究室、计划局等机构。在"包干到户"问题讨论过程中，国家农业委员会的主要负责人也经历了由质疑到看一看再到支持的变化过程。1981年7月15日至8月10日，国家农业委员会和中国社会科学院联合组成调查组，对安徽省滁县的"包干到户"作了全面调查。在1982年的机构改革中，国家农业委员会并入国家经济委员会，原任国家农业委员会副主任的杜润生认为应该保留一个专门从事农业政策研究的机构，尤其是应该保留参与滁县调查的基本队伍。这一建议获得了中央领导人的支持，1982年4月28日正式成立了中共中央书记处农村政策研究室，5月7日成立了中国农村发展研究中心，两个牌子一套人马，杜润生出任研究室和研究中心主任。农村政策研究室负责联系组织全国从事农村问题研究的专家、学者和一部分实际工作人员，按照课题设计开展调查研究，对有争论的问题组织论证，并参与中央有关农村政策的讨论甚至起草工作。以中央的专门机构研究政策问题，在当时并不多见，应是政策研究方面的一个重要突破。

还需要注意的是，通过政策变化保障农民的权利，尤其是自主经营的权利,其意义不仅在农村,还很快辐射到了城市,使城市居民的权利保障问题也很快提上了政策日程。

六 确定政策发展方向

在纠正一系列错误政策的基础上,中国共产党明确提出了六个重要的政策发展方向,为构建新的政策体系奠定了政策理念基础。

(一)"现代化"方向

为召开中国共产党十一届三中全会,1978年11月10日至12月15日召开了中共中央工作会议。在开幕式上,宣布了中共中央政治局"从1979年1月起,把全党工作的着重点转移到社会主义现代化建设上来"的重大决定。会议原定的三个议题,一是如何尽快把农业搞上去,二是商定1979年和1980年两年国民经济计划的安排,三是讨论国务院副总理李先念在国务院务虚会议上的讲话。但是会议很快打破了既定的议题,集中讨论了一些重大的历史遗留问题、关于真理标准讨论问题以及对几位中央负责人的批评意见。作为一次重要的"政策讨论会",工作会议不仅对"左倾"思想带来的错误政策作了全面的批驳并要求相关决策者作出检讨,还明确要求采取一系列的纠错行为(如为1976年的"天安门事件"平反,明确1975—1977年的"反击右倾翻案风"是错误的,并为"文化大革命"中的重大冤假错案平反等)。[①]

1978年12月18日至22日召开的中国共产党十一届三中全会,在会议公报中明确指出:全国范围内揭批林彪、"四人帮"的群众运动已经基本上胜利完成,现在就应当适应国内外形势的发展,及时地、果断地结束全国范围的大规模的揭批林彪、"四人帮"的群众运动,把全党工作的着重点和全国人民的注意力转移到社会主义现代化建设上来。

十一届三中全会之所以重要,是因为在总的政策方向上实现了向"现代化建设"的转向。对于这样的政策方向,党内可能还有不同的看法,民众也需要进一步的理解和观察,但是有一点是极为清楚的,就是

---

① 关于此次中央工作会议的详细情况,见于光远《我亲历的那次历史转折:十一届三中全会的台前幕后》,中央编译出版社1998年11月版。

"政策转向"已经成为不可逆转的事实。恰是经过了"思想解放"的铺垫，使多数人能够以积极的心态来看待这样的事实。尤其需要注意的是，国家层面的"政策转向"，如果与公民个人无关，公民只会充当"看客"的角色，既不会去积极了解政策，更不会成为政策的真正拥护者。一旦国家层面的"政策转向"涉及了公民的个人利益，尤其是能够在一定条件下满足公民的利益需求，就会起到重要的"政策绑定"作用，使国家的发展和公民个人的发展通过政策紧密地联系在一起，公民就会随着政策的转换完成自身的角色转化，由"政策看客"转化为政策支持者和行动者，以及对更多"好政策"的期待者。中国共产党提出的重大政策转向，就是要在国家的现代化进程中，为民众带来一系列的"好政策"，并使这些政策积极发挥"政策绑定"作用。随着时间的推移，人们对于这一点的认识会越来越清晰。

（二）"开放"方向

1978 年 10 月 10 日，邓小平在接见外国代表团时指出："中国在历史上对世界有过贡献，但是长期停滞，发展很慢。现在是我们向世界先进国家学习的时候了。我们过去有一段时间，向先进国家学习先进的科学技术被叫作'崇洋媚外'。现在大家明白了，这是一种蠢话。我们派了不少人出去看看，使更多的人知道世界是什么面貌。关起门来，固步自封，夜郎自大，是发达不起来的。""你们问我们实行开放政策是否同过去的传统相违背。我们的做法是，好的传统必须保留，但要根据新的情况来确定新的政策。"①

实行"开放政策"的一个重要举措是创办经济特区。1978 年 12 月，交通部和广东省在"开放"思想的指导下，经过调查研究，提出了在蛇口兴建工业区的设想，并于 1979 年 1 月上旬形成《关于我驻港招商局在广东宝安建立工业区的报告》，上报国务院。1 月 31 日，主持国务院常务工作的李先念明确表示了对建立蛇口工业区的支持。2 月 2 日，谷牧副总理召集中央有关部门的会议，研究了落实兴建工业区的具体事宜。在1979 年 4 月 5 日至 28 日的中央工作会议上，习仲勋代表广东省委向中央

---

① 邓小平：《实行开放政策，学习世界先进科学技术》，《邓小平文选》第 2 卷，第 132—133 页。

提出建议,在深圳、珠海、汕头划出一块地方,单独进行管理,作为华侨、港澳同胞和外商的投资场所,按照国际市场的需要组织生产,初步定名为"贸易合作区"。邓小平明确表示,深圳就叫特区,中央没有钱,你们自己去搞,杀出一条血路来。参加中央工作会议的福建省领导听到广东向中央要权和建特区,希望中央也对福建实行同样的政策,在厦门建立主要面对台湾的特区。1979 年 6 月,形成了广东省委、福建省委关于对外经济活动实行特殊政策和灵活措施的两个报告。1979 年 7 月 15 日,中共中央、国务院批转了广东省委、福建省委关于对外经济活动实行特殊政策和灵活措施的两个报告,原则同意两省试行在中央统一领导下的大包干的经济管理体制方式。除财政管理体制试行大包干的办法外,在计划、物资供应、物价政策等方面,也都实行新的经济体制和灵活政策。出口特区先在深圳、珠海两市划出部分地区搞试点。①

1980 年 3 月 24 日至 30 日,在广州召开了广东、福建两省的特区建设会议。会议明确指出,特区的管理在坚持四项基本原则和保障国家主权的条件下,可以采取与内地不同的体制和政策。考虑特区发展的需要,会议采纳广东省提出的建议,将"出口特区"的名称改成了"经济特区"。1980 年 5 月 16 日,中共中央转发了此次会议的纪要,并强调中央决定广东、福建在对外经济活动中实行特殊政策和灵活措施是正确的。②

1980 年 8 月 26 日,五届全国人大常委会第十五次会议审议批准建立深圳、珠海、汕头、厦门四个经济特区,并批准和公布了《广东省经济特区条例》。1981 年 5 月下旬到 6 月上旬,中央又召开了经济特区工作会议,并形成了以下政策规定。(1)深圳、珠海、汕头、厦门四个经济特区,不是政治特区。(2)举办经济特区是为了吸收利用外资,引进先进技术,拓展对外贸易,加速经济发展。(3)特区经济的所有制结构,是社会主义经济领导下多种经济成分并存。(4)特区建设要制订全面规划,量力而行,从小到大,逐步发展。(5)特区要致力于经济体制改革。(6)加强经济特区法制建设。全国人大常委会授权广东省、福建省人民代表大会及其常务委员会制定经济特区的单行经济法规,并报全国人大常

---

① 宋晓明、刘蔚主编:《追寻 1978——中国改革开放纪元访谈录》,第 517—536、554—567 页。
② 新华月报编辑部编:《新中国五十年大事记》(下),人民出版社 1999 年 9 月版,第 618—619 页。

委会和国务院备案。（7）对在特区举办的外商投资企业给予优惠和方便。（8）授予特区较大的经济管理权限。（9）国家大力支持特区建设，特区建设所需资金，由国家给予财政和信贷支持。深圳、珠海两市的财政收入1985 年以前不上缴，厦门、汕头上缴的财政收入由两省政府核减。特区的外汇收入单列，超过 1978 年基数的增收部分五年内不上缴，用于特区建设。特区的对外贸易在国家统一政策指导下自主经营。至此，建设经济特区的政策基本定型，在明确的政策支持下，经济特区的建设得以全面展开。①

（三）"先富"方向

邓小平在 1978 年 12 月 13 日明确提出了在政策上允许"先富"的设想："在经济政策上，我认为要允许一部分地区、一部分企业、一部分工人和农民，由于辛勤努力成绩大而收入先多一些，生活先好起来。一部分人生活先好起来，就必然产生极大的示范力量，影响左邻右舍，带动其他地区、其他单位的人们向他们学习。这样，就会使整个国民经济不断地波浪式地向前发展，使全国各族人民都能比较快地富裕起来。"②

1980 年 4 月，邓小平又强调："根据我们自己的经验，讲社会主义，首先就要使生产力发展，这是主要的。只有这样，才能表明社会主义的优越性。社会主义经济政策对不对，归根到底要看生产力是否发展，人民收入是否增加。这是压倒一切的标准。空讲社会主义不行，人民不相信。"③

"先富"的政策方向，实际上是以"给机会"的政策方式来调动民众的积极性，使人们逐渐改变"大锅饭"的思维，发挥自己的能量，主动寻求"先富"的机会。争取"先富"的行动一旦普及，就会在民间形成一种强大的发展动力，而这样的动力恰是国家发展所急需的。当然，要打破固化的"政策思维"，还需要一定的时间，但最重要的是中央已经为此给出了"机会"，为焕发活力和推动社会发展准备了重要的条件。

（四）"市场经济"方向

1979 年 12 月 6 日，邓小平指出："说市场经济只存在于资本主义社

---

①　郭德宏等主编：《党和国家重大决策的历程》（下），第 1273—1280 页。
②　邓小平：《解放思想，实事求是，团结一致向前看》，《邓小平文选》第 2 卷，第 152 页。
③　邓小平：《社会主义首先要发展生产力》，《邓小平文选》第 2 卷，第 314 页。

会，只有资本主义的市场经济，这肯定是不正确的。社会主义为什么不可以搞市场经济，这个不能说是资本主义。我们是计划经济为主，也结合市场经济，但这是社会主义的市场经济。虽然方法上基本上和资本主义社会的相似，但也有不同，是全民所有制之间的关系，当然也有同集体所有制之间的关系，也有同外国资本主义的关系，但是归根到底是社会主义的，是社会主义社会的。市场经济不能说只是资本主义的。市场经济，在封建社会时期就有了萌芽。社会主义也可以搞市场经济。同样地，学习资本主义国家的某些好东西，包括经营管理方法，也不等于实行资本主义。这是社会主义利用这种方法来发展社会生产力。把这当作方法，不会影响整个社会主义，不会重新回到资本主义。"[①]

1980年9月，国务院经济体制改革办公室在《关于经济体制改革的初步意见》中明确提出，我国现阶段的社会主义经济，是生产资料公有制占优势、多种经济成分并存的商品经济。经济体制改革的方向，就是把单一的计划调节，改为在计划指导下充分发挥市场调节的作用。在一些经济学家看来，这是比较彻底的市场经济思想，因为从本质上说，商品经济就是市场经济。但是这样的思想受到了一些当时处于领导地位的理论家的批评，并使得"市场经济"方向的最终确定，延宕到了"十四大"时期。

(五)"调整"方向

在国家的经济发展方面，"十大"后期和"十一大"时期经过四个阶段的变化，最终确定了以"调整"为主要方向的经济发展政策。

1976年10月至1977年10月是第一阶段，政策重心是国民经济的恢复和整顿。1977年3月3日至16日召开的全国计划会议，要求解决经济上存在的三个突出问题，一是农业和轻工业发展不足问题，二是能源和原材料紧缺问题，三是建设规模过大问题。会议还提出了经济工作"十个要不要"的问题，如要不要坚持党的领导，要不要贯彻社会主义建设总路线，要不要坚持合理规章制度和严格的劳动纪律，要不要抓好经济核算，要不要坚持按劳分配原则，要不要坚持计划经济，要不要引进外国先进技术等。这些问题的讨论，对于初步认识"文化大革命"对经济工作的破坏以及理清经济发展的总体思路，起了一定的作用。为使国民经济得

---

① 邓小平：《社会主义也可以搞市场经济》，《邓小平文选》第2卷，第236页。

到恢复，中央不仅要求整顿各行业的经济秩序，也采取了稳定市场物价的严厉措施。

1977 年 11 月至 1978 年 10 月是第二阶段，出现了"洋跃进"的政策走向。1977 年 11 月召开的全国计划工作会议提出，到本世纪末我国主要工业产品产量要分别接近、赶上和超过最发达的资本主义国家，各项经济技术指标分别接近、赶上和超过世界先进水平。1978 年召开的五届全国人大一次会议，更是重新提出了"赶英超美"的口号。会议通过的《1976 年到 1985 年发展国民经济十年规划纲要》，明确宣布"一个新的跃进形势已经到来"。为了"跃进"，不仅规定了各种经济发展的高指标，还提出了庞大和宏伟的发展计划，并开始盲目扩大基本建设和过多引进国外先进技术设备。"洋跃进"不仅加剧了国民经济比例关系的失调，还带来了成本代价大和经济效益差的重大危害。1978 年 9 月 5 日至 10 月 22 日召开的全国计划会议，尽管明确了经济上必须实行三个转变（一是把主要注意力转到生产和技术革命上来；二是从不计经济效果、不讲工作效率的官僚主义的管理制度和管理方法，转到按经济规律办事、把民主和集中很好地结合起来的科学管理的轨道上来；三是从不同资本主义国家进行经济技术交流的闭关自守或半闭关自守状态，转到积极地引进国外先进技术、利用国外资金、大胆地进入国际市场上来），但是所确定的生产计划和基本建设计划，依然存在进度过急和指标过高的问题。

1978 年 12 月至 1980 年 11 月是第三阶段，政策重心是国民经济的调整。十一届三中全会公报明确指出，按照客观经济规律办事，我们的国民经济就高速度地、稳定地向前发展，反之，国民经济就发展缓慢甚至停滞倒退。我们必须看到，一些重大的比例失调状况没有完全改变过来，生产、建设、流通、分配中的一些混乱现象没有完全消除，城乡人民生活中多年积累下来的一系列问题必须妥善解决。我们必须在这几年中认真地逐步地解决这些问题，切实做到综合平衡，以便为迅速发展奠定稳固的基础。基本建设必须积极地而又量力地循序进行，要集中力量打歼灭战，不可一拥而上，造成窝工和浪费。1979 年 4 月 5 日至 28 日的中央工作会议，针对"左倾"指导思想影响下的国民经济比例严重失调问题，决定对整个国民经济实行"调整、改革、整顿、提高"的方针，强调调整是当前国民经济全局的关键，要在调整中改革，在调整中整顿，在调整中提高。

1980 年 12 月至 1982 年 8 月是第四阶段，要求对国民经济进行再调整。1980 年 12 月 16 日至 25 日的中央工作会议，明确指出建国以来经济建设中的"左倾"错误是主体方面的错误，对国民经济的一次调整还没有到位，还存在很多问题，需要从 1981 年起进行进一步的调整。经济再调整的总体要求和主要任务是稳定经济、调整结构、挖掘潜力和提高效益。1981 年的国务院政府工作报告不仅要求经济建设真正从实际情况出发，走出一条发展速度比较实在、经济效益比较好、人民可以得到更多实惠的新路子，还要求积极稳妥地改革经济体制，充分有效地调动各方面的积极性；从一切为人民的思想出发，统筹安排生产建设和人民生活。①

经济政策的改变，对中国的经济发展产生了重要的影响。国家统计局公布的经济发展数据，显示了政策带来的一些重要变化。

全国的工农业生产总值，由 1978 年的 3624.1 亿元，上升到 1982 年的 5294.7 亿元，增长 46.10%。比较国家统计局后来核算的国内生产总值即 GDP 的增长情况，更能说明问题。"十一大"时期的 GDP 增长，1977 年为 7.6%，1978 年为 11.7%，1979 年为 7.6%，1980 年为 7.8%，1981 年为 5.2%，1982 年为 9.1%。"十一大"时期的经济增长速度尽管在 1979—1981 年因为实施"调整"政策有所放缓，但是既没有出现"文化大革命"期间经济增长急剧变化的现象，更没有出现过经济"负增长"的现象。②

需要注意的是，"十一大"时期人均 GDP 的水平还是相当低的，1978 年 379 元，1982 年达到 526 元，比 1978 年增长 38.79%。从全国职工的年平均工资看，"十一大"时期有一定增长，1978 年为 615 元，1982 年为 798 元，比 1978 年增长 29.76%。③

统计数字一方面反映了政策带来的积极变化，另一方面反映了人均

---

① 1976—1982 年"经济政策调整"的政策案例说明，引自董辅礽主编《中华人民共和国经济史》下卷，经济科学出版社 1999 年 9 月版，第 3—10、24 页；朵生春《中国改革开放史》上卷，第 151—162 页。

② 1966—1982 年的中国 GDP 数据，见中华人民共和国国家统计局《中国统计年鉴—2002》，中国统计出版社 2002 年 9 月版，第 51、53 页。1966—1976 年的"文化大革命"期间的 GDP 增长，1966 年为 10.7%，1967 年为 -5.7%，1968 年为 -4.1%，1969 年为 16.9%，1970 年为 19.4%，1971 年为 7.0%，1972 年为 3.8%，1973 年为 7.9%，1974 年为 2.3%，1975 年为 8.7%，1976 年为 -1.6%。

③ 《中国统计年鉴—2002》，第 51、145 页。

GDP 水平低、人均收入低的严峻现实。应该承认，中国开始政策转向时，经济的起点确实是比较低的，尽管 1978 年中国的国内生产总值在世界各国中排名第 10 位，但是人均 GDP 在有统计数字的 188 个国家中，排名为第 175 位。[①] 改变现状确实已经成为上至国家领导人、下至普通百姓的共同目标，可是要实现这样的目标，要经过长期的努力和必要的积淀，"十一大"时期的经济稳定增长和人民收入的增加，对于后来的快速经济增长和社会进步而言，起的就是重要的积淀作用。

（六）"民主"方向

经济和政治有密切的关系，在政治上发扬民主，会对经济发展产生重要的影响，为此，党的领导人对中国的民主发展方向提出了明确的看法。

在 1979 年 3 月的理论务虚会议上，担任中共中央宣传部部长的胡耀邦指出："我们党提倡的是人民民主，是民主集体主义，或民主集中主义，反对民主个人主义。宪法的个别条文，不是不可以修改。但是，诸如我们的国家是共产党领导、要搞社会主义、以马列主义为指导思想等等，这些基本原则不能违背。"[②] 邓小平也在理论务虚会议上指出："我们一定要向人民和青年着重讲清楚民主问题。社会主义道路、无产阶级专政、共产党的领导、马列主义毛泽东思想，都同民主问题有关。什么是中国人民今天所需要的民主呢？中国人民今天所需要的民主，只能是社会主义民主或称人民民主，而不是资产阶级的个人主义的民主。"[③]

1979 年的国务院政府工作报告采用了理论务虚会的提法，并作出了以下表述：中共中央号召全国人民在实现现代化的事业中要坚持四项基本原则，即坚持社会主义道路，坚持无产阶级专政，坚持共产党的领导，坚持马克思列宁主义毛泽东思想，这四项原则都不能离开社会主义民主。

将四项基本原则与人民民主联系在一起，对中国民主的发展起了重要的定向作用。中国共产党在反思"文化大革命"的错误后，深刻认识到

---

① 中华人民共和国国家统计局编：《中国统计年鉴—2013》，中国统计出版社 2013 年 9 月版，第 967 页。
② 胡耀邦：《理论工作务虚会引言》，中共中央文献研究室编《三中全会以来重要文献选编》上，第 56—57 页。
③ 邓小平：《坚持四项基本原则》，《邓小平文选》第 2 卷，第 175 页。

了发展民主的重要性，尽管对如何发展民主还需要做进一步的探索，但是在总体上为民主的发展确定基本方向并设定一些基本的原则，还是很有必要的，因为没有明确的方向把握，可能使中国的民主发展"步入歧途"，这恰是邓小平等人所担心的。

（七）以"纠错"为基础的"政策民主"

1976 年 10 月至 1982 年 8 月的中国共产党"十大"后期及"十一大"时期中国政策的发展，证明了一个基本论断，就是可以用"政策纠错"的方法推动"政策民主"实践的发展。

在《政策民主》第三部中，已经强调"纠错"是"政策民主"的一项重要要求，并指出"政策错误"的标准，既有西方学者强调的实施不当干预的政策、投票表决产生的错误政策、不顾事实的政策、不顾方向和全局的政策四类标准，也有马克思主义经典作家强调的方向性错误、原则性错误、严重脱离实际的错误、大错误或全局性错误、主观主义或强制接受的错误、个人崇拜的错误六类标准。纠正错误政策可以有不同的方式，但最需要注意的是马克思主义经典作家强调的六种方式：一是"公开承认错误"方式，二是"重新审查政策"方式，三是"主动改正错误"方式，四是"纠正执行政策中的错误"方式，五是"区分成绩和错误"方式，六是"有错必纠"方式。

真正的政策"纠错"过程，是"纠错"理论的实际运用过程，由此需要特别注意"十大"后期及"十一大"时期"政策民主"的十方面"纠错"实践。

第一，方向和原则方面的"纠错"实践。在"文化大革命"结束后，将"运动中的中国"转变为"走向现代化的中国"，主要体现的是纠正政策的方向性错误、原则性错误和全局性错误。对"现代化"的概念可以有不同的理解，但是有两点需要特别注意。一是现代化要求体现"现代性"的整体进步，如亨廷顿（Samuel P. Huntington）所言："现代化包括工业化、城市化，以及识字率、教育水平、富裕程度、社会动员程度的提高和更复杂的、更多样化的职业结构。"[1] 派伊（Lucian W. Pye）也指出：

---

① ［美］塞缪尔·亨廷顿：《文明的冲突与世界秩序的重建》，周琪等译，新华出版社 2002 年 1 月版，第 58 页。

表现为前进和进步的现代化是深刻的社会变迁过程，"在这个过程中，受传统束缚的乡村或以部落为基础的社会，被迫对现代化、工业化和以城市为中心的世界的要求及压力作出反应"。① 二是现代化并不一定意味着西方化，亨廷顿已明确指出："现代化并不一定意味着西方化。非西方社会在没有放弃它们自己的文化和全盘采用西方价值、体制和实践的前提下，能够实现并已经实现了现代化。"② 中国共产党十一届三中全会之所以选择"现代化"的政策方向，一方面是以此来表示对"文化大革命"错误政策方向的否定，另一方面是通过强调"把全党工作的着重点和全国人民的注意力转移到社会主义现代化建设上来"，明确表示要取得符合"四个现代化"要求的整体进步，并通过强调"在本世纪内把我国建设成为社会主义的现代化强国"，明确表示中国要走符合本国国情的现代化道路。这样的方向性选择，不是一种简单的概念回归（"四个现代化"的目标在 1954 年就已经提出，在 1964 年还明确了分两步实现"四个现代化"的设想），而是要追赶世界现代化潮流的一种现实性抉择，因为"文化大革命"确实大大延缓了中国的现代化进程。

第二，权力方面的纠错实践。权力尤其是政策权力过分集中，导致重大的决策失误，曾将中国引入灾难性的内乱。中央领导人之所以强调党政分开和民主集中制的决策方式，就是要纠正权力不受约束的错误倾向，因为限制权力的做法，是现代化进程中的一个重要要求。如阿普特（David E. Apter）所言："现代化社会中的政府试图使不同阶层的成员得到最大满意，推动权力的现代化，为了获得民众的忠诚和使政府活动合法化，权力必须受到限制。"③ 中国在现代化的进程中，确实需要解决"权力现代化"的问题，但是限制过分集中的权力与善用权力应该是相辅相成的。如派伊所言："现代化的确蕴涵着一种能够有效地处理更大范围问题的更大的能力，可供政策选择利用的权力水平显然比在传统体系中要高些。"④ "十大"后期及"十一大"时期的中央和地方领导人以决策者的权力否定错

---

① ［美］鲁恂·W. 派伊：《政治发展面面观》，任晓、王元译，天津人民出版社 2009 年 4 月版，第 22 页。

② ［美］塞缪尔·亨廷顿：《文明的冲突与世界秩序的重建》，第 70 页。

③ ［美］戴维·阿普特：《现代化的政治》，陈尧译，世纪出版集团、上海人民出版社 2011 年 1 月版，第 170 页。

④ ［美］鲁恂·W. 派伊：《政治发展面面观》，第 30 页。

误政策,推动重大的"利好"政策,以及启动农村改革,都是善用政策权力的重要尝试。

第三,权利方面的纠错实践。对于"文化大革命"中存在的严重忽视人民权利和"滥用权利"的理念和做法,在"文化大革命"结束后采用的纠错方法,一是在理念上强调了人民权利的重要性,并在宪法中对人民的各项权利作出更明确规定;二是在实践层面恢复了公民的选举权,使"支配权利"的行使成为公民的常态性权利行为;三是落实人民的各种"应得权利",并以此作为纠正错误政策的重要突破口,如恢复高等学校招生考试,实际上是为一代青年人提供了通过竞争进入高等学校的平等权利和机会权利;终止知识青年上山下乡运动和允许下乡知识青年回城,则是既承认下乡知识青年有回城的权利,也承认已毕业和即将毕业的初高中生有继续升学和在城市就业的权利;包产到户或者包干到户,更是使广大的农民开始享有真正的"自主经营"的权利。对于现代化而言,"权力现代化"固然重要,"权利现代化"同样重要,因为这两种现代化是互为表里和相互支持的,因此与"权利现代化"有关的各种进步,都值得充分的肯定。

第四,社会方面的纠错实践。结束"文化大革命"以及结束大规模的揭批林彪、"四人帮"的群众运动,都是为了使社会能够摆脱"以阶级斗争为纲"的错误做法,将强调"斗争"和"运动"的社会,转变为强调"发展"和"建设"的社会,使中国尽快进入现代化的社会形态。如阿普特所言:"现代化的动机依赖于社会中人的因素,人们的创造性以及他们整体的向上精神。无论涉及的个性是什么,很清楚,现代化都创造了一种赶超心理以及由于处于不利地位而产生的被替代感,这些均产生了要求变革的动力。一个社会中任何物质条件的改善制造了更多的物质需求。"① 调动人的积极性,为社会带来活力,确实是"十大"后期及"十一大"时期的政策重点,并且在农村通过初步的改革,不仅使农民的物质需求有了重大的变化,也开始培育农民的"赶超心理"和"整体向上"精神。当然,社会转型是一个漫长的过程,这一时期所能做的,只是基本否定了以往的社会形态,并着手为形成新的社会形态凝聚动力和准备了必要的条件。

_____

① [美]戴维·阿普特:《现代化的政治》,第35页。

　　第五，信息方面的纠错实践。"十大"后期尤其是"十一大"时期，中国的政策话语发生了根本性的变化。"阶级斗争"、"割资产阶级尾巴"、"两个凡是"等带有"左倾"色彩的标志性话语，都逐渐隐退。现代化、实践检验真理、思想解放、改革、开放、先富等代表新政策思维的标志性话语，逐步实现了对政策信息的全面主宰。政策信息的沟通，也已经在决策者和民众之间展开，重要的标志就是自1979年开始，每年向全国人民代表大会所作的国务院政府工作报告，都罗列大量的统计数据说明上一年政策执行的基本情况，并且对政策的难点问题和解决问题的思路作出较详细的说明。如1981年的国务院政府工作报告就出现了这样的政策说明："1979年以来，国家用于改善人民生活的各种支出大大增加，尽管步子走得快了一点，但总的说是做得对的。在这同时，国家预算内安排的基本建设投资减得不够，行政费用还继续增加，这就使各项开支的总和超过了财政收入。1979年和1980年连续出现很大的财政赤字，货币投放量过多，物价上涨。如果不采取有力措施加以解决，1981年还会有一百几十亿元的赤字，那么，几年来人民生活所得到的改善必将丧失，比例失调的状况将进一步加剧，国家经济生活将发生严重混乱，安定团结的政治局面就难以巩固和发展。鉴于这种情况，国务院在1980年10月、11月先后召开全体会议和全国省长、市长、自治区主席会议，对经济工作进行了讨论。随后，中共中央于12月召开工作会议，在对全国形势作了符合实际的估量的基础上，作出了在经济上实行进一步调整、政治上实现进一步安定的重大决策。"重要政策信息的传递和政策话语的转变，使民众从主要关注"政治"，转向了主要关注"政策"，因为政策与民众利益的关系已经越来越紧密，了解政策确实可以为个人发展乃至社会进步提供重要的帮助。

　　第六，政策参与方面的纠错实践。在《政策民主》第三部中，已经指出在政策参与方面，主要有选举式、表决式、表达式、组织式、行动式五类参与方式。"十大"后期及"十一大"时期在两方面展开了政策参与的纠错实践，一方面是对不当参与行为的纠正，主要表现为取消"大鸣、大放、大辩论、大字报"的"大民主"参与方式，因为这样的参与方式具有"大众民主"色彩和"极端民主"倾向，不可能带来符合社会主义民主要求的政策参与过程；另一方面是恢复被"文化大革命"终止的各级人大代表选举和恢复人大、政协的会议制度，不仅使公民的"选举式参与"成为真实的民主参与行为，也使人大代表、政协委员的"组织式参与"成为正常的政策参与行为。尤其需要注意的是，"行动式参与"也对政策纠错有所影响，"十一大"时期至少提供了两个重要事例。一个事例是原云南生产建设兵团的上山下乡知识青年为争取回城所采取的行动，对于改变错误政策决定、加速下乡知识青年回城起了一定的推动作用。另一个事例是安徽省农民的"包产到户"试点，尤其是小岗村的"包干到户"行动，对于否定"农业学大寨"和推动农村政策的改变，起了重要的作用。更为重要的是，以包容的态度对待与政策有关的"行动式参与"，是一个重大的进步。对下乡知识青年的过激行动，主政者有批评和劝阻，但是没有动用武力的强制，而是及时派出调查组与知识青年接触，以求尽快解决问题。对农民自发的"自主经营"行为，以及农村基层干部组织的打破"大锅饭"的试点，地方领导人"不宣传、不推广、不见报"的政策态度，更是体现了对农民积极性和创造性的包容和保护。政策参与要真正发挥作用，必须在政策参与者与主政者之间有一个积极的互动过程，"十一大"时期的实践对这一点已经给予了充分的证明。

第七，法制和制度方面的纠错实践。"文化大革命"对中国的法制和制度都带来了严重的破化，需要"拨乱反正"，由此不仅在理念层面有了必须使民主制度化、法律化的要求，还在实践层面恢复了人民代表大会制度和政治协商制度，并使其在民主决策中开始发挥重要的作用。阿普特指出："现代化过程的特征之一就是现代化同时包含了两个方面：改善了选择条件，以及选取了最令人满意的选择机制。"① "十大"后期及"十一大"时期在法制和制度方面的重大进步，就是既改善了选择条件（强调坚持民主和法制的基本原则，并以实践是检验真理的唯一标准作为新的政策选择条件），也选取了新的选择机制（改变"个人崇拜"式的政策选择机制，建立民主的政策选择机制）。选择条件和选择机制的变化，可以使"民主的政策过程"成为真实的存在，这恰是制度变化所追求的重要目标。

第八，政策程序方面的纠错实践。在"十大"后期及"十一大"时期的政策纠错过程中，马克思主义经典作家强调的六种纠错方式都有所体现，如恢复高等学校招生考试结合了"重新审查政策"和"主动改正错误"两种方式，对毛泽东的政策评价结合了"公开承认错误"和"区分

---

① ［美］戴维·阿普特：《现代化的政治》，第7页。

成绩和错误"两种方式，终止知识青年上山下乡主要采用的是"纠正执行政策中的错误"方式，对华国锋的政策问责则采用了"有错必纠"方式。更为重要的是，在实践中还出现了三种纠正错误政策的重要民主路径，一是以"高度民主与高度集中相结合的路径"快速纠正错误的高等学校招生办法、恢复考试招生制度，二是以"逐步舒缓压力的路径"终止知识青年上山下乡政策，三是以"保障权利路径"终止"农业学大寨"政策并代之以家庭联产承包制为核心内容的新农村政策。这些重要的"政策民主"实践昭示了一个重要的道理：政策纠错不仅要有足够的勇气和魄力，还要有合适的纠错路径。

第九，价值方面的纠错实践。针对与"左倾"思想有关的价值观念和政策评价标准，"十大"后期及"十一大"时期通过"真理标准讨论"和全面的思想解放，不仅彻底否定了以"两个凡是"为代表的错误政策理念，还以实事求是的政策评价标准对以往的政策失误作出了客观的评价。更为重要的是，真理标准讨论和思想解放本身就是"政策民主"的一种重要表现形式，因为就价值层面的基本问题展开公开的讨论和争论，尽管较少涉及具体的政策问题，但是对于理清政策的基本原则和政策的基本评判标准，确实起了极为重要的作用，并且为"政策民主"的后续发展奠定了一个良好的思想和理论基础。

第十，文化方面的纠错实践。"十大"后期尤其是"十一大"时期文化层面的重大进步，是打破了基于"个人崇拜"的"效忠"模式，开始建构一种新的"效忠"形式。派伊指出："现代化要求的是大众趣味和风格的转变、新技术和新要求的产生，以及新效忠的聚合。"① 否定"个人崇拜"，使得"文化大革命"中盛行的带有迷信和盲从色彩的"效忠"失去了存在的土壤。通过"利好"政策来赢得人心，则是为"新效忠"培育了土壤。"十一大"时期以政策"赢得人心"显然是颇有成效的，如停止知识青年上山下乡，赢得了广大上山下乡知识青年的人心，使他们开始积极寻找符合现代化需求的新职业和新位置；实行家庭联产承包制，赢得了广大农民的人心，使他们改变自身的愿望变成了发展生产、改善生活的行动。"政策民主"倚重于人的因素，强调公民个人对政策的理解和支持（即现代化进程所需要的"新效忠"），是实行"政策民主"的一个基础

---

① ［美］鲁恂·W. 派伊：《政治发展面面观》，第101页。

性条件,"十一大"时期显然已经注意到了这方面的要求。

从本章叙述的内容可以看出,随着"文化大革命"的结束,"政策民主"的实践已经展开,而这样的实践,不能不从"纠错"开始(既包括理论上和认识上的"纠错",也包括在实践中纠正一些重大的政策错误)。对于中国而言,以"纠错"作为"政策民主"实践的重要基础,是一个良好的开端,一方面显示的是"政策民主"确实可以作为纠正错误政策的有效手段,另一方面显示的是"好政策"确实来之不易,没有错误政策的参照,人们可能很难珍惜"好政策"。也就是说,"十大"后期及"十一大"时期的民主认知和民主实践,对实施"政策民主"起了重要的奠基作用,对这一点应该有充分的认识。

第二章 改革开放与政策放开
（1982年9月—1987年9月）

以中国共产党"十大"后期及"十一大"时期的"政策纠错"和"政策转变"为基础，1982年9月至1987年9月的中国共产党"十二大"时期，成功实现了"政策转型"，其重要的标志就是确定了改革开放的政策路线，并重点推行了以"放开"或"放宽"为基本特征的一系列政策措施。

一　确定改革开放的政策路线

确定改革开放的政策路线，是实现"政策转型"的基础性条件。邓小平在"十二大"时期对改革开放的政策路线作了系统的说明。

（一）作为"总政策"的改革开放政策

重大的政策转换或"政策转型"，需要有充足的理由。邓小平将"开放"和"改革"联系在一起，提出改革开放的政策路线，重点强调的是六条理由。一是"开放"是世界性的潮流。二是"开放"可以带来世界与中国的相互帮助。三是"改革"是一种革命。四是"改革开放"是符合党的根本政治路线的政策选择。五是"改革开放"是在中国搞社会主义的正确政策选择。六是"改革开放"是走向"现代化"的重要政策选择。①邓小平之所以强调改变政策的这六条理由，就是要表明确立改革开放的政策路线，对于中国的发展而言，不仅是必须的，而且是可行的，是

---

① 在《政策民主》第一部的第九章中，已对邓小平提出的"改革开放"政策路线有全面的说明，因此本节只列出其基本的论点，不再罗列具体的说法和出处。

会被实践检验所证明的正确政策选择。

改革开放政策的目标主要是从政治角度提出来的，如邓小平所言："在经济问题上，我是个外行，也讲了一些话，都是从政治角度讲的。比如说，中国的经济开放政策，这是我提出来的，但是如何搞开放，一些细节，一些需要考虑的具体问题，我就懂得不多了。今天谈这个问题，我也是从政治角度来谈。我们确定了一个政治目标：发展经济，到本世纪末翻两番，国内生产总值按人口平均达到 800 美元，人民生活达到小康水平。这个目标对发达国家来说是微不足道的，但对中国来说，是一个雄心壮志，是一个宏伟的目标。更为重要的是，在这个基础上，再发展三十年到五十年，力争接近世界发达国家的水平。实现我们的目标，不是很容易的。讲大话，讲空话，都不行，要有一系列正确的对内对外的方针和政策。"[①]

对于改革开放政策的内容，邓小平重点强调的对内经济搞活，对外经济开放；而对外开放包括三方面的开放，一个是对西方发达国家的开放，一个是对苏联和东欧国家的开放，还有一个是对第三世界发展中国家的开放，并明确指出中国有四个不变：坚持四项基本原则不变，一心一意搞四个现代化建设不变，对外开放政策不变，进行经济体制改革和政治体制改革的方针不变。

从公共政策的角度看邓小平提出的改革开放政策路线，应该注意四点基本认识。

第一，改革开放政策是决定中国发展方向的总政策。按照政策的层次，可以将公共政策分为总政策、基本政策和具体政策。总政策又被称为元政策，是"关于政策的政策"，不仅对如何制定和执行公共政策提出总体性要求，还具有把握全局、方向、原则的重要特征，是其他层次政策的出发点和基本依据。基本政策介于总政策（元政策）和具体政策之间，对特定领域的政策起主导性的作用，比总政策（元政策）更为具体，比具体政策更具有指导性。具体政策则是针对特定、具体的政策问题作出的政策规定。[②] 改革开放不仅确定了中国的总体政策方向，还包含一些重要

---

① 邓小平：《我们的宏伟目标和根本政策》，《邓小平文选》第 3 卷，第 77 页。

② "总政策"（元政策）、基本政策、具体政策的分类，见张国庆《现代公共政策导论》，北京大学出版社 1997 年 9 月版，第 24—25 页；陈振明《政策科学》，中国人民大学出版社 1998 年 9 月版，第 95 页。

的原则和要求，基本政策和具体政策的制定都要符合这些原则和要求，因此是对中国发展起决定性作用的总政策（元政策），并且在邓小平的反复强调下，已经成为党和国家的基本政策路线。

第二，改革开放政策突出强调的是政策的政治定位。作为总政策（元政策）的改革开放政策，有明确的政治定位；或者按照邓小平的解释，主要是从政治角度强调改革开放政策的重要性。由此需要特别注意改革开放政策所具有的五点政治要求。一是改革开放政策的政治基础，是必须坚持四项基本原则。二是"改革"是一种革命，是中国的第二次革命。三是必须为改革开放创造安定团结的政治环境。四是改革开放要有一系列正确的政策和严谨的政策态度，不仅不能讲大话、讲空话，还要时刻注意纠正错误的具体政策。五是改革开放是党的政治方针，不会改变也不能动摇。

第三，改革开放政策强调政治政策、经济政策、社会政策的紧密结合。改革开放政策对政治的要求是发展民主，对经济的要求是经济改革尤其是经济体制改革，对社会的要求是社会各领域的改革。也就是说，改革开放政策尽管有明确的政治定位，但绝不是单纯的政治政策，也不是单纯的经济政策或社会政策，而是融政治政策、经济政策、社会政策为一体的总的政策设计。在这样的政策设计中，政治目标可以由经济发展标准来体现，经济发展和社会发展的目标也带有极强的政治要求。由此形成的政策基调是，在制定任何政策时，都要充分考虑其政治、经济、社会影响，都要注重政策之间的"联系性"，而不是片面强调政治政策、经济政策、社会政策之间的"分离性"。换言之，按照政策分析的要求，在研究具体政策时，重点关注的是该政策所要面对的具体的、与其他政策分离的问题，以及解决问题的措施和效果；但是这样的分析，在中国确定改革开放的政策路线后，还要特别注意该具体政策与其他政策的关系，因为不了解整个的政策背景，很难对具体政策作出正确的判断。

第四，改革开放政策的目标具有预见性。到20世纪末国内生产总值按人口平均达到800美元的目标，是邓小平于1984年10月提出来的。以1985年为起点，当年中国的人均国内生产总值是858元，按照当年人民币与美元的平均汇价（100美元＝293.66元人民币）计算，应为292美元。中国实现人均国内生产总值超过800美元是1998年，当年中国的人均国内生产总值是6796元，按照当年人民币与美元的平均汇价（100美

元 = 827.91 元人民币)计算,应为 821 美元。而到了 20 世纪末的 2000 年,中国的人均国内生产总值已经到了接近 1000 美元的水平:当年中国的人均国内生产总值是 7858 元,按照当年人民币与美元的平均汇价(100 美元 = 827.84 元人民币)计算,应为 949 美元。① 也就是说,800 美元的目标,在刚提出来的时候确实是一个难以在 16 年内达到的标准,但是邓小平预见到这样的目标能够实现,并且实际上用 14 年就实现了这样的目标。对于总政策(元政策)来说,带有预见性的政策目标不仅是努力的方向,也是检验政策能否产生预期结果的重要标准;政策目标一旦实现,不但会增强国民对政策的信心和信任,还会强化国民对政策的依赖程度。本书第一章已经指出,国家层面的"政策转向",会对公民起到重要的"政策绑定"作用;本章所要进一步说明的是,彻底转型的改革开放政策,对公民的"政策绑定"作用更强,并且是通过具体的政策目标(人均 GDP 为 800 美元)来体现国家利益和公民利益的结合。这样的结合,是包含在改革开放政策的总体目标内的,对此应该有清楚的认识。

(二) 先农村后城市的政策步骤

改革开放作为一个总体性的政策选择,需要分步骤实行,邓小平在确定改革开放政策路线时,就已经强调了第一个步骤是农村改革,第二个步骤是城市改革。1984 年 6 月 30 日,邓小平对这样的政策步骤作了明确的说明:"从中国的实际出发,我们首先解决农村问题。中国有百分之八十的人口住在农村,中国稳定不稳定首先要看这百分之八十稳定不稳定。城市搞得再漂亮,没有农村这一稳定的基础是不行的。所以,我们首先在农村实行搞活经济和开放政策,调动了全国百分之八十的人口的积极性。我们是在一九七八年底制定这个方针的,几年功夫就见效了。不久前召开的第六届全国人民代表大会第二次会议决定,改革要从农村转到城市。城市改革不仅包括工业、商业,还有科技、教育等,各行各业都在内。总之,我们内部要继续改革,对外进一步开放。"② 1986 年 10 月 10 日,邓小平又对两大改革步骤产生积极效果的时间作了预判:"无论是农村改革还是城市改革,其基本内容和基本经验都是开放,对内把经济搞活,对外更加

---

① 据《中国统计年鉴—2013》,第 44、224 页提供的数据计算。
② 邓小平:《建设有中国特色的社会主义》,《邓小平文选》第 3 卷,第 65 页。

开放。虽然城市改革比农村复杂，但是有了农村改革的成功经验，我们对城市改革很有信心。农村改革三年见效，城市改革时间要长一些，三年五载也会见效。"①

先农村后城市的政策步骤，就改革开放政策的整体推进而言，至少具有四方面的作用。

一是为政策转换选择合适的"突破口"。在农村率先进行重大的政策调整，牵涉的问题相对比较容易解决，产生的政策效果则可能惠及国家的多数人口。本着"先易后难"的原则推进改革开放政策，可以使政策推行的阻力大大减少。

二是显示对农村、农业和农民问题的重视。中国是一个农业大国，农业是立国之本，不调动广大农民的积极性，不但无法从根本上解决农业发展的问题，也无法改变农村长期落后的状态。"先农村"的政策步骤，带来的不只是短期的政策聚焦，而是长期的对"三农问题"的关注，并形成了"三农政策"经常扮演政策重头戏的传统。

三是可以取得宝贵的政策经验。农村改革一系列政策的实施，可以提供重要的经验，尤其是如何获得群众理解、支持和参与政策的经验。这些经验不仅可以使决策者增强信心，也对城市改革有重要的帮助，因为调动积极性的思路和做法对城乡而言是相通的。

四是有助于掌控政策变化的节奏。先农村后城市的政策步骤，充分考虑了民众的"政策承受力"问题。农村的政策变动，可能在一定时间内对农村居民带来较大的影响，但城市"未动"，城市居民处于相对稳定的状态。发动城市改革后，对城市居民会产生较大影响，但是农村改革已经进入"平稳期"，农村居民进入了相对稳定的状态。如果农村和城市的改革同时启动，带来的是全国性、全局性的影响，一有不慎就可能出现全面混乱的局面。掌握政策变化的节奏，由此成为一种重要的技巧，不仅适用于农村政策和城市政策之间的关系，也适用于经济政策和社会政策之间的关系，在经济政策进行重大调整时，社会政策相对稳定；反之，在社会政策进行重大调整时，经济政策相对稳定。也就是说，先农村后城市的政策步骤，一开始可能是权宜之计，但是最终形成的掌控政策节奏的原则，则对中国的政策过程产生了长远的影响。

---

① 邓小平：《我们把改革当作一种革命》，《邓小平文选》第3卷，第81—82页。

(三)"渐进式"发展的政策要求

邓小平强调要从较长远的时间看待改革开放政策的效果,并要长期坚持改革开放政策:"对内经济搞活,对外经济开放,这不是短期的政策,是个长期的政策,最少五十年到七十年不会变。为什么呢?因为我们第一步是实现翻两番,需要二十年,还有第二步,需要三十年到五十年,恐怕是要五十年,接近发达国家的水平。两步加起来,正好五十年至七十年。到那时,更不会改变了。即使是变,也只能变得更加开放。否则,我们自己的人民也不会同意。"① "我们的方针是,胆子要大,步子要稳,走一步,看一步。我们的政策是坚定不移的,不会动摇的,一直要干下去,重要的是走一段就要总结经验。因为改革涉及人民的切身利害问题,每一步都会影响成亿的人。"② "我们的政策是否有连续性,主要看两条。首先是看政策本身对不对,这是最重要的。如果政策不对,有什么必要连续呢?如果政策对,能推动社会主义社会生产力发展,使人民生活逐步好起来,这种政策本身就保证了它的连续性。其次要看执行政策的人。从中央到各个地方,都要有一批勇于探索、精力较好的人。"③

邓小平希望看到的,显然是"渐进式"的发展和变革。这样的变革,被西方学者视为决策的"有限理性战略"。如达尔(Robert A. Dahl)和斯泰恩布里克纳(Bruce Stinebrickner)所言:"由于政府的选择常常笼罩着不确定性,一些决策研究者试图提出可以真正适应有限知识情景的决策方法。他们的方法最好被视为对整体性或全局性方法的一种反应。在实践中,政府决策者或任何人都可以采取许多有效的方法来应付不确定性。决策者可以找到令人满意但并非十全十美的解决问题的方法,他可以做出试探性的决定,看看到底会发生什么。""以完全理性为目标的战略,貌似有理且非常诱人,但它们似乎根本就无法实施;而以有限理性为目标的战略,虽然看起来不那么'理性',但在大多数情境下却是任何人在决策时都会用到的战略。的确,著名政治学家和决策研究的领衔学者查尔斯·E. 林德布洛姆(Charles E. Lindblom)就曾指出,政策决策者应当以改进

---

① 邓小平:《我们的宏伟目标和根本政策》,《邓小平文选》第 3 卷,第 79 页。
② 邓小平:《改革是中国的第二次革命》,《邓小平文选》第 3 卷,第 113 页。
③ 邓小平:《社会主义和市场经济不存在根本矛盾》,《邓小平文选》第 3 卷,第 150 页。

他们的渐进决策为目标，而不是指望那种难以企及的整体性或全局性的决策。"① 达尔还特别强调："一些重要的政府决策，常常都是采取一种渐进的方式，而不是盲目的冒进。由于每次只走一步，往往能够避免重大的灾难。公民、专家和领导人从错误中学习，留心需要的矫正措施，对政策加以修改，如此等等。这个过程，如果需要，可以反复进行。尽管每一步小得让人灰心，但日积月累，也会造成深刻的、也可以说是革命性的变化。"②

对于"渐进式"的变革，确实需要注意邓小平强调的几点重要的政策要求。首先，不能急于求成，因为政策效果要逐渐显现，成绩要一点点地积累，要有足够的时间来"积小成为大成"。其次，需要不断地进行政策试验和政策纠错，不断地总结政策经验，尽量减少错误决策带来的损失。再次，必须具有坚持精神，坚持以渐进改革的方法来解决重大的政策问题。中国的改革开放确实需要几代领导人、几十年的坚持，才能真正带来"革命性"的变化。

二　"放至全民"的宪法讨论

改革开放的政策路线，在实践层面必须得到来自法制的保障。"十二大"时期既注意到了对法制的进一步认识，也进行了一次成功的"开门立法"。

（一）为政策奠定法制基础

为提醒人们重视法制问题，邓小平在 1986 年 1 月 17 日已经明确指出："搞四个现代化一定要有两手，只有一手是不行的。所谓两手，即一手抓建设，一手抓法制。党有党纪，国有国法。"③

1986 年 7 月 10 日发出的《中共中央关于全党必须坚决维护社会主义法制的通知》更明确指出，党内有些人缺乏法制观念，是有其复杂原因

---

① ［美］罗伯特·达尔、布鲁斯·斯泰恩布里克纳：《现代政治分析》，吴勇译，中国人民大学出版社 2012 年 6 月版，第 206—207 页。

② ［美］罗伯特·达尔：《论民主》，李柏光、林猛译，商务印书馆 1999 年 11 月版，第 194 页。

③ 邓小平：《在中央政治局常委会上的讲话》，《邓小平文选》第 3 卷，第 154 页。

的。长期封建社会的影响，历来只有"人治"的习惯，而缺乏"法治"的观念；我们党在长期的革命战争中，又主要是依靠政策办事；建国以后，本来应该充分发挥法制的作用来治理国家，但由于长期受"左"的思想和习惯势力的影响，轻视法律的思想没有得到克服，以致在"文化大革命"时期，发展到了"无法无天"的地步，把宪法、法律的尊严破坏殆尽。同时，我们党在群众中享有崇高的威望，群众有事习惯于找党委、党委书记解决问题，但是，由于我们有的党员和干部不学法、不懂法，不重视法制，这就很容易产生"以言代法"的现象。因此，提高全党的法制观念，提高全党维护法制的自觉性，是摆在我们面前的一项长期而艰巨的任务。在新的历史条件下，要认真贯彻落实"一手抓建设，一手抓法制"的思想，全党必须重视社会主义法制建设，各级干部和全体党员要自觉地接受群众的监督和法制的约束，养成依法办事的习惯。

1986年8月，邓小平还特别就党纪和国法的区别提出了以下看法："纠正不正之风、打击犯罪活动中属于法律范围的问题，要用法制来解决，由党直接管不合适。党要管党内纪律的问题，法律范围的问题应该由国家和政府管。党干预太多，不利于在全体人民中树立法制观念。这是一个党和政府的关系问题，是一个政治体制的问题。我看明年党的十三大可以提出这个问题，把关系理顺。现在从党的工作来说，重点是端正党风，但从全局来说，是加强法制。我们国家缺少执法和守法的传统，从党的十一届三中全会以后就开始抓法制，没有法制不行。"①

综合以上的表述，可以看到与法制有关的四种转变要求：一是由人治转变为法治；二是由依靠政策办事转变为依靠法制治理国家；三是由重建设轻法制转变为一手抓建设、一手抓法制；四是由党纪国法不分转变为党管党内纪律问题、国家和政府管法律范围的问题。这四种转变尽管都不容易做到，但是至少有了清楚的认识，而这些认识对于建立政策的法制基础，显然是不可缺少的。

（二）全民参与的宪法讨论

1982年11月26日五届全国人大五次会议通过的《中华人民共和国宪法》（简称"八二宪法"），是经过全民讨论和多次修改形成的新宪法。

---

① 邓小平：《在全体人民中树立法制观念》，《邓小平文选》第3卷，第163页。

　　1982 年 4 月 26 日，全国人大常委会决定公布《中华人民共和国宪法修改草案》，交付全国各族人民讨论，并要求全国各级国家机关、军队、政党组织、人民团体以及学校、企业事业组织和街道、农村社队等基层单位，在 1982 年 5 月至 8 月期间，安排必要时间，组织讨论《中华人民共和国宪法修改草案》，提出修改意见并逐级上报。①

　　此次宪法修改的全民讨论，有几亿人参加。以常德地区为例，350 万 18 岁以上的公民，有 315 万人参加了学习讨论，占成年公民总数的 90% 以上；共提出修改补充意见 16104 条，各县、市经过慎重取舍和归纳合并，上报了 318 条，最后全地区汇总 21 条正式上报。②

　　时任全国人大常委会秘书长的王汉斌对全民讨论宪法过程作了说明：宪法是全国人民办事的总章程，同全国每个人的切身利益密切相关，需要听取全国人民的意见。有些国家制定、修改宪法采取全民投票的方式。我们没有采取这种方式，而是组织全民讨论。经过全民讨论，才提交全国人民代表大会审议。首先，全民讨论的过程，就是全体人民反复商议的过程，也是党和群众反复商议的过程。党的意见是不是充分集中了人民群众好的意见？只有同他们商量和经过实践检验才能知道。其次，全民讨论也是统一全国人民意见的好形式。经过讨论，人民群众同意了，全国人民的意见进一步统一了，就证明宪法修改草案真正集中了全国最大多数人民的意志。再次，全民讨论也是人民群众直接参加国家管理的一种重要形式。宪法是国家的根本法，人民参加讨论宪法修改问题，就是参加拟订和学习、掌握宪法，就是参与管理国家大事。所以，组织全民讨论是件很大的事情。经过全民讨论，宪法也会更加完善。全民讨论后，中央和国务院各部门、人民解放军、各民主党派和各人民团体共 91 个单位都报来了材料，29 个省、自治区、直辖市报了两次材料。宪法修改委员会秘书处把各方面的修改意见编成了《全民讨论宪法修改草案意见汇集》（共五集），分送宪法修改委员会各位委员。③

_____

　　① 《全国人大常委会关于公布中华人民共和国宪法修改草案全民讨论的决议》，载刘政、于友民、程湘清主编《人民代表大会工作全书》，第 23 页。

　　② 韩延龙主编：《中华人民共和国法制通史》下，中共中央党校出版社 1998 年 11 月版，第 741—742 页；"光明网" 2014 年 10 月 25 日载文《忆三十二年前的全民讨论宪法修改草案活动》。

　　③ 王汉斌：《1982 年宪法的起草过程》，"观察者网" 2014 年 10 月 29 日载文。

时任全国人大常委会委员长的彭真则对民众广泛参与的宪法讨论作了总结性的评价：这次全民讨论的规模之大、参加人数之多、影响之广，足以表明全国工人、农民、知识分子和其他各界人士管理国家事务的政治热情的高涨。通过全民讨论，发扬民主，使宪法的修改更好地集中了群众的智慧。这次全民讨论，实际上也是一次全国范围的群众性的法制教育，增强了干部和群众遵守宪法和维护宪法尊严的自觉性。①

作为立法形式的全民讨论，尽管不是严格意义的全民参与的决策形式，但是已经包含了全民参与重大决策的可能性。既然宪法问题可以进行全民讨论，重大的政策问题也完全可以展开全民讨论，只要有适合的议题，就可以进行这样的讨论。

三 "放权"启动的国有企业改革

在政策过程中如何解决权力尤其是政策权力运行的问题，可以有不同的做法。"十二大"时期实施的国有企业改革政策，主要采用的是"下放权力"的做法。

（一）控制政策权力的要求

以民主的方法对权力尤其是政策权力进行有效的控制，在改革开放政策的设计中已经有了充分的考虑，邓小平在 1980 年 8 月 18 日就强调了三个重要的观点。一是要消灭家长制作风。二是要改变权力过分集中的现象。三是要坚决反对官僚主义。②"十二大"时期，邓小平又结合改革开放政策，重点强调了控制权力的两点要求。

第一点是下放权力要求。邓小平指出："调动积极性，权力下放是最主要的内容。"③ "农村改革是权力下放，城市经济体制改革也要权力下放，下放给企业，下放给基层，同时广泛调动工人和知识分子的积极性，让他们参与管理，实现管理民主化。"④ "我们要精兵简政，真正下放权

---

① 彭真：《关于中华人民共和国宪法修改草案的报告》，载刘政、于友民、程湘清主编《人民代表大会工作全书》，第 14 页。

② 见邓小平《党和国家领导制度的改革》，《邓小平文选》第 2 卷，第 327—331 页。

③ 邓小平：《改革的步子要加快》，《邓小平文选》第 3 卷，第 242 页。

④ 邓小平：《关于政治体制改革问题》，《邓小平文选》第 3 卷，第 180 页。

力，扩大社会主义民主，把人民群众和基层组织的积极性调动起来。现在机构不是减少了，而是增加了。设立许多公司，实际是官办机构，用公司的形式把放给下面的权又收了上来。机构多、人多，就找事情干，就抓住权不放，下边搞不活，企业没有积极性了。……你这边往下放权，他那边往上收权，必然会阻碍经济体制改革，拖经济发展的后腿。"①

第二点是党政分开要求。邓小平指出："不搞政治体制改革，经济体制改革难于贯彻。党政要分开，这涉及政治体制改革。党委如何领导？应该只管大事，不能管小事。党委不要设经济管理部门，那些部门的工作应该由政府去管，现在实际上没有做到。政治体制改革包括什么内容，应该议一下，理出个头绪。我想政治体制改革的目的是调动群众的积极性，提高效率，克服官僚主义。改革的内容，首先是党政要分开，解决党如何善于领导的问题。这是关键，要放在第一位。第二个内容是权力要下放，解决中央和地方的关系，同时地方各级也都有一个权力下放问题。第三个内容是精简机构，这和权力下放有关。"②

下放权力和党政分开的要求，首先要落实在国有企业改革中。1984年10月召开的中国共产党十二届三中全会，明确提出了国有企业改革的四项要求：一是扩大企业自主权；二是倡导企业民主管理；三是政企分开，简政放权；四是实行厂长负责制。③

（二）"简政放权"的国有企业改革政策

"十二大"时期通过"简政放权"启动的国有企业改革，在政策层面表现为九种措施的递进关系。

一是"放权"。国营企业的改革是从"放权"开始的。1983年下半年，四川省率先进行了扩大企业自主权的试点。1984年5月10日，国务院发布《关于进一步扩大国营工业企业自主权的暂行规定》；在产品、销售、价格、物资、资金、人员、工资、经营等十个方面扩大了企业的自主权，使扩大企业自主权的改革由试点推向全面实行。1985年2月，国务院又规定企业有推进技术进步的自主权。1985年9月，国务院又强调企

①　邓小平：《在听取经济情况汇报时的讲话》，《邓小平文选》第3卷，第160页。

②　邓小平：《关于政治体制改革问题》，《邓小平文选》第3卷，第177页。

③　见《中共中央关于经济体制改革的决定》，载中共中央文献研究室编《十二大以来重要文献选编》中，中央文献出版社2011年6月版，第47—71页。

业可以进行多种经营，允许大企业搞跨地区、跨行业、跨城乡的经济联合和协作，并给予部分大型企业对外经营权。1986 年 12 月，国务院又准许企业在国家规定的工资总额和政策范围内，自主决定职工工资和资金分配的具体形式与办法。

二是"让利"。为了稳定国家与企业的利润分配关系，1983 年 1 月和1984 年 10 月，分两步对国有企业实行"利改税"的改革。第一步是将国有大中型盈利企业上缴国家的利润，改为按照 55% 的比例税率缴纳所得税，税后利润一部分按照核定的留利水平留给企业，另一部分则以调节税形式上缴国家。对盈利的国有小型企业，则根据实现利润，按八级超额累进税率缴纳所得税。对微利和亏损的企业，实行盈亏包干。第二步是将国有企业利润分配制度改为征收所得税和调节税，税后利润归企业自主安排使用。利改税第二步改革实施后，企业自主支配的财力进一步扩大。1986年，实行利改税办法的国有工业生产企业留利达 177.78 亿元，比 1983 年的 78.43 亿元增长了 1.27 倍，留利水平也从 1983 年的 15% 提高到 1986年的 33%。

三是"负责制"。党委领导下的厂长（经理）负责制，是中华人民共和国成立后逐渐形成的国有企业领导制度。随着企业自主权的扩大，企业传统领导体制中的党政不分、职责不清、多头领导等缺陷明显暴露出来。1984 年 5 月 18 日，中共中央办公厅、国务院办公厅发出《关于认真搞好国有工业企业领导体制改革试点工作的通知》，要求辽宁省大连市和江苏省的国有工业企业普遍进行厂长负责制的改革，北京、上海、天津、沈阳等城市选择一批企业进行改革试点。1986 年 9 月，在总结试点经验的基础上，中共中央、国务院正式颁布了《全民所有制工业企业厂长工作条例》，明确厂长（经理）是企业法定代表，处于中心地位，对企业负有全面责任；厂长（经理）有企业经营管理、工作的决策权和生产指挥权，有中层干部任免权，有权按照国家规定对职工进行奖惩。对职工代表大会在职权范围内决定的事项，厂长如有不同意见，可以提请复议。在厂长任期内，实行目标责任制。同时发出的《中国共产党全民所有制工业企业基层组织工作条例》则强调企业党组织的主要任务是保证和监督党和国家各项方针、政策的贯彻实施，搞好企业党的组织建设，支持厂长（经理）实现任期目标和生产经营的统一指标，做好职工思想政治工作。1987 年 8 月 25 日至 29 日，在北京召开了全面推行厂长负责制工作会议，明确要求 1987 年内全国大中型企业普遍实行厂长责任制，1988 年年底前全民所有制企业要全面实行厂长责任制。

四是"民主管理"。1986 年 7 月 4 日发出的《国务院关于加强工业企业管理若干问题的决定》，要求健全职工民主管理制度，发扬职工的主人翁责任感和主动性、积极性、创造性，充分发挥职工代表大会或职工代表会议在企业民主管理中的作用。企业经营战略、发展规划、内部分配和经济责任制总体方案，要经过职工代表大会或职工代表会议讨论审议；有关职工切身利益的集体福利等方面的重要事项，都要由职工代表大会或职工代表会议讨论决定。1986 年 9 月颁布的《全民所有制工业企业职工代表大会条例》，更明确了职工代表大会是职工行使民主权利的机构，是协助厂长对企业经营中的重大问题进行决策的机构。

五是"联合"。随着企业自主权的扩大，各地相继组建了一些横向经济联合体，着力发展优质、名牌和适销对路的产品。1984 年之后，则出现了大批的企业集团，这些企业集团具有经营和风险的整体关系，具有优化组合特征，具有多元化的综合功能，并且具有独立的法人资格。

六是"股份"。股份制最先产生于农村的社队企业，1984 年 4 月国家体改委在常州召开的城市经济体制改革试点工作座谈会，认为可以在城市集体企业和国营小企业实行股份制。1984 年 7 月，出现了全国第一个股份公司——北京天桥百货股份有限公司，随后上海、广州、沈阳等城市也相继出现了股份制企业。1985 年 10 月，中国第一家证券市场深圳经济特区证券公司正式成立，专门从事股票的发行、转让及管理工作。随后，沈阳、上海、北京、广州等地先后成立了证券交易所。

七是"承包"。1987 年 3 月的六届全国人大五次会议强调 1987 年的改革重点是实行多种形式的承包经营责任制。1987 年 4 月召开了全国企业承包责任制座谈会，5 月开始在全国普遍推行企业承包制，到 1987 年年底，全国预算内工业企业的承包面达到 78%，大中型企业达到 80%。企业承包制扭转了企业利润连续下降的局面，1987 年全国利税比 1986 年增加 118 亿元，其中承包制带来的新财政收入为 60 多亿元。

八是"租赁"。六届全国人大五次会议亦强调小型企业可以推行租赁责任制，即在不改变企业的全民所有制性质的条件下，实行所有权与经营权的分离，国家授权单位为出租方，将企业有期限地交给承租方经营，承租方向出租方缴付租金，并依照合同对企业实行自主经营。租赁经营的初因是为了救治亏损企业，因此租赁对象一般都是多年亏损和经营不善的小型企业。截至 1987 年 6 月，全国仅有沈阳、武汉等 6 个城市的 6% 左右的小型企业实行了租赁经营。

九是"兼并"。随着各种形式的经营承包责任制的推行，企业兼并也在全国迅速发展。兼并采用了承担债务式、购买式、控股式等多种方式。按照 27 个省级单位的不完全统计，到 1988 年已有 2856 个企业兼并了 3424 个企业。[①]

（三）国有企业改革带来的权力关系变化

1983—1987 年的国有企业改革，对中国的企业发展起了较大的推动作用。全国的国有工业企业（全民所有制工业企业），从 1982 年的 8.6 万个，增长到 1987 年的 9.76 万个；国有工业企业的职工，由 1982 年的 3582 万人，增加到 1987 年的 4086 万人；国有工业企业的总产值，1987 年达到 8230 亿元；国有工业企业的职工年平均工资，由 1982 年的 853 元，增长到 1987 年的 1601 元，增长率为 87.69%。[②]

除了看到国有企业改革政策的初步效果外，还应该注意国有企业的改革改变了三种政策权力关系。

一是改变了政府与国有企业之间的权力关系。由于强调权力下放，企业有了涉及产品、销售、价格、物资、资金、人员、工资、经营等多方面的自主权，使得政府与国有企业的权力关系，从政府对企业一贯行使的"领导"、"指挥"、"命令"的权力，改为政府对国有企业只行使"指导"和"监督"的权力，政府不再直接插手企业内部的权力问题。所谓"政企分开"，强调的就是这种新型的权力关系。

二是改变了企业党组织与厂长（经理）之间的权力关系。将党委领导下的厂长（经理）负责制，改为厂长（经理）负责制，企业的法定责任人真正能够行使决策权、指挥权、管理权、任免权、奖惩权等，使得党组织对国有企业不再实行权力的"掌控"和负责权力的具体运行，而是

---

① "十二大"时期"国企改革"的政策案例说明，引自郭德宏等主编《党和国家重大决策的历程》（下），第 1411—1425 页；董辅礽主编《中华人民共和国经济史》下卷，第 175—188 页。

② 国家统计局编：《中国统计年鉴—1988》，中国统计出版社 1988 年 8 月版，第 155、163、194 页。

变成了"协助"厂长（经理）行使其权力。在企业层级的"党政分开"，要落实的就是这样的权力关系。

三是改变了企业管理者与职工之间的权力关系。在国有企业建立民主管理制度，核心点是用民主的方法控制权力，防止企业中的政策权力被滥用。为此特别赋予职工代表大会的各项权力，就是为了改变职工无权的状况，以新的权力控制机制来构建企业管理者与职工之间的新型权力关系。

从总体上看，国有企业改革作为经济体制改革的重要内容和城市改革的先声，着重点是破除带有"计划经济"色彩的"大锅饭"式的企业管理模式，充分调动企业自主发展的积极性并建立新的企业管理机制。要实现这样的政策目标，既需要解决体制方面的问题，也需要解决企业经营和产品对路问题，还需要解决生产技术和产品质量问题，以及职工收入和福利待遇等问题。这些问题的解决，显然需要较长时间的努力，不可能一蹴而就。"十二大"时期以"放权"为主要特征的企业政策，只是找准了政策方向，并且为进一步的政策调整做了一些基础性的工作。

四　"放两年再看"的私营企业政策

在大力推动国有企业改革的态势下，是否允许私营企业发展，在"十二大"时期已经成为中央决策层需要认真面对的政策问题，并带来了一定的"政策松动"。

（一）"大碗茶"的出现

十一届三中全会之后，在中国绝迹了二十多年的私营经济重新出现，北京的"大碗茶"就是在当时已经颇有名气的私营企业发展的一个重要例证。

1979 年 6 月，从大栅栏街道办事处辞职的尹盛喜创办了"青年茶社"，带领十几个无业青年和回城知识青年在北京的前门楼下卖起了二分钱一碗的大碗茶。在前门卖茶水绝非易事，先是七拼八凑了一千元，算是全部家当；摆摊的场地靠着一处公共厕所的墙壁，一宿的工夫，就搭起了一个简易凉棚；买不起锅炉，就动手砌土灶支铁锅；没有茶桶，只好用一个大盆来取代。按照中国茶馆的传统分类，像尹盛喜这样"血拼"出的摆在路边喝茶的地方，只能算是最低档的"野茶馆"。过去卖野茶是下等人做的事，如今在前门卖野茶，首先得过"脸面"这一关。正如尹盛喜所言："我不怕别人笑话，好面子的事我从不干，好多小知青脸上都挂不住，我就硬是扯开了嗓子在前门吆喝。"茶社开张当天就赚了60元钱，这在当时显然是一笔不小的收入。

"青年茶社"最难克服的困难，是申请营业执照的问题，历经半年多，依旧没有音讯，工商局给出的理由是没有先例。解决这个问题的方法就是不断地缴纳罚款，直到街道办事处出面找到区政府协调，1979年年底办下一张"三张名片合起来大小的营业执照"，还是临时的，因为当时根本就没有专门针对这种新的城镇集体企业的执照，上面规定的经营范围是茶水经营。1979年年底，青年茶社净赚11万元，次年演变为大栅栏青年综合服务社，2分钱的大碗茶依旧照卖不误。

尽管茶摊生意很红火，一人一月能赚50元钱，而国营企业正式工的平均工资也才三四十元，但是仍有人认为开茶摊总是感觉比在国营厂干的人矮半截，抬不起头来，因而选择离开，使得人员的流动较为频繁。1979年至1985年，有3000余名待业青年和回城知识青年参与过大碗茶的买卖。

大栅栏青年综合服务社后来又更名为"大栅栏工艺美术服务合作社"、"大栅栏贸易货栈"、"大栅栏贸易公司"，并于1987年定名为"北京大碗茶商贸集团公司"，在北京、深圳和海南都建起了分公司，年盈利达到200多万元。

1988年12月15日，尹盛喜创办的"老舍茶馆"正式开业，实现了由大碗茶向高档的现代茶馆的过渡。①

(二)"傻子瓜子"风波

"傻子瓜子"出自安徽省芜湖市的年广九，他最早做水果生意，20世纪60年代受到"割资本主义尾巴"的冲击，水果摊多次被查抄。后来搞长途贩运，又被没收了自行车和现款，还以"投机倒把罪"被判有期徒刑1年。获释后，年广九谋生无路，只好重操旧业，偷炒瓜子，提篮小卖，每天换一个地方，与工商人员"捉迷藏"。此时芜湖的瓜子行业一片

---

① "大碗茶"的发展情况，引自《新京报》2008年6月26日载文《返城之后》及"图书连载网"所载《当代北京前门史话》。

萧条，国营商业出售的瓜子又苦又咸，其他一些小贩偷偷摸摸炒的瓜子也都质量平平。年广九看到了这桩生意的远景，他认识到如果真的要靠炒瓜子为生，就非得炒出与众不同的品位。他遍尝芜湖各家瓜子后，又前往南昌、武汉、苏州、上海了解各地瓜子行情，将各地瓜子都买上一包，回到家中轮换品尝。年广九终于悟出了窍门：要想瓜子炒得好吃还好嗑，一是配料，二是火候。年广九经过反复改进，逐渐形成了风味独特的"傻子瓜子"，甜中带辣，咸里透鲜，融南北口味于一体，一嗑三瓣，"傻子瓜子"由此卖出了名气。

　　按照 1981 年 7 月 7 日颁布的《国务院关于城镇非农业个体经济若干政策性规定》，个体经营户一般是个体经营或家庭经营，必要时，经过工商行政管理部门的批准，可以请一至两个帮手；技术性强或有特殊技艺的，可以带两三个，最多不超过五个学徒。尤其是有经济学家从马克思的《资本论》中得出结论，雇工 7 个人以下，赚了钱用于自己消费的，算个体户；雇工 8 个人以上，就产生了剩余价值，就算剥削，就是资本家。"傻子瓜子"要发展，就要增加雇工，雇工人数很快就超过了个体经营户雇工不得超过 8 人的限制。年广九 1981 年实行的削价销售竞争措施，也引来了不少非议。尽管如此，"傻子瓜子"还是顺利打入上海和华东市场，到 1982 年下半年，"傻子瓜子"在上海人的家庭中已经可以与糖果、蜜饯、巧克力等分庭抗礼，上海人为了能买到"傻子瓜子"，不得不在商店门前排起长龙。年广九的"傻子瓜子"毕竟还是家庭作坊式的小工厂，面对上海这个大市场，供求链条被绷紧。1983 年 3 月，年广九买了芜湖"迎春"瓜子 10 万斤，分别装进"傻子瓜子"的包装袋运到上海救急。精明的上海人很快就对这种假冒"傻子"品牌瓜子口诛笔伐，《解放日报》《新民晚报》都刊登了批评消息，上海市工商局也立即立案，查清年广九确实以伪充真，并在销售伪"傻子瓜子"过程中偷漏税款 4.3 万元。消息传出后，《人民日报》也在一版显要位置将此事向全国披露，并对"傻子瓜子"存在的问题进行了批评。

　　1983 年 12 月，国务院有关领导在听取工商局汇报时，年广九偷税的事再一次被提出来，还有人表示了对年广九雇工人数和经营规模的担心，姚依林副总理表示，偷漏税不对，但他把瓜子炒起来了。以前有不少人炒，"文化大革命"搞光了。有"傻子瓜子"不是坏事，是拾遗补阙，再看一看吧。1984 年 10 月 22 日，邓小平也指出："前些时候那个雇工问题,相当震动呀,大家担心得不得了。我的意见是放两年再看。那个能影响到我们的大局吗?如果你一动,群众就说政策变了,人心就不安了。你解决了一个'傻子瓜子',会牵动人心不安,没有益处。让'傻子瓜子'经营一段,怕什么?伤害了社会主义吗?"①

中央领导的"看"的态度,鼓励了年广九,1984年"傻子瓜子"已经雇工103人,日产1.8万斤,远销全国20多个省市和香港市场。1985年4月,年广九与芜湖市新芜区劳动服务公司、芜湖县清水镇工业公司挂牌联营,年广九提供"傻子瓜子"商标,连同他个人的技术入股,两家公司负责提供资金,由年广九出任总经理。为了让刚成立的"傻子瓜子"公司尽早见到效益,年广九决定将每斤瓜子提价一角钱,在全国20多个大中城市大张旗鼓地展开有奖销售,并给出了很大的赌注:150万张奖券里设奖10等,一等奖1名,奖小卧车1辆,二等奖2名,各得摩托车1辆。有奖销售红红火火地开头,第一天芜湖就销售了31万公斤,在此后的两周内,全国各地共销售230万公斤。令人遗憾的是,这只是昙花一现的辉煌。鉴于当时不少人借着"有奖销售热"的机会,以次充好,以伪乱真,搞乱了市场,上面突然来了一道禁令,禁止一切单位搞有奖销售。这道禁令造成年广九的公司瓜子大量积压,资金无法回笼,损失63万元。尽管有了此次损失,年广九依然将"傻子瓜子"延续了下去。②

正如邓小平后来所言:"农村改革初期,安徽出了个'傻子瓜子'问题。当时许多人不舒服,说他赚了一百万,主张动他。我说不能动,一动人们就会说政策变了,得不偿失。像这一类的问题还有不少,如果处理不当,就很容易动摇我们的方针,影响改革的全局。城乡改革的基本政策,一定要长期保持稳定。当然,随着实践的发展,该完善的完善,该修补的修补,但总的要坚定不移。即使没有新的主意也可以,就是不要变,不要使人们感到政策变了。有了这一条,中国就大有希望。"③

---

① 邓小平:《在中央顾问委员会第三次全体会议上的讲话》,《邓小平文选》第3卷,第91页。

② "傻子瓜子"的发展情况,引自邱健《年广九与"傻子瓜子"的两次沉浮》(载于"现代阅读网")。

③ 邓小平:《在武昌、深圳、珠海、上海等地的谈话要点》,《邓小平文选》第3卷,第371页。

（三）慎重对待私营企业的政策态度

除了"大碗茶"和"傻子瓜子"外，各地还出现了不少私营企业"艰苦创业"的事例。对于私营企业的发展，"十二大"时期中央政府始终抱的是较为慎重的态度。

1983年1月2日中共中央发出的《关于印发当前农村经济政策的若干问题的通知》，明确要求对于雇请较多帮工的不宜提倡，不要公开宣传，也不要急于取缔，而应因势利导，使之向不同形式的合作经济发展。

1987年1月22日中共中央政治局通过的《把农村改革引向深入》的决定，对已经大量出现的私营企业提出了四方面的政策要求。

一是保障个体经营者正当经营的合法权益。决定强调对农村各类自营专业户、个体经营者要实行长期稳定的方针，保护其正当经营和合法权益。要尊重他们选择经营形式的自由，不可任意强制改变他们的生产方式。个体经营者为了补充自己劳力的不足，按照规定，可以雇请一二个帮手，有技术的可以带三五个学徒。对于某些为了扩大经营规模，雇工人数超过这个限度的私人企业，也应当采取允许存在，加强管理，兴利抑弊，逐步引导的方针。

二是私人企业是社会主义经济结构的补充形式。决定明确指出，在社会主义社会的初级阶段，在商品经济的发展中，在一个较长时期内，个体经济和少量私人企业的存在是不可避免的。我国人多耕地少，今后将有亿万劳动力逐步从种养业转移到非农产业。只有实行全民、集体、个体和其他多种形式一起上的办法，才能顺利实现这一转移。而个体经济的存在，必将不断提出扩大经营规模的要求。引导农民走合作经济道路，是党坚定不移的方针，但合作经济的组合，要求平衡多方面利益并形成共同遵守的契约关系，需要有一定的发展过程，很难在短时期内覆盖一切地方和一切领域。正由于这些原因，几年来，农村私人企业有了一定程度的发展。事实表明，私人企业作为社会主义经济结构的一种补充形式，对于实现资金、技术、劳力的结合，尽快形成社会生产力，对于多方面提供就业机会，对于促进经营人才的成长，都是有利的。私人企业有同公有制经济矛盾的一面，本身也存在一些固有的弊端，主要是收入分配上的过分悬殊。对此，可以通过管理和立法，加以调节和限制。我国社会主义公有制经济的主体地位已经确立，少量的私人企业不可能不与公有制经济发生各种经济往来，不可能不受到公有制经济的制约。在已有的私人企业中，有些还适应外部环境，采取了工人入股、劳动分红、民主管理或提留公共积累等方式，使企业具有了不同程度的中间过渡性质。这就说明，私人企业具有某种可控性与可塑性。只要领导具有清醒的估计，采取正确政策，努力加强社会主义公有制经济的地位，就可以防止两极分化，并把私人企业引上健康发展道路。

三是规范私人企业的管理。决定要求各个有关部门尽快对私人企业的经营范围作出规定，明确企业登记制度，制定调节分配、鼓励扩大生产的税则税法，提出劳动保护和保证各方合法权益的办法。这些制度和规定，应按法定程序批准后公布实施。各省、自治区、直辖市也可根据当地实际情况，先拟定暂行办法。

四是实行城乡一致的私人企业政策。决定特别强调了对待个体经济和私人企业的方针，原则上也适用于城镇。

从《把农村改革引向深入》的政策要求看，尽管还没有给予私营企业完全合法的地位，但是允许城乡私人企业继续经营，已经是一个重大的进步。

"不禁止、看一看"的政策态度，在"十一大"时期促成了农村的家庭联产承包责任制，在"十二大"时期则促成了对私人经营企业的初步认可。之所以出现这样的现象，是因为无论是城市还是农村，都会涉及个人的经济权利问题，只要认识到个人经济权利是一种需要受到尊重和保障的权利，就会认可与个人经济权利密切联系的个人经济活动。但是这样的权利认识，遭遇了"所有制桎梏"：由于过分拘泥"所有制"问题，将"公有制"与"私有制"视为完全对立而不是互补的关系，要求私人企业最终转变为带有"公有制"特征的"合作企业"，实际上是对个人经济权利的否定，而这样的否定显然会遭遇个体经营者的不满和反对。保障人民权利作为一条重要的原则，会被普遍接受，但是遇到具体的权利问题，尤其是细化到个人的经济权利问题，就可能产生不同的看法，并使得以政策保障权利的做法受到干扰，甚至被彻底阻遏。好在邓小平等人用"放两年再看"的办法，表示了对个人经济权利认可和保护的态度，并将允许私营企业发展与落实改革开放政策的大局结合在了一起，强调私营企业不会搞垮社会主义，为最终打破"所有制桎梏"埋下了伏笔。由此可以看出，在中国的特定历史条件下，重大的政策突破，往往伴随着"姓资还是姓社"的"意识形态"争论。在"宁左勿右"的思维方式依然较普遍地影响人们政策行为的状态下,"不禁止、看一看"的方法,实际上是以"不决策"的方法对棘手的问题进行"冷处理",尽可能谈化与意识形态冲突有关的各种争论,在合适的时机再作出适当的政策选择。正如史蒂文·卢克斯(Steven Lukes)所言,"不决策本身就是一项决策"。①

五 "全面放宽"的农村政策

在农村政策方面,由于"十一大"时期已经有了成功的经验,"十二大"时期一方面强调了政策的基本稳定,如邓小平1984年10月22日所言:"改变现在的政策,国家要受损失,人民要受损失,人民不会赞成,首先是八亿农民不会赞成。农村政策一变,他们的生活水平马上就会降低。"② 另一方面,中央政府也强调继续放宽农村政策,并对乡镇企业的发展采取了放开、保护和支持的政策态度。

(一) 农村政策聚焦点的变化

1983—1986年,中共中央都以"一号文件"的形式阐释农村政策,1987年则以"五号文件"专门阐释农村政策。从每年政策文件所关注的重点问题,可以看出"十二大"时期农村政策聚焦点的变化情况。

1983年的"一号文件"是1月2日发出的《当前农村经济政策的若干问题》,着重指出农村发展面临的主要问题是不少同志对农村的历史性变革缺乏充分的思想准备,某些上层建筑的改革赶不上经济基础变化的需要。这种状况如果不改变,农民已经高涨起来的积极性就可能重新受到挫伤,已经活跃起来的农村经济就可能受到窒息。为解决这一问题,文件提出了"三个一点"的要求,即思想更解放一点,改革更大胆一点,工作更扎实一点。

1984年的"一号文件"是1月1日发出的《中共中央关于一九八四年农村工作的通知》,强调当年农村工作的重点是在稳定和完善生产责任

---

① [美] 史蒂文·卢克斯:《权力:一种激进的观点》,彭斌译,凤凰出版传媒集团、江苏人民出版社2012年6月版,第43页。

② 邓小平:《在中央顾问委员会第三次全体会议上的讲话》,《邓小平文选》第3卷,第83—84页。

制的基础上，提高生产力水平，疏理流通渠道，发展商品生产。之所以重点强调发展商品生产，是因为由自给半自给经济向较大规模商品生产转化，是发展中国社会主义农村经济不可逾越的必然过程。只有发展商品生产，才能进一步促进社会分工，把生产力提高到一个新的水平，才能使农村繁荣富裕起来，才能使干部学会利用商品货币关系，利用价值规律，为计划经济服务，才能加速实现社会主义农业的现代化。文件还特别指出，党在农村的政策越放宽，商品经济越发展，就越需要加强农村思想政治工作和文化教育工作，以保证党的各项政策的实施和各项经济任务的完成。

1985 年的"一号文件"是 1 月 1 日发出的《中共中央、国务院关于进一步活跃农村经济的十项政策》，明确指出在农村生产向商品经济转化中还存在着种种不协调现象，尤其是农产品统购派购制度，过去曾起了保证供给、支持建设的积极作用，但随着生产的发展，它的弊端就日益表现出来，已经影响农村商品生产的发展和经济效益的提高。为解决"不协调"的问题，文件特别强调了在打破集体经济中的"大锅饭"之后，还必须进一步改革农村经济管理体制，在国家计划指导下，扩大市场调节，使农业生产适应市场的需求，促进农村产业结构的合理化，进一步把农村经济搞活。

1986 年的"一号文件"是 1 月 1 日发出的《关于一九八六年农村工作的部署》，重点指出的问题是农业现有的物质和技术基础还十分脆弱，一部分地区农民种粮的兴趣有下降的迹象，城乡改革汇合后各方面利益关系的调节更为复杂。由于农村发展面临的难题很多，文件要求把已经开始的改革坚持下去，把党的各项政策认真加以落实，调动起一切积极因素，难题再多，也会一个一个地得到解决。

1987 年的"五号文件"是中共中央政治局 1 月 22 日通过的《把农村改革引向深入》，强调改革将是一个较长期的渐进过程，要改变小商品经济的格局，不能一蹴而就；农村改革的深入，需要与城市经济体制改革更紧密地配合。改变旧体制下形成的利益结构，不能不引出各种各样的矛盾，文件提出的解决矛盾的思路是改革既须积极加以推动，又要注意避免社会震荡，稳步前进；只要充分利用有利条件，善于抓住时机，选择易于突破的环节，动员群众参加改革，并与城市改革相配合，不走大的弯路，就有可能争取再以五年或稍长一点时间，使新体制充实和完善起来，在农村经济中发挥主导作用。

　　历年的文件都要求加强农村问题的调查研究，为中央的农村政策提供理论和实践方面的支持。如 1983 年的"一号文件"指出，这几年各级党委和政府的有关机构，加强了系统的调查研究，为党制定农村政策提供了科学依据。在机构改革时，应注意保证工作的连续性，保留必要的人员，勿使工作受到削弱。1984 年的"一号文件"要求国务院责成有关部门，组成专门小组，对流通体制、价格体系等进行系统的调查研究，提出根本性的改革方案。1985 年的"一号文件"更明确要求各级领导干部亲自参加一个地方、一个单位的改革实践，取得直接的经验，以保证改革的顺利进行。1986 年的"一号文件"强调的是各个地方和各个部门要维护党的政策的严肃性，提高执行政策的自觉性，在重大政策问题上不得各行其是。修改不适合情况的过时政策，必须通过民主集中程序。需要变通执行的，也必须请示报告，经过批准。执行中遇到困难时，要调查研究，积极探索，发挥主动精神，不能知难而退。1987 年的"五号文件"更就建立农村改革试验区提出了明确的要求：充分相信群众，让亿万农民参加改革，是我国农村改革的一个特点和优点，但这绝不意味着改革可以完全自发和自流地进行，新的体制可以自然地长成。改革愈深入，愈需要领导者加强调查研究，到第一线去熟悉改革，提高指导水平。在改革的深入阶段，可在一个市（地区）、一个县的范围内，按照改革方案进行实际试验，主要目的是由领导和群众相结合，在试验的基础上制定相应的章程和法规，使党和政府的政策具体化、完善化。

　　1982 年成立的中共中央书记处农村政策研究室（后改名中共中央农村政策研究室）和中国农村发展研究中心（后改名国务院农村发展研究中心）不仅积极参与了历年中央与农村有关政策文件的调研和起草工作，还将一些年轻的县委书记聘为特约研究员和通讯员，为他们提供调查农村问题、交流农村工作经验和参与重要文件讨论的机会。研究室和研究中心本身的人员，也形成了中国农村问题的一支重要研究团队。

（二）放宽农村政策的具体措施

　　"十二大"时期农村政策的基本特征就是"政策放宽"，主要体现为十一个方面的政策措施。

　　第一，放宽经营方式。1983 年的"一号文件"除了强调当前农村工作的主要任务是稳定和完善农业生产责任制外，还要求适应商品生产的需要，发展多种多样的合作经济，搞活商品流通，促进商品生产的发展，并指出近年来随着多种经营的开展和联产承包制的建立，出现了大批专业户（重点户），包括承包专业户和自营专业户。它们一开始就以商品生产者的面貌出现，讲求经济效益，充分利用零散的资金和劳力，发挥了农村各种能手的作用，促进了生产的专业分工和多样化的经济联合。文件还特别指出：长期以来，由于"左倾"错误的影响，流行着一些错误观念：一讲合作就只能合并全部生产资料，不允许保留一定范围的家庭经营；一讲合作就只限于按劳分配，不许有股金分红；一讲合作就只限于生产合作，而把产前产后某些环节的合作排斥在外；一讲合作就只限于按地区来组织，搞所有制的逐级过渡，不允许有跨地区的、多层次的联合。这些脱离实际的框框，现在开始被群众的实践打破了。1983年1月12日，邓小平也特别指出："农业搞承包大户我赞成，现在放得还不够。"① 1984年7月5日，中共中央书记处、国务院在听取中央书记处农村政策研究室、中国农村发展研究中心的汇报时也指出，我国的经济还很落后，人民生活还不富裕，要放宽政策，努力发展生产。②

第二，放宽农产品加工地点。1983年的"一号文件"指出，长期以来把农产品远距离运到城市加工，农村光生产原料的状况，不但造成农产品不必要的损耗浪费，而且限制了农村劳动者就业的范围和农产品综合利用的效益，这必须逐步地有计划地加以改变。今后新增加的农产品加工能力，都要尽可能接近原料产地。应当允许农民对完成交售任务后剩余的农产品进行加工和销售，使农产品做到多次利用，增加农民收入。但要注意统筹安排，保证国家财政收入和购销计划的完成。

第三，放宽农村流通领域。1983年的"一号文件"要求从五个方面实施放宽农村流通领域的政策：一是调整农副产品购销政策，对农民完成统派购任务后的产品（包括粮食，不包括棉花）和非统购派购产品，允许多渠道经营。二是对某些紧俏商品实行统派购时，一般不采取全额收购的作法。三是发展合作商业。四是对农村个体商业和各种服务业给予必要扶持。五是允许集体和个体商业向批发站进货，要有合理的批零差价和地

---

① 邓小平：《各项工作都要有助于建设有中国特色的社会主义》，《邓小平文选》第3卷，第23页。

② 新华月报编辑部编：《新中国五十年大事记》（下），第729页。

区差价，使经营者有利可得。1984 年的"一号文件"进一步要求把供销社办成农民群众集体所有的合作商业，改革农产品统派购制度，放活农村金融政策，提高资金的融通效益。1985 年的"一号文件"则明确宣布取消统购派购，农产品不再受原来经营分工的限制，实行多渠道直线流通。农产品经营、加工、消费单位都可以直接与农民签订收购合同；农民也可以通过合作组织或建立生产者协会，主动与有关单位协商签订销售合同，任何单位都不得再向农民下达指令性生产计划。

第四，放宽集市贸易。1983 年 2 月 5 日，国务院发布《城乡集市贸易管理办法》，规定社队集体、农民个人和国营农场、林场、牧场、农工商联合企业的农副产品，在完成交售任务和履行合同义务后，都允许上市；社队集体、农民个人或合伙可以进行长途贩运。

第五，放宽资金流动。1984 年的"一号文件"明确规定，允许农民和集体的资金自由地或有组织地流动，不受地区限制。鼓励农民向各种企业投资入股；鼓励集体和农民本着自愿互利的原则，将资金集中起来，联合兴办各种企业，尤其要支持兴办开发性事业，国家保护投资者的合法权益。

第六，放宽户口限制。1984 年的"一号文件"明确规定，允许务工、经商、办服务业的农民自理口粮到集镇落户。

第七，放宽有偿服务。1984 年的"一号文件"指出，服务也是一种劳动交换，一般应是有偿的，农民可以自愿选择。这样才能持久有效，保证服务质量。1986 年的"一号文件"则强调，农民对服务的要求是各式各样的，不同内容、不同形式、不同规模、不同程度的合作和联合将同时并存。绝不可一刀切，更不可采取政治运动的方法去推广。

第八，放宽山区、林区开发政策。1985 年的"一号文件"要求进一步放宽山区、林区政策，集体林区取消木材统购，开放木材市场，允许林农和集体的木材自由上市，实行议购议销；中药材除因保护自然资源必须严格控制的少数品种外，其余全部放开，自由购销；国营林场也可以实行职工家庭承包或同附近农民联营。

第九，放宽交通设施建设和交通工具限制。1985 年的"一号文件"指出，在经济比较发达地区，提倡社会集资修建公路，谁投资，谁收益。在山区和困难地区，由地方集资、农民出劳力修建公路，国家发放一部分粮、棉、布，作为修筑公路的投资，并支援一部分钢钎、炸药等物资。

省、自治区、直辖市政府,可以在国家批准的数额内,根据交通建设计划,量力发行部分公路、航道债券。各类公路、航道、码头工程,采取招标承包方式兴建,国营、集体和个人均可参加投标。国营交通企业闲置的车、船,可包给或出售、租赁给群众经营。鼓励农民合作办车队、船队。交通部门经营的各类交通设施,对国营和民营运输都要提供服务,一视同仁。

第十,放宽征税方法。1985年5月,国务院批准农业税由征粮为主改为"折征代金",农民可以不再以实物缴纳农业税。

第十一,放宽劳动力异地流动。1984年的"一号文件"已经明确指出,随着农村分工分业的发展,将有越来越多的人脱离耕地经营,从事林牧渔等生产,并将有较大部分转入小工业和小集镇服务业。这是一个必然的历史性进步,可为农业生产向深度广度进军,为改变人口和工业的布局创造条件。不改变"八亿农民搞饭吃"的局面,农民富裕不起来,国家富强不起来,四个现代化也就无从实现。但当时所强调的劳动力流动,主要是在地流动,而不是跨区流动。1987年的"五号文件"则明确指出,对当前出现的资金、技术、劳力在地区之间、产业之间的流动,应该采取因势利导的方针,允许农村剩余劳动力向劳力紧缺的地区流动,支持能工巧匠到异地经营或承包。只有使众多的劳动力从种植业转移出来,形成农工商综合发展的产业结构,才能提高种植业的劳动生产率,实行以工补农,提高农村收入,增强农业的自我发展的能力。

从以上政策措施可以看出,农村政策的放宽,既涉及生产和经营领域的放开,也涉及流通领域的放开,还涉及综合管理领域的放开。在"十一大"时期以生产责任制为核心对农村政策"重点突破"之后,以"放宽政策"的姿态"全面建构"农村政策的任务,应该说在"十二大"时期已经基本完成。而一系列的"放宽政策",都是为了调动农民的积极性,使之能够继续保持发展生产和改善生活的动力和活力。

(三)"放开"和支持乡镇企业发展

"十二大"时期,以实行家庭联产承包责任制为主要内容的农村经济改革已经基本完成,在城乡经济环境日益宽松的情况下,一些地区出现了农民个人筹资或联合集资办企业的热潮,1983年已经有农民合资经营的社队企业134.64万个(社办企业33.81万个,队办企业100.83万个),

社队企业从业人员达到 3234.64 万人，社队企业总产值为 1016.83 亿元。但是社队企业的发展，一方面受到"三就地"（就地取材、就地生产、就地销售）等限制，另一方面对社队企业仍存在"三争"（与城市大工业争原料、争能源、争市场）、"三挤"（以小挤大、以新厂挤老厂、以落后挤先进）等质疑。

对社队企业的发展，中央秉持的是"放开"和支持的明确态度。1984 年 3 月 17 日，中共中央为转发农牧渔业部《关于开创社队企业新局面的报告》发出通知，不仅同意农牧渔业部提出的将社队企业改名为乡镇企业的建议，还强调发展多种经营是我国实现农业现代化必须坚持的战略方针，乡镇企业是多种经营的重要组成部分，是农业生产的重要支柱，是广大农民群众走向共同富裕的重要途径，是国家财政收入新的重要来源。乡镇企业自负盈亏、不吃大锅饭、不捧铁饭碗，因而竞争性强、投资少、费用低，自主权较多，各级党委和政府对乡镇企业要给予积极引导，使其健康发展，并且对乡镇企业要和国营企业一样，一视同仁，给予必要的支持。1985 年的"一号文件"明确要求对乡镇企业实行信贷、税收优惠，帮助农村发展采矿和其他开发性事业。1985 年 9 月的《中共中央关于制定国民经济和社会发展第七个五年计划的建议》，更明确指出发展乡镇企业是振兴我国农村经济的必由之路，并提出了指导乡镇企业发展的"积极扶持、合理规划、正确引导、加强管理"的十六字方针。1985 年 12 月 5 日至 21 日的中央农村工作会议则强调，农业和农村工业必须协调发展，应该把"无工不富"和"无农不稳"有机地结合起来，发展乡镇企业是振兴我国经济的必由之路。[①]

在政策支持下，乡镇企业有了重大的发展。全国乡镇企业的数量，由 1984 年的 606.5 万个，发展到 1987 年的 1750.2 万个（1985 年 1222.5 万个，1986 年 1515.3 万个），增长 1.89 倍。全国乡镇企业的从业人员，则从 1984 年的 5208.1 万人，发展到 1987 年的 8805.2 万人（1985 年 6979.0 万人，1986 年 7937.1 万人），增长率为 69.07%。全国乡镇企业的总产值，从 1984 年的 1709.9 亿元，发展到 1987 年的 4764.3 亿元，增

[①]　"十二大"时期"发展乡镇企业"的政策案例说明，引自郭德宏等主编《党和国家重大决策的历程》（下），第 1426—1434 页；甘华敏主编《公共政策》（上），中国国际广播出版社 2002 年 1 月版，第 213—215 页。

长1.78倍。尤其需要注意的是，1986年全国乡镇企业的总产值已经超过全国农业总产值，1987年全国乡镇企业的工业产值（3244亿元）已占当年全国工业总产值（13780亿元）的23.5%。①

乡镇企业的发展，还带来了两种重要的发展模式。一种是"苏南模式"，以江苏省南部的苏州、无锡和常州3市及所辖的12个县、市为代表，以集体经济为主体，以乡镇工业为核心，以中心城市为依托，走的是农工副商贸协调发展的路子。另一种是"温州模式"，主要是在浙江南部的较贫困地区，大力发展家庭工业企业。家庭企业有独户经营、挂户经营、雇工经营、承包经营、联户经营等多种形式，更利于缺乏资金、技术、技能、知识和经验的条件下，企业从较低的起点起步，逐步形成专业化和协作化的规模效应。②

乡镇企业的发展，不仅使中国农村出现了不少的"万元户"（关于"万元户"的正式报道出现在1979年和1980年，广东省中山县的黄新文、甘肃省兰州市的李德祥、山东省临清县的赵汝兰以及上海市的陆荣根，是被较早报道的"万元户"代表），③还出现了一些有代表性的"万元户村"。深圳市的渔民村，依靠餐厅、运输、出售建筑物资和二手汽车等，在80年代初期成为中国首个"万元户村"。邓小平1984年视察深圳时，曾造访该村。④在人均年收入几百元的农村，"万元户"不仅是农民致富的重要标志，也引起了不少城市居民的羡慕。

从企业政策上看，对国有企业"放权"和对乡镇企业"放开"是相辅相成的，在政策思路上就是要使乡镇企业成为重要的补充力量，既填补国有企业经营的空白点，也在一定程度上对国有企业产生刺激作用，使其不得不面临企业间的竞争。由于国有企业和乡镇企业的发展，都还未涉及所有制的改变问题（两类企业都属于"公有制"，只不过国有企业是"国家所有制"，乡镇企业是"集体所有制"），无论是"放权"还是"放开"，都是企业"公有制"基础上的经营方式的改革，较少引起企业"姓资还是姓社"的争论，因此推行政策的阻力不是很大，并且容易较快见到积极的政策效果。

---

① 《中国统计年鉴—1995》，第363—365页。
② 董辅礽主编：《中华人民共和国经济史》下卷，第214—217页。
③ "人民网"2009年9月3日载文《"万元户"掀开了中国人致富的潮流》。
④ "东方网"2014年10月8日载文《邓志标：特区里闯出全国首个万元户村》。

（四）"撤社建乡"的制度性安排

为适应全面放宽的农村政策，"十二大"时期开展了大规模的"撤社建乡"工作，为农村引入了新的管理体系和管理制度。

1949 年中华人民共和国建立后，全国县以下基层政权实行区、乡两级制。1954 年 9 月 20 日全国人大一届一次会议通过的《中华人民共和国宪法》，确定县、自治县以下的行政区域划分为乡、民族乡、镇，在乡、民族乡、镇设立人民代表大会和人民委员会，人民代表大会为国家权力机关，人民委员会即人民政府，是人民代表大会的执行机关和国家行政机关。随着农业合作化运动的兴起，原有的小乡制逐渐改为大乡制。1958 年开始的人民公社化运动，彻底改变了农村基层政权的组织形式，以"党政不分"和"政社合一"为主要特征的人民公社管理体制，取代了原来的乡镇政权体制，并在 1975 年 1 月 17 日四届全国人大一次会议通过的《中华人民共和国宪法》中得到法律确认。1978 年 3 月 5 日五届全国人大一次会议通过的《中华人民共和国宪法》，也没有取消人民公社的法定地位。[①]

在农村开始实行"包产到户"和"包干到户"后，人民公社制度的不适应性越来越明显，有些地方开始考虑制度变革问题。1979 年 9 月，四川省广汉县选择向阳公社进行"政社分开"的试点，把原有的公社干部分成了行政、农副业、社队企业三个班子，又成立了农工商联合公司，负责全公社的经济发展和经营管理工作。1980 年 3 月，广汉县委提出要摘下人民公社的牌子，建立乡人民政府，大队改为村，并为此请示四川省委主要领导，得到的答复是允许和支持广汉的改革，先在一个公社搞，如果不成功，改过来就行了，因为一个公社影响不会太大。1980 年 6 月 18 日，向阳公社被撤销，正式建立了向阳乡党委和人民政府，并且在未举行任何仪式的情况下摘掉了"广汉县向阳人民公社"的牌子。由于有记者通过内参向中央反映了这一情况，6 月 23 日，全国人大常委会打电话给广汉县委，批评摘公社牌子是错误的，于是摘下来的公社牌子又挂了出去。过了半个月，全国人大常委会又打来电话，说中央领导同志同意广汉

---

① 关于人民公社的制度形态，见张乐天《告别理想——人民公社制度研究》，东方出版中心 1998 年 1 月版。

县委搞试点。1980 年 10 月，向阳乡召开人民代表大会，选举产生了乡人民政府领导人员。

1981 年夏季，民政部部长程子华受全国人大常委会副委员长彭真委托，对广汉的撤社建乡进行了调查，并形成了《关于人民公社政社合一问题的调查报告》。调查报告认为人民公社政社合一的制度必须改革，并指出了这一制度的主要弊端，一是难以维护集体经济，尤其是生产队的自主权；二是加重了农民负担；三是党政企不分，权力集中于少数人，削弱了党的工作和政权工作；四是不利于实行科学的经营管理；五是不利于农业向专业化、社会化的方向发展；六是不利于发扬社会主义民主。调查报告还提出了政社分开的两种思路：一种是采取广汉模式，分别建立乡党委、乡人民政府和农工商联合公司；另一种是建立乡党委和乡人民政府，保留人民公社作为经济实体。①

人民公社下的大队和小队的组织形式，也有了重要的变化。1980 年 2 月 5 日，广西壮族自治区河池地区宜州市宜山县三岔公社合寨生产大队下的果作村，在不再推选生产队长的前提下，通过户代表投票选举，产生了"果作村委会"。宜山县委在中共河池地委的支持下，于 1981 年开始推广建立村委会的做法；到 1982 年，宜山县 12 个公社的 2288 个自然村中，有 598 个建立了村委会。宜山县的做法引起了中央决策层的关注，经过全国人大常委会和民政部的调查，村委会的组织形式得到认可，并正式命名为村民委员会。②

由于全国人大常委会已经考虑在 1982 年修改《中华人民共和国宪法》时改变人民公社制度，1982 年 4 月 12 日，中共中央、国务院发出《关于〈宪法修改草案〉中规定农村人民公社政社分开问题的通知》，指出人民公社政社分开是一件很复杂、很细致的工作，不可草率，匆忙改变，必须有领导、有准备、有计划、有步骤、有秩序地进行。③

1982 年 12 月 4 日五届全国人大五次会议通过的《中华人民共和国宪法》恢复了 1952 年宪法对乡、民族乡、镇政权形式的规定，强调乡、民族乡、镇人民代表大会是国家权力机关，乡、民族乡、镇的人民政府是本

---

① 四川广汉取消人民公社的过程，引自罗平汉《农村人民公社史》，福建人民出版社 2003 年 8 月版，第 404—406 页。

② 徐勇：《乡村治理与中国政治》，中国社会科学出版社 2003 年 12 月版，第 1—13 页。

③ 新华月报编辑部编：《新中国五十年大事记》（下），第 666 页。

级国家权力机关的执行机关和国家行政机关，执行本级人民代表大会的决议和上级国家行政机关的决定和命令，管理本行政区域内的行政工作。宪法修改委员会副主任委员彭真还特别指出："改变农村人民公社的政社合一的体制，设立乡政权，人民公社将只是农村集体经济的一种组织形式。这种改变将有利于加强农村基层政权建设，也有利于集体经济的发展。至于政社分开的具体实施，这是一件细致的工作，各地要从实际出发，因地制宜，有领导、有计划、有步骤地进行，不要草率行事。"①

1983 年 10 月 12 日，中共中央、国务院发出《关于实行政社分开建立乡政府的通知》，强调当前的首要任务是政社分开，建立乡政府，同时按乡建立乡党委，并根据生产的需要和群众的意愿逐步建立经济组织。要尽快改变党不管党、政不管政和政企不分的状况。政社分开、建立乡政府的工作要与选举乡人民代表大会代表的工作结合进行，大体上在 1984 年年底以前完成。乡的规模一般以原有公社的管辖范围为基础，如原有公社范围过大的也可以适当划小。在建乡中，要重视集镇的建设，对具有一定条件的集镇，可以成立镇政府，以促进农村经济、文化事业的发展。村民委员会是基层群众性自治组织，应按村民居住状况设立。村民委员会要积极办理本村的公共事务和公益事业，协助乡人民政府搞好本村的行政工作和生产建设工作。村民委员会主任、副主任和委员要由村民选举产生。各地在建乡中可根据当地情况制定村民委员会工作简则，在总结经验的基础上，再制定全国统一的村民委员会组织条例。

全国农村随即开始全面的"撤社建乡"工作。1985 年 6 月，全国农村"撤社建乡"工作全部完成，大多数地方以人民公社为基础建立乡镇，少数省建立了区公所和乡镇两级建制（如广东省、云南省和湖北省），后来区公所逐渐撤并，全国实现了基层政权的划一制度。原来人民公社之下的大队和生产队的组织形式，也改变成了村民委员会的组织形式。建乡前，全国共有 5.6 万个人民公社、镇，政社分开后，全国共建立了 9.2 万个乡（民族乡）、镇和 82 万个村民委员会。②

1986 年 9 月 26 日发出的《中共中央、国务院关于加强农村基层政权

---

① 彭真：《关于中华人民共和国宪法修改草案的报告》，载刘政、于友民、程湘清主编《人民代表大会工作全书》，第 14 页。

② 新华月报编辑部编：《新中国五十年大事记》（下），第 709、759—760 页。

建设工作的通知》，强调农村基层政权体制的改革是政治体制改革的重要组成部分，并提出了以下改革要求。（1）明确党政分工，理顺党政关系。（2）实行政企分开，促进农村经济进一步发展。（3）简政放权，健全和完善乡政府的职能。（4）搞好村（居）民委员会的建设。1987年的"五号文件"，则要求整党中和整党后，都应把加强基层组织，特别是村级组织建设，克服涣散状况，作为重点任务。要按照规定，搞好乡的民主选举。村的党支部、村民委员会和合作组织的干部，要经过选举，由具有献身精神和开拓精神、办事公道、能带领群众致富的人担任。

（五）　政策放宽带来的多样性机会

"十二大"时期农村政策的全面"放宽"，不仅对中国广大的农民也为整个中国社会带来了有利于发展的六种"机会"。

第一种是转变观念的机会。政策的放宽改变了中国农村传统的依靠土地生存和发展的观念，带来了"非商不富"、"非工不富"等新的发展观念，并为广大的农村人口提供了进一步转变观念的机会（"十一大"时期已经完成了农业生产由"集体经营"观念向"个体经营"观念的转变）。中国农村之所以能够出现一批"先富者"，就是因为这些人能够及时转变发展观念，并有效利用了政策给予的发展机会。在"先富者"的带动和刺激下，更多的人转变了"重土难离"观念，开始寻求新的发展机会。

第二种是农、工、商结合的机会。"十二大"时期农村政策的一个重要要求，就是改变过分依赖农业的农村经济发展模式，为在农村经济中实现农、工、商结合提供必要的政策支持。对乡镇企业发展的各种"利好"政策，主旨就是为农、工、商结合提供各种重要机会。乡镇企业的快速发展，尤其是全国乡镇企业的总产值能够超过全国农业的总产值，就是很好地利用了这样的机会。

第三种是农村劳动力转移的机会。政策的放宽为农业生产富余劳动力的大规模转移提供了机会，使得数以千万计的农村劳动力由农业生产领域转入了商业领域和工业生产领域，并且开启了农村人口大规模流动的局面，对于打破传统农村的封闭、静止状态起了极为重要的作用。

第四种是活跃市场的机会。因政策放宽带来的乡镇企业快速发展和普遍开展的农村多种经营，为中国国内市场的活跃提供了重要的机会，无论是食品、副食品，还是基本的生活用品，都开始走出曾困扰中国多年的

"商品短缺"窘境。

第五种是建立新型管理机制的机会。农村经济结构的变化，要求管理结构的变化，之所以全面撤销人民公社，就是因为人民公社的制度形态难以适应农村新的管理要求，必须建立新型的农村管理制度体系。"撤社建乡"为建立新型的农村管理制度体系提供了重要的机会，尤其是为以"村民自治"为核心内容的基层群众自治制度的出现奠定了重要的基础。

第六种是改变农村面貌的机会。农村政策的放宽，一个重要的政策目标就是要改变农村的落后面貌和改变农民的生活状态。随着农民收入的增加，尤其是"先富"人群的出现，一些农村出现了"大兴土木"现象，"老屋改造"和建造新房，改变了村落的旧有面貌，甚至出现了"整体改造"的接近城市水平的新村落。工商企业向乡镇集中，也使得中国沿海地区的部分乡镇政府所在地的面貌发生了重大变化，有的地方已经完成了从农村向"城镇"的快速转变过程。

政策放宽带来的各种机会，既有主要针对"集体"的机会（如建立新型管理机制的机会），也有主要针对"个人"的机会（如转变观念的机会），还有"集体"和"个人"都适用的机会（如农工商结合、农村劳动力转移、活跃市场、改变农村面貌等机会）。由此需要特别注意阿米·古特曼（Amy Gutmann）和丹尼斯·汤普森（Dennis Thompson）所强调的两个与"机会"有关的原则："第一个原则我们称为基本机会原则，强迫政府保证所有公民都能得到他们需要的资源，过一种体面的生活和享受我们社会的其他（非基本的）机会。第二个原则我们称为公平机会原则，它指导着对于具有重要价值的善的分配，社会对于在个体间公平分配这些善具有合法的兴趣。"①

在基本机会方面，按照古特曼和汤普森的解释："基本机会指的是过某种好生活和利用其他机会——例如竞争熟练工作的机会——所必要的那些善和服务。"② 按照这样的原则，"十二大"时期农村政策的放宽，至少是为中国的农民提供了这样的机会，尤其是为农民提供了自我选择发展方向和采取相应经济行为的基本机会，并且恰是因为有了这样的机会，才能

---

① ［美］阿米·古特曼、丹尼斯·汤普森：《民主与分歧》，杨立峰、葛水林、应奇译，东方出版社 2007 年 5 月版，第 237 页。

② 同上书，第 238 页。

进一步激发农民改变自身经济状况和生活状况的积极性。

在公平机会或平等机会方面，罗尔斯（John Rawls）指出："公平的机会平等，不仅要求公职和社会职位在形式上是开放的，而且要求所有人都应该有获得它们的公平机会。""在社会的所有地方，对于那些拥有相似天赋和动机的人们，应该在修养和成就方面存在着同样的前景。"① 悉尼·胡克（Sidney Hook）也指出："应当为实现个人的天资与能力提供平等的发展机会。相信机会均等不就意味着相信天资的均等。""平等的理想不是某种可以机械地来应用的东西，但是它必须作为一种分配方面的规范原则来发挥作用。"② 哈耶克（Friedrich A. Von Hayek）则强调："政策必须旨在以平等的方式增进不确定的任何人得以成功地追求他们所具有的同属未知的目的机会。""政策的目标所旨在实现的必须是一种能够尽可能多地增进每个人的机会的秩序——当然，这并不是一种在每时每刻而只是'在整体上'且从长远来讲会尽可能多地增进每个人的机会的秩序。"③ 也就是说，公平机会原则或者平等机会原则，强调的是公平、平等地给予所有的个人发展机会，而不是强求每个人都能得到平等的结果。从这样的要求看，"十二大"时期农村政策放宽提供的多样性机会，没有附加任何歧视性的不平等条款，符合公平机会或平等机会的原则；但是即便提供了平等的机会，受各种条件的制约，对平等机会的利用情况会有很大的不同。各地农村之所以出现发展不平衡的状态，确实与能否有效地利用政策提供的机会有着重要的关系。

六　"放开物价"的"价格双轨制"

无论是国营企业改革，还是乡镇企业、私营企业的发展，以及整体性的经济发展，都在很大程度上受到计划经济体制的价格约束，"物价改革"已经成为不可忽视的问题，决策者不得不下决心解决这一问题了。

---

① ［美］罗尔斯：《作为公平的正义：正义新论》，姚大志译，中国社会科学出版社2011年2月版，第70—71页。

② ［美］悉尼·胡克：《理性、社会神话和民主》，金克、徐崇温译，世纪出版集团、上海人民出版社2006年7月版，第260页。

③ ［英］哈耶克：《法律、立法与自由》第2卷，邓正来等译，中国大百科全书出版社2000年10月版，第199—200页。

（一）价格体制改革的政策选择

"十一大"时期主要采用的是稳定物价的政策，并且针对农产品价格偏低、工农产品比价不合理等突出问题，进行了几次重要的价格调整，如1979年1月大幅度提高18种农产品收购价格，1979年4月提高统配煤价格，1979年11月提高猪肉、牛肉、羊肉、鸡蛋、水产品等8种副食品零售价格，以及1981年提高烟酒价格等。"十二大"时期又进行了两次价格调整，一次是1983年1月降低涤棉布的价格，提高棉布的价格；另一次是1983年12月提高铁路货运和水路货运的价格。

价格调整不等于价格改革，为讨论价格改革政策的走向，1984年9月在浙江莫干山召开了首届全国中青年经济科学工作者讨论会，在物价改革问题上形成了三派意见：一是"放派"，主张一步或分步放开价格控制，实行市场供求价格；二是"调派"，主张以计划经济为主，逐步调整价格；三是"放调结合派"，主张"先改后调，改中有调"，实行放调结合的双轨制价格改革。[①]

中央采用了"放调结合派"的建议，1984年10月20日中国共产党十二届三中全会通过的《中共中央关于经济体制改革的决定》，明确提出了"建立合理的价格体系，充分重视经济杠杆的作用"的要求，并对价格"调放政策"作了具体的说明。

之所以对价格体系进行调整，是因为我国现行的价格体系，由于过去长期忽视价值规律的作用和其他历史原因，存在着相当紊乱的现象，不少商品的价格既不反映价值，也不反映供求关系。不改革这种不合理的价格体系，就不能正确评价企业的生产经营效果，不能保障城乡物资的顺畅交流，不能促进技术进步和生产结构、消费结构的合理化，就必然造成社会劳动的巨大浪费，也会严重妨碍按劳分配原则的贯彻执行。随着企业自主权的进一步扩大，价格对企业生产经营活动的调节作用越来越显著，建立合理的价格体系更为急迫。各项经济体制的改革，包括计划体制和工资制度的改革，它们的成效都在很大程度上取决于价格体系的改革。价格是最有效的调节手段，合理的价格是保证国民经济活而不乱的重要条件，价格

[①]　"莫干山"会议的具体情况，见"中国改革信息库"的"价格双轨制讨论"专题所载论文。

体系的改革是整个经济体制改革成败的关键。

价格体系的不合理，同价格管理体制的不合理有密切的关系，并突出表现为同类商品的质量差价没有拉开；不同商品之间的比价不合理，特别是某些矿产品和原材料价格偏低；主要农副产品的购销价格倒挂，销价低于国家购价。

改革价格体系的总体政策思路是在调整价格的同时，改革过分集中的价格管理体制，逐步缩小国家统一定价的范围，适当扩大有一定幅度的浮动价格和自由价格的范围，使价格能够比较灵敏地反映社会劳动生产率和市场供求关系的变化，比较好地符合国民经济发展的需要。

在价格改革方面，主要采用的是五项重要的政策措施。（1）按照等价交换的要求和供求关系的变化，调整不合理的比价，该降的降，该升的升。（2）在提高部分矿产品和原材料价格的时候，加工企业必须大力降低消耗，使由于矿产品和原材料价格上涨而造成的成本增高基本上在企业内部抵消，少部分由国家减免税收来解决，避免因此提高工业消费品的市场销售价格。（3）在解决农副产品购销价格倒挂和调整消费品价格的时候，必须采取切实的措施，确保广大城乡居民的实际收入不因价格的调整而降低。（4）随着生产的发展和经济效益的提高，职工工资还要逐步提高。（5）一切企业都应该通过大力改善经营管理来提高经济效益，而绝不应该把增加企业收入的希望寄托在涨价上。绝不允许任何单位和任何人趁改革之机任意涨价，人为地制造涨价风，扰乱社会主义市场，损害国家和消费者的利益。

改革价格体系关系国民经济的全局，涉及千家万户，要采取十分慎重的态度，根据生产的发展和国家财力负担的可能，在保证人民实际收入逐步增加的前提下，制定周密的切实可行的方案，有计划有步骤地进行。必须向群众广泛宣传，在生产发展和物资日益丰富的条件下，主动改革价格体系，解决各种比价不合理的问题，绝不会引起物价的普遍轮番上涨。这种改革，是进一步发展生产的迫切需要，是符合广大消费者的根本利益的。

按照政策要求，1985 年年初，对农产品购销体制进行重大改革，除个别品种外，国家不再向农民下达农产品统购派购任务，按照不同情况，分别实行合同订购和市场收购，放开城市蔬菜、肉类等主要副食品收购价格，绝大部分农产品价格由市场调节，同时还放开了缝纫机、国产手表、收音机、电风扇等五种工业消费品的价格。

1985年3月13日，国务院发出《关于加强物价管理和监督检查的通知》，就物价改革提出了三条新的要求。（1）重大的价格改革措施和重要商品价格调整，必须按照国务院的统一部署执行，各地区、各部门和工商企业都不得自行其是，随意调价。（2）凡属国家定价的生活资料，都必须执行国家规定的价格（包括国家规定的浮动价格），未经批准，一律不得自行变动。工业企业自销部分，直接销售给消费者的，不得高于国家规定的零售价格；销售给零售企业的，不得高于国家规定的批发价格。各经营单位不准以零售价格或高于零售价格进货、加价出售。对于轻工集体企业和乡镇企业生产的商品价格和农村供销社经营的商品价格，应按照国家有关规定执行。（3）凡属国家定价的工业生产资料，都必须严格执行国家规定的价格（包括规定的加价幅度及浮动价格、临时价格）。按照规定允许企业自销的工业生产资料，由企业自行定价，但要加强管理和指导。重要商品要进入生产资料交易中心成交，公开标价，照章纳税，销售价格由供需双方协商确定。由于该通知废除了对计划外生产资料价格的控制，使得"价格双轨制"（生产资料的价格分为"计划内"和"计划外"两种）正式成为当时中国价格改革的基本政策。①

（二）应对物价上涨和"抢购风"

价格体制改革带来了物价上涨，并且在不少城市出现了"抢购风"。1985年的物价形势最为严峻，农副产品收购价格总指数比1984年上升8.6%，零售物价总指数比1984年平均上升8.8%，大大高于前三年的物价上涨水平（1982年为2.0%，1983年为2.0%，1984年为2.7%）。因为调整和放开农副产品等商品零售价格，影响零售物价总水平上升5.4%，其他因素影响零售物价总水平上升3.4%。城镇零售物价总指数平均上升12.2%，农村上升7%。食品类商品物价总体上升14.4%，其中鲜菜价格上升34.5%，肉禽蛋上升22%，水产品上升34.3%，鲜果上升35.9%，粮食上升10.9%。②

为应对物价上涨，中央政府在1985年采取了多项紧急措施。（1）禁

---

① 董辅礽主编：《中华人民共和国经济史》下卷，第214—217页。
② 《1985年国民经济和社会发展统计公报》，引自中华人民共和国国家统计局网站。

止党政机关和干部经商办企业。1985 年 1 月 5 日和 2 月 23 日，中纪委两次发出通知，要求坚决制止党政机关和干部经商办企业的歪风。5 月 23 日，中共中央、国务院又发出了《关于禁止领导干部的子女、配偶经商的决定》，强调所有干部子女特别是在经济部门工作的干部子女，都不得凭借家庭关系和影响，参与或受人指派，利用牌价议价差别，拉扯关系，非法倒买倒卖，牟取暴利。（2）控制集团购买力。1985 年 2 月 7 日，国务院特别发出了《关于严格控制社会集团购买力的紧急通知》。（3）制止倒卖活动。1985 年 3 月 13 日，国务院发出了《关于坚决制止就地转手倒卖活动的通知》。7 月 31 日，中共中央批准中纪委就海南岛大量倒卖进口汽车等严重违法违纪事件提出的调查报告，决定对有关领导作出严肃处理。（4）上调存款利率，以增强民众存款意愿来减轻市场压力。1985 年 4 月 1 日，中国人民银行宣布调整人民币存款利率，1 年期储蓄利率由年息 5.76% 上调至 6.84%，企事业单位 1 年期存款利率由年息 3.6% 上调至 4.32%。

决策者还要求坦然应对"放开物价"带来的物价上涨。1985 年 7 月 11 日邓小平指出："我对外国人说，改革的势头不错，这话正是在北京出现一阵抢购，有半个月人心惶惶的时候说的。那时候，我心里是踏实的。物价改革是个很大的难关，但这个关非过不可。不过这个关，就得不到持续发展的基础。十二届三中全会以来九个月的实践证明，物价改革是对的。理顺生活资料价格恐怕要用三年，加上生产资料价格的改革，需要的时间更长。如果用五年时间理顺物价关系，就是了不起的事。这项工作很艰巨。"①

1986 年 1 月 5 日至 19 日召开的全国物价工作会议，要求巩固、消化、补充价格改革措施，使整个物价水平基本保持稳定。② 1986 年 2 月 4 日，中共中央、国务院发出《关于进一步制止党政机关和党政干部经商、办企业的规定》，3 月 29 日，中共中央办公厅和国务院办公厅对这一规定又作了补充说明。1986 年 6 月 5 日，国务院办公厅还特别发出了《关于严禁在社会经济活动中牟取非法利益的通知》。

1986 年物价继续上涨，农副产品因议价收购部分比重扩大，收购

---

① 邓小平：《抓住时机，推进改革》，《邓小平文选》第 3 卷，第 131—132 页。
② 新华月报编辑部编：《新中国五十年大事记》（下），第 779—780 页。

价格指数比 1985 年平均上升 6.4%。由于下半年相继调整了部分商品价格，拉开了地区、季节、质量的差价，全年零售物价总水平比 1985 年平均上升 6%，但有些地区变相涨价，以次充好、短斤缺两的现象比较严重。①

1987 年 1 月 14 日，国务院特别发出《关于加强物价管理保持市场物价基本稳定的通知》，要求加强粮食市场管理，稳定市场粮价；大中城市认真安排副食品的生产和供应，保持零售价格基本稳定；京、津、沪等大城市对肉、蛋等重要副食品零售价格，必要时可规定最高限价；对已放开价格的某些重要商品，在价格上要进行必要的指导；当前不再增加放开价格和实行浮动价格的品种范围；各有关部门下达涉及调整物价的文件，都必须经同级物价部门会签同意；严格禁止乱收费、乱涨价，认真搞好经常性的物价大检查工作。1987 年 9 月 11 日，国务院公布《中华人民共和国价格管理条例》，并立即开始实施。

1987 年物价上涨幅度依然较大，全年零售物价总水平比 1986 年平均上升 7.3%（其中 12 月份比上年同月上升 9.1%）。食品类商品价格比 1986 年上升 10.1%，其中肉禽蛋上升 16.5%，鲜菜上升 17.7%，水产品上升 17%。市场物价管理中的主要问题是有些垄断性行业、企业擅自抬价争购和提价销售紧俏商品，中间转手倒卖牟取暴利等现象相当严重，不少商店和个体摊贩也变相涨价。②

尽管各项抑制物价上涨政策措施的实施，使 1986 年和 1987 年的零售物价指数升幅都低于 1985 年的水平，但是物价上涨的压力依然较大。这样的结果，是推行改革开放政策不得不面对的"风险"经历。价格政策的重大转变，不能不考虑两个重要的因素，一是"趋利"因素，二是"政策承受力"因素。利用物价变动的机会获利，是商品经济带来的经济行为，即便政府采用强硬的管制措施，还是难以抑制普遍增长的"趋利"冲动。抑制物价上涨政策的效果之所以不够理想，一个重要的原因就是过分依赖政府的行政强制能力，严重忽视了市场调节的能力，并且突出表现出了市场不成熟的特征。在这样的形势下，作为消费者的民众不得不承受物价上涨带来的生活压力。应该承认，对于这样的

---

① 《1986 年国民经济和社会发展统计公报》，引自中华人民共和国国家统计局网站。
② 《1987 年国民经济和社会发展统计公报》，引自中华人民共和国国家统计局网站。

压力，民众最初显示的是较低的"承受力"，"抢购风"只是一种"集体性行动"的表现，内在的还会有各种对政府的抱怨，尤其是对政策的抱怨。但是随着压力的"常态化"，民众的"惰性"反映会逐渐增强，对物价的变动不再大惊小怪；再加上来自其他政策的"补偿"，民众会逐渐适应新的价格体制。经过一个这样的政策周期，民众的"政策承受力"会有所提升。邓小平之所以对"物价冲关"有信心，显然是认为中国民众不仅有承受"风险"的能力，还可以通过"物价风波"来提高"政策承受力"的水平。提升"政策承受力"水平固然重要，因为需要"冲关"的不仅仅是物价问题，还有就业、收入、医疗、养老等一系列问题，这些问题都将使民众面临"政策承受力"的考验；但是理顺市场关系更为重要，因为确实不能因为少数人的"趋利"行为影响多数人的生活。

(三)"放开市场"的经济体制改革

价格问题的最终解决有赖于市场的进一步完善，如何看待"市场经济"，由此成了一个重要的理论和实践问题。

"十二大"召开后，中国理论界对经济理论进行研究，提出了恢复"有计划商品经济"提法的建议。1984年10月20日中国共产党十二届三中全会通过的《中共中央关于经济体制改革的决定》，明确提出了"建立自觉运用价值规律的计划体制，发展社会主义商品经济"的要求，并对计划体制的基本点作了四点概括。(1)就总体说，我国实行的是计划经济，即有计划的商品经济，而不是那种完全由市场调节的市场经济。(2)完全由市场调节的生产和交换，主要是部分农副产品、日用小商品和服务修理行业的劳务活动，它们在国民经济中起辅助的但不可缺少的作用。(3)实行计划经济不等于指令性计划为主，指令性计划和指导性计划都是计划经济的具体形式。(4)指导性计划主要依靠运用经济杠杆的作用来实现，指令性计划则是必须执行的，但也必须运用价值规律。按照以上要点改革的计划体制，就是要有步骤地适当缩小指令性计划的范围，适当扩大指导性计划的范围。

按照"有计划的商品经济"推行经济体制改革后，还是要解决"市场经济"的定位问题。为此，邓小平于1985年8月28日明确指出："社会主义和市场经济之间不存在根本矛盾。问题是用什么方法才能更有力地发展社会生产力。我们过去一直搞计划经济，但多年的实践证明，在某种意义上说，只搞计划经济会束缚生产力的发展。把计划经济和市场经济结合起来，就更能解放生产力，加速经济发展。"① 1987 年 2 月 4 日，邓小平又指出："为什么一谈市场就说是资本主义，只有计划才是社会主义呢？计划和市场都是方法嘛。只要对发展生产力有好处，就可以利用。它为社会主义服务，就是社会主义的；为资本主义服务，就是资本主义的。好像一谈计划就是社会主义，这也是不对的，日本就有一个企划厅嘛，美国也有计划嘛。我们以前是学苏联的，搞计划经济。后来又讲计划经济为主，现在不要再讲这个了。"② 这样的论点，到"十四大"时期发展成了"社会主义市场经济"的理论表述，详见后述。

"有计划的商品经济"的政策要求，对"放开市场"产生了积极的作用，具体表现就是不仅商品供应的种类增多，商品经营的方式也开始呈现多样化的形态，小市场和小商贩逐步增多。当然，"放开市场"在"十二大"时期还远未到位，因为市场不仅与国有企业、乡镇企业的发展有关，也与私营经济的发展有关，没有认识上的重大突破，也就不会有政策方面的重大突破。

七　建立新的政策机制

改革开放的政策路线，需要与之相适应的一套新的政策机制。"十二大时期"既明确提出了建立新政策机制的要求，也展开了一些与之相关的实际行动。

（一）为政策破除"制度性障碍"

"十二大"时期在制度建设方面重点强调的是以政治体制改革的办法，破除影响改革开放政策推行的各种"制度性障碍"。如前所述，"撤社建乡"就是破除"制度性障碍"的重大举措。此外，在政治体制改革方面也有了重要的进展。

---

① 邓小平：《社会主义和市场经济不存在根本矛盾》，《邓小平文选》第 3 卷，第 148—149 页。

② 邓小平：《计划和市场都是发展生产力的方法》，《邓小平文选》第 3 卷，第 203 页。

中国共产党第十二次全国代表大会的中央委员会报告指出，社会主义民主制度和民主生活的建设需要进行长期的、大量的工作，过去我们做得还很不够，在"文化大革命"中又遭到严重破坏。近几年来，我国社会主义民主得到了恢复和发展。我们一定要按照民主集中制的原则，继续改革和完善国家的政治体制和领导体制，使人民能够更好地行使国家权力，使国家机关能够更有效地领导和组织社会主义建设。邓小平也于1986年9月特别指出："我们提出改革时，就包括政治体制改革。现在经济体制改革每前进一步，都深深感到政治体制改革的必要性。不改革政治体制，就不能保障经济体制改革的成果，不能使经济体制改革继续前进，就会阻碍生产力的发展，阻碍四个现代化的实现。""我们政治体制改革总的目标是三条：一是巩固社会主义制度；二是发展社会主义社会的生产力；三是发扬社会主义民主，调动广大人民的积极性。"①

建立中共中央顾问委员会，是政治体制改革的一项重要内容。为保障领导干部退休制度顺利进行，中国共产党第十二次全国代表大会决定成立中央顾问委员会。按照邓小平的解释，中央顾问委员会在中央委员会领导下工作，任务有四条：一是对党的方针政策的制定和执行提出建议，接受咨询；二是协助中央委员会调查处理某些重要问题；三是在党内外宣传党的重大方针政策；四是承担中央委员会委托的其他任务。邓小平还特别指出："原则的规定都有了，现在的问题是怎样具体实施。要理出几条，其中也包括我们工作机构的设置。我建议不要建立什么大机构，要简化，几个人就够了。""我们都是老同志，说话开门见山。顾问委员会要注意的第一件事情，就是不要妨碍中央委员会的工作。我们老同志要自觉，我们都是老上级、老领导，牌子大、牌子硬啊，比中央委员会的成员牌子硬啊。以后中央委员会的成员越来越年轻，越来越是我们的后辈。我们的态度正确，对推动他们的工作，帮助他们的工作，很有好处。如果搞得不适当，也会带来不好的影响。不仅不要妨碍中央委员会的工作，包括中央政治局、书记处的工作，也不要妨碍下面各级的工作。比如我们的同志到哪个省去了解情况，我看不要随便发表意见，首先要认真调查研究，学习下面的实际经验。发现确实有需要解决的问题，也应该采取帮助省委或者帮助某个基层组织的办法，让他们自己去解决。要注意起传帮带的作用，而

---

① 邓小平：《关于政治体制改革问题》，《邓小平文选》第3卷，第176—180页。

不是去发号施令。"①

完善人民代表大会制度和政治协商制度，是政治体制改革的又一项重要工作。1982 年 11 月 26 日至 12 月 10 日的五届全国人大五次会议，不仅通过了《中华人民共和国全国人民代表大会组织法》和《中华人民共和国国务院组织法》，还对《中华人民共和国全国人民代表大会和地方各级人民代表大会选举法》和《中华人民共和国地方各级人民代表大会和地方各级人民政府组织法》等法律作了重要修改。1982 年 11 月 24 日至 12 月 11 日的五届全国政协五次会议，通过了《中国人民政治协商会议章程》，对于强化政协的政策功能也提出了具体要求。

机构改革也属于政治体制改革的范畴。1983 年 2 月 15 日，中共中央、国务院发出《关于地市州党政机关机构改革若干问题的通知》，要求积极试行地市合并，进一步实行市领导县的体制。12 月 1 日，中共中央、国务院又发出关于县级党政机关机构改革的通知。12 月 22 日，省、地两级领导班子调整完成，全国的省级党政领导班子成员由原来的 698 人减为 463 人，减少了 34%；全国的地市级党政领导班子成员由原来的 16658 人减为 10603 人，减少了 36%。1984 年 10 月，县级机构改革完成，全国的县级党政领导成员比原来减少了 18%。②

干部管理体制亦有一定的变化。1984 年 7 月，中共中央书记处决定改革干部管理体制，适当下放干部管理权限，采取分级管理、层层负责的办法，缩小由中央管理的干部的范围，中央原则上只管下一级的主要领导干部。③

为政策推行破除"制度性障碍"的改革，既可能是以新制度取代现有的制度，实现"制度转换"；也可能是在现有制度基础上引入新的机制，实现"制度完善"。撤销人民公社、建立乡镇政权，带来的是"制度转换"，即通过"撤社建乡"，以新的农村基层管理制度体系（这一体系由乡镇政权管理制度和以村民委员会为载体的村民自治制度构成）取代了人民公社的管理制度。建立中央顾问委员会，则是一种带有临时性安排的"制度转换"。完善人民代表大会制度、强化政协的政策功能、机构改

---

① 邓小平：《在中央顾问委员会第一次全体会议上的讲话》，《邓小平文选》第 3 卷，第 6—7 页。

② 新华月报编辑部编：《新中国五十年大事记》（下），第 689、712—714、738 页。

③ 同上书，第 730 页。

革以及干部管理体制改革等，则都是"制度完善"的重要措施。应该特别注意的是，政治体制改革的重心，并不是"制度转换"，而是"制度完善"，因为中国并不是要抛弃现有的制度体系，而是要使现有的制度更加完善，更加适应新政策形态的需要。

(二)　引入新的政策机制

"十二大"时期，在邓小平等人的倡导下，为中国的政策过程引入了两种重要的机制。

第一种是"特区试验"机制。在中国大陆的沿海地区建立经济特区，发端于"十一大"时期，发展于"十二大"时期。"十一大"时期成立的深圳、珠海、汕头、厦门四个经济特区，在"十二大"时期都有了重要的发展。1987年四个特区的工业总产值达到120亿元，是创办特区前(1979年)的12倍。1988年外商投资企业工业产值占特区工业总产值的比例，深圳为63%，珠海为35%，汕头为59%，厦门为41%。四个特区还在国外建设了一些厂点。尤为重要的是，特区已经形成了一套新的政策机制，包括特区发展战略的政策规划，吸收外资的优惠政策，创造良好投资环境的基本建设和社会管理政策，大力发展第三产业政策，吸引人才政策，以及使用特区发展需要的管理机制，等等。在特区试验的基础上，中央又启动了沿海开放城市和沿海开放区的试验，1984年3月26日至4月6日，中共中央书记处和国务院召开沿海部分城市座谈会，建议开放大连、秦皇岛、天津、烟台、青岛、连云港、南通、上海、宁波、温州、福州、广州、湛江、北海十四个沿海港口城市。5月4日，中共中央、国务院正式确定开放这十四个城市，并强调对这些城市放宽政策，一是给前来投资和提供技术的外商以优惠待遇，使其有利可图；二是扩大这些城市的自主权，使其有充分活力开展对外经济活动。1985年2月18日，中央又决定对外开放长江三角洲、珠江三角洲和闽南三角地区，使得对外开放战略有了继经济特区、沿海开放城市之后的"第三行动区"。[①]

对于"特区试验"的新政策机制，邓小平寄予厚望，并明确指出："我们特区的经济从内向转到外向，现在还是刚起步，所以能出口的好的产品还不多。只要深圳没有做到这一步，它的关就还没有过，还不能证明

---

① 王洪模等:《改革开放的历程》，第458—474、484—494页。

它的发展是很健康的。不过，听说这方面有了一点进步。前不久我对一位外国客人说，深圳是个试验，外面就有人议论，说什么中国的政策是不是又要改变，是不是我否定了原来关于经济特区的判断。所以，现在我要肯定两句话：第一句话是，建立经济特区的政策是正确的；第二句话是，经济特区还是一个试验。这两句话不矛盾。我们的整个开放政策也是一个试验，从世界的角度来讲，也是一个大试验。"①

第二种是"舆论导向"机制。邓小平在1979年12月就已经注意到了政策的舆论环境问题，并明确指出："最近在有些问题的宣传上，确有考虑不周和片面性的地方，使我们下面工作的同志遇到一些困难。举例来说，《人民日报》对上访问题发表过两篇文章，时间相隔不久。第一篇是9月17日，文章一出去，上访人员呼噜呼噜地都上来了；第二篇是10月22日，文章把道理讲清楚了，上访人员很快就减少了。这说明什么呢？说明单单是报纸的舆论就可以发生这样大的影响。如果我们各个单位真正把国家面临的问题给群众讲清楚，甚至把今天的困难同1962年的困难做个比较，还把我们现在采取了什么办法来克服困难，都向群众讲清楚，群众的情绪、群众的反映肯定不同。只要我们密切联系群众，深入地做工作，把道理向群众讲清楚，就能得到群众的同情和谅解，再大的困难也是能够克服的。我们的工作一定要跟上，包括我们的舆论工具也要跟上。每个地方、每个单位遇到任何问题，都应该主动向群众宣传和解释，做好工作。"② 1980年12月25日，邓小平又强调："要把国家的形势和困难、党的工作和政策经常真实地告诉群众。"③ 1983年1月20日中共中央亦明确要求向广大农民进行宣传、教育，组织讨论，使农民更加相信党的农村政策不会变，从而消除一部分干部和农民对党的现行政策特别是关于联产承包责任制问题上的这样那样的误解和疑虑。④

为改革开放政策创造有利的政策舆论环境，既有对媒体的要求，也有对政府的要求。对媒体的要求着重的是"信息传播"，既要通过广播、报

---

①　邓小平：《特区经济要从内向转到外向》，《邓小平文选》第3卷，第133页。

②　邓小平：《高级干部要带头发扬党的优良传统》，《邓小平文选》第2卷，第228—229页。

③　邓小平：《贯彻调整方针，保证安定团结》，《邓小平文选》第2卷，第368页。

④　《中共中央关于加强农村思想政治工作的通知》，载中共中央文献研究室编《十二大以来重要文献选编》上，第234页。

纸、电视等向民众传播重要的政策信息，也要及时反馈与政策有关的各种舆情，并且要注意秉持正确的政策导向。对政府的要求着重的是"政策沟通"，强调各级政府不仅负有宣传政策、解释政策的责任，还有听取群众意见和同群众商量办事的责任；"政策沟通"的关键不在于民众是否有沟通的意愿，而在于政府能否主动、积极地与民众沟通，因此明确政府承担的沟通功能是极为重要的。对于政府与媒体的关系，从党的文件和领导人的讲话中，可以看出主要是要求媒体作为"政策喉舌"，积极宣传党和国家的政策，而不是要求媒体成为"政策监督者"之一，肩负评价政策和批评政策的使命。由此形成的基调是媒体要为政府"帮忙"（尤其是在政策方面的"帮忙"），而不是"添乱"（邓小平对上访问题的评述，就表明了这样的基调）。这样的基调，实际上已经成了营造政策舆论环境的一个重要原则，在很长一段时间内依然被坚持。

（三）营造宽松政策环境的"政策民主"

在《政策民主》第一部中已经明确指出，按照恩格斯的理解，"社会主义社会"不是一种一成不变的东西，而应当和任何其他社会制度一样，把它看成是经常变化和改革的社会。将"社会主义社会"的变化和改革落到实处的具体做法，就是邓小平在"十二大"时期明确提出了改革开放的政策路线，并以这样的政策路线作为中国新的总政策（元政策），使中国完成了重要的政策转型。在政策转型过程中，与一系列的"政策放开"相联系，"政策民主"实践在八个方面有了重要的进展。

一是下放权力。为解决权力过分集中的问题，"十二大"时期找到的一个重要突破口，就是以国有企业作为试验场，进行下放权力的试点，并且强调在放权过程中，既要实现企业自主权，也要建立控制权力的民主机制。放权的另一个重要做法，就是给予沿海开放城市较大的自主权。通过政策来塑造新型的权力关系，尽管是初步的尝试（因为国有企业改革还没有全部推开，特区建设和沿海城市的开放也刚刚起步），但是中央权力的适度下放，尤其是向基层（企业）和地方政府（特区和沿海开放城市）下放权力，对于政策更贴近利益相关人显然是有重要作用的。西方学者也很重视政策权力下放的问题，如哈耶克（Friedrich A. von Hayek）就明确要求把制定对内政策的权力下放给地方政府："对于普通人来说，更为重要的是能够参与当地事务的决策，但是现在这些地方事务却在很大程度上不是由这些普通人所了解并能够信任的人进行决策的，而是由一个地处遥远且较为陌生的官僚机器决定的。"① 威尔逊（James Q. Wilson）也指出："官僚机构应使授权的分布与所执行任务的资源控制相匹配，处于最基层的级别应被给予更多的授权。"② 科布（John B. Cobb, Jr）则强调："在这些更小的、更接近人民的单位中作出更多的决定，有许多优点。它们更能使政策适合地方的条件，它们能有更多的决策权，而且它们更能判断这些决定是如何得到贯彻的。后现代主义者在很大程度上将把决定权留给那些最直接相关的人。"③ 也就是说，下放权力不仅可以防止政策权力被不当使用，更能够促成符合地方和基层实际情况的具体政策，"十二大"时期的放权做法，显然是在努力贴近这样的要求。

二是放松控制。弗里德曼（Milton Friedman）指出："经济政策决定性的改变，其特点是对集中'计划'和'方案'依靠的减少，对种种控制的取消，和对私营市场的重视。"④ "十二大"时期尽管还没有大量取消控制的政策，但已经出现了一系列放松控制的政策，如进一步放宽农村政策和放开乡镇企业的经营，对私营企业"放两年再看"，放开物价的价格体制改革，以及放开市场的经济体制改革等。在经济领域放松控制和减少强制性的政策干预行为，主要是为了保障生产者自我经营的权利，并通过给"机会"的做法来激发社会的活力，不代表政府能力的下降。"政府能力在几乎零控制（低）与几乎绝对控制（高）之间发生变化"，⑤ 政府只是希望找到适应发展的控制点，尽量避免出现"一抓就死，一放就乱"的现象。更为重要的是，宽松的政策既为"民主的政策过程"提供了基本动力，使决策者、政策执行者和政策受众都有一定的腾挪空间，都能发挥自己的积极性，也成为"民主的政策"（或"符合民主精神的政策"）的重要载体，使民众能够普遍享受到"好政策"带来的社会进步成果。

---

① ［英］哈耶克：《法律、立法与自由》第 3 卷，第 464、484 页。

② ［美］詹姆斯·Q. 威尔逊：《官僚机构：政府机构的作为及其原因》，孙艳等译，生活·读书·新知三联书店 2006 年 3 月版，第 504 页。

③ ［美］小约翰·B. 科布：《后现代公共政策——重塑宗教、文化、教育、性、阶级、种族、政治和经济》，第 184、245 页。

④ ［美］米尔顿·弗里德曼：《资本主义与自由》，张瑞玉译，商务印书馆 1986 年 3 月版，第 15 页。

⑤ ［美］查尔斯·蒂利（Charles Tilly）：《集体暴力的政治》，谢岳译，世纪出版集团、上海人民出版社 2006 年 12 月版，第 39 页。

三是信息开放。政策信息的开放，是"政策民主"的一个重要要求。如罗伯特·B. 登哈特（Robert B. Denhardt）和珍妮特·V. 登哈特（Jannet V. Denhardt）所言："人们必须逐渐认识到，无论是在政策形成的过程中，还是在政策执行的过程中，政府都是开放的并且是可以接近的。"① "十二大"时期明确要求把真实的情况和重要的政策告诉群众，以保证政策信息的开放；尽管信息开放主要倚重的是"政策宣传"方法，但是通过宣传来促进决策者与政策受众之间的沟通，也不失为一种可行的方法。

四是注重法治。强调"法治"观念，明确要求改变中国几千年来的"人治"习惯，并注意纠正"无法无天"、"以言代法"等错误倾向，为中国走向"政策法治化"奠定了认识基础。与此相联系的"由人治转变为法治"等四个转变，尽管还需要长期的努力才能做到，但是至少对法治发展的基本目标，已经有了全面和清晰的表述。

五是破除制度性障碍。"十二大"时期政治体制改革的重要任务，就是减少制度性的阻碍，使改革开放政策能够顺利推行。为此展开的破除制度性障碍行为，既包括了具有"制度完善"特征的完善人民代表大会制度、强化政协政策功能、机构改革等，也包括了具有"制度转换"特征的"撤社建乡"和建立中央顾问委员会。如罗素·哈丁（Russell Hardin）所言："在一个宪政政权中，制度有两种截然不同的作用。也许最显而易见的是去赋能，以使得各种行动和结果可能发生。对于许多东西来说，哪怕是最低限度地得以完成，我们也需要专业化和组织。例如，如果我们希望建立与维持法律和秩序，我们将需要拥有各种各样的制度结构，包括警察和司法职权。制度的第二种作用是去阻碍、去抬高在许多可能的行动和结果上进行即时协作的成本，有时是去使这种协作困难得令人难以问津。在许多境况中，阻碍即时协作的反面是暴民统治。在暴民统治下，法律和秩序被化为监视和私刑，甚至化为像法国的革命恐怖那样严酷的东西。在其两种功能中，制度既赋能又阻碍的，不但是零星变革，而且包括民意。赋能与限制民主之间的紧张关系因此成为民主宪政主义的核心。"② 也就是说，在破除"制度性障碍"中，确实需要注意处理"赋能"和"阻

① ［美］珍妮特·V. 登哈特、罗伯特·B. 登哈特：《新公共服务：服务，而不是掌舵》，丁煌译，中国人民大学出版社 2010 年 8 月版，第 75 页。

② ［美］罗素·哈丁：《自由主义、宪政主义和民主》，王欢、申明民译，商务印书馆 2009 年 3 月版，第 90—91 页。

碍”的关系，既要注意通过改革为制度“赋能”，使其成为政策运行的重要保障；也要注意克服来自制度层面的不同“阻力”，尤其是体制、机制方面的“阻碍”，降低政策推行的成本和增强政策协作关系；这恰是“十二大”时期政治体制改革的重要目标。

六是分步走和尝试新程序。“十二大”时期对于改变中国的政策程序有两个值得注意的举动。第一个举动是确定了先农村改革、后城市改革的程序性安排，并按照这样的安排展开了相应的政策实践。第二个举动是尝试一些新的政策程序，为国有企业改革设计的政策程序，以及要求特区采用的政策程序，都是针对新政策程序的重要试验，一旦试验有效，就可以进行大范围的推广。尽管这两大举动主要针对的都是决策程序，但毕竟是向“程序化的政策民主”迈出了重要的一步。

七是明确“好政策”的标准。在《政策民主》第三部中，已经列出了衡量“好政策”的一些基本标准，如民主评判标准、有限理性标准、教育公民标准、尊重事实标准、体制或制度标准、合法性与效率标准、政策协商标准等。这些标准需要根据不同的国情加以“实化”和“细化”，“十二大”时期已经根据中国的政策发展需要，在理论和实践层面明确了“好政策”的八条具体标准。（1）有利于生产力的发展和中国的现代化建设。（2）有利于中国的开放。（3）有利于社会主义制度的自我完善。（4）有利于安定团结。（5）有利于保障人民的权利和利益。（6）有利于提高人民的生活水平和为人民谋幸福，走向共同富裕。（7）有利于及时解决群众关心的问题。（8）有利于拿事实说话，实事求是。尽管当时主要是从政策对与错的角度来表述政策的评价标准，但是对的政策或者正确的政策，显然就是“好政策”。

八是提高民众的“政策承受力”。罗素（Bertrand Russell）指出，与革命方法相比较，渐进改革的方法有许多优点，但是渐进改革也有一定的危险性。[①] 中国的渐进式改革刚刚起步，邓小平就强调了改革是有风险的。“十二大”时期出现的“学潮”、“涨价风”、“抢购风”、“倒卖风”，以及居民消费价格指数突破警戒线的压力，使中国民众真实地感受到了改革的风险，并且在经历风险中提升了“政策承受力”的水平。需要注意

---

① ［英］伯特兰·罗素：《政治的理想》，许峰、上官新松译，载《自由之路》，文化艺术出版社 1998 年 1 月版，第 379—441 页。

的是，"政策支持度"和"政策承受力"都是重要的文化现象，尤其是在较高"政策承受力"水平上的"政策支持度"，更具有真实性和凝聚力，"十二大"时期在这方面已经开始了民众的经验积累和文化认知的重要历程。

从以上八个方面的进展可以看出，政策变化尤其是政策转型，确实需要来自政策环境的支持。如弗雷德里克（Carl J. Friedrich）所言："所谓的政策，就其通常的含义而言，是关于在既定的情境中去做什么或不做什么的决定。"[①] 阿尔蒙德（Gabriel A. Almond）等人也指出："政策问题是受具体环境以及政治体系运用其政府性机构从事提取、分配、管制等活动的能力的影响的。"[②]"十二大"时期改革开放政策路线的确定以及一系列的"政策放开"，证实了一个基本的逻辑关系，即在中国发展"政策民主"实践需要宽松的政策环境，而"政策民主"实践也确实能够起到营造宽松政策环境的重要作用。在"政策纠错"的基础上，再行"政策放开"，展示的恰是渐进式发展的"政策民主"实践的重要轨迹。

---

① ［美］卡尔·弗雷德里克：《公共政策与行政责任的本质》，载颜昌武、马骏编译《公共行政学百年争论》，中国人民大学出版社 2010 年 1 月版，第 3—12 页。

② ［美］阿尔蒙德等：《比较政治学——体系、过程和政策》，曹沛霖、郑世平、公婷、陈峰译，东方出版社 2007 年 7 月版，第 169 页。

第三章 发展中求稳定
（1987年10月—1992年9月）

1987 年 10 月至 1992 年 9 月的中国共产党"十三大"时期，由于出现了重大的政治风波，使中国改革开放政策能否延续面临严峻的考验。在邓小平等人强调的"发展中求稳定"的政策理念下，改革开放的政策方向和政策路线得以坚持，并在一些领域有了新的政策突破。

一 发展是硬道理

"十三大"时期，中国的国民经济出现了"U"形增长现象。中国国内生产总值（GDP）的增长，1987 年为 11.6%，1988 年为 11.3%，1989 年为 4.1%，1990 年为 3.8%，1991 年为 9.2%，1992 年为 14.2%。[①] 这样的经济发展情况，既反映了 1989 年发生的政治风波以及政策摇摆对经济发展带来的负面影响（表现为 1989 年和 1990 年的经济增长速度严重下滑），也显示了邓小平 1991 年视察上海谈话和 1992 年视察南方谈话对改革开放政策的坚持和反复强调，确实起到了刺激经济增长的重大作用（1991 年和 1992 年又出现了经济较快增长的势头）。经济发展的态势表明，中国确实不能偏离改革开放和"发展才是硬道理"的政策方向。

（一）坚持改革开放政策路线

在 1989 年的政治风波后，邓小平更强调了要坚持改革开放的路线、方针、政策，并且明确要求从四个方面来支持这样的坚持。

[①] 中华人民共和国国家统计局编：《中国统计年鉴—2013》，中国统计出版社 2013 年 9 月版，第 47 页。

第一，继续执行改革开放的政策路线，需要稳定的社会和政治环境。中国的最高利益就是稳定，只要有利于中国稳定的就是好事。在经历政治风波后，"中国的问题，压倒一切的是需要稳定"，已经成为一条重要的原则。因为只有坚持这样的原则，才能为改革开放政策的实施保持有利的社会环境，才能使中国在改革开放政策的推动下稳定地发展。

第二，必须坚持四项基本原则，坚持走社会主义道路。因为只有社会主义才能救中国，只有社会主义才能发展中国。需要特别注意的是，四项基本原则是改革开放政策的重要政治基础，中国能否维系这样的政治基础，在1989年确实遇到了重大的挑战，其背后还有席卷全球的"第三波民主化"的压力。尤其是20世纪90年代初的"苏东巨变"，带来了"中国崩溃论"等看法，使中国能否顶住各种压力，坚持走自己的道路，已经成为突出的问题。在这样的背景下，强调坚持走社会主义道路，强调坚持党的领导，确实具有坚定发展方向的重要意义。

第三，以新的要求对改革开放形成重要的支持。邓小平在"十三大"时期总体上提高了对改革开放政策的要求。一是在政策目标上，提出了"三步走"(第一步达到温饱水平，第二步达到小康水平，第三步达到中等发达国家水平)的设想，并强调改革开放是实现经济发展目标的不可替代的政策手段。二是在政策承诺上，不仅强调已有的政策不变，还强调以改革开放为核心的基本路线一百年不变。三是在政策作用上，明确了改革既要解放生产力，也要发展生产力；改革开放带来的生产关系变化，既基于生产力的发展，也会反作用于生产力；只有坚持这样的认识，才能对改革开放政策有全面的认识。四是在政策比较上，确信能够通过与"文化大革命"的比较，彰显改革开放政策的正确性，并通过这样的"历史定位"，增强对政策的自信心。五是在政策风险上，强调要有抗拒更大风险的准备，同时也意味着民众的"政策承受力"要有进一步的提升。六是在政策动力上，明确要求以更快的经济发展速度和人民生活水平的快速提高，作为维系政策的重要动力。七是在政策保障上，明确提出从两个方向为改革开放政策提供必要的政治保障，第一个方向是"廉洁政治"，第二个方向是领导人的"代际更替"；前者提供的是政治环境的保障，后者提供的是政治领导的保障，并特别强调了领导人的改变不会导致改革开放政策的变化。

第四，坚持政策的"不争论"。因为一争论就复杂了，把时间都争掉了，什么也干不成。当然，"不争论"只是就总政策（元政策）而言的，因为在改革开放政策路线确定之后，确实要防止无谓的争论干扰政策的实施，"怀疑派"是允许存在的，前提是不能阻碍政策推行。①

（二）注重经济快速增长

针对 1989 年政治风波后经济增长速度严重跌落的现象，邓小平于 1990 年 3 月 3 日明确指出："现在特别要注意经济发展速度滑坡的问题，我担心滑坡。百分之四、百分之五的速度，一两年没问题，如果长期这样，在世界上特别是同东亚、东南亚国家和地区比，也叫滑坡了。世界上一些国家发生问题，从根本上说，都是因为经济上不去，没有饭吃，没有衣穿，工资增长被通货膨胀抵消，生活水平下降，长期过紧日子。如果经济发展老是停留在低速度，生活水平就很难提高。人民现在为什么拥护我们？就是这十年有发展，发展很明显。假设我们有五年不发展，或者是低速度发展，例如百分之四、百分之五，甚至百分之二、百分之三，会发生什么影响？这不只是经济问题，实际上是个政治问题。所以，我们要力争在治理整顿中早一点取得适度的发展。什么叫适度？适度的要求就是确实保证这十年能够再翻一番。要按 1980 年的固定价格，没有水分的，还要把人口增长的因素计算在内。这样算，究竟每年增长速度要达到多少？我们现在的算法究竟准不准确，可不可靠？年增百分之六的速度是不是真正能实现第二个翻番？这个要老老实实地计算，要最终体现到人民生活水平上。生活水平究竟怎么样，人民对这个问题感觉敏锐得很。我们上面怎么算账也算不过他们，他们那里的账最真实。""最根本的因素，还是经济增长速度，而且要体现在人民的生活逐步地好起来。人民看到稳定带来的实在的好处，看到现行制度、政策的好处，这样才能真正稳定下来。不论国际大气候怎样变化，只要我们争得了这一条，就稳如泰山。要实现适当的发展速度，不能只在眼前的事务里面打圈子，要用宏观战略的眼光分析问题，拿出具体措施。机会要抓住，决策要及时，要研究一下哪些地方条件更好，可以更广大地开源。"②

---

① 《政策民主》第一部第九章对政治风波后邓小平坚持"改革开放"政策路线的论述已有详细说明，因此本节只列出其基本论点，不再罗列具体的说法和出处。
② 邓小平：《国际形势和经济问题》，《邓小平文选》第 3 卷，第 354—355 页。

在 1992 年的视察南方谈话中，邓小平进一步指出："抓住时机，发展自己，关键是发展经济。现在，周边一些国家和地区经济发展比我们快，如果我们不发展或发展得太慢，老百姓一比较就有问题了。所以，能发展就不要阻挡，有条件的地方要尽可能搞快点，只要是讲效益，讲质量，搞外向型经济，就没有什么可以担心的。低速度就等于停步，甚至等于后退。要抓住机会，现在就是好机会。我就担心丧失机会。不抓呀，看到的机会就丢掉了，时间一晃就过去了。我国的经济发展，总要力争隔几年上一个台阶。当然，不是鼓励不切实际的高速度，还是要扎扎实实，讲求效益，稳步协调地发展。""对于我们这样发展中的大国来说，经济要发展得快一点，不可能总是那么平平静静、稳稳当当。要注意经济稳定、协调地发展，但稳定和协调也是相对的，不是绝对的。发展才是硬道理。这个问题要搞清楚。如果分析不当，造成误解，就会变得谨小慎微，不敢解放思想，不敢放开手脚，结果是丧失时机，犹如逆水行舟，不进则退。从国际经验来看，一些国家在发展过程中，都曾经有过高速发展时期，或若干高速发展阶段。日本、南朝鲜、东南亚一些国家和地区，就是如此。现在，我们国内条件具备，国际环境有利，再加上发挥社会主义制度能够集中力量办大事的优势，在今后的现代化建设长过程中，出现若干个发展速度比较快、效益比较好的阶段，是必要的，也是能够办到的。我们就是要有这个雄心壮志！"[1]

坚持"发展才是硬道理"，防止经济下滑、争取较快的经济发展，从理论上看，可以起到避免"J 曲线革命"的重要作用。按照戴维斯（James C. Davies）的说法，经过经济繁荣后，人民的生活水准突然下滑，革命很容易发生。因为面对突如其来的经济萧条，人民的期望却未作出相应的同步调整，当实际发展状态和人民期望之间的矛盾在 J 曲线下达到某一极限时，革命就会爆发。发生革命的一个前提条件是对未来更好生活的憧憬，如果期待和现实生活差距太大，必定导致人们心中挫折感增加，而挫折感增加会带来敌意和攻击行为的增多，而后引发革命。[2] 邓小平对世界一些国家出问题的解释，显然与"J 曲线革命"的说法是相同的，因此

---

① 邓小平：《在武昌、深圳、珠海、上海等地的谈话要点》，《邓小平文选》第 3 卷，第 375、377 页。

② ［挪威］斯坦因·U. 拉尔森（Stein Ugelvik Larsen）主编：《政治学理论与方法》，任晓等译，世纪出版集团、上海人民出版社 2006 年 8 月版，第 235—245 页。

防止人民"生活水平下降，长期过紧日子"，确实是重要的政策要求。

（三）支持发展的重要条件

"发展才是硬道理"作为一种重要的政策理念，实际上强调的是中国的现代化发展需要四个重要的条件。

第一个是基础性条件，即国家的经济发展是否具备必要的资本、技术条件，是否有完备的工农业生产体系的支持，是否有有利于商品生产的市场条件。经过"文化大革命"后十几年的积累，应该说中国已经具备了这些基础性的条件。

第二个是环境性条件，即对国家经济发展而言，是否具备较好的国际环境。尽管在1989年政治风波后，中国遭遇了一些国家的经济制裁，但是在经济全球化已经起步的基本态势下，中国所处的总体经济环境并没有变得太坏，还是有不少有利的条件和可资利用的机会。

第三个是动力性条件，即无论是国家还是个体的公民，是否有发展的强烈意愿并且愿意为之付诸行动。经过十余年的培育，中国公民的"发展意识"不仅被唤醒，而且已经转换成了在各个领域的"发展行为"。这样的"发展行为"，已经成为催动经济快速发展的基本动力，只要不因为政治因素而阻遏其进一步的发展，就会产生更大的作用。

第四个也是最重要的是政策性条件，即政策要有利于经济快速增长，而不是为经济增长设置政策障碍。不可否认的是，政治风波后，在政策上确实出现了一定的摇摆和迟疑。由于政策性条件是"主导性"或"制约性"条件，政策不"给力"，基础性条件、环境性条件和动力性条件都难以发挥刺激经济增长作用，所以邓小平不得不南下视察，并不断发表讲话，要起的作用，就是用"发展才是硬道理"促出"给力"的政策。随着视察南方谈话在全党的传达和一系列的政策调整，邓小平的目的确实达到了。

二　抑制物价过快上涨

"十二大"时期物价改革后的各种措施，只是在一定程度上减缓了物价上涨的压力，没能有效地遏制物价过快上涨的势头。物价上涨过快是通货膨胀的重要表现，对社会稳定不利，因此如何抑制物价过快上涨，已成为"十三大"时期不得不着力解决的政策问题。

(一) 以副食补贴的方法应对物价上涨

1987年物价上涨幅度较大，全年零售物价总水平比1986年上升7.3%，尤其是12月，零售物价比1986年12月上升9.1%。1988年2月6日召开的中共中央政治局第四次全体会议，明确指出1987年经济生活中存在的突出问题是物价上涨幅度过大，要求按照价值规律，以综合措施解决这一问题。[①]

1988年3月25日至4月13日召开的七届全国人大一次会议，在国务院政府工作报告中特别说明了物价过快上涨的主要原因：我国农副产品和初级工业产品的价格长期偏低，价格体系很不合理。在由产品经济向商品经济转化的过程中，必须改革价格体系，适当提高农副产品和初级工业产品的价格。因此，物价总水平有所上升是改革过程中不可避免的，也是促进商品经济发展的要求。这几年尤其是1987年的物价上涨幅度过大，是同某些不正常因素分不开的。这里有货币发行偏多，基本建设规模过大，消费基金增长过快，社会总需求超过总供给的原因，也有一些国营工商企业利用自己的垄断地位擅自涨价和变相涨价，以及商品流通领域中间环节过多，市场物价管理不严，投机倒把分子乘机扰乱市场的因素。在农村商品经济迅速发展的条件下，没有能够及时地和正确地运用价值规律来指导农业生产，致使粮食、生猪和其他一些农副产品的生产出现波动，造成某些食品供应紧张，是食品价格上涨过多的一个重要原因。这些因素的产生，也是同我们在工作指导上的缺点和失误分不开的。当然，如何正确运用价格杠杆来调节生产和消费，对我们来说还是一个需要继续研究和探索的课题。

1988年的国务院政府工作报告还着重指出，国务院最近经过多次认真讨论，决定在物价问题上采取以下的综合配套措施。(1) 继续坚持有计划有步骤地改革不合理的价格体系，逐步调整农副产品价格，理顺工业品与农副产品的比价以及农副产品内部的比价，以利于促进生产的发展。(2) 从增加供给和抑制需求两方面入手，适当控制物价上涨幅度，使物价总水平保持相对稳定，努力做到不超过各方面的承受能力。(3) 对主

---

① 新华月报编辑部编：《新中国五十年大事记》(下)，第839页。

要食品定量供应部分，各地根据价格上涨的不同情况，要给职工以适当补贴。（4）积极发展生产资料市场，对重要生产资料实行最高限价。（5）加强物价管理和工商行政管理，建立和健全群众性的社会监督制度。对投机倒把和违反价格管理规定的单位和个人，都要严加管束和依法惩处。

　　1988年4月1日，经国务院批准，调高粮、油、糖等农产品收购价格。4月5日，国务院发出《关于试行主要副食品零售价格变动给职工适当补贴的通知》，对实施副食补贴政策提出了以下要求。（1）列入补贴范围的品种只限于猪肉（禁食猪肉民族为相应数量的牛羊肉）、大路菜、鲜蛋和白糖四种。对城市居民凭证定量供应的粮食、食油，仍按现行办法供应，不提高价格。大中城市对职工的补贴，原则上是把暗补改为明补。各省、自治区、直辖市人民政府驻地城市对职工的补贴标准，开始出台时，每个职工每月不得超过10元，其他城市应当再低一些。（2）要合理确定计算补贴金额的基期价格。猪肉、食糖以暗补改明补前的价格为准，大路菜、鸡蛋等有季节差价的食品，以1987年的同期价格为准。如同期价格极不正常，可适当调整。（3）各大中城市对职工的补贴金额标准，在开始实行时，可由省、自治区、直辖市人民政府规定，并从主要副食品价格暗补改明补起向职工发放，以后根据当地主要副食品价格变动情况进行调整。（4）补贴对象为国营和集体的企业、事业单位以及机关、部队的干部职工。他们赡养的家属，原则上按1987年各省、自治区、直辖市的职工平均赡养人口系数，计入对职工的补贴金额中。解放军和武警部队的战士伙食费标准也要相应提高。大中专学校的在校学生要给予适当的补贴。城镇优抚救济对象，也要适当考虑安排。（5）补贴资金按现行财政体制分别承担。企业职工的补贴，原则上由企业消化。（6）主要副食品零售价格变动按定量给职工补贴，先在大中城市试行。猪肉等暗补改明补的出台时间，要尽可能避开供应短缺的季节，减少对市场物价的冲击。小城市和县城是否实行补贴，由各地根据财力情况、物价水平和消化能力自行决定。（7）主要副食品零售价格变动按定量计算给职工适当补贴的办法，是关系广大群众切身利益的大事，要通过广播、电视、报刊等做好宣传工作，组织社会对话，取得群众的理解和支持。

　　国务院发出通知后，各省、自治区、直辖市先后发出通知，确定职工副食补贴的具体执行标准。由于副食补贴主要针对的是城镇居民，农民并不享受这一补贴，因此只能说是为了应付物价上涨采用的一种救急性的政策措施。

（二）"物价闯关"引起的波动

1988 年 5 月 30 日，中共中央政治局召开由各省、自治区、直辖市党委书记参加的扩大会议，决定对物价和工资制度进行改革。会议讨论了国家物价委员会提出的《关于价格、工资改革的初步方案》，该方案强调物价改革这一关非过不可，价格改革的总方向是少数重要产品和劳务价格由国家管理，绝大多数商品价格放开，由市场调节，用五年左右的时间初步理顺价格关系。在价格改革过程中，通过提高和调整工资，适当增加补贴，保证大多数职工生活水平不降低，并能随着生产发展而有所改善。这个方案在 8 月 15 日至 17 日召开的中共中央政治局第十次会议上原则通过。①

1988 年 8 月下旬，将进行进一步价格改革的消息传出，不少人认为新一轮大幅度涨价即将开始，各大中城市立即出现抢购风潮，并出现了挤兑银行存款现象。

1988 年 8 月 30 日，国务院发出《关于做好当前物价工作和稳定市场的紧急通知》，首先明确说明经中央政治局第十次会议原则通过的价格工资改革初步方案中所讲的 "少数重要商品和劳务价格由国家管理，绝大多数商品价格放开，由市场调节"，指的是五年或更长一些时间的长远目标，目前改革方案还在进一步修订完善之中。1989 年作为实现五年改革方案的第一年，价格改革的步子是不大的，国务院将采取有力措施，确保1989 年社会商品零售价格上涨幅度明显低于 1988 年。要据此向群众做好宣传解释工作，消除疑虑。

紧急通知还强调了抑制物价过快上涨的五条要求。（1）必须坚决贯彻执行国务院关于今年下半年不出台新的涨价措施的决定。（2）为了稳定金融和保护人民群众的利益，由人民银行开办保值储蓄业务，使三年以上的长期存款利息不低于或稍高于物价上涨幅度。（3）采取有力措施，坚决压缩固定资产投资规模，停建、缓建一批楼堂馆所项目，严格控制社会集团购买力，抓紧清理整顿公司，清理整顿非银行的金融机构。

---

① 新华月报编辑部编：《新中国五十年大事记》（下），第 849—850、855 页。

（4）切实做好农副产品的收购工作。（5）各级人民政府要组织好市场供应，严格市场管理。

1988 年 10 月 24 日，国务院又发出《关于加强物价管理严格控制物价上涨的决定》，强调了九条要求。（1）坚决稳定群众生活基本必需品的价格。（2）坚决制止农用生产资料乱涨价。（3）严格执行计划外重要生产资料的最高限价。（4）对已经开放的工业消费品价格也要进行管理和引导。（5）整顿流通领域的价格，取缔中间盘剥。（6）整顿城市公用事业和服务行业收费。（7）严肃物价法纪。（8）依靠广大群众，搞好物价检查。（9）1989 年物价上涨幅度要明显低于 1988 年。

尽管采取了抑制物价上涨的各种政策措施，1988 年还是出现了零售物价上涨过猛的现象。按照国家统计局的统计数据，1988 年零售物价总水平比 1987 年上升 18.5%（其中 12 月比上年同月上升 26.7%）。城镇零售物价上升 21.3%，大大高于农村上升 17.1% 的水平。由于物价上涨，使 1988 年职工生活费用价格总水平比 1987 年上升了 20.7%。按照国家统计局的说法，涨价过猛的原因主要是市场秩序较混乱，违法经营活动增多，乱涨价现象突出。由于通货膨胀、物价上涨过猛，影响市场稳定，一年内相继出现了几次较大的抢购风，致使商品紧缺面扩大。[①] 也就是说，对于广大民众而言，1988 年确实承受了较大的涨价压力，因为 1988 年与 1987 年相比，城镇居民家庭人均可支配收入增长 17.77%，农村居民家庭人均纯收入增长 17.79%，[②] 城镇居民的收入增长明显低于物价上涨水平，所以城镇居民对物价上涨抱怨会更强烈一些。

（三）降低通货膨胀率和理顺物价关系

由于 1988 年 12 月的零售物价上涨达到了创纪录的 26.7%，1989 年的七届全国人大二次会议在国务院政府工作报告中特别强调，为了确保今年的物价上涨幅度明显低于去年，必须切实加强物价和市场管理，严格财经纪律。国务院管理的生产资料、生活资料的价格和各项收费，任何部门、地方和企业都不得擅自提价和提高收费标准。大中城市要列出一些主要副食品和其他人民生活必需品的商品目录，采取扶持生产、财政补贴等

[①] 《1988 年国民经济和社会发展统计公报》，引自中华人民共和国国家统计局网站。
[②] 《中国统计年鉴—2013》，第 378 页。

综合性措施，保证这些商品的市场供应，保持价格的基本稳定。对于粮食、棉花、蚕丝、生猪等紧缺的农副产品，既要防止地区之间相互封锁，又要防止地区之间抬价抢购，尽量通过经济办法建立比较稳定的协作关系。

1989年11月6日至9日召开的中国共产党十三届五中全会，明确提出了通过治理整顿抑制物价上涨的新目标：一是逐步降低通货膨胀率，要求全国零售物价上涨幅度逐步下降到10%以下。二是扭转货币超经济发行的状况，逐步做到当年货币发行量与经济增长的合理需要相适应。三是努力实现财政收支平衡，逐步消灭财政赤字。四是在着力于提高经济效益、经济素质和科技水平的基础上，保持适度的经济增长率，争取国民生产总值平均每年增长5%—6%。五是改善产业结构不合理状况，力争主要农产品生产逐步增长，能源、原材料供应紧张和运力不足的矛盾逐步缓解。六是进一步深化和完善各项改革措施，逐步建立符合计划经济与市场调节相结合原则的，经济、行政、法律手段综合运用的宏观调控体系。全会还要求逐步解决生产资料"价格双轨制"问题，指出生产资料"价格双轨制"是在我国具体条件下采取的一种过渡办法，现在它的弊病越来越明显，已经成为导致经济秩序混乱和腐败现象滋生的温床。明后年要结合价格调整，先对统一分配煤炭的价格，变"双轨"为"单轨"，以后逐步增加取消"双轨制"的品种。对于短期内难以取消"价格双轨制"的商品，通过适当提高计划价格、严格控制需求和加强管理自销价格的办法，逐步缩小两种价格的差距。①

抑制物价上涨的政策在1989年开始发挥作用，1989年零售物价总水平比1988年上升17.8%，涨幅略低于1988年。其中新涨价因素为6.4个百分点，明显低于1988年15.9个百分点的水平。物价上涨幅度与上年同月相比，1月上涨27%，2月上涨27.9%，以后涨幅逐月回落，到12月仅上涨6.4%。1989年的零售物价，城镇上升16%，上涨幅度低于农村（上升18.8%）。1989年价格上涨幅度高于1988年的，只有粮食、日用品、燃料和农业生产资料四类，其他类别产品的价格上涨幅度都低于1988年。1989年职工生活费用价格总水平比1988年上升16.3%，涨幅也

---

① 《中共中央关于进一步治理整顿和深化改革的决定》，载中共中央文献研究室编《十三大以来重要文献选编》中，中央文献出版社2011年6月版，第126、135—136页。

明显低于 1988 年 20.7% 的水平。之所以出现情况好转的势头，按照国家统计局的说法，是因为整顿市场秩序取得进展，各地积极采取措施，查禁各种伪劣假冒商品、制止倒买倒卖，实行彩电、化肥、农药、农膜专营，并开展了大规模的商品质量检查，市场秩序有所改善。[①]

1990—1991 年，降低通货膨胀率和理顺物价关系的政策措施产生了明显的效果。1990 年零售物价总水平继续上涨，但涨幅明显缩小，全年零售物价总水平比 1989 年上涨 2.1%，进入了 3% 的"安全警戒线"内。市场零售物价变化的主要特点是大部分食品零售价格趋稳，集市贸易的农副产品价格下跌。[②] 邓小平在 1990 年 12 月 24 日特别指出："不要怕冒一点风险。我们已经形成了一种能力，承担风险的能力。为什么这次治理通货膨胀能够见效这么快，而且市场没有受多大影响，货币也没有受多大影响？原因就是有这十一二年改革开放的基础。改革开放越前进，承担和抵抗风险的能力就越强。我们处理问题，要完全没有风险不可能，冒点风险不怕。"[③] 1991 年市场物价总水平仍然保持基本稳定，全年零售物价总水平比 1990 年上涨 2.9%。[④]

在物价快速上涨的势头被遏制后，1992 年 9 月 1 日国家物价局宣布将 571 种产品定价权交给企业，22 种产品价格下放给省级物价部门，取消原油、钢材等计划外生产资料全国统一限价。采用这样的政策措施，标志着"物价闯关"成功，并使"价格双轨制"走向尾声。9 月 28 日，又进一步放开农产品物价，属于国家有关部门管理价格的产品还有 9 种，其中实行国家定价的仅有 6 种。[⑤] 1992 年的物价调整尽管也在民众中产生了一定的波动，并且使得当年的零售物价总水平比 1991 年上升 5.4%；但是并未出现 1988 年的"抢购风"，显示民众已经能够以比较稳定的心理来适应物价的变化。

（四）发挥政策工具的作用

"十三大"时期"物价闯关"的政策之所以成功，就是与"十二大"

---

① 《1989 年国民经济和社会发展统计公报》，引自中华人民共和国国家统计局网站。
② 《1990 年国民经济和社会发展统计公报》，引自中华人民共和国国家统计局网站。
③ 邓小平：《善于利用时机解决发展问题》，《邓小平文选》第 3 卷，第 364 页。
④ 《1991 年国民经济和社会发展统计公报》，引自中华人民共和国国家统计局网站。
⑤ 新华月报编辑部编：《新中国五十年大事记》（下），第 969、971 页。

时期相比，更注意用市场的方法解决物价问题，并采用了多种政策工具来解决复杂的政策问题。

在政策推行中采用的不同政策手段，被公共政策的研究者命名为政策工具。按照政策工具使用的治理资源，可以分为四类政策工具。第一类是组织为本的工具，包括直接提供产品和服务、设立公共企业、创造市场、改革政府等。第二类是权威为本的工具，包括命令控制型管制、自我管制、目标管制、授权管制等。第三类是财政为本的工具，包括补贴、税务激励、提供资助等。第四类是信息为本的工具，包括信息监控和发放、劝告、教育、说服、宣传和广告等。① 按照政府提供物品与服务的强制水平，则可以将政策工具分为十类："自愿性政策工具"包括家庭和社区、自愿性组织、私人市场三类工具，"强制性政策工具"包括管制、公共事业、直接提供三类工具，"混合型政策工具"包括信息和劝戒、补贴、产权拍卖、税收和使用费四类工具。② 按照传统和"后现代"的分类方法，管制和信息等政策工具是传统的或第一代的政策工具，新的政策工具或"第二代政策工具"应包括多侧面的政策工具、激励性的政策工具、指标性的政策工具、关注个人的政策工具和沟通的政策工具等。③ 无论对政策工具如何分类，都是旨在提醒决策者在政策推行中，可以采用多种政策工具，而不是只依赖单一政策工具。

从前文所述"物价闯关"不同阶段的政策措施，可以看出决策者采用了不同的政策工具。

1988 年 2 月至 4 月的"物价闯关"第一阶段，主要采用的是补贴与管制相结合的政策工具，一方面强调对影响物价上涨的做法实施政府的强制性管控（采用以权威为本的政策工具），另一方面以副食补贴的方法"对冲"物价上涨的压力（采用以财政为本的政策工具），尤其是以"金

---

① 岳经纶：《食品安全问题及其政策工具选择》，载白钢、史卫民主编《中国公共政策分析，2006 年卷》，中国社会科学出版社 2006 年 1 月版，第 122—144 页。

② ［加拿大］迈克尔·豪利特（Michael Howlett）、［澳大利亚］M. 拉米什（M. Ramesh）：《公共政策研究：政策循环与政策子系统》，庞诗等译，生活·读书·新知三联书店 2006 年 5 月版，第 141—144 页。

③ ［荷兰］德·布鲁金（J. A. De Brujin）、M. 霍芬（J. A. M. Hufen）：《研究政策工具的传统方法》，载［美］彼得斯（B. Guy Peters）、冯尼斯潘（'Frans K. M. van Nispen）主编《公共政策工具——对公共管理工具的评价》，顾建光译，中国人民大学出版社 2007 年 1 月版，第 11—31 页。

钱补偿"的形式来昭示政府对物价上涨压力的分担,可以在一定程度上缓解民众的心理压力。

1988年5月至1989年2月的"物价闯关"第二阶段,除了继续采用补贴和管制(实施更严格的物价管控)的政策工具外,还强调了政策的宣传、说服和教育(采用以信息为本的政策工具,也可以视为采用"沟通的政策工具"),使民众尽量不采用"非理性"的做法。

1989年3月至1992年8月的"物价闯关"第三阶段,在管制、补贴、说服三种政策工具继续强化的基础上,又增加了财政干预(控制货币发行量和争取收支平衡,均属于财政为本的政策工具)和培育交易市场、实施宏观调控(采用以组织为本的政策工具)等政策工具,并在多种政策工具发挥的综合效应下,控制住了物价的过快上涨。

1992年8月至12月的"物价闯关"第四阶段,通过放松物价管制和下放定价权(采用以权威为本和以组织为本政策工具结合的做法),最终实现了"物价闯关"的既定政策目标。

也就是说,解决复杂的政策问题,确实需要针对不同的政策环境,及时对政策工具进行调整。

还需要注意的是,"物价闯关"对决策者和民众而言,都是一个重要的政策学习和政策教育过程。"物价闯关"政策带来的"抢购风"式的民众行为,使决策者及时以稳定物价和稳定人心的政策措施作出回应,并以拉长"闯关"时间的办法使民众适应政策,避免再次出现"抢购风"式的行为。这样的政策过程,既对决策者产生了重要的政策教育作用,使其在作出重大决策时不能不认真考虑民众的"行为"因素,并且尝试学习和使用新的政策工具抚平民怨;也对中国民众产生了重要的政策教育作用,使不少人认识到在政策转换期,需要的是"理性行为",而不是"盲目行为"。

三 调整企业政策和产业政策

中国企业的发展,在"十三大"时期也出现过严重的"低落期",由此不得不进行企业政策的重大调整,并对产业政策也作了小幅度的调整。

(一)搞活国有企业

为规范国有企业的经营行为,从1979年开始起草的《中华人民共和国全民所有制工业企业法》（简称《企业法》），1988年4月13日由七届全国人大一次会议通过，1988年8月1日起执行。《企业法》对国有企业的组织和行为进行了法律上的规范，确立了七条基本原则。一是在财产全民所有的前提下实行所有权与经营权相分离的原则。二是实行政企分开，企业依法独立自主经营、自负盈亏原则。三是实行厂长（经理）负责制原则。四是实行经济责任制兼顾国家、企业、职工三者利益的原则。五是提高经济效益、实现资产增值原则。六是实行按劳分配为主的多种分配形式的原则。七是兼顾物质文明建设和精神文明建设原则。《企业法》还在以往扩大企业自主权改革的基础上，赋予企业产品、计划、销售、采购、价格、合资、资金、资产、工资、招工、机构、联营等十三个方面的自主权。《企业法》的颁布，对已有国有企业改革成果的巩固起了重要的作用。

为鼓励国有企业实行联合，在政策上对企业集团的发展给予了必要的倾斜。1987年12月国家体改委和国家经委联合颁布《关于组织和发展企业集团的几点意见》，要求积极探索企业集团的发展之路，防止一哄而起。企业集团涉及的关联企业从组织结构上分为核心层、紧密层、半紧密层和松散层四个层次。核心层企业是企业集团的中枢力量。紧密层企业由多个法人企业组成，成员之间相互发生密切的资金、生产、经营上的联系。半紧密层企业指的是关联企业内部成员公司之间因相互参股而形成的关系，例如核心层企业和紧密层企业相互之间参股而形成的生产经营关系。松散层企业则指与企业集团有关的大量非固定的通过生产经营协议而保持联系的伙伴企业。截至1988年年底，全国地市以上政府批准的企业集团已有1630多家，但是80%的集团没有紧密层成员企业，有紧密层成员企业的集团也大多数没有突破地区、部门和所有制的界限。1988年5月在洛阳召开的全国企业集团座谈会，明确提出了突破"三不变"（地区不变、部门不变、所有制不变）模式，发展企业集团中紧密层成员企业的要求。1991年1月，国务院决定选择100个左右大中型企业集团进行试点，并于1991年12月批转了国家计委、国家体改委和国务院生产办公室《关于选择一批大中型企业集团进行试点的请示》，明确要求企业集团的核心企业对紧密层企业实行"六统一"，即统一发展规划与计划，统一承包，统一贷款还款，统一对外进出口业务，统一对国有资产保值、增值负责，统一任免主要领导干部。对于企业兼并和企业破产，也出台了相关的政策，据不完全的统计，到1990年年底，已有7046家企业兼并了8465

家企业，重新安置职工 2103.1 万人，转移存量资产 113.5 亿元，有 3517
家企业扭亏为盈。

　　1990—1992 年，为搞活国有企业召开过多次会议，并出台了一些新
政策。如 1990 年 1 月 4 日至 8 日，国务院在北京召开全国经济体制改革
工作会议，就深化企业改革提出了完善发展承包经营责任制、进一步发展
企业集团等七条措施。1991 年 9 月 23 日至 27 日，中共中央召开工作会
议，着重研究如何搞好国营大中型企业的问题，提出了增强企业活力和提
高经济效益的二十条措施。1992 年 1 月 6 日至 10 日，国务院召开全国经
济体制改革工作会议，强调进行积极、稳妥的国有企业改革，一切要通过
试点，取得经验后再进行推广。1992 年 7 月 23 日，国务院发布《全民所
有制企业转换经营机制条例》，明确规定国有企业享有经营权、经营决策
权、产品和劳务定价权、产品销售权、物资采购权、进出口权、投资决策
权、留用资金支配权、资产处置权、联营和兼并权、劳动用工权、人事管
理权、工资奖金分配权、内部机构设置权、拒绝摊派权等十五项权力。条
例还特别强调，按照政企职责分开的原则，政府依法对企业进行协调、监
督和管理，为企业提供服务。1992 年 8 月 3 日至 7 日，在北京召开了全
国转换企业经营机制工作会议。会议不仅明确了经济体制改革的中心环节
是企业改革，企业改革的关键是转换经营机制，转换经营机制的重点是落
实企业自主权，还要求把握三个要点：一是转换经营机制的关键是把企业
推向市场，使企业适应市场的要求；二是要真正落实企业的经营自主权；
三是既要注意对政府的宏观要管好、微观要放开要求，也要注意对企业的
激励机制和自我约束机制要求。①

　　"十三大"时期，国有企业总产值的年增长率，在 1989—1990 年出
现了"低谷"（国有企业总产值的年增长率，1987 年为 11.30%，1988 年
为 12.61%，1989 年为 3.86%，1990 年为 2.96%，1991 年为 8.62%，
1992 年为 12.40%）。亏损国有企业的亏损总额，则由 1987 年的 61.04 亿
元，上升到 1992 年的 369.27 亿元，1992 年的亏损总额比 1987 年增加了
5.05 倍。② 也就是说，国有企业在经历了一段比较困难的时期后，借助搞

---

　　① 1987—1992 年"搞活国有企业"的政策案例说明，引自董辅礽主编《中华人民共和国
经济史》下卷，第 196—206 页。

　　② 1987—1992 年国有企业的相关数据，引自中华人民共和国国家统计局"国家数据"网
站。

活国有企业的各种政策,又恢复了较快发展的势头。

(二) 对乡镇企业的整顿

1988年年初,农业部对乡镇企业的发展提出了"五个战略转移"的目标。一是从主要靠增加投入的外延发展,转向依靠科学技术、实行内涵发展与外延发展并重。二是从重产值增长转向注重产品质量,做到经济效益、社会效益、生态效益并重。三是从单一依靠国内市场逐步转向积极跻身于国际市场,实行国内、国外两个市场同时开拓。四是从企业分散经营转向进行专业化、社会化协作生产,发展各种形式的企业集团和企业群体。五是从传统小生产经营,转向科学的现代化企业经营管理。但是1988年9月26日至30日召开的十三届三中全会,强调治理经济环境和整顿经济秩序,乡镇企业成为整顿的重点。有人认为"整顿就是要砍乡镇企业","要保住全民企业,就要限制乡镇企业","发展乡镇企业是走私有化的道路",等等。由于国家采取了财政、信贷双紧方针,使乡镇企业面临资金匮乏和舆论指责的双重压力。尤其是一些地方对乡镇企业大砍大杀,把整顿变成了大规模的关、停,使乡镇企业蒙受重大损失。1988年关闭了300多万个乡镇企业,1989年又关闭了20多万个乡镇企业。到1990年上半年,全国乡镇企业发展速度降为零,企业经济效益严重下降。[①]

对于中国的经济发展而言,遏制乡镇企业发展甚至消灭乡镇企业,只是一时的带有明显错误倾向的政策选择,需要加以纠正。纠正的方法,就是1990年6月3日以国务院令颁布了《中华人民共和国乡村集体所有制企业条例》。

条例明确规定,乡村集体所有制企业是我国社会主义公有制经济的组成部分,国家对乡村集体所有制企业实行积极扶持,合理规划,正确引导,加强管理的方针。国家保护乡村集体所有制企业的合法权益,禁止任何组织和个人侵犯其财产。

条例为乡村集体所有制企业确定了五条主要任务:(1) 发展商品生产和服务业,满足社会日益增长的物质和文化生活的需要;(2) 调整农村产业结构,合理利用农村劳动力;(3) 支援农业生产和农村建设,增

---

① 郭德宏等主编:《党和国家重大决策的历程》(下),第1432—1434页。

加国家财政和农民的收入；（4）积极发展出口创汇生产；（5）为大工业配套和服务。

条例要求乡村集体所有制企业实行自主经营，独立核算，自负盈亏；实行多种形式的经营责任制；可以在不改变集体所有制性质的前提下，吸收投资入股。乡村集体所有制企业经依法审查，具备法人条件的，登记后取得法人资格，厂长（经理）为企业的法定代表人。

条例还强调了对乡村集体所有制企业的三项支持政策。一是国家鼓励和扶持乡村集体所有制企业采用先进适用的科学技术和经营管理方法，加速企业现代化。二是国家鼓励和保护乡村集体所有制企业依照平等互利、自愿协商、等价有偿的原则，进行多种形式的经济技术合作。三是国家鼓励和支持乡村集体所有制企业依法利用自然资源，因地制宜发展符合国家产业政策和市场需要的产业和产品，增加社会有效供给。

《中华人民共和国乡村集体所有制企业条例》的颁布，不仅为乡镇企业发展提供了法规依据，也为乡镇企业的发展注入了动力。1990 年下半年和 1991 年，乡镇企业又恢复了快速发展的势头。1991 年全国乡镇企业总产值达到 10923.18 亿元，占农村社会总产值的 57.7%；其中工业产值8500 亿元，占全国工业总产值的 1/3。全国乡镇企业从业人员 9614 万人，占全国农村劳动力的 22%。①

1992 年 3 月 18 日，国务院批转了农业部《关于促进乡镇企业持续健康发展的报告》，强调今后乡镇企业的发展，应继续坚持以社会主义集体所有制为主体的多种经济成分并存的所有制结构，实行乡（含镇）办、村（含村民小组）办、联户（含农民合作）办和户（即个体、私营）办乡镇企业，并提出了支持乡镇企业发展的十项具体扶持政策。

在利好政策的推动下，1992 年全国乡镇工业企业达到了 2079.2 万个（其中乡办工业企业 39.3 万个，村办工业企业 112.7 万个，农村联营工业企业 50.68 万个，农村个体工业企业 634.70 万个），乡镇企业从业人员超过了一亿人（10581.1 万人）。乡镇企业的工业总产值达到 12036.43 亿元，占全国工业总产值（37065.71 亿元）的 32.47%。②

---

① 新华月报编辑部编：《新中国五十年大事记》（下），第 951 页。
② 《中国统计年鉴—1995》，第 363—365 页。

(三) 支持私营企业发展

国家对私营企业的政策，在 1987 年有了重大的转变。中国共产党第十三次全国代表大会的中央委员会报告（简称"十三大报告"）明确指出，社会主义初级阶段的所有制结构应以公有制为主体，目前全民所有制以外的其他经济成分，不是发展得太多了，而是还很不够。对于城乡合作经济、个体经济和私营经济，都要继续鼓励它们发展。私营经济是存在雇佣劳动关系的经济成分，但在社会主义条件下，它必然同占优势的公有制经济相联系，并受公有制经济的巨大影响。实践证明，私营经济一定程度的发展，有利于促进生产，活跃市场，扩大就业，更好地满足人民多方面的生活需求，是公有制经济必要的和有益的补充。必须尽快制定有关私营经济的政策和法律，保护它们的合法利益，加强对它们的引导、监督和管理。十三大报告对个体经济和私营经济的新提法，表明在政策取向上，已从慎重对待个体经济和私营经济，转变为积极支持个体经济和私营经济发展。

1988 年 2 月 28 日，中共中央向全国人大常委会提出了修改宪法个别条款的建议。3 月 12 日，六届全国人大常委会第二十五次会议通过了宪法修正案议案。1988 年 4 月 12 日七届全国人大一次会议通过的《中华人民共和国宪法修正案》，在宪法第十一条下增加了以下规定：国家允许私营经济在法律规定的范围内存在和发展。私营经济是社会主义公有制经济的补充。国家保护私营经济的合法的权利和利益，对私营经济实行引导、监督和管理。

1988 年 6 月 25 日由国务院令发布的《中华人民共和国私营企业暂行条例》（1988 年 7 月 1 日起执行），规定农村村民、城镇待业人员、个体工商户经营者、辞职或退职人员以及国家法律、法规和政策允许的离休、退休人员和其他人员，可以申请开办私营企业。私营企业可以在国家法律、法规和政策规定的范围内，从事工业、建筑业、交通运输业、商业、饮食业、服务业、修理业和科技咨询等行业的生产经营。私营企业在生产经营活动中享有下列权利。(1) 核准登记的名称在规定的范围内享有专用权。(2) 在核准登记的范围内自主经营。(3) 决定企业的机构设置，招用或者辞退职工。(4) 决定企业的工资制度和利润分配形式。(5) 按照国家价格管理规定，制定企业的商品价格和收费标准。(6) 订立合同。

（7）申请专利、注册商标。国务院还同时颁布了《中华人民共和国私营企业所得税暂行条例》和《国务院关于征收私营企业投资者个人收入调节税的规定》。

尽管《中华人民共和国私营企业暂行条例》对私营企业的发展起了规范和支持的作用，但是 1988—1989 年的整顿也使私营企业受到了一定的影响。到 1989 年年底，全国只有私营企业 9 万户，从业人员 185 万人。

1990 年国务院发出《关于促进个体和私营经济进一步健康发展的若干政策规定》，强调在治理整顿中加强对个体、私营经济的管理，并不是国家方针政策的改变，而是方针政策的全面贯彻和管理的进一步完善，以利于个体和私营经济长期、稳定、健康地发展。1990 年 12 月 25 日至 30 日召开的中国共产党十三届七中全会，也在"八五"计划的建议报告中要求在坚持以公有制经济为主体的前提下，继续在一定范围内适当发展个体经济、私营经济和其他经济成分，发挥非公有制经济对社会主义经济的有益的补充作用，同时加强对他们的正确管理与引导。

在中央政策的支持下，私营企业有了较大发展，1991 年全国私营企业的注册户数为 10.78 万户，1992 年则发展到了 13.96 万户，比 1991 年增长 28.94%。[①]

（四）产业结构的调整

注重产业结构和产业政策，是从第七个五年计划开始的。1986 年 3 月 25 日至 4 月 12 日的六届全国人大四次会议通过的第七个五年计划，专门将"产业结构和产业政策"作为计划的第二大部分，阐释了调整产业结构的方向和原则。一是在继续保持农业全面增长，促进轻工业和重工业稳定发展的前提下，着重改善它们各自的内部结构。二是加快能源、原材料工业的发展，同时适当控制一般加工工业生产的增长，使两者的比例关系逐步趋向协调。三是把交通运输和通信的发展放到优先地位。四是大力发展建筑业。五是加快为生产和生活服务的第三产业的发展。六是积极运用新技术改造传统产业、传统产品，有重点地开发知识密集和技术密集型产品，努力开拓新的生产领域，有计划地促进若干新兴产业的形成和发展。

---

① 1987—1992 年"支持私营企业发展"的政策案例说明，引自郭德宏等主编《党和国家重大决策的历程》（下），第 1436—1438 页。

十三大报告对产业结构调整和产业政策作了系统的说明，强调产业结构调整主要出于两个原因。一是在向小康水平迈进的过程中，农业人口向非农产业转移的速度加快，对发展基础工业和基础设施的要求愈益迫切，居民对档次较高的消费品的需求增大，选择性明显增强，所有这一切都对产业结构的改造提出了许多新的要求。二是世界新技术革命的发展和产业结构变化的影响，我国扩大商品出口的需要，也要求对产业结构进行相应的调整和改造。因此，能否逐步实现产业结构合理化，将在很大程度上决定着今后经济的发展和效益的提高。十三大报告还着重指出，为了实现产业结构和企业组织结构合理化，达到资源优化配置，不仅要发挥市场和自由竞争的作用，而且要依靠国家制定正确的产业政策和企业组织结构政策，并运用价格、财政、税收、信贷等经济杠杆来进行干预和调节，以改革促进经济的健康发展，以发展为改革创造较好的经济环境。

1989年3月15日，国务院常务会议讨论并通过的《国务院关于当前产业政策要点的决定》，强调了对产业政策的六点要求。（1）贯彻治理经济环境、整顿经济秩序、全面深化改革的方针，以产业政策为导向，加强宏观控制，指导市场发育，协调各方面行动，逐步缓解总需求与总供给、消费结构与产业结构的矛盾。（2）压缩和控制长线产品的生产和建设，增加和扩大短线产品的生产和建设。（3）按照市场需求、产业关联、技术进步、创汇作用、经济效益等因素，安排好产业发展序列并制定相关的各项政策，明确支持什么，限制什么。（4）当前的产业政策要点是根据长远与近期结合、以近期为主的原则制定的，在治理整顿过程中，将视经济发展情况，对产业政策作相应调整。（5）产业政策的制定权在国务院，要处理好实行经济承包责任制和实施产业政策的关系。全国是一个统一的市场，各地必须执行国家的产业政策，不能因局部和短期利益而破坏国家的整体和长期利益。（6）产业政策的实施，要运用经济的、行政的、法律的和纪律的手段，同时加强思想政治工作。计划、财政、金融、税务、物价、外贸、工商行政管理等部门必须目标一致，协同动作，各项调节手段和措施要相互配套，服从治理、整顿的方针和实施产业政策的要求。

"十三大"时期产业结构的调整，带来了几点重要的变化。一是三次产业构成有所变化，第三产业的产值已经发展到占国内生产总值1/3以上的水平。二是第二产业对经济拉动的作用明显增强。三是三次产业的结构调整，带来了劳动力构成的变化和农村劳动力的转移；乡村已有近1亿人从事非农生产，不仅带来了乡村劳动力的就地流动，也带来了大规模的乡村劳动力跨省流动，并从 1989 年开始出现大规模的"民工潮"。由于对农民进城务工存在输出地与输入地之间的矛盾，输出地往往采取鼓励农民外出打工的政策态度，输入地则从城市就业、社会秩序稳定等方面考虑，对来城市务工的农民采用不少限制性的措施，但是农村劳动力在城乡之间流动的大趋势，已经不可能逆转。[①]

（五）注重企业发展动力

无论是国有企业的发展，还是乡镇企业和私营企业的发展，在"十三大"时期都有一段"低落"的困难时期，核心问题是"动力疲弱"，由此需要特别注意三种动力的恢复和增强。

第一种是企业动力。无论是国有企业，还是乡镇企业或私营企业，都需要有发展的动力。这样的动力，既可能是"外生"的，即由政府或市场的外在力量产生的推动力，迫使企业不得不有所行动或有所改变；也可能是"内生"的，即在企业内部聚合出的发展动力。激发企业"内生"的发展动力，是"十三大"时期政策调整的重点，只是方法有所不同。对国有企业而言，在企业享有自主权的基础上，通过承包制、责任制和灵活的分配制等，调动企业负责人和企业职工的积极性，并使之转化为维系企业生存和发展的基本动力。对于乡镇企业和私营企业而言，则是对其自主性和内生性的发展动力给予承认和支持，并保证政策的长期稳定，使之免于"被整顿"甚至"被取缔"的困扰。

第二种是劳动力动力。庞大的劳动力可以聚合成经济发展的重要动力，并且形成对不同产业的支持。中国庞大的农村劳动力，原来集中于农业，但是农业的发展已经无法容纳过多的劳动力，农村剩余劳动力转向第二产业和第三产业遂成为不可阻挡的趋势。劳动力的转移，实际上也是发展动力的转移，如果在深层次看到农村劳动力转移是中国经济发展过程中所必须经历的动力转移，那么正视和鼓励这种转移，就是顺势而为的政策行为。从这一点看，通过产业政策协调三次产业的关系，保证各产业有足够的发展动力，避免出现动力偏颇（某一产业动力过强，产生积聚和拉

---

① 1986—1989 年"调整产业结构"的政策案例说明，引自董辅礽主编《中华人民共和国经济史》下卷，第219—222 页。

动其他产业动力的作用，使其他产业出现动力不足的现象)，确实是必要的。但是需要注意的是，三次产业的发展主要受市场制约和影响，产业政策所要发挥的主要是引导作用，而不是管制作用，即通过政策引导三次产业协调发展，而不是用强制方法限定各产业的发展范围。同样，对于劳动力在三次产业中的转移和自由流动，也只能是引导，而不是进行强制性的遏制，或者设置各种藩篱。因为只有这样，才能按照市场规律，使剩余劳动力转换为发展动力的过程顺利完成。

第三种是市场动力。完善的市场，可以通过优胜劣汰，为企业发展带来刺激性的发展动力。这种以反作用力出现的动力刺激，对企业的生存和发展有着重要的影响。问题在于，计划经济下的市场调节，难以形成有效的市场机制，并且使市场的"动力源"作用不够强大。就这一点而言，市场经济已经不是想不想要的问题，而是承认不承认的问题，因为市场经济已经开始在中国生根，只不过还没有被"正名"，即没有在理论上给予其应有的地位和应有的解释。

四　深化农村改革

中国农村经过一段快速发展的"黄金期"后，在"十三大"时期进入"徘徊"状态。针对一些急需解决的问题，中央出台了一系列的政策，并提出了深化农村改革的具体目标。

(一)发展高质农业

从1985年开始，农产品产量出现下滑现象。粮食总产量1984年达到40731万吨，此后连续4年的粮食产量都低于这一水平(1985年37911万吨，1986年39151万吨，1987年40298万吨，1988年39408万吨)。棉花总产量1984年达到626万吨，此后连续4年的棉花产量也都低于这一水平(1985年415万吨，1986年354万吨，1987年424万吨，1988年415万吨)。油料作物总产量1984—1987年呈上升趋势(1984年1191万吨，1985年1578万吨，1986年1474万吨，1987年1528万吨)，但是1988年产量大大下降，只有1320万吨。[1]

---

[1]　本节所引农业产量数据，见《中国统计年鉴—1995》，第347—349页。

为扭转主要农产品产量下降的局面，1988 年 10 月 29 日召开的中共中央政治局第十三次会议专门讨论了深化农村改革和加速农业发展问题。1988 年 11 月 2 日至 7 日，中共中央、国务院召开全国农村工作会议，就农业发展问题提出了四项要求：一是稳定和完善联产承包责任制。二是加强对主要农产品和重要农用生产资料的宏观调控和市场管理。三是逐步而又稳妥地调整农村产业结构。四是积极促进农业特别是粮食生产有较大发展。[①] 1988 年 11 月 25 日，中共中央、国务院又发出《关于夺取明年农业丰收的决定》，要求发动和组织农民进行农田基本建设，增加化肥等农业生产资料的供应，积极发展肉、蛋、菜生产，以推广良种、改良施肥技术和发展节水农业、旱作农业为重点，搞好农业技术推广工作，并且继续增加对农业的资金投入。

在 1988 年一系列政策措施的影响下，1989 年的粮食总产量回升到 40755 万吨（略高于 1984 年的生产水平），但棉花总产量只有 379 万吨，油料作物总产量只有 1295 万吨，都大大低于 1987 年和 1988 年的生产水平。由于预计到 1989 年的农业生产形势不乐观，1989 年 11 月 6 日至 9 日召开的中国共产党十三届五中全会明确要求迅速在全党全国造成一个重视农业、支援农业和发展农业的热潮，齐心协力把农业搞上去，确保粮食、棉花等主要农产品的稳定增长，促进农林牧副渔全面发展。[②]

1990 年 11 月 10 日至 15 日，国务院召开全国粮食工作会议，决定从 1990 年秋粮收购开始，将合同定购改为国家定购，缴售国家定购粮作为农民应尽义务，必须保证完成。[③] 1990 年 12 月 1 日，中共中央、国务院发出《关于 1991 年农业和农村工作的通知》，明确提出了"扎扎实实地组织农业综合开发"的要求，强调农业综合开发要以增产粮棉油肉为中心，农林牧副渔全面发展，各级用于农业生产和农业综合开发的投资要逐年有所增长。

在促进农业发展多项政策的刺激下，农产品产量下滑的局面有所改变。粮食总产量 1990 年达到 44624 万吨，此后连续两年的粮食产量都略低于这一水平（1991 年 43529 万吨，1992 年 44266 万吨）。棉花总产量

① 新华月报编辑部：《新中国五十年大事记》（下），第 918—919 页。
② 《中共中央关于进一步治理整顿和深化改革的决定》，载《十三大以来重要文献选编》中，第 126—136 页。
③ 新华月报编辑部：《新中国五十年大事记》（下），第 918—919 页。

1990 年达到 451 万吨，1991 年更增加到 568 万吨，1992 年回落到 451 万吨。油料作物总产量 1990—1992 年都维持在 1600 万吨以上并且逐年略有增长（1990 年 1613 万吨，1991 年 1638 万吨，1992 年 1641 万吨）。

在粮食、棉花等产量基本稳定后，中央对农业生产提出了更高的要求。1992 年 9 月 25 日，国务院作出《关于发展高产优质高效农业的决定》，强调 20 世纪 90 年代我国农业应当在继续重视产品数量的基础上，转入高产优质并重、提高效益的新阶段。为了更好地发展高产优质高效农业，该决定提出了九项政策措施。（1）进一步把农产品推向市场。（2）以市场为导向继续调整和不断优化农业产业结构。（3）以流通为重点建立贸工农一体化的经营体制。（4）依靠科技进步发展高产优质高效农业。（5）建立健全农业标准体系和监测体系。（6）调整资金投放结构，增加对高产优质高效农业的投入比重。（7）重视和抓好水利、林业、交通、气象、农机等方面的建设，改善发展高产优质高效农业的生产条件。（8）积极扩大农业对外开放，加快农产品外贸体制改革，改进农产品出口额配制度，进一步扩大对外经济技术交流。（9）加强领导，建立适应高产优质高效农业的考核制度。

发展高质量的农业，当然还需要进一步的配套政策，但是至少已经清楚地显示，农业的"升级"或"改造"，已经是一个不能再被忽视的问题。

（二）改革农产品流通体制

1977—1986 年的农村改革，较少涉及乡村金融、财政体制的改革，使得农产品流通体制不畅的问题日益严重，在"十三大"时期不得不出台一系列政策，推动农产品流通体制改革，着重点是通过政策调整，实现五个转变。

一是与国家的"物价闯关"相配合（农产品价格是影响全国物价水平的一个重要因素），使农产品价格由计划管理与市场调节相结合的"双轨制"，转变为主要实行市场调节。

二是农产品的收购，由国家调节向市场调节转变，在采用国家放开收购余粮、强化国家定购任务、放管结合等过渡性措施后，最终实现缩小国家统一收购农产品范围的政策目标。

三是国家的粮食储备，作为影响流通的重要因素，由两级（中央和省）储备转变为多级储备，推动省以下的地方政府和农村集体也建立粮食储备制度，并要求全面深化粮食企业经营机制的改革，把粮食企业的政策性亏损和正常经营分开，实行盈亏两条线，缓解平价粮购销矛盾，减少财政补贴。

四是农产品市场，由各种批发市场转变为农产品市场体系，并要求打破各地设置的农产品流通关卡和"壁垒"。

五是国家对农产品的流通，由具体、细微的"管制"，逐步转变为国家的宏观调控和综合管理。①

1991 年 10 月 28 日国务院发出的《关于进一步搞活农产品流通的通知》，明确要求粮食在保证完成国家定购任务的前提下，长年放开经营。棉花继续由供销合作社统一收购，统一经营。烟草、蚕茧，以及麝香、甘草、杜仲、厚朴四种中药材，继续由国家指定的部门统一经营。食油（油料）、食糖（糖料）、生猪、绵羊毛、黄红麻等产品的购销实行指导性计划，通过规定指导性价格，建立和完善购销合同制，引导生产和流通。为了保证国计民生的需要，国营商业和供销合作社对油、糖、猪肉、绵羊毛、黄红麻，必须保持一定的合同收购量和国家储备量，以稳定市场。有条件的地方，生猪可以完全放开经营，其决策权归省、自治区、直辖市政府。其他农产品，各地根据不同情况，逐步实行市场调节，放开价格，多渠道、少环节自由购销，同时加强宏观指导和管理。

农产品流通体制改革在短期内对增加农民收入的影响并不明显。"十三大"时期农民的年人均收入，由 1987 年的 463 元发展到 1992 年的 784 元，增长率为 69.33%。但是扣除商品性支出上涨因素，农民年收入的实际增长率，1987 年为 5.3%，1988 年为 6.3%，1989 年为负增长，1990 年为 1.8%，1991 年为 2.0%，1992 年为 5.9%。② 农民收入的增加，既有生产的问题，也有产品流通问题和价格波动问题，还有农民负担问题。在流通领域减少农民不应有的损失，至少是解决问题的一个重要方向，因此农产品流通体制的改革，总体上看是对农民有好处的，只是其释放的作用较慢而已。

---

① 1987—1992 年"改革农村流通体制"的政策案例说明，引自董辅礽主编《中华人民共和国经济史》下卷，第 228—232 页。

② 与农民收入相关的数据，引自中华人民共和国国家统计局网站所载 1987—1992 年国民经济和社会发展统计公报。

(三) 发展农业社会化服务体系

发展农业社会化服务体系的设想,在 1988 年的国务院政府工作报告中有一个初步的表述:我国农业的根本出路在于由传统农业向现代农业的转变。只有发展适度规模经营,才能更好地使用科技成果,实现劳动者与土地、技术、装备的合理组合,取得最佳的经济效益。推进适度规模经营,必须同生产力的发展水平相适应,以农业剩余劳动力转移的状况,农业机械化的程度,以及社会化服务体系的发展为条件,绝不能一哄而上,不能强迫命令和拔苗助长。

中共中央、国务院于 1990 年 12 月 1 日发出的《关于 1991 年农业和农村工作的通知》更清晰地表述了发展农业社会化服务体系的要求:农业社会化服务体系,包括合作经济组织内部的服务,国家经济技术部门和其他各种服务性经济实体为农业提供的服务。各级党委和政府,特别是县乡两级,要做好发展和健全农业社会化服务体系的组织工作,根据需要与可能,帮助、督促和引导当地各种服务组织在产前产中产后的服务中发挥各自的作用。要积极帮助合作经济组织把农民急需的服务项目搞起来,并随着集体经济实力的增长逐步扩展服务内容,发挥其内联广大农户、外联国家经济技术部门和社会上各种服务组织的纽带作用。要督促国家经济技术部门,围绕技术、资金、物资、信息以及经营管理、产品销售等内容强化服务功能。要有组织地引导其他各种服务性的经济实体,以不同形式分别联系若干合作经济组织或若干农户,向农民提供专项服务或系列化服务。

1991 年 10 月 28 日,国务院发出《关于加强农业社会化服务体系建设的通知》,对与农业社会化服务有关的政策作了全面的说明。

首先,明确了农业社会化服务是包括专业经济技术部门、乡村合作经济组织和社会其他方面为农、林、牧、副、渔各业发展所提供的服务;为农民提供产前、产中和产后的全过程综合配套服务,是农业社会化服务的主要内容;并强调在发展农业社会化服务中,需要注意三条基本原则,一是农民接受服务实行自愿的原则,二是服务体系的发展实行量力而行的原则,三是基本实行有偿服务的原则。

其次,明确了农业社会化服务的形式,要以乡村集体或合作经济组织为基础,以专业经济技术部门为依托,以农民自办服务为补充,形成多经济成分、多渠道、多形式、多层次的服务体系，大体包括五个主要方面：
一是村级集体经济组织开展的以统一机耕、排灌、植保、收割、运输等为
主要内容的服务；二是乡级农技站、农机站、水利（水保）站、林业站、
畜牧兽医站、水产站、经营管理站和气象服务网等提供的以良种供应、技
术推广、气象信息和科学管理为重点的服务；三是供销合作社和商业、物
资、外贸、金融等部门开展的以供应生产生活资料，收购、加工、运销、
出口产品，以及筹资、保险为重点的服务；四是科研、教育单位深入农
村，开展技术咨询指导、人员培训、集团承包为重点的服务；五是农民专
业技术协会、专业合作社和专业户开展的专项服务。

　　最后，明确了发展农业社会化服务，主要实施以下政策措施。（1）大
力发展集体经济，不断壮大乡、村服务实力。（2）充分发挥专业经济技术
部门的职能作用。（3）积极支持农民自办、联办服务组织。（4）建立服
务体系建设的资金保证制度。（5）在工商管理和税收方面实行扶持政策。
（6）把支持技术服务和完善生产资料专营结合起来。（7）加强农业社会
化服务体系建设的领导和协调。

　　在发展农业社会化服务相关政策的推动下，乡村的农业企业有了一定
的发展。1987—1992 年，全国农业企业的数量基本稳定在 23 万个上下，
农业企业的从业人员基本稳定在 240 万人上下，农业企业的总产值，则一
直保持上升态势，由 1987 年的 88.7 亿元，上升到了 1992 年的 246.8 亿
元。[①] 农业企业之所以没有像乡镇工业企业那样快速发展，一个重要的原
因就是农业社会化服务建设还处于奠基期，需要较长时间的持续投入，才
可能产生显著的效果。

（四）启动村民自治

　　在农村启动村民自治，也是深化农村改革的一个重要的内容。1987
年 11 月 24 日六届全国人大常委会第二十三次会议通过的《中华人民共和
国村民委员会组织法（试行）》，自 1988 年 6 月 1 日起施行。这一试行法
律强调村民委员会是村民自我管理、自我教育、自我服务的基层群众性自
治组织，并就村民委员会的职能作了五条规定。（1）向人民政府反映村
民的意见、要求和提出建议。（2）协助乡、民族乡、镇的人民政府开展

---

① 《中国统计年鉴—1995》，第 363—365 页。

工作。（3）宣传宪法、法律、法规和国家的政策。（4）办理本村的公共事务和公益事业，调解民间纠纷，协助维护社会治安。（5）教育和推动村民履行依法应尽的义务，爱护公共财产，维护村民的合法权利和利益。

从村民自治的法律要求看，村民委员会应建立与政策有关的四种机制。一是选举机制。村民委员会主任、副主任和委员均由村民直接选举产生。二是村民委员会决策机制。村民委员会决定问题的时候，采取少数服从多数的原则。三是村民会议决策机制。村民会议由本村十八周岁以上的村民组成，村民会议的决定，由十八周岁以上的村民的过半数通过，或者由户的代表的过半数通过。涉及全村村民利益的问题，村民委员会必须提请村民会议讨论决定。村民会议有权撤换和补选村民委员会的成员。四是决策公开机制，村民委员会办理本村的公共事务和公益事业所需的费用，经村民会议讨论决定，可以向本村经济组织或者村民筹集。收支账目应当按期公布，接受村民和本村经济组织的监督。

1990年12月1日发出的《中共中央、国务院关于1991年农业和农村工作的通知》，要求村民委员会既要履行好自己的自治职能，又要教育、推动和组织村民完成乡政府布置的行政任务。

1990年12月13日，中共中央发出《全国村级组织建设工作座谈会纪要》，强调村民委员会是在党的领导下，在国家法律规定的范围内，由村民自我管理、自我教育、自我服务的基层群众性自治组织。加强村民委员会建设，要认真实施《村民委员会组织法（试行）》，并着重做好四项工作。（1）尊重村民意志，由村民充分酝酿，依法选举产生村民委员会领导班子。乡党委、乡政府和村党支部要加强对选举工作的领导，教育村民正确行使民主权利。（2）健全村民会议制度。涉及全村村民利益和全村工作的大事，由村民会议讨论决定。要增加村务公开程度，接受村民对村民委员会工作的监督。（3）根据需要，建立、健全治保、调解、公共卫生等自治组织，或由村民委员会成员分工负责这些工作。发动村民制定村规民约，及时解决群众中出现的问题，把矛盾解决在基层。（4）要把村民小组建设好，推选好村民小组长，并使其切实负起责任，防止村户之间工作断层。每个县都要选择几个或十几个村，开展村民自治示范活动，摸索经验，树立典型。

从1988—1992年全国村民自治的启动和发展情况看，主要侧重的是三方面工作。

一是在选举方面，注重定期实行村民委员会选举，并且鼓励在选举中突破过去的限制，逐步走向真正意义的村民直接选举村民委员会。由此产生了几种新的选举形式，如村民自愿报名竞争村民委员会主任（辽宁省铁岭市），在村民委员会选举中引入竞争机制和风险机制（黑龙江省青冈县），对村民委员会实行"空白票大选"和"两票制"（山西省河曲县，两票制中的第一票为候选人推荐票，第二票为正式的选举票），以"三上三下三公布"方式产生村民委员会成员候选人（河南省驻马店市），村民委员会的"竞选组阁式"选举（安徽省岳西县），以及村民委员会的"海选"（吉林省梨树县，"海选"即在不设定候选人人选的情况下，通过多轮投票产生候选人，再进行正式投票选举），都对以后的村民委员会选举产生了重要的影响。[①]

二是通过试点启动村民自治，尤其是建立较为规范的村民委员会的组织形式和运作方式。福建省在龙岩市的试点、河南省在驻马店市的试点、湖南省在临澧县的试点、山西省在临猗县的试点等，都为其他地区启动村民自治提供了重要的经验。[②]

三是通过村民自治示范，推动全国的村民自治发展。民政部于1990年9月26日发出《关于在全国农村开展村民自治示范活动的通知》，要求各级民政部门要选择有一定工作基础的县（市）、乡（镇）、村作为示范单位，组织示范活动。县级民政部门侧重抓示范村，有条件的也可抓示范乡（镇）。地级民政部门侧重抓示范乡（镇）。省级民政部门主要抓示范县。民政部决定将山东省莱西县作为全国村民自治示范县。村民自治示范的侧重点是依法选举村民委员会成员，建立村民会议或村民代表会议制度，建立健全村委会的治保、调解、公共卫生以及村民小组等下设机构和组织，制定必要的规章制度和村规民约，完成乡（镇）政府依法布置的各项国家任务。1991—1992年，民政部特别以调研的形式，对各地的村民自治示范活动的经验进行总结，并准备在示范活动开展一段时间后，对村民自治示范单位进行命名和表彰。

---

① 史卫民、郭巍青、汤晋苏、黄观鸿、郝海波：《中国村民委员会选举：历史发展与比较研究》，中国社会科学出版社2009年10月版，第38—49、91—97页。

② 王振耀、白钢、王仲田主编：《中国村民自治前沿》，中国社会科学出版社2000年10月版，第3—44页。

(五)　对"徘徊"状态的政策解读

毋庸讳言,"十三大"时期的农村政策,所要面对的是一系列"徘徊"问题:一是生产"徘徊",主要表现为农业生产产量上下波动,以及乡镇企业发展一度受阻。二是收入"徘徊",主要表现为农民的实际收入增长缓慢。三是生活"徘徊",主要表现为农民的负担明显加重,加上物价上涨等因素,使农民生活水平难以提高。四是体制"徘徊",主要表现为农产品流通面临各种障碍以及农业社会化服务体系不够健全等。五是制度"徘徊",从原来的社队体制完全转换为基层政府制度和村民自治制度,还需要一定的时间,在转换期内因为缺乏稳定的"制度供给",使得不少地方出现了"管理混乱"甚至"管理真空"现象。

经历了发展"黄金期"的农村,之所以进入"徘徊"期,可能有很多因素,仅从政策角度分析,至少可以看到五方面的不足。

第一,对农村发展的深层次问题认识不足。在农村发展问题上,由于"一包到底"和"一放就灵"的政策方法曾发挥过巨大的作用,使得农村政策的基本思维依然围绕承包责任制和"放宽政策限制"展开,没有认识到仅靠"包"和"放"难以解决农村发展的深层次、结构性问题,需要有新的政策思路。

第二,对农村发展的关注不足。按照"先农村后城市"的改革开放政策步骤,农村改革已经取得重大成果,城市改革则仍在"攻坚"阶段,因此政策重心已经移到城市。尤其是政治风波主要影响的是城市,更使决策者的注意力集中于城市而不是农村。尽管中央依然不断发出农村政策的文件,但是与"十二大"时期的几年均以一号文件强调农村政策的重要性相比,对农村政策的重视程度显然有明显的下降。

第三,对农村和农业的投入不足。在基本政策安排上,偏重于农村对国家的供给(尤其是粮食和经济作物的供给),忽略国家向农村和农业的"输血"(为农村和农业发展投入大量经费和物资,使其保持旺盛的"造血"或"供给"功能),使得国家对农村和农业的投入明显不足。尽管国家财政的支农支出,由1987年的195.72亿元上升到1992年的376.02亿元,但是支农支出占年度财政总支出的比例,基本维持在8%上下(1987年8.0%,1988年7.9%,1989年8.7%,1990年8.9%,1991年9.1%,1992年8.6%),未再出现10%以上的现象(1978—1983年,支农支出占年度财政总支出的比例均在 10% 至 14% 之间),① 亦从另一个侧面显示出了对农村发展的重视程度有所下降。

第四,农民寻求发展的动力后劲不足。改革开放之后,已经通过两种方法调动农民的积极性,一是以家庭联产承包制调动农民的农业生产积极性,二是以扶持乡镇企业、私营企业调动农民发展和致富的积极性,并使之聚合成促进农村发展的重要动力。但是当农业和乡镇企业发展都面临一定困难的时候,不仅农村的富余劳动力需要寻找出路,依然从事农业生产的农民和乡镇企业人员也需要新的刺激因素,使他们继续保持发展的积极性。在各种因素的影响下,农民的实际收入增长缓慢,在一定程度上挫伤了农民的积极性,发展动力不足已经成为影响农村发展的重要问题,但是显然缺乏有效的办法再次激发农民的发展热情。

第五,政策回应的不足。在农村发展已经遭遇深层次、系统性问题的时候,政策选择既可以是"救急性"的被动回应,以一些过渡性的政策来应对急需解决的问题;也可以是长远性的积极筹划,作出全新和系统性的政策安排。应该承认,"十三大"时期尽管有一些全新的政策思路(如发展高质农业的思路),但是在主要的政策取向上,还是显示出被动回应的特征。被动回应并不是错误的政策选择,被动回应的政策也能够在一段时间内产生一定的积极效果(如为扭转农产品产量下降的各种政策,可以较快地改变生产形势),但是要终止农村的"徘徊"或者扭转农村的"颓势",仅靠被动回应的政策显然是不够的,还需要具有长远性、战略性安排的政策思维和政策系统。"十三大"时期中国的农村之所以进入"徘徊"期,应该与政策选择的局限性有一定的关系。

五　扩大对外开放

以发展求稳定,一个重要的政策选项就是加大对外开放力度,形成多方位开放的基本发展格局,"十三大"时期在这一方面有了跨越式的进展。

(一) 国际大循环与沿海发展战略

中国共产党第十三次全国代表大会召开后,国家计委研究员王建提出

---

① 《中国统计年鉴—1995》,第 221 页。

的"国际大循环经济发展的战略构想"引起了中央决策层的关注，并于1988年1月正式提出了加快沿海地区对外开放和经济发展的报告，对沿海发展战略的政策思路作了全面的阐释。①

对于政策选择的原因，报告强调沿海地区具有天时地利的优势，加上内地资源的支持，完全可以发展外向型经济，走向国际市场，参与国际市场竞争。通过发展对外贸易发展经济，既可以促进沿海地区的发展，又有利于让出国内市场给内地，带动内陆地区加快发展速度。

对于政策内容，报告强调了三个要点。（1）国际经济贸易活动，是在国际之间进行交换。我国最丰富的资源是人力资源，沿海地区劳动力充裕，素质较高，费用较低，适合发展劳动密集型产业，以及劳动密集型与知识密集型相结合的产业，完全可以扩大这类产品的出口。劳动密集型产业不用大量固定资产投资，能够因陋就简生产，容易起步，适合我国沿海许多地区的情况。发展"来料加工"和"进料加工"，实际上也是发展以产品为载体的劳务出口。（2）实行"两头在外"，把生产经营过程的两头，即原材料来源和产品销售主要放到国际市场上去，大进大出，使经济运行由国内循环扩大到国际循环。（3）利用外资的重点放在吸引外商直接投资上，大力发展"三资企业"，外商不仅可以带来资金，还会带来先进技术，带来管理经验，带来销售网络，这对我们都是有利的。

对于如何实施沿海发展战略，报告提出了四条主要的政策措施。（1）在广东、闽南三角地区和海南岛进行全面开放试点。（2）扩大沿海经济开放区的范围，可以考虑将长江三角洲开放区扩大到南京、镇江、扬州、杭州、绍兴，把辽东半岛和胶东半岛一些市县和沿海开放城市所辖县，也都划定为经济开放区。（3）加快和深化外贸体制改革，新的外贸体制改革的基本内容是全面推行对外贸易承包经营责任制，由地方政府向国家承包出口创汇任务和上缴外汇额度，取消财政对外贸的补贴，实行自负盈亏；超额创汇实行中央与地方二八分成，从而推动外贸企业和出口生产企业的承包，从根本上解决吃"大锅饭"问题。（4）进一步改善投资环境，扩大吸引外商直接投资，要使外国企业家能够按国际惯例在我国经

---

① "财新网"2009年6月10日载文《国际大循环经济发展战略的构想》；田纪云：《沿海发展战略的形成与实施》，《炎黄春秋》2015年第3期。围绕国际大循环理论，曾有较大的争论，见王洪模等《改革开放的历程》，第495—503页。

营企业。

1988 年 2 月 6 日，中共中央召开政治局第四次全体会议，决定把沿海经济发展作为一项重大战略加以部署。1988 年 3 月 4 日至 3 月 8 日，国务院召开沿海地区对外开放会议，强调"经济特区—沿海开放城市—沿海经济开发区—内地"的格局为沿海地区转向外向型经济积累了经验，实施沿海经济发展战略的关键是抓好出口创汇。3 月 18 日，国务院决定扩大沿海经济区开放范围，开放前沿地带扩大到 288 个市县，面积增加到 32 万平方公里，人口增至 1.6 亿。[①]

（二）海南建省与开放

海南岛开发问题在 20 世纪 80 年代前期已经引起中央的关注。1980 年 6 月 30 日至 7 月 11 日在北京召开海南岛问题座谈会，国务院于 1980 年 7 月 24 日批转了会议纪要，决定对海南岛采取放宽政策、把经济搞活的做法，在进出口贸易上，主要是对香港的出口，让海南有更多一些自主权，财政体制也适当放宽，多给海南以机动权。1983 年 4 月 1 日，中共中央、国务院批转的《关于加快海南岛开发建设问题讨论纪要》，决定扩大海南行政区的自主权，对外活动参照深圳、珠海的做法，争取多种方式实行优惠政策，吸引外资，引进先进技术设备，发展旅游业。1986 年 8 月 21 日，中共中央和国务院批准海南行政区从 1987 年起在国家计划中成为计划单列区，并赋予海南行政区相当于省一级的经济管理权限。1987 年 4 月至 6 月，在海南岛建立中国最大的经济特区政策思路成型，6 月 12 日邓小平对来访的外宾说明了这一政策意图，并强调海南岛好好发展起来，是很了不起的。1987 年 8 月 24 日，国务院向全国人大常委会呈报了《关于提请审议设立海南省的议案》。[②]

1987 年 9 月 26 日，中共中央、国务院发出《关于建立海南省及其筹建工作的通知》，对筹建海南省提出了五点政策要求。一是海南建省后，其地方行政体制的设置，要从海南的实际情况出发，符合改革的要求，建立省直接领导市、县的地方行政体制。这样做，适应建设经济特区的需

---

① "沿海发展战略"的政策说明，引自郭德宏等主编《党和国家重大决策的历程》（下），第 1505—1502 页。

② 董辅礽主编：《中华人民共和国经济史》下卷，第 239—240 页。

要，也理顺了关系，减少了层次，有助于提高办事效率，节省行政开支，有利于统一规划，加快开发建设，同时也不影响落实国家对少数民族的各项优惠政策。二是为有利于海南的统一开发建设，中央和广东省在海南的企业、事业单位，原则上应下放给海南省。这些企业、事业单位下放后，中央和广东省在投资、补贴、原材料供应等方面应继续给予支持和帮助。三是海南建省后，有关财政基数的划分问题，应按照兼顾广东和海南的利益、基本不增加中央财政负担的原则办理。四是海南建省后，各级机构的设置和人员编制的确定，要符合经济体制和政治体制改革的要求。要坚持党政分开、政企分开。机构要小，要多搞经济实体。机构的设置，要突破其他省、自治区的机构模式，也要比经济特区的机构更精干、有效一些，使海南省成为全国省一级机构全面改革的试点单位。五是海南的开发建设，必须立足于海南的资源优势，充分挖掘内部潜力，同时大力吸引外资，特别要注意引进港澳的资金，逐步建立起具有海南特色的外向型经济结构。

1988年4月13日，七届全国人大一次会议批准设立海南省。4月26日，中国共产党海南省委员会和海南省人民政府正式挂牌，海南省人民政府驻海口市。[①]

为支持海南省的开放，国务院于1988年5月4日发出《关于鼓励外资开发海南岛的规定》，宣布给予海南省以下优惠政策。(1)国家对海南经济特区实行更加灵活开放的经济政策，授予海南省人民政府更大的自主权。(2)国家鼓励境内外的企业、其他经济组织或者个人投资开发海南岛，兴办各项经济和社会事业。(3)国家依法保护投资者的合法权益。(4)投资者可以投资举办中外合资经营企业、中外合作经营企业、外资企业以及法律允许的其他类型的企业。(5)海南岛国家所有的土地实行有偿使用。(6)海南岛的矿藏资源依法实行有偿开采。(7)投资者可以合资、合作方式在海南岛投资从事港口、码头、机场、公路、铁路、电站、煤矿、水利等基础设施建设，也可以独资经营专用设施。(8)根据经济发展的需要，经中国人民银行批准，可以在海南岛设立外资银行、中外合资银行或者其他金融机构。(9)在海南岛兴办的企业(国家银行和保险公司除外)，从事生产、经营所得和其他所得，均按15%的税率征收

---

① 新华月报编辑部编：《新中国五十年大事记》(下)，第843—844、846页。

企业所得税，另按应纳税额附征 10% 的地方所得税。（10）在海南岛举办的外商投资企业和外商持有 25% 以上股份的企业均享有进出口经营权。（11）海南岛内的企业进口本企业建设和生产所必需的机器设备、原材料、零配件、交通运输工具和其他物资，以及办公用品，均免征关税、产品税或增值税。（12）国家鼓励海南岛内的企业生产的产品出口。（13）海南岛内的企业出口产品和从事其他经营活动取得的外汇收入，均可保留现汇，按当地中国人民银行的规定管理。（14）境外投资者从在海南岛投资举办的企业获得的利润，可以从企业的外汇存款账户自由汇往境外，免缴汇出额的所得税。境内投资者从海南岛内的企业获得的利润，可以自由汇往境内其他地区。（15）可以实行灵活的签证办法。

由于中央政府允许海南省享有有偿出让的土地使用权，海南省决定在洋浦向熊谷组（香港）有限公司（大本营在日本，但中国人的股份占 2/3）以每亩 2000 元的租金出租 45000 亩的土地，这样的行为引来了激烈的反对浪潮。在 1989 年 3 月 9 日至 27 日召开的全国政协七届二次会议上，政协委员质疑海南租地的提案，有 270 名政协委员签名附议。一些报刊也发表文章，指租地是"卖国"、"丧权辱国"的行为。1989 年 4 月 6 日，中央专门召开会议研究洋浦问题，指出洋浦的做法符合新修改的宪法的规定，也符合国务院给海南省的政策，不能戴"卖国"的帽子。4 月 28 日，邓小平也明确表示，海南省委的决策是正确的，机会难得，事不宜迟，但须向党外不同意见者讲清楚，手续要齐全。在中央的干预下，这一风波得以平复。1992 年 3 月 9 日，国务院又批准在海南省设立洋浦经济开发区，并在开发区实施"保税区"的各项政策。①

海南建省和开放，曾引发"十万人才过海峡"的壮举，并在几年内使海南岛的经济有了较快的发展。海南省的国内生产总值，由 1988 年的 77 亿元，提升到 1992 年的 185 亿元，五年内提高了 1.4 倍；人均国内生产总值，则由 1988 年的 1220 元（全国人均国内生产总值为 1366 元），提升到 1992 年的 2719 元，五年内提高了 1.23 倍，并且人均国内生产总值在 1992 年超过了全国平均水平（2311 元）。尤其需要注意的是，邓小平的视察南方谈话对海南省经济发展的促进作用极为明显。海南省国内生产总值的年增长率，1988 年 9.7%，1989 年 5.7%，1990 年 10.6%，1991

---

① 郭德宏等主编：《党和国家重大决策的历程》（下），第 1513—1522 页。

年14.9%，1992年则达到了创纪录的41.5%。①

(三)　上海浦东开发

1990年4月18日，国务院宣布为加快上海浦东地区的开发，同意在浦东地区实行经济技术开发区和某些经济特区的政策。4月30日，上海市政府公布了开发浦东的十大政策。②

1990年6月2日，中共中央、国务院正式批准上海市开发和开放浦东新区，并要求实施一些特殊政策。(1)"八五"期间，浦东新区新增的财政收入不上缴。(2)生产性"三资"企业所得税按15%的税率计算。经营期在10年以上的，自获利之年起，2年内免征，3年减半征收。(3)浦东新区内，凡属自用而进口的建设机械设备、车辆、建材，免征关税和工商统一税。(4)外商投资项目应符合国家产业政策，以生产性项目为主，产品以出口为主，经国务院主管部门批准，部分替代进口产品在补缴关税和工商统一税后可以内销。(5)鼓励外商投资兴办机场、码头、公路、电站等能源交通项目，项目从获利之后算起，前五年内免征所得税，后五年减半征收所得税。(6)在逐项报经国务院批准的前提下，允许外商兴办金融机构和第三产业、商业零售业等一批此前限制外商进入的行业。(7)对内资企业实行有差别的所得税待遇。一般企业没有税收优惠。获准由浦西迁往浦东的现有企业，经上海市审定，属于国家鼓励发展者，在获利五年内给予一定的税收优惠。(8)在浦东所设的保税区内，经国务院批准，允许外商从事进口贸易，以及为区内外商投资企业代理进出口业务，但不允许从保税区外收购用于出口的外贸产品。在这些特殊政策的推动下，浦东开发的头一年就吸引了近百家外资企业，引进外资1.7亿美元。邓小平在1991年2月曾明确表示，上海的浦东开发晚了，希望上海加速开发浦东的建设。③

(四)　内陆与沿边开放

沿海发展战略的实施，刺激了内陆的开放，并在"十三大"时期实

---

① 海南省经济发展的数据，引自中华人民共和国国家统计局"国家数据"网站。
② 新华月报编辑部编：《新中国五十年大事记》(下)，第907页。
③ 董辅礽主编：《中华人民共和国经济史》下卷，第241—243页。

现了三种开放,以彰显中国的开放程度进一步提高。

第一种是沿江开放。长江沿岸的各大城市,在先开放了上海、南京之后,1992 年 6 月 18 日又由国务院决定开放芜湖、九江、岳阳、武汉、重庆 5 个城市,后来又增加了黄石为开放城市,使长江沿岸的主要城市全部对外开放。

第二种是省会城市开放。1992 年 6 月 15 日,国务院决定南宁市、昆明市、乌鲁木齐市对外开放。8 月 13 日,国务院又决定哈尔滨、长春、呼和浩特、石家庄、太原、合肥、南昌、郑州、长沙、成都、贵阳、西安、兰州、西宁、银川等省会城市,均实行沿海开放城市政策。至此,除拉萨外,各省会城市都已对外开放。

第三种是沿边开放。沿边开放即中国内陆的边境城市尤其是重要口岸对外开放。1992 年 3 月 9 日,国务院决定内蒙古自治区的满洲里市、黑龙江省的黑河市和绥芬河市以及吉林省的珲春市对外开放。6 月 9 日,国务院批准新疆维吾尔自治区开放伊宁、博乐和塔城三个边境城市,广西壮族自治区开放凭祥市和东兴镇,云南省开放畹町市、瑞丽市和河口县。7月 30 日,国务院又批准内蒙古自治区二连浩特市对外开放。对于边境开放城市,国家基本采取了与沿海开放城市类似的特殊政策。在边境城市设立的边境经济合作区,优惠政策类似于沿海城市的技术开发区。①

(五) 调整外贸政策

对外开放的持续扩大,要求与之匹配的开放性的对外贸易环境,为此,"十三大"时期从五个方面对外贸政策进行了调整。

一是推动外贸体制改革。对于中华人民共和国建立以来形成的外贸体制,1985—1992 年强调的是走向承包经营责任制的改革。1985—1987 年是试点阶段,要求试点的外贸企业承包出口总额、出口商品换汇成本和出口盈亏总额三项指标,超亏不补,减亏留用,增盈对半分成。1988—1990年是全面推行阶段,地方政府、各外贸专业总公司、各工贸总公司分别向中央承包出口创汇总额、上缴外汇额度、外贸经营效益三项指标,承包指标一定三年不变。1991 年进入外贸自负盈亏的新改革阶段,主要的要求

---

① 郭德宏等主编:《党和国家重大决策的历程》(下),第 1630 页;董辅礽主编:《中华人民共和国经济史》下卷,第 243—248 页。

是取消国家外贸出口财政补贴，全面实行外贸企业自负盈亏，把企业享有的自主权赋予企业，同时建立相应的制约和监督机制，使外贸企业真正成为自主经营、自负盈亏、自我发展、自我约束的法人实体和市场竞争主体。

二是缩小进口计划管理范围。国家对于进口商品的限制逐步减少，1991年仅限于20种中央外汇进口商品，并明确规定绝大多数进口商品都可以由各外贸企业放开经营，属于指定经营的仅限于少数关系国计民生的大宗、重要和敏感的进口商品。1992年，已经公布的17512项进口替代清单全部被取消，承诺今后不再制定任何形式的进口替代清单，并取消了16种进口商品的许可证。

三是降低关税。1992年1月1日，中国开始采用"国际商品名称和编码协调制度"，同时降低了225个税目的进口税率。从1992年4月1日起，一次性取消了全部进口协调税。

四是放宽外汇管制。根据进出口的需要，外汇管制逐步放宽，并改变了按地区实行有差别外汇留成比例的方法，实行以大类商品划分的全国统一的外汇留成比例。为进一步发挥市场调节的作用，还放弃对外汇调剂价格的限制，扩大了进入外汇调剂中心调剂外汇的比例。

五是奖出限入。对外贸易政策的基本取向是奖励出口，限制进口。一方面，鼓励和扶持出口型产业，组建出口生产体系，并对出口型企业给予外汇留成、出口退税等方面的优惠。另一方面，实施较严格的进口限制，通过关税、进口许可证、外汇管制、进口商品分类管理、国营贸易等措施，限制进口的发展速度和规模。[1]

外贸政策的调整以及对外开放的扩大，使得"十三大"时期的对外贸易有了快速的发展。对外经济贸易货物的进出口总额，由1987年的3084亿元上升到1992年的9120亿元，1992年比1987年增加1.96倍。[2]体现国家开放程度的"外贸依存度"，按照对外经济贸易货物进出口总额与国内生产总值之比计算，由1987年的25.33%上升到1992年的33.54%。按照出口货物总值与国内生产总值之比计算的"出口依存度"，

---

① "十三大"时期"外贸政策调整"的政策案例说明，引自朱崇实、陈振明主编《中国公共政策》，中国人民大学出版社2009年12月版，第137—139页。

② 《中国统计年鉴—1995》，第537页。

则由 1987 年的 13.26%，上升到 1992 年的 17.19%。按照进口货物总值与国内生产总值之比计算的"进口依存度"，由 1987 年的 12.07%，上升到 1992 年的 16.34%。但是需要注意的是，由于人民币市场汇率严重偏离其实际购买力，因此按人民币计算的外贸依存度明显偏高。按照世界银行公布的中国 1992 年的国内生产总值计算，中国当年的外贸依存度仅为 7.05%，出口依存度约为 3.6%。也就是说，尽管有了扩大开放的一系列措施，但是与发达国家相比，中国经济的实际开放度不仅低于发达国家水平，也低于一般发展中国家水平。区域方面的对外开放，相对比较容易，关键在于体制上的开放，还需要较长的时间，才能与世界经济发展更好地接轨。[①]

（六）注重开放政策所要求的四个"结合"

从整体上看，"十三大"时期的对外开放政策，实现了由"点"状开放（开放沿海的一些重要城市）向"片"状开放的转变，不仅将沿海区域变成了整体性的开放地区，亦将长江沿岸的城市连结成了重要的开放地带，还在内陆的边境构建了一些重要的开放地区。"片"状开放的最终目标是实现全国的全面开放，而大范围开放的基础在"十三大"时期已经奠定。开放地区需要实行"开放政策"，由此应该注意四个重要的结合。

一是资本与人的结合。开放地区既允许资本进行较自由的流动，并要求在资本流动的基础上形成商品内外流动的良好格局；也允许人员的自由流动，包括国内和国外各种人才的流动以及劳动力的流动。流动的人员与流动的资本相结合，已经成为影响开放地区发展的基本要素。尤其需要注意的是，人才的引入和资本的引入，都要求政策提供开放性的"机会"，即一方面使个人和企业能够积极地参与和竞争，另一方面政府亦要为个人和企业提供必要的保护，尤其是用政策来保障个人和企业的经济利益不受到损害。开放地区的政策之所以特殊，就在于这些政策能够有效地促进资本与人的结合，为开放地区的发展提供重要的动力。

二是权力自主与权力监督的结合。所有的开放地区都获得了中央政府授予的自主权，可以自主地作出与本区域有关的重大决策。但是权力自主可能带来一些问题，对海南省"租地"的质疑，去掉意识形态化的所谓

---

① 董辅礽主编：《中华人民共和国经济史》下卷，第 265—267 页。

"卖国"色彩后，还有一个更深层次的问题，就是如何防止自主的权力尤其是不受控制的决策权，带来不当的政策行为。应该承认，向开放地区放权是必要的，中央领导人之所以肯定海南省的"租地"决定，就是要维系放权的基本格局，但是如何有效地监督放出去的权力，尤其是用民主的方法控制权力，还缺乏必要的制度性安排。"给权"和"控权"一硬一软，已经为特区和开放地区可能出现重大政策失误埋下了伏笔，只是当时并未引起足够的重视。

三是特殊政策与新型管理的结合。按照中央的要求，开放地区既要有特殊的政策，也要有特殊的管理，将两者结合起来，就是建构一套新型的管理机制。这样的机制，既要求减少管理层级，也要求简化管理程序，更要求提高行政效率。海南省展开的与"小政府大社会"有关的各种试点，就是为建构新型管理机制所做的重要努力。①

四是政策开放与政策参与的结合。开放地区的政策，由于既涉及国内人员和企业等，也涉及国外人员和企业等，对于政策开放程度的要求，一般而言要高于非开放地区。尤其是与经济活动有关的各种政策信息，需要及时公开并接受质询，并且需要建立常态性的政策参与机制。开放地区需要开放的政策过程，应该是对所有开放地区的一个重要要求，但是并不是所有开放地区都注意到了这一点。

六 服务于发展的科技政策

科技政策主要涉及科技发展战略、科学研究政策、技术政策和各项科学事业的管理政策。②"十三大"时期，为鼓励科技为发展服务，对科技政策作了初步的规划。

(一) 推行"火炬"计划

"火炬"计划的重要基础是"863"计划。1986年3月，王大珩、王淦昌、杨嘉墀、陈芳允四名科学家上书中共中央，提出了跟踪世界战略性

① 汝信主编：《"小政府大社会"的理论与实践：海南政治体制与社会体制改革研究》，社会科学文献出版社1998年3月版，第15—25、52—53页。
② 朱崇实、陈振明主编：《中国公共政策》，第349—358页。

高科技发展的建议。这一建议受到最高决策层的高度重视，很快组织国内二百余名专家，提出了高技术研究发展计划，并命名为"863"计划。1986年8月的国务院常务会议和10月的中央政治局扩大会议分别审议和批准了这项计划，并拨出专门经费支持该计划的实施。"863"计划涵盖七个领域和十五个主题项目，并明确了"七五"期间投资10亿元，到2000年约投资100亿元。

"863"计划要求有选择地在几个重要的高技术领域跟踪世界水平，建立必要的高技术产业，而在实践中已经出现了科技人员"下海"创办科技企业的热潮，并且在北京出现了"中关村电子一条街"。1988年3月召开的中央财政领导小组会议，强调北京中关村电子一条街兴办高技术产业的经验值得重视，要在总结他们经验的基础上制定一个建设高技术产业开发区的条例，研究、解决好有关政策问题。1988年5月，国务院正式批准建立北京市新技术开发试验区，并施行十八条优惠政策。

1988年8月6日至8日，国家科委主持召开了第一次"火炬"计划工作会议，"火炬"计划正式启动，确定的计划目标是到1990年培育和创办2000个高技术、新技术企业，并促成其中的大中型企业、乡镇企业的联合；开发2000个高技术、新技术产品，其中70%以上形成规模生产，30%以上可以出口创汇；在沿海开放地区和内地中心城市建立30个左右科技创业服务中心，为创办高技术、新技术企业提供综合服务；办好国务院批准的北京等几个重点高技术、新技术产业开发试验区，各大城市也可以根据自己的条件逐步建立试验园区，为扶植高技术、新技术及其产业创造适宜的环境；吸引10万名以上科技人员从事"火炬"计划，并为高技术、新技术企业培训2万名经营管理人才；国家每年为开发高技术、新技术产品筹措若干亿元的资金，其中主要是银行的专业贷款。

"火炬"计划实施三年，产生了积极的效果。截至1991年8月15日，全国已经建立38个高技术、新技术产业开发区；安排国家级"火炬"计划880项，总投资46亿元人民币；地方级"火炬"计划528项，总投资12.7亿元人民币；全国开发区企业共创产值76亿元，利税14亿元，出口创汇9.5亿元。①

---

① "863"计划和"火炬"计划的说明，引自郭德宏等主编《党和国家重大决策的历程》（下），第1473—1493页。

（二）确定科技发展战略目标

在科技发展战略方面，邓小平于 1988 年 9 月 5 日明确指出："马克思说过，科学技术是生产力，事实证明这话讲得很对。依我看，科学技术是第一生产力。"9 月 12 日，邓小平又强调："从长远看，要注意教育和科学技术。否则，我们已经耽误了二十年，影响了发展，还要再耽误二十年，后果不堪设想。""要把'文化大革命'时的'老九'提到第一，科学技术是第一生产力嘛，知识分子是工人阶级的一部分嘛。"[1]

1992 年 3 月 8 日，国务院下达《国家中长期科学技术发展纲领》，明确指出科技发展主要存在四个问题：一是经济、社会发展的指导思想和实际工作，未能始终一贯地把促进科技进步放到重要的战略位置上。二是经济发展缺乏依靠科技进步的机制与内在动力，科技发展缺乏面向经济建设的活力，大量技术成果未能转化为生产力，造成科技与经济、社会发展在一定程度上相互脱节，未能充分发挥科学技术的潜力。三是在科技工作中，缺乏统筹安排、合理分工，低水平重复的问题普遍存在；脱离国情、盲目赶超、急于求成的现象也时有发生。四是在知识分子政策上曾经发生过重大失误，挫伤了科技人员的积极性和创造性，影响了科技队伍的健康成长，尊重知识、尊重人才的社会风气尚未形成。

《国家中长期科学技术发展纲领》指出，我国科学技术发展的战略目标，必须以国家的经济、社会发展的目标和部署为依据，运用现代科学技术增强综合国力和提高人民生活水平，着重解决工农业大规模现代化商品生产中的问题，有效地控制和缓解人口、资源和环境的压力。在若干我国具有优势的科学技术领域，必须勇于创新，保持发展势头，继续在世界先进行列中占有一定的地位；在高新技术和基础研究的若干重点领域有所突破，达到世界先进水平，并形成部分具有国际竞争力的高新技术产业。到 2000 年我国工业主要领域大体达到经济发达国家 20 世纪 70 年代或 80 年代初的技术水平，到 2020 年达到经济发达国家 21 世纪初的技术水平，在总体上缩短与世界先进水平的差距。

---

① 邓小平：《科学技术是第一生产力》，《邓小平文选》第 3 卷，第 274—275 页。所谓"老九"，是"文化大革命"的提法，将知识分子排在地主、富农、反革命、坏分子、右派、叛徒、特务、走资派之后，也成为需要专政和改造的对象。

《国家中长期科学技术发展纲领》还对科学技术的发展提出了具体的要求：农业科学技术的发展，要处理好应用推广与研究开发的关系；工业科学技术的发展，应以提高经济效益为中心，大力推动企业、尤其是大中型企业的科技进步；社会发展方面的科学技术，应在人口、医药卫生、社会服务、公共基础设施、环境和生态保护以及灾害监测和防御等方面加强研究和开发，为我国人民创造一个良好的自然和社会环境；高新技术的发展应继续贯彻"有限目标，突出重点"的方针，国家要重点支持可能取得重大突破和具有广泛应用前景的高新技术的研究，大力扶持高新技术产业的发展。

（三）科技体制改革的要求

在科技体制改革方面，1985 年 3 月 13 日发出的《中共中央关于科学技术体制改革的决定》已经明确了改革的基本思路，强调科学技术体制改革的主要内容是在运行机制方面，要改革拨款制度，开拓技术市场，克服单纯依靠行政手段管理科学技术工作，国家包得过多、统得过死的弊病；在对国家重点项目实行计划管理的同时，运用经济杠杆和市场调节，使科学技术机构具有自我发展的能力和自动为经济建设服务的活力。在组织结构方面，要改变过多的研究机构与企业相分离，研究、设计、教育、生产脱节，军民分割、部门分割、地区分割的状况；大力加强企业的技术吸收与开发能力，减少技术成果转化为生产能力的中间环节，促进研究机构、设计机构、高等学校、企业之间的协作和联合，并使各方面的科学技术力量形成合理的纵深配置。在人事制度方面，要克服"左"的影响，扭转对科学技术人员限制过多、人才不能合理流动、智力劳动得不到应有尊重的局面，营造人才辈出、人尽其才的良好环境。

1988 年 5 月 3 日，国务院作出《关于科技体制改革若干问题的决定》，要求科研机构积极推行多种形式承包经营责任制，鼓励科研机构发展成新型的科研生产经营实体，鼓励科研人员通过为社会创造财富和对科技进步做贡献来改善自身工资条件和物质待遇，支持和促进集体、个体等不同所有制形式科研机构的发展。①

1992 年下达的《国家中长期科学技术发展纲领》，对科技体制的改革

---

① 新华月报编辑部编：《新中国五十年大事记》（下），第 847 页。

提出了更明确的要求。

科技体制改革的目标，一是转变政府职能，形成以直接计划管理与间接管理有机结合的宏观科技进步管理体系，并使之规范化、法制化。二是改革科技人员管理制度，营造人才辈出、人尽其才的良好环境。三是建立研究开发机构与企业、农村有机结合，配置合理的工业和农村研究、开发、推广服务体系。四是培育和建立物资、技术、劳务、信息等社会主义市场体系，创造有利于科技发展的合理竞争的环境。五是形成由政府、民间、企业和金融等各方面组成的多元化科技投资体系。六是形成适应社会主义有计划商品经济发展的科技组织结构。

科技体制改革的核心是建立新的运行机制，把完善计划管理和加强市场调节有机地结合起来，充分发挥两者的协同优势。为此，需要引入公平竞争、人员技术信息合理流动、需求引导等市场机制，使科技进步成为社会经济活动的内在需求。基础研究和应用基础研究、公益性科学技术工作应以科学探索、获取宏观经济社会效益为目标，由国家给予持续稳定的财政支持。大型综合科学研究、重大技术攻关项目，坚持以国家支持为主，实行计划管理，同时也要引入必要的竞争机制，以获得较好的投资效果。具有直接经济效益的技术开发和应用推广工作，应在国家政策引导下，更多地发挥市场调节的作用。

科技体制改革要求完善国家宏观科技管理与调控系统，切实转变政府职能，把制定和执行有关科技发展的方针、政策、规划、计划及法规放在工作首位，综合运用法律的、政策的、行政的和经济的手段推动科技进步。

科技体制改革还要求逐步建立科技人员的社会化管理体系。有计划商品经济的发展，允许科技人员在一定范围内合理流动。要放活对科技人员的管理，既要按照国家的需要进行必要的人才计划管理，又要按照市场需求允许必要的人才流动，与其他生产要素合理组合。商品生产的社会化和人才的成长规律，要求科技人员管理社会化。为此，必须逐步建立和完善相应的科技人员社会化管理系统。为实现这一目标，必须积极而稳妥地进行配套改革。要逐步改变国家对科技人员统包统揽的管理模式，有计划地开放科技劳务市场。保证科技人员有选择职业的余地，逐步实行科技人员和用人单位双向自由选择的聘任合同制，促进人才特别是高级科技人才的合理流动。根据按劳分配的原则，形成新的分配机制，激励科技人员专心致志地做好本职工作。建立社会保障体系，把目前国家承担的保险事业转向社会，由社会对科技人员的待业、养老、医疗、伤残实行保险。改革相关的户籍、住房等制度，使之逐步适应人员流动的需要。

从 1988 年开始启动的科技体制改革，使大批科研人员"下海"成为引人注目的现象。在科研事业费和技术开发方面，科技体制改革也取得了一些重要的进展。1991 年中央科技开发机构实现了事业费拨减全部到位，地方到位率为 80%。全国县以上政府部门所属的 5074 个自然科学研究机构中，有 1186 个不再由国家拨付科研事业费。[①]

以科技进步带动企业进步、经济进步乃至整个社会的进步，是科技政策的核心要求。这样的要求符合新技术带来新政策的基本逻辑，使技术转化为生产力、科研机构与企业联合、建立高新技术开发区等，成为全新的政策安排。但是新政策还必须解决"老问题"，之所以强调进行科技体制改革，就是要打破科学技术研究领域的"大锅饭"，在分配、职称、住房、科研经费、项目管理、社会保障等方面为科技人员的流动和竞争创造更好的条件，并以此来调动科研人员的积极性。对于绝大多数科技人员而言，获得尊重、实现自我价值和服务于国家与社会并不矛盾，科技政策对这三个要素都给予了高度的重视，这恰是科技政策的重要性所在。

七　关注民生政策

"十三大"时期，为解决国家现代化进程中显现的一些重要社会问题，在社会政策尤其是民生政策方面出现了重大变化，主要表现为实施"菜篮子"工程、启动住房改革和改变了扶贫的方式。

（一）实施"菜篮子工程"

物价上涨与食品和副食品供应紧张有密切的关系，改变城市副食品供应的被动局面，已经成为城市居民的急迫需求。为回应这样的需求，"十三大"时期启动了"菜篮子工程"。

1988 年 5 月 9 日，农业部向国务院上报《关于发展副食品生产保障

---

① 中国科技发展战略研究小组：《中国科技发展研究报告——全面建设小康社会的科技发展战略问题研究（2003）》，经济管理出版社 2004 年 6 月版，第 4 页。

城市供应的建议》，国家计划委员会于 1988 年 7 月 7 日批复同意实施该建议提出的"菜篮子工程"计划。1988 年 9 月，"菜篮子工程"首先在北京、天津、上海开始实施，继而在全国各大中城市全面推开。1990 年 7 月 4 日至 10 日，国务院召开全国大中城市副食品工作会议，强调要实行市长负责制，抓好"菜篮子工程"建设。①

"菜篮子工程"的基本设想和措施是通过发展生产，调整副食品供给结构，引导消费，逐步实现肉食品消费多样化，增加禽、蛋、奶、鱼的供应比重，在保证大路菜的基础上增加细菜供应；争取到 1992 年动物性食品总量在 1987 年的水平上增加 1260 万吨，并实现城市蔬菜均衡优质上市。为此，需要强化基础设施，建立产区和销区紧密联系的经济协作，全方位开发和利用饲料资源，优先推广十个方面的科技成果，改善副食品生产的社会化服务，建设一批以大中城市为中心、跨省区的一体化经济综合组织，改善流通渠道和管理体制。

1988—1992 年"菜篮子工程"取得了重要的成果，全国共建立了 2000 多个集贸市场，初步形成了以蔬菜、肉、水果和蛋奶为主的大市场大流通格局。以上海为例，1988—1992 年的第一轮"菜篮子工程"，主要做法是建立副食品生产基金会，建成了一批大中型副食品生产基地，改革了副食品管理体制，实现产销管理一体化。经过四年的努力，上海市的生猪自给率从 22.9% 提高到 30% 以上，家禽自给率从 41.5% 上升到 80% 以上，鲜蛋自给率从 74.9% 上升至 85% 以上，淡水鱼和鲜牛奶基本实现自给，蔬菜自给率达到 90% 以上。②

国家统计局的统计数据也在一定程度上反映了"菜篮子工程"的效果。1992 年全国猪肉产量 2633 万吨（比 1987 年增加 853 万吨，增长率为 47.9%），牛羊肉 300 万吨（比 1987 年增加 159 万吨，增长率为 112.8%），水产品 1546 万吨（比 1987 年增加 606 万吨，增长率为 64.5%），水果 2400 万吨（比 1987 年增加 849 万吨，增长率为 54.7%）。全国的水果人均占有量，由 1987 年的 15.39 公斤，上升到 1992 年的 20.95 公斤；水产品人均占有量，由 1987 年的 8.81 公斤，上升到 1992 年的 13.37 公斤；猪羊牛肉人均占有量，则由 1990 年的 22.14 公斤，上升

① 新华月报编辑部编：《新中国五十年大事记》（下），第 854、911 页。
② "东方网" 2008 年 12 月 22 日载文《上海发展都市农业，推进菜篮子工程》。

到 1992 年的 25.24 公斤。①

"菜篮子工程"为城市居民生活的改善提供了重要的条件,不仅居民的食品结构有了重要的变化,在购买方式上和消费观念上也发生了重要的变化。1983 年 1 月 3 日北京市第一家超级市场在海淀区中关村开业时,居民还不太认可自助式的购物方式,使这家超级市场不久即关闭。但是 1987 年以后,超级市场的自助式购物方式已经开始普及,并逐渐成为重要的购物方式。"洋式快餐"也在"十三大"时期进入中国的城市生活,相较 1987 年 11 月 12 日肯德基在中国的第一家餐厅于北京市前门开业时的轰动,1992 年 4 月 23 日麦当劳在北京市的王府井开第一家分店时,人们已经不再激动,而是以平静的心态来看待越来越多的新事物。

(二) 住房制度改革

中华人民共和国建立后,对于城市居民实行的是福利分房政策,住房主要由政府统一供应,以企事业单位为主要的需求主体,实行住房无偿分配,住房成为企事业单位人员的一项重要福利。这样的住房政策,无法从根本上解决住房需求和住房供应的紧张关系,在改革开放后即开始探讨政策的转变问题。1980 年,邓小平已提出出售公房、调整租金、提倡个人建房买房的住房制度改革总体设想。1982 年,国务院选择江苏省常州市、河南省郑州市、湖北省沙市、吉林省四平市作为住房制度改革的试点城市,进行"优惠售房"试点。四个城市的试点对住房制度冲击很大,尽管有争议,还是取得了突破性进展。1984 年,国务院决定将试点扩大到北京、上海、天津三个直辖市。1986 年,国务院又在山东省烟台市进行了"提租增资"的试点,即通过提高公房租金标准达到准成本租金水平,同时发给职工相应数量的有价住房券,将住房的实物分配改变为货币分配。②

1988 年 1 月 15 日,国务院召开了全国住房制度改革工作会议。2 月 15 日,国务院发出《关于印发在全国城镇分期分批推行住房制度改革的实施方案的通知》,要求从 1988 年起,用三五年时间,在全国城镇分期分批推开住房制度改革。国务院强调,由于各地情况不一样,住房制度改革

---

① 《中国统计年鉴——1995》,第 349、354、356、360 页。
② 朱崇实、陈振明主编:《中国公共政策》,第 454—455 页。

主要应由各省、自治区、直辖市来抓。国家主要从宏观上统一政策，加强规划指导，总结、推广成功的经验。国务院住房制度改革领导小组不再直接抓试点城市。在全国统一政策指导下，各地可从实际情况出发，因地制宜，选择适用的做法。

1991年6月7日，国务院又发出《关于继续积极稳妥地进行城镇住房制度改革的通知》，要求在住房制度改革中采用以下政策措施。（1）分步提租。合理调整现有公有住房的租金，有计划有步骤地提高到成本租金，在起步时考虑到居民的承受能力，可以采取分步提租的办法。（2）出售公有住房。凡按市场价购买的公房，购房后拥有全部产权。职工购买公有住房，在国家规定住房面积以内，实行标准价，购房后拥有部分产权，可以继承和出售；超过国家规定住房标准的部分，按市场价计价。（3）新房新制度。对新竣工的公有住房，实行新房新租、先卖后租、优先出售或出租给无房户和住房困难户等办法。（4）集资合作建房。住房建设应推行国家、集体、个人三方共同投资体制，积极组织集资建房和合作建房，大力发展经济实用的商品住房，优先解决无房户和住房困难户的住房问题。（5）发展住房信贷。开展个人购房建房储蓄和贷款业务，实行抵押信贷购房制度，从存贷利率和还款期限等方面鼓励职工个人购房和参加有组织的建房。

1991年10月7日至11日召开的第二次全国住房制度改革会议，确定了租、售、建并举，以提租为重点，"多提少补"或"小步提租不补贴"的租金改革原则，基本思路是通过提高租金，促进售房，回收资金，促进建房，形成住宅建设、流通的良性循环。按照这次会议的统计，全国已经有12个城市、13个城镇的全面配套房改方案出台。[①]

启动住房制度改革因为牵涉面过广，大多数地方依然在进行试点或只是设计方案，并没有全面铺开。但是逐步摈弃福利分房制度，已经成为明确的政策方向。

（三）由"输血式"扶贫转向"开发式"扶贫

中国农村的贫困人口，按照1978年的标准，有2.5亿人，占当时全国人口总数的1/4。1985年以人均年收入206元为标准，全国的贫困人口

---

① 新华月报编辑部编：《新中国五十年大事记》（下），第944页。

为 1.25 亿人。对于如此数量庞大的贫困人口，1986 年以前主要施行的是以救济为主的"输血式"扶贫政策。

从 1987 年开始，扶贫政策转向"开发式"扶贫。1987 年 10 月 30 日国务院发出《关于加强贫困地区经济开发工作的通知》，指出全国农村贫困地区的脱贫致富工作，经过一系列调整和改革，已经初步完成了从单纯救济向经济开发的根本转变。解决群众的温饱问题，是"开发式"扶贫的核心任务，完成这一任务的考核标准是贫困户能否在经济开发的过程中得到有效扶持，从而在 1990 年前解决温饱问题。为了集中力量解决贫困户的温饱问题，要求在扶贫中注意以下政策要点。（1）摸清底数，明确对象。每个贫困县都要组织干部逐乡、逐村、逐户调查，尽快彻底分清谁是没有解决温饱的贫困户，谁是五保户和救济户。贫困户尤其是贫困户中食不果腹、衣不蔽体、房不避风雨的"三不户"，是当前经济开发中扶持的重点。要为贫困户建立档案，县建簿、乡造册、户立卡，限期解决温饱，按期检查验收。（2）先易后难，分批解决。要优先扶持有志气、肯努力的贫困户，先温饱、先脱贫，树立榜样，增强信心，带动其他贫困户，分年分批解决问题。（3）分解目标，落实责任。各个贫困县都要将解决群众温饱问题的整体目标分解为分年分批扶贫的具体任务，层层落实到县、乡、村主要领导干部身上，并把扶贫任务完成的好坏，作为工作述职、政绩考核、职务升降的重要内容和依据。

1991 年 4 月 15 日，国务院办公厅转发了国务院贫困地区经济开发领导小组《关于"八五"期间扶贫开发工作部署的报告》，强调"八五"期间扶贫开发工作的基本目标是在"七五"期间工作的基础上实现两个稳定：一是加强基本农田建设，提高粮食产量，使贫困地区的多数农户有稳定解决温饱问题的基础。二是发展多种经营，进行资源开发，建立区域性支柱产业，使贫困户有稳定的经济收入来源，为争取到 20 世纪末贫困地区多数农户过上比较宽裕的生活创造条件。

《关于"八五"期间扶贫开发工作部署的报告》还要求在"开发式"扶贫中采用以下政策。（1）分级负责。各项扶贫开发资金、物资都要全部分配到省、区，由省、区根据国家确定的原则和办法，统筹安排使用。国务院贫困地区经济开发领导小组主要负责制定发展规划，研究方针政策，指导全面工作。（2）保证政策的连续性和稳定性。国家在"七五"期间制定和实施的各项优惠政策，"八五"期间要继续执行，认真落实；

各地人民政府扶持贫困地区的优惠政策也要保持不变。（3）增加投入。"八五"期间，国家每年增加五亿元专项扶贫贴息贷款，根据贫困人口和贫困程度全部切块到省、区，集中用于 1989 年农村人均纯收入低于三百元的非国家重点扶持的贫困县。（4）全面开发、综合治理。坚持解决贫困户的温饱问题与区域经济开发相结合，坚持增加经济收入与改善基本生产条件相结合，坚持单项的生产性扶持与包括改善生态环境的国土整治相结合，坚持经济开发与解决社会问题相结合，争取在更大范围、更深层次缓解贫困状况。（5）加强项目管理。扶贫开发工作要通过项目来进行，体现在项目效益上。（6）对口帮助。继续组织经济发达地区对口帮助贫困落后地区，继续动员国家机关和社会各界帮助、支持贫困地区的开发建设。（7）加强培训。干部培训的重点是提高领导与管理水平，农民实用技术培训要扩大规模，不断提高农民的科学文化水平和生产技能。[①]

1987—1992 年的扶贫工作取得了重要的进展，尽管贫困线已经由 1987 年的年人均收入 227 元提高到 1992 年的 317 元，全国贫困人口的总数还是由 1987 年的 1.22 亿人，下降到 1992 年的 8000 万人。中央财政的扶贫资金，则由 1987 年的 19 亿元，上升到 1992 年的 26.6 亿元。[②] 仅从中央财政的扶贫资金看，1987 年贫困人口人均得到的中央财政扶助为 15 元，1992 年贫困人口人均得到的中央财政扶助则为 33 元。由于中央扶贫资金的人均水平不高，因此不能把资金分散发给贫困人口，只能以扶贫项目的方法集中使用，使其发挥带动一片和帮助一片的作用。

（四）重视回应与分配的"民主政策"

"菜篮子"工程、住房制度改革和扶贫工作，都涉及"回应性"和"分配性"问题，需要作进一步的说明。

罗伯特·B.登哈特（Robert B. Denhardt）和珍妮特·V.登哈特（Jannet V. Denhardt）指出："在新公共服务中，责任被广泛地界定为包含了一系列专业责任、法律责任、政治责任和民主责任。但是，责任机制在民主政策（democracy policies）中的最终目的在于确保政府对公民偏好

---

① 1987—1992 年 "扶贫政策" 的政策案例说明，引自甘华敏主编《公共政策》（下），第411—427 页。

② "人民网" 2016 年 10 月 17 日载文《中国贫困人口数为何大起大落》。

和需要的回应。"① 林德布洛姆（Charles E. Lindblom）和伍德豪斯（Edward J. Woodhouse）也指出："民主政治要求执政者的各种行为，必须要有回应民众的整体智慧。"② 罗伯特·帕特南（Robert D. Putnam）则强调："一个高效的民主制度应该既是回应性的又是有效率的：对选民的需要很敏感，同时，在应用有限的资源解决这些问题的时候富有效率。"③ 也就是说，决策者回应民众的需求，对政策而言是一个重要的民主要求。从这样的要求看，"菜篮子"工程、住房制度改革和扶贫三项民生政策，都是重要的"民主政策"，因为"菜篮子"工程是对城市居民基本生活品需求的回应，住房制度改革是对城镇居民日益扩大的住房需求的回应，扶贫工作则是对农村贫困人口尤其是绝对贫困人口的脱贫需求的回应。需要注意的是，强调"回应性"的"民主政策"是有效率要求的，以政策积极回应民众的需求，要求以有限的资源达到较高的效率，因为低效甚至无效的回应，会引来民众的不满，并导致"民主政策"的失败。从前文叙述的"菜篮子"工程和扶贫的政策效果可以看出，这两项政策显然是符合效率要求的。更为重要的是，如果承认回应民众需求是一种常态性的政策行为，那么一定要看到，需要回应的需求会不断增加，已经作出的回应也可能要做重大的调整，恰是通过需求和回应的不断互动，才能使"民主政策"持续发挥其应有的作用。

"菜篮子"工程、住房制度改革和扶贫工作都需要中央政府和地方政府的资金投入，在政策属性上都属于"分配性"的政策。如阿尔蒙德（Gabriel A. Almond）等人所言："政府不仅索取——它还给予，这就是我们所谓的分配。分配政策包括政府各机构向社会中的个人和集团分配各种各样的金钱、物品、服务、荣誉和机会。"④"在描述和比较分配方面的实际作为时，要提出的问题中就有以下这些：（1）政治体系的分配活动面

---

① ［美］珍妮特·V. 登哈特、罗伯特·B. 登哈特：《新公共服务：服务，而不是掌舵》，第 98 页。
② ［美］林德布洛姆、伍德豪斯：《最新政策制定过程》，陈恒钧、王崇斌、李珊莹译，台北：韦伯文化事业出版社 2001 年 9 月版，第 31 页。
③ ［美］罗伯特·帕特南：《使民主运转起来——现代意大利的公民传统》，王列、赖海榕译，江西人民出版社 2001 年 9 月版，第 9 页。
④ ［美］阿尔蒙德、多尔顿（Russell J. Dalton）、鲍威尔、斯特罗姆（Kaare Strom）等：《当代比较政治学：世界视野》，杨红伟、吴新叶、方卿、曾纪茂等译，上海人民出版社 2010 年 2 月版，第 147—148 页。

有多大（如国民生产总值中有多大部分用于政治体系的分配活动）？（2）政治体系怎样在各种功能和活动中分配其开支（如多少开支分配给教育、防务、保健或保障收入）？（3）谁是这些开支的受益者？"① 也就是说，分配政策重点关注的问题是如何分配、分配多少和分配给谁的问题。

在如何分配方面，三项政策采用的是不同做法。"菜篮子"工程和住房制度改革，都是由中央出政策，各省、自治区、直辖市尤其是各市按照自身的实际情况，确定投入的资金如何分配。扶贫政策采用的则是两级分配的方法，先由中央确定年度中央财政扶贫经费的总额和扶贫物资的总体要求，并将扶贫经费和物资分配到重点扶贫的省级单位，再由省级单位根据实际情况，将中央扶贫经费、物资和省级单位"配套"的扶贫经费等，分配给下属的市、县等。

在分配多少方面，需要重点关注的是扶贫政策，因为这一政策牵涉中央财政的分配问题，"菜篮子"工程和住房制度则主要涉及的是地方财政的分配问题。1987年的中央扶贫资金，只占当年中央财政收入（736.29亿元）的 2.58%；1992年的中央扶贫资金，也只占当年中央财政收入（979.51亿元）的 2.72%。尽管扶贫资金所占的份额较小，但不可否认的事实是这样的分配不仅是必要的，而且确实需要保持这样的分配并逐步提高扶贫经费占财政收入的份额，才能使扶贫政策持续发挥作用。

在分配给谁方面，重点关注的是分配的受益者问题。"菜篮子"工程的受益者虽然主要是城镇居民，但农村居民也是间接的受益者，因为农村居民也可以在逐渐完备的副食品市场体系中获益。住房制度改革由于刚启动，受益的只是少数企事业单位人员。扶贫政策的受益者，则是 1 亿人上下的农村贫困人口。就这三项分配政策的受益者而言，显然是既照顾了全国的民众（"菜篮子"工程），也照顾了特殊的困难人群（扶贫政策）和特定的享有国家福利的人群（住房制度改革）。

也就是说，"民主政策"要对民众需求作出回应，往往需要解决分配问题，因此回应与分配的结合，是支撑"民主政策"的重要条件。在分析此类政策时，确实不能忽视这样的条件。

---

① ［美］阿尔蒙德、鲍威尔：《比较政治学——体系、过程和政策》，第313页。

八 决策科学化、民主化

1988 年 4 月 10 日闭幕的七届全国政协一次会议,明确提出了"决策科学化、民主化"的概念。[①] 1989 年 12 月 29 日江泽民也指出:"民主集中制,是党的根本组织原则,是党内生活必须遵循的基本准则,是实现决策科学化、民主化必不可少的制度保证。"[②] 1991 年的国务院政府工作报告亦强调各级政府要重视和支持决策的研究和咨询工作,进一步促进决策的民主化和科学化。由此显示,决策科学化、民主化的要求,既是对党和政府决策的要求,也是对政协、人大参与决策的要求,并在制度建设和政策实践中,形成了一些新的机制和规则。

(一) 坚持政治体制改革

十三大报告明确指出,进行政治体制改革,就是要兴利除弊,建设有中国特色的社会主义民主政治。改革的长远目标,是建立高度民主、法制完备、富有效率、充满活力的社会主义政治体制。报告还强调了对政治体制改革的以下具体要求。(1) 政治体制和经济体制改革的目的,都是为了在党的领导下和社会主义制度下更好地发展社会生产力,充分发挥社会主义的优越性。(2) 政治体制改革的关键首先是党政分开。党政分开即党政职能分开。党的领导是政治领导,即政治原则、政治方向、重大决策的领导和向国家政权机关推荐重要干部。党对国家事务实行政治领导的主要方式是:使党的主张经过法定程序变成国家意志,通过党组织的活动和党员的模范作用带动广大人民群众,实现党的路线、方针、政策。党和国家政权机关的性质不同,职能不同,组织形式和工作方式不同。(3) 权力过分集中的现象,不仅表现为行政、经济、文化组织和群众团体的权力过分集中于党委领导机关,还表现为基层的权力过分集中于上级领导机关。克服这一弊端的有效途径是下放权力,凡是适宜于下面办的事情,都

[①] 《在中国人民政治协商会议第七届全国委员会第一次会议上李先念的闭幕辞》,载中共中央文献研究室编《十三大以来重要文献选编》上,中央文献出版社 2011 年 6 月版,第 179—180 页。

[②] 江泽民:《为把党建设成更加坚强的工人阶级先锋队而斗争》,《江泽民文选》第 1 卷,人民出版社 2006 年 1 月版,第 96—97 页。

应由下面决定和执行，这是一个总的原则。（4）政府机构庞大臃肿，层次过多，职责不清，互相扯皮，是形成官僚主义的重要原因，因此必须下决心对政府工作机构自上而下地进行改革。（5）进行干部人事制度的改革，对"国家干部"进行合理分解，改变集中统一管理的现状，建立科学的分类管理体制；改变用党政干部的单一模式管理所有人员的现状，形成各具特色的管理制度；改变缺乏民主法制的现状，实现干部人事的依法管理和公开监督。当前干部人事制度改革的重点，是建立国家公务员制度，即制定法律和规章，对政府中行使国家行政权力、执行国家公务的人员，依法进行科学管理。

中国共产党第十三次全国代表大会确定的政治体制改革蓝图，在政策层面的重点就是通过改革建立新的决策机制，既要求通过党政分开、机构改革和建立公务员制度，确立党和政府各司其职的决策体系，也要求通过权力下放建立中央和地方分级负责的决策体系，还要求通过协商对话建立民众可以在不同层级和不同领域参与政策讨论的决策体系。即便是在1989年出现政治风波后，邓小平仍强调："十三大政治报告是经过党的代表大会通过的，一个字都不能动。"①邓小平对十三大报告的坚持，原因就在于主要针对决策权力的政治体制改革，确实抓住了中国决策体系中的症结所在。

"十三大"时期政治体制改革的主要内容，是对党的中央机构和国务院机构进行了改革。

1987年12月16日，中共中央政治局原则批准中央直属机构改革方案。随后，中央书记处制定了《党中央直属机构改革实施方案》。至1988年下半年，经改革后的党中央直属工作机构和事业单位有中央办公厅、中央组织部、中央宣传部、中央统战部、中央对外联络部、中央政治体制改革研究室、中央农村政策研究室、中顾委机关、中纪委机关、中共中央直属机关工作委员会、中共中央国家机关工作委员会、中央党校、人民日报社、中央党史研究室、中央文献研究室、中央编译局。②

1987年12月30日的国务院全体会议，通过了按照"定职能、定机构、定人员编制"的"三定"原则拟订的《国务院机构改革方案》（这

① 邓小平：《组成一个实行改革的有希望的领导集体》，《邓小平文选》第3卷，第296页。
② 新华月报编辑部编：《新中国五十年大事记》（下），第835页。

是改革开放后的第二次机构改革）。该方案强调机构改革的长远目标是要建立一个符合现代化管理要求，具有中国特色的功能齐全、结构合理、运转协调、灵活高效的行政管理体系。五年内机构改革的目标是理顺关系、转变职能，精干机构、精简人员，提高行政效率，克服官僚主义，增强机构活力。国务院机构改革的基本要求，则是转变职能，下放权力，调整结构，精简人员，减少政府机构干预企业经营活动的职能，增强宏观调控职能，初步改变机构设置不合理和行政效率低下的状况。尤其需要注意的是，此次机构改革是按照政治体制、经济体制改革进程的要求，以转变政府管理职能为关键，与政府内部的制度化建设相配套，并结合推行国家公务员制度进行的。这是与 1982 年精简机构相比最大的不同点。此次机构改革不是搞简单的撤减、合并，而是转变职能，按政企分开的原则，把直接管理企业的职能转移出去，把直接管钱、管物的职能放下去，把决策、咨询、调节、监督和信息等职能加强起来，使政府对企业由直接管理为主逐步转到间接管理为主。同时，把原来行政机关的部分职能转移到各种协会去承担。[①]

1988 年 4 月 9 日，七届全国人大一次会议通过了《国务院机构改革方案》。国务院实施的机构改革，撤销了 12 个部、委，新组建 9 个部、委，保留了 32 个部、委、行、署，新华通讯社转为事业单位。机构改革后，国务院人员编制减少了 9700 人。[②]

受 1989 年政治风波的影响，省、市两级政府的机构改革只是进行了试点，没有全面铺开。由于有 200 多个县进行了县级综合改革试点，1992 年 5 月 23 日的全国县级综合改革经验交流会特别指出，县级机构改革总的方向是走"小机构、大服务"的路子，减少对企业和基层的行政干预，进一步发展服务体系。全国每个县平均有五六十个机构，机关行政编制平均每县七百多人，大县在一千人以上。事业编制一般在三千人左右，还有一些编外人员。机构确实太庞大了，需要精简。精简机构不仅可以减轻国家财政负担，也有利于提高机关工作效率。可以设想，把县一级机构分成

①　宋平：《关于国务院机构改革方案的说明》，载刘政、于友民、程湘清主编《人民代表大会工作全书》，第 762—765 页。

②　吴爱明、刘文杰：《政府改革：中国行政改革模式与经验》，新华出版社 2010 年 3 月版，第 21—23 页；宋德福主编：《中国政府管理与改革》，中国法制出版社 2001 年 4 月版，第 357—362 页。

两类：一类是必设机构，主要是管理、监督职能，如公安、财政、工商、审计、统计；另一类是非必设机构。中央不作规定，可根据需要，由省、县自行决定，上下不要求对口，这里的根本问题，是中央、省、地、市机构要按照转变职能的思路进行改革，不能要求下面都对口设置机构。① 尽管有此次会议的推动，县级政府的机构改革依然停留在试点阶段，在1993年启动的第三次机构改革中，才进行了较全面的改革。

（二）注重民主决策和集体决策

中共中央总书记江泽民在1989年庆祝中华人民共和国成立四十周年大会上的讲话中，首次使用了"民主决策"的概念，要求继续完善我国的人民代表大会制度和共产党领导的多党合作与政治协商制度，建立和健全民主决策、民主监督的程序和制度，扩大同群众联系、对话的渠道，提高公民参政意识，保证广大人民的意志和利益在国家生活、社会生活中得到切实的体现。1990年的国务院政府工作报告对"民主决策"的概念有了进一步的说明：各级政府要主动支持，努力配合，积极做好自己职权范围内的工作，坚持和完善我国的人民代表大会制度和共产党领导的多党合作与政治协商制度，建立和健全民主决策、民主监督的程序和制度。这是我国政治体制改革的主要内容。各级政府要自觉接受人民代表大会及其常委会的监督和检查，主动加强同人民政协、各民主党派、无党派爱国人士和群众团体的联系，为他们参政议政、发挥民主监督提供必要的条件，高度重视他们的各种意见和建议，逐步使协商办事和民主决策经常化、规范化、制度化。

从中央领导人对"民主决策"和"决策科学化、民主化"的表述可以看出，着重强调的应是五点认识。（1）民主决策是社会主义民主政治的重要组成部分，需要引起高度的重视。（2）民主决策的制度基础，是人民代表大会制度、共产党领导的多党合作与政治协商制度以及党内民主制度。（3）民主决策要求广泛的政策参与，尤其是与决策有关的参与；参与者不局限于人大代表、政协委员以及民主党派、群众团体等，还包括公民的积极参与。（4）民主决策要有一定的程序保证，才能经常化、规范化、制度化。（5）民主决策作为新的民主课题，不仅需要加强研究，更需要在实践中摸索经验。从"政策民主"的理论视角看，民主决策的这些要求，涉及

---

① 新华月报编辑部编：《新中国五十年大事记》（下），第963页。

的都是"政策的民主"的内容，因为"政策的民主"所强调的"民主的政策过程"，核心点就是以民主的方法制定和执行政策，民主决策和决策科学化、民主化的重要要求，显然都是围绕这个核心点展开的。

注重民主决策，对中国共产党的决策体制提出了新的要求，并带来了党的决策体制的重大变化。尤其需要注意的是，1989 年的政治风波前，中国共产党的决策体制强调的是"党政分开"，政治风波后则转向了对"集体决策"的要求。

"党政分开"的具体要求来自十三大报告，强调的是中央、地方、基层的情况不同，实行党政分开的具体方式也应有所不同。党中央应就内政、外交、经济、国防等各个方面的重大问题提出决策，推荐人员出任最高国家政权机关领导职务，对各方面工作实行政治领导。省、市、县地方党委，应在执行中央路线和保证全国政令统一的前提下，对本地区的工作实行政治领导。它们的主要职责是：贯彻执行中央和上级党组织的指示；保证国务院和上级政府指示在本地区的实施；对地方性的重大问题提出决策；向地方政权机关推荐重要干部；协调本地区各种组织的活动。它们与同级地方政权机关的关系，应在实践中探索，逐步形成规范和制度。乡、镇一级的党政分开，可以在县一级关系理顺后再解决。企业党组织的作用是保证监督，不再对本单位实行"一元化"领导，而应支持厂长、经理负起全面领导责任。事业单位中的党组织，也要随着行政首长负责制的推行，逐步转变为起保证监督作用。

1989 年中央领导人更换之后，邓小平在与新就任的中央领导人见面时特别指出："我们是一个大国，只要我们的领导很稳定又很坚定，那末谁也拿中国没有办法。中国一定要有一个具有改革开放形象的领导集体，这点请你们特别注意。""你们这个班子要搞好，关键是要形成集体领导。你们应该是一个合作得很好的集体，是一个独立思考的集体。要相互容忍，相互谦让，相互帮助，相互补充，包括相互克服错误和缺点。现在很需要一个这么好的集体，比过去更加需要。""关于工作方法，我提一点：属于政策、方针的重大问题，国务院也好，全国人大也好，其他方面也好，都要由党员负责干部提到党中央常委会讨论，讨论决定之后再去多方商量，贯彻执行。"①

---

① 邓小平：《改革开放政策稳定，中国大有希望》，《邓小平文选》第 3 卷，第 318—319 页。

为使党的"集体领导"和"集体决策"制度化、规范化，在 1989 年 11 月 6 日至 9 日召开的中国共产党十三届五中全会上，江泽民强调，民主集中制是党的根本的组织原则，是党的工作中的群众路线在党的生活中的应用。历史经验证明，什么时候我们能够坚持这一原则，决策就比较正确，党就团结统一，工作就做得比较好；什么时候这个原则贯彻得不好，决策就容易失误，认识就难以统一，工作中就会发生这样那样的偏差。各级党委首先是主要负责同志，都要坚持民主原则，发扬民主作风，善于广泛听取各方面的意见，包括不同的意见和反对自己的意见，反复研究，反复比较，进行正确的集中。一切重大问题，都要集体讨论、集体决定，作出决定之后，分工负责，坚决贯彻。在作出决定之前，要防止个人说了算，作出决定之后，要防止离开决定自由行动。党中央和国务院定下来的事情，各地方、各部门一定要尽力做好。不能打折扣，不能"各取所需"，不能各行其是，不能借口自己的"特殊性"作出同中央决定相抵触的某些规定，更不能阳奉阴违、另搞一套。近几年来，党内纪律松弛的现象相当严重，助长了本位主义、分散主义，所谓"上有政策、下有对策"，就是突出的表现。①

1992 年 9 月 3 日，中共中央对"集体决策"有了更明确的规定：各级党委要健全党委制，坚持集体领导，充分发挥全委会的作用，提高决策的科学性和执行决策的有效性。决定重大问题，必须经过集体充分讨论；一经决定，必须坚决执行，不准各行其是。在党委会上讨论问题，要敢讲话、讲真话，反对会上不说、会后乱说等自由主义。主要领导同志作风要民主，认真倾听不同意见，善于集中正确意见。党委领导集体的团结至关重要。领导成员要互通情况，互相支持，互相谅解。工作中的意见分歧，要通过谈心和民主讨论来解决。每个成员都要坚持原则，顾全大局，自觉维护领导集体的团结。②

基于民主集中制的"集体领导"和"集体决策"，其核心点是如何使党的决策符合民主性、科学性、有效性的要求，"党政分开"已不是主要的要求。民主性既要求在党内决策时敢讲话、讲真话，也要求领导者能够

---

① 《江泽民在党的十三届五中全会上的讲话》，载《十三大以来重要文献选编》中，第 151—153 页。

② 《中共中央关于加强党的建设，提高党在改革和建设中的战斗力的意见》，中共中央文献研究室编《十三大以来重要文献选编》下，中央文献出版社 2011 年 6 月版，第 650—652 页。

认真倾听不同意见；科学性要求决策时通过充分的集体讨论，集中正确的政策意见；有效性则既强调了党的决策必须有效执行，也强调了决策体制必须有效地维护领导集体的团结。与"集体领导"和"集体决策"不符的两种做法，也再次被强调，一是重大决策个人说了算，二是"上有政策，下有对策"，并且对后一种做法更突出了组织纪律性方面的约束。

（三）完善人民代表大会的民主讨论和民主表决机制

1988 年 1 月 20 日，彭真（时任全国人大常委会委员长）指出，民主集中制，首先是民主。人大及其常委会审议、决定问题时，在广泛的、高度的民主基础上进行，各种意见自然就会趋于一致，真正集中。经过广泛民主，充分讨论，绝大多数人的意见一致了，极少数不同意见还是会有的，怎么办？进行表决，少数服从多数。全国人大常委会作为全国人大的常设机关，根据全国人大的委托和宪法赋予的职责进行工作，决定一些有关国家全局的、长远的、重大的问题，根本的一条是按民主集中制的原则办事。过去人大常委会开会，就是全体会和小组会，不便充分交换意见。后来，在实践中我们创造了联组会的形式，便于交流、集中意见，更好地发扬民主，是一种好办法。联组会上，常委会委员和各地方、各方面列席的同志都可以就有关的问题生动活泼、畅所欲言地交换意见，充分展开讨论，赞成的，怀疑的，反对的，都可以简单明了地各抒己见，平心静气地讨论、辩论，把主要问题集中讨论、辩论清楚，不管是委员长、副委员长、委员，还是列席的同志，谁的意见对，就采纳谁的意见，最后形成结论。这已经形成了我们的工作习惯。人大常委会是集体行使权力，集体决定问题，不是首长负责制。经过大家充分讨论，意见大体上一致了，才付表决。我们代表人民行使国家权力，重大事情都是经过大家商议决定，切切实实地按照民主集中制的原则办事情。①

1988 年 4 月 13 日，接替彭真出任全国人大常委会委员长的万里也指出，提高代表大会和常委会的开放程度，既是发展社会主义民主所必需，也是促进人大自身建设的有效途径。要进一步健全新闻发布会和记者招待会制度，探索和逐步建立其他有利于提高开放程度的制度和办法。凡是与

---

① 彭真：《在第六届全国人大常委会第二十四次会议联组会上的讲话》，载《十三大以来重要文献选编》上，第57—63 页。

人民群众生活密切相关的法律草案，在提请人大通过前，应尽可能向全社会公开，由人民讨论。人大常委会应该是执行民主集中制的模范。在常委会内部，所有组成人员，包括我自己在内，都只有一票。在决定问题时，大家拥有的权力是完全平等的。因此，必须严格依照规则、程序办事，善于运用表决的形式，按少数服从多数的原则行使集体的权力。①

人民代表大会建立政策讨论、表决机制和政策公开机制，是民主决策的具体表现，在政策实践中也出现了具有代表性的例证，就是对三峡建设工程的论证。

是否在长江上修建三峡工程，在 20 世纪 50 年代已经引起过激烈的争论。1979—1985 年中央准备实施三峡工程，又引起了新的争论。1986 年成立的"三峡工作论证领导小组"，组织了 412 位专家，分成 14 个专家组，对是否实施三峡工程进行全面论证。论证需要解决两类问题，一类是三峡该不该建的问题，包括防洪有无必要性，长江治理是否应该先上后下，三峡工程在技术上是否可行，经济上能否为国力承受，移民能否安置，对生态环境是否造成严重不利影响等问题。另一类是三峡工程如何修建的问题，包括一级开发、二级开发以及各种不同蓄水位的设计问题。1988 年 11 月，论证工作全部结束，14 个专家组都提出了各自的论证报告。在此基础上，1989 年 9 月编写出了三峡工程的可行性论证报告，结论是三峡工程对四化建设是必要的，技术上是可行的，经济上是合理的，建比不建好，早建比晚建有利。

1990 年 7 月，国务院成立三峡工程委员会，对可行性报告进行审查。审查先分十个专题进行预审，然后再由审查委员会进行集中审查。十个预审组共聘请了 163 位专家，其中未参与过三峡工程论证工作的专家占62%。1991 年 5 月，各预审组都提出了预审意见。1991 年 7 月 9 日至 12日，审查委员会召开会议，听取各组的预审意见，展开讨论和争论，并强调无论赞成的、怀疑的或者不同意的意见，都是为了如何更好地解决长江中下游的防洪和治理问题，都是从对国家和人民负责出发的。会议还要求广泛吸收有关部门、地方和社会各界的意见和建议。1991 年 8 月 3 日，审查委员会召开最后一次会议，通过了对长江三峡工程可行性报告的审查

---

① 万里：《在七届全国人大常委会第一次会议上的讲话》，载刘政、于友民、程湘清主编《人民代表大会工作全书（1949—1998）》，第 1042—1044 页。

意见。1991 年 11 月 17 日，国务院常务会议审议了审查委员会对三峡工程可行性报告的审查意见，同意修建三峡工程，并提请全国人民代表大会审议。

1992 年 3 月 20 日至 4 月 3 日召开的七届全国人大五次会议，对修建三峡工程的动议展开了讨论。多数全国人大代表赞成修建三峡工程，有的人大代表表示疑虑，有的人大代表则明确表示不同意修建三峡工程。全国人大财经委员会希望国务院继续抓紧做好各项前期工作，对已经发现的问题和全国人大代表关切的问题，要继续认真研究，妥善解决；对建设中可能出现的困难和问题，要有充分的估计，并继续听取各方面的意见，进行科学论证，做到决策科学化、民主化。4 月 3 日，五次会议的最后一次全体会议对于是否将三峡工程建设列入国民经济和社会发展十年规划进行表决，到会的全国人大代表 2633 人，赞成 1767 票（占 67.1%），反对 177票（占 6.7%），弃权 664 票（占 25.2%），未按表决器 25 票（占 1.0%），修建三峡工程项目的动议被全国人民代表大会通过。①

经过反复论证和多次审查，并由全国人民代表大会讨论和表决，最终形成重大的决策，确实体现了民主决策的要求。应该承认，改革开放以来由全国人大采用"表决"方式作出决策的例证并不是很多，三峡工程的论证至少在"民主的政策过程"方面提供了一个难得的样板。

（四）政治协商为决策科学化、民主化提供重要保证

1989 年 1 月 27 日，政协全国委员会发出《关于政治协商、民主监督的暂行规定》，就民主决策问题作出了几条重要的规定。（1）人民政协的主要职能是对国家的大政方针和地方重要事务以及群众生活、爱国统一战线内部关系等重要问题进行政治协商，并通过提出建议和批评，发挥民主监督的作用。（2）政治协商、民主监督的目的是发扬社会主义民主，反映社会各方面的意见和要求，为参加人民政协的各民主党派、无党派爱国人士、人民团体、少数民族人士和各界爱国人士参政议政开辟畅通的道路，集思广益，促进国家重大决策的科学化与民主化；协助并推动国家机关改进工作，提高效率，克服官僚主义，反对腐败现象，监

---

① 三峡工程的论证、表决过程，引自郭德宏等主编《党和国家重大决策的历程》（下），第 1637—1653 页。

督国家宪法、法律和方针政策的贯彻执行。(3)政治协商的主要内容包括国家在社会主义物质文明建设、社会主义精神文明建设、社会主义民主法制建设和改革开放中的重要方针政策及重要部署，政府工作报告，国家财政预算，经济与社会发展规划，国家政治生活方面的重大事项，国家的重要法律草案，中共中央提出的国家领导人人选，国家省级行政区划的变动，外交方面的重要方针政策，关于统一祖国的重要方针政策，群众生活的重大问题，各党派之间的共同性事务，政协内部的重要事务以及有关爱国统一战线的其他重要问题。(4)政治协商一般应在决策之前进行。

1989年12月30日，中共中央就完善政治协商制度提出了明确的要求：中国共产党是社会主义事业的领导核心，是执政党。各民主党派是各自所联系的一部分社会主义劳动者和一部分拥护社会主义的爱国者的政治联盟，是接受中国共产党领导的，同中国共产党通力合作、共同致力于社会主义事业的亲密友党，是参政党。我国的多党合作必须坚持中国共产党的领导，必须坚持四项基本原则，这是中国共产党同各民主党派合作的政治基础。中国共产党对各民主党派的领导是政治领导，即政治原则、政治方向和重大方针政策的领导。各民主党派是反映人民群众意见、发挥监督作用的一条重要渠道。充分发挥和加强民主党派参政和监督的作用，对于加强和改善共产党的领导，推进社会主义民主政治建设，保持国家长治久安，促进改革开放和现代化建设事业的发展，具有重要的意义。[①]

1990年7月14日，中共中央又明确指出，在我国，关系国计民生的重大问题，广泛听取各民主党派、各人民团体以及各族各界代表人士的意见，进行充分的政治协商和民主监督，体现了我国广泛的人民民主，对于实现决策的民主化、科学化，避免或减少决策失误，保证各项方针政策的贯彻执行，具有重要意义。在统一战线中要创造团结、民主、和谐的气氛，活跃统一战线工作，增强党对各民主党派、各人民团体、各界人士的凝聚力。要注意创造条件，经常向党外人士通报情况，以利于他们了解党的政策，知情出力。要鼓励民主党派和无党派人士对国家的大政方针和社

---

① 《中共中央关于坚持和完善中国共产党领导的多党合作和政治协商制度的意见》，载《十三大以来重要文献选编》中，第243—245页。

会生活中的重大问题积极提出建议，发挥他们参政议政和民主监督的作用。①

对政治协商的民主决策要求，最需要注意的是在中国共产党的正式文件中，出现了"执政党"和"参政党"的表述，并明确了在重大决策时，作为执政党的中国共产党要与作为参政党的各民主党派进行广泛协商。这样的明确定位，对于有效地发挥政治协商制度的政策功能，尤其是体现"有事多商量"的政党合作原则，显然是至关重要的。

（五）鼓励群众的政策参与

鼓励群众的政策参与，也是民主决策的一个重要内容。十三大报告已经明确指出，必须使社会协商对话形成制度，及时地、畅通地、准确地做到下情上达，上情下达，彼此沟通，互相理解。建立社会协商对话制度的基本原则，是发扬"从群众中来、到群众中去"的优良传统，提高领导机关活动的开放程度，重大情况让人民知道，重大问题经人民讨论。对全国性的、地方性的、基层单位内部的重大问题的协商对话，应分别在国家、地方和基层三个不同的层次上展开。

邓小平在视察南方谈话中还特别指出："现在有一个问题，就是形式主义多。电视一打开，尽是会议。会议多，文章太长，讲话也太长，而且内容重复，新的语言并不很多。重复的话要讲，但要精简。形式主义也是官僚主义。要腾出时间来多办实事，多做少说。"②

1990年3月12日，中共中央亦就群众的政策参与提出了以下要求：积多年正反两方面的经验，要保证决策正确，执行有效，必须坚持从群众中来到群众中去，建立和健全民主的、科学的决策和执行程序。制定政策措施，拟制工作计划，决定重大事项，务必以马克思主义为指导，走群众路线，充分调查研究，广泛听取各方面意见，反复比较、鉴别和论证。有的重大决策在实施前还需要经过试点。在决策执行中，要紧紧依靠群众，并不断接受实践的检验，及时总结经验，补充完善，纠正偏差，防止酿成

---

① 《中共中央关于加强统一战线工作的通知》，载《十三大以来重要文献选编》中，第578—579页。

② 邓小平：《在武昌、深圳、珠海、上海等地的谈话要点》，《邓小平文选》第3卷，第381—382页。

大错误。①

在基层的群众参与方面，除了前面提到的在农村开展村民自治外，在城市开始推行居民自治。1989 年 12 月 26 日七届全国人大常委会第十一次会议通过的《中华人民共和国城市居民委员会组织法》，自 1990 年 1 月 1 日起施行。对居民委员会民主运行的规定，与村民委员会类似。初期的居民自治，主要是由单位制的家属委员会等向居民委员会转化，并形成了一些基本的运行规则。

（六）支持"发展"的"政策民主"

以"发展"的角度审视"政策民主"实践，需要注意两方面的要求。一方面是"政策民主"需要稳定的政策环境，既要求政治上的稳定，也要求经济和社会的稳定，还要求人心的稳定，因为在混乱的环境下即使是"民主地"作出决定，也极可能是错误的决策。另一方面是"政策民主"具有维系稳定和促进发展的重要功能，通过有效的政策措施，可以消除或弱化不利于稳定的各种因素，促进经济社会的发展。"十三大"时期对于中国而言，确实是一个面临严峻考验的时期，充分体现"发展中求稳定"和"发展是硬道理"的"政策民主"实践，不仅帮助中国渡过了难关，还发挥了"政策民主"的多方面功能。

一是"发展"功能。政治稳定对于经济发展有至关重要的作用，"十三大"时期出现的"U"形经济发展现象，就是一个极好的证明。在发展中求稳定，是应对复杂局面的正确政策选择，并且要求立足于发展的各种政策，尽量少"摇摆"，避免因政策"摇摆"带来不必要的损失，"十三大"时期主动纠正政策的"摇摆"，使改革开放的政策得以延续，并由此保证了经济和社会的继续进步和发展。

二是"回应"功能。决策者对民众的需求作出及时的回应，以解决影响经济、社会稳定和发展的各种难题，是"民主政策"的基本要求。回应可以有不同的政策路径，"十三大"时期主要采用的是五种政策回应路径。(1) 由人民代表大会就重大工程建设问题进行投票表决，展示的应是"表决性回应"的路径。(2) 因物价过快上涨引来的"抢购风"和

---

① 《中共中央关于加强党同人民群众联系的决定》，载《十三大以来重要文献选编》中，第 339—342 页。

"挤兑风"等，是民众"用脚投票"的政策行为，对于这样的行为，当然不能压制，只能疏导，于是就产生了物价补贴和限制物价过快增长的各种政策措施，使民众的紧张情绪得以舒缓。这样的政策行为，展示的应是"行为性回应"的路径。（3）"菜篮子"工程、住房制度改革和扶贫政策等，都是为了满足民众不断增长的生活需求，展示的应是"需求性回应"的路径。（4）在特定的历史背景下，容易产生错误认识，如认为乡镇企业和私营企业会成为颠覆社会主义的重要力量，并由此带来了一系列的压制乡镇企业和私营企业的做法；好在不久后即确立了正确的认识，并在政策层面对乡镇企业和私营企业侧重于"支持"，使得有关政策受众的发展意愿得到了一定的满足。这样的政策行为，展示的应是"支持性回应"的路径，并且需要认识到，"支持性回应"往往带有一定的政策纠错含义。（5）既考虑到现实的需求，也考虑到未来的需求，以发展和创新的思路规划开放布局、设计科技发展蓝图、确立基层群众自治制度等，展示的应是"创新性回应"的路径。这五种路径对于"政策民主"而言，具有不同的含义。"表决性回应"路径主要体现的是"政策的民主"即"民主的政策过程"，其可贵之处是以国家最高权力机关的投票来决定重大政策，为民主决策的"实化"找到了一条可行的路径。"行为性回应""需求性回应""支持性回应"和"创新性回应"四种路径，都是重在政策结果，主要体现的是"民主的政策"（或"民主政策"）即"符合民主精神和民众需求的政策"，可贵之处是突出了人的重要性（可具体表现为人的行为、人的需求、人的机会、人的培养等方面的重要性），而对人的重视，恰恰是"民主的政策"的一个关键性要求。

三是"动力"功能。以政策稳定人心和调动积极性，将社会各种力量凝聚成推动经济、社会发展和进步的基本动力，是"政策民主"的一个重要要求。"十三大"时期尽管在调动农民积极性方面遭遇一定的困难，但是在调动科技人员积极性、开放地区积极性和企业积极性等方面有一定的进展，使得整个社会依然有较强的发展动力。在经历政治风波后，中国能够顺利扭转"发展颓势"，与中国人继续保持着强烈的发展愿望和积极的发展动力有密切的关系。

四是"转变"功能。各种利好政策，可以大大提高民众的生活水平，并使整个社会的生活形态发生重大的转变。在政策影响下中国民众的生活转变，从1978年就开始了，但是"十三大"时期应该是一个重要的转折点。随着城乡居民收入水平的提高和告别"票证供应"时代,"多样化"的生活(尤其是城市生活)在这一时期已经起步,并对社会进步起了积极的推动作用。

五是"规范"功能。政策过程尤其是民主的政策过程,既需要程序化的规范,也需要制度化的规范。"十三大"时期不仅明确提出了"决策科学化、民主化"和"民主决策"的概念,还有一些重要的程序化、制度化的民主实践,为更好地发挥"政策民主"的规范功能奠定了重要的基础。

六是"透明"功能。充分地开放政策信息,尤其是向民众说明政策意图和政策难点所在,通过政策"透明"获得民众对政策的理解和支持,是一种有效的民主方法。"十三大"时期出现的"抢购风",就是因为民众对"物价冲关"的政策有疑虑或误解,在公开说明政策后,民众即渐趋平静。由此使得政策一定程度的"透明"成了决策者的重要要求之一,无论是开放政策,还是科技政策、民生政策等,都注意到了向民众说明和解释政策的环节。当然,公开说明、解释政策以及宣传政策,还是一种自上而下的"政策传达"过程,与在政策信息公开基础上的"双向"(自上而下与自下而上相结合)的政策沟通,还有一定的距离。

七是"参与"功能。"政策民主"强调公民广泛的政策参与,可以起到优化政策的作用。"十三大"时期对政策参与功能的认识有重大的进步,强调了群众的政策参与,是"决策正确,执行有效"的基本保证,并就政策的协商参与和基层参与等提出了基本的要求。

八是"分权"功能。"政策民主"要求适度的分权和有效地控制政策权力,旨在防止因权力滥用导致的重大政策失误。"十三大"时期按照"党政分开"思路设计的政策分权改革没有全面推开,改革开放后的第二次机构改革也只完成了国务院的机构改革,只是在向开放地区"放权"方面有一定的进展,但是如何对开放地区自主权进行有效监控,还没有找到较好的办法。

在经历重大的风险尤其是政治风险后,"政策民主"更显示出了不可或缺的重要地位,因为无论是在理论上还是在实践中,都体现出中国既需要"政策的民主"(民主的政策过程),也需要"民主的政策"(符合民主精神和民众需求的政策)。"政策的民主"和"民主的政策"在"十三大"时期都已经有了更清晰的解释和一些具有说服力的例证,只是人们还没有认识到这些都与"政策民主"实践有重要的联系。我们之所以就此作出说明，就是想使人们知道，对于"政策民主"实践的发展而言，"十三大"时期的示范作用确实功不可没。

第四章　走向市场经济
（1992年10月—1997年8月）

　　1992 年 10 月至 1997 年 8 月的中国共产党"十四大"时期，不仅对社会主义市场经济有了明确的认识，还按照社会主义市场经济的要求，推出了具有新意的经济政策和社会政策，以使中国的经济发展和社会进步，全面适应"市场化"的要求。

一　市场经济的基本政策要求

　　"十四大"时期在理论表述上完成了从"社会主义有计划商品经济"向"社会主义市场经济"的转变，并按照市场经济要求，作出了推动中国经济发展和社会进步的全面政策规划。

（一）对社会主义市场经济的基本认识

　　如何定义改革开放以来的中国经济体制，对中国的经济发展具有原则性和方向性的作用，需要中央决策层给出明确的说法。1992 年 2 月 20 日，在中国共产党第十四次全国代表大会的中央委员会报告（简称"十四大报告"）起草工作座谈会上，中共中央总书记江泽民特别指出，中国经济体制改革的目标有三种提法，一是建立计划与市场结合的社会主义商品经济体制，二是建立社会主义有计划（或有宏观调控）的市场经济体制，三是建立社会主义的市场经济体制，十四大报告应该把这一问题讲清楚。[①]

　　1992 年 6 月 9 日，江泽民在中共中央党校省部级干部进修班上又指

---

　　①　郭德宏等主编：《党和国家重大决策的历程》（下），第 1624 页。

出："我个人的看法，比较倾向于使用'社会主义市场经济体制'这个提法。""我觉得使用'社会主义市场经济体制'是可以为大多数干部群众所接受的。虽然这是我个人的看法，但也与中央一些同志交换过意见，大家基本上是赞成的。当然，这还不是定论。不管党的十四大报告中最后确定哪一种提法，都需要阐明我国社会主义的新经济体制的主要特征。我认为，主要特征应该有这样几个：一是在所有制结构上，坚持以公有制经济为主体，个体经济、私营经济和其他经济成分为补充，多种经济成分共同发展；二是在分配制度上，坚持以按劳分配为主体，其他分配方式为补充，允许和鼓励一部分地区、一部分人先富起来，逐步实现共同富裕，防止两极分化；三是在经济运行机制上，把市场经济和计划经济的长处有机结合起来，充分发挥各自的优势作用，促进资源优化配置，合理调节社会分配。"①

1992 年 10 月 12 日至 18 日召开的中国共产党第十四次全国代表大会，在中央委员会的报告中采用了"社会主义市场经济"的概念，并强调要从六个方面加深对"社会主义市场经济"的理解。

一是在理论和观念方面，应该看到对社会主义市场经济有个认识过程。十四大报告指出，我国经济体制改革确定什么样的目标模式，是关系整个社会主义现代化建设全局的一个重大问题。这个问题的核心，是正确认识和处理计划与市场的关系。传统的观念认为，市场经济是资本主义特有的东西，计划经济才是社会主义经济的基本特征。十一届三中全会以来，随着改革的深入，我们逐步摆脱这种观念，形成新的认识，对推动改革和发展起了重要作用。十二大提出计划经济为主，市场调节为辅；十二届三中全会指出商品经济是社会经济发展不可逾越的阶段，我国社会主义经济是公有制基础上的有计划商品经济；十三大提出社会主义有计划商品经济的体制应该是计划与市场内在统一的体制；十三届四中全会后，提出建立适应有计划商品经济发展的计划经济与市场调节相结合的经济体制和运行机制。特别是邓小平同志 1992 年年初重要谈话进一步指出，计划经济不等于社会主义，资本主义也有计划；市场经济不等于资本主义，社会主义也有市场。计划和市场都是经济手段。计划多一点还是市场多一点，

---

① 江泽民：《关于在我国建立社会主义市场经济体制》，《江泽民文选》第 1 卷，第 202—203 页。

不是社会主义与资本主义的本质区别。这个精辟论断，从根本上解除了把计划经济和市场经济看作属于社会基本制度范畴的思想束缚，使我们在计划与市场关系问题上的认识有了新的重大突破。

二是在实践方面，应该强调确立社会主义市场经济是实践发展的需要。十四大报告指出，改革开放十多年来，市场范围逐步扩大，大多数商品的价格已经放开，计划直接管理的领域显著缩小，市场对经济活动调节的作用大大增强。实践表明，市场作用发挥比较充分的地方，经济活力就比较强，发展态势也比较好。我国经济要优化结构，提高效益，加快发展，参与国际竞争，就必须继续强化市场机制的作用。实践的发展和认识的深化，要求我们明确提出，我国经济体制改革的目标是建立社会主义市场经济体制，以利于进一步解放和发展生产力。

三是在资源禀赋方面，应该注意市场经济注重的是市场的资源配置作用。十四大报告强调，我们要建立的社会主义市场经济体制，就是要使市场在社会主义国家宏观调控下对资源配置起基础性作用，使经济活动遵循价值规律的要求，适应供求关系的变化；通过价格杠杆和竞争机制的功能，把资源配置到效益较好的环节中去，并给企业以压力和动力，实现优胜劣汰；运用市场对各种经济信号反应比较灵敏的优点，促进生产和需求的及时协调。

四是在政策方面，应该明确宏观调控是市场经济的重要手段。十四大报告指出，要看到市场有其自身的弱点和消极方面，必须加强和改善国家对经济的宏观调控。我们要大力发展全国的统一市场，进一步扩大市场的作用，并依据客观规律的要求，运用好经济政策、经济法规、计划指导和必要的行政管理，引导市场健康发展。

五是在计划与市场的关系方面，应该坚持市场经济不是不要计划。十四大报告强调，在宏观调控上，我们社会主义国家能够把人民的当前利益与长远利益、局部利益与整体利益结合起来，更好地发挥计划和市场两种手段的长处。国家计划是宏观调控的重要手段之一，要更新计划观念，改进计划方法，重点是合理确定国民经济和社会发展的战略目标，搞好经济发展预测、总量调控、重大结构与生产力布局规划，集中必要的财力物力进行重点建设，综合运用经济杠杆，促进经济更好更快地发展。

六是在制度方面，应该注重市场经济与社会主义制度的结合。十四大报告指出，社会主义市场经济体制是同社会主义基本制度结合在一起的。

在所有制结构上，以公有制包括全民所有制和集体所有制经济为主体，个体经济、私营经济、外资经济为补充，多种经济成分长期共同发展，不同经济成分还可以自愿实行多种形式的联合经营。国有企业、集体企业和其他企业都进入市场，通过平等竞争发挥国有企业的主导作用。在分配制度上，以按劳分配为主体，其他分配方式为补充，兼顾效率与公平。运用包括市场在内的各种调节手段，既鼓励先进，促进效率，合理拉开收入差距，又可以防止两极分化，逐步实现共同富裕。

（二）按市场经济要求确定的政策目标

建立和完善社会主义市场经济体制，是一个长期发展的过程，也是一项艰巨复杂的系统工程，需要一系列的政策调整和相应的体制改革。十四大报告明确了三种改革目标：经济体制改革的目标，是在坚持公有制和按劳分配为主体、其他经济成分和分配方式为补充的基础上，建立和完善社会主义市场经济体制。政治体制改革的目标，是以完善人民代表大会制度、共产党领导的多党合作和政治协商制度为主要内容，发展社会主义民主政治。同经济、政治的改革和发展相适应，以"有理想、有道德、有文化、有纪律"为目标，建设社会主义精神文明。

1993 年 11 月 11 日至 14 日召开的中国共产党十四届三中全会，通过了《中共中央关于建立社会主义市场经济体制若干问题的决议》。决议强调要以是否有利于发展社会主义社会的生产力，是否有利于增强社会主义国家的综合国力，是否有利于提高人民的生活水平，作为决定各项改革措施取舍和检验其得失的根本标准，并按照建立社会主义市场经济体制的要求，提出了十一项基本的政策目标。

一是企业发展目标。坚持以公有制为主体、多种经济成分共同发展的方针，进一步转换国有企业经营机制，建立适应市场经济要求，产权清晰、权责明确、政企分开、管理科学的现代企业制度。

二是市场发展目标。建立全国统一开放的市场体系，实现城乡市场紧密结合，国内市场与国际市场相互衔接，促进资源的优化配置。

三是政府改革目标。建立以间接手段为主的完善的宏观调控体系，保证国民经济的健康运行。政府管理经济的职能，主要是制定和执行宏观调控政策，搞好基础设施建设，创造良好的经济发展环境。

四是收入分配目标。建立以按劳分配为主体，效率优先、兼顾公平的收入分配制度，鼓励一部分地区一部分人先富起来，走共同富裕的道路。

五是社会保障目标。建立多层次的社会保障体系，社会保障政策要统一，管理要法制化，社会保障水平要与我国社会生产力发展水平以及各方面的承受能力相适应。

六是三农政策目标。稳定党在农村的基本政策，深化农村改革，加快农村经济发展，增加农民收入，进一步增强农业的基础地位，保证到20世纪末农业再上一个新台阶，广大农民的生活由温饱达到小康水平。

七是扩大开放目标。坚定不移地实行对外开放政策，加快对外开放步伐，充分利用国际国内两个市场、两种资源，优化资源配置，不断提高国际竞争能力。

八是科技体制改革目标。建立适应社会主义市场经济发展，符合科技自身发展规律，科技与经济密切结合的新型体制，促进科技进步，攀登科技高峰，以实现经济、科技和社会的综合协调发展。

九是教育体制改革目标。采取多种形式和途径，培养大量的熟练劳动者和各种专业人才，同时要造就一批进入世界科技前沿的跨世纪的学术和技术带头人。

十是法制建设目标。高度重视法制建设，做到改革开放与法制建设的统一，改革决策与立法决策紧密结合，学会运用法律手段管理经济。加强和改善司法、行政执法和执法监督，维护社会稳定，保障经济发展和公民的合法权益。

十一是党的建设目标。党要肩负起新时期的伟大历史任务，必须加强自身建设，加快建立健全民主的科学的决策制度，提高决策水平。

也就是说，十四届三中全会对"十四大"时期的政策发展作了一个总体性的规划，而这样的规划，就是为了使中国能够顺利地走向社会主义市场经济。

（三）注意市场与民主的关系

中国走向社会主义市场经济，在政策选择方面需要认真处理市场与民主的关系问题，由此不得不注意八项重要的要求。

第一项要求是市场经济可能采用多种决策方式，而不是单一的决策方式。如达尔（Robert A. Dahl）所言："民主并不是我们认为正当的作出集体决策的唯一过程。为了将极其复杂的现实简单化，根据我们的需求、目标和环境，我们认为有三种主要的替代方案。它们是：等级制，即由领导来决策；协商制，即在领导之间决策；市场，即由领导和顾客决策并且在领导和顾客之间决策。"① 从"十四大"时期的政府改革、法制建设和党的建设等政策目标可以看出，注重领导决策、协商决策和市场决策等多种决策方式的运用，确实是在社会主义市场经济条件下提出的新要求，并且这样的要求是与"建立健全民主的科学的决策制度，提高决策水平"紧密地联系在一起的。

第二项要求是在市场经济条件下，通过政策保障公民的权利，依然是民主的一个基本特征。曼瑟·奥尔森（Mancur Olson）认为，可以导致经济成功的市场经济仅仅要求两个一般性条件，一是要求有可靠而界定清晰的个人权利，二是不存在任何形式的巧取豪夺。② 奥菲（Claus Offe）也指出："风险是市场社会的典型特征，公民将遭受风险之苦并由此产生特定需要，而国家则负有为他们提供援助和支持（不管是用钱还是用物）的明确义务，并且这种援助是作为公民的合法权利而提供的。"③ 按照这样的要求，中国的各种"市场化"政策规划，都要重点考虑如何保障民众权利的问题，而收入分配、社会保障等政策目标，重点就是要使政策成为保证全民合法权利的有效手段。

第三项要求是市场经济既要考虑利益问题，也要考虑平等问题，并且考虑这些问题都需要民主的政策思维。约翰斯顿（Michael Johnston）指出："民主化进程不仅表达不同的私人利益，而且也把它们汇入广泛认可的公共政策之中。""问题不仅仅在于政策选择，而且在于各种期望。"④ 沃尔泽（Michael Walzer）也指出："民主决策，像小资产阶级的小额财产一样，是一种理解市场的方法，也是把市场的机会和危险与个人（和由个人组成的团体）的实际努力、进取心、运气联系在一起的一种方式；这是复合平等所要求的：不是废除市场，而是任何人都不能因出身低微或

---

① ［美］罗伯特·达尔：《论政治平等》，谢岳译，世纪出版集团、上海人民出版社 2010 年 1 月版，第 109 页。

② ［美］曼瑟·奥尔森：《权力与繁荣》，苏长和、嵇飞译，世纪出版集团、上海人民出版社 2005 年 4 月版，第 151—152 页。

③ ［德］克劳斯·奥菲：《福利国家的矛盾》，第 1 页。

④ ［美］迈克尔·约翰斯顿：《腐败征候群：财富、权力与民主》，袁建华译，世纪出版集团、上海人民出版社 2009 年 1 月版，第 8、194—195 页。

在政治上无权而被剥夺市场上的可能机会。"① 在市场经济条件下，利益多元化和民众期望表达公开化是不可逆转的趋势，由此要求政策更具有回应性。政府通过政策对民众的利益诉求和各种期望值作出积极回应，不仅可以及时解决经济和社会发展面临的一些重大问题，还可以营造出平等和公正的社会氛围，并能够获得民众对政策的最大限度支持。按照这样的思路确定的政策目标，尤其是企业发展、三农政策、科技体制改革、教育体制改革等目标，都包含了兼顾利益与公平的重要内容。

第四项要求是市场经济鼓励竞争和减少政府的垄断，尤其是要改变垄断决策权力的做法，并建立相应的权力责任机制。约翰斯顿指出："当垄断与决定权结合时，垄断就破坏了竞争，支持那些奖励关系户的是操纵的程序而不鼓励公开、公正的决策。""在责任缺失情况下，决定权与强大和高效率的政治和市场制度相对立，政治与经济之间的界线、公共利益与私人利益之间的界线变得模糊或被扰乱。公平游戏规则也被破坏，使得接近决策者的机会成了市场上的商品，市场、政治和政策都会被扭曲。"② 哈耶克（Friedrich A. Von Hayek）也强调："对于服务性活动，人们必须毫不妥协地反对政府持有任何垄断性权力，即使这样的垄断有望为我们提供较高质量的服务。""真正具有危害的，实际上并不是垄断本身，而是对竞争的禁止。"③ 在中国发展市场经济，一个重大的政策难题就是如何打破垄断，因为垄断不仅仅是传统做法，更已成为牢固的政策理念，在不少人看来，没有了党和政府对政策的垄断，就不知道该如何行事。"十四大"时期之所以明确提出建立市场体系和改变政府决策方式的目标，一个重要的目的就是要打破决策权力的垄断，并通过政治体制改革确立新的权力观念和责任理念；而进一步扩大开放，也必须以打破决策权力垄断作为重要的前提。

第五项要求是市场经济希望改变过分依赖"计划"的做法。市场经济也要求一定的计划，但更看重市场的调节，而不是像计划经济那样过分地依赖计划。弗里德曼（Milton Friedman）指出，第二次世界大战之后经济政策决定性的改变，其特点是对集中"计划"和"方案"依靠的减少，

---

① ［美］迈克尔·沃尔泽：《正义诸领域：为多元主义与平等一辩》，褚松燕译，译林出版社 2002 年 5 月版，第 152—153 页。

② ［美］迈克尔·约翰斯顿：《腐败征候群：财富、权力与民主》，第 26 页。

③ ［英］哈耶克：《法律、立法与自由》第 3 卷，第 338、389、485 页。

对种种控制的取消，和对私营市场的重视。① 如前文所述，改革开放后中国领导层和理论界对计划与市场关系不断有新的认识，并最终确定了由计划经济转向市场经济的基本认识。这样的认识，一方面要求打破计划经济的政策思维和计划统领一切的具体政策做法，另一方面要求用宏观调控的思路改变计划工作，要祛除的就是过分依赖计划的弊病。

第六项要求是市场经济应确立民主的"传媒条款"。贝克（C. Edwin Baker）指出："市场是会失灵的，市场若非造成传媒流于过度同质，就是使传媒流于过度多样，或者，市场会让不同方式的同质或多样陷入堕落的境地。既然存在这些可能的样态，我们就可以推知，'传媒条款'的真正意义在于，政府有权利以其最佳的判断倡导民主需要但市场却无法提供的传媒结构。""信息公开与接近的范围应该扩展得更大一些。""政府决策必须以公开可得的信息为基础，借此才能制定与捍卫政策。"② 即便是在非市场经济的条件下，政策信息的公开也是常态化的民主要求。市场经济条件下的政策信息公开，不过是对政府和媒体有了更具体的透明化、程序化要求。

第七项要求是正确认识市场与民主的关系。西方学者对市场与民主的关系有很多论述，但最应注意的是三种论点。

一是用民主决策约束市场。桑德尔（Michael J. Sandel）指出："至少在原则上，以与自由主义对中立性的渴望相一致的方式，民主过程很适合于约束市场经济。像市场一样，民主过程聚合了人民的偏好，却没有对这些偏好作出判断，也没有评估这些偏好的内在优点或价值。并且与市场不同，民主过程反映了最初平等的状况。至少在理想上，不会让有助于不平等的市场权力的那些偶然性来削弱民主。从自由主义政治理论的立场来看，民主可以得到辩护，不是因为民主培育德行或者民主促进的生活方式，而是因为民主增强了每个人能够选择自己目的、作为个人得到尊重与关怀的权利。"③ 桑斯坦（Cass R. Sunstein）也指出："人们作为政治参与者所作出的选择跟其作为消费者的选择是完全不同的，因此民主要求对

① ［美］米尔顿·弗里德曼：《资本主义与自由》，第 15 页。

② ［美］查尔斯·埃德温·贝克：《媒体、市场与民主》，冯建三译，世纪出版集团、上海人民出版社 2008 年 9 月版，第 268、273 页。

③ ［美］迈克尔·桑德尔：《民主的不满：美国在寻求一种公共哲学》，曾纪茂译，凤凰出版传媒集团、江苏人民出版社 2008 年 4 月版，第 60 页。

市场进行干预。政治选择和消费选择之间普遍存在的这种断裂形成了一种难解之谜，事实上它有时候会导致如下观点：市场秩序是不民主的，而通过政治过程作出的选择才是构筑社会秩序的更好依据。"[1]

二是市场与民主之间存在着一定的紧张关系。鲍尔斯（Samuel Bowles）和金蒂斯（Herbert Gintis）指出："如果说最重要的社会结果由市场过程生成，那么民主地构成的决策过程的标桩是严格地圈定了的。市场可以通过限制标桩和降低不参与的机会成本掏空民主政治参与的基础。"[2] 鲍曼（Zygmunt Bauman）也指出："正如'市场上的看不见的手'无法产生富足的生存，'民主的看不见的手'要在一个正义社会中产生出可靠的个体，这一前景亦远未有一个可以预告的结论。"[3]

三是市场具有相对于民主的优越性。卡普兰（Bryan Caplan）认为，不仅普通大众低估了市场的作用，就连经济学家也低估了市场相对于民主制度的优越性。与市场原教旨主义的不同之处在于，民主原教旨主义遍地都是。在很多情形下，经济学家应该在市场不完善的情况下仍支持自由市场，因为即便如此它仍然胜过民主。[4]

从这些论点可以看出，在市场经济的状态下，既不能迷信过分依赖市场的"市场神话"，也不能迷信过分依赖民主决策的"民主神话"。对于准备走向市场经济的中国政策选择而言，确实需要注意来自这两种"神话"的影响，因为任何一种"神话"都可能使政策陷入误区。

第八项要求是在市场经济条件下，应重新定位政府的政策功能。政府政策功能依据市场经济要求的重新定位，可能有多种定位，但应该特别注意的是四种定位。

一是规则制定者和裁判者的定位。弗里德曼指出："自由市场的存在当然并不排除对政府的需要。相反地，政府的必要性在于：它是'竞赛

---

① ［美］凯斯·桑斯坦：《权利革命之后：重塑规制国》，钟瑞华译，中国人民大学出版社2008年11月版，第63页。

② ［美］塞缪尔·鲍尔斯、赫伯特·金蒂斯：《民主与资本主义》，韩水法译，商务印书馆2013年1月版，第175页。

③ ［英］齐格蒙·鲍曼：《寻找政治》，洪涛、周顺、郭台辉译，世纪出版集团、上海人民出版社2007年8月版，第96—97页。

④ ［美］布赖恩·卡普兰：《理性选民的神话——为何民主制度选择不良政策》，刘艳红译，世纪出版集团、上海人民出版社2010年10月版，第4、230、242页。

规则'的制定者，又是解释和强制执行这些已被决定的规则的裁判者。"①

二是政府减少直接干预市场的定位。弗里德曼指出："当今的压力是趋向于给市场较大的作用，而给政府较小的作用。""政府作为我们如此多产品的购买者和作为许多厂商和工业的唯一购买者的重要性已经在政治当局的手中集中达到危险程度的经济力量，改变了私有企业运转的环境和私人经营成功的标准，从而通过这些或别的一些办法来危害自由经营的市场。这种危险是我们不能避免的。但是，通过在与国防无关的领域继续进行目前的政府的广泛的干预……我们不必要地使危险加剧。"②

三是政府宏观调控的定位。赫尔德（David Held）认为，为维护"民主自治"，政府应该通过与公共和私人机构协商设定对经济的总体调整目标，但对商品和劳务实行充分的市场管理。③ 奥菲也认为，那些旨在重组、维持和普及市场交换关系等总体目标的政策，依赖于政治手段所产生的特定结果。这些政治调节手段可以归纳为如下类型：一是财政刺激等调节措施。它们旨在控制"破坏性"竞争，使竞争者遵从市场参与各方通过经济手段生存的规则。二是名目繁多的公共建设投资。三是各种共同决策、共同投资方案的引入。这种由国家支持的、企图在不同团体和集体行动者之间实现商品化的方案，不仅出现在工资交涉领域，也出现在住房、教育、环境保护等其他领域。④

四是强有力政府的定位。福山（Francis Fuknyama）指出："国家构建是当今国际社会最重要的命题之一，过去几年世界政治的主流是抨击'大政府'，力图把国家部门的事务交给自由市场或公民社会，但特别是在发展中国家，政府软弱、无能或者无政府状态，却是严重问题的祸根，因此需要建立的是一种'小而强的国家'。"⑤ "你'叫政府让开'后，市场经济和富裕不会魔术般出现，它们得倚赖背后的产权、法治、基本政治秩序。""自由市场、充满活力的公民社会、自发的'群众智慧'，都是良

---

① ［美］米尔顿·弗里德曼：《资本主义与自由》，第19页。
② 同上书，"2012年版序言"，第2页；正文，第219页。
③ ［英］戴维·赫尔德：《民主的模式》，燕继荣等译，中央编译出版社2008年12月版，第317页。
④ ［德］克劳斯·奥菲：《福利国家的矛盾》，第23页。
⑤ ［美］弗兰西斯·福山：《国家构建：21世纪的国家治理与世界秩序》，黄胜强、许铭原译，中国社会科学出版社2007年1月版，"序"，第1页。

好民主制的重要组件，但不能替代强大且等级分明的政府。"①

在"十四大"时期确定的发展社会主义市场经济的基本思路和主要的政策目标中，不仅突出强调了决策者的宏观调控定位，还明确了政府的规则制定者和裁判者的定位，并要求减少政府直接干预市场的行为，所要着力打造的，就是强有力的政府。当然，将理论和认知层面的政府定位，转变为实际的政府形态，不可能一蹴而就，确实还需要一定时间的准备和过渡。

二　宏观调控初露锋芒

作为市场经济重要政策手段的宏观调控，在"十四大"时期对调适中国的经济发展已经开始发挥重要的作用，并特别注意到了加强"政策学习"的问题。

（一）宏观调控的着重点

在社会主义市场经济条件下对中国经济发展进行宏观调控，"十四大"时期的不同时段政策侧重点略有不同。

1993—1994年宏观调控的重点是调整国家计划。在1993年的国务院政府工作报告中，明确提出了以计划为重要内容进行宏观调控的要求：国家计划是宏观调控的重要手段之一，但计划工作要继续进行改革，今后主要任务是制定和实施中长期发展规划和年度计划，搞好经济发展预测、总量调控和重大项目建设，促进经济结构优化，使国民经济以较快速度稳步协调发展。1993年11月中国共产党十四届三中全会通过的《中共中央关于建立社会主义市场经济体制若干问题的决议》，也强调宏观调控的主要任务是保持经济总量的基本平衡，并要求国家计划以市场为基础，总体上应当是指导性的计划，计划工作要突出宏观性、战略性、政策性，综合协调宏观经济政策和经济杠杆的运用。

1995—1996年宏观调控的重点是控制通货膨胀。1995年的国务院政府工作报告强调，坚决控制物价上涨幅度是1995年宏观调控的首要任务，

---

① ［美］弗兰西斯·福山：《政治秩序的起源：从前人类时代到法国大革命》，毛俊杰译，广西师范大学出版社2012年10月版，第11、14页。

也是处理好改革、发展、稳定三者关系的关键。1995 年 12 月 5 日至 7 日召开的中央经济工作会议为 1996 年的宏观调控确定了两方面的任务：一是继续把抑制通货膨胀作为宏观调控的首要任务。二是通过深化改革，进一步理顺经济关系，整饬和规范经济秩序。① 1996 年 3 月 5 日至 17 日召开的八届全国人大四次会议，也强调必须把抑制通货膨胀作为宏观调控的首要任务，避免经济出现大的波动。②

1997 年宏观调控的重点是刺激经济活力。1996 年 11 月 21 日至 24 日召开的中央经济工作会议要求 1997 年总的宏观经济政策应当保持连续性、稳定性和必要的灵活性，做到稳中求进，务必保持政治、经济和社会的稳定，同时采取积极的政策措施，为经济注入新的活力，着力提高经济增长质量和效益。为此，经济工作要做到四个结合：一是把总量控制与结构调整更好地结合起来。二是把宏观调控与微观搞活更好地结合起来。三是把深化改革与促进发展更好地结合起来。四是把经济发展与社会发展更好地结合起来。③

针对经济发展中存在的突出问题，及时对宏观调控的侧重点进行调整，在"十四大"时期已经成为"惯例"。恰是通过几年宏观调控政策的实践，使中国的决策者对宏观调控的市场经济手段的认识不断深化，为在调控方面少犯政策错误创造了条件。

（二）经济增长速度的调控

以政策手法对经济增长的速度进行调控，既要防止经济增长率过低带来的经济景气低迷现象，也要防止经济增长率过高带来的经济过热现象，"十四大"时期在调控经济增长速度方面，主要采用的是控制增长率的做法。

由于 1991 年和 1992 年中国的国内生产总值（GDP）的年增长率都在 9% 以上，1993 年 3 月 5 日至 7 日召开的中国共产党十四届二中全会通过《关于调整"八五"计划若干指标的建议》，将国民经济增长速度由原定

---

① 新华月报编辑部编：《新中国五十年大事记》（下），第 1059—1060 页。
② 《关于国民经济和社会发展"九五"计划和 2010 年远景目标纲要的报告》，载中共中央文献研究室编《十四大以来重要文献选》中，中央文献出版社 2011 年 6 月版，第 724—725 页。
③ 新华月报编辑部编：《新中国五十年大事记》（下），第 1089 页。

的平均每年6%，调整到8%至9%。1993年的国务院政府工作报告也强调，根据对各方面条件的综合分析，"九五"期间的宏观调控目标，年均经济增长速度为8%左右，1993年经济增长速度的调控目标定为8%，固定资产投资率定为32%左右。

1993年上半年出现了经济过热的苗头，主要的表现，一是货币过量投放，金融秩序混乱；二是投资需求和消费需求都出现膨胀的趋势；三是财政困难状况加剧；四是由于工业增长速度越来越快，基础设施和基础工业的"瓶颈"制约进一步强化；五是出口增长乏力，进口增长过快，国家外汇结存下降较多；六是物价上涨越来越快，通货膨胀呈现加速之势。为了解决这些问题，中共中央、国务院于1993年6月24日发出《关于当前经济情况和加强宏观调控的意见》，推出了控制货币发行和控制投资等十六条政策措施。

1993年的宏观调控效果并不明显，当年的国内生产总值的实际增长率为13.5%，固定资产投资率为36.64%，依然呈现的是经济发展过快和固定资产投资过热的特征。

1994年的国务院政府工作报告表示1994年国内生产总值的增长目标为9%，并强调在连续两年增长13%的基础上，安排这样的速度是比较合适的，各地都要从实际情况出发，确定合理的发展速度，不要竞相攀比，盲目追求产值。

1994年国内生产总值的实际增长率为12.6%，固定资产投资率为35.04%，显示1993年6月推出的宏观调控政策到1994年年底才显示出积极的效果，金融秩序开始好转，固定资产投资膨胀势头有所遏制，开发区热、房地产热开始降温。

1995年的国务院政府工作报告强调1995年以8%至9%的经济增长速度为宏观调控目标，要求经济增长速度比1994年低一点，因为这样做有利于创造较为宽松的宏观经济环境，更好地推进改革和发展，也有利于把发展经济的重点转到调整结构，增加效益，提高经济增长质量上来。

1995年国内生产总值的实际增长率为10.5%，固定资产投资率为32.64%，不仅实现了经济增长速度低于1994年的既定目标，也显示控制固定资产投资规模的调控措施产生了积极的政策效果。

1996年是"九五"计划的第一年，为了有个良好的开端，经济增长速度的调控目标确定为8%，固定资产投资率确定为32%。1996年国内生产总值的实际增长率为 9.6%，固定资产投资率为 31.90%，基本实现了预定的调控目标。

1997 年经济增长速度的调控目标也是 8%，固定资产投资率的调控目标为 32%。1997 年国内生产总值的实际增长率为 8.8%，固定资产投资率为 31.29%，都达到了预定的调控目标。

用宏观调控的方法调整经济增长速度，作为中国一种全新的尝试，应该说在"十四大"时期基本上是成功的，在一定程度上缓解了经济过热带来的压力。[①]

（三）物价上涨的调控

1992 年又开始出现物价上涨的苗头，居民消费价格指数由 1991 年的 3.4% 上升到 1992 年的 6.4%，商品零售价格涨幅也由 1991 年的 2.9% 上升到 1992 年的 5.4%。[②]

针对物价上涨的苗头，1993 年的国务院政府工作报告要求抓紧进行价格改革，在保持市场零售物价总水平基本稳定的前提下，继续扩大市场调节价格的范围，逐步理顺价格关系，建立健全以市场形成价格为主的价格机制和国家对市场物价的调控体系。1993 年 6 月 24 日中共中央、国务院印发的《关于当前经济情况和加强宏观调控的意见》，也强调年内不再出台新的调价项目，受国家调价影响较大的后续产品，从严掌握价格调整。对已经放开的重要商品价格要加强检测，严格执行农业生产资料最高限价。

1993 年的居民消费价格指数上升到 14.7%，商品零售价格涨幅上升到 13.2%，物价快速上涨已经成为一个不可忽视的问题。1994 年的国务院政府工作报告提出的宏观调控指标是把全年零售物价上涨幅度控制在 10% 以内，并要求特别注意控制与广大人民群众生活密切相关的基本消费品价格和服务收费的上涨幅度，继续抓好"菜篮子工程"，稳定城乡副食品价格。1994 年 11 月 28 日至 12 月 1 日的中央经济工作会议明确指出，年初曾经提出要把物价上涨幅度控制在 10% 以内，尽管各地区、各部门

---

① 1992—1997 年"宏观调控"的政策案例说明，引自董辅礽主编《中华人民共和国经济史》下卷，第 493—497 页。

② 1992—1997 年的价格指数，见《中国统计年鉴—2002》，第 295 页。

做了大量工作，但全年物价涨幅仍然可能突破 20%。物价快速上涨的主要原因：一是去年涨价的滞后影响大于原来预计。二是今年出台的调价项目比较多，调价幅度比较大，这虽然对理顺价格关系有利，但对由此带动整个价格水平上涨的幅度估计不足，外汇并轨对推动物价上涨也有一定的影响。三是今年不少地方农业遭受自然灾害，部分地区减产，又不同程度放松了"菜篮子工程"，农产品供应偏紧；同时城市流动人口增加，农民生活改善，又增加了需求，以致粮食、肉类、蔬菜等食品类价格上涨成为整个物价涨幅中最突出的因素。四是连续几年固定资产投资和消费基金增长过快，从需求拉动和成本推进两方面推动价格上升，并导致货币过量发行，影响市场价格的稳定。五是对社会主义市场经济条件下物价管理的重要性认识不足，各级政府在不同程度上放松了物价管理，对流通领域中存在的欺诈行为、垄断性涨价以及哄抬物价等现象纠正不力。①

1994 年的居民消费价格指数上升到 24.1%，商品零售价格涨幅上升到 21.7%，是"十四大"时期物价上涨最快的一年。根据物价快速上涨的新情况，1995 年的国务院政府工作报告强调的宏观调控目标是确保物价上涨幅度比 1994 年有明显回落，力争控制在 15%左右，并要求采用大力发展农业生产、继续控制货币供应量和信贷规模、控制固定资产投资规模、深化流通体制改革、加强物价监管、消化前几年价格调整影响六项政策措施抑制物价快速上涨。

1995 年的居民消费价格涨幅比 1994 年有明显下降，当年的居民消费价格指数为 17.1%，商品零售价格涨幅为 14.8%。在 1995 年宏观调控措施产生一定作用的基础上，1996 年确定的宏观调控目标是商品零售价格涨幅 10%左右，居民消费价格指数上升 12%左右。1996 年的实际居民消费价格指数为 8.3%，商品零售价格涨幅为 6.1%，实现了既定的调控目标，抑制通货膨胀取得了明显的效果。

1997 年确定的宏观调控目标是商品零售价格涨幅 6%左右，居民消费价格指数上升 8%左右，并强调以居民消费价格指数为主要考核目标。1997 年的实际居民消费价格指数为 2.8%，商品零售价格涨幅为 0.8%。

走向市场经济，就要面对物价的波动问题。"十四大"时期的控制物价快速上涨，是"物价闯关"之后以宏观调控的手法控制物价上涨的首

---

① 新华月报编辑部编：《新中国五十年大事记》（下），第 1033 页。

轮尝试，并最终使物价涨幅回落到 3% 的安全线之内，显示这轮尝试最终产生了积极的效果，并为今后如何调控物价提供了重要的政策经验。

（四）财政收支的调控

自 1978 年以来，在财政收入方面都是地方占"大头"，中央占"小头"。在全国财政收入中，地方财政收入所占的比例，尽管从 1978 年的84.5% 下降到了 1991 年的 70.2%，还是没有解决中央财政收入困难的问题。尤其是 1992—1993 年中央财政收入出现了负增长的现象，1993 年的中央财政收入（958 亿元）比 1992 年（980 亿元）下降 2.25%，并且当年地方财政收入占全国财政总收入的 78%，使得中央政府不得不采取措施了。

1993 年 12 月 15 日国务院发出《关于实行分税制财政管理体制的决定》，要求从 1994 年 1 月 1 日起改革现行地方财政包干体制，对各省、自治区、直辖市以及计划单列市实行分税制财政管理体制。

实行分税制的理由是财政包干体制已经不适应社会主义市场经济发展的要求，主要表现为三种弊端。一是税收调节功能弱化，影响统一市场的形成和产业结构优化。二是国家财力偏于分散，制约财政收入合理增长，特别是中央财政收入比重不断下降，弱化了中央政府的宏观调控能力。三是财政分配体制类型过多，不够规范。

分税制提出的具体要求，一是按照中央与地方政府的事权划分，合理确定各级财政的支出范围。二是根据事权与财权相结合原则，将税种统一划分为中央税、地方税和中央地方共享税，并建立中央税收和地方税收体系，分设中央与地方两套税务机构分别征管。三是科学核定地方收支数额，逐步实行比较规范的中央财政对地方的税收返还和转移支付制度。四是建立和健全分级预算制度，强化各级预算约束。

实行分税制，需要在政策上确定一些基本的原则。决策者重点强调的是四条原则。（1）中央多得原则。分税制既要考虑地方利益，调动地方发展经济、增收节支的积极性，又要逐步提高中央财政收入的比重，适当增加中央财力，增强中央政府的宏观调控能力。为此，中央要从今后财政收入的增量中适当多得一些，以保证中央财政收入的稳定增长。（2）调配财力原则。分税制既要有利于经济发达地区继续保持较快的发展势头，又要通过中央财政对地方的税收返还和转移支付，扶持经济不发达地区的发展和老工业基地的改造。同时，促使地方加强对财政支出的约束。（3）分级管理原则。划分税种不仅要考虑中央与地方的收入分配，还必须考虑税收对经济发展和社会分配的调节作用。中央税、共享税以及地方税的立法权都要集中在中央，以保证中央政令统一，维护全国统一市场和企业平等竞争。税收实行分级征管，中央税和共享税由中央税务机构负责征收，共享税中地方分享的部分，由中央税务机构直接划入地方金库，地方税由地方税务机构负责征收。（4）逐步推进原则。分税制改革既要借鉴国外经验，又要从中国的实际出发。在明确改革目标的基础上，办法力求规范化，但必须抓住重点，分步实施，逐步完善。中央财政收入占全部财政收入的比例要逐步提高，对地方利益格局的调整也逐步进行。通过渐进式改革先把分税制的基本框架建立起来，在实施中逐步完善。

实行分税制，在划分事权的基础上，按照中央财政直接组织的收入占全国收入比重60%的指标对税种进行了划分。其中，确定增值税的分享比例是关键性问题，因为增值税是中央与地方共享税中的最大税种，占整个税收比重的43.7%。增值税的增量分成比例，曾有"二八"、"三七"、"四六"的设想，最终选择的是"三七"开的"中"方案，即增值税中央分享75%，地方分享25%。

按照经济学家的分析，分税制的改革具有三个重要的特点。一是与财政包干体制相比，分税制较为规范，全国各地区实行了同一种体制。二是建立了中央财政稳定增长机制，税收返还制度保障中央在财政收入增量中得大头，为实现中央财力较快增长、改变资金向上流动局面、形成自上而下财政分配体制打下了物质基础。三是具有中国特色，存量分配维持现状，在增量分配中提高中央分成比例的"增量分享制"是国外所没有的。当然，这样的改革只能达到集中增量的目的，不能对地区间横向分配关系进行合理调整。①

分税制改革对于中央财政收入的增加立竿见影。1994年的中央财政收入（2907亿元）比1993年（958亿元）增加2.03倍，地方财政收入1994年（2312亿元）比1993年（2504亿元）下降31.82%，在1994年的财政总收入中，中央占55.7%，地方占44.3%。1995年中央财政收入

---

① "分税制改革"的政策案例说明，引自董辅礽主编《中华人民共和国经济史》下卷，第497—499页。

仍然高于地方，1996 年才出现地方财政收入高于中央财政收入的"逆转"。1997 年，中央财政收入 4227 亿元，地方财政收入 4424 亿元，占财政总收入的比例分别为 48.9% 和 51.1%。[①] 通过分税制提高中央宏观调控能力的目标，应该说是顺利实现了。

（五）对外贸易的调控

宏观调控政策也涉及了对外贸易领域，并且按照市场经济的要求，强调要以外贸体制改革促进对外贸易的发展。

1994 年 1 月 11 日，国务院作出《关于进一步深化对外贸易体制改革的决定》，强调外贸体制改革的目标是"统一政策、放开经营、平等竞争、自负盈亏、工贸结合、推行代理制，建立适应国际经济通行规则的运行机制"，并提出了五点政策要求。（1）改革外汇管理体制。国家从 1994 年开始实行新的外汇管理体制和以市场供求为基础的、单一的、有管理的人民币浮动汇率制，实现人民币在经常项目下有条件可兑换。（2）建立外贸宏观管理机制。国家主要运用法律、经济手段调节对外贸易活动，使对外贸易按客观经济规律运行。（3）转换外贸企业经营机制，逐步建立现代企业制度。（4）强化进出口商会的协调服务职能，在现有进出口商会基础上，按主要经营商品分类改组建立全国统一的各行业进出口商会。（5）增强外贸管理的透明度，凡涉及对外贸易的全国性法规、政策，国务院授权外经贸部统一对外公布；凡不涉及国家安全、商业秘密的各项外经贸法规、政策及对外服务的有关规定均应予以公布；过去制定的有关文件，凡继续有效的，也要予以公布，增强透明度。

对外贸易体制的改革，产生了四方面的政策效果。（1）人民币汇率保持基本稳定。1994 年的人民币汇率并轨，为建立外贸调控体系创造了前提条件，并且人民币汇率没有出现大的波动。人民币对美元的汇率，由 1994 年的 8.62 元人民币兑换 1 美元，下降到 1997 年的 8.29 元人民币兑换 1 美元。（2）实现有条件的人民币自由兑换。1996 年 11 月 27 日，中国人民银行行长宣布，从 1996 年 12 月 1 日起接受国际货币基金组织协定第八条款的义务，实行人民币经常项目下的可兑换，即在贸易收支、非贸易收支和单方面转移等项目下，人民币可自由兑换。（3）下调关税。关

---

① 《中国统计年鉴—2002》，第 271 页。

税的调整是逐步进行的, 1992 年 12 月 31 日调低 3371 个税目的商品进口关税, 使中国关税总水平下降了 7.3% 。1994 年 1 月 1 日, 大幅度、大面积降低小汽车的进口关税率。1996 年 4 月 1 日, 又下调 5000 多个税目的进口关税税率, 使关税总水平由原来的 35.9% 降低到 23% , 已经接近发展中国家的平均水平。 (4) 下放外贸经营权有重大进展。到 1996 年年底, 全国已经有 12000 多家企业获得外贸进口经营许可, 其中生产性企业超过 5000 家。但是需要注意的是, 1995—1996 年两次下调了出口退税率。取消出口财政补贴后, 出口退税已经成为许多进出口企业平衡盈亏的一项重要财务手段, 调低退税率意味着加大出口产品的成本, 并在一定程度上造成了商品出口额的下滑。[①]

(六) 宏观调控中的 "政策学习"

从政策发展的角度看, 以宏观调控的手段为走向市场经济的中国经济创造必要的条件, 应该是一个重要的 "政策学习" 过程。

豪利特 (Michael Howlett) 和拉米什 (M. Ramesh) 认为, "政策学习" 有两种定义。第一种定义是在公共政策领域, 学习是一种根据过去政策的结果和新的信息, 调整政策的目标和技术的刻意的尝试, 以更好地实现政府的最终目标。第二种定义强调学习就是在过去经验的基础上对于新形势的反应。从这两种定义, 可以发展出两种政策学习类型。第一种定义代表的是 "外生学习" 类型, 也可以称作 "社会学习", 它源自政策过程外部并且影响了政策制定者变更或改变社会的约束或能力。此类学习是关于目标本身的, 这是学习的最基本类型, 它伴随着政策背后的思想的改变。第二种定义代表的是 "内生学习" 类型, 也可以称作 "汲取—教训" 的学习, 它源自正式的政策过程内部, 并且影响了政策制定者在实现目标的努力中, 对使用何种方法或技术所作出的选择。这些教训可能会根据它过去的运作, 关注政策循环中不同方面的实际建议。[②]

按照市场经济的要求, 以宏观调控的政策措施来解决中国经济发展面临的各种棘手问题, 是前所未有的尝试, 由此带来的政策学习, 主要表现

---

① 新华月报编辑部编:《新中国五十年大事记》(下), 第 977、1011、1061、1089 页; 董辅礽主编:《中华人民共和国经济史》下卷, 第 251—254 页。

② [加拿大] 迈克尔·豪利特、[澳大利亚] M. 拉米什:《公共政策研究: 政策循环与政策子系统》, 第 302—305 页。

出四个特征。

第一个特征是"外生学习"与"内生学习"结合。宏观调控主要采纳的是"外生学习"的政策学习类型,如学习如何根据形势的变化,修正经济增长的目标;学习如何采用有效的手段,实现抑制通货膨胀的目标;学习如何减少财政赤字,达到收支的动态平衡;学习如何在全球经济发展的大格局下,使对外贸易健康发展;等等。但是在一些具体的政策过程中,如分税制的设计和推行适度从紧的财政政策和货币政策等,也采用了注重经验和教训的"内生学习"的政策学习类型。两类政策学习,对于中国而言,都是不可或缺的;市场经济下的政策调适,就是这两类政策学习密切结合的重要产物。

第二个特征是政策评估与政策发展的结合。从学习的角度看,公共政策评估被认为是政策的行动主体对于政策问题的性质及其解决方案的动态学习的重复过程。"政策评估的基础在于它对所讨论的政策的改变所能够起到的影响。毕竟,政策评估的隐含目的就是改变政策。"[1] 以宏观调控手段掌控中国的经济发展,成功与否的奥秘,就在于能否对政策效果进行及时、准确的评估,并依据评估结果对政策进行必要的修正。恰是通过不断的政策评估,决策者不仅对中国经济是否"过热"作出了正确的判断,并及时采取了各种"降温"措施;亦找到了物价快速上涨的症结,采用有效的政策手段加以"整治"。也就是说,将政策评估与政策发展结合在一起,对于宏观调控的决策者而言,确实是一个必不可少的学习过程。

第三个特征是市场调节与政府强制的结合。熟悉各种政策手段或政策工具,是政策学习的一个重要内容。尤其是在市场经济条件下,既要学会如何使市场调节发挥作用,也要注意到市场的缺陷。为防止"市场失灵",政府有必要进行强制性的干预,这恰是中国高度重视宏观调控的原因所在。应该承认,在宏观调控的初级阶段,因为市场体系还不完备,所以经济政策的重心依然放在政府的干预上。随着市场体系的完善,政府的强制性干预才会逐步减少。

第四个特征是政策学习与政策说服的结合。政策学习不仅是少数决策者的行为,也是政策参与者和政策受众的行为。政策说服是将决策者与参

---

① [加拿大] 迈克尔·豪利特、[澳大利亚] M. 拉米什:《公共政策研究:政策循环与政策子系统》,第 302 页。

与者、政策受众结合在一起的一种有效方式。宏观调控的各种政策措施，不仅要向作为重要政策参与者的全国人民代表大会的代表和全国政协的委员作出解释，并由他们对重大的政策选择展开讨论，还要通过媒体向民众宣传政策内容，以获得民众对政策的理解和支持。应该承认，对于经济过热和物价增长过快，民众是有切身体会的。恰是注重了政策说服，使得民众看到了政府在认真地解决各种难题，增强了对政策的信心。尤其需要注意的是，政策说服是重要的民主方式，宏观调控政策与民众之间的联系，在很大程度上依赖的就是这种民主方式。

善于"学习"是中国人在改革开放后形成的一种良好风气，但是应该看到，学习的内容是"与时俱进"的。如果说"十一大"时期到"十三大"时期侧重学习的是国际上的先进技术和管理经验等，那么"十四大"时期则已经注意到了政策学习的重要性。先进技术和管理经验的学习要延续，政策学习也要延续，因为学习可以带来新技术、新方法、新思维，为中国的持续发展提供重要的助力。

三 企业的市场化改革

市场经济需要不同于计划经济的企业制度，"十四大"时期的企业政策，最重要的要求就是实施企业的市场化改革，并建立符合市场需求的现代企业制度。

(一) 建立现代企业制度的国企改革目标

按照市场经济的要求深化国有企业改革，是中国共产党第十四次代表大会提出的明确政策目标。1993 年 11 月中国共产党十四届三中全会通过的《中共中央关于建立社会主义市场经济体制若干问题的决议》，则就建立现代企业制度提出了五条具体要求。

第一，明确现代企业制度的标准。以公有制为主体的现代企业制度是社会主义市场经济体制的基础，建立现代企业制度是发展社会化大生产和市场经济的必然要求，是我国国有企业改革的方向。其基本特征，一是产权关系明晰；二是企业以其全部法人财产，依法自主经营，自负盈亏，照章纳税；三是出资者按投入企业的资本额享有所有者的权益，即资产受益、重大决策和选择管理者等权利；四是企业按照市场需求组织生产经营，以提高劳动生产率和经济效益为目的，政府不直接干预企业的生产经营活动；五是建立科学的企业领导体制和组织管理制度，调节所有者、经营者和职工之间的关系，形成激励和约束相结合的经营机制。

第二，逐步推进改革。建立现代企业制度是一项艰巨复杂的任务，必须积累经验，创造条件，逐步推进。由此提出的要求是把企业的各项权利和责任不折不扣地落到实处，有步骤地清产核资，界定产权，清理债权债务，评估资产，核实企业法人财产占用量，从各方面为国有企业稳步地向现代企业制度转变创造条件。

第三，倡导公司制。国有企业实行公司制，是建立现代企业制度的有益探索。规范的公司，能够有效地实现出资者所有权与企业法人财产权的分离，有利于政企分开、转换经营机制，企业摆脱对行政机关的依赖，国家解除对企业承担的无限责任；也有利于筹集资金、分散风险。实行公司制不是简单更换名称，也不是单纯为了筹集资金，而要着重于转换机制。要通过试点，逐步推行，绝不能搞形式主义，一哄而起。要防止把不具备条件的企业硬行改为公司。

第四，改革和完善企业领导体制和组织管理制度。建立现代企业制度要求坚持和完善厂长（经理）负责制，保证厂长（经理）依法行使职权。企业中的党组织要发挥政治核心作用，保证监督党和国家方针政策的贯彻执行。工会与职工代表大会要组织职工参加企业的民主管理，维护职工的合法权益。企业要按照市场经济的要求，完善和严格内部经营管理，严肃劳动纪律，加强技术开发、质量管理以及营销、财务和信息工作，提高决策水平、企业素质和经济效益。

第五，强化国有资产管理。在建立现代企业制度的过程中，要坚持实行国有资产的国家统一所有、政府分级监管、企业自主经营体制，按照政府的社会经济管理职能和国有资产所有者职能分开的原则，积极探索国有资产管理和经营的合理形式和途径。严禁将国有资产低价折股，低价出售，甚至无偿分给个人。要健全制度，从各方面堵塞漏洞，确保国有资产及其权益不受侵犯。

也就是说，对于市场化取向的国有企业改革，1992—1993 年已经明确了基本的政策目标（建立现代企业制度）和政策重点（企业改制、兼并和公司化等）。此后展开的国有企业改革的具体进程，只是就政策细节作了一些补充性规定。

(二) 国企改革的六项举措

按照中央确定的政策目标，"十四大"时期的国有企业改革，主要涉及六方面的内容。

一是企业转制。1992年7月国务院发布《全民所有制工业企业转换经营机制条例》后，全国的国有企业很快展开转换经营机制工作，并进行了税利分流和股份制试点。到1992年10月，转换经营机制的全国预算内工业试点企业有8400多家，650多家国有大中型企业拥有外贸自主权，全国各种类型的股份制企业已经达到3200多家。

二是清产核资。为落实十四大报告提出的全面开展清产核资工作的要求，1993年5月18日国务院办公厅发出《关于扩大清产核资试点工作有关政策的通知》，强调在清产核资后，企业的资产损失要及时计入当期损益，不准再出现新的挂账和潜亏。1996年12月召开的全国国有资产管理暨全国清产核资工作会议，对四年的清产核资工作进行了总结，指出清产核资工作在20多万人的专业队伍和1000多万国有企业、事业单位职工的参与下，完成了对30.5万户国有企业和52万户行政事业单位的清产核资任务，促进了产权管理登记、资产评估工作和产权转让工作的规范化。

三是股份制改造和公司化。1993年12月29日，八届全国人大常委会第五次会议通过了《中华人民共和国公司法》，使国有企业的股份制改造和公司化有了法律依据。1993年年底，全国股份制试点企业已经达到11560家，其中股份有限公司3261家，有限责任公司8299家。1994年，开始对国有大中型企业进行有计划的公司化改造，国家经贸委和国家体改委选择了100家国有企业进行试点工作。试点工作到1996年年底初见成效，100家试点企业中，除1家解体和1家被兼并外，98家企业以四种不同的形式完成了改造。各地也选择了2343家企业进行试点。1997年上半年，地方试点的企业中，已有540家企业改造成股份有限公司，540家企业改造成有限责任公司，909家企业改造成国有独资公司。

四是企业破产。1994年的国务院政府工作报告已经强调，在国有企业改革过程中，对一部分企业实行关、停、并、转，建立破产机制。1994年10月25日，国务院发出《关于在若干城市试行国有企业破产有关问题的通知》，要求在上海等 18 个城市进行企业优化资本结构试点工作，建立和完善企业优胜劣汰机制，指导和规范这些城市的国有企业破产工作，并要求实施企业破产必须首先安置好破产企业职工。1996 年，企业优化资本结构的试点城市扩展到 50 个。1997 年 3 月 2 日，国务院又发出《关于在若干城市试行国有企业兼并破产和职工再就业有关问题的补充通知》，将企业优化资本结构试点城市扩展到 111 个，并要求各试点城市制订《企业兼并破产和职工再就业工作计划》和企业破产预案，在企业破产中除了妥善安置破产企业职工外，可以简化呆、坏账核销手续，但是要严肃追究破产责任。

五是"抓大放小"。1996 年 3 月 7 日，国务院批转国家经贸委《关于1996 年国有企业改革工作实施意见》，明确提出了"抓大放小"的国企改革思路。"抓大"或"搞好大的"，就是抓好 1000 户国有大中型重点企业；"放小"或"放活小的"，就是在总结各地国有小企业改革改组经验的基础上，制定关于积极推进国有小企业改革与发展的意见，区别不同情况，采取改组、联合、兼并、股份合作制、租赁、承包经营和出售等形式，加快国有小企业改革改组工作。

六是治理乱收费问题。1997 年 7 月 7 日中共中央和国务院联合发出《关于治理向企业乱收费、乱罚款和各种摊派等问题的决定》，要求执行遏制乱收费的五项措施。（1）坚决取消不符合规定的向企业的行政事业性收费、罚款、集资、基金项目和各种摊派。（2）全面清理按规定未被取消的向企业的行政事业性收费、罚款、集资、基金项目。（3）建立健全向企业的行政事业性收费、罚款、集资、基金项目的审批管理制度。（4）加强对行政事业性收费、罚款、集资、基金的收缴和使用管理的监督。（5）充分发挥新闻舆论的监督作用，中央和地方新闻单位要紧密配合这项工作，突出宣传党和政府减轻企业负担的方针政策，宣传各地的好经验好做法。①

国有企业改革在"十四大"时期取得的重要成果是使全国国有工业企业的工业总产值由 1992 年的 17824 亿元上升到 1997 年的 35968 亿元，增加了 1.02 倍。国有工业企业的职工人数，则由 1992 年的 4521 万人，

---

① 1992—1997 年"国有企业改革"的政策案例说明，引自董辅礽主编《中华人民共和国经济史》下卷，第 371—380、395—411 页。

下降到 1997 年的 4040 万人。① 减少的 481 万职工，应与这一时期企业改制造成的人员分流有密切关系。数以百万计的人离开国有企业，带来了社会保障方面的问题，需要社会政策及时跟进，并由此出台了不少新政策，详见后述。

（三）规范乡镇企业发展

由于十四大报告特别提出了扶持和加快中西部地区和少数民族地区乡镇企业发展的要求，国务院于 1993 年 2 月 14 日作出《关于加快发展中西部地区乡镇企业的决定》，对乡镇企业的发展提出了十条政策要求。一是发展战略要求，把加快发展乡镇企业作为中西部地区整个经济工作的一个战略重点。二是企业经营要求，在保证效益的前提下，发展速度能多快就多快，不受限制。三是组织形式要求，在继续坚持原来乡办、村办、户办、联户办"四轮驱动"的基础上，再加上联营企业、中外合资企业等，实行"多轮驱动、多轨运行"。四是法律保护要求，各级政法机关要保护乡镇企业及其经营者的合法经营活动和合法收入，严禁一切"吃大户"、乱摊派甚至敲诈勒索等不法行为；要纠正对个体与私营企业认识上的偏见和政策上的歧视，严禁对个体、私营企业的赎买行为，不得利用行政手段随意平调乡镇企业资产、改变隶属关系或变更企业性质。五是使用人才要求，要破除"左"的思想束缚，大胆选拔和放手启用那些敢想敢干，善于经营，在实践中成长起来的各种农村能人；对在乡镇企业生产经营中做出突出贡献的科技人员、管理人员，实行收入上不封顶、依法纳税的政策，要严格区分依靠自己专业知识为乡镇企业提供服务所取得的收入与收受贿赂的界线。六是合理布局要求，要从当地的资源、人才、交通、能源、水源等综合条件出发，因地制宜，合理布局，建设乡镇工业小区，集中连片发展。七是市场经济要求，注重建立和发育市场体系，搞活商品流通，实现人才、技术、劳动力和资金等要素的有效配置。八是资金投入要求，从 1993 年起到 2000 年，除了用好现有乡镇企业贷款存量和每年正常新增贷款外，再由中国人民银行每年在国家信贷计划中单独安排 50 亿元贷款，支持发展中西部地区乡镇企业。九是企业联合要求，凡是东部地区

---

① 1992—1997 年的国有企业、乡镇企业、私营企业发展数据，均引自中华人民共和国国家统计局的"国家数据"网站。

和大中城市到中西部地区投资兴办乡镇企业或乡镇联营企业的，都享受当地制定的优惠政策。同样，中西部地区到东部地区兴办或联办的乡镇企业，也享受东部地区的优惠政策。十是政府支持要求，各政府部门均要按照国务院分配的任务，为乡镇企业发展提供助力。

1996 年 10 月 29 日，八届全国人大常委会第二十二次会议通过《中华人民共和国乡镇企业法》，为规范乡镇企业的发展提供了法律依据。法律明确规定乡镇企业是农村经济的重要支柱和国民经济的重要组成部分，国家对乡镇企业积极扶持、合理规划、分类指导、依法管理。乡镇企业符合企业法人条件的，依法取得企业法人资格。乡镇企业的主要任务是根据市场需要发展商品生产，提供社会服务，增加社会有效供给，吸收农村剩余劳动力，提高农民收入，支援农业，推进农业和农村现代化，促进国民经济和社会事业发展。乡镇企业依法实行独立核算，自主经营，自负盈亏。国家鼓励有条件的地区建立、健全乡镇企业职工社会保险制度。任何组织或者个人不得违反法律、行政法规干预乡镇企业的生产经营，撤换企业负责人，不得非法占有或者无偿使用乡镇企业的财产。乡镇企业依法实行民主管理，投资者在确定企业经营管理制度和企业负责人，作出重大经营决策和决定职工工资、生活福利、劳动保护、劳动安全等重大问题时，应当听取本企业工会或者职工的意见，实施情况要定期向职工公布，接受职工监督。法律还对乡镇企业的行为作出了一些限定性的规定，如严禁破坏资源、不得生产假冒伪劣产品、不得伪造商标、不得污染环境等。

在市场化的乡镇企业政策推动下，"十四大"时期乡镇企业继续保持较快发展的势头。乡镇企业的数量略有下降，由 1992 年的 2079.2 万个，下降到 1997 年的 2014.9 万个。乡镇企业的从业人员，则由 1992 年的 10581.1 万人，上升到 1997 年的 13050.4 万人，增长 23.34%。

中央侧重于推动中西部地区乡镇企业发展的政策是否有效，可以作两方面的数据比较。

中西部地区乡镇企业的职工，1997 年比 1994 年增加 1126.8 万人，并由此带来了乡镇企业劳动力区域布局的变化。1994 年全国的乡镇企业职工，一半以上（53.99%）在都会区（北京、上海、天津）、东部沿海地区和东北地区，中西部地区的职工只占职工总数的 46.01%。1997 年全国的乡镇企业职工，则变成了一半以上（51.01%）在中西部地区，都会区、东部沿海地区和东北地区的职工占职工总数的 48.99%。由此可以看出，1993 年力推中西部乡镇企业发展的政策，至少在乡镇企业吸收农村富余劳动力方面有较明显的效果。

1994 年全国乡镇企业利润总额为 1352.4 亿元，1997 年增至 2453.0 亿元，增长率为 89.33%。五大区域乡镇企业 1994—1997 年的利润增长率，都会区为 39.89%，东北地区为 47.04%，东部沿海地区为 67.55%，中部地区为 148.27%，西部地区为 89.33%；乡镇企业利润增长最快的是中部地区，其次是西部地区，再次是东部地区，东北地区和都会区增长相对较慢。也就是说，中央重视中西部地区乡镇企业发展，在乡镇企业利润增长方面也有明显的效果。但是从乡镇企业利润构成的区域分布看，1994 年全国乡镇企业的利润，2/3 以上（72.23%）是由都会区、东部地区和东北地区的企业创造的，只有 27.77% 的利润来自中西部地区的乡镇企业。1997 年全国乡镇企业的利润，依然有近 2/3（64.06%）由都会区、东部地区和东北地区的乡镇企业创造，只有 35.94% 的利润来自中西部地区的乡镇企业。尽管中西部地区的乡镇企业确实有较大发展，但是在利润（也包括产值）上改变 2/3 的格局，还不是很容易做到的，因为毕竟都会区、东部地区和东北地区的乡镇企业起步较早，与中西部地区相比，有更好的发展基础。

"十四大"时期继续维持鼓励私营企业发展的政策，使全国私营企业有了重大的发展。全国私营企业的户数，由 1992 年的 19.6 万户，上升到 1997 年的 96.1 万户，增加 3.9 倍。全国私营企业的就业人数，则由 1992 年的 231.8 万人，上升到 1997 年的 1349.3 万人，增加 4.8 倍。

（四）制定产业政策的规范性程序

1994 年 3 月 25 日国务院第 16 次常务会议审议通过的《90 年代国家产业政策纲要》，专门就如何制定产业政策提出了四条要求。

一是原则性要求。制定国家产业政策必须遵循以下原则。（1）符合工业化和现代化进程的客观规律，密切结合我国国情和产业结构变化的特点。（2）符合建立社会主义市场经济体制的要求，充分发挥市场在国家宏观调控下对资源配置的基础性作用。（3）突出重点，集中力量解决关系国民经济全局的重大问题。（4）具有可操作性，主要通过经济手段、法律手段和必要的行政手段保证产业政策的实施，支持短线产业和产品的发展，对长线产业与产品采取抑制政策。

二是政策议题要求。90 年代国家产业政策要解决的重要课题是：（1）不断强化农业的基础地位，全面发展农村经济；（2）大力加强基础产业，努力缓解基础设施和基础工业严重滞后的局面；（3）加快发展支柱产业，带动国民经济的全面振兴；（4）合理调整对外经济贸易结构，增强我国产业的国际竞争能力；（5）加快高新技术产业发展的步伐，支持新兴产业的发展和新产品开发；（6）继续大力发展第三产业；（7）优化产业组织结构，提高产业技术水平，使产业布局更加合理。

三是政策目标要求。产业组织政策的目标是促进企业合理竞争，实现规模经济和专业化协作，形成适合产业技术经济特点和我国经济发展阶段的产业组织结构。产业技术政策的重点是促进应用技术开发，鼓励科研与生产相结合，加速科技成果的推广，推动引进和消化国外的先进技术，显著提高我国产品的质量、技术性能，大幅度降低能耗、物耗及生产成本，努力提高我国产业的技术水平。产业布局政策的主要原则是在继续发挥经济较发达地区优势并加快其发展的同时，积极扶持欠发达地区的经济发展，逐步缩小经济发达地区与欠发达地区的差距。国家支持发挥自然资源和经济优势，体现地区间专业化分工协作的产业带的发展。

四是政策程序要求。为了保证产业政策的科学性、权威性和产业政策实施的有效性，对产业政策的制定和实施程序作了进一步的规定。（1）国家产业政策由国务院决定。国家计委是具体负责研究制定、协调国家产业政策的综合部门。各项产业政策的制定由国家计委牵头，会同有关部门进行。产业政策的实施以各行业主管部门为主，由国家计委进行综合协调。（2）建立国家产业政策审议制度。有关部门提出的产业政策草案和对产业发展有重大影响的政策草案，须经国家计委审查和协调，并由国家计委组织国务院有关部门、产业界、学术界和消费者群体进行科学论证和民主审议后，由国家计委会同有关部门报国务院批准后发布执行。（3）建立国家产业政策的实施保障制度。计划、财政、银行、税务、内外贸易、关税、证券管理、工商行政管理、国有资产管理等经济管理部门，必须认真贯彻执行国家产业政策，在制定涉及产业发展的重大政策措施之前，须与国家计委协调。（4）建立国家产业政策的监督、检查及评价制度。国家计委会同有关部门负责对产业政策的实施进行监督、检查和分析，定期向国务院报告实施情况和效果，并根据经济形势、产业结构的变化，提出修改建议。

（五）"渐进式"的企业改革要求

"市场化"的企业政策和产业政策，在"十四大"时期大多处于"试水"阶段，尤其是国有企业改革，侧重于试点而不是全面铺开。由于是"试水"，产生的震动不会很大，但是已经为未来更大的震动作了政策准备。中国的各种企业要完全适应市场经济的需要，必须经历一个"准备期"或"过渡期"，"十四大"时期就是通过政策调整，把企业带入了全面市场转型的孕育阶段。换言之，长远的政策目标已经确定，但是要实现这样的目标，需要"渐进式"的政策安排，因为无论是企业还是中国经济，都更适合于"渐变"而不是"突变"；决策者强调与市场经济有关的改革要与各方面的承受能力相适应，体现的就是"渐变"的政策思维。

在企业政策和产业政策的渐变发展中，还应该特别注意三点"程序化"的民主要求。

第一点是国家政策层面的程序化要求。按照《90年代国家产业政策纲要》设定的国家产业政策的政策过程，已经在政策程序中明确了四方面的民主要求。一是在民主决策方面，强调各种政策草案要在不同政府部门、产业界、学术界和消费者群体中进行科学论证和民主审议，明确了"各方参与"的民主议程要求。二是在政策执行方面，强调建立各部门合作的政策实施保障制度，明确了"有效实行"的政策执行民主要求。三是在政策监督方面，强调建立国家产业政策的监督、检查及评价制度，明确了对政策的民主监督和民主评价要求。四是在政策反馈方面，强调定期对产业政策提出修改建议，明确了由政策输出—反馈—信息输入的要求。应该说，在国家政策层面就民主程序提出如此完整的要求，在当时还是不多见的。

第二点是企业决策的程序化要求。现代企业制度的一个重要要求，就是建立民主的决策程序，由此在国有企业的改革中，既强调了厂长（经理）负责制的决策要求和企业党组织的政策保障、政策监督作用，也强调了工会、职工代表大会参与决策和民主管理的要求。各企业如何在企业内部决策中落实这些要求，还需要更具体的程序性规定，但是企业民主决策的大方向应该是更明确了。

第三点是政策参与的程序化要求。无论是国有企业还是乡镇企业，都会涉及企业内部的政策参与问题，尤其是企业经营方向和职工工资、生活福利、劳动保护、劳动安全等重大问题，既要求在决策时广泛听取职工意见，也要求向职工定期公布政策执行情况，还要求主动接受职工的监督。这样的要求在改革开放后不久已经提出，"十四大"时期则明确了一些具体的程序性要求。

四　重视三农问题

在社会主义市场经济条件下，过去的农村政策，改变为"三农"（农业、农村、农民）政策，并且对一些政策作了重要的调整。

（一）三农政策制定程序化

"十四大"时期高度重视"三农"问题，并形成了每年召开全国农村工作会议，会后发出政策文件的固定政策程序。

1993 年 10 月 18 日至 21 日召开的全国农村工作会议，于 11 月 15 日发出《中共中央、国务院关于当前农业和农村经济发展的若干政策措施》，提出了十二条政策措施，重点强调的是稳定、完善以家庭联产承包为主的责任制和统分结合的双层经营体制，深化粮食购销体制改革。

1994 年 1 月 5 日至 8 日召开了全国农业工作会议，3 月 23 日召开了全国农村工作会议，1994 年 4 月 10 日发出《中共中央、国务院关于 1994 年农业和农村工作的意见》，提出了六条政策措施，重点强调的是突出抓好粮棉生产和"菜篮子工程"，增加农产品有效供给，促进农民收入有较大增长。

1995 年 2 月 24 日至 28 日召开的全国农村工作会议，于 3 月 11 日发出《中共中央、国务院关于做好 1995 年农业和农村工作的意见》，提出了十二条政策措施，除要求抓好粮棉生产、稳定增加"菜篮子"产品外，还强调了增加农业投入的决心。

1996 年 1 月 5 日至 8 日召开的全国农村工作会议，于 1 月 21 日发出《中共中央、国务院关于"九五"时期和今年农村工作的主要任务和政策措施》，提出了二十三条政策措施，重点强调的是稳定农村基本政策。

1997 年 1 月 10 日至 13 日召开的全国农村工作会议，于 2 月 3 日发出《中共中央、国务院关于一九九七年农业和农村工作的意见》，提出了六条政策要求，重点是坚持把农业放在经济工作的首位，促进农村经济和社会协调发展。

　　从每年"三农政策"的指导性文件看，内容确实有较多的重复，但还是可以看出重点有所不同，显示"三农政策"既有"面"的问题，也有"点"的问题，每年都是既要照顾"面"也要突出"点"，下面将重点介绍几个"点"的情况。

　　（二）发展大农业

　　以发展"大农业"的方式解决农业生产问题，是中国共产党第十四全国代表大会确定的政策思路。如十四大报告所言，农业是国民经济的基础，必须坚持把加强农业放在首位，树立大农业观念，保持粮食、棉花稳定增产，继续调整农业内部结构，积极发展农、林、牧、副、渔各业，努力开发高产优质高效农业，不断提高农业的集约经营水平和综合生产能力。

　　发展"大农业"需要一些具体的政策措施，"十四大"时期重点强调的是六点政策要求。

　　第一，明确粮食增产目标。1993年的国务院政府工作报告明确提出的粮食增产目标，是1997年达到粮食产量4.75亿吨。1995年的国务院政府工作报告要求当年要抓紧水稻特别是南方早稻的生产，力争粮食产量达到4550亿公斤以上。1996年的国务院政府工作报告又强调，我国以占世界7%的耕地，养育着世界22%的人口，粮食生产有特殊的重要性。2000年粮食总产量要保证达到4900亿公斤，力争达到5000亿公斤，1996年当年的粮食生产目标是4625亿公斤。1996年获得了粮食丰收，粮食产量达到50453.3万吨，[①] 不仅提前一年实现了4.75亿吨粮食产量的目标，还实现了2000年的粮食产量目标。由此，《中共中央、国务院关于一九九七年农业和农村工作的意见》明确要求粮食总产量保持1996年的水平，并指出从历史的经验教训看，农业发生大的问题，往往是在丰收之后。由于丰收，农产品供求状况比较宽松，容易出现思想自满、政策改变、工作放松、投入减少、对农民收入估计过高等倾向，导致农业在丰收之后陷入徘徊，甚至出现滑坡。而农业一旦发生波折，几年都恢复不过来。因此，

---

　　① 1992—1997年的各种农业生产数据及农业投资数据，见《中国统计年鉴—2002》，第269、396—410页。

越是农业和农村形势好，越要保持清醒的头脑，绝不能日子稍微好过就出现认识上的反复。1997 年的实际粮食产量为 49417.1 万吨，略低于 1996 年的水平，确实出现了决策者所担心的粮食减产现象，好在减产的幅度并不是很大。

第二，确定耕地保护目标。1992 年 11 月 18 日国务院发出《关于严格制止乱占、滥用耕地的紧急通知》，指出中国耕地减少和净减少数，从 1985 年的 160 万公顷（2400 万亩）和 100 万公顷（1500 万亩），下降到 1990 年的 46 万多公顷（700 万亩）和 6 万多公顷（100 多万亩）。但是，近两年来，乱占、滥用耕地及违法用地、批地的现象又重新抬头，1991 年全国净减少耕地又回升到 23 万多公顷（350 万亩），预计当年将大大超过去年的水平。国务院要求在改革开放和经济建设中，要正确处理经济发展与保护耕地的关系，力求不占耕地，特别要严格控制占用高产粮田和菜地，牢固树立我国人多地少的基本国情观念，坚定不移地贯彻落实"十分珍惜和合理利用每寸土地，切实保护耕地"的基本国策，按照"一要吃饭，二是建设"的原则，合理配置土地资源。为此，要严格依法审批土地，对开发区建设等加强管理。1997 年 4 月 15 日，中共中央、国务院又发出《关于进一步加强土地管理切实保护耕地的通知》，强调了耕地保护的八条具体措施。

耕地保护与保证粮食、棉花等播种面积的政策并行不悖。《中共中央、国务院关于 1994 年农业和农村工作的意见》明确要求粮食播种面积必须保持在 16.5 亿亩以上，棉花种植面积力争完成 9000 万亩的计划。随后几年也强调了这样的目标。16.5 亿亩相当于 1.1 亿公顷，9000 万亩相当于 600 万公顷。全国实际粮食播种面积，除 1994 年以外，都高于 1.1 亿公顷。全国棉花种植面积，则除了 1992 年外，都低于 600 万公顷（1992 年 683.5 万公顷，1993 年 498.5 万公顷，1994 年 552.8 万公顷，1995 年 542.2 万公顷，1996 年 472.2 万公顷，1997 年 449.1 万公顷），棉花种植面积不仅呈下降趋势，还离预定的种植面积目标差距越来越大。

第三，注重棉花生产和棉花购销。在棉花政策方面，一方面是积极发展棉花生产，要求保证棉花种植面积，增加棉花单产，提高棉花总产量。棉花单产在"十四大"时期有较大提高，由 1992 年的每公顷 660 公斤，增加到 1997 年的每公顷 1025 公斤，提高 55.30%。《中共中央、国务院关于"九五"时期和今年农村工作的主要任务和政策措施》提出的 1996

年的棉花生产目标是总产量达到九千万担，即450万吨。这一指标参照的是1992年的全国棉花产量（450.8万吨），但是1993年和1994年棉花产量严重下滑（1993年373.9万吨，1994年434.1万吨），1995年棉花丰收，全国棉花总产量达到几年中的最高产量476.8万吨。1996年全国棉花总产量420.3万吨，没有完成当年的棉花生产指标。1997年的棉花产量达到460.3万吨，尽管低于1995年，但是高于450万吨的生产指标。也就是说，棉花生产在"十四大"时期处于波动状态，形势一直不太乐观。

　　棉花政策的另一方面，就是注重棉花的收购工作，以提高棉花收购价格等措施来提升棉农的生产积极性。1993年8月召开的全国棉花工作会议，宣布从1993年起提高棉花收购价，将现行标准级皮辊棉由每担300元提高到330元。1994年8月29日至31日的全国棉花工作会议强调，棉花购销体制还是实行由国家统一定价，统一收购，不放开棉花市场，也不搞"双轨制"，要千方百计把棉花收上来。1994年9月28日国务院发出《关于切实做好1994年度棉花购销工作的通知》，规定从1994年棉花年度起，标准级皮辊棉收购价格每50公斤提高到500元，对棉农给予价外奖励，将原由中央财政负担用于补贴棉纺企业的每50公斤皮棉奖售物资平议差价款14元和财政补贴款30.62元共44.62元中的44元，由收购部门一并奖励给棉农（不分棉花的等级和纤维长度），不再补贴给用棉企业；其余的0.62元拨给农业部，专项用于培育产量高、品质好，抗病虫害性能强的棉花优良新品种。1996年9月10日至12日的全国棉花工作会议，则强调1996年度继续实行棉花经营、市场、价格"三不放开"政策。①

　　第四，加大对农业的投入。1993年发出的《中共中央、国务院关于当前农业和农村经济发展的若干政策措施》特别指出，为了切实加强农业的基础地位，要下决心调整国民收入分配格局，提高国家基本建设投资、财政预算内资金、信贷资金用于农业的比重；《中华人民共和国农业法》关于"国家财政每年对农业总投入的增长幅度应当高于国家财政经常性收入的增长幅度"的规定，各级政府和有关部门要坚决贯彻落实。在这样的要求下，国家财政用于农业的支出有较大幅度增长，由1992年的376.02亿元，上升到1997年的766.39亿元，但是国家财政用于农业

---

① 新华月报编辑部编：《新中国五十年大事记》（下），第998、1026、1029、1083页。

支出的年增长率高于财政收入年增长率的只有 1994 年和 1996 年。

　　第五，建立农业示范区和扶持粮棉大县。1992 年年底，全国已经建立 274 个国家级商品粮基地，这些基地以占全国 1/5 的耕地面积，生产出全国 1/4 的粮食。在此基础上，1993 年发出的《中共中央、国务院关于当前农业和农村经济发展的若干政策措施》要求有计划地在不同地区建立一批各具特色的高产优质高效农业示范区，并从 1994 年起在主产区选择 500 个商品粮大县、150 个优质棉大县，由国家安排专项贷款，适当增加基地建设投资，集中力量进行扶持。1994 年 6 月 8 日，国务院办公厅转发国家计委《关于建设高产优质高效农业示范区和扶持粮棉大县发展经济报告的通知》，宣布从 1994 年起，连续五年，国家每年安排 10 亿元专项贷款，在不同地区建设一批各具特色的高产优质高效农业示范区。对于粮棉大县，国家则从 1994 年起，连续五年，每年安排 65 亿元专项贷款（其中商品粮大县 50 亿元，优质棉大县 15 亿元）。全国的第一个农业示范区，是 1997 年 7 月 29 日在陕西省成立的杨凌农业高新技术产业示范区。①

　　第六，继续实施"菜篮子工程"。1993 年和 1994 年都召开了全国性的"菜篮子工程"工作会议。② 1994 年 4 月 9 日，国务院还发出了《关于加强"菜篮子"和粮棉油工作的通知》，要求蔬菜生产坚持"郊区为主、农区为辅、外埠调剂"的方针，以"菜园子"保"菜篮子"。1997 年 6 月 30 日，国务院又发出《关于进一步加强"菜篮子"工作的通知》，除了强调继续实行"菜篮子"的市长负责制外，还提出了对"菜篮子"生产、流通环节和支持"菜篮子"产销体制改革的扶持政策，并要求进一步加强宏观调控，建立和完善快速、灵敏的重要副食品产销与价格监控制度，定期向社会反馈商品的供需与价格信息，引导生产和消费。"菜篮子工程"在"十四大"时期展示了更明显的效果。1997 年与 1992 年相比，全国的肉类总产量增长 53.57%，禽蛋总产量增长 85.98%，牛奶总产量增长 19.48%，水产品总产量增长 100.32%，水果总产量增长率 108.56%，蔬菜总产量增长 39.78%，并使得这些产品的全国人均占有量水平又有了明显的提高。

---

①　新华月报编辑部编：《新中国五十年大事记》（下），第 1111 页。
②　同上书，第 993、1013 页。

(三) 农民减负与增收

减轻农民负担和增加农民收入，是三农政策的重要内容。1992 年 12 月 24 日至 25 日在武汉召开的六省农业和农村工作座谈会上，提出了把农民负担控制在上年农民人均纯收入 5% 之内的目标。1993 年的国务院政府工作报告更明确指出，近年来工农业产品价格剪刀差有所扩大，农民收入增长不快，特别是相当普遍存在着不合理的收费、集资和摊派，农民负担过重，影响国家和农民的关系，必须引起各级政府高度重视，并采取切实有效的措施，认真加以解决，把农民负担严格限制在国家规定的范围内。1993 年 3 月 19 日，中共中央办公厅、国务院办公厅发出《关于切实减轻农民负担的紧急通知》，明确规定农民除依法纳税和按国务院《农民承担费用和劳动管理条例》关于村提留和乡统筹费必须严格控制在上年农民人均纯收入 5% 以内的规定继续执行外，其他涉及要农民负担费用的各种摊派、集资、达标活动和行政事业性收费，一律先停止执行，然后进行清理。

1993 年 6 月 20 日，国务院召开全国减轻农民负担工作电话会议，并于 7 月 22 日发出《关于涉及农民负担项目审核处理意见的通知》，宣布取消中央国家机关各有关部门涉及农民负担的 37 个集资、基金收费项目和 43 项达标升级活动，并要求纠正十种错误方法：（1）提前预收村提留和乡统筹费；（2）经县（市）审核批准提取提留统筹费后，区、乡、村、组又层层加码收费；（3）将乡（镇）统筹费平调到县（市）及县以上单位使用；（4）用乡（镇）统筹费弥补乡（镇）财政赤字；（5）按人口和田亩平均摊派各种税费及劳务；（6）超标准、超范围收费；（7）以"小分队""工作队""突击队"等形式，并动用司法或其他强制手段，扒粮食、牵牲口、搬家具等；（8）强行在农民缴售产品和发放预购定金时扣款；（9）强行让农民贷款缴各种费用；（10）强行以资代劳。

1993 年 6 月 21 日《人民日报》登载的一封农民来信，列出了三户农民缴纳税费的情况，并特别指出地方政府想不出名目向农民摊派，竟然用一个"其他"来向老百姓要钱。其中"甲户"缴纳的税费累计 353.61 元，农业税 14.43 元（占 4.08%），村提留、乡统筹 89.83 元（占 25.41%），预缴生产代办费 27.77 元（占 7.85%），其他 221.56 元（占

62.66%）；"乙户"缴纳的税费累计 415.85 元，农业税 21.46 元（占 5.16%），村提留、乡统筹 142.74 元（占 34.33%），预缴生产代办费 41.34 元（占 9.94%），其他 210.31 元（占 50.57%）；"丙户"缴纳的税费累计 263.29 元，农业税 9.75 元（占 3.70%），村提留、乡统筹 94.17 元（占 35.77%），预缴生产代办费 18.79 元（占 7.14%），其他 140.58 元（占 53.39%）。① 从三户农民的缴费情况看，属于"其他"的缴费都占到了税费总额的 50% 以上，可见乱收费情况的严重程度。

1993 年 8 月，中纪委就一起由农民负担引发的毒打农民致死事件发出通报，要求立即制止乱收费、乱摊派、乱罚款等坑农、伤农行为。事件发生在 1993 年 2 月 21 日，安徽省利辛县路营村农民丁作明因向上级反映负担过重，被村干部寻机报复毒打致死。事件涉及的两名凶手被判处死刑和无期徒刑，其他两名凶手及派出所原副所长分别被判处 12 年、7 年和 15 年有期徒刑，县、乡两级有关责任人分别给予党纪、政纪处分。②

1993 年 9 月 14 日至 11 月 23 日的农民负担检查情况显示，1993 年中央、省两级取消和暂停的农民负担项目，全国可减轻农民负担 100 亿元以上。但是对政策宣传不够，一些地方我行我素，或者上有政策、下有对策，继续乱收费和乱摊派。1993 年全国因农民负担问题引发的重大恶性案件达 30 余起，死伤多人。一些地方基层干部无视国家有关规定，采用牵牛、赶猪、扒粮、抬物等非法手段强行摊派收费，激化了矛盾，引发了致死人命、殴打致伤致残、较大规模干群冲突等恶性事件。这次检查的 18 个省（自治区）中，有 11 个省发生了此类恶性事件。③

1995 年 8 月，国务院又召开了全国农民负担监督管理工作会议，宣布减轻农民负担的"约法三章"：一是近几年出台的一系列减轻农民负担的基本政策不变，已经明令取消的项目不准恢复；二是暂停一切涉及农民负担的项目审批；三是各地区农民承担的提留统筹费不允许有突破 5% 的乡镇出现。

1996 年 1 月发出的《中共中央、国务院关于"九五"时期和今年农

---

① 李同文主编：《中国民生报告：中国社会各阶层的现状与未来》，金城出版社 1998 年 1 月版，第 36—38 页。

② 新华月报编辑部编：《新中国五十年大事记》（下），第 997—998 页。

③ 《中共中央办公厅、国务院办公厅转发农业部、监察部、财政部、国家计委、国务院法制局关于 1993 年农民负担检查情况的报告的通知》，引自"法律教育网"。

村工作的主要任务和政策措施》亦明确要求，坚决把不合理负担项目压下来，坚决把虽然合理但不符合实际的集资项目停下来；要在县、乡两级建立减轻农民负担工作责任制，超过规定限额的要追究领导责任。

1992—1996年的减轻农民负担政策，尽管取得了一些成效，农民承担的提留统筹占上年人均纯收入的比重，由1992年的5.2%下降到1995年的4.9%，但是农民负担过重的问题并没有根本解决。在1996年10月26日第八届全国人民代表大会常务委员会第二十二次会议上，姜春云所作的《关于减轻农民负担问题的报告》指出了农民负担过重的七条主要原因。（1）不少地方，尤其是经济欠发达的地方，想加快经济和社会事业的发展，往往要求过急，目标定得过高，超过了财力的承受限度。财力不够，就向农民伸手。有的人甚至认为，只要不装进私人腰包，"取之于民，用之于民"，多向农民收点钱算不了什么。因此，对贯彻中央关于减轻农民负担的政策缺乏自觉性，抓得不紧不力，甚至阳奉阴违，另搞一套。（2）有些部门只强调自身发展的需要，向农村基层提出这样那样的过高要求。单从一个部门来看，这些要求也许是合理的，需要的。但几十个部门都这么做，基层、农民就承受不了。也有的只顾部门的利益，利用手中的权力，巧立名目向农民乱收费。口头讲是为农民办好事，而实际上是为本部门发奖金、买轿车、盖房子，谋福利。有的甚至拿农民的钱，用来大吃大喝，挥霍浪费，中饱私囊。（3）少数乡村干部由于上面下达的各种指标要求过高过急，加之本身又不善于做群众工作，办事方法简单，作风粗暴，有的甚至违法乱纪，动用公安干警、民兵，强行向农民收款收物，激化了矛盾。（4）有些地方和部门不恰当地把一些脱离实际的要求与干部的升迁挂起钩来，使一些干部只讲"政绩"，不讲实际，把对上级负责与对群众负责割裂开来。有的甚至发展到了违法违纪，以侵犯农民利益来换取自己的"政绩"。（5）机构庞大，吃"皇粮"的人太多。一个乡镇干部编制一般是30人左右，但相当一部分乡镇实际吃"皇粮"的人达到100多个，超出3—4倍。越是经济不发达的地区，这个问题越突出。（6）集体经济薄弱，有些村甚至是"空壳"。一些集体经济薄弱的乡村，除土地归集体所有外，基本没有比较稳定的集体收入。不但无力为农民提供服务、帮助，而且办什么事情都要向农民伸手，要钱要粮。（7）法规制度不健全，执法力度不够。现行的农民负担管理办法不够完善，监督管理法规对加重农民负担的处罚规定也不够明确，使一些违法违纪现象难以得到有效制止。

1996 年 12 月 30 日，中共中央、国务院又作出《关于切实做好减轻农民负担工作的决定》，强调了为农民减负的十三条政策。（1）国家的农业税收政策稳定不变。（2）村提留乡统筹费不超过上年农民人均纯收入 5% 的政策稳定不变。（3）农民承担义务工和劳动积累工制度稳定不变。（4）严禁一切要农民出钱出物出工的达标升级活动。（5）严禁在农村搞法律规定外的任何形式的集资活动。（6）严禁对农民的一切乱收费、乱涨价、乱罚款。（7）严禁各种摊派行为。（8）严禁动用专政工具和手段向农民收取钱物。（9）减免贫困户的税费负担。（10）减轻乡镇企业的负担。（11）减少乡镇机构和人员的开支。（12）加强领导，实行减轻农民负担党政一把手负责制。（13）加强监督检查，严肃查处加重农民负担的违法违纪行为。

与农民减负的"年年抓"相比，对增加农民收入尽管每年都有提及，但是缺乏具体的政策措施。从统计数据看，农村居民家庭人均纯收入，从 1992 年的 784 元，提高到 1997 年的 2090 元（1993 年 922 元，1994 年 1221 元，1995 年 1578 元，1996 年 1926 元），提高 1.67 倍。但是扣除价格因素后，农村居民家庭人均收入的年增长率并不高，1992 年为 5.9%，1993 年为 3.3%，1994 年为 5.0%，1995 年为 5.3%，1996 年为 9.0%，1997 年为 4.6%。也就是说，农民负担并没有从根本上减轻，实际收入水平提高不是很快，就农民的状况而言，依然表现出的是"徘徊"期的特点。

（四）推动农村基层民主发展

作为解决"三农"问题的政治措施，"十四大"时期的农村基层民主发展，主要是围绕村民自治和农村基层组织建设展开。

1994 年 10 月 26 日至 29 日在北京召开了全国农村基层组织建设工作会议，并于 11 月 15 日发出《中共中央关于加强农村基层组织建设的通知》，对农村基层组织建设提出了以下要求。

第一，农村基层组织建设，包括乡（镇）、村两级，重点是村。今后几年，要努力实现五项目标：一是建设一个好领导班子，尤其要有一个好书记，能够团结带领群众坚决贯彻执行党的路线方针政策。二是培养锻炼一支好队伍。三是选准一条发展经济的好路子。四是完善一个好经营体制，把集体统一经营的优越性和农户承包经营的积极性结合起来，增强经济发展的活力，引导和帮助农民走共同富裕的道路。五是健全一套好的管理制度，体现民主管理原则，保证工作有效运转，使村级各项工作逐步走上制度化、规范化的轨道。

第二，省（自治区、直辖市）、地（市）、县（市）都要在调查研究的基础上，按照"五个好"的目标，制订今后几年加强农村基层组织建设的具体规划，并按年度组织实施。对不同情况的基层组织，要提出不同的要求，实行分类指导。

第三，农村基层组织建设的全部工作，要认真贯彻以下指导思想和工作方针。（1）加强农村基层组织建设，要着眼和落脚于保证党的基本路线和农村政策的有效贯彻执行，团结带领广大农民群众为实现农村发展的宏伟目标努力奋斗。（2）抓住党组织建设这个关键，贯彻从严治党的方针，从思想上、组织上、作风上全面加强农村基层党组织建设。（3）把农村基层组织建设作为一个系统工程，配套地抓好以党支部为核心的村级组织建设，同时抓好以增强服务功能为重点的经营体制建设，以民主管理为主要内容的工作制度建设。（4）要在改革和发展中研究新情况，解决新问题。

第四，要认真贯彻执行《村民委员会组织法（试行）》，继续开展村民自治示范活动，当前应着重抓好村民选举制度、村民议事制度、村务公开制度和村规民约制度。

第五，乡镇党委、政府对村级组织建设负有直接的责任，必须用足够的精力，扎扎实实、坚持不懈地抓好这项工作，要实行严格的责任制。从党政主要负责干部做起，每个乡镇干部都要分工负责，定期住村工作，确保实现村级组织建设"五个好"的目标。

第六，所有乡镇机关都应制定本乡镇两个文明建设的发展目标，并落实到每个村和乡镇机关每个单位、每个干部。每年组织村干部和人民代表，对乡镇机关和干部完成任务的情况进行评议，并将评议结果作为决定升降奖惩的依据。

第七，增强乡镇的管理和协调功能，理顺条块关系。乡镇党委是乡镇各项工作的领导核心，要尽职尽责，充分发挥作用。要围绕中心任务，组织动员县（市）直驻乡镇单位的力量，共同贯彻落实上级党委、政府布置的工作，为村级组织建设服务，为发展农村经济、促进农村进步服务。

　　1992—1997 年，各省、自治区、直辖市都安排了两次村民委员会选举。"海选"和与之相似的直接选举的试点范围进一步扩大，并带来了六点重要的突破。一是候选人提名方式的突破，采用了组织推荐、选民推荐、个人自荐等多种形式，不仅以个人自荐打破了以往选举工作的沉闷空气，还通过"海选"（完全由农民提名）使每一个选民都享有提名权。二是确定正式候选人的突破，以"预选"和村民无记名投票方式确定正式候选人，增强了选举透明度。三是介绍候选人方式的突破，改变了由组织（村党组织或村民委员会）介绍候选人的传统做法，不仅使候选人可以与选民直接见面、对话，还引入了竞争机制，鼓励候选人发表"治村方案"，开展平等竞争。四是写票方式的突破，在选举中普遍设立秘密画票间，保证选民按照自己的意愿填写选票。五是选举监督的突破，有些地方开始采用设立选举监督员的做法。六是确认程序的突破，摒弃了上级批准的手续，一切尊重选举结果。①

　　村民自治示范也是"十四大"时期发展农村基层民主的一个重头戏。1994 年 2 月 8 日，民政部印发了《全国农村村民自治示范活动指导纲要》，对村民自治示范村、示范乡（镇）和示范县的标准都作了明确的规定。1994 年 12 月 13 日，民政部又要求为各地的村民自治模范村和模范乡镇命名。1995 年 11 月 22 日，民政部对吉林省梨树县等 31 个村民自治县进行了表彰。

　　村务公开也开始在一些地方进行试点，并且在 1997 年 4 月召开了全国性的村务公开民主管理工作座谈会。1997 年 8 月 5 日，民政部发出《关于进一步建立健全村务公开制度深化农村村民自治工作的通知》，明确规定村务公开所涉及的内容，一是财务管理公开，二是计划生育指标公开，三是征用土地和宅基地审批公开，四是农民负担情况公开，五是集体经济项目承包、经营情况公开，六是农用挂钩物资分配和救灾救济款物发放公开，七是村干部年底工作目标、工资报酬、功绩过失情况公开。民政部还要求在实际工作中，各地可以根据本地实际情况，制定具有自身特点的村务公开内容，并随着形势的变化，不断调整、充实村务公开的内容，真正做到凡涉及农民群众切身利益的大事，都要向群众公开，接受群众监督。

---

　　①　1992—1997 年的全国村民委员会选举情况，见史卫民、郭巍青、汤晋苏、黄观鸿、郝海波《中国村民委员会选举：历史发展与比较研究》，第 76—189 页。

以选举带动村民自治的总体发展，应该是"十四大"时期农村基层民主发展的一个重要特点，并由此带来了学术界对农村选举的重视和研究，形成了改革开放以来中国选举研究的第一个高潮期。

（五）"目标导向"的政策利弊

综观"十四大"时期的"三农政策"，"目标导向"是其重要的特点，即设定明确的政策目标，一切政策措施都服从于目标。从粮棉生产到耕地面积，以及农民减负、加强农村基层组织建设、实施村民自治示范等，都设定了具体的甚至是数字化的目标。

从政策效果看，"十四大"时期三农政策的多数目标确实得以实现，但是"三农"所面临的深层次问题并没有解决。以农民减负为例，即便是实现了将农民村提留、乡统筹控制在年均收入5%之内的目标，农民依然无法摆脱乱收费、乱摊派、乱罚款的困扰，因为在体制、机制上存在着影响解决问题的重大障碍。只要允许地方政府和村级组织向农民收费，就很难制止"乱收费"的行为，其原因在于地方政府和村级组织有着强烈的"收费"和"榨取"冲动，可以一方面以落实政策目标为名，将农民的村提留、乡统筹控制在年均收入5%之内；另一方面编造各种名目（包括所谓的"其他"名目），强化收费行为，以实现自己的"增收"或"政绩"目标。由此不仅出现了上下矛盾的政策目标，也使"上有政策、下有对策"的做法在农村大行其道，而受害者则是失去了基本保护的广大农民。

也就是说，"目标导向"的政策强化了各级政府的责任，同时强化了政府的干预行为，但是对于农民而言，更多体现出的是"被管束者""被安排者"甚至"被剥夺者"的特征，其主动性特征逐渐丧失。"十四大"时期的农业发展波动、农民增收不快以及部分农村走向凋敝，与农民的负担日益加重以及农民的积极性下降有很大的关系。如何解决与三农有关的深层次问题，显然已经成为未来三农政策不得不认真面对的难题。

五 教育发展与科技进步

市场经济的发展，对教育和科技都有重要的影响，教育政策和科技政策在"十四大"时期都进入了一个重要的调整期。

（一）教育发展的政策目标

1993 年 2 月 13 日，中共中央、国务院印发《中国教育改革和发展纲要》，明确提出了教育发展的六个主要政策目标。（1）体制目标：建立适应社会主义市场经济体制和政治、科技体制改革需要的教育体制，更好地为社会主义现代化建设服务。（2）发展目标：全民受教育水平有明显提高，城乡劳动者的职前、职后教育有较大发展，各类专门人才的拥有量基本满足现代化建设的需要，形成具有中国特色的、面向二十一世纪的社会主义教育体系的基本框架，实现教育的现代化。（3）"两基"目标：全国基本普及九年义务教育（包括初中阶段的职业技术教育）。全国基本扫除青壮年文盲，使青壮年中的文盲率降到 5% 以下。（4）学前教育目标：大中城市基本满足幼儿接受教育的要求，广大农村积极发展学前一年教育。（5）高中和大学教育目标：大城市市区和沿海经济发达地区积极普及高中阶段教育，高中阶段职业技术学校在校学生人数有较大幅度的增加；高等学校培养的专门人才适应经济、科技和社会发展的需求，集中力量办好一批重点大学和重点学科，高层次专门人才的培养基本上立足于国内，教育质量、科学技术水平和办学效益有明显提高。（6）职业教育目标：未升学的初中和高中毕业生普遍接受不同年限的职业技术培训，使城乡新增劳动力上岗前都能得到必需的职业技术训练，并通过岗位培训、继续教育和在职学历教育，提高广大从业人员的思想文化素质和职业技能。

为实现这些目标而采用的政策措施，重点强调的是在社会主义市场经济条件下建立六种新的机制。

一是教育经费增长机制。即便在市场经济条件下，"国家办教育"的总原则不能改变，但是在教育经费筹集方面，可以引入市场因素，逐步建立以国家财政拨款为主，辅之以征收用于教育的税费、收取非义务教育阶段学生学杂费、校办产业收入、社会捐资集资和设立教育基金等多种渠道筹措教育经费的体制。为保证国家财政对教育事业的支持，不仅要求通过立法保证教育经费的稳定来源和增长，还要求逐步提高国家财政性教育经费支出占国民生产总值的比例，20 世纪末达到 4%，并确定了中央和地方政府教育拨款的增长要高于财政经常性收入的增长、各级财政支出中教育经费所占的比例"八五"期间逐步提高到全国平均不低于 15% 的具体目标。

二是开放办学机制。将市场因素引入教育领域，需要改变计划经济下的政府包揽办学的方式，逐步建立以政府办学为主体、社会各界共同办学的新体制。建立新体制的具体要求是，为保证义务教育的实施，基础教育仍以地方政府办学为主；高等教育则以中央、省（自治区、直辖市）两级政府办学为主，辅以社会各界参与办学，允许发展民办大学；职业技术教育和成人教育则主要依靠行业、企业、事业单位办学和社会各方面联合办学，并强调国家对社会团体和公民个人依法办学采取积极鼓励、大力支持、正确引导、加强管理的方针。

三是宏观管理机制。主要依靠行政手段管理教育的机制，在市场经济条件下要逐步改变为宏观管理机制，由此一方面要求转变政府职能，由政府对学校的直接行政管理，转变为运用立法、拨款、规划、信息服务、政策指导和必要的行政手段的宏观管理；另一方面要求重视和加强决策研究工作，建立有教育和社会各界专家参加的咨询、审议、评估等机构，对教育方针政策、发展战略和规划等提出咨询建议，形成民主的、科学的决策程序。

四是高等教育收费机制。由于高等教育是非义务教育，学生上大学原则上均应缴费，所以需要改革学生上大学由国家包下来的做法，逐步实行收费制度。高等教育收费，一方面要设定合理的收费标准，防止将高等教育变成"赚钱工具"；另一方面要建立贷学金和奖学金制度，由国家设立贷学金，对家庭经济有困难的学生提供帮助；国家、企事业单位、社会团体和学校均可设立奖学金，对品学兼优的学生和报考国家重点保证的、特殊的、条件艰苦的专业的学生给予奖励。

五是高校毕业生自主择业机制。计划经济体制下的高等学校毕业生"统包统分"和"包当干部"的就业制度，按照市场经济的要求，最终要改变为除对师范学科和某些艰苦行业、边远地区的毕业生实行一定范围内的定向就业外，大部分毕业生实行在国家方针政策指导下，通过人才劳务市场"自主择业"的就业机制。由旧制度转向新机制需要一个过渡期，因此近期国家任务计划招收的学生原则上仍由国家负责在一定范围内安排就业，实行学校与用人单位"供需见面"，落实毕业生就业方案，并逐步推行毕业生与用人单位"双向选择"的办法；委托和定向培养的学生按合同就业，自费生则全部自主择业。

　　六是教师激励机制。以职称、住房、福利、待遇为主要手段的教师激励机制，最重要的引入了竞争要素，不仅要克服平均主义、论资排辈的倾向，使贡献大的、教学质量高的教师有更高的工资收入；还要改革过于集中统一的工资管理体制，在国家宏观调控的前提下，使地方、部门和学校享有自主权；亦要在住房和其他社会福利方面实行优待教师的政策，对优秀教师和教育工作者进行精神和物质的奖励，对有突出贡献的教师要给予特殊津贴或奖励，并形成制度。

　　建立新的教育机制，需要必要的法律保障。1995 年 3 月 18 日八届全国人大三次会议通过了《中华人民共和国教育法》，从 1995 年 9 月 1 起施行。《教育法》特别强调了中华人民共和国公民有受教育的权利，公民不分民族、种族、性别、职业、财产状况、宗教信仰等，依法享有平等的受教育机会。教育活动必须符合国家和社会公共利益。教育是社会主义现代化建设的基础，国家保障教育事业优先发展。全社会应当关心和支持教育事业的发展，全社会应当尊重教师。对于教育基本制度、学校及其他教育机构、教师和其他教育工作者、受教育者、教育与社会、教育投入与条件保障、需要依法处理的各种不当行为等，《教育法》都作出了具体的规定。

　　实行综合性的教育经费投入机制后，全国的教育经费有较大增长，由 1992 年的 867.0 亿元，提高到 1997 年的 2531.7 亿元，增加 1.92 倍。其中社会团体和公民个人办学经费，由 1993 年的 3.33 亿元，提高到 1997 年的 30.17 亿元，增加 8.06 倍；社会捐资和集资办学经费，则由 1992 年的 69.63 亿元，提高到 1997 年的 170.66 亿元，增加 1.47 倍。①

　　国家财政性教育经费由 1992 年的 728.8 亿元，提高到 1997 年的 1862.5 亿元，增加 1.56 倍；但是 1992—1997 年国家财政性教育经费占国民生产总值的比例一直低于 3%，并且呈现的是下降趋势（1992 年 2.68%，1993 年 2.44%，1994 年 2.42%，1995 年 2.34%，1996 年和 1997 年均为 2.36%）。国家财政性教育经费中的预算内教育经费及其占国家财政支出的比例，已有三年（1994 年、1995 年和 1996 年）实现了各级财政支出中教育经费所占比例全国平均不低于 15% 的目标。

––––––––––––

　　①　1992—1997 年的各种教育统计数据，见《中国统计年鉴—2002》，第 672、674、678、701 页。

　　教育投入的增加，尤其是义务教育专款的增加，对实现"两基"教育目标产生了重要的推动作用。截至 1997 年年底，全国实现"两基"的县（市、区）累计达到 1882 个，人口覆盖率累计达到了 65%。

　　1993 年 7 月 15 日，国家教委发出《关于印发〈关于重点建设一批高等学校和重点学科点的若干意见〉的通知》，决定设置"211 工程"重点建设项目，即面向 21 世纪，重点建设 100 所左右的高等学校和一批重点学科点。在相应政策的激励下，中国的高等教育进入快速的"扩张期"，尽管普通高等学校由 1992 年的 1053 所，下降到 1997 年的 1020 所；但是高等学校的招生人数，由 1992 年的 75.4 万人增加到了 1997 年的 100 万人，增长 32.63%。

　　需要特别注意的是，1977 年恢复高等学校招生考试是高等教育政策的第一次重大变化，"十四大"时期的高等教育收费和高校毕业生自主择业，则是高等教育政策的第二次重大变化。中国教育体系引入市场机制后，有高中和大学在读学生的家庭，既要承担逐步增加的高中教育和高等学校教育收费，也要承担毕业生自主择业的就业压力，中、低收入家庭的教育负担和就业负担过重的问题，将会随着政策的落实而有所显现，并需要以新的政策措施来解决这样的问题。

（二）实施科教兴国战略

　　1995 年 5 月 6 日，中共中央、国务院作出《关于加速科学技术进步的决定》，就实施科教兴国战略的政策要点作出了全面的说明。

　　在科技发展方面的主要政策问题是科学技术是第一生产力的思想尚未得到全面落实，在体制、机制以及思想观念等方面还存在许多阻碍科技与经济结合的不利因素，多数企业还缺乏依靠科技进步的内在动力，科技成果转化率和科技进步贡献率较低，旧体制下形成的科技系统结构不合理、机构重复设置、力量分散的情况依然存在，全社会多元化的科技投入体系还未形成，科技投入过低的状况尚未改观。

　　科教兴国战略的政策目标是全面落实科学技术是第一生产力的思想，坚持教育为本，把科技和教育摆在经济、社会发展的重要位置，增强国家的科技实力及向现实生产力转化的能力，提高全民族的科技文化素质，把经济建设转移到依靠科技进步和提高劳动者素质的轨道上来，加速实现国家的繁荣强盛。到 2000 年的目标是初步建立适应社会主义市场经济体制和科技自身发展规律的科技体制，在工农业科学研究与技术开发、基础性研究、高技术研究等方面取得重大进展，科技进步对经济发展的贡献率有显著提高，经济建设、社会发展基本转向依靠科技进步和提高劳动者素质的轨道。

科技兴国战略的主要政策措施，一是大力推进农业和农村科技进步；二是依靠科技进步提高工业增长的质量和效益；三是发展高技术及其产业；四是推动社会发展领域的科技进步；五是切实加强基础性研究；六是深化科技体制改革，建立适应社会主义市场经济体制和科技自身发展规律的新型科技体制；七是建设高水平的科技队伍，提高全民族科技文化素质；八是多渠道、多层次地增加科技投入，尽快扭转我国科技投入过低的局面，提高各项科技经费的使用效益，到 2000 年全社会研究开发经费占国内生产总值的比例达到 1.5%；九是进一步扩大对外开放，广泛开展国际科技合作与交流。

1996 年 3 月 8 日专门成立了国家科技领导小组，主要职责是研究、制定国家科技政策，讨论、决定重要科技任务与项目，协调全国各部门科技工作的关系等。①

1996 年 10 月 3 日，国务院作出《关于"九五"期间深化科技体制改革的决定》，强调了推进科研体制改革的七方面政策措施。

在实行科学管理方面，一是要求加强宏观调控和规划布局管理，促进科技力量的联合和集成；二是要求优化投资结构，继续发展科学基金制，运用价值评议和同行专家评议等办法，提高资金利用效益；三是要求科技计划项目主要实行招标制，面向社会公开招标，保证立项的科学性和竞标的公开、公正性。四是要求不同类型的科研机构应探索包括院所长负责制、理事会决策制的改革，探索项目专家负责制的试点。

在促进科技成果转化方面，要求加强中试基地、工业性试验基地和工程技术开发中心的建设，进一步发展技术市场，建立公平、公开、公正的技术市场秩序，壮大技术中介组织和经纪人队伍。

在提高技术创新能力方面，要求积极创造条件，大力推进科研机构与高等学校和企业之间联合与协作，提高系统性、配套性的工程技术开发能力。

---

① 新华月报编辑部编：《新中国五十年大事记》（下），第 1068 页。

在人才培养方面，要求建立人尽其才、优秀人才脱颖而出的人才评价和培养使用机制，充分发挥老、中、青科技人员的作用，使科研工作在开放、流动、竞争、协作中更具活力和创新性。

在收入和生活保障方面，要求进一步改革科技人员收入分配制度，从事科研技术开发和科技成果转化工作的科技人员和科技管理人员，其收入应与科研水平和贡献挂钩；改革科技奖励制度，设立国家科技成果推广奖，建立科技工作评价体系和知识产权管理体系，形成新的科技工作激励机制；要努力改善科技人员的生活条件和工作条件，重点解决青年科技人员的住房问题。

在科研环境方面，要求坚持对外开放，积极参与国际交流和合作。认真贯彻"支持留学、鼓励回国、来去自由"的方针，积极创造条件，鼓励和引导留学人员、留居海外的科技人员应聘回国工作，或以多种形式为祖国建设服务。

在资金保障方面，要求"九五"期间中央财政要逐步增加科技投入，随着经济增长，各级地方财政都要努力增加科技投入，科技经费的增长要高于财政经常性收入的增长。

1992—1997年全国的科技经费有较大增长，由1992年的556.05亿元，提高到1997年的1181.93亿元，增加1.13倍。全国科技经费占国内生产总值的比例，已有三年（1992年、1993年和1995年）高于1.5%。国家财政用于科学研究的支出，由1992年的189.26亿元，提高到1997年的408.86亿元，增加1.16倍；但是国家财政用于科学研究支出的年增长率高于财政收入年增长率的只有1997年。[①]

（三）教育政策与科技政策的民主要求

教育政策和科技政策在"十四大"时期的"市场化"转型，预示着在未来的政策选择中会加入更多的市场经济因素，但是应该注意到对政策变化起重要作用的民主要素，已经显示出了三点重要的要求。

一是权利要求。教育政策和科技政策既涉及全民享有的受教育的权利，也涉及毕业生的就业权利以及教师、科技人员自由流动的权利，还涉及教育工作者、科技工作者的经济权利和社会权利等。这些权利都属于

---

① 《中国统计年鉴—2002》，第270、703页。

"应得权利"，需要得到来自政策的保障。这样的权利保障，有直接刺激个人积极性的作用（如对教师和科技人员的权利保障措施，可以提升其教学、科研的积极性），但是更重要的是提高国民的整体文化水平和国家的科学技术水平，为国家发展集聚能量，并不一定能在短期内看到积极性的快速提升。尤其是义务教育和扫盲，通过落实受教育权利，培养适应现代国家和现代生活的国民，强调的恰是为这样的国民在未来发展中发挥积极作用创造必要的条件。也就是说，以权利保障尤其是"应得权利"的保障调动公民积极性，既有"显性"途径，也有"隐性"途径。"显性"途径要求在权利保障和刺激公民个人的积极性方面建立直接的联系，如给予农民自主经营权、注重企业职工的经济权利、认可私营企业的经营权利以及认可教师和科研人员的"创收"权利等，都可以起到刺激个人发展积极性的重要作用。"隐性"途径则是以权利保障为未来的公民积极性奠定基础，可见的巨大投入并不能立刻见到效果，但是对未来的发展却是至关重要的。对于中国的发展而言，从"十一大"时期到"十三大"时期，明显侧重于权利保障的"显性"途径，"十四大"时期开始注重权利保障的"隐性"途径，显然是一个重要的进步，因为这两种途径都是不可缺少并且相辅相成的，没有"隐性"途径的支持，"显性"途径显然难以长期发挥其功效。

二是投入要求。教育和科技都需要大量的资金投入，由此需要注意两种不同的民主机制。一种是以"比例制"的方法确定国家财政对教育和科技的资金投入（包括中央和地方的投入），通过明确宣示教育经费和科技经费在国民生产总值、财政收入或财政支出中的应占比例，来维系这两类经费的持续增长。这样的方法既体现了政府的"分配"责任（尤其是在财政支出方面进行合理分配的责任），也体现了政府的"承诺"责任，即政府向全社会作出郑重的政策承诺，并以各种具体的政策措施来实现这样的承诺，以获取民众对政策和政府的信任。由此需要特别注意的是，对政府的资金投入不仅要看其是否有不断的增长，还要认真看待其是否实现了政府承诺的各种比例目标，因为后者更关系到政府责任是否落实的问题。另一种是以"鼓励"的方法吸引社会的资金投入教育领域和科技领域，使教育和科技的发展不仅得到国家财政的支持，也得到社会的支持。政府广泛吸纳资金办教育、办科技，并对这些资金进行有效监管，显然是必要的，但是在市场经济条件下，资金的开放和透明应该有机地联系在一起，从社会筹集的教育和科技经费，不仅要公开资金来源，还需要公开资金的使用情况和监管情况，使投资者和受益者都能够了解资金的运作过程和实际效果。对于这样的要求，显然还没有引起足够的重视。

三是参与要求。教育和科技的发展，都需要广泛的参与，尤其是知识分子的积极参与。教育工作者做好教书育人工作，科技工作者做好科研工作，确实是一种重要的参与行为，但是参与教学机构和科研机构的民主管理，尤其是参与教育政策和科技政策的制定、执行和监督、评价，同样是重要的参与行为。由此不仅需要在国家层面的政策过程中确立专家、学者参与的机制（这一点已经引起高度重视并付诸实践），还需要在教学机构和科研机构内部建立政策参与和民主管理的机制（这一点已经提出要求，但是并没有全面落实）。在知识分子"成堆"的地方，既可能是对民主参与最不感兴趣的地方，也可能是最不民主的地方甚至最滥用民主的地方，因此也是最需要建立真正的民主政策过程的地方。

六　着手建立社会保障体系

市场经济的发展会为社会带来不少新问题，为保证社会稳定，需要建立一套完整的社会保障体系，"十四大"时期已经开始着手这方面的政策安排。

(一)"八七"扶贫攻坚

解决贫困人口问题，是国家为社会进步提供的一个重要的保障。按照1993年3月的统计，全国699个由国家和省（区）重点扶持的贫困县，人均粮食产量已经达到700斤以上，但还有2700万农村人口人均纯收入在200元以下，人均收入在200—300元之间的6000多万群众尚未摆脱贫困，在温饱线上起伏不定。[①]

1994年2月28日至3月3日召开的全国扶贫开发工作会议确定的"国家八七扶贫攻坚计划"，对扶贫政策作出了全面的规划。

扶贫攻坚的"八七"政策目标，是从1994年到2000年，对全国农村8000万贫困人口的温饱问题，集中人力、物力、财力，动员社会各界力

---

① 新华月报编辑部编：《新中国五十年大事记》（下），第988页。

量，力争用 7 年左右的时间基本解决。

扶贫攻坚的难点在于，尽管贫困人口只占全国农村总人口的 8.87%，但是扶贫开发的任务十分艰巨。这些贫困人口主要集中在国家重点扶持的 592 个贫困县，分布在中西部的深山区、石山区、荒漠区、高寒山区、黄土高原区、地方病高发区以及水库库区，而且多为革命老区和少数民族地区，共同特征是地域偏远、交通不便、生态失调、经济发展缓慢、文化教育落后、人畜饮水困难、生产生活条件极为恶劣。

建立社会主义市场经济体制为贫困地区的发展带来了前所未有的机遇和更加广阔的前景，但在这个过程中贫困地区与沿海发达地区的差距也在扩大。在这种新形势下，抓紧扶贫开发，尽快解决贫困地区群众的温饱问题，改变经济、文化、社会的落后状态，缓解以至彻底消灭贫困，不仅关系到中西部地区经济的振兴、市场的开拓、资源的开发利用和整个国民经济的持续、快速、健康发展，而且也关系到社会安定、民族团结、共同富裕以及国家现代化的进程。因此，需要特别注意扶贫攻坚的深远政策影响。

扶贫攻坚确定了三类基本政策标准。第一类是针对个人的收入标准，要求的是到 20 世纪末绝大多数贫困户年人均纯收入达到 500 元以上（按 1990 年的不变价格）。第二类是针对贫困户的扶持标准，要求为贫困户人均建成半亩到一亩稳产高产的基本农田；户均一亩林园，或一亩经济作物；户均向乡镇企业或发达地区转移一个劳动力；户均一项养殖业，或其他家庭副业。第三类是贫困地区的基础设施建设标准，要求基本解决人畜饮水困难，绝大多数贫困乡镇和有集贸市场、商品产地的地方通公路，消灭无电县，绝大多数贫困乡用上电。

在政策方法上，扶贫攻坚要求继续坚持开发式扶贫的方针，一是重点发展投资少、见效快、覆盖广、效益高，有助于直接解决群众温饱问题的种植业、养殖业和相关的加工业、运销业；二是积极发展能够充分发挥贫困地区资源优势又能大量安排贫困户劳动力就业的资源开发型和劳动密集型的乡镇企业；三是通过土地有偿租用、转让使用权等方式，加快荒地、荒山、荒坡、荒滩、荒水的开发利用；四是有计划有组织地发展劳务输出，积极引导贫困地区劳动力合理、有序地转移；五是对极少数生存和发展条件特别困难的村庄和农户，实行开发式移民；六是在扶贫开发中可使用信贷优惠政策、财税优惠政策和经济开发优惠政策。

扶贫攻坚需要大量的经费投入，为此作出的政策安排，一是国家用于扶贫的各项财政、信贷资金要继续安排到2000年；二是从1994年起，再增加10亿元以工代赈资金，10亿元扶贫贴息贷款，执行到2000年。

扶贫攻坚需要有效的政策执行才能见效，由此需要三种重要的机制。第一种是"挂钩扶贫"机制，要求扶贫任务分解到中央各部门，中央和地方党政机关及有条件的企事业单位，都应积极与贫困县定点挂钩扶贫，一定几年不变，不脱贫不脱钩，动员人民团体和社会力量参与扶贫工作并积极开展国际合作。第二种是"责任"机制，要求坚持分级负责、以省为主的省长（自治区主席、市长）负责制。第三种是"约束"机制，明确要求在完成解决群众温饱的攻坚任务之前，贫困县不准购买小轿车，不准兴建宾馆和高级招待所，不准新盖办公楼，不准县改市。

1995年6月6日至9日，国务院又召开全国扶贫开发工作会议，指出全国农村没有解决温饱的绝对贫困人口，已经减少到1994年年底的7000万人。国务院要求以每年解决1000万以上贫困人口的速度，力争到20世纪末使现有的7000万贫困人口脱贫。1996年9月23日至25日召开的中央扶贫开发工作会议，更强调了"扶贫到户""扶贫到人"和"真扶贫，扶真贫"，显示扶贫已开始从"扶贫开发"向实施"精准扶贫"的战略转变。[①]

1992—1997年的扶贫攻坚取得了良好的成绩，尽管贫困线的标准已经有所提高，由1992年的年人均收入317元提高到1997年的640元，但是全国贫困人口的总数，还是由1992年的8000万人，下降到了1997年的4962万人。中央财政的扶贫资金，则由1992年的26.6亿元上升到1997年的68.15亿元，增加1.56倍。[②] 仅从中央财政的扶贫资金看，贫困人口人均得到的中央财政扶助，已经由1992年的33元，上升到1997年的137元（1993年55元，1994年75元，1995年81元，1996年91元）。对贫困人口财政资助的人均标准不断提高，为向"精准扶贫"转变提供了基础性的条件。

（二）建立城市居民最低生活保障制度

为社会提供的基础性保障，既要解决农村的贫困人口问题，也要解决

---

① 新华月报编辑部编：《新中国五十年大事记》（下），第1046—1047页。

② "人民网"2016年10月17日载文《中国贫困人口数为何大起大落》。

城镇居民的"相对贫困"问题。"市场化"的企业改革，导致下岗、失业困难群体的出现。1995 年前后，全国下岗、失业困难群体已经达到 1867 万人，其中失业和下岗的 485 万人。这些人员年龄段大体上在 30—50 岁之间，文化程度基本上都是初中或高中，所有制以国有制为主。他们的贫困状况相当严重，有的学者通过调查指出，在这些家庭中，20% 已经离婚，50% 家庭不和。为了解决城市中出现的贫困现象，中央政府开始探索解决城市贫困的新措施、新政策和新办法，这一探索的集中体现，就是建立城市居民最低生活保障制度。

城市居民最低生活保障标准的制定，最早出现在上海市。1993 年 4 月，上海市民政局根据贫困对象救助的新形势，提出要确定一条能够随物价指数进行调整的最低生活保障线，作为各行各业实施困难补助的基本标准。这一意见得到市政府的支持。经过市政府研究决定，建立了两条线，一是居民最低生活保障线，标准为月人均 120 元；二是职工最低工资标准，月人均 210 元。1993 年 5 月 7 日，上海市民政局、财政局、劳动局、人事局、社会保险局、总工会联合发布《关于本市城镇居民最低生活保障线的通知》，宣布自 1993 年 6 月 1 日起实施最低生活保障，标准为月人均 120 元。

在上海市出台城市居民最低生活保障政策之后，1994 年 5 月召开的第十次全国民政会议明确提出了把"对城市社会救济对象逐步实行按当地最低生活保障线标准进行救济"列入"民政工作今后五年乃至本世纪末的发展目标"。至 1995 年年底，全国又有厦门、青岛、福州、大连、广州、沈阳、本溪、抚顺、丹东、海口、无锡等 12 个城市出台了居民最低生活保障政策。到 1996 年年底，实施居民最低生活保障政策的城市增加到 116 个，山东、江苏、浙江、广东等省还实现了整体设计，连片实施。到 1997 年 8 月，全国实施居民最低生活保障政策的城市总数达到 206 个，占当时全国城市总数的 1/3，已经有 220 万城市贫困人口不同程度地得到保障。

1997 年 9 月 2 日，国务院发出《关于在全国建立城市居民最低生活保障制度的通知》，强调为了确保"九五"期间在全国建立城市居民最低生活保障制度，1997 年年底以前已建立这项制度的城市要逐步完善，尚未建立这项制度的要抓紧做好准备工作，1998 年年底以前地级以上城市都要建立起这项制度，1999 年年底以前县级市和县政府所在地的镇要建立起这项制度。各地要根据当地实际情况，逐步使非农业户口的居民得到最低生活保障。实施城市居民最低生活保障制度所需资金，由地方各级人民政府列入财政预算，纳入社会救济专项资金进行专项管理。

由于城市居民最低生活保障处于初创阶段，所以作为居民救助的财政投入完全由地方负责，中央所做的只是"给政策"，中央财政还未给予专款性的投入。[①]

（三）改革企业职工养老制度

改革企业职工养老制度，是1991年提出来的。1991年6月26日发出的《国务院关于企业职工养老保险制度改革的决定》，要求随着经济的发展，逐步建立基本养老保险与企业补充养老保险和职工个人储蓄性养老保险相结合的制度，改变养老保险完全由国家、企业包下来的办法，实行国家、企业、个人三方共同负担的办法，职工个人也要缴纳一定的费用。基本养老保险基金由政府根据支付费用的实际需要和企业、职工的承受能力，按照以支定收、略有结余、留有部分积累的原则统一筹集。企业缴纳的基本养老保险费，按本企业职工工资总额和当地政府规定的比例在税前提取，由企业开户银行按月代为扣缴。职工个人缴纳基本养老保险费，在调整工资的基础上逐步实行，缴费标准开始时可不超过本人标准工资的3%，以后随着经济的发展和职工工资的调整再逐步提高。职工个人缴纳的基本养老保险费，由企业在发放工资时代为收缴。

1995年3月17日，国务院发出《关于深化企业职工养老保险制度改革的通知》，强调企业职工养老保险制度改革的目标是到20世纪末，基本建立起适应社会主义市场经济体制要求，适用城镇各类企业职工和个体劳动者，资金来源多渠道、保障方式多层次、社会统筹与个人账户相结合、权利与义务相对应、管理服务社会化的养老保险体系。基本养老保险应逐步做到对各类企业和劳动者统一制度、统一标准、统一管理和统一调剂使用基金。深化企业职工养老保险制度改革的原则是保障水平要与我国社会生产力发展水平及各方面的承受能力相适应；社会互济与自我保障相

---

① "城市居民最低生活保障"的政策案例说明，引自王振耀《城市居民最低生活保障政策的历史性发展》，载中国社会科学院公共政策研究中心、香港城市大学亚洲管治研究中心编《中国公共政策分析，2003年卷》，中国社会科学出版社2003年1月版，第99—120页。

结合，公平与效率相结合；政策统一，管理法制化；行政管理与保险基金管理分开。基本养老保险费用由企业和个人共同负担，实行社会统筹与个人账户相结合，在理顺分配关系，加快个人收入工资化、工资货币化进程的基础上，逐步提高个人缴费比例。

1997 年 7 月 16 日，国务院又发出《关于建立统一的企业职工基本养老保险制度的决定》，强调为解决基本养老保险制度不统一、企业负担重、统筹层次低、管理制度不健全等问题，必须建立统一的企业职工基本养老保险制度。在政策层面，一是要求规范企业和职工个人养老保险费的缴纳，企业缴纳基本养老保险费的比例，一般不得超过企业工资总额的20%，具体比例由省、自治区、直辖市人民政府确定。个人缴纳基本养老保险费的比例，1997 年不得低于本人缴费工资的 4%，1998 年起每两年提高 1 个百分点，最终达到本人缴费工资的 8%。二是要求建立统一的职工基本养老个人账户。三是要求统一基本养老金计发办法，实行"老人老办法""新人新办法"。在统一制度实施前参加工作、实施后退休的人员（简称"中人"），则采用过渡性的办法。四是要求根据社会平均工资，基本养老金相应增长。五是要求确保企业离退休人员基本养老金按时足额发放。

也就是说，企业职工养老的政策在"十四大"时期已经由"国家、企业、个人分担"转向了"企业和个人分担"，并且以养老基金社会平衡的方式来解决企业职工养老问题。全国的企业在职职工参加养老保险的人数，由 1992 年的 7774.7 万人上升到 1997 年的 8670.9 万人。1992—1997年全国基本养老保险基金，一直保持收入大于支出的格局，使得基本养老基金的累计结余，由 1992 年的 220.6 亿元上升到了 1997 年的 682.8亿元。①

（四）推进城镇住房改革

城镇住房制度的改革，在"十四大"时期由试点走向全面铺开。1994 年 7 月 18 日国务院发出《关于深化城镇住房制度改革的决定》，强调城镇住房制度改革作为经济体制改革的重要组成部分，其根本目的是建立与社会主义市场经济体制相适应的新的城镇住房制度，实现住房商品

---

① 《中国统计年鉴—2013》，第 850—851 页。

化、社会化，加快住房建设，改善居住条件，满足城镇居民不断增长的住房需求。为全面推进城镇住房制度改革，国务院要求实施四项政策。

第一，全面推行住房公积金制度。所有行政和企事业单位及其职工，均要按照"个人存储、单位资助、统一管理、专项使用"的原则，缴纳住房公积金。住房公积金由在职职工个人及其所在单位，按职工个人工资和职工工资总额的一定比例逐月缴纳，归个人所有，存入个人公积金账户，用于购、建、大修住房，职工离退休时，本息余额一次结清，退还职工本人。

第二，积极推进租金改革。在职工家庭合理住房支出范围内，加大租金改革力度，到2000年住房租金原则上达到占双职工家庭平均工资的15%。各地可根据实际情况制定并公布2000年以前租金改革规划。租金提高的幅度和次数，应与当地居民的收入水平相适应，根据物价指数控制目标统筹安排。

第三，稳步出售公有住房。城镇公有住房，除市（县）以上人民政府认为不宜出售的外，均可向城镇职工出售。职工购买公有住房应坚持自愿的原则，新建公有住房和腾空的旧房实行先售后租，并优先出售给住房困难户。向高收入职工家庭出售公有住房实行市场价，向中低收入职工家庭出售公有住房实行成本价。职工按成本价或标准价购买公有住房，每个家庭只能享受一次，购房的数量必须严格按照国家和各级人民政府规定的分配住房的控制标准执行，超过标准部分一律执行市场价。职工以市场价购买的住房，产权归个人所有，可以依法进入市场，按规定缴纳有关税费后，收入归个人所有。职工以成本价购买的住房，产权归个人所有，一般住用5年后可以依法进入市场，在补缴土地使用权出让金或所含土地收益和按规定缴纳有关税费后，收入归个人所有。

第四，加快经济适用住房的开发建设。各地人民政府应重视经济适用住房的开发建设，加快解决中低收入家庭的住房问题。对经济适用住房建设项目，要在计划、规划、拆迁、税费等方面予以政策扶持。房地产开发公司每年的建房总量中，经济适用住房要占20%以上。在建房、售房等方面，对离退休职工、教师和住房困难户应予以优先安排。

1995年2月6日国务院办公厅发出《转发国务院住房制度改革领导小组国家安居工程实施方案的通知》，要求配合城镇住房制度改革，组织实施安居工程。国家安居工程从1995年开始实施，在原有住房建设规模基础上，新增安居工程建筑面积 1.5 亿平方米，用五年左右时间完成。1995 年国家安居工程建设规模暂定 1250 万平方米，约需建设资金 125 亿元，其中国家在固定资产贷款计划中安排贷款规模 50 亿元，由国家专业银行提供贷款，其余资金由地方自筹解决。1995 年以后，建设规模和贷款规模一年一定。

在中央的推动下，城镇住房制度改革有较大进展。1997 年年底，35 个大中城市的公房租金在原有基础上有了较大的提高，深圳等城市已率先达到成本租金水平。公房出售在 1996 年以后也有了相当迅速的进展，到 1998 年中，全国城镇自有住房占全部住房的比例已超过 50%，部分省市已超过 60%。安居工程的进展也较快，1997 年年底的建设规模为 7159 万平方米，解决了 65 万户城镇居民的住房问题。到 1998 年 6 月底，全国归集的住房公积金总额已经达到 980 亿元。[①]

（五）关注产品质量

1996 年发生的云南省会泽县假酒中毒案，震惊了全国。云南省会泽县者海镇六村农民李荣平、蒋红梅在 1995 年 7 月至 1996 年 2 月间，在没有生产经营执照的情况下，雇用尹广才等人，用食用酒精兑制劣质散装白酒进行销售牟利，被工商管理机关查封并罚款。1996 年 6 月 15 日，李荣平、蒋红梅从某化工公司购买甲醇 3300 公斤，指使尹广才等人兑制成散装白酒 1 万多公斤，由蒋红梅、尹广才等人销往本县的大井等乡镇，造成 33 人饮用之后甲醇中毒死亡，100 余人致伤。李荣平还将其购买的甲醇 510 公斤卖给会泽县者海镇范家村农民彭传云，彭传云用此兑制成散装白酒 2000 余公斤销售牟利，造成 16 人饮后中毒，其中 2 人死亡。会泽县罗布古镇农民陈建武在假酒中毒案发生后，仍于 1996 年 7 月上旬出售用甲醇兑制的散装白酒，造成 1 人饮用后中毒死亡。5 名制售假酒的人，都被判处了死刑，但产品质量的问题，已经引起了国内民众的广泛关注。[②]

1996 年 12 月 24 日国务院印发了《质量振兴纲要（1996—2010

---

① 1992—1997 年"城市住房制度改革"的政策案例说明，引自寻寰中、范学臣、王进杰《从计划走向市场的城镇住房政策》，载中国社会科学院公共政策研究中心、香港城市大学公共管理及社会政策比较研究中心编《中国公共政策分析，2002 年卷》，中国社会科学出版社 2002 年 1 月版，第 219—240 页。

② 新华月报编辑部编：《新中国五十年大事记》（下），第 1046—1047 页。

年)》,对注重产品质量、工程质量和服务质量的政策提出了明确的要求。

产品质量、工程质量、服务质量主要存在五方面的问题。(1)一些原材料、基础元器件等产品质量不高,生产过程中不良产品带来的损失严重。(2)一些工程质量达不到国家标准或规范要求,有的工程设计及设备选型不合理,施工质量不高,甚至存在结构隐患。(3)服务质量波动较大,商品售后服务跟不上。(4)不少企业质量管理水平不高,规章制度不健全,自我约束力不强。(5)质量管理有效手段不足,法制建设有待进一步完善与加强。

质量振兴政策的目标是经过五年至十五年的努力,从根本上提高主要产业的整体素质和企业的质量管理水平,使我国的产品质量、工程质量和服务质量跃上一个新台阶,重点是在以下几个方面取得成效。(1)到2010年,主要产业的整体素质基本适应国际经济竞争的需要。(2)到2000年,主要工业产品75%以上按国际标准或国外先进标准组织生产,达到国际先进水平的优等品率有明显提高,产品售后服务有明显改善。国家重点产品可比性跟踪监督抽查的合格率达到90%以上,出口产品的出厂合格率达到100%,主要产业的产品质量和服务水平基本达到国家标准。(3)到2000年,铁路、交通、民航、商业、旅游、医疗卫生以及金融、保险、房地产、信息咨询等传统和新兴服务行业,全面推行服务质量国家标准,初步实现服务质量的制度化、程序化、标准化。到2010年,服务质量基本达到国际标准。

质量振兴政策的主要政策措施,一是加强质量法制教育,增强质量法制观念。企业要切实履行法定的质量义务,做到依法生产、经营。广大用户和消费者要运用质量法律、法规,依法维护自身的合法权益。二是把提高劳动者的素质作为提高质量的重要环节。三是充分发挥新闻媒介、行业组织、群众团体的舆论宣传和监督作用。继续开展"质量月""质量万里行""3·15保护消费者权益日"等活动,动员广大人民群众投身质量振兴事业,形成全社会重视质量的环境和风气。四是强化质量监督,加强对重点行业、重点产品和重点建设项目以及城乡住房的质量监督。依法严厉惩处生产和销售假冒伪劣商品的违法行为,严厉制裁包庇、纵容生产销售假冒伪劣商品的有关责任者,坚决消除地方保护主义或部门保护主义。五是商品市场应当建立质量监管机制,制定处理商品质量问题的规范化程序,逐步形成完善的质量监督体系。进入市场流通的商品必须具备规范化的质量标识。商业企业要切实加强进货商品质量检查验收，依法履行商品质量责任。六是建立健全全国的质量认证制度，积极推进质量认证的国际双边互认和多边互认。七是有关部门和单位，要按照有关法律、法规规定，受理质量投诉和质量仲裁检验，调解质量纠纷，维护用户、消费者和企业的合法权益。八是建立质量振兴联席会议制度，国务院经济综合管理部门和质量监督管理部门根据工作需要召开联席会议，组织协调有关重大问题。

1992—1997 年国家对产品质量的抽查情况并不很乐观。全国抽查企业中无不合格品企业所占的比例有所上升，由 1992 年的 65.41%，上升到 1997 年 75.65%；国家抽查的产品样品合格率，则有所波动（1992 年 70.1%，1996 年 70.4%，1997 年 69.8%，1995 年 75.4%，1996 年 77.2%，1997 年 78.3%），并且产品优等率和一等品率都不高，由 75 个重点工业城市抽样数据汇总的产品质量优等品率，1995 年为 17.8%，1996 年为 16.3%，1997 年为 15.9%；产品质量一等品率，1995 年为 31.8%，1996 年为 33.5%，1997 年为 40.0%。①

（六）加强生态环境保护

改革开放以来，中国的环境保护政策有所发展，20 世纪 70 年代重点强调的是治理"三废"（废水、废气、固体废弃物）和实施"三同时"制度（与建设项目有关的环境保护措施，必须与主体工程同时设计、同时施工、同时投入使用）。20 世纪 80 年代不仅宣布环境保护是中国一项基本国策，还确定了"预防为主、防治结合""谁污染谁治理""强化环境管理"三大政策，并推行了环境影响评价、三同时、排污收费、环境保护目标责任、城市环境综合整治定量考核、排污申请登记与许可证、限期治理、集中控制八项制度。②

1992 年 9 月，为了对 6 月份的联合国环境与发展大会作出回应，中国政府提出了《中国环境与发展的十大对策》。一是实行持续发展战略。二是采取有效措施，防治工业污染。三是深入开展城市综合整治，认真治理城市"四害"（烟尘、污水、固体废物、噪声）。四是提高能源利用效率，改善能源结构。五是推广生态农业，坚持不懈地植树造林，切实

---

① 《中国统计年鉴—2002》，第 716 页。
② 朱崇实、陈振明主编：《中国公共政策》，第 321—323 页。

加强生物的多样性保护。六是大力推进科技进步，加强环境科学研究。七是运用经济手段保护环境。八是加强环境教育，不断提高全民族的环境意识。九是健全法制，强化环境管理。十是制定中国环境与发展行动计划。

尽管中国提出了十大对策，环境保护依然是决策者关注的重要问题，正如1996年的国务院政府工作报告所言，加强环境、生态保护，合理开发利用资源，这是功在当代、泽及子孙的大事。我国人均耕地、水、森林和不少矿产资源都低于世界人均水平，又处在迅速推进工业化的发展阶段，加上粗放的生产经营方式，资源浪费和环境污染相当严重。随着人口增加和经济发展，这个问题可能更加突出。要依法大力保护并合理开发利用土地、水、森林、草原、矿产和生物等自然资源，千方百计减少浪费。尽快完善自然资源有偿使用制度和价格体系，建立资源更新的经济补偿机制。坚持经济建设、城乡建设与环境建设同步规划、同步实施、同步发展，所有建设项目都要符合环境保护的要求。各级政府都要依法严格管理环境，特别要加强对工业污染的控制和治理，以及城市环境的整治。到2000年，力争使环境污染和生态破坏加剧的趋势得到基本控制，部分城市和地区的环境质量有所改善。

1996年8月3日，国务院在《关于环境保护若干问题的决定》中又强调了实行环境质量行政领导负责制、坚决控制新污染、加快治理老污染、禁止转嫁废物污染、逐步提高环境污染防治投入占本地区同期国民生产总值的比重等政策措施，并要求报纸、广播、电视等新闻媒介及时报道和表彰环境保护工作中的先进典型，公开揭露和批评污染、破坏生态环境的违法行为，对严重污染、破坏生态环境的单位和个人予以曝光，发挥新闻舆论的监督作用。

环境保护需要对环境污染的事故进行认真的处理，但是这些事故的影响往往是比较严重的。以1994年为例，全国统计的环境污染和破坏事故共计3001次，其中水污染1617次，占53.88%；大气污染986次，占32.86%；固体废物污染58次，占1.93%；噪声危害76次，占2.53%；其他污染264次，占8.80%。由于这些污染造成了重大的损失，污染事故的赔款和罚款共计5093万元。①

---

① 《中国统计年鉴—1995》，第704页。

（七）建立新型的社会关系

在走向市场经济的过程中着手建立社会保障体系，需要以一种新型的社会关系作为基础。这样的社会关系，既要打破国家包揽城镇居民福利（尤其是通过"单位制"包揽体制内人员全部福利）的传统社会保障方法，也要使缺乏福利保障的农村居民能够享受国家的基本社会保障。"双向结合"的社会关系（个人与单位及单位所代表的国家的结合、农民与所在地组织的结合），已经开始转变为"多向结合"的社会关系，重点是国家、市场、单位或组织、公民个人四个要素的结合。这样的结合，强调的是解决福利和社会保障问题时，国家、市场、单位或组织、公民个人不但要共同分担责任，还要共同承受负担，使不断增加的社会保障需求能够在一定程度上得到满足。"十四大"时期已经通过一系列的民生政策，体现出国家、市场、单位或组织、公民个人四要素结合的不同做法。

为解决贫困问题，无论是针对农村的贫困人口，还是城镇的相对贫困人口，倚重的都是国家增加财政投入的救助办法，但是要实现针对公民个人的"精准救助"，既要注意与市场结合的救助标准和采用一些必要的市场手段，也要有基层组织和单位的积极配合，尤其是在确定谁是救助对象以及具体实施救助方面的配合。这样的方法，主要体现的是"国家主导与市场、单位或组织、公民个人积极配合"的关系。

在解决企业职工养老问题方面，原来设定的政策方案是国家、企业、个人三方共同负担养老经费，并且通过市场运作的方式来保证企业职工养老费的发放。后来全面实施的政策，则是由国家制定政策标准，企业和个人共同负担养老经费，以市场运作的方式筹集养老基金，并以此保证企业职工养老费的顺利发放。这样的方法，主要体现的是"国家调节、市场运作、单位与个人共同负担"的关系。

城镇居民住房制度的改革，既要求住房商品化和租金市场化，也要求国家和单位对公民个人进行一定的补贴并给予政策优惠，还要求单位和个人共同缴纳住房公积金，对个人买房、修房预备出一定的经费支持。这样的方法，主要体现的是"市场主导与国家、单位、个人共同分但"的关系。

对于产品质量、服务质量以及环境保护问题，则是既注意到了国家的责任和政府强力管制的方法，也注意到了市场规律的运作要求和运作方法，还注意到了单位和公民个人的责任，并特别强调了来自公民的监督的重要性，要求唤起公民的产品安全和环境安全意识。这样的方法，主要体现的是"四方共同参与"的关系。

建立新型的社会关系，尤其是将国家、市场、单位或组织、公民个人四大要素结合在一起，共同解决社会保障问题，是"民主的政策"重点关注的问题，因为"符合民主精神的政策"，就是要把不同的力量聚合到共同关注的政策问题上，并通过共同的努力来解决政策难题。四大要素的结合还可以有更多的方法，但关键点是在建立社会保障体系的过程中，通过各要素的结合，可以走出一条成本共担的新路。

七　机构改革与依法决策

为适应经济体制改革的需要，"十四大"时期在政治体制改革方面的重要举措就是进行了新一轮的机构改革并建立了公务员制度，还依据依法治国的理念，提出了依法决策的明确要求。

（一）转变政府职能的机构改革

十四大报告明确指出，加快政府职能的转变，是上层建筑适应经济基础和促进经济发展的大问题，不在这方面取得实质性进展，改革难以深化、社会主义市场经济体制难以建立。机构改革，精兵简政，是政治体制改革的紧迫任务，也是深化经济改革、建立市场经济体制和加快现代化建设的重要条件。机构改革、精兵简政是一项艰巨任务，必须统筹规划，精心组织，上下结合，分步实施，三年内基本完成。

1993 年的国务院政府工作报告对以转变政府职能为核心的机构改革（改革开放以来的第三次机构改革）的基本政策思路作了说明，重点强调的是五方面的要求。

一是政府机构改革的目标，是围绕转变政府职能这个中心环节，用三年时间基本完成各级政府机构改革的任务。

二是国务院机构改革，要求本着转变职能、理顺关系、精兵简政、提高效率的原则制定改革方案，重点是加强宏观调控和监督部门，强化社会管理职能部门，一部分专业经济部门转变为行业管理机构或经济实体。由于市场经济体制尚在形成过程中，某些关系国计民生的基础行业部门还不能取消，但要大力精简内设机构，减少人员，不再直接管理企业。

三是地方政府机构改革，要求对省和省以下的机构在设置上区别对待，给地方一定的自主权，国家规定机构设置和人员编制限额，区别必设机构和因地制宜设置的机构，后一类不要求上下对口设置。地区机构改革要同调整行政区划相结合，地和地级市并存于一地的，原则上要合并。县级政府要按照"小机构，大服务"的方向，将大部分专业经济部门改为经济实体或服务实体。乡一级机构要结合加强基层政权建设和完善农村社会化服务体系进行精简，减少脱产人员。

四是政府人员精简，要求各级国家机关工作人员总数减少幅度在25%左右。在机构改革中，要建立健全各级政府机关和工作人员责任制，确定各级行政机构的职能、编制和定员。在完成机构改革的地区和部门，实行国家公务员制度。要把精简机构同改善机关人员结构、提高人员素质结合起来。政府机关工作人员一般素质比较高，有一定管理经验和业务专长，在精简中要妥善安排，进行必要的培训，实现人才分流。

五是转变政府职能，强调机构精简后，政府的责任不是减轻了，而是加重了。各级政府必须切实加强勤政廉政建设，政府工作人员都要认真学习，不断提高政策水平和业务能力。加强政务纪律和经济纪律，保证政令畅通，纠正有令不行、有禁不止的现象，使各项政策能够得到正确的贯彻落实。

国务院的机构改革于1993年内完成，国务院的机构由86个调整为59个，国务院机构定员共精减20%左右。1993年7月21日召开的全国机构改革工作会议，明确要求地方各级机构人员精简比例为25%左右。此后开始实施的地方机构改革，使各级机关人员减少200万人。但是此次机构改革，机构臃肿的问题并没有很好地解决，转变政府职能也难以实现。政府机关人员虽然有所精简，但相当部分转入事业单位，吃财政饭的人数不仅没有减少，反而有所增加。①

（二）建立公务员制度

建立公务员制度的设想，在"十三大"时期已经提出。十四大报告

---

① 1993年"机构改革"的政策案例说明，引自张雅林《中国政府机构改革：减员增效》，载中国社会科学院公共政策研究中心、香港城市大学公共管理及社会政策比较研究中心编《中国公共政策分析，2001年卷》，中国社会科学出版社2001年1月版，第18—40页。

则明确提出了建立国家公务员制度的要求。1993 年 8 月 14 日国务院发布了《国家公务员暂行条例》，1993 年 9 月 1 日起施行。

《国家公务员暂行条例》明确指出建立国家公务员制度是为了实现对国家公务员的科学管理，保障国家公务员的优化、廉洁，提高行政效能，并强调国家公务员制度要贯彻以经济建设为中心，坚持四项基本原则，坚持改革开放的基本路线；坚持为人民服务的宗旨和德才兼备的用人标准；贯彻公开、平等、竞争、择优的原则。①

按照《国家公务员暂行条例》的规定，国家公务员享有八项权利和八项义务。公务员的八项权利，一是非因法定事由和非经法定程序不被免职、降职、辞退或者行政处分；二是获得履行职责所应有的权力；三是获得劳动报酬和享受保险、福利待遇；四是参加政治理论和业务知识的培训；五是对国家行政机关及其领导人员的工作提出批评和建议；六是提出申诉和控告；七是依照本条例的规定辞职；八是宪法和法律规定的其他权利。公务员的八项义务，一是遵守宪法、法律和法规；二是依照国家法律、法规和政策执行公务；三是密切联系群众，倾听群众意见，接受群众监督，努力为人民服务；四是维护国家的安全、荣誉和利益；五是忠于职守，勤奋工作，尽职尽责，服从命令；六是保守国家秘密和工作秘密；七是公正廉洁，克己奉公；八是宪法和法律规定的其他义务。

1993 年 12 月 8 日中共中央组织部发出通知，要求中国共产党的中央纪委机关、中央直属工作部门以及中央议事性的委员会、领导小组下设的编制单列的办公室等，参照试行《国家公务员暂行条例》。党的机关参照试行《国家公务员暂行条例》的工作，结合机构改革和工资制度改革，与国家行政机关推行国家公务员制度同步进行。争取用三年或更多一点时间，从中央到地方，有计划、分步骤地实施。②

实行国家公务员制度，主要涉及的是国家机关、政党机关和社会团体的人员。受机构改革的影响，全国的国家机关、政党机关和社会团体人员由 1992 年的 1148 万人下降到 1993 年 1030 万人，减少 118 万人；但是此

---

①　对公务员制度的具体解释，见卫清编著《公务员制度备览》，书目文献出版社 1994 年 6 月版；刘德生《中国人事行政制度概述》，中国社会科学出版社 1996 年 12 月版，第 175—198 页。

②　中共中央组织部：《中国共产党机关参照试行国家公务员暂行条例实施方案》，引自"中国共产党新闻网"。

后人数有所回升（1994 年 1033 万人，1995 年 1042 万人，1996 年 1093 万人），1997 年为 1093 万人，仅比 1992 年少 55 万人。与公务员有关的国家财政支出的行政管理费，则大幅度增长，由 1992 年的 424.58 亿元，上升到 1997 年的 1137.16 亿元，增加 1.68 倍。①

（三）依法决策与民主决策的要求

在决策理念上，继"十三大"时期明确提出"决策科学化、民主化"和"决策民主"后，"十四大"时期又明确提出了"依法决策"的决策理念。1996 年 2 月 8 日，江泽民特别指出："加强社会主义法制建设，依法治国，是邓小平建设有中国特色社会主义理论的重要组成部分，是我们党和政府管理国家和社会事务的重要方针。""思想是行动的先导，干部依法决策、依法行政是依法治国的重要环节。"②

为有效地将依法决策与民主决策结合起来，"十四大"时期重点提出了五方面的要求。

一是改革决策与立法决策结合的要求。1993 年 11 月 11 日至 14 日中国共产党十四届三中全会通过的《中共中央关于建立社会主义市场经济体制若干问题的决议》，明确提出了改革决策与立法决策结合的具体要求：立法要体现改革精神，用法律引导、推进和保障改革顺利进行。要搞好立法规划，抓紧制定关于规范市场主体、维护市场秩序、加强宏观调控、完善社会保障、促进对外开放等方面的法律。要适时修改和废止与建立社会主义市场经济体制不相适应的法律和法规。加强党对立法工作的领导，完善立法体制，改进立法程序，加快立法步伐，为社会主义市场经济提供法律规范。

二是没有调查就没有决策权的要求。1993 年 7 月 5 日，江泽民指出："各种问题的解决都取决于正确的决策，而正确的决策来源于对客观实际的周密调查研究。如果不了解实际情况，凭老经验、想当然、拍脑袋，把自己的主观愿望当作客观现实，就不可能作出正确的决策。因此，越是领导职务高的同志，越要亲自下功夫对重大问题进行调查研究。这是别人无

---

① 《中国统计年鉴—2002》，第 122—123、268 页。
② 江泽民：《坚持依法治国》，《江泽民文选》第 1 卷，第 511—512 页。

法代替的。没有调查就没有发言权，没有调查就更没有决策权。"①

　　三是决策民主化的要求。十四大报告指出，决策的科学化、民主化是实行民主集中制的重要环节，是社会主义民主政治建设的重要任务。领导机关和领导干部要认真听取群众意见，充分发挥各类专家和研究咨询机构的作用，加速建立一套民主的科学的决策制度。1994 年 9 月 25 日至 28 日中国共产党十四届四中全会通过的《中共中央关于加强党的建设几个重大问题的决定》也指出，决策民主化是发展党内民主的重要内容，也是实现决策科学化的前提。要建立健全领导、专家，群众相结合的决策机制，逐步完善民主科学决策制度。

　　四是民主集中制的要求。《中共中央关于加强党的建设几个重大问题的决定》强调，民主和集中是相辅相成、内在统一的。没有民主，就没有正确的集中。没有集中，就不能形成正确的路线方针政策，不能形成全党的统一意志。集中，就要集中正确的意见，使之成为多数人的共识，形成正确的决策，并坚决付诸实施。

　　五是民众的政策参与要求。1994 年的国务院政府工作报告明确要求各级政府建立健全民主办事程序，重视决策研究和咨询工作，重大决策要广泛听取各方面意见，努力实现决策的民主化、科学化。开辟和疏通政府联系群众的渠道，重视群众来信来访，及时了解群众对政府工作的意见和要求，认真采纳群众的合理化建议。

（四）与"市场化"结合的"政策民主"

　　在中国走向社会主义市场经济的进程中，是否得到了来自"政策民主"的支持，"十四大"时期的政策实践给出了肯定的答复，因为市场经济要求的重大政策调整，都是在一定的民主思路下完成的，并且从多方面促进了"政策民主"实践的发展。

　　一是在权力问题上，在"分权"基础上发展出了"确权"和"限权"的要求。在市场经济条件下，对政策权力的使用和控制，既重视"下放权力"的"分权"思路，也强调要打破政府的权力垄断，通过明确的政府定位，尤其是明确的权力定位，限制政府的权力，尤其是限制政府对市场、企业的干预权力。由此展开的政策实践，不仅仅是要求按照新的

---

① 江泽民：《没有调查就没有决策权》，《江泽民文选》第 1 卷，第 308 页。

权力思路进行政企分开的改革，还通过政府机构改革压缩了政府干预性权力的行使空间，并对中央和地方的经济权限作了初步的划分。"确权"和"限权"尽管刚刚起步，还需要更有效的程序性安排，但是控制权力目标的明确，对于"政策民主"实践而言确实是一个重大的进步。

二是在权利问题上，在"显性"权利保障途径的基础上发展出了"隐性"权利保障途径。市场经济要求从多方面保障公民权利，尤其是保障公民的各种"应得权利"。直接调动公民积极性的"显性"权利保障途径，在市场经济条件下依然适用；为弥补市场经济缺陷救助弱者的"隐性"权利保障途径，则更为重要，因为这样的权利保障路径着眼的是未来的公民积极性，并为经济社会发展提供了维系稳定的基础性条件。"隐性"权利保障途径涉及的政策受益者，不仅仅是实行义务教育的适龄人群和文盲，还有农村的绝对贫困人口和城镇的相对贫困人口，以及被纳入社会养老保险的企业职工等。尤其需要注意的是，注重产品质量、服务质量和环境保护，也是采用的"隐性"权利保障途径，并且是为全体国民的安全权利提供必要的保障。

三是在社会建构方面，在"双向结合"的社会关系基础上发展出了"多向结合"的新型社会关系。市场经济的发展，要求将公民对单位、在地组织以及国家的"双向结合"的依赖关系，发展成国家、市场、单位或组织、公民个人四个要素"多向结合"的互动关系。社会关系的重大变化，在"十四大"时期不仅已经开始，还在不同的政策上展示了不同的社会关系特征。尤为重要的是，通过国家、市场、单位或组织、公民个人四个要素的结合，以共担责任和共同承受负担的方式解决政策难题，尤其是社会福利和社会保障方面的难题，不仅使相关的政策对国家而言不致于因成本过高而难以承受，也容易被民众所接受，因为民众乃至单位（组织）、市场等，都已经成为重要的"利益相关者"，被政策所"绑定"，只能在维系政策的过程中实现自己的利益诉求。

四是在政策信息方面，在信息公开的基础上发展出了"政策沟通"的明确要求。市场经济要求透明化、程序化的政策信息公开，这一点在"十四大"时期已经引起高度重视，并且对一些重要的政策信息（如宏观调控政策、外贸政策、产业政策等方面的信息），都采用了定期公布或及时公布的做法。更为重要的是，在这一时期一方面强调了对民众的政策说服，尤其是说服民众适应宏观调控的各种做法；另一方面明确要求开辟和疏通政府联系群众的渠道，使决策者能够听到群众的政策意见和政策要求。政策说服和建立联系渠道，都是"政策沟通"的具体表现形式，对这些形式的重视，表现出的是决策者对"政策沟通"的重视。如果说群众路线和民主集中制本身都要求广泛的"政策沟通"，那么具体的沟通形式，起的恰是使"政策沟通"更有实效的作用。

五是在政策参与方面，在民众参与的基础上发展出了"专家参与"的要求。民众或群众的广泛政策参与，在"十四大"时期仍是党和政府的重要要求，并且就企业内部的政策参与、基层群众自治组织内的政策参与等作出了具体规定，还展开了不同参与的试点。需要特别注意的是，"十四大"时期对政策过程中的"专家参与"给予了高度的重视，不仅规定一些重大的决策必须有专家参与论证的过程，并且在政策实践中确实吸纳了专家的意见，还明确要求建立健全领导、专家，群众相结合的决策机制。对于国家层面的政策而言，很难实现民众的广泛参与，但是政策过程对专家开放，吸纳专家的参与，显然也是民主参与的一个重大进步。

六是在法治方面，在依法治国的基础上发展出了"依法决策"的要求。市场经济是法治经济，依法治国所要求的依法决策和依法行政，就是要通过改革决策与立法决策的有效结合，为社会主义市场经济提供法律规范和重要的法治基础。尤为重要的是，"依法决策"的提出，对于实现中国的"政策法治化"确实有不可忽视的作用。

七是在制度方面，在完善基本和根本政治制度的基础上，创建了新的制度。"十四大"时期在农村继续发展村民自治，使之真正成为有效的基层群众自治制度。按照市场经济的要求，"十四大"时期进行了大规模的行政机构改革，并着手建立了公务员制度。应该看到，制度完善、机构改革和新制度的构建，都是为市场经济条件下的政策选择和政策实施奠定必要的制度基础。

八是在政策程序方面，在注重决策民主的基础上，发展出了覆盖整个政策过程的各种民主程序。"十四大"时期在建构民主的政策程序方面有五点重要的进步。（1）对宏观调控政策的目标选择、政策措施、政策信息公开、政策检验以及政策纠偏等，已经形成了一套完整的程序，并且通过几年的实践，积累了大量的经验和教训。（2）以产业政策的规范为契机，构建了涉及民主决策、政策执行民主、民主监督、民主评价、信息反馈的完整程序，为"政策的民主"提供了一个重要的程序典范。（3）对企业、教育机构和科研机构的内部政策过程，提出了符合民主要求的一些重要的程序性规定。（4）将政策目标指标化、数字化，在"十四大"时期已经成为较普遍的现象。数字化、指标化的政策目标能否实现，当然是值得考究的问题，但是更重要的是，这些目标为政策评估带来了重要的标尺，尤其是对于具体政策的财政投入，可以通过比较来说明政府的实际政策行为。对于数字化、指标化政策目标实现背后的行为逻辑和程序化的政策检验，显然已经引起了决策者和政策研究者的高度重视。（5）"十四大"时期的不少政策带有"实验"性质，因为对市场经济并不熟悉，尤其是对政策风险可能估计不足，还不能熟练地把握市场调节和加强管制之间的关系，所以只能拿一些政策措施去"试错"，以便取得足够的经验。从"政策民主"的角度看，在重大的转型时期，政策实验甚至政策"试错"，都是必要的程序建构过程。如达尔（Robert A. Dahl）和斯泰恩布里克纳（Bruce Stinebrickner）所言，实验性战略即可以通过政策被广泛采用之前的刻意实验或小规模探索来降低决策中的盲目性与不确定性。政策决定确实是在做"实验"，拿人们的福利和幸福做实验，但是这样的实验规模宏大，代价高昂，也缺乏科学实验用以生产可靠知识的所有标准。因此，人们认为，提前实施小规模的、可控的、精心准备的探索，通常是可行的，而且也要合理得多。①

九是在价值取向方面，由计划经济的政策价值取向，转向了市场经济的政策价值取向。在理论上明确社会主义市场经济的地位和在实践中走向市场经济，使得中国的绝大多数政策都要进行重大的调整，以适应市场经济的发展。"市场化"的政策发展尽管还处于初步尝试阶段，但是以市场经济的标准来审视和调整政策的基本取向已经不可动摇。

十是在政策文化方面，既注重了"学习"的进步，也注重了"理念"的进步。在市场经济条件下进行重大的政策选择，是一个重要的政策学习过程。不仅是宏观调控政策，其他的政策如三农政策、教育政策、科技政策以及扶贫、城市居民最低生活保障政策等，也都经历了重要的政策学习过程。如果承认政策学习是政策文化的一个重要内容，那么"十四大"时期政策文化的一个重要特征，就是展开了广泛的政策学习。还需要注意的是，影响人们政策行为的理念，改革开放以来已有三次重要的进步。第

---

① ［美］罗伯特·达尔、布鲁斯·斯泰恩布里克纳：《现代政治分析》，第207—208页。

一次是"十一大"时期和"十二大"时期明确提出实践是检验政策的唯一标准的理念，第二次是"十三大"时期提出决策科学化、民主化的理念，第三次就是"十四大"时期提出的依法决策理念。理念的进步之所以重要，就在于理念引导实践，不仅会带来实践的持续进步，还会对形成新的政策文化产生重要的作用。

本章所要着重说明的是市场经济会对"政策民主"提出新的要求，"政策民主"的一系列实践，也会对市场经济的发展起重要的支撑作用。市场经济并不排斥"政策民主"，而是要求"政策民主"与其密切地结合在一起。"十四大"的实践证明，这样的结合不仅是必要的，而且是可行的。恰恰是市场经济与"政策民主"实践的成功结合，带来了中国政策的多方面进步。

第五章　适应经济全球化
（1997年9月—2002年10月）

1997 年 9 月至 2002 年 10 月的中国共产党"十五大"时期，在跨世纪的政策选择中，尤其是在 2001 年 12 月中国加入世界贸易组织后，都特别强调了中国需要采用适应经济全球化和更加透明、开放的政策过程，并由此产生了一系列的政策创新做法。

一　保持经济较快增长

1997—1998 年的东南亚金融危机，对社会主义市场经济条件下的中国经济发展是一次重要的考验。为保持经济的稳定发展，中国进一步完善了宏观调控政策体系，并对经济政策作了系统性的调整，为加入世界贸易组织创造了有利的条件。

（一）应对东南亚金融危机

1997 年 7 月爆发的东南亚金融危机（又被称为亚洲金融危机、东亚经济危机等）始于泰国，很快蔓延到整个东亚地区，主要表现是货币和国内资产贬值，贸易和投资机会减少，东南亚各国经济相继进入衰退期。中国的贸易和投资也受到影响，1998 年的出口增长滞缓，尤其是 10 月份出现了较大幅度的负增长，引起了对中国经济能否抗御金融危机的担忧。[1]

为应对东南亚金融危机，1998 年 3 月 19 日新任国务院总理的朱镕基

---

[1]　郜若素：《中国与东亚经济危机》，载刘溶沧主编《中国：走向 21 世纪的公共政策选择》上，社会科学文献出版社 1999 年 9 月版，第 362—374 页。

明确强调中国政府要确保 1998 年中国的经济发展速度达到 8%，通货膨胀率小于 3%，人民币不贬值。[①] 为实现这样的目标，主要采取了宏观调控的五项政策措施。

一是加大基础设施建设投入。为扩大国内的投资需求，1998 年调整了投资计划，要求全社会固定资产投资增长幅度由原来的 10% 上升到 15%，加快铁路、公路、通讯、环保等基础设施建设。截至 1998 年 12 月，全国固定资产投资完成额为 21102.32 亿元，增长率为 19.5%。[②]

二是实行积极的财政政策。为应对东南亚金融危机，中国政府将适度从紧的财政政策改成了积极的财政政策。1998 年 8 月，九届全国人大常委会第四次会议批准了国务院提出的增发国债用于加强基础设施建设和中央财政预算调整方案，开始实施以下积极财政政策的措施。（1）向国有商业银行增发 1000 亿元国债。（2）向国有商业独资银行发行 2700 亿元特别国债。（3）为增强外贸出口需求，分批提高纺织原料及其制品、纺织机械、煤炭、水泥、钢材、船舶和部分机电产品、轻工产品的出口退税率。（4）为扩大吸引外资，进一步调整进口设备税收政策，降低关税税率。[③]

三是实行宽松的货币政策。在需求不足导致的经济增长乏力甚至经济萎缩时，可以运用宽松的货币政策对经济运行进行调节，中央银行通过增加货币发行量、降低法定存款准备率、降低贴现率、在公开市场上购进政府债券等手段扩大货币供应量，能够刺激有效需求的增长。1998 年，中央银行将存款准备金从 13% 下调到了 8%，降低了银行利率，并推出了消费信贷，鼓励人们买房买车。

四是维持人民币汇率稳定。1998 年 1 月 14 日，朱镕基在全国银行、保险、证券系统行长（经理）会议上明确指出，东南亚国家的货币贬值对中国的出口贸易和吸引外资会带来严峻的挑战，但是中国的出口产品拥有自己独特的优势和竞争力，能够应付这种挑战。中国的外债结构合理，85% 以上是中长期贷款，偿债率和债务率远低于国际警戒标准，国际收支

①　新华月报编辑部编：《新中国五十年大事记》（下），第 1136 页。

②　1997—2002 年的各种经济数据，见中华人民共和国国家统计局编《中国统计年鉴—2003》，中国统计出版社 2003 年 9 月版，第 55、57、186、281、313、654 页

③　刘溶沧：《积极财政政策：拉动经济增长的杠杆》，载《中国公共政策分析，2001 年卷》，第 41—56 页。

将继续保持平衡有余的态势,因此人民币将保持稳定,不会贬值。①

第五,支持香港特区政府抗拒金融危机。1997 年 7 月 1 日香港回归之后,即遭遇东南亚金融危机。海外投机者先是大量沽空港元现汇换美元,拉高利率,从而引发股市和期市的暴跌;然后做空港元期货,抛空港股现货,并大举沽空期指合约获利。这些交易策略使得香港股市与汇市受到重创,1997 年 8 月 7 日至 1998 年 8 月 13 日,恒指从 16820.31 点急跌至 6544.79 点,市值缩水 61%,空头获利极其丰厚,香港金融市场成了"超级提款机"。在此危机时刻,香港特区政府入市干预,中央政府亦声明人民币不会贬值,且作为特区政府干预的后盾,坚决支持特区政府的救市行动。香港特区政府动用外汇储备进入股市、期市,同时提高银行隔夜拆解利率,提高做空成本,从 1998 年 8 月 14 日至 8 月 28 日,历时半个月,动用千亿港元,打爆了投机者做空的仓位,击溃了国际炒家,打赢了港币保卫战。②

中国应对东南亚金融危机的政策措施产生了积极的效果,1998 年第一季度和第二季度国内生产总值的增长速度分别为 7.2% 和 6.8%,第三季度和第四季度则分别提高到 7.6% 和 9.0%,使全年的国内生产总值增长率达到 7.8%。

1999 年的国务院政府工作报告对应对东南亚金融危机的政策作出了总体性的评价:1998 年国内生产总值比上年增长 7.8%,虽然略低于 8% 的预定目标,但这是在抵御亚洲金融危机的冲击和战胜国内特大洪涝灾害的情况下取得的,来之不易。为了应对亚洲金融危机的影响,在 1998 年年初就采取了增加投资、扩大内需的对策。但是亚洲金融危机发展的广度、深度和对我国的影响程度,比预料的更为严重。由于外贸出口增长速度大幅度回落和国内需求对经济拉动的力度不够,上半年经济增长速度出现减缓趋势。针对这种情况,中央果断决定实施积极的财政政策,下半年国有单位固定资产投资增长显著加快,投资的较大幅度增加,对拉动经济增长发挥了明显作用。在周边许多国家货币大幅度贬值的情况下,我国权衡利弊,坚持人民币不贬值。同时,实行鼓励出口和吸引外资等多种政

---

① 人民币与美元的汇率,1997—2002 年都保持了稳定的态势,在 827.70—828.98 元人民币兑换 100 美元之间浮动。

② "中国资本证券网" 2016 年 1 月 30 日载文《亚洲金融危机对当下的三点启示》。

策，避免了对外贸易和利用外资出现大的波动。实践证明，保持人民币不贬值是完全正确的，这不仅有利于我国经济的稳定和发展，也对亚洲乃至世界金融和经济的稳定作出了积极贡献。

（二）发挥宏观调控的作用

1998年成功应用宏观调控手段消解东南亚金融危机的影响后，1999年的国务院政府工作报告强调当年经济增长预期为7%左右，并指出在通常情况下，靠扩大财政赤字搞建设，势必会引发通货膨胀，这在我国历史上有过多次深刻的教训。但是，在当前的特定条件下，发生这种危险的可能性不大。现在银行储蓄存款比较多，通过财政债券将一部分储蓄转化为对基础设施的投资，不会过量发行货币；粮食等主要农产品、工业消费品和生产资料供应充裕，物价比较稳定，适度扩大财政赤字和国债规模，如果运用得当，不会引发通货膨胀。1999年中央财政预算赤字1503亿元，比去年增加了，但发债规模并没有扩大。现在财政赤字和累计国债余额占当年国内生产总值的比重，还低于国际公认的警戒线（国债余额占当年国内生产总值的60%，财政赤字占国内生产总值的3%），财政赤字是可以承受的。

1999年实际国内生产总值的增长率为7.1%，财政赤字1743.59亿元，占国内生产总值（82067.5亿元）的2.12%，经济基本保持了平稳运行的状态。从国债投资的效果看，1998年和1999年通过财政向银行发行的2100亿元长期国债，带动了4200多亿元银行贷款和自筹资金，用于增加基础设施投资，共建设了5100多个项目。

2000年的国务院政府工作报告要求继续实行积极财政政策，并强调了政策的四项要求。（1）发行1000亿元长期国债，重点投向水利、交通、通信等基础设施建设，科技和教育设施建设，环境整治与生态建设和企业技术改造，并向中西部地区倾斜。新增国债投资首先用于在建项目，确保这些项目按时竣工投产。努力提高投资效益，严防"钓鱼"项目和"胡子"工程。（2）继续贯彻落实1999年出台的调整收入分配的各项政策措施，保障城镇中低收入居民的收入稳定增长。（3）进一步运用税收、价格等手段，并继续清理某些限制消费的政策和法规，鼓励投资、促进消费、增加出口。（4）进一步发挥货币政策的作用，中国人民银行要运用多种货币政策工具，及时调控货币供应总量。

2000 年将宽松的货币政策改为稳健的货币政策，具体的政策措施，一是充分发挥公开市场业务操作的业务，及时调节商业银行流动性和货币市场利率水平；二是积极发展再贴现业务，推动票据市场发展，减少企业相互拖欠；三是充分发挥利率政策工具的作用，推进利率市场化改革；四是继续发挥信贷政策引导贷款投向的作用；五是运用再贷款手段，发挥货币政策稳定金融的作用；六是加快货币市场建设，完善货币政策传导机制，使货币政策调控由直接工具为主，尽快转变为以间接工具为主。[①]

在积极财政政策和稳健货币政策的作用下，2000 年实际国内生产总值的增长率为 8.0%，改变了连续几年国内生产总值增长率下降的局面。财政赤字为 2491.27 亿元，占国内生产总值（89468.1 亿元）的 2.78%，也保持在警戒线之内。由于基础货币增长基本适度，1998 年和 1999 年出现的通货紧缩迹象（居民消费价格指数出现负增长，1998 年为 -0.8%，1999 年为 -1.4%），在 2000 年也基本消除（2000 年居民消费价格指数上涨 0.4%，实现了转负为正）。

2001 年的国务院政府工作报告要求继续实施积极的财政政策和稳健的货币政策，发行 1500 亿元长期建设国债，集中用于在建项目和西部开发项目。当年宏观经济的主要调控目标是国内生产总值增长 7%，居民消费价格指数不超过 1% 至 2%，固定资产投资增长 10% 左右，进出口总额增长 8% 左右。2001 年宏观调控目标的特点在于，设定较低的经济增长目标为宽松的下限，经济增速可以上升也可以一定幅度地下落。价格目标设定得比较严格，不能低于 1%，表示要防止通货紧缩；不能高于 2%，表示要防止通货膨胀。2000 年居民消费价格指数逐年上升，到 12 月同比上升 1.5%，从价格指数实际上升水平已接近目标上限的情况及持续上升的趋势看，2001 年的价格调控目标主要不是防止通货紧缩，而是防止通货膨胀。在经济增长目标不高而预防通货膨胀目标严厉的宏观经济调控目标下，货币政策既要支持经济增长又要防止通货膨胀，而防止通货膨胀更重于加速经济增长。[②]

2001 年国内生产总值的实际增长率为 7.5%，略低于 2000 年的增长

---

① 邓智毅：《保障国民经济持续健康发展的稳健货币政策》，载《中国公共政策分析，2002 年卷》，第 33—56 页。

② 袁钢明：《2001 年的宏观经济形势与宏观政策》，载《中国公共政策分析，2002 年卷》，第 15—32 页。

水平。2001年的居民消费价格指数为0.7%，低于1%的水平，表明防止通货膨胀的政策措施发挥了重要的作用。2001年全社会固定资产投资增长13.05%，高于预定的增长10%的目标；进出口总额增长7.41%，略低于既定的增长8%的宏观调控目标。

2002年国际经济不利因素增多，在九届全国人大五次会议的国务院政府工作报告中，特别强调保持国民经济较快增长，是扩大就业、改善人民生活和维护社会稳定的基础，也是推进结构调整和深化改革的重要条件。2002年继续实施积极的财政政策和稳健的货币政策，并以扩大国内需求为实现经济较快增长的根本之策，采用的主要政策措施是拓宽消费领域、增加农民收入、确保国有企业下岗职工基本生活费和离退休人员基本养老金按时足额发放、适当提高机关事业单位职工基本工资。

2002年实际国内生产总值的增长率为8.0%，略高于2001年的增长水平，但是2002年的居民消费价格指数为 -0.8%，又出现了通货紧缩的苗头。2002年全社会固定资产投资增长16.89%，高于2001年的水平。

从整体上看，"十五大"时期的宏观调控政策对于维持经济较快增长，防止出现通货膨胀和通货紧缩现象，确实起到了较好的保证作用。

（三）经济全球化与贸易自由化

20世纪90年代的后几年，经济全球化加速发展。市场持续不断的国际化，所有的货物，如原材料、半成品和成品，所有的服务，包括信息、管理和组织，还有工作职位和资本等，只要是在世界范围进行交易的，都被"全球化"了。这个结果导致形成一个世界市场，虽然地方性和地域性的市场仍然存在，但都会受到全球化特征的影响。① 尽管对经济全球化在多大程度上是历史上前所未有的，或者在多大程度上全球化没有达到"完全开放"，依然存在争论，但是多数观察者会赞同现代的贸易和金融市场的开放程度显著。政府减少了资本、商品、服务跨国界流动的法律障碍，降低了国际贸易的税收，试图建立服务和产品的通行国际标准，尽量放松关于投资输入输出的规则。随着这些政策的变化，技术的进步和运输成本的降低，推动了国家经济相互依赖的进一步增强。在许多情况下，贸

---

① ［德］奥特弗里德·赫费（Otfried Hoffe）：《全球化时代的民主》，庞学铨、李张林、高靖生译，世纪出版集团、上海人民出版社2006年4月版，第7页。

易壁垒的减少和资本市场的自由化是在国际货币基金组织结构调整方案的要求下进行的。但是更大程度经济相互依赖的趋势,部分来自技术的变革、公司和投资者对政治边界的抛弃,它也起因于政治领导人接受更为开放市场的决定。①

中国在经济全球化的背景下,加快了加入世界贸易组织（WTO）的步伐。中国加入世界贸易组织的工作是与"复关"相联系的。1948 年签署的关税与贸易总协定,中国是 23 个原始缔约国之一。中华人民共和国成立后,台湾的国民党当局由于不能代表中国的对外贸易,于 1950 年 5 月正式退出关贸总协定。1980 年,中国开始着手"复关"（重返关贸总协定）的谈判,并于 1992 年就恢复中国的关贸总协定缔约国地位作出了十方面的承诺。由于美国等主要缔约国的阻挠,中国的复关谈判未能在 1995 年世界贸易组织成立前完成,使中国被排除在了缔约国之外,复关谈判转变成了"入世"谈判。②

1997—2001 年,中国为"入世"展开多轮谈判,并且着手实施贸易自由化的战略,因为自由贸易具有优化资源配置、提高劳动生产率、促进投资以及改善收入分配等积极作用。③

中国对外贸易的快速发展,为中国"入世"创造了良好的条件。中国对外经济贸易货物的进出口总额由 1997 年的 26967 亿元,上升到 2001 年的 42184 亿元。其中出口货物总额由 1997 年的 15161 亿元,上升到 2001 年的 22024 亿元。进口货物总额则由 1997 年的 11807 亿元,上升到 2001 年的 20159 亿元。进出口货物的差额,1997—2001 年均表现为"顺差"。④

2001 年的国务院政府工作报告特别强调了"适应经济全球化趋势,进一步提高对外开放水平"的四点政策要求。（1）抓紧做好加入世贸组织的准备和过渡期的各项工作。采取切实措施,转变政府管理方式,提高企业竞争能力。深化改革,健全符合国际通行规则和我国国情的对外经济

---

① ［美］莱纳·莫斯利（Layna Mosley）:《全球化的政治经济学》,载［英］戴维·赫尔德（David Held）、安东尼·麦克格鲁（Anthony McGrew）主编《全球化理论——研究路径与理论论争》,王生才译,社会科学文献出版社 2009 年 5 月版,第 116—140 页。

② 董辅礽主编:《中华人民共和国经济史》下卷,第 254—259 页。

③ 朱崇实、陈振明主编:《中国公共政策》,第 139—140 页。

④ 1997—2002 年的对外贸易数据,见《中国统计年鉴—2003》,第 654 页。

贸易体制。加快修订和完善相关的法律法规。抓紧培养熟悉国际贸易规则的专业人才。（2）进一步发展进出口贸易。继续实施以质取胜、科技兴贸战略。优化出口商品结构，提高高新技术产品比重，增加大宗传统商品的技术含量和附加值，扩大服务贸易规模，积极参与多边贸易体系和国际区域经济合作。（3）努力提高利用外资水平。有步骤地推进服务领域对外开放。鼓励外商特别是跨国公司投资高新技术产业、基础设施等领域，以及在我国建立研究开发机构，参与国有企业的改组改造。（4）实施"走出去"战略。鼓励有比较优势的企业到境外投资，开展加工贸易，合作开发资源，发展国际工程承包，扩大劳务出口等；建立和完善政策支持体系，为企业到境外投资兴业创造条件。

继 1994 年 5 月 12 日九届全国人大常委会第七次会议通过《中华人民共和国对外贸易法》后，2001 年 11 月 26 日国务院又颁布了《中华人民共和国反倾销条例》，都是为中国"入世"所做的准备。

2001 年 11 月 20 日，世贸组织总干事迈克尔·穆尔致函世贸组织成员，宣布中国政府于 2001 年 11 月 11 日接受《中国加入世贸组织议定书》，这个议定书将于 12 月 11 日生效，中国也将于同日正式成为世界贸易组织成员。

（四）中国加入世界贸易组织对国内政策的影响

中国加入世界贸易组织，影响可能是多方面的。从政策发展的角度看，至少应该注意三方面的影响。

一是明确中国政策选择的基点。在经济全球化的背景下，积极地对待经济开放和国家政府决策间的关系，到底是市场还是政府更能作出更正确的政策选择，已经成为一个不能不认真看待的问题。莱纳·莫斯利（Layna Mosley）对于这一问题的回答值得重视。她认为尽管资本市场的开放的确影响了政府决策的某些方面，但是这一影响绝不是无所不能和无所不在的。在某些领域，政府拥有重要的"活动空间"。国家政策结果的决定因素经常是内部的，而非外部的。[①] 中国在适应经济全球化的政策选择中，内部因素确实是决定性的因素，并且在市场与政府的关系上明显更

---

① ［美］莱纳·莫斯利：《全球化的政治经济学》，载《全球化理论——研究路径与理论论争》，第116—140页。

倚重于政府的宏观调控，而不是一切取决于市场的自然调节。建立更开放的经济体制，并为这样的体制嵌入宏观调控的政策机制，已经成为中国经济政策的重要基点，使得中国在经济全球化中能够保持政策选择的自主性，并将重点放在保持中国经济较快发展上，因为中国经济的稳定和发展，不仅对抗御经济危机有重要的意义，也是对经济全球化的重要支持。

二是加强中国政策的透明度。适应经济全球化的政策选择以及加入世界贸易组织的努力，对于促进决策的公开化和透明度具有重要的作用。中国"入世"前后增加政策透明度的做法很多，择其要者，可列出四种做法。（1）政策文件公开。重要的政策文件，尤其是与经济政策有关的文件，都在发布后迅速由媒体公布，使全社会了解重要的政策信息。（2）定期公布统计数据。对于经济发展、物价涨落、人民收入等方面的统计数据，由国家统计局定期公布，并以此来说明重大政策的实施效果。（3）公开说明政策。以记者招待会、新闻发布会等形式，对重大政策作出解释和说明，已经成为固定的机制。尤其是每年全国人民代表大会的记者招待会和各媒体的集中采访，对政策开放起了重要的作用。（4）公开的政策讨论会。由政府与学术界联合组织或由学术界单独组织的公开政策讨论会，包括大型的国际会议，对增强政策透明度也起了重要的推动作用。

三是将中国引入现代生活。现代经济开启现代生活，作为重要的政策结果，快速发展的中国经济，使中国民众的物质条件发生了重大的变化。"十四大"时期现代生活的代表性电器产品是电视机、电冰箱和洗衣机，"十五大"时期，在电视机、电冰箱和洗衣机普及的基础上，更具有现代生活代表性的计算机和移动电话也已经开始普及。城镇居民家庭平均每百户移动电话拥有量，从 1997 年的 1.7 部急剧上升到 2002 年的 62.9 部，计算机拥有量则从 1997 年的 2.6 台上升到 2002 年的 20.6 台。农村的情况稍微差一些，农村居民家庭平均每百户移动电话拥有量，从 2000 年的 4.3 部上升到 2002 年的 13.7 部，计算机拥有量则从 2000 年的 0.5 台上升到 2002 年的 1.1 台。[①] 也就是说，经济政策的一个重要的"放大"作用，就是使民众切身体会经济发展带来的生活变化，并使个人和家庭的发展与国家发展有了更加紧密的联系。

① 《中国统计年鉴—2003》，第 352、375 页。

二　国企改革攻坚

"十五大"时期一个重要的"跨世纪"政策目标,就是全面展开国有企业改革,并有效地解决改革所面临的一些难点问题。

(一)国企三年脱困的政策思路

国有企业改革在"十四大"时期的试点基础上全面铺开,是中国共产党第十五次全国代表大会的中央委员会报告(简称"十五大报告")提出的明确要求。1998年的国务院政府工作报告更明确指出,国有企业改革是当前经济体制改革的重点,中央提出要用三年左右的时间,通过改革、改组、改造和加强管理,使大多数国有大中型亏损企业摆脱困境,力争到20世纪末使大多数国有大中型骨干企业初步建立起现代企业制度。要推进重点行业和重点企业的改革和发展,以纺织行业为突破口,促进困难行业深化改革和扭亏解困。取得初步成效后,再推进到兵器、机械等其他困难行业。

为保证国有企业改革顺利进行,1997—1998年推出了五项重要的政策措施。(1)为企业减负。1997年11月27日,财政部等部门联合发出《关于公布第一批取消的各种基金(附加收费)项目的通知》,宣布取消217个基金项目,预计每年可以减轻企业负担30多亿元。1997年12月,经国务院减轻企业负担部际联席会议批准,公布第一批13个部门收取的22项管理费的收费标准,平均降幅为35%,降低收费标准后可以减轻企业负担40亿元。(2)向企业派稽查员。为加强对企业的监督,中共中央和国务院1997年4月决定建立稽查特派员制度,由国务院向国有大型重点企业派驻稽查特派员。(3)建立专门机构。1998年7月9日,正式成立中共中央大型企业工作委员会,主要职责是管理国务院监管的大型国有企业和国家控股企业中党的组织,促进党的路线方针政策和党中央、国务院的有关精神在大型国有企业的贯彻落实(1999年12月1日,撤销中共中央大型企业工作委员会,设立中共中央企业工作委员会,继续履行大型企业工作委员会的相关职责)。(4)加强对国有小企业改革的指导。针对少数地方在国有小企业改制中出现的出售小企业成风的错误倾向,国家经贸委于1998年7月10日发出通知,要求在国有小企业改制中坚持因地制宜、因企业制宜的原则，根据各地区和各企业的实际情况，一厂一策，切实防止和纠正国有小企业改制中的片面性、绝对化和简单化倾向。（5）减少纱锭。为落实把纺织工业作为国有企业改革解困突破口的政策安排，"三年压锭 1000 万、减少 120 万人"的改革于 1998 年启动，上海市在 1998 年 1 月即销毁了 12 万只纱锭。①

1999 年的国务院政府工作报告强调在国有企业改革方面，当年要重点抓三项工作：一是制止重复建设，加快行业调整和改组的步伐。二是继续做好国有企业下岗职工基本生活保障和再就业工作。三是推进政企分开，健全监管制度，整顿和加强企业领导班子。报告还特别指出，国务院各部门已经解除了与所属企业的行政隶属关系，不再直接管理企业，地方政府也要按照同样原则进行改革。

1999 年 9 月 19 日至 22 日召开的中国共产党十五届四中全会，通过了《中共中央关于国有企业改革和发展若干重大问题的决定》，对国有企业改革提出了系统性的政策要求。

在政策目标方面，要求区分近期目标和远期目标。近期目标是用三年左右的时间，使大多数国有大中型亏损企业摆脱困境，力争到 20 世纪末大多数国有大中型骨干企业初步建立现代企业制度。远期目标是到 2010 年，国有企业适应经济体制与经济增长方式两个根本性转变和扩大对外开放的要求，基本完成战略性调整和改组，形成比较合理的国有经济布局和结构，建立比较完善的现代企业制度，使国有经济在国民经济中更好地发挥主导作用。

在经济战略布局方面，要求从战略上调整国有经济布局，同产业结构的优化升级和所有制结构的调整完善结合，坚持有进有退，有所为有所不为，着力解决国有经济分布过宽、整体素质不高、资源配置不尽合理的问题。

在国有经济控制力方面，强调在社会主义市场经济条件下，国有经济在国民经济中的主导作用主要体现在控制力上，由此既要保证国有经济在关系国民经济命脉的重要行业和关键领域占支配地位，支撑、引导和带动整个社会经济的发展，在实现国家宏观调控目标中发挥重要作用；也要注

---

① 新华月报编辑部编：《新中国五十年大事记》（下），第 1123、1125、1130—1131、1142、1154—1155 页。

意使国有经济有分布的优化和质的提高。

在所有制方面,要求积极探索公有制的多种有效实现形式,国有大中型企业尤其是优势企业,宜于实行股份制的,要通过规范上市、中外合资和企业互相参股等形式,改为股份制企业,发展混合所有制经济,重要的企业由国家控股。

在企业改组方面,要求区别不同情况,继续对国有企业实施战略性改组。极少数必须由国家垄断经营的企业,在努力适应市场经济要求的同时,国家给予必要支持,使其更好地发挥应有的功能。竞争性领域中具有一定实力的企业,要吸引多方投资加快发展。对产品有市场但负担过重、经营困难的企业,通过兼并、联合等形式进行资产重组和结构调整,盘活存量资产。产品没有市场、长期亏损、扭亏无望和资源枯竭的企业,以及浪费资源、技术落后、质量低劣、污染严重的小煤矿、小炼油、小水泥、小玻璃、小火电等,实行破产、关闭。放开搞活国有中小企业,积极扶持中小企业特别是科技型企业,使它们向"专、精、特、新"的方向发展,同大企业建立密切的协作关系,提高生产的社会化水平。

在建立现代企业制度方面,要全面理解和把握产权清晰、权责明确、政企分开、管理科学的要求,继续推进政企分开,逐步形成企业优胜劣汰、经营者能上能下、人员能进能出、收入能增能减、技术不断创新、国有资产保值增值等机制。

在企业管理方面,要求从严管理企业,实现管理创新,尽快改变相当一部分企业决策随意、制度不严、纪律松弛、管理水平低下的状况。实行科学决策、民主决策,提高决策水平,搞好风险管理,避免出现大的失误。要合理设置企业内部机构,改变管理机构庞大、管理人员过多的状况。

在改善企业负债、负担方面,要求区别不同情况,有步骤地分类解决国有企业负债率过高、资本金不足、社会负担重等问题。

在企业减员增效方面,强调下岗分流、减员增效和再就业是国有企业改革的重要内容,要把减员与增效有机结合起来,达到降低企业成本、提高效率和效益的目的。

在企业技术进步方面,强调国有企业技术进步和产业升级的方向与重点是以市场为导向,用先进技术改造传统产业,围绕增加品种、改进质量、提高效益和扩大出口,加强现有企业的技术改造。

在激励和约束方面,要求实行经营管理者收入与企业的经营业绩挂钩，把物质鼓励同精神鼓励结合起来，既要使经营管理者获得与其责任和贡献相符的报酬，又要提倡奉献精神，宣传和表彰有突出贡献者，保护经营管理者的合法权益。少数企业试行经理（厂长）年薪制、持有股权等分配方式，可以继续探索，及时总结经验，但不要刮风。要规范经营管理者的报酬，增加透明度，加强和完善监督机制，把外部监督和内部监督结合起来。要健全法人治理结构，发挥党内监督和职工民主监督的作用，加强对企业及经营管理者在资金运作、生产经营、收入分配、用人决策和廉洁自律等重大问题上的监督。要建立企业经营业绩考核制度和决策失误追究制度，实行企业领导人员任期经济责任审计，凡是由于违法违规等人为因素给企业造成重大损失的，依法追究其责任，并不得继续担任或易地担任领导职务。

（二）国企改革的政策效果

国有企业改革攻坚的政策效果是逐步显现的。截至 1998 年年底，全国 6599 户国有大中型企业亏损企业中，已经有 1478 家通过兼并破产、企业重组，实现了脱困。全国的国有资产总量达到 82211 亿元，其中经营性国有资产为 62405 亿元，非经营性国有资产 19806 亿元。纺织行业则在 1999 年实现脱困，提前一年完成了预定的目标。国有大中型企业改革和脱困的三年目标在 2000 年基本实现。[①]

国企改革攻坚和基本实现国有企业改革的政策目标，在统计数据上显示出了一些重要的特点。[②]

一是国有企业的数量大大减少。1997 年全国的国有及国有控股企业共计 11.00 万个，到 2002 年下降为 4.11 万个，企业数量减少 6.89 万个，减幅为 62.64%。1998 年的减幅最大，企业数量比 1997 年减少 4.53 万个，减幅为 41.18%。

二是国有企业职工大量减少。1997 年全国国有企业职工共计 4040 万人，到 2002 年下降到 1546 万人，减少 2494 万人，减幅为 67.73%（超过 2/3 的企业职工下岗）。其中最大的减幅出现在 1998 年，国有企业职工数

---

① 袁钢明：《国有企业改革政策：转型与脱困》，载《中国公共政策分析，2001 年卷》，第 57—72 页。

② 1997—2002 年与国企改革相关的数据，见《中国统计年鉴—2003》，第 460、484—487 页。

锐减到 2721 万人，比 1997 年减少 1319 万人，减幅为 32.63%，几乎是 3 个国有企业职工中就有 1 人要下岗。

三是国有企业总产值有所增长。1997 年全国国有工业企业的总产值为 35968 亿元，2002 年增加到 45179 亿元，比 1997 年增长 25.61%；但是 1998 年出现过总产值负增长的现象（1998 年全国国有企业总产值 33621 亿元，比 1997 年降低 6.53%）。

四是国营企业利润有大幅度增长。1997 年全国国有工业企业的利润总额为 427 亿元，2002 年增加到 2633 亿元，2002 年的利润总额比 1997 年增加了 5.17 倍，这显然是国有企业改革最具有成效的指标。

五是国营企业亏损情况略有好转。1997 年全国国有工业企业的亏损总额为 831 亿元，2002 年降低到 669 亿元，2002 年的亏损总额比 1997 年降低 19.49%。

六是国有企业的资产负债率明显下降。全国国有工业企业的平均资产负债率，1998 年为 64.26%，2002 年下降到 59.30%。

七是国有企业资产流动性情况略有改变。全国国有工业企业流动资产的年周转次数，由 1997 年的 1.30 次，上升到 2002 年的 1.47 次。

八是国有企业工业成本费用利润率有所上升。全国国有工业企业的工业成本费用利润率，由 1997 年的 1.90%，上升到 2002 年的 5.93%。

九是国有企业劳动生产率有较大幅度提高。全国国有工业企业全员劳动生产率平均每人每年折合人民币，1998 年为 29054 元，2002 年上升到 65749 元，2002 年的劳动生产率比 1997 年提高了 1.26 倍。

（三）国企职工下岗的政策要求

国有企业经营状况的好转，是以大量国有企业职工下岗为代价的，决策者早已看到了这一点，在十五大报告中就曾明确指出，随着企业改革深化、技术进步和经济结构调整，人员流动和职工下岗是难以避免的。这会给一部分职工带来暂时的困难，但从根本上说，有利于经济发展，符合工人阶级的长远利益。党和政府要采取积极措施，依靠社会各方面的力量，关心和安排好下岗职工的生活，搞好职业培训，拓宽就业门路，推进再就业工程。

1998 年 6 月 9 日，中共中央、国务院发出《关于切实做好国有企业下岗职工基本生活保障和再就业工作的通知》，强调要规范职工下岗程序，建立职工下岗申报备案制度。为保障职工家庭的基本生活，夫妻在同一企业的，不要安排双方同时下岗；不在同一企业的，如果一方已下岗，另一方所在企业不要安排其下岗。要尽量避免全国及省（部）级劳动模范、烈军属、残疾人下岗。

1998 年 8 月 3 日，劳动和社会保障部等部门发出《关于加强国有企业下岗职工管理和再就业服务中心建设有关问题的通知》，就国有企业职工下岗程序作出了三条规定。（1）下岗职工的定义。国有企业下岗职工是指实行劳动合同制以前参加工作的国有企业的正式职工（不含从农村招收的临时合同工），以及实行劳动合同制以后参加工作且合同期未满的合同制职工中，因企业生产经营等原因而下岗，但尚未与企业解除劳动关系、没有在社会上找到其他工作的人员。（2）职工下岗应遵循的原则。企业安排职工下岗，应坚持公开、公正的原则，要说明原因，讲清政策，作出计划，认真组织。要做好职工群众的思想工作，保证下岗分流工作的顺利进行。（3）职工下岗程序。企业安排职工下岗应按以下程序进行：一是在企业领导集体研究的基础上，至少提前 15 日向工会或者职代会说明企业的生产经营状况以及职工下岗分流的意见。二是制定职工下岗及再就业方案，内容主要包括拟安排下岗的人数、实施步骤、建立再就业服务中心及促进再就业的措施，并征求工会或职代会的意见，做好宣传和准备工作，同时组建再就业服务中心。企业不组建再就业服务中心，不得安排职工下岗。三是由企业填报《职工下岗登记表》，内容应包括职工基本情况、企业工会或职代会意见，报送地方劳动和社会保障部门或其委托的企业主管部门，由其核实、认定并备案。

在解决国有企业职工下岗问题时，有一些不同的做法。有的地方采用的是减少工时、轮流上岗、提前退休的办法，并且要求清退农民工。但是有人已经明确指出，缩减工时、过早退休等减少劳动供给的方法，实际上仅仅减少了企业对劳动力可变成本的支出。让有经验的职工回家，腾出岗位雇用新工人，反而会提高企业的平均劳动力成本，最后的结果并不鼓励企业创造就业机会。由于外来劳动力与城镇劳动力的就业领域在很大程度上并不重合，清退农民工不仅不会减轻整体的就业压力，还会因为农民收入下降而对市场需求产生不利影响，反过来增加城市失业。[1] 有的地方采

---

① 蔡昉：《中国经济转轨时期的就业政策选择：矫正制度性扭曲》，载刘溶沧主编《中国：走向 21 世纪的公共政策选择》下，社会科学文献出版社 1999 年 9 月版，第 46—59 页。

用的是对下岗职工"买断工龄"或"买断身份"的做法，即以一次性算账的方法，将工龄或国有企业职工的身份折合成现金，发给下岗职工，或者转入劳动保险部门，由该部门定期向下岗职工发放退休费等。① 对于"买断工龄"或"买断身份"的做法，政府强调的是必须注意为下岗职工提供长远性的保障，1999年劳动与社会保障部在《关于贯彻两个条例扩大社会保险覆盖范围加强基金征缴工作的通知》中就强调了任何单位都不能以"买断工龄"等形式终止职工的社会保险关系。

（四）实施再就业工程

国有企业改革带来的大量下岗职工，加大了全社会的就业压力。按照国家统计局的统计数据，1997年城镇登记失业人员576.8万人，城镇登记失业率仅为3.1%，但是有学者估计，实际的城镇失业率不低于6.58%，此外还交叉着至少5%的职工下岗率。② 1998年的就业形势更加严峻，城镇登记失业人员571万人，当年下岗企业职工1319万人，再加上新增的550人城市新增劳动力，至少有2400万人面临就业问题。

为缓解就业压力，必须对就业政策进行全面调整。从1980年开始实施的"三结合"（在国家统筹规划和指导下，实行劳动部门介绍、自愿组织就业和自谋职业相结合）的就业政策，改成了在国家政策指导下，劳动者自主择业、市场调节就业和政府促进就业的新就业政策。③

1997年1月6日至9日，国务院在北京召开全国国有企业职工再就业工作会议，要求实施再就业工程，帮助国有企业解困。1998年5月14日至16日，中共中央、国务院又召开了国有企业下岗职工基本生活保障和再就业工作会议，并在1998年6月9日中共中央、国务院发出的《关于切实做好国有企业下岗职工基本生活保障和再就业工作的通知》中，强调妥善解决国有企业下岗职工基本生活保障和再就业问题，不仅是一个重大的经济问题，也是重大的政治问题；不仅是现实的紧迫问题，也是关系长远的战略问题。做好这项工作，既是社会主义制度的本质要求，也是党和政府应尽的责任。实施再就业工程的目标是力争每年实现再就业的人

---

① 张卓元：《中国的国有企业改革与公共政策变迁》，载刘溶沧主编《中国：走向21世纪的公共政策选择》下，第90—103页。
② 蔡昉：《中国经济转轨时期的就业政策选择：矫正制度性扭曲》。
③ 朱崇实、陈振明主编：《中国公共政策》，第189—190页。

数大于当年新增下岗职工人数，1998 年使已下岗职工和当年新增下岗职工的 50% 以上实现再就业；争取用五年左右的时间，初步建立起适应社会主义市场经济体制要求的社会保障体系和就业机制。

1998 年 8 月 3 日，劳动和社会保障部等部门发出《关于加强国有企业下岗职工管理和再就业服务中心建设有关问题的通知》，要求对符合条件的下岗职工，由当地劳动和社会保障部门通过所在企业再就业服务中心发放"下岗职工证明"。下岗职工凭"下岗职工证明"领取基本生活费，享受有关政策规定的服务和待遇。下岗职工都应进入企业再就业服务中心。对无故不进再就业服务中心的，不发给"下岗职工证明"。再就业服务中心要认真履行为下岗职工发放基本生活费，缴纳养老、医疗（或按规定报销医疗费用）、失业等社会保险费，组织下岗职工进行职业培训，为下岗职工提供就业指导等项职能。

1999 年的国务院政府工作报告则特别强调了再就业政策所提供的"三条保障线"。一是为国有企业下岗职工提供基本生活保障，并加强多种形式的职业培训，拓宽就业门路，引导职工转变择业观念，争取尽可能多的下岗职工实现再就业。下岗职工再就业以后，要与原企业解除劳动关系。二是三年以后还没有再就业的下岗职工，也要与原企业解除劳动关系，转到社会保险机构领取失业保险金。三是享受失业保险两年后仍未就业的，转到民政部门领取城镇居民最低生活费。

2000 年的国务院政府工作报告要求进一步办好国有企业再就业服务中心，企业再就业服务中心要向下岗职工按时足额发放基本生活费，并代他们缴纳养老、失业、医疗等社会保险金。所需资金要按"三三制"（企业、社会、财政各负担三分之一）原则认真落实。企业和社会筹集不足的部分，财政要予以保证。

2001 年 5 月 29 日，劳动和社会保障部发出《关于开展再就业援助行动的通知》，要求积极开展再就业援助活动，为下岗职工提供上门咨询和政策援助、职业指导援助、就业信息和岗位援助、技能培训援助、社会保险关系接续援助、劳动保障事务代理援助、生活保障援助、特困群体援助八方面的援助。

再就业工程对缓解就业压力产生了一定的作用。从职工的培训情况看，2000 年全国有 358 万失业人员和下岗职工参加了再就业培训，其中 226 万人经过培训实现了再就业。2001 年全国有 457 万失业人员和下岗职工参加了再就业培训,全国已经累计培训下岗职工1200万人,参加培训的有780万人实现了再就业,培训后的再就业率达到65%。从下岗职工再就业情况看,1998—2001年,全国累计有2991万国有企业下岗职工进入了再就业服务中心,1527万人实现了再就业,占51.05%。

再就业工程也显示出了三方面的问题。(1)国有企业下岗职工再就业率逐年下降。国有企业下岗职工再就业率,1998年为50%,1999年为42%,2000年为35%,2001年为30%。(2)下岗职工出中心再就业难问题突显。一是出中心高峰期到来,人员和时间集中,给再就业带来极大难度。二是中心内的下岗职工市场竞争能力较差,就业能力和就业观念都远不能适应市场需求,客观上也造成下岗职工再就业困难。(3)再就业优惠政策还没有完全落实到位,有些政策还缺乏操作性,优惠政策在促进再就业方面的优势和潜力还没有完全发挥出来。[①]

(五)强化失业保险和养老保险的作用

十五大报告明确提出完善失业保险和社会救济制度,为国有企业职工提供最基本社会保障的要求后,建立失业保险体系的工作提速。1999年1月22日,国务院颁布《失业保险条例》,规定为保障失业人员失业期间的基本生活和促进其再就业建立的失业保险基金,由四部分构成:一是城镇企业事业单位、城镇企业事业单位职工缴纳的失业保险费,二是失业保险基金的利息,三是财政补贴,四是依法纳入失业保险基金的其他资金。失业保险基金用于支出失业保险金、领取失业保险金期间的医疗补助金、领取失业保险金期间死亡的失业人员的丧葬补助金和其供养的直系亲属的抚恤金,以及领取失业保险金期间接受职业培训、职业介绍的补贴。领取失业保险金的主要是三类人员,一是按照规定参加失业保险,所在单位和本人已按照规定履行缴费义务满1年的人员。二是非因本人意愿中断就业的人员。三是已办理失业登记,并有求职要求的人员。领取失业保险金的时间期限,最高限定为24个月。

全国参加失业保险的职工人数,由1997年的7961.4万人上升到2002年的10181.6万人,增长27.89%。领取失业救济金的职工人数,由1997

---

① 1997—2002年"再就业"的政策案例说明,引自黄燕芬、杨宜勇《就业政策:促进下岗事业人员再就业》,载《中国公共政策分析,2003年卷》,第203—222页。

年的 319 万人上升到 2002 年的 657 万人，增加了 1.06 倍。全国的失业保险基金收入，由 1997 年的 46.7 亿元上升到 2002 年的 215.6 亿元，增加3.77 倍。失业保险基金的支出，1997 年为 36.3 亿元，2002 年为 186.6 亿元，2002 年比 1997 年增加 4.14 倍。由于基金每年都有结余，2002 年失业保险基金的累计结余达到了 253.8 亿元。失业救济金的支出，由 1997年的 18.678 亿元上升到 2002 年为 116.774 亿元；按月支出的人均失业救济金，则由 1997 年的 48.8 元上升到了 2002 年的 148.1 元。①

　　由于不少国有企业职工下岗采取的是"提前退休"的方法，因此企业职工的养老保险对解决国有企业职工下岗问题也起了一定的保证作用。十五大报告明确将"实行社会统筹和个人账户相结合的养老制度"列为国有企业改革的配套改革措施，并在"十五大"期间从四个方面发展了企业职工养老保险制度。

　　一是确保企业离退休人员基本养老金按时足额发放。1998 年至 1999年间共动用历年养老保险基金积累 127 亿元，用于确保基本养老金发放的需要。2000 年 5 月 28 日，国务院下发《关于切实做好企业离退休人员基本养老金按时足额发放和国有企业下岗职工基本生活保障工作的通知》，明确提出确保基本养老金发放是维护社会稳定、促进企业改革和经济发展的一件大事，各地必须做好。对今后因工作不力而发生的拖欠基本养老金的地区，要在全国范围内予以通报批评，并追究当地政府领导的责任。

　　二是实行企业职工基本养老省级统筹。1998 年 8 月 6 日国务院发出《关于实行企业职工基本养老保险省级统筹和将行业统筹移交地方管理的通知》，要求 1998 年 8 月底以前将行业统筹移交地方管理，自 9 月 1 日起由地方省级社会保险经办机构负责行业企业的养老保险费收缴和离退休人员养老保险金的发放。1998 年年底以前，各省、自治区、直辖市要实行企业职工基本养老保险省级统筹，建立基本养老保险基金省级调剂机制，调剂金的比例以保证省、区、市范围内企业离退休人员基本养老金的按时足额发放为原则。到 1999 年年底，有 28 个省、自治区、直辖市初步实现了省级统筹或建立了省级调剂金制度，各地共调剂使用基金几十亿元，为确保困难地区企业离退休人员基本养老金的发放发挥了重要作用。

_____

① 《中国统计年鉴—2003》，第 844—845 页。

三是提高企业职工基本养老金水平。从 1999 年 7 月 1 日起，按基本养老金调整机制适当增加企业离退休人员养老金。退休人员养老金的调整幅度，1999 年一般应比 1998 年月平均养老金水平提高 15%，具体标准由各地根据目前养老金的实际水平和基金支付能力确定。企业离退休人员增加养老金所需资金，北京、上海、浙江、江苏、山东、广东、福建七省市由地方政府自行解决，其他省（自治区、直辖市）及新疆生产建设兵团由中央财政给予适当补助，用于补充地方社会保险基金。

四是对破产企业的养老保险作出明确规定。2000 年 4 月 18 日，劳动保障部在《关于加快实行养老金社会化发放的通知》中指出，破产关闭企业的退休人员以及所有企业离休人员，要首先实行养老金社会化发放。社会保险经办机构要在国有商业银行或邮局为离退休人员建立基本养老金账户，按月将规定统筹项目内的应付基本养老金划入账户，保证离退休人员能够按时支取基本养老金。[①]

企业职工养老保险政策调整后，全国企业离休、退休、退职职工人数占参加基本养老保险职工人数的比例 1999 年为 33.05%，2000 年为 33.00%，2001 年为占 36.67%，大体呈上升趋势。全国基本养老保险基金的支出，由 1997 年的 1251.3 亿元，上升到 2002 年的 2842.9 亿元，增加 1.27 倍。由于历年都保持了收大于支的状态，全国基本养老保险基金的累计结余，由 1997 年的 682.8 亿元，上升到 2002 年的 1608.0 亿元，增加 1.36 倍。全国基本养老保险基金的年人均支出，1999 年为 4999 元，2000 年为 6674 元，2001 年为 6867 元，2002 年为 7880 元。与同期的城市居民家庭人均可支配收入相比，基本养老保险的人均支出水平（即养老保障水平），1999 年比人均收入（5854 元）少 855 元，2000 年比人均收入（6280 元）多 394 元，2001 年比人均收入（6860 元）多 7 元，2002 年比人均收入（7703 元）多 177 元。[②] 也就是说，基本养老保险为参保的离退休人员可以提供与人均收入水平接近的保障水平。

（六）减轻就业压力的其他政策措施

为协助再就业政策的顺利实施，"十五大"时期还采用了三项重要的

---

①　1997—2002 年"企业职工养老保险"的政策案例说明，引自施朝阳《企业职工养老保险政策：共同合理负担》，载《中国公共政策分析，2001 年卷》，第 188—214 页。

②　《中国统计年鉴—2003》，第 344、844—845 页。

政策措施。

第一项是实施预备就业制度。1997 年 7 月 14 日，劳动部宣布实行劳动预备制度的就业方式，城乡初、高中毕业后不能升入更高一级学校学习的青年，在就业前参加 1—3 年的职业培训，取得职业资格证书后才能就业。① 1999 年 6 月 7 日劳动保障部等部门发出《关于积极推进劳动预备制度加快提高劳动者素质的意见》，要求从 1999 年起在全国城镇普遍推行劳动预备制度，组织新生劳动力和其他求职人员，在就业前接受 1—3 年的职业培训和职业教育，使其取得相应的职业资格或掌握一定的职业技能后，在国家政策的指导和帮助下，通过劳动力市场实现就业。对劳动预备制人员进行培训，在确保培训质量的前提下，可采取全日制、非全日制以及学分与学时制相结合或远程培训等灵活多样的培训形式。对参加劳动预备制人员培训所需经费，原则上由个人和用人单位承担，政府给予必要的支持。1999 年，劳动预备制培训在 27 个省、自治区、直辖市展开，全年共有 93 万城镇未能继续升学的初高中毕业生参加了劳动预备制培训。②

第二项是鼓励私营企业吸纳就业人员。十五大报告明确指出，非公有制经济是我国社会主义市场经济的重要组成部分，对个体、私营等非公有制经济要继续鼓励、引导，使之健康发展。这对满足人们多样化的需要，增加就业，促进国民经济的发展有重要作用。1998 年的国务院政府工作报告则要求大力支持下岗职工自谋职业，鼓励他们从事个体和私营经济。在政策激励下，私营企业有了快速的增长。截至 1998 年年底，全国私营企业发展到 120 多万户，个体工商户 3120 多万户，城乡个体私营企业从业人员 7823.48 万人，当年城乡个体私营企业共安置下岗职工 383.82 万人。此后四年，城镇私营企业的就业人员一直保持上升态势，由 1999 年的 1053 万人，上升到 2002 年的 1999 万人（2000 年 1268 万人，2001 年 1527 万人），增长 89.84%。2002 年比 1999 年增加的 946 万人中，应有不少是下岗职工。③

第三项是以第三产业的发展吸纳就业人员。鼓励和引导第三产业加快

① 新华月报编辑部编：《新中国五十年大事记》（下），第 1110 页。

② 杨宜勇、辛小柏：《就业政策：全面推行劳动预备制度》，载《中国公共政策分析，2001年卷》，第 169—187 页。

③ 1998—2002 年各种企业、产业的就业人数和失业人数，见《中国统计年鉴—2003》，第 123—124 页。

发展是十五大报告确定的重要发展目标。1998年的国务院政府工作报告更明确要求大力发展第三产业，广泛开辟就业门路。"十五大"时期，三次产业从业人员的情况有较大变化。全国的就业人员，由1997年的69800万人上升到2002年的73740万人，增加3940万人。第一产业的就业人员由1997年的34840万人上升到2002年的36870万人，增加2030万人。第二产业的就业人员由1997年的16547万人下降到2002年的15780万人，减少767万人。第三产业的就业人员由1997年的18432万人上升到2002年的21090万人，增加2658万人。相比之下，第三产业吸纳就业人员的作用确实高于第一产业和第二产业。

在各种政策的综合作用下，"十五大"时期推动了上千万下岗职工再就业，使国有企业改革带来的就业压力有所缓解。城镇登记的失业人员尽管有所上升（由1997年的576.8万人上升到2002年的770万人），但是城镇登记失业率一直保持在4%以下（1997—2000年均为3.1%，2001年为3.6%，2002年为4.0%）。由于进入再就业服务中心的下岗职工没有被列入城镇登记的失业人员，因此这样的失业率显然是被低估的。经过再就业攻坚后，国有企业下岗职工带来的就业压力有所缓解，但是其他方面的就业压力依然较大，整体就业形势依然比较严峻。

（七）对国企改革政策的基本评价

对"十五大"时期国有企业改革攻坚以及与之相关的国有企业下岗职工再就业政策的重大变化，可以强调六点基本认识。

第一，在经济全球化的背景下，为适应市场经济需要进行的国有企业改革，作为一种内部的结构性调适，是完全必要的。打破"大锅饭"，建立现代企业制度，确实是一个艰难的过程，也是一个必须攻克的难关。在中国为加入世界贸易组织做好的各种准备中，实际上就包括了重要的企业准备，因为国有企业三年脱困的目标在2000年已经基本实现。

第二，国有企业改革攻坚，就经济效益而言是比较成功的。无论是国有工业企业的产值，还是利润、劳动生产率等，都有明显的提高，国有企业依然是中国经济的主导性力量。更为重要的是，通过改革将国有企业带入市场竞争之中，使其既要面对国内市场的挑战，更要面对国际市场的挑战。如果算"经济账"的话，企业竞争力的提升应该是最重要的"经济账"。

第三，在国有企业改革中，建立民主的政策过程，是一个重要的要求。为改变企业决策随意、政策责任不清的状况，在国企改革攻坚中不仅强调继续推进政企分开和实行科学决策、民主决策，还就提高企业决策水平作出了具体规定，对于现代企业制度所要求的民主政策过程显然是极为重要的。

第四，国有企业改革是一个重要的企业"甩包袱"、社会"接包袱"的过程。以大量的下岗职工为载体，在全国基本实现了由企业内部保障系统向社会保障系统的过渡。企业的社会保障功能弱化，政府支持的社会保障体系功能强化，恰是在大批量安置国有企业下岗职工中得以实现的。

第五，国有企业改革实施了一次重要的政策补偿。由于有 2/3 以上的国有企业职工下岗，使国有企业改革涉及了几千万人的利益，即便是再就业，也改变不了这些人"利益受损"的实际境况，并可能使其产生较强的"抱怨"情绪。几千万人的"抱怨"，足可以凝聚成"抱怨社会"，带来一系列的社会问题。中国之所以在动了几千万人的"职业蛋糕"后，没有发展成"抱怨社会"，一个重要的原因就在于政府通过一系列的政策，对国有企业下岗职工进行了及时的"补偿"，使其在从"企业人"转变为"社会人"的过程中，得到了重要的帮助或救助。抱怨还是会有，因为在个人的人生中，经历"下岗"显然不是一件愉快的事情，但是有了来自政府和社会的"补偿"，不但生活有基本保障，在心理上也可以获得一定的平衡，抱怨情绪会逐渐淡化，以"向前看"的态度面对新的选择。几千万人相同或类似的经历，都可以看到"补偿"所起到的安定人心的作用。

第六，国有企业改革是一个重要的"政策在民"行动。由于国有企业改革涉及了所有在国有企业工作的人员，无论是领导、技术人员、管理人员，还是普通职工，都要有所行动，并且在改革进程中不断协调相互间的行动。改革就是国有企业中的"全民参与"式的政策过程，在这一过程中解决在职还是下岗的问题，甚至解决企业是否存在的问题。对于这样的政策过程，显然应该给予必要的关注。

三 "攻关"的三大政策

"十五大"时期除了进行国有企业改革攻坚外，还在城市"低保"、教育和扶贫三大政策上展开了跨世纪的"攻关"过程。

(一) 城市"低保"全覆盖

由于国有企业改革产生了大量的下岗企业职工,为解决这批人的基本生活问题,"十四大"时期建立的城市居民最低生活保障(简称城市"低保")不得不提速,成为一项重要的救济性政策。

十五大报告明确要求实行保障城市困难居民基本生活的政策。1998年的国务院政府工作报告也强调,做好下岗职工的再就业和生活保障工作,是1998年各级政府的一项突出任务,要加快建立城市贫困居民的最低生活保障制度。1998年年底,上海、广东、广西、山东、河北、江苏、浙江、天津、河南、北京、福建、青海、新疆、安徽、辽宁、吉林16个省、自治区、直辖市所辖的市、县全部建立了城市居民最低生活保障制度。由于严格按照"低保"政策统计核实保障人数,1998年全国得到保障的人数只有184.1万人。

1999年国务院要求全国城市居民最低生活保障标准一律提高1/3,并且由中央财政对中西部地区补助8亿元资金,以支持提高城市"低保"标准。9月28日,国务院颁布了《城市居民最低生活保障条例》,自1999年10月1日起执行。到1999年9月底,全国的667个城市和有建制镇的1638个县政府所在地的镇,全部完成了建立城市居民最低生活保障制度的任务。享受最低生活保障的人员,1999年达到265.9万人,2000年上升到402.6万人。

2001年6月,全国的城市"低保"人数增加到452万人。2001年下半年发生了山西大同煤矿、安徽淮南煤矿等地贫困职工要求救助的事件,引起国务院领导的高度重视,城市"低保"政策的实施,已经具有重要的社会稳定意义。2001年8月,朱镕基总理考察贵州时正式宣布,国务院决定增加15亿元资金以支持老工业基地和中西部地区的城市"低保"。当年9月中旬,民政部在北京召开紧急会议,要求到2001年10月底,各地务必使中央直属企业和国有大中型企业的符合"低保"条件的特困职工全部进入城市"低保"。在这样的要求下,10月底全国的"低保"人数(包括发放"低保证"而没有发放保障金的人员在内)达到了1189万人,一个月内就实现了"低保"对象突破1000万人的大关。此后,中央资金开始下发,由于各个环节的原因,这项资金直到2002年年初才发放

到县，所以到 2001 年年底，只有 1170.7 万人领取到了保障金。而到了
2002 年 1 月底，领到保障金的达到了 1235 万人。到 2002 年 2 月底，全国
的城市"低保"人数已经达到 1302 万人。

2002 年 2 月 4 日，中共中央政治局常委会召开专题会议研究解决困
难群体问题，要求地方各级党政领导关注贫困问题并拿出办法，城市
"低保"工作要尽快做到"应保尽保"。会议决定中央财政拿出 46 亿元作
为 2002 年度的城市"低保"预算，补助地方城市"低保"资金。2002 年
3 月 5 日至 15 日的九届全国人大五次会议在通过财政预算的 46 亿元城市
"低保"资金的基础上，要求在 2002 年 6 月底实现城市居民最低生活保
障的"应保尽保"。

各地对贯彻执行中央的一系列决策采取了积极的态度，主要表现在五
个方面。

第一，基本实现"应保尽保"目标。各地主要围绕国有企业改革建
设城市"低保"制度，把企业改组和产业结构调整中出现的下岗、失业
等人员作为工作重点，将大量符合条件的困难职工及其家属纳入城市
"低保"范围。在民政部实行倒计时的督促下，到 2002 年 7 月，全国排
查出来的 1931 万城市"低保"对象全部纳入"低保"。到 2002 年 9 月，
全国城市"低保"对象已经达到 1961 万人。

第二，加大地方财政投入。中央加大财政支持力度后，地方的财政预
算也开始大幅度增长。2002 年地方各级财政共安排了城市"低保"资金
预算 59.2 亿元（省级 20.4 亿元，地、市级 18.5 亿元，县级 20.3 亿元），
比 2001 年多安排了 28.3 亿元。

第三，加强城市"低保"的政策、法规建设。《城市居民最低生活保
障条例》颁布以后，各省、自治区、直辖市先后颁布了城市"低保"实
施办法。

第四，加强城市"低保"资金管理。在城市"低保"资金的管理方
面，由于国务院要求城市"低保"资金纳入财政社会保障补助资金专户，
实行专项管理，专款专用，确保资金不被挪用和挤占，所以各地都按照这
一要求建立了城市"低保"资金专户，实行全封闭式的管理。

第五，改变"低保金"发放办法。发放低保金也是一项重要的管理
制度。在不少地方，根据审批的程序，将低保金层层下发，最后由社区居
民委员会发放到城市"低保"对象家中。这样的发放程序，往往容易产

生不规范的行为，因为手工发放，有不少不确定的因素，有的可能人为地在发放时间甚至在发放数额方面制造偏差。针对这种情况，民政部在全国推行社会化发放的办法，通过银行、邮局直接把"低保金"发放给城市"低保"对象，以确保按时足额发放，努力避免出现挪用、贪污等问题。①

截至2002年年底，全国共有2064.7万城镇居民、819万户"低保"家庭得到了最低生活保障。其中在职人员186.8万人，下岗人员554.5万人，退休人员90.1万人，失业人员358.3万人，上述人员家属783.1万人，"三无"人员91.9万人。全年共用城市"低保"资金108.7亿元，2002年全国城镇最低生活保障月人均保障水平为52元。②

（二）基本实现"两基"目标

在2000年实现"两基"目标（全国基本普及九年义务教育，全国基本扫除青壮年文盲，使青壮年中的文盲率降到5%以下），是"十四大"时期提出来的。十五大报告依然将大力普及九年义务教育、扫除青壮年文盲作为发展教育的重要任务。1998年的国务院政府工作报告一方面说明了1997年的"两基"推进情况，指出占全国人口65%的地区已经基本普及九年义务教育，青壮年文盲率下降到6%；另一方面明确了1998年的目标是基本普及九年义务教育的地区要增加到全国人口的72%，再扫除350万青壮年文盲。

1998年5月7日，教育部、财政部在北京分别同新疆、内蒙古、青海、宁夏、甘肃、西藏、云南、广西、贵州9省、区以及新疆生产建设兵团签订了"国家贫困地区义务教育工程"项目责任书。"国家贫困地区义务教育工程"将在1998—2000年三年内，由中央和地方投入54.9亿元资金，在9省、区的469个贫困县修建14942所中小学。③

1998年8月3日，教育部发出《关于认真做好"两基"验收后巩固提高工作的若干意见》，对实现"两基"目标提出了两点新要求。第一点是巩固"两基"的要求，强调已通过"两基"验收地区，标志着普及九年义务教育和扫除青壮年文盲工作达到一定水平，为今后教育发展奠定了

---

①　1997—2002年城市"低保"的政策案例说明，引自王振耀《城市居民最低生活保障政策的历史性发展》，载《中国公共政策分析，2003年卷》，第99—120页。

②　《2002年民政事业发展统计公报》，引自"中华人民共和国民政部网站"。

③　见《1998年教育大事记》，引自"中华人民共和国教育部网站"。

基础，但评估验收是对"两基"阶段性成果检查，并不意味着实施义务
教育和扫盲工作的终结。巩固提高是"两基"工作的一个重要阶段，是
一项长期而艰巨的任务。第二点是"两基"与"两全"结合的要求，强
调"两基"与"两全"是一个有机整体，推行素质教育最终要落实在全
面贯彻教育方针，全面提高教育质量上。

　　教育部于 1998 年 12 月 24 日发出《面向 21 世纪教育振兴行动计划》，
指出"两基"已进入攻坚阶段，要确保全国目标的实现。普及义务教育
工作的重点和难点在中西部地区，在"十五"计划期间继续实施"国家
贫困地区义务教育工程"，重点要放在山区、牧区和边境地区。行动计划
还要求各级财政要认真落实已经出台的筹措教育经费的各项法律规定和政
策，特别是要保证做到《教育法》规定的教育经费的"三个增长"（即各
级政府教育财政拨款的增长要高于同级财政经常性收入的增长，在校学生
人均教育经费逐步增长，教师工资和学生人均公用经费逐步增长）。要按
照《教育法》和《中国教育改革和发展纲要》的规定，逐步提高国家财
政性教育经费占国民生产总值的比例，努力实现 4% 的目标。逐步提高中
央本级和省级财政支出中教育经费支出所占的比例。自 1998 年起，中央
本级财政按同口径每年提高 1 个百分点，2000 年将此比例提高 3 个百分
点左右，除按原有政策保留目前每年由中央安排的教育专项外，上述增量
部分主要用于振兴行动计划中中央财政支持和资助的项目。同时，各省、
自治区、直辖市财政支出中教育经费所占的比例，也应根据各地实际每年
提高 1—2 个百分点。

　　按照教育部的统计，到 1998 年年底，全国又有 300 个县（市、区）
达到基本普及九年义务教育和基本扫除青壮年文盲的要求，有 65 个县
（市、区）通过了基本普及初等义务教育的验收，全国普及九年义务教育
的人口覆盖率达到 73%，"普九"验收的县（市、区）总数达到 2242 个，
9 个省市已按要求实现"普九"。全国扫盲学校（班）结业人数 320.89 万
人（未完成当年扫盲 350 万人的目标）。①

　　1999 年的国务院政府工作报告提出的"两基"目标是基本普及九年
义务教育的地区要增加到全国人口的 80%，扫除青壮年文盲 300 万人

---

　　① 1998—2002 年的"两基"统计数据，见 1998—2002 年《全国教育事业发展统计公报》，
引自"中华人民共和国教育部网站"。

左右。

1999 年 7 月 13 日，教育部发出的《关于坚持标准，保质保量推进"两基"工作的通知》，明确指出"两基"工作中的五大问题。一是"两基"工作进入攻坚阶段，尚未实现"两基"的地区，推进"两基"工作的难度越来越大。二是有些地方特别是"二片地区"① 有的省份，有降低标准、追赶进度现象。三是一些地方存在着教育经费投入政策不落实、拖欠教师工资、初中辍学率居高不下等突出问题。四是初中学龄人口高峰的到来，将给"两基"工作带来新的巨大压力。五是一些已经通过"两基"验收的地区出现指标下滑现象。为解决这些问题，通知对"两基"目标作了新的说明：根据《面向 21 世纪教育振兴行动计划》关于 2010 年全面实现"两基"的要求，我国"两基"工作在 2000 年实现"双八五"基础上，2010 年覆盖人口地区达到 95%。各地要从实际出发规划"普九"进度，不能为赶进度而降低标准。"三片地区"的"普九"、"普初"和扫除青壮年文盲工作也要按规划实施，按程序推进。

1999 年全国普及九年义务教育的人口覆盖率达到 80%，"普九"验收的县（市、区）总数达到 2430 个（比 1998 年增加 188 个）。全国共扫除文盲 299.27 万人（基本完成当年扫盲 300 万人的目标），仍有 283.19 万人正在参加扫盲学习。

2000 年的国务院政府工作报告要求如期实现基本普及九年义务教育和基本扫除青壮年文盲工作的目标。按照教育部的统计，"到本世纪末基本普及九年义务教育"的目标在 2000 年如期实现，全国普及九年义务教育的地区人口覆盖率达到 85%，"普九"验收的县（市、区）总数达到 2541 个（比 1999 年增加 111 个），11 个省市已按要求实现"普九"。全国共扫除文盲 258.04 万人，仍有 252.99 万人正在参加扫盲学习。

2001 年的国务院政府工作报告除了正式宣布基本普及九年义务教育和基本扫除青壮年文盲的目标初步实现外，还要求巩固"两基"成果，并加快高中阶段教育和高等教育的发展。2001 年 8 月 27 日，教育部在北

---

① 1994 年，为分片进行"两基攻坚"，将全国以省为单位划分为三片地区。北京、天津、上海、辽宁、吉林、江苏、浙江、山东、广东 9 个省级单位为"一片地区"，河北、山西、黑龙江、安徽、福建、江西、河南、湖南、湖北、海南、陕西、四川、重庆 13 个省级单位为"二片地区"，内蒙古、广西、贵州、云南、西藏、甘肃、青海、宁夏、新疆 9 个省级单位为"三片地区"。

京召开控制农村初中生辍学工作电视电话会议，要求各地采取切实措施做好控制农村初中生辍学工作。2001 年实现"两基"验收的县（市、区）总数达到 2573 个（比 2000 年增加 32 个），全国共扫除文盲 220.51 万人，仍有 201.49 万人正在参加扫盲学习。

2002 年 4 月 14 日，国务院办公厅发出《关于完善农村义务教育管理体制的通知》，重点强调了六方面的要求。一是农村义务教育实行"在国务院领导下，由地方政府负责、分级管理、以县为主"的体制。二是地方各级人民政府要按照"一要吃饭，二要建设"的原则，调整财政支出结构，确保农村中小学教职工工资按时足额发放。三是保证农村中小学公用经费，保障农村中小学危房改造和学校建设的必要投入。四是认真组织实施学校对口支援工作，开展经常性全国助学活动。五是完善人事编制管理制度，加强农村中小学教师队伍建设。六是逐级建立责任追究制度，凡是拖欠农村中小学教职工工资的县，不得用财政性资金上新的建设项目，不准机关盖办公楼、买轿车，不准领导干部出国，违者要追究领导责任。

2002 年 7 月 22 日，中共中央办公厅、国务院办公厅转发教育部等 12 部门《关于"十五"期间扫除文盲工作的意见》，重点强调了三方面的要求。一是进一步明确扫盲目标，强调扫盲工作的主要对象为 15—50 周岁的青壮年文盲，并鼓励 50 周岁以上的文盲接受扫盲教育。二是要求扫盲工作要核清底数，健全档案，对 15 周岁以下的文盲，由当地中小学校负责进行补偿教育，使其接受国家规定的义务教育，或达到个人脱盲标准；对 15—24 周岁有学习能力的青年文盲，要保证有一个脱盲一个，重点推进贫困地区、少数民族和妇女的扫盲教育。三是多渠道解决扫盲工作经费，中央财政继续安排扫盲工作奖励专项经费，地方各级人民政府视自身财力状况设立扫盲工作专项经费，用于扫盲项目及其表彰奖励。

2002 年全国实现"两基"的地区人口覆盖率达到 90% 以上，实现"两基"验收的县（市、区）总数达到 2598 个（比 2000 年增加 25 个）。2002 年全国共扫除文盲 174.45 万人，仍有 177.39 万人正在参加扫盲学习。

（三）扶贫取得决定性进展

"十四大"时期开始实施的"八七扶贫攻坚"，在"十五大"时期继续推进。十五大报告特别强调了国家从多方面采取措施，加大扶贫攻坚力度，到 20 世纪末基本解决农村贫困人口的温饱问题。1998 年的国务院政府工作报告不仅明确了当年的扶贫指标，还提出了"精准扶贫"的具体要求：加大扶贫攻坚力度，争取今年再有 1000 万以上贫困人口解决温饱问题。各地要进一步加强对扶贫开发工作的领导，增加投入，着力改善贫困地区的生产条件，支持有助于直接解决温饱的种植业、养殖业、林果业，以及农副产品加工业的发展，推广扶贫到户的经验，重点扶持特困村和特困户。

1998 年 4 月国务院发布的《残疾人扶贫攻坚计划（1998—2000年）》，强调贫困残疾人约占全国贫困人口的 1/3，解决这部分人的温饱问题，事关国家扶贫攻坚的全局。目前 1700 万贫困残疾人中，有 1400 万人能参加生产劳动，可以通过扶贫开发解决温饱，但在扶贫工作中，常因残疾而被忽视，相当数量的残疾人未被列入扶持对象。由于残疾影响和外界障碍，扶持残疾人脱贫难度更大，是扶贫攻坚的难点。全国 70% 的贫困人口生活在国定贫困县，国家为此投入大量扶贫资金。70% 的贫困残疾人生活在非国定贫困县，缺少国家的特别扶持，解决这近千万贫困残疾人的温饱问题，是扶贫攻坚的薄弱点。因此残疾人扶贫，必须扶持到户到人。要做到优惠政策落实到户、科技推广到户、技术培训到户、生产服务到户。

1998 年 6 月 5 日，国务院办公厅发出《关于切实做好扶贫开发工作的通知》，指出目前全国农村没有解决温饱问题的贫困人口还有 5000 万人，要在今后三年完成扶贫攻坚任务，必须争取今年解决 1000 万以上农村贫困人口温饱问题。为实现这一目标，国务院决定 1998 年新增扶贫资金 30 亿元，全年中央扶贫资金总量达到 183 亿元。各省、自治区、直辖市人民政府则要按照中央的要求，认真落实配套资金。要狠抓扶贫到户，在目前贫困人口的分布和结构发生很大变化的情况下，要有效地解决贫困人口的温饱问题，就必须集中力量，集中资金，逐村逐户地采取有针对性的措施，扶贫到户就是解决贫困人口温饱问题的一项关键措施。

1998 年年底，全国的贫困人口下降到 4210 万人（比 1997 年的 4962万人减少 752 万人），贫困人口的年均纯收入已经提高到 635 多元。①

1999 年的国务院政府工作报告要求加大扶贫攻坚的力度，力争 1999

---

①　新华月报编辑部编：《新中国五十年大事记》（下），第 1202 页。

年农村贫困人口再减少 1000 万以上，并做好防止返贫的工作。1999 年 6 月 8 日至 9 日召开的中央扶贫开发工作会议指出，农村的贫困发生率已经从 30.7% 下降到 4.6%，沂蒙山区、井冈山区、闽西南山区等革命老区群众的温饱问题已经基本解决，"三西"地区（甘肃省的河西、定西地区和宁夏回族自治区的西海固地区）、秦巴山区、武陵山区等其他重点贫困地区的面貌也有很大改变。扶贫开发已经进入最艰难的攻坚阶段，今后两年每年要解决 1000 万左右贫困人口的温饱问题。①

按照年均纯收入 625 元的标准，1999 年全国的贫困人口为 3412 万人，2000 年全国的贫困人口为 3209 万人（两年共减少贫困人口 1000 万人）。②

2001 年的国务院政府工作报告宣布"八七"扶贫攻坚目标基本实现，并强调从根本上改变贫困地区面貌仍是一项长期而艰巨的任务，要继续加大扶贫力度，重点做好中西部少数民族地区、革命老区、边疆地区和特困地区的扶贫工作。

以减少贫困人口数字为重要目标的扶贫行动，尽管可以在一定的时间内基本实现目标，但是目标本身可能带来一定的问题。如沙琳·库克（Sarah Cook）所言，目标作为政策实施的一部分并没有多大作用，甚至会有反面作用，会潜在地导致仅仅关注那些能够最迅速地脱离贫困线的人口，而非那些最为贫困的人口。确定一个明确的目标，可能会造成为完成这一目的而进行的"数字游戏"，超越对扶贫目的的切实关注。有必要为扶贫工作制定更加具体的目标，例如具体到个人或家庭，要求有识别目标对象群体的更为清晰的机制。③

2001 年 6 月 13 日，国务院印发《中国农村扶贫开发纲要（2001—2010 年）》，对新世纪的扶贫政策提出了七点要求，并特别强调为及时了解和全面掌握扶贫开发的发展动态，发现和研究新问题，统计部门要认真做好有关信息的采集、整理、反馈和发布。要制定科学规范、符合实际的监测方案，采用多种方法，全面、系统、动态地反映贫困人口收入水平和生活质量的变化，以及贫困地区的经济发展和社会进步情况，为科学决策

---

① 新华月报编辑部编：《新中国五十年大事记》（下），第 1211 页。
② "人民网" 2016 年 10 月 17 日载文《中国贫困人口数为何大起大落》。
③ ［英］沙琳·库克：《中国 21 世纪扶贫政策所涉及的问题》，载刘溶沧主编《中国：走向 21 世纪的公共政策选择》上，第 262—272 页。

提供必要的依据。

由于扶贫标准由年人均纯收入 625 元上调到 865 元，2001 年全国的贫困人口陡增至 9029 万人，2002 年的全国贫困人口则为 8645 万人，扶贫工作依然面临严峻的形势。从扶贫的投入看，中央财政的扶贫资金，已由 1997 年的 68.15 亿元，上升到 2002 年的 106.02 亿元（1998 年 73.15 亿元，1999 年 78.15 亿元，2000 年 88.15 亿元，2001 年 100.02 亿元）。[①] 仅从中央财政的扶贫资金看，贫困人口人均得到的中央财政扶助，已经由 1997 年的 137 元，上升到 2000 年的 275 元（1998 年 174 元，1999 年 229 元）。但是随着 2001 年的贫困线调整和贫困人口数增加，人均扶助水平大大下降，2001 年为 109 元，2002 年为 123 元。加大扶贫财政投入力度的努力，显然比以前更为重要。

（四）三大"攻关"政策的民主要素

从"政策民主"的视角，可以看到"十五大"时期的三大"攻关"政策具有几点相同的要素。

第一个要素是"扶弱"。三大政策涉及的目标群体，无论是城市的相对贫困人口，还是农村的绝对贫困人口，以及义务教育涉及的辍学儿童、扫盲涉及的文盲，都是社会中的弱势群体。以政府之力对弱势群体进行大规模的救助和帮助，既表现了政策的公共性特征（教育和贫困，都是政府不可忽视的公共问题），也表现了政策的公正性特征（国家要以公正的态度对待公民，尤其是对待处于弱势、需要帮助的公民）。

第二个要素是"个体"。三大政策扶助的目标群体，虽然表现为上千万人甚至几千万人，但是在政策实施过程中，所针对的都是个体的公民。无论是城市最低生活保障中的"应保尽保"，还是义务教育中的"不让一个适龄学童失学"，以及"扶贫到户"和"全方位扫盲"，强调的都是要找准具体的帮助对象，并给予必要的帮助。精准"低保"、精准助学、精准扶贫等所代表的政策"个体化"取向，实际显示的是政府通过必要的"机会保障"（享受教育的机会和改变贫困生活的机会），来表现对公民个人利益问题的关注。三大政策都强调了"全覆盖"的政策要求，但是显然不能忽视"全覆盖"下的"个体化"政策特征。

---

① "人民网" 2016 年 10 月 17 日载文《中国贫困人口数为何大起大落》。

第三个要素是"更动标准"。三大政策在实施过程中,都涉及了扶助标准的变化。提高城市居民最低生活保障标准和提高农村绝对贫困线标准,以及降低义务教育中的收费标准等,都需要根据社会发展的水平,进行科学的测算,并且要顾及财政的负担能力问题,因为更动政策标准会加大财政的支出。之所以三大政策在"十五大"时期经过"攻关"后,都只能说是基本达到预定目标,就是因为标准变动后,目标群体有了重要的变化,需要确定新的政策目标。从政策发展的要求看,三大政策都要延续下去,更动标准是政策延续中出现的合理现象,因此不必过于拘泥某一时段的政策目标是否全部达到,并以此来避免"数字游戏"对政策实效的干扰。

第四个要素是"参与"。三大政策都要求社会的广泛参与,只是参与的重点不同。主要针对农村的扶贫政策,既要求"对口支援"和富裕地区帮助贫困地区,也鼓励社会团体、慈善组织、公民个人以及国际组织参与扶贫行动,希望以广泛的"社会参与"来帮助政府解决贫困问题。城市居民的最低生活保障,主要强调的是基层自治组织的参与,因为享受城市"低保"的人员,要由社区居民委员会帮助政府进行核定工作。"两基"普及既强调了农村基层自治组织参与的重要性,也强调了家长参与的必要性,还强调了社会参与所具有的辅助性功能,因为捐资助学、志愿者行动以及来自媒体的监督,对于基本实现"两基"目标都起到了重要的帮助作用。也就是说,公民的政策参与,尤其是在重大政策执行过程中的参与,可以有不同的重点和不同的方式,但目标可能是一致的,就是使这些政策能够通过参与,达到更好的效果。应该承认,三大"攻关"政策在"十五大"时期能够取得较好的政策效果,确实与广泛的政策参与和普遍性的政策支持有密切的关系。

四 面对全球化挑战的三农政策

1998 年 10 月 12 日至 14 日召开的中国共产党十五届三中全会专门讨论"三农"问题,并作出了《中共中央关于农业和农村工作若干重大问题的决定》。决定明确指出,面对亚洲金融危机的冲击和经济全球化的挑战,进一步加强农业,繁荣农村经济,提高农民购买力,有利于扩大内需,保持整个国民经济增长的良好势头,增加我国在国际合作与竞争中的回旋余地。在充分利用国外市场的同时，努力开拓国内市场特别是农村市场，是我国经济发展的基本立足点。将国际视野和国内需求结合在一起，"十五大"时期的三农政策有了一些重要的发展。

(一) 两本书揭示的三农问题

"十五大"时期出版了两部引起普遍注意的有关三农问题的著作。第一部是曹锦清1998年12月成稿、上海文艺出版社2000年9月出版的《黄河边的中国——一个学者对乡村社会的观察与思考》，主要反映的是曹锦清教授1996年在河南农村的调查情况。第二部是李昌平2001年7月成稿、光明日报出版社2002年1月出版的《我向总理说实话》，主要反映的是在湖北省监利县任乡党委书记的李昌平1999—2000年的农村工作经历。对这两部书进行比较，可以看出1996—2000年三农问题的发展、变化情况。

农民负担过重，是两部书都重点强调的突出问题。

根据曹锦清的调查，河南省某村的《农民负担费用总汇表》显示全村1995年的乡统筹共计67718元，村提留共计67355元，缴费出工共计60900元。只计算乡统筹和村提留的农民负担，全村人均66.5元，按全年人均收入1528元计算，人均"农负率"为4.35%，恰好在国务院规定的5%"农负率"之内。但这样的统计表格，是专门给上面看的，并不代表真实的农民负担情况。某县向每个农户发放"农民负担三年早知道明白卡"，所定义的农民负担只指村提留和乡统筹，但农民对"农民负担"的理解是实际落到农民身上的负担，而不单是指"明白卡"上的那些负担。河南省的一家农户，1995年的全家总收入为16397元，全家全年缴纳税费1954元，占总收入的11.92%。另一家农户，1995年的全家总收入为5746.8元，全家全年缴纳税费858.6元，占总收入的14.94%。农民负担占年收入25%的，也并不少见。更有甚者，在河南省的一个重点贫困县，农民人均负担在400—500元之间，农民年人均纯收入只是在800元上下，农民全年的收入大半被收走了。而800元上下的农民年人均收入，也不是统计出来的，而是依据上年的上报数据增加一个百分比确定的。

李昌平所在的湖北省监利县棋盘乡，一名种田能手1999年生产开支2928元，上缴负担3385元，一年算下来，种田纯收入是负数，由此得出的结论是"打死我也不种田了"。1999 年棋盘乡全乡农民实际负担 1382 万元，其中合理负担 580 万元，额外负担 800 万元；全乡农民的农业收入总共不足 1000 万元，意味着当年农民种田的全部所得，都用来缴纳所承担的税费负担，还有巨大的缺口。1999 年全县农民实际人均收入下降了 800 元，上报的数据却是增加了 200 元；上报全县农民负担比上年减少 4000 多万元，而实际上是增加负担 2 亿元之巨；全县 80% 的农民种田亏本，甚至难以维持简单的再生产，县里却反复宣称"监利农业进入了新的发展阶段"。

农民负担沉重，不仅是经济问题，也变成了严重的政治问题和社会问题。如曹锦清所言，处于中国社会最低层的农民深受三害之苦：一是自然灾害，二是地方政府之害，三是市场价格波动之害。村民的牢骚不满主要集中在三个问题上：一是社会治安环境恶化，二是农民负担太重，三是贪官污吏太多。各级地方政权存在着日益脱离社会，且凌驾于社会之上的强大趋势。农民尤其痛恨的，是只知"要粮、要钱、要命"的乡、村两级干部。李昌平则感叹农民真苦、农村真穷、农业真危险，并指出了七种必须认真面对的现象，一是盲流如"洪水"，二是负担如"泰山"，三是债台如"珠峰"，四是干部如"蝗虫"，五是责任如"枷锁"，六是政策如"谎言"，七是假话如"真理"。

两部书都讨论了造成农村严重问题的制度和体制方面的问题，并且都认为应该对三农政策作全面的检视，因为在政策层面至少存在十方面的问题。

第一，政策不符合农村实际情况。曹锦清认为，上面制定的许多法律、法规、政策不太符合甚至很不符合农村基层的实际情况，给农村基层工作带来很大困难。李昌平也指出，中央政策不结合实际，让地方实在难以执行。如粮食收购政策，中央定价敞开收购，出现亏损由地方财政补贴。产粮大县工资都发不出来，哪有钱补贴。没有补贴，粮食部门就借机压级压价，扣斤扣两。还有些政策不配套，地方也无法执行。国家从事农业宏观政策研究的机构和专家，必须系统回答四个方面的问题：粮棉要多少？规模搞多大？钱从哪里来？人到哪里去？

第二，盲目执行上级政策。曹锦清指出，中国的政治权力，与其说集中于中央，倒不如说分散在全国二三千个县。中国政治状况的好坏，关键在于县。中央制定的各项方针、政策都得通过县级政权向下落实，与乡镇一级相比，县政权具有更多独立决策的权力。但比较普遍的现象是县级政权的决策"向上看"，只接受上级官员的指令。向上看是必要的，但盲目地执行上级政策而不顾本地区实际情况，同样滋生许多流弊。

第三，强行推行不切实际的政策。曹锦清认为，地方政府经常靠行政指令推行一些不切实际的政策，导致坑农、害农的政策后果，甚至激起了"民变"。一项涉及所有农民的重大政策，在制定过程中必须考虑到它的落实条件。否则，一项好的政策也会导致累民害物的结果。

第四，不合理的政策"条块"关系。曹锦清还强调，乡镇政府义务多，权力少，在中国的"条块"结构中，尤其是在各种政策的执行中，如果有钱的，条上就收权归他们自己管辖；凡是钱少，甚或根本无权的，条上就将包袱放归块管。设在乡镇的各政府机构，凡是收钱的部门都抓到条的手中，凡是用钱的机构都推给块管。

第五，基层政府没有纠正错误政策的权力。在实地调查中曹锦清意识到，乡镇政府名为一级政府，几乎没有根据本乡镇实际情况办事的实权，只是执行上级党政部门下达的各项指令指标而已。如果上级党政部门制定的任务、指标、法令、政策不符合下面的实际情况，乡镇党委和政府毫无修正更改的权力。

第六，庞大而低效的乡级政权。李昌平所在的棋盘乡，1990年吃税费饭的干部不过120人，2000年已经超过300人。新上任的领导干部无法顶住内外压力，不得不滥用权力安排一帮子人吃"皇粮"。曹锦清也指出，乡级政府党政机构盲目扩大，机关人员迅速增加，但4/5是冗员，加上乡镇一级还养了大量"吃财政饭"的人，既造成人浮于事、行政管理效率低下的局面，也加重了乡财政的负担，还开启了"三乱"（乱摊派、乱收费、乱罚款）之源。

第七，两类不同的"投资行为"。在传统农业大县，曹锦清看到了两大类投资主体：一类是任期短、转任快的县、乡两级主要官员（投资决策权主要操在他们手里），投资动力主要来自"上级指示"与"政绩显示"，对投资行为的长期效益并不关心，或说关心不了，这是大量低效甚至无效投入得以泛滥的根本原因。另一类是土地承包制下的广大农民，他们一方面保存着自然经济的沉重习惯，另一方面也能对市场价格信号作出反应，一旦某种物品的市场价格上升有利可图时，会引起一哄而上的"进入"局面。

第八，形式主义泛滥。曹锦清明确指出，在政策执行、检查中，存在大量形式主义的做法，尤其是每年的检查评比，搞得基层人仰马翻，神经紧张，干部们劳命，百姓们伤财。造成形式主义泛滥的原因，一是与干部考核方法有关；二是与上面制定的高指标有关；三是与干部频繁调动有关，快出"政绩"主要靠形式主义来粉饰。

第九，中央政策难落实。李昌平指出，中央扶持农业的政策、保护农民积极性的政策，很难落到实处。中央政策虽好，但地方可以不执行。如农民负担政策，地方没有执行中央政策，中央不追究，或是只处理几个恶性事件，不追究根源。不追究，地方官员的胆子就越来越大，中央的政策对一些人而言，就成了聋子的耳朵——摆设。如果几亿农民不相信中央的农村政策，这种后果将是可怕的。

第十，三农问题的政策根源。李昌平认为，中国在三农问题上之所以出现"政策困局"，应注意五种根源。一是"重工轻农"是三农问题的思想根源。二是"城乡分割"是三农问题的政治根源。三是农民的组织程度空前弱化是三农问题的组织根源。四是唯"家庭承包经验"是三农问题的制度根源。五是政府"黑洞"现象是三农问题的体制根源。

两部书都提出了解决三农问题的重要建议。曹锦清认为，如何建立一个廉洁、高效且向下负责的地方政治管理体系，是政治现代化的中心内容。应该把管理的委任制与民众的评议制切实地结合起来，中国的农民虽然还没有成熟到直接参政，选举乡、县两级的官吏，但公正地评议地方官吏的优劣还是可以做到的。应该在农村开展新合作运动，其宗旨是把农民扶上合作之路，但坚决让他们自己走路。李昌平则明确提出了四方面的建议：一是坚决刹住浮夸风；二是切实减轻农民负担，增加农民收入，调动广大农民的积极性；三是强化群众监督，严治腐败，确保政令畅通，取信于民；四是鼓励改革创新，加强调查研究，坚持从群众中来到群众中去的政策路线，制定结合实际的农村政策。

(二) 土地政策的发展

土地政策主要涉及土地管理、耕地保护和土地承包三方面的问题，"十五大"时期在具体政策上都有一些重要的进展。

1986 年 6 月制定的《中华人民共和国土地管理法》（简称《土地管理法》），在实施后出现的主要问题是土地管理的绝大部分权力集中在市、县政府，甚至旁落到乡镇政府，造成了城镇建设用地、农村住房用地快速增长和严重的土地闲置浪费现象，并挤占了大量的耕地。为解决这样的问题，中央决定启动《土地管理法》的修改工作。

《土地管理法》的修改是一个经历了"全民参与"的决策过程，主要分为五个步骤。

第一个步骤是政策调研。中央农村工作领导小组组织进行的政策调研，始于1996年2月，终于1997年4月，在8个省进行同口径调研，并委托12个城市进行土地利用情况调研，形成了一个主报告、五个分报告和一些专题报告。

第二个步骤是起草草案送审稿。1997年5月成立的《土地管理法》修改小组，历经五稿，于8月12日形成了法律修订草案的送审稿。

第三个步骤是拟定修订草案。国务院土地管理局和国务院法制局对送审稿逐条讨论、修改，形成《土地管理法（修订草案）》11月26日稿。1997年12月12日国务院常务会议审议草案后，要求对草案再进行修改。1998年1月9日国务院常务会议再次讨论草案，原则通过草案，并于1998年1月21日上报全国人大常委会审议。

第四个步骤是向全民征求意见。1998年4月26日至29日，九届全国人大常委会第二次会议审议《土地管理法（修订草案）》，指出修改《土地管理法》是涉及12亿人口的大事，可以将草案公布于众，在更大范围内听取意见。4月29日，《土地管理法（修订草案）》在《人民日报》《经济日报》等报纸上全文公布，征求公民意见，并要求各省、自治区、直辖市人大常委会负责征求、收集意见，于1998年6月1日以前汇总报送全国人大常委会法制工作委员会。

第五个步骤是审议通过。1998年6月9日、10日、17日，全国人大法律委员会开会审议《土地管理法（修订草案）》需要修改的重大问题，形成了修订草案初步修改稿。1998年6月22日至23日，九届全国人大常委会第三次会议就全民讨论中提出的十五个问题进行了讨论，并建议在二审中进一步完善，尽快三审通过。1998年8月26日至29日的九届全国人大常委会第四次会议，经过讨论后表决通过了新修订的《土地管理法》，于1999年1月1日起实施。

新修订的《土地管理法》有七方面的重大进步。一是在立法指导思想上，实现了从保障建设用地供应为主到切实保护耕地为主的根本性转变。二是在土地管理方式上，实现了从分级限额审批制度到用途管制制度的根本性转变。三是在土地利用方式上，实现了从外延粗放型到内涵集约型的根本性转变。四是在土地管理职权划分上，实现了各级政府职能合理划分的根本性转变，将事关全局的决策性职权适当集中于中央和省两级，而执行性职权主要由市、县来承担，不但强化了国家管理土地的职能，而且有利于充分调动各级政府和部门的积极性。五是在执法监督工作上，实现了从传统的土地监察到建立现代土地执法监察体系的根本性转变。六是在调整范围上，实现了从单纯调整行政管理关系到既调整行政管理关系又调整财产关系的根本性转变。七是首次以立法形式确认了土地基本国策，规定"十分珍惜、合理利用土地和切实保护耕地是中国的基本国策"，表明土地管理在国家管理中具有十分重要的地位，表明土地基本国策具有长期性、稳定性、权威性的法律特点，是今后制定政策必须遵循的准则。①

在政策方面，"十五大"时期也表现出了对耕地保护的高度重视。如1998年10月中国共产党十五届三中全会通过的《中共中央关于农业和农村工作若干重大问题的决定》指出，我国后备耕地资源不足，提高农业综合生产能力，应立足现有耕地的保护和改造，依法限制农用地转为建设用地，严格执行基本农田保护区制度。2001年的国务院政府工作报告也明确指出，要保护好基本农田，绝不允许擅自将耕地改为非农用地，这是一条不可逾越的"红线"。

尽管强调了耕地保护，全国的耕地面积仍由1997年的12990.3万公顷，下降到2002年的12593万公顷，耕地共减少397.3万公顷，耕地面积总体下降3.06%。但是需要说明的是，"十五大"时期的耕地面积下降，与农业结构战略性调整和生态退耕还林还草有较大的关系。如2001年全国生态退耕59.07万公顷，农业结构调整减少耕地4.5万公顷，全国土地整理复垦开发增加耕地20.26万公顷。2001年全国划定基本农田10880.0万公顷（16.32亿亩），达到了土地利用总体规划确定的耕地10853.3万公顷（16.28亿亩）、保护率83.5%的要求。2001年全国31个省、自治区、直辖市总体上全部实现建设占用耕地当年占补平衡。② 2002

---

① 《土地管理法》的修改过程及相关的土地政策说明，引自李铃《土地政策：为了可持续发展》，载《中国公共政策分析，2001年卷》，第95—112页。
② 《2001年中国国土资源公报》，引自"中华人民共和国国土资源部网站"。

年生态退耕面积 142.55 万公顷，土地整理复垦开发补充耕地 26.08 万公顷，建设用地净增加 40.9 万公顷，其中建设占用耕地 19.65 万公顷，31 个省（区、市）继续实现了耕地占补平衡。①

　　改革开放初期实行的农村集体土地承包制，按照承包期 15 年的规定，在 20 世纪 90 年代将面临"二次承包"问题。1993 年 11 月 5 日中共中央、国务院发出的《关于当前农业和农村经济发展的若干政策措施》，为此特别作出"在原定的耕地承包期到期之后，再延长 30 年不变"的规定。为防止"二次承包"中出现随意改变承包关系和变相增加农民负担的现象，国务院 1995 年 3 月 28 日批转的《农业部关于稳定和完善土地承包关系的意见》强调了四条规定。（1）严禁强行解除未到期承包合同。（2）因人口增减、耕地被占用等原因造成承包土地严重不均、群众意见较大的，应经民主议定，作适当调整后再延长承包期。（3）严禁发包方借调整土地之机多留机动地，原则上不留机动地，确需留的，机动地占耕地总面积的比例一般不得超过 5%。（4）延长土地承包期和进行必要的土地调整时，不得随意提高承包费。

　　1997 年 8 月 27 日，中共中央办公厅、国务院办公厅印发了《关于进一步稳定和完善农村土地承包关系的通知》，又强调了三条规定。（1）集体土地实行家庭联产承包制度，是一项长期不变的政策。在第一轮土地承包到期后，土地承包期再延长 30 年，指的是家庭土地承包经营的期限。（2）延长土地承包期，要使绝大多数农户原有的承包土地继续保持稳定，不能将原来的承包地打乱重新发包。已经延长土地承包期，但承包期限不足 30 年的，要延长到 30 年。（3）承包土地"大稳定、小调整"的前提是稳定，其意义是指在坚持上述第二条原则的前提下，在个别农户之间小范围适当调整。"小调整"只限于人地矛盾突出的个别农户，不能对所有农户进行普遍调整；不得利用"小调整"提高承包费；绝对不能用行政命令的办法硬性规定在全村范围内几年重新调整一次承包地。

　　强大的政策压力取得了一定效果。2000 年年底，全国 98% 的村组开展了延长土地承包期工作，承包期达到 30 年的耕地面积占 92%。全国预留机动地面积约占耕地总面积的 1.9%，从总体上看没有超过总耕地面积 5% 的限额。主要分布在沿海发达地区和部分城镇郊区的"两田制"（把

---

① 《2002 年中国国土资源公报》，引自"中华人民共和国国土资源部网站"。

土地分为"口粮田"和"责任田"），占耕地总面积的比重由 1996 年的 15.8% 下降到 9.6%。绝大多数地方的土地承包费已经纳入农民上缴的村提留、乡统筹范围，并控制在中央确定的限额以内。[①]

土地问题是农村的核心性问题之一，处理不好就会引发各种矛盾，因此土地政策的发展，对于保护农民的土地权益显然是至关重要的。

（三）农业结构战略性调整

自 1978 年农村改革以来，中国的农业生产结构进行了三次大的战略性调整。

第一次调整是 20 世纪 80 年代中期，其原因是部分地区的个别农产品出现了"卖难"现象。中央政府明确提出了"决不放松粮食生产，积极发展多种经营"的方针，大力发展乡镇企业，改革农产品购销体制，使农业结构发生了比较明显的变化。

第二次调整是 20 世纪 90 年代初期，主要原因是市场需求发生变化，对优质农产品的需求量增加。国务院于 1992 年作出了发展高产优质高效农业的决定，提出农业应当在重视产品数量的基础上，转向高产优质并重，提高经济效益。各地按照发展高产优质高效农业的方针，鼓励农民根据市场需求，调整生产结构，发展高附加值农产品。

从 2000 年开始的农业结构战略性调整是第三次调整，主要原因是农产品供求状况发生根本变化，出现农产品供大于求和价格持续下跌现象，但农产品的品种和质量都不能满足市场需求，农民收入增长缓慢也已经成为必须认真解决的问题。与前两次调整有所不同的是，前两次结构调整是在农产品普遍短缺、个别产品过剩的情况下进行的，因此只要增加短缺产品的生产，减少过剩产品的生产，就可达到农业增效、农民增收的目的。这次结构调整却是在农产品普遍供大于求的情况下进行的，靠农产品品种间播种面积的增减、产品间数量的增减，已难以达到目标，必须针对结构性矛盾，优化品种、改善品质、调整布局，提高加工转化水平，全面提高农业的素质和效益。前两次结构调整主要依靠行政手段，采取"增增减减"调整的办法。这次结构调整仍依靠原来的行政手段已经难以达到目

---

① "土地二次承包"的政策案例说明，引自王修达《中国农村土地承包政策：相对稳定》，载《中国公共政策分析，2003 年卷》，第 72—98 页。

的，要全面解决农产品的品种、质量和农业的素质、效益等问题，必须进行一次具有全局意义的战略性调整。

农业和农村经济结构战略性调整的五项任务，在政策推进过程中都有具体的要求。

第一，调整和优化种植业结构，全面提高农产品质量。种植业结构调整是这次农业结构战略性调整的重点之一，主要任务是调整作物结构和品种结构，并提出了八点要求。（1）逐步减少与市场需求不相适应的劣质滞销粮食作物播种面积，适当增加适应市场需求的价值高的优质粮食作物。（2）积极发展优质粮、加工专用粮和饲料粮，逐步淘汰南方早籼稻、江南冬小麦和东北春小麦等三种粮食中的劣质品种。（3）有步骤地实行东北玉米、大豆轮作计划，发展东北优质大豆生产。（4）加快发展优质棉，适当减少夏播棉，满足纺织业对多档次棉纤维的需求。（5）积极扩大"双低"油菜面积，建设长江流域"双低"油菜带，推广应用优质品种，提高经济效益。（6）增加蔬菜花色品种，发展无公害蔬菜。（7）加快品种更新，提高鲜食果品质量和加工型水果比重。（8）茶叶、蚕茧、花卉、热作产品等其他作物也都要按照市场需求，调整产品结构，提高产品质量。

第二，加快畜牧业和水产业发展，优化农业生产结构。畜牧业要适应市场需求，调整畜种畜群结构，逐步降低猪肉比重，扩大耗粮少、转化率高的畜禽生产，大力发展草食性动物。调整的主要任务是稳定发展生猪和禽蛋生产，加快发展牛、羊和禽类生产，大力发展奶类和羊毛加工。水产业要积极调整海洋渔业结构，调减海洋捕捞强度，实施捕捞产量"零增长"计划，重点发展远洋渔业和海水养殖业，改革养殖方式，提高生产效率，优化品种结构，扩大名特优新产品的比重。

第三，发展农产品加工业，促进农产品转化增值。以调整布局的做法，将农产品加工企业逐步向农产品主产区集中，鼓励主产区发挥资源优势，发展农产品初加工和精深加工，逐步使主产区由以销售初级农产品为主，变为更多地生产加工品，把农业优势转换为经济优势。

第四，充分发挥比较优势，优化农业区域布局。种植业区域布局调整的主要任务是，东部沿海地区和大中城市郊区着重发展资金和技术密集、附加值高的经济作物和特色出口农产品生产，建设优质农产品出口基地；中部地区以改造中低产田为重点，增强农业综合生产能力，建立优质高产高效的大型商品粮、加工专用粮、饲料粮和经济作物基地；西部地区以农业生态环境建设为中心，把过去迫于生存压力而过度开垦的荒坡地，有计划、有步骤地退耕还林还草还湖，大力发展生态农业、旱作节水农业和特色农业，努力恢复草原植被，改善草原生态环境。

第五，发展外向型创汇农业，积极参与国际市场竞争。通过必要的调整，充分发挥中国农业的比较优势，积极扩大畜禽、水产品、水果、蔬菜、花卉及其加工品等劳动密集型产品的出口；继续坚持以质取胜战略，努力提高出口农产品质量，培育名牌产品；有计划地组织劳务输出，参与国外农业开发。

尤其需要注意的是，在推进农业结构战略性调整中，强调必须坚持三条基本原则。一是坚持面向市场。农产品只有卖得出去，才能实现其价值，农民的投入才能有回报。结构调整要做到市场需要什么就生产什么，不能盲目调整，造成新的积压和卖难。二是坚持因地制宜。把市场需要和本地的优势结合起来，注重发展有竞争力的优势产业和拳头产品，突出特色，发挥优势，防止一哄而起，结构雷同。三是充分尊重农民的自主权。农民是农村市场经济的主体，也是结构调整的主体。要稳定农村土地承包关系，尊重并切实保障农民的土地承包权和生产经营自主权，用政策和市场信息引导农民自主调整农业结构，绝不能强迫命令，更不能瞎指挥。[①]

经过三年的农业结构战略性调整，在农业生产和产品消费方面出现了一些重要的变化。

一是全国的粮食作物播种面积，2000—2002 年有较大幅度调减，三年共计调减了粮食作物播种面积 927 万公顷。与此相联系的是粮食总产量也有所调减，由 1999 年的 50838.6 万吨，下降到 2002 年的 45705.8 万吨，减幅为 10.10%。

二是全国耕地的有效灌溉面积，由 1999 年 5315.84 万公顷，上升到 2002 年的 5435.48 万公顷，增长 2.25%。

三是在主要农产品产量中，粮食作物所占的比例，由 1999 年的 72.37% 下降到 2002 年的 67.18%；棉花所占的比例，由 1999 年的 2.38% 上升到 2002 年的 2.71%；油料作物所占的比例，由 1999 年的

---

① 2000—2002 年"农业结构战略性调整"的政策案例说明，引自宋洪远、廖洪乐《农业发展新阶段：农业结构战略性调整》，载《中国公共政策分析，2002 年卷》，第 120—134 页。

8.89%上升到 2002 年的 9.55%；糖料所占的比例，由 1999 年的 1.05%上升到 2002 年的 1.18%；蔬菜、瓜类所占的比例，由 1999 年的 9.66%上升到 2002 年的 12.74%。

四是肉类产品的构成发生了一定的变化，1999 年的全国肉类产品，猪肉占 83.72%，牛肉占 10.88%，羊肉占 5.90%；2002 年的全国肉类产品，猪肉占 82.75%，牛肉占 11.19%，羊肉占 6.06%，牛羊肉产品所占比例都略有上升。

五是全国的水产品产量，由 1999 年的 4122.4 万吨，上升到 2002 年 4564.5 万吨，增长 10.72%。海水产品中的天然生产产量（捕捞产量），1999 年为 1497.6 万吨，2000 年为 1477.5 万吨（比上年下降 1.34%），2001 年为 1440.6 万吨（比上年下降 2.50%），2002 年为 1433.5 万吨（比上年下降 0.49%），达到了海洋捕捞产量"零增长"的要求。人工养殖的海水产品产量，则由 1999 年的 974.3 万吨，上升到 2002 年 1212.8 万吨，增长 24.48%。

第六，在农业结构战略性调整的影响下，全国城市居民家庭平均每人全年购买食品的比较重要变化是，粮食由 1999 年的 84.91 公斤，下降到了 2002 年的 78.48 公斤；猪肉由 1999 年的 16.91 公斤，上升到了 2002 年的 20.28 公斤；家禽由 1999 年的 4.92 公斤，上升到了 2002 年的 9.24 公斤；水产品由 1999 年的 10.34 公斤，上升到了 2002 年的 13.20 公斤；鲜奶由 1999 年的 7.88 公斤，上升到了 2002 年的 15.72 公斤。[1] 这样的变化显示，作为现代生活基础的食品与副食品供应，在告别"紧缺时代"之后，已经上升到了一个更注重质量和可以有更多选择的层次。

（四）农村税费改革试点

2000 年，中央决定在安徽省以省为单位，按照中央制定的试点方案进行农村税费改革试点工作，试点的主要内容可以概括为"三项取消"、"一项逐步取消"、"两项调整"和"一项改革"。

"三项取消"所要求的，一是取消乡统筹费，原由乡统筹费开支的乡村教育（包括中小学危房改造）、计划生育、优抚和民兵训练支出，由地方政府财政预算安排；村级道路建设所需资金不再固定向农民收取，乡级

---

① 《中国统计年鉴—2003》，第 412、419、425、428、436—438、352 页。

道路建设由政府负责安排；二是取消农村教育集资等专门面向农民征收的行政事业性收费和政府性基金、集资；三是取消屠宰税。

"一项逐步取消"所要求的是逐步取消统一规定的劳动积累工和义务工。

"两项调整"所要求的，一是调整农业税政策，新的农业税按照 1998 年前 5 年的亩均常产和最高不超过 7% 的税率依法征收；二是调整农业特产税政策，按照农业特产税税率略高于农业税税率、减少征收环节、农业税和农业特产税不重复交叉征收的原则，根据国家农业特产税的统一政策，以及当地农业特产品的集中程度，按农产品种类适当调整农业特产税税率，并实行一个应税品目只在一个环节征税。

"一项改革"即改革村提留征收使用办法，将原村提留改为按新的农业税附加的方式统一收取，比例最高不超过农业税正税的 20%，开支内容只包括村干部报酬、五保户供养、办公经费三项；村内兴办其他集体生产公益事业所需资金，实行一事一议，由村民大会民主讨论决定，并实行上限控制，安徽省按年人均不超过 15 元执行。用农业税附加方式收取的村提留，实行村有乡管。对不承包土地并从事工商业活动的农民，经村民大会民主讨论确定后，在原乡统筹费和新的农业税附加的负担水平内，向其收取一定数额的资金，用于村内集体公益事业。

安徽省的农村税费改革试点取得了一定的成效。2000 年，安徽全省征收的农业税、农业特产税及附加总计 37.61 亿元，比改革前的 49.15 亿元（农业两税、乡统筹和村提留中的公益金、管理费合计）减少 11.64 亿元，减幅为 23.6%；加上取消的屠宰税、农村教育集资，农民总的税费负担减少 16.9 亿元，减幅达 31%。农民人均负担，由 109.4 元减少到 75.5 元，减少 33.9 元；农民人均"两工"负担由 29 个减为 20 个。

安徽省的农村税费改革试点也反映出了五方面的问题。一是乡村组织可用财力明显减少，运转难度增大。二是新的农业税收入大都进入乡镇工资专户，农村公益事业建设困难。三是计税价格高于市场价格，实际上提高了农民的负担率。四是土地"税负不公"和农业特产税"平摊"问题没解决，还产生了新的农业负担问题。五是影响农村土地流转和产业结构调整。[①]

---

① 2000—2002 年"农村税费改革试点"的政策案例说明，引自朱守银《农村税费改革：减轻农民负担的重大举措》，载《中国公共政策分析，2002 年卷》，第 135—162 页。

　　尽管安徽省的农村税费改革试点存在不少问题，中央还是强调要在全国范围内扩大试点。2001年3月24日，国务院发出《关于进一步做好农村税费改革试点工作的通知》，要求各省、自治区、直辖市自主决定是否全年推开税费改革。2002年3月27日，国务院办公厅发出《关于做好2002年扩大农村税费改革试点工作的通知》，明确将河北、内蒙古、黑龙江、吉林、江西、山东、河南、湖北、湖南、重庆、四川、贵州、陕西、甘肃、青海、宁夏16个省（自治区、直辖市）作为2002年扩大农村税费改革试点省。试点省是进行全省试点还是局部试点，由有关省人民政府慎重决定。该通知还强调，确保农民负担得到明显减轻、不反弹，确保乡镇机构和村级组织正常运转，确保农村义务教育经费正常需要，是衡量农村税费改革是否成功的重要标志。

　　在进行税费改革试点的同时，对农民的减负也提出了一些新的要求。按照国务院的要求，1999年10月至2000年1月进行了全国性的减轻农民负担工作大检查。2000年4月26日国务院办公厅转发的农业部等部门《关于巩固大检查成果　进一步做好减轻农民负担工作报告》指出，通过全国性的检查，各地共取消7831个不合理收费项目，减轻农民负担37.7亿元。全国农村削减不合理报刊征订任务367万份，涉及金额1.89亿元。农村电价平均每度降低0.1元，全年共减轻电价负担230亿元。全国96%的县实行了提留、统筹费一定三年不变的政策。各地还精减乡镇干部、村组干部、教职工共276.2万人，减少开支47.7亿元。检查中发现的问题，一是乱集资仍很突出，二是乱收费仍较严重，三是摊派依然存在，四是一些地方恶性案件时有发生，大检查期间安徽、贵州、甘肃、山东、江西5个省又发生了8起涉及农民负担的恶性案件。

　　需要特别注意的是，针对农民减负的改革试点，在一些地方演变成了应付上级的做法，并形成了全面造假的"试点经验"。如2000年湖北省监利县棋盘乡的改革，原来的设计是将农民负担由1382万元控制在800万元以内，为此提出了设立负担卡、成立农民负担结算中心和实施阳光行政等措施，坚决遏制农村高利贷泛滥的局面，大力精简机构和人员，并推出了解放农民、发展经济、保持稳定的多项措施。但是在省市县工作队的介入下，最初的改革目标被放在一边，工作队只关注把农民负担由1382万元减少为589万元，由此抓住有限的时间（一个月），多做花架子，多做表面文章，造成"声势浩大"的改革局面。棋盘乡是湖北省改革的前沿阵地，减负后乡区村巨额债务怎么还，基层政府如何运转，这些十分要害的问题，上级领导和工作队都抱的是事不关己、高高挂起的态度。在棋盘乡"改革"的基础上，监利县也用一个半月完成了"改革"试点，并且取得"巨大成果"：一是严格执行农民负担政策，砍掉不合理负担1.5亿元，调动了农民的生产积极性；二是精简机构350个，裁减编外人员4500个，减少开支1.5亿元；三是全面清理高利贷，减本减息2亿元，遏制了乡镇债务膨胀势头；四是干群关系明显改善。但是对全县农民负担检查和暗访显示，农民负担卡到户的不到60%，到户的负担卡也没有按政策填写，层层加码的问题依然严重，不少干部一面发卡一面说明这卡是应付上面检查的，是不算数的。机构改革和清理整顿高利贷等，大多数是走过场，流于形式。由于假话说了一百遍成了真理——谁不相信也得相信。而真正想在基层推进改革的李昌平，也很快被"挤"走，并且不许他对"监利经验"再说三道四。①

2002年2月10日，国务院办公厅转发农业部等部门《关于2002年减轻农民负担工作意见的通知》，明确要求抓好"一项制度、八个禁止"规定的落实。"一项制度"即严格执行提留、统筹费的预决算制度，未进行农村税费改革试点的地区，2002年提留、统筹费一律不得超过2001年农民人均纯收入的5%和1997年的预算额，也不得改变提留、统筹费的比例结构。"八个禁止"即禁止八项行为：（1）禁止平摊农业特产税、屠宰税；（2）禁止一切要农民出钱出物出工的达标升级活动；（3）禁止一切没有法律、法规依据的行政事业性收费；（4）禁止面向农民的集资；（5）禁止各种摊派行为；（6）禁止强行以资代劳；（7）禁止在村里招待下乡干部，取消村组招待费；（8）禁止用非法手段向农民收款收物。

应该看到，无论是税费改革试点，还是为农民减轻负担的措施，都没有改变农民负担重和收入增长缓慢的状况。农村居民家庭的人均纯收入，由1997年的2090元上升到2002年的2476元（1998年2160元，1999年2210元，2000年2253元，2001年2366元），只增加了386元（城镇居民人均纯收入，则由1997年的5160元上升到2002年的7703元，增加了2543元）。扣除物价等因素，1997—2002年农村居民人均纯收入的实际增

---

① 李昌平：《我向总理说实话》，光明日报出版社2002年1月版，第115—140页。

长率分别为 4.6%、4.3%、3.8%、2.1%、4.2%、4.8%,均没有超过 5%。① 之所以在安徽省试点后税费改革没有在全国全面铺开,依然是局部性的试点,一个重要的原因就是税费改革不能有效地解决农民减负和增收问题,因此大多数的省份对这样的试点并不热心,而是在等待另辟蹊径的新做法出现。

(五)启动乡镇改革

人民公社体制改为乡镇体制之后,由于乡镇政权处于条块交叉的底端,机构设置过多,事业性单位膨胀,使得乡镇一级的"财政供养人员"越来越多,巨大的财政负担、债务负担和"政绩"负担,都要由农民来承受,再加上乡镇政府所具有的"局部地方专制主义"特征,在管理层面表现出极强的"自利"性,造成了乡村干群关系紧张、基层管理混乱、农村公共事业发展缓慢等不利局面。② 在中央着力解决"三农"问题的大背景下,如何既能真正减轻农民负担,使群众性自治组织发挥应有的作用,又能使政府在大大降低管理成本和提高服务效能的基础上对农村进行有效的管理,已经成为急待解决的问题,核心点就是要启动乡镇的改革。

乡镇改革可供选择的方案有多种,但是在改革方向上,无非是三种思路的比较,一是在现有的乡镇政权体制基础上展开改革,创建符合"治理"要求的新型政府模式。二是将乡镇政权上收为县级政府的派出机构。三是实行乡镇自治,将乡镇定位为更高一级的自治机构。由于乡镇上收和乡镇自治并没有付诸实践,所以"十五大"时期启动的乡镇改革,基本是在第一种思路下展开的,并且出现了三类不同的改革实践。③

第一类是以行政手段为导向的改革,侧重点是通过机构"瘦身"和建立新型的公共服务体系,提升乡镇政府的行政管理水平。此类改革主要涉及三种做法。(1)乡镇机构改革。撤并乡镇是"十五大"时期机构改革的重要内容,1998年全国共有乡镇45462个,2002年减至39054个,

---

① 与农民收入相关的数据,引自中华人民共和国国家统计局网站所载 1997—2002 年国民经济和社会发展统计公报。

② 张静:《基层政权——乡村制度诸问题》,浙江人民出版社 2000 年 4 月版,第 287—289 页。

③ 本节所叙乡镇改革情况,未特别注明出处者,均引自史卫民、潘小娟、郭巍青、郭正林《乡镇改革:乡镇选举、体制创新与乡镇治理研究》,中国社会科学出版社 2008 年 3 月版,第 500—549 页。

减少了 6408 个乡镇。（2）行政服务改革。2001—2002 年，浙江省上虞市、重庆市大足县、四川省遂宁市、浙江省杭州市、湖北省襄樊市、江西省宜春市、辽宁省鞍山市都在乡镇一级进行了建立行政服务中心（或行政审批中心、政务服务中心等）的试点。（3）乡镇政务公开。2000 年 8月 10 日，民政部发出《关于进一步推进乡镇政务公开工作的通知》，同年 12 月 6 日，中共中央办公厅、国务院办公厅发出《在全国乡镇政权机关全面推行政务公开制度的通知》，要求乡镇政府遵循依法公开、真实公正、注重实效、有利监督的原则，公开人民群众普遍关心和涉及群众切身利益的实际问题，重点是财务公开。此后，福建、黑龙江、内蒙古、吉林、浙江等省、自治区先后制定了乡镇政务公开暂行办法，在公开内容、公开形式等方面都有了一些比较规范的做法，但是明显存在基层干部重视不够、群众参与不足、公开内容不全面、公开形式不全面、缺乏有效监督等问题，并存在较严重的形式化倾向。

　　第二类是以发展基层民主为导向的改革，通过乡镇党委和乡级国家机关领导人员选举的改革和建立乡镇党代表常任制、实行民主恳谈等，在乡镇一级建立新型的党委、政府责任体系。（1）选举改革试点。1998—2002 年在乡镇一级出现的一系列选举改革试点，既有"公选"乡镇党委书记、乡镇长（或乡镇长候选人）的试点，也有选民直接选举乡镇长的试点。① 这些选举改革的试点，显示了几个重要的特征。一是在乡镇一级将间接选举改为直接选举，是多数改革试点的首选目标。二是候选人产生方式呈现趋同性，无论是乡镇党委书记选举改革试点，还是乡镇长选举改革试点，在候选人产生方式上大多采用了更公开和更多样性的做法。三是候选人竞争方式趋同，绝大多数试点要求候选人按照选举组织者的安排，在统一的时间、地点展开竞争，"竞职演说"或"竞职演说答辩"已经成为必不可少的程序。四是强化投票选举的规范性要求，禁止委托投票，减少或禁止流动票箱的使用，公开计票，当场宣布选举结果，已为绝大多数选举改革试点所采纳。五是普通民众参与过少，除全体选民参加的乡镇长或乡镇长候选人选举，或是全体选民参与的候选人推荐、信任投票外，一

① 乡镇选举试点的具体情况，见史卫民《公选与直选：乡镇人大选举制度研究》，中国社会科学出版社 2000 年 3 月版，第 335—453 页；徐勇、贺雪峰主编《阳集实验：两推一选书记镇长》，西北大学出版社 2004 年 1 月版，第 35—95 页。

般民众既不是选举人，也不是"代表"，无论是乡镇党委的选举，还是乡镇长的选举，都难以介入有实际意义的参与，成为选举改革的"旁观者"。（2）在选举试点基础上建立新的责任体制。乡镇选举改革的一个重要目标是在乡镇一级建立新型的党委、政府责任体系，将乡镇治理建立在更广泛的民意基础之上。从乡镇选举试点的实际效果看，通过竞争当选的乡镇领导，无论是乡镇党委书记，还是乡镇长、副乡镇长，都有了一定的"对下负责"和实现"竞争诺言"的责任意识，并且在乡镇治理的实践中显示出更多的"亲民"成分和着力解决实际问题的工作作风，这显然是值得肯定的。但是不能过高估计选举改革的意义，因为这样的单一制度改革，难以从根本上破除体制性障碍，形成完整的替代性体制，选举方式的变化并不一定能够导致"善治"，在诸多条件限制下，当选者无法解决农村经济社会发展和乡镇治理的根本性问题。（3）试行党代表常任制。2000年，广东省深圳市宝安区在松岗镇试行党代表定期活动制，定期召开党代表大会例会和代表小组会议，并建立了一系列党代表活动配套制度。2002年4月，安徽省铜陵市狮子山区在西湖镇试行"一推两考"和党代表常任制，在党代表大会上通过了《中共西湖镇第十一次代表大会常任制度（试行）》，为党代表行使选举权、质询权、罢免权、建议权确定了八条权益保障规定；该镇在试点中成立了以党委书记为组长的党代表常任制度委员会，下设代表活动工作组和代表联络工作组，制定相应的工作制度，从组织领导和工作制度两个方面保证了代表活动的顺利开展与代表权利的正常履行。（4）民主恳谈。1999年6月25日，浙江省温岭市松门镇党委、政府召开了第一期"农业农村现代化教育论坛"，主题是"推进村镇建设、改善镇容村貌"。1999年松门镇共举办了四期论坛，参加的群众达到600多人次，提出问题110件，当场解释、答复84件，承诺交办26件。2000年8月，温岭市委在松门镇召开现场会，将论坛更名为"民主恳谈"，使之成为一种政府与群众的对话机制，在各镇（街道）推广，并且在村一级也可由村党支部和村民委员会召开民主恳谈会，非公有制企业也可召开员工代表、企业主、工会三方参加的民主恳谈会。用民主恳谈会的形式讨论政策方案，有了一些成功的试点。如2001年6月22日牧屿镇政府召开的"牧屿山公园建设"民主恳谈会，2002年8月9日新河镇召开的"塘下片校网调整"民主恳谈会，2002年8月11日温峤镇召开的"江厦学区校网调整"民主恳谈会等，都根据群众意见修改了政策方案，或者在不同的方案中选择了较多群众认可的方案。[①]

第三类是乡镇综合体制改革，通过增加交叉任职，使乡镇党政领导体制合一，同样使乡镇机构"瘦身"，并提高乡镇政权的工作效率。湖北省咸宁市咸安区从 2000 年开始进行的"四合一"乡镇管理体制改革，就是此类改革的代表。咸安区要求各乡镇只设 9—11 名党委成员，党委、人大、政府、政协"四大家"交叉兼职，四块牌子，一套人马，并对"七站八所"等进行改革，大幅度压缩了乡镇人员编制。这样的改革，已经不仅仅是纯粹的机构改革或单项改革，也不仅局限于乡镇层面的改革，还涉及了县级政府部门的改革；不仅着眼于机构和人员的"精简"，更着重于"转制"；"简政放权"也不是政府机构内部的权力重新分配和调整，而是致力于"政、企、事"的分开以及国家与社会关系的调整；改革还力图改变传统的以乡镇为单位组织和提供公共服务和公益事业的分割性、封闭性和分散性，重新构建以县域为基础的乡村公共服务体系，并通过"减事"进而"减人"和"减支"，使地方和基层政府从全能政府向有限政府转变。

（六）走向制度化的村民自治

"十五大"时期的农村村民自治，主要是在四个方面的规范化和制度化上有所发展。[②]

第一个方面是法律规范。1987 年开始试行的《村民委员会组织法》，需要变成正式的法律。经过数年的实地调查和内部讨论，1998 年上半年形成了《村民委员会组织法（修订草案）》。1998 年 6 月 26 日，全国人大常委会办公厅发出《关于公布中华人民共和国村民委员会组织法（修订草案）征求意见的通知》，要求在 8 月 1 日前回收对《村民委员会组织法（修订草案）》进行"全民讨论"的全部意见。为期 35 天的"全民讨论"，对法律的修订产生了重要的作用。供征求意见的《村民委员会组织法（修订草案）》只有 22 条规定，1998 年 11 月 4 日正式通过的《村民委员会组织法》则有 30 条规定，增加了村党组织的核心作用、村民选举委

---

① 陈奕敏：《民主恳谈——温岭市基层民主的创新和实践》，载李凡主编《中国基层民主发展报告 2004》，知识产权出版社 2005 年 5 月版，第 144—169 页。

② 1997—2002 年村民自治的发展情况，未注明出处者，均引自史卫民、潘小娟等《中国基层民主政治建设发展报告》，中国社会科学出版社 2008 年 3 月版，第 351—357 页。

员会主持村民委员会选举、村民小组的设置、村民代表会议的设置、村务公开的具体要求、各级人民代表大会保证法律执行等内容。《村民委员会组织法》由试行法律变为正式法律，为村民自治的制度化提供了必要的法律基础。

第二个方面是选举规范。"十五大"时期，经历两次村民委员会换届选举，全国的村民委员会全面实现了由村民直接选举，并在进一步规范村民委员会选举方面有以下重要进步。（1）村民委员会选举的法规体系已经形成，各省、自治区、直辖市都制定了选举实施细则，作为选举的法规依据。（2）各省、自治区、直辖市都实现了统一安排村民委员会换届选举的要求。（3）村民委员会全部实现了差额选举。（4）候选人产生、确定和竞争程序，已有规范性的要求和基本成熟的做法，还出现了较规范的候选人治村演说规则。（5）有的地方已经开始尝试更简单的"一步法"选举方式（或者称为"无候选人选举"，即在"海选"中第一次投票已经有人超过法定当选票数，即直接当选）。（6）部分省份取消了选举中的委托投票，并严格限制流动票箱的使用。（7）在选举中尝试一些新的民主做法，如运用电视竞选或以宣传车竞选、在选举中引入司法救助机制等。①

第三个方面是村务公开规范。1998年4月18日，中共中央办公厅、国务院办公厅发出《关于在农村普遍实行村务公开和民主管理制度的通知》，强调了六条要求。（1）村务公开要从农民群众普遍关心的和涉及群众切身利益的实际问题入手，凡属群众关心的热点问题，以及村里的重大问题都应向村民公开。（2）要随着形势的发展变化和村民的要求，及时调整、充实村务公开的内容，真正做到凡涉及群众切身利益的大事，都以一定形式向村民公开，接受群众的监督。（3）村务公开的重点是财务公开，主要包括财务计划及其执行情况、各项收入和支出、各项财产、债权债务、收益分配、代收代缴费用、水电费、以资代劳情况以及群众要求公开的其他财务事项。（4）公开的内容要简洁明了，便于群众了解，公开的形式和方法可以根据实际情况因地制宜、灵活多样，各村都应在本村适当的地方，建立专门的公开栏，进行张榜公布。（5）公开的时间要及时，

① 史卫民、郭巍青、汤晋苏、黄观鸿、郝海波：《中国村民委员会选举：历史发展与比较研究》上篇，第298、438页。

需要公开的事项要尽早向村民公开，也可以采取定期公开的形式，一般一个月或两个月一次，至多不得超过三个月。（6）要善于运用村务公开这种有效形式，切实加强民主监督，不走过场，不搞形式主义。按照中央的要求，各地陆续出现了一些规范村务公开的试点。

第四个方面是"两委关系"规范。在村民自治发展中，如何协调村党支部与村民委员会的关系，是一个极为重要的问题。"十五大"时期出现了协调"两委关系"的"一制三化"和"青县模式"两种模式。

"一制三化"是河北省邯郸市下属的武安市在 2000 年为解决农村"两委"关系建立的制度模式。2000 年 3 月，武安市选择淑村镇白沙村、武安镇古楼街村等 6 个"两委"关系协调的村街作为示范点，总结出这些村的成功经验主要是"两委"干部定期碰头、以岗定人定责、议事决策程序化，并由此提出了"一制解三权"（以党支部领导下的村民自治工作机制解决党支部专权、村民委员会越权和村民失权问题）的新思路。2000 年 5 月 23 日，武安市委下发《农村两委"一制三化"规范管理办法（试行）》，开始大力推行"一制三化"（"一制"即党支部领导下的村民自治机制；"三化"即支部工作规范化、村民自治法律化、民主监督程序化）。2001 年 6 月 30 日，中共中央组织部向各省、自治区、直辖市介绍了"一制三化"的经验，重点强调的是建立"两委"联席会议制度、"三审"财务制度、村民委员会向村党支部请示汇报工作制度和民主评议村"两委"班子成员制度。

与"一制三化"不同，"青县模式"突出的是村民代表会议的权威地位。2002 年 7 月，河北省青县陈嘴乡时楼村自发建立村民代表会议，由村党支部书记兼任村民代表会议主席。青县县委受到启发，经过 2002 年 9 月到 2003 年 1 月的两批试点后，在 2003 年的村民委员会换届中要求各村均要建立村民代表会议。村党支部书记兼任村民代表会议主席，有相应的制度安排，概言为"健全一个组织，调整三种关系"。"健全一个组织"，就是把村民代表会议建成常设性的村级组织，通过村民会议授权，代行村民会议职权，并提倡由村党支部书记兼任村民代表会议主席，使党的领导找到一个合法载体，既有利于村民代表会议独立开展工作，也能够更有效地监督和支持村民委员会的工作。"调整三种关系"，就是调整村党支部、村民代表会议和村民委员会三个组织之间的关系，村党支部由过去的直接管理事务性工作调整到强化政治领导核心作用上来，管党、管人、管大事、管民心，不直接管理村政村务工作，在法律规定的范围内，通过民主的方式，对村民自治实行领导；村民代表会议由村民委员会负责召集改为由村党支部书记兼任的村民代表会议主席负责召集，负责选举产生村民委员会成员，对涉及村政村务工作中的重大问题进行决策，加强对村民委员会实施有效监督；改变过去村党支部包揽过多、村民委员会当家不做主的习惯做法，通过强化村民委员会主任的管理职权，将村民委员会推向主动独立执行管理权力的第一线。

需要注意的是，无论是"一制三化"还是"青县模式"，都没有普及到其他地区。解决"两委关系"的一个最直接的做法，是实行村级党组织的书记兼任村民委员会主任，两个职务"一肩挑"，并由此弥合了党组织与村民自治组织之间可能产生的矛盾。由于这样的做法简便易行，所以在 2002 年前已开始在全国普及。

五 环境保护与西部大开发

以环境保护政策为基础，"十五大"时期提出了西部大开发的政策要求，并开始着手为中国西部地区的发展创造一些基础性的条件。

（一）退耕还林还草试点

"退耕还林还草"，是"防""治"结合的环境保护政策的一项重要内容。1999 年的国务院政府工作报告明确提出了"退耕还林还草还湖"的要求：坚决实行最严格的土地管理制度和保护森林、草原的措施。停止长江、黄河上中游天然林采伐，东北、内蒙古林区和其他天然林区要限量采伐或者停止采伐。坚决制止新的毁林开荒、围湖造田，对过度开垦、围垦的土地，有步骤地退耕还林、还草、还湖。2000 年的国务院政府工作报告则对"退耕还林还草"试点提出了具体要求：抓住当前粮食等农产品相对充裕的有利时机，采取"退耕还林（草）、封山绿化、以粮代赈、个体承包"的综合性措施，以粮换林换草。这项工作要加强规划和政策引导，尊重农民意愿，搞好试点，逐步推行，并要坚决制止新的毁林毁草开荒。

2000 年 9 月 10 日，国务院发出《关于进一步做好退耕还林还草试点工作的若干意见》，指出退耕还林还草试点存在的主要问题是一些地区由于试点范围偏大，工作衔接不够，种苗供需矛盾突出，树种结构不够合理，经济林比重普遍较大；有些地区由于严重干旱以及管理粗放，造林成活率较低。为解决这些问题，国务院作出了七条规定。

一是明确政策责任。退耕还林还草试点工作的目标、任务、资金、粮食、责任到省，各有关省级政府要确定一位省级领导同志具体负责。市（地）、县（市）、乡级政府则要层层落实退耕还林还草试点工作的目标和责任，层层签订责任状，认真进行检查和考核。

二是明确政策原则。退耕还林还草要坚持"全面规划、分步实施，突出重点、先易后难，先行试点、稳步推进"的原则，有计划、分步骤地进行。各地退耕还林还草目标的确定，需与改善生态环境、调整农业结构和农民脱贫致富相结合，做好统筹规划和相互衔接，处理好退耕还林还草和农民生计的关系问题。退耕还林还草还要坚持政策引导和农民自愿原则，充分尊重农民的意愿，对生产条件较好、粮食产量较高又不会造成水土流失的耕地，农民不愿退耕的，不得强迫退耕。要在确定土地所有权和使用权的基础上，实行"谁退耕、谁造林（草）、谁经营、谁受益"的政策，将责权利紧密结合起来，调动农民群众的积极性，使退耕还林还草真正成为农民的自觉行为。

三是明确政策补助额度和标准。国家每年根据退耕面积核定各省（自治区、直辖市）退耕还林还草所需粮食和现金补助总量。粮食和现金的补助年限，先按经济林补助5年、生态林补助8年计算，到期后可根据农民实际收入情况，需要补助多少年再继续补助多少年。每亩退耕地每年补助粮食（原粮）的标准，长江上游地区为300斤，黄河上中游地区为200斤。现金补助标准按退耕面积每年每亩20元计算，补助年限与粮食补助年限相同，补助款由国家提供。种苗费补助标准按退耕还林还草和宜林荒山荒地造林种草每亩50元计算，直接发给农民自行选择采购种苗，补助款由国家提供。

四是建立提供种苗机制。退耕还林还草的种苗，应做到尽量在本县内解决，尽量使用乡土和抗逆性强的树草种及新品种；因本地种苗供应不足须从外县调拨的，由林业或农业部门积极组织调剂。无论是使用本地种苗还是引入外地种苗，都要加强苗木生产全过程质量管理、检查监督、检验检疫，杜绝伪劣、带病虫害等不合格苗木造林。生产、销售种子和苗木必须有林业或农业部门出具的标签、质量检验证和检疫证，凡是不具备

"一签两证"的种子、苗木，不准进入市场。

五是合理确定林草种结构和植被恢复方式。在退耕还林还草作业设计中要科学地确定林种、树种和草种比例。在水土流失和风沙危害严重、25度以上的陡坡地段及江河源头、湖库周围、石质山地、山脉顶脊等生态地位重要地区，要全部还生态林草，并做到宜乔则乔、宜灌则灌、宜草则草，乔灌草结合，还林后实行封山管护，还草后实行围栏封育。在土地条件适宜且不易造成水土流失的地方，在保证整体生态效益的前提下，适当发展经济林、用材林和薪炭林，退耕还林还草要确保生态林草的主体地位。

六是实行责任制。为确保退耕还林还草政策顺利执行，要把具体任务落实到山头地块，落实到农户，实行项目责任制，确定项目责任人，对退耕还林还草的数量、质量、效益和管理负全责，并建立规范的退耕还林还草项目管理机制，严格按规划设计、按设计施工、按标准验收、按验收结果兑现政策和奖惩。退耕还林还草任务完成后，由省、县两级政府组织林业、农业等有关部门专业人员，对农户退耕还林还草进行检查验收，农户凭验收卡领取粮食和现金补助，并逐级报账。

七是严格检查验收。国务院有关部门和省、县两级政府及其有关部门，通过自查、抽查、核查，认真落实验收工作，并将检查验收结果作为政策兑现的依据。对于成绩突出的地方和个人要予以奖励；对未完成任务、质量不合格的，要相应扣减粮食及现金补助；对出现重大问题的，追究项目责任人及相关人员的责任。还要建立退耕还林还草举报制度，有关县、乡政府要公布举报电话，设立举报信箱，接受社会和群众监督。

"退耕还林还草"试点在2001年已经产生重要的政策效果。2001年全国生态退耕的土地共计59.07万公顷，中西部14个国家重点生态退耕省（区、市）共退耕51.85万公顷，占全国生态退耕土地总面积的87.8%。其中，内蒙古、宁夏、陕西和四川的退耕面积最大，分别为15.72万公顷、13.83万公顷、9.72万公顷和4.73万公顷，分别占全国生态退耕土地总面积的26.6%、23.4%、16.5%和8.0%。① 2002年全国生态退耕的土地共计142.55万公顷，比2001年增加1.41倍。西部地区的12个省（区、市）共退耕82万公顷，占全国生态退耕土地总面积的

---

① 《2001年中国国土资源公报》，引自"中华人民共和国国土资源部网站"。

57.5%。1998—2002 年西部地区共退耕还林 249 万公顷,占全国退耕总面积的 74.6%。[①]

(二) 生态环境保护纲要和环保计划

环境保护政策作为一项基本国策,在每年全国人大会议的国务院政府工作报告中都会提及,但每年都会有一些新的要求,如 1998 年要求公布大城市环境质量监测指标,促进环境质量的改善;1999 年要求首都北京把治理大气污染作为政府的一项突出任务,国务院各有关部门要给予有力支持;2000 年要求陡坡耕地要有计划、有步骤地退耕还林还草;2001 年要求抓紧治理京津地区风沙源和重视农村污染治理和环境保护;2002 年要求加强生态示范区建设、加强湿地保护、建立环境保护和防灾减灾保障体系。

2000 年 11 月 26 日,国务院印发的《全国生态环境保护纲要》明确指出全国生态环境恶化有五种主要表现。一是长江、黄河等大江大河源头的生态环境恶化呈加速趋势,沿江沿河的重要湖泊、湿地日趋萎缩,特别是北方地区的江河断流、湖泊干涸、地下水位下降严重,加剧了洪涝灾害的危害和植被退化、土地沙化。二是草原地区的超载放牧、过度开垦和樵采,有林地、多林区的乱砍滥伐,致使林草植被遭到破坏,生态功能衰退,水土流失加剧。三是矿产资源的乱采滥挖,尤其是沿江、沿岸、沿坡的开发不当,导致崩塌、滑坡、泥石流、地面塌陷、沉降、海水倒灌等地质灾害频繁发生。四是全国野生动植物物种丰富区的面积不断减少,珍稀野生动植物栖息地环境恶化,珍贵药用野生植物数量锐减,生物资源总量下降。五是近岸海域污染严重,海洋渔业资源衰退,珊瑚礁、红树林遭到破坏,海岸侵蚀问题突出。

《全国生态环境保护纲要》强调了环境保护政策的四条基本原则。一是生态环境保护与生态环境建设并举。二是污染防治与生态环境保护并重。三是统筹兼顾,综合决策,合理开发。四是谁开发谁保护,谁破坏谁恢复,谁使用谁付费。

《全国生态环境保护纲要》除了明确近期和远期的环境保护目标和具体保护措施外,还强调了建立经济、社会发展与生态环境保护综合决策机

---

① 《2002 年中国国土资源公报》,引自“中华人民共和国国土资源部网站”。

制的六点要求。（1）各地要抓紧编制生态功能区划，指导自然资源开发和产业合理布局，推动经济、社会与生态环境保护协调、健康发展。（2）制定重大经济技术政策、社会发展规划、经济发展计划时，应依据生态功能区划，充分考虑生态环境影响问题。（3）自然资源的开发和植树种草、水土保持、草原建设等重大生态环境建设项目，必须开展环境影响评价。（4）对可能造成生态环境破坏和不利影响的项目，必须做到生态环境保护和恢复措施与资源开发和建设项目同步设计，同步施工，同步检查验收。对可能造成生态环境严重破坏的，应严格评审，坚决禁止。（5）深入开展环境国情、国策教育，分级开展生态环境保护培训，提高生态环境保护与经济社会发展的综合决策能力。（6）进一步加强新闻舆论监督，表扬先进典型，揭露违法行为，完善信访、举报和听证制度，充分调动广大人民群众和民间团体参与生态环境保护的积极性。

2001年12月30日国务院批复的《国家环境保护"十五"计划》，除了指出土地退化严重、水生态系统失衡、农村环境问题日渐突出、生物多样性锐减带来的生态恶化趋势仍在加剧外，还强调了环境污染依然严重的六种主要表现。（1）主要污染物排放总量仍处于较高水平。2000年，全国二氧化硫排放量1995万吨，化学需氧量排放量1445万吨，远远高于环境承载能力。常规污染物排放总量削减的任务还未完成，机动车尾气污染、农村面源污染、有毒有害有机污染等问题日渐突出。（2）水环境污染相当严重。2000年七大水系干流中，只有57.7%的断面达到或优于国家地表水环境质量标准Ⅲ类，城市河段污染突出。各大淡水湖泊和城市湖泊均受到不同程度的污染，一些湖泊呈富营养化状态。沿海河口地区和城市附近海域污染严重，赤潮发生频次增加，面积扩大。（3）城市空气质量处于较重的污染水平。2000年开展监测的338个城市中，63.5%的城市超过国家空气环境质量二级标准，处于中度或严重污染状态。区域性酸雨污染严重，61.8%的南方城市出现酸雨，酸雨面积占国土面积的30%，是世界三大酸雨区之一。（4）城市生活垃圾和固体废物污染日益突出。2000年工业固体废物排放量3186万吨，其中近200万吨危险废物直接向环境排放，对环境和人民健康造成极大威胁。城市垃圾年产生量以每年8%的速度递增，1999年已达1.4亿吨，仅少数经过无害化处理，垃圾围城现象比较普遍，二次污染严重，塑料包装物和农膜所导致的"白色污染"问题十分突出。（5）城市噪声扰民较为普遍。2000年在开展道路交通噪声监测的 214 个城市中，有 31.3% 的城市处于中度或较重污染水平；在开展区域环境噪声监测的 176 个城市中，有 55.6% 的城市处于中度或较重污染水平。（6）核安全与辐射环境安全监管任务繁重。我国核电设施具有堆型多、技术来源国别多、建设地点人口稠密等特点，部分研究型核反应堆设备老化，超期服役；民用辐射源量多面广，电磁辐射源增加迅速，确保核设施安全稳定运行和退役核设施及放射性废物安全处置的压力很大。

《国家环境保护"十五"计划》对环境保护政策的发展提出了六条新的要求。（1）逐步开展重大环境政策、规划和法规的社会经济影响评价，提高环境政策的社会经济效率。（2）开展环境污染和生态破坏损失及环境保护投资效益的统计与分析，进行环境资源与经济综合核算试点，深入研究和试行可持续发展指标体系。（3）完善部门协调机制，加强部际联席会议作用，协调解决地区、流域间重大环境问题，审议重大环境政策等重要事项。（4）积极稳妥地推进环境保护方面的费税改革，研究对生产和使用过程中污染环境或破坏生态的产品征收环境税，或利用现有税种增强税收对节约资源和保护环境的宏观调控功能，完善有利于废物回收利用的优惠政策。（5）实施污染物排放总量收费制度，合理确定收费标准，调动企业治理污染的积极性。全面征收城镇污水处理费、城镇垃圾处理费和危险废物处置费，收费标准要逐步达到补偿合理成本并略有盈利的水平。（6）加大新闻媒体环境宣传和舆论监督力度，建立舆论监督和公众监督机制，规范环境信息发布制度，依法保障公众的环境知情权。

（三）打造"节水型"社会

水资源的保护，是环境保护政策的一项重要内容。中国是世界上水资源严重短缺的国家。中国人均水资源不足 2300 立方米，约为世界人均水资源占有量的 1/4，水资源不足已经成为制约国民经济和社会发展的重要因素。全国农田灌溉供水不足，仅灌区每年平均缺水 300 多亿立方米。全国 668 个城市中，有 400 多个城市缺水，其中比较严重的缺水城市有 110 多个，全国城市日缺水量为 1600 万立方米，每年因城市缺水影响产值 2000 亿元以上，影响城市人口约 4000 万人。严重的水污染，加剧了水资源的短缺状况。中国一方面水资源短缺，另一方面水资源浪费严重。

2000 年中国北方发生严重旱情，旱灾先后波及全国 20 多个省、自治区、直辖市，发生范围广，持续时间长，受灾程度重，不仅给农、林、牧业生产造成重大损失，而且使城市用水问题充分暴露出来，许多城市因供水不足，出现了严重的缺水局面，给城乡居民生活和工业生产带来严重影响。为解决工农业生产和城市的严重缺水状况，国务院召开了"关于加强城市供水节水与水污染防治工作会议"，并于2000年10月13日印发了《国务院关于加强城市供水节水和水污染防治工作的通知》。2000年10月18日，国家计委印发了《关于改革水价促进节约用水的指导意见》。2000年10月26日，国家经贸委联合水利部等五个部委（局）印发了《关于加强工业节水工作的通知》。《中共中央关于制定国民经济和社会发展第十个五年计划的建议》更明确指出，要大力推行节约用水措施，发展节水型农业、工业和服务业，建立节水型社会。

制定节水政策的基本思路如下。（1）水资源可持续利用是中国经济社会发展的战略问题，这既是当前经济社会发展的一项紧迫任务，也是关系现代化建设长远发展的重大问题。（2）水资源可持续利用的核心是提高用水效率，要坚持节约用水，科学调度，综合治理，形成科学用水机制，保证水资源的合理和可持续利用，使有限的水资源发挥更大的效益，促进经济、社会、环境协调发展。（3）要坚持计划用水、全面节水的原则，强化水资源的分配与管理。计划用水强调的是对各类用水均实行定额管理，逐步实行容量水价和计量水价相结合的两部制水价制度，对浪费水资源的行为按照水资源浪费的数量实行惩罚性水价。全面节水强调的是不仅农业要节水，工业和城市也要节水；不仅贫水区要节水，富水区也要节水；不仅枯水年要节水，丰水年也要节水。（4）城市发展布局和规模、工业和农业的发展都要充分考虑当地水资源的承载能力。北方缺水地区，要注意调整种植结构，减少耗水量大的作物，发展节水灌溉和旱作农业。城市和工业也要通过调整产业结构，大力推行节约用水，建设节水型城市和节水型工业。（5）建立强制节水的机制，需要建立两套指标体系，一套是水资源的宏观控制体系，一套是水资源的微观定额体系。有了这两套指标的约束，经济社会的发展就能控制在水资源的承载能力之内，可持续发展才能真正得到保障。（6）通过深化改革，建立符合市场经济规律和科学规律的、有利于促进节水和污水处理的水资源管理体制和水价形成机制。

节水政策的实施，推动了全国节约用水工作的开展，一些地方配合国家的节水政策，出台了加强工业、农业、城市等方面节水的措施，并产生了四方面的积极政策效果。一是农业节水得到高度重视，节水灌溉设施建设在全国尤其在北方地区普遍开展，提高了农业用水效率，农业抗旱能力得到增强。二是工业用水定额减少，重复利用率和工业废水处理率提高。三是一些城市开始把建设节水型城市作为重要的发展目标，城市节水工作得到加强。四是改变了大众的用水观念，提高了大众的节水意识，非传统的水资源利用开始得到重视。

中国的节水政策尽管取得了一定的成绩，但与经济社会发展要求仍然相距甚远，缺水形势未得到根本缓解，因此还需要在政策层面注意四方面的问题。（1）节水是一项社会系统工程，需要全社会、各行业的共同努力和配合。由于中国社会普遍对节水的认识不足，对中国未来水危机的形势缺乏足够的认识，节水措施不落实，各行各业不联动，节水往往停留在口头上，难以向深层次发展。（2）节水工作需要投入大量资金和着力发展先进技术。中国工业节水从上到下尚无节水的固定投资渠道，投入不足与技术落后使中国工农业节水水平和节水产业、事业发展与国际差距拉大。（3）由于水价仍然偏低，中国许多节水工程直接经济效益有限，更多地体现在社会效益和环境生态效益上，用水户的节水积极性不高，节水没有真正成为用水户的自觉行动。因为政府不可能把节水包揽起来，在市场经济条件下，如何建立起面向市场的节水激励与发展机制，显得非常重要。（4）国家还没有一部专门关于节水的法规，只是在《水法》中写了"国家实行计划用水，厉行节约用水"这么一条原则性的话，使节水工作缺乏具体的法律依据和指导，监督管理乏力。水资源管理的部门分割，被认为是中国水资源浪费严重的制度根源。中国的节水管理也是各自为政，条块分割，这种状况不加以改变，难以从根本上解决中国的水资源问题，也难以全面推动节水工作的发展。①

（四）注重"洪水管理"

与历史上每次大的洪水灾害发生后的反应一样，1998年的长江和松花江大洪水后，洪水问题再次成为举国上下关注的焦点之一。国务院新出

---

① "节水政策"的政策案例说明，引自陈茂山、张范《建立节水型社会的水政策》，载《中国公共政策分析，2002年卷》，第182—196页。

台的"封山植树，退田还湖；平垸行洪，退田还湖；以工代赈，移民建镇；加固干堤，疏浚河湖"32字方针和"由传统水利向现代水利转变"的水管理思路，标志着中国防洪减灾政策已经开始由"控制洪水"向"全面管理洪水"的转变。

综合运用法律、规范、工程、技术、经济等手段，形成工程措施与非工程措施优化组合的防洪体系，减轻洪水灾害，实现经济效率和社会公平，是洪水管理的目标。具体的洪水管理政策，主要包括六方面的内容。

一是全面评价流域现有防洪能力和防洪效益，形成全流域协调的层次化防洪工程体系。受自然、经济、技术、环境和社会公平等因素的制约，工程措施的建设有一定的限度，社会在不同发展阶段不可避免地要承受适度的洪水风险。评价现有工程的防洪能力和防洪效益，可以为防洪系统薄弱环节的确定、合理建设方案的拟定、全流域防洪效益最优的层次化的防洪体系的形成提供依据。

二是制定洪水风险图制作计划，绘制全国洪水风险图，为洪水管理政策的制定提供科学的依据。洪水保险政策、洪水风险区土地利用和管理政策、城市规划、公共设施建设规划、考虑洪水问题的建筑规范、洪水警报和避难系统的建立等，都需要建立在对洪水风险认识的基础之上。

三是以法规的形式明确防洪减灾事业的资金来源和资金额度，为洪水管理政策的实施提供资金保障。中国防洪减灾事业经费无切实保障，大灾多投、小灾少投，防洪投入随洪水灾害情况波动，被动的应急式的投入机制一直是制约防洪事业稳定持续发展的主要因素之一。这种机制不仅使投资的效益得不到充分发挥，而且还可能对国民经济其他领域的发展造成一定程度的不利影响。

四是修订或制定防洪工程管理法规，发挥现有工程的减灾效益。受各种因素的制约，新的防洪工程的建设会逐步减少，在相当长的一个时期，中国防洪体系仍将以已建防洪工程为主体，管理维护已有工程，使其发挥应有的效益。针对防洪工程，尽管已经先后制定了《河道管理条例》《关于蓄滞洪区安全与建设指导纲要》《水库大坝安全管理条例》等法规，但面临着的共同问题是资金无保障，使相应政策难以实施。制定公共政策的主要目的是进行资源的配置，缺乏资金支撑的公共政策，往往没有可操作性。应该对这些法规进行修订，纳入资金保障条款，明确投资额度。

　　五是开展洪水保险、防洪区土地利用管理、天然水面及湿地保护等非工程洪水管理政策的前期研究。受法律和管理权限的约束，目前的非工程措施多限于辅助工程措施效益的发挥，包括雨洪监测、洪水预报、洪水调度等，缺乏以协调人与洪水关系为目标的非工程管理措施。1998 年大洪水后出台的"退田还湖、平垸行洪、退耕还林、移民建镇"政策要求，是在这方面的开创性举措。洪水高风险区和蓄滞洪区的移民是防洪减灾的治本措施，在对未来社会经济和城镇化趋势发展的分析预测基础上，针对这些区域制定相应的移民政策，使区内大部分居民改变生产生活方式，脱离对土地的依存，并对区内土地进行集约化经营，将是防洪减灾的一项重点任务。

　　六是中国的涝灾损失已超过了洪灾损失，这一问题在城市地区表现得更为突出。大量天然水面和湿地被开发为耕地，城市发展造成不透水面积扩大，不仅抵消了排涝能力的增加，还使涝灾形势进一步恶化。制定保护天然水面和城市就地消化雨洪的政策，已经刻不容缓。①

（五）"西部大开发"的政策设想

　　实施西部地区大开发战略，是 1999 年 11 月中央经济工作会议作出的重大决策。2000 年 1 月，国务院成立了西部地区开发领导小组，由时任国务院总理的朱镕基担任组长。2000 年 10 月 11 日，中国共产党十五届五中全会通过的《中共中央关于制定国民经济和社会发展第十个五年计划的建议》，要求力争用五到十年时间，使西部地区基础设施和生态环境建设有突破性进展，西部开发有一个良好的开局。

　　2000 年 10 月 26 日，国务院发出《关于实施西部大开发若干政策措施的通知》，强调以四类政策支持西部大开发：一是"增加资金投入的政策"，要求加大建设资金投入力度、加大财政转移支付力度、加大金融信贷支持；二是"改善投资环境的政策"，要求大力改善投资的软环境、实行税收优惠政策、实行土地和矿产资源优惠政策等；三是"扩大对外对内开放的政策"，要求进一步扩大外商投资领域、进一步拓宽利用外资渠道、大力发展对外经济贸易、推进地区协作与对口支援；四是"吸引人

---

　　① "洪水管理"的政策案例说明，引自向立云《由控制洪水转向洪水管理的防洪减灾政策》，载《中国公共政策分析，2002 年卷》，第 163—181 页。

才和发展科技教育的政策"，要求吸引和用好人才、发挥科技主导作用、增加教育投入、加强文化卫生建设。

2001年9月29日，国务院办公厅转发《国务院西部开发办关于西部大开发若干政策措施实施意见的通知》，对各类政策涉及的问题作出了更具体的规定。2002年的国务院政府工作报告还特别强调，要加快西部地区基础设施和生态环境建设，着力抓好青藏铁路、西气东输、西电东送等重点工程建设，继续实施退耕还林、天然林保护、"三北"防护林和防沙治沙工程，并指出西部地区要注重发展优势产业和特色产业，不搞重复建设、盲目投资，防止已被淘汰的企业和设备向西部地区转移，避免破坏生态环境。①

（六）　环境保护中的不当与正当政策行为

"十五大"时期环境保护政策的发展，尤其是一些重要政策设想的出现，使得环境保护中的政策行为成为必须关注的重大问题。

在中国环境保护的政策过程中，需要特别注意长期存在的四种"不当"政策行为。

第一种是"不当"决策。在地方政府、企业甚至基层群众自治组织中，都有一些只顾发展、不顾环境的决策，甚至有不少为了政绩、为了利润、为了私利而肆意破坏环境的决策。带有极强"自利性"的影响生态环境的不当决策，由于决策过程难以被民众和上级机关有效控制，决策责任亦模糊不清，因此一旦造成重大的环境损失，很难对决策失误进行彻底的追究，并且在整个体制中，并不鼓励甚至敌视主动性的纠正决策失误行为。

第二种是"不当"执行。在环境保护政策的执行过程中，"上有政策，下有对策"已经成为较普遍的现象。尤其是生产企业的废气、废水等排放，只要在遭遇检查时"达标排放"或者暂不排放，平时任意排放，已经成为一些企业的通行做法。地方政府或基层群众自治组织在执行中央政策时，也经常自定政策执行标准，使中央的"好政策"变成了基层的"坏政策"。如在退耕还林还草的试点中，记者在陕北很多地方都发现了

---

① "西部大开发"的政策案例说明，引自冯仑《发展战略的重大调整：启动西部大开发政策》，载《中国公共政策分析，2002年卷》，第97—119页。

抵扣种苗费和管护费的现象。一位农民告诉记者，他家 7 亩地通过验收，按每亩 50 元种苗木和 20 元管护费算，按理可拿到 490 元，可他最后拿到手的只有 180 多元，其余的都被作为前一年因天旱未缴的农业税、农林特产税和村提留而抵扣。① 这样的不当政策执行行为越多，越会使政策失去民众的信任。

第三种是"不当"监督。地方政府对破坏生态环境的行为置之不理，甚至参与"共谋"或者有意袒护；环保部门不认真履行监督职责，"不作为""少作为"甚至"假作为"，都属于不当监督行为，使对环境保护的政策监督形同虚设。这样的现象，显然不是个别现象，不少环境破坏事件被隐瞒或者大事化小、小事化了，就是因为存在着各种不当监督。

第四种是"不当"评估。对于环境保护，缺乏严格的科学监控和实事求是的政策评估，用不真实的统计数据甚至随意编造的数据，来说明环境保护工作的"不断进步"，不但与民众的环境观感差距甚远，也与中央对环境形势恶化的基本估计背道而驰。不当的政策评估，不仅可以混淆政策视听，还可以推卸政策责任，并且使政策纠错无法有效地展开。

"不当"政策行为可能带来政府与民众的冲突，南京市 20 世纪 90 年代发生的"护绿"行动，就是一个重要的案例。南京市的"护绿"与砍树，曾有过三次重要的较量。第一次较量发生在 20 世纪 90 年代初。为了让沪宁高速公路从中山门进城，南京市政府作出了大量砍树的决定。此消息一出，南京民众纷纷出来救树，公路工程停工。但令人意想不到的是，第二天早上，市民们发现头天辛辛苦苦营救的大树消失得无影无踪。原来，城建部门把砍树工程放到了晚上。一位有心的记者从中山码头至中山门一路数去，发现少了 3038 棵古老的梧桐树。第二次较量发生在 90 年代中期，南京市要建设一批新大楼，而凡是挡住这些大厦的大树都要被砍掉。南京市民再次掀起"护绿"行动，并把事情闹到了建设部，建设部派专员调查，对南京市有关领导进行了点名批评。最后，砍树与护树双方达成了妥协，原定砍四排的树砍两排，约 200 棵大树幸存了下来。南京各个区县还出台了"砍一种十或砍一种百"的条例，即每砍一棵树，就得在规定的地方重新种十棵或一百棵树苗。第三次较量发生在 1999 年，当

---

① "光明新闻网" 2001 年 8 月 30 日载文《陕北退耕还林还草不容易》。

年 7 月 27 日，东南大学教授黄维康接到举报，说有人在瞻园路上砍树。这些老树共 17 棵，位于太平天国府，与历史景观交相辉映，但砍树者认为，这些树挡了扩路的道，必须砍。黄教授立刻联系了南京大学等几位教授，与砍树人据理力争，但第二天晚上，他们被市规划局一位副局长告知："我这个树是砍定了，南京树多得很。"黄维康等八位教授连夜行动，向《人民日报·华东版》记者发表签名书。8 月 2 日，《人民日报·华东版》登出八名教授联合撰写的《这些老树不该砍》的文章。第二天，一位南京市副市长批示"保留老树，至于影响到拓宽道路的宽窄问题，留待后人解决"。[①] 也就是说，"不当"政策行为一旦遭遇民众的反对，可能会出现各种不同的行动，这恰是用民主的方法遏制"不当"政策行为的一个重要路径。

与四种"不当"政策行为相反的是四种"正当"政策行为，即正当决策、正当执行、正当监督和正当评估。在"正当"政策行为中，尤其需要注意五条重要的原则。一是正当强制原则，对于破坏生态环境的各种做法，确实需要用强制方法加以制止或纠正。二是正当干预原则，在环境保护的责任体系中，已经为环保的正当干预提供了权力基础，关键是如何真正发挥干预的真实功效。三是正当分配原则，环境保护需要在国家的财政支出中占必要的比例和额度，并且根据环境形势的需要，调高比例和额度。在中央的政策选择中，显然已经对于这样的分配原则给予了高度重视，但地方的政策选择中，可能会忽视这样的原则。四是正当补偿原则，对于因环境保护行动而遭受损失的个人和企业等，由政府作出必要的补偿（既可以是现金补偿，也可以是失误补偿，还可以是"条件"补偿，如居住条件的更换、排污条件的交换等），是符合全民利益的做法，但关键点是这样的补偿需要规范化和常态化，并防止将正当补偿变为不正当的"劫掠"。五是正当分担原则，环境保护是全民的事情，因此不仅政府要承担责任，全体民众也要分担责任。在环境保护政策中之所以反复强调提高全民的环保意识，并且高度重视民众对环境保护的知情权和参与权（包括自愿退耕还林还草等），就是要为全民分担环保的政策责任奠定重要的基础。

---

① 《光明日报》2011 年 3 月 17 日载文《从南京护绿历程看，大树不该被移走》。

六 行政改革与政府创新

"十五大"时期政治体制改革的重要任务是进行行政改革,并出现了一些具有代表性的政府创新试点。

(一) 力度最大的政府机构改革

1998 年开始的机构改革,是改革开放以来的第四次机构改革,也是改革力度最大的一次。

1998 年以前的三次精简和机构改革,由于权力仅在各级政府和政府部门之间的上下左右移动,管理职能与管理方式没有根本改革,而且计划经济时期形成的条块投资体制和"官本位"的机制也没有改变,使机构改革总是收效甚微,并陷入了四个"循环圈"。一是机构和人员数量出现"精简—膨胀—再精简—再膨胀"的循环。二是机构的组合方式出现"合并—分开—再合并—再分开"的循环。三是行政权力出现"上收—下放—再上收—再下放"的循环。四是行政管理方式出现"分散—集中—再分散—再集中"的循环。

20 世纪 90 年代中后期,由于历史条件的制约和宏观环境限制,政府机构存在的诸多问题越来越明显,管理体制和机构设置与社会主义市场经济发展目标的矛盾日益突出,带来了一些突出的问题。(1)政企不分,政府与企业职能错位,政府直接干预企业的生产经营活动,不适应建立现代企业制度的要求。(2)政府管理方式落后,主要依靠行政手段管理经济和社会事务,管了许多不该管、管不了、管不好的事情,影响了政府集中力量去办好那些应该办的事情。(3)机构重叠庞大和人浮于事的现象严重,全国财政供养人员年增幅大大高于同期总人口的增幅,财政不堪重负,阻碍着社会生产力的发展。(4)行政效率低下,滋生文牍主义和官僚主义,助长贪污腐败和不正之风,影响党群和干群关系。

十五大报告已经明确指出,机构庞大,人员臃肿,政企不分,官僚主义严重,直接阻碍改革的深入和经济的发展,影响党和群众的关系。这个问题亟待解决,必须通盘考虑,组织专门力量,抓紧制定方案,积极推进。中国共产党十五届一中全会对机构改革工作进行了具体部署,明确由政治局常委负责研究制定国务院机构改革方案。根据中央的决定,时任国务院副总理的朱镕基主持这项工作，组织了一个小范围高层次的专门班子，对机构改革进行认真细致的调查研究，并形成了改革的初步方案。1998年年初，《国务院机构改革方案》先后提请国务院常务会议、中央政治局常委会和中央政治局会议审议讨论并原则同意。1998年2月，中共十五届二中全会审议通过了几经修改的改革方案，并建议国务院提交九届全国人大一次会议审议批准。1998年3月，九届全国人大一次会议审议并通过了《国务院机构改革方案》。1998年下半年开始研究地方政府机构改革问题，并提出改革方案。1998年年底，中央政治局讨论并原则同意《关于地方政府机构改革的意见》。

此次机构改革的目标十分明确，就是建立办事高效、运转协调、行为规范的行政管理体系，完善国家公务员制度，建设高素质的专业化行政管理干部队伍，逐步建立适应社会主义市场经济体制的有中国特色的行政管理体制。

改革主要坚持以下原则。（1）按照发展社会主义市场经济的要求，转变政府职能，实现政企分开。把政府职能切实转变到宏观调控、社会管理和公共服务方面来，把生产经营的权力真正交给企业。（2）按照精简、统一、效能的原则，调整政府组织结构，实行精兵简政。加强宏观经济调控部门，调整和减少专业经济部门，适当调整社会服务部门，加强执法监管部门。（3）按照权责一致的原则，调整政府部门的职责权限，明确划分部门之间的职能分工，相同或相近的职能交由同一部门承担，以克服多头管理、政出多门的弊端。（4）按照依法治国、依法行政的要求，加强行政体系的法制建设，实现政府机构、职能、编制、工作程序的法制化。

1998年的国务院机构改革，除国务院办公厅外，国务院组成部门中，撤销15个，新建4个，更名3个，保留22个。改革后，国务院组成部门为29个，国务院直属机构17个，国务院办事机构6个，国务院直属事业单位9个，部委管理的国家局19个。国务院机关人员由改革前的3.2万人下降到1.67万人，人员精简了47.81%。

1999年1月5日，中共中央、国务院下发《关于地方政府机构改革的意见》，要求1999年可以先搞省一级机构改革，也可以省、市两级同时进行，以便集中精力，探索经验，防止矛盾集中、顾此失彼。2000年再搞县、乡两级的机构改革。

省级政府机构改革到2000年上半年全部结束。省政府机构由过去的平均 53 个减少为 40 个左右，经济不发达、人口较少的省、自治区设置 30 个左右；直辖市由过去的平均 61 个减少为 45 个。省级政府机关人员由改革前的 15.7 万人下降到 8.3 万人，精简了 47.13% 的人员。

在市、县、乡机构改革过程中，大城市政府一般设置工作部门 40 个左右，中等市 30 个左右，小城市 22 个左右；自治州政府设置工作部门 25 个左右；较大的县政府设置工作部门 22 个左右，中等县 18 个左右，小县 14 个左右；经济发达、规模较大的乡镇政府设置若干个工作机构，边远贫困、规模较小的乡镇一般只设立 1 个综合工作机构，有的只设立若干助理员。①

（二）依法行政的要求

1999 年 11 月 8 日，国务院发出《关于全面推进依法行政的决定》，强调依法行政是依法治国的重要组成部分，在很大程度上对依法治国基本方略的实行具有决定性的意义。为建设廉洁、勤政、务实、高效政府，国务院对依法行政提出了七条要求。

一是行政权力运用的要求。行政权力的运用，充分体现着国家政权的性质，密切联系着社会公共利益和公民的个人利益，事关有中国特色社会主义事业的兴衰成败。

二是善用法律要求。要从根本上转变那些已经不能适应依法治国、依法行政要求的传统观念、工作习惯、工作方法。各级政府要通过举办法律讲座等形式，认真学习宪法和法律、法规，在全社会提倡学法、懂法、守法的风气。年轻干部特别是进入领导班子的年轻干部，首先要学习、熟悉宪法和法律、法规。通过学习，不断增强法律意识和法制观念，不断提高依法行政的能力和水平，善于运用法律手段管理国家事务、经济与文化事业和社会事务。

三是依法办事要求。各级政府和政府各部门及其领导干部，必须严格遵守宪法和法律、法规，严格执行党和国家的政策，严守纪律，带头依法办事，依法决策，依法处理问题，切实领导、督促、支持本地方、本部门严格依法办事。

---

① 1998—2000 年"政府机构改革"的政策案例说明，引自张雅林《中国政府机构改革：减员增效》，载《中国公共政策分析，2001 年卷》，第 18—40 页。

　　四是法制建设要求。认真履行宪法和法律赋予的职责，严格按照法定权限和程序，管理国家事务、经济与文化事业和社会事务，做到既不失职，又不越权；既要保护公民的合法权益，又要提高行政效率，维护公共利益和社会秩序，保证政府工作在法制轨道上高效率地运行，推进各项事业的顺利发展。

　　五是政府立法决策要求。要把政府立法决策与党的改革、发展和稳定的重大决策紧密结合起来，把深化改革、促进发展、维护稳定需要用法律、法规解决的突出问题作为立法重点，并兼顾其他方面的立法。要全面体现政府机构改革的精神和原则，促进政府职能切实转变到经济调节、社会管理、公共服务上来，防止把那些已经不能适应社会主义市场经济要求的传统行政管理办法用法律规范予以肯定。要统筹考虑法律规范的立、改、废，对那些不符合经济体制改革和政府机构改革精神的法律规范要及时依照法定权限和程序进行清理，该废止的废止，该修订的修订。政府立法确定的法律规范要明确、具体，备而不繁，有可操作性，对惩治违法犯罪行为的规定要有力度，能够真正解决实际问题。

　　六是行政执法要求。各级政府和政府各部门及其工作人员的一切行政行为必须符合法律、法规规范，切实做到依法办事、严格执法。从严治政，依法行政，必须铁面无私，执法如山，绝不允许滥用职权、执法犯法、徇私枉法。要坚决消除执法中的腐败现象，坚持纠正不顾国家全局利益和人民根本利益的本位主义和地方保护主义。对违法者，不论涉及什么单位、什么人，都要依法严肃查处，以儆效尤。

　　七是行政监督要求。各级政府要自觉地接受同级人大及其常委会的监督，接受政协及民主党派的民主监督，接受司法机关依据行政诉讼法实施的监督，接受人民群众监督、舆论监督。同时，要切实加强行政系统内部的层级监督，强化上级政府对下级政府、政府对所属各部门的监督，及时发现和纠正行政机关违法的或者不当的行政行为。要把上级行政机关的监督同监察、审计等专项监督结合起来。各级监察、审计等部门要切实履行自己的职责，恪尽职守，敢于碰硬。要高度重视行政复议法的贯彻落实，在实践中不断完善行政复议制度，切实做到有错必纠。要积极推行行政执法责任制和评议考核制，不断总结实践经验，充分发挥这两项相互联系的制度在行政执法监督中的作用。要十分重视人民群众来信来访工作，各级领导干部一定要以对人民高度负责的态度对待群众的来信来访，亲自处理群众来信来访。对群众反映的重要情况、冤假错案，要及时、公正地处理，属于哪个地方、哪个部门的问题，那个地方、那个部门就要负责到底，不准上推下卸，互相推诿。要进一步发挥舆论监督的作用，对违法乱纪的人和事要公开曝光。

（三）行政审批制度改革

中国加入世界贸易组织，对既有的行政管理体制的挑战是全方位的、深层次的。长期以来，中国政府对经济活动采取的是一种"全面干预"的管理模式，这种干预的主要表现，一是政府全面主导经济的发展和运行，作为许多经营性领域的直接组织者和主要投资者。二是政府对一般社会经济活动的行政干预过度，干预面过宽，政府部门惯用的审批、发证、收费、处罚等行政手段已经成为传统的管理套路，而政府本应具有的指导企业和服务公众的功能却被严重忽视。这种干预模式不利于市场经济体制的形成，也不利于市场经济主体的培育和发展，与入世后政府的角色不相适应。为与世贸组织通行规则接轨，转变传统经济管理模式，转变政府职能，已经成为入世后中国政府的当务之急。

转变政府职能的一个重要做法，就是进行行政审批制度改革，以解决行政审批制度存在的五方面问题。（1）行政审批设定权不明确。（2）行政审批事项过多，范围过宽。（3）实施行政审批缺乏明确的条件、步骤、时限等程序规定，行政审批环节多、时间长，审批机关和审批人员的自由裁量权过大。（4）重审批，轻监管。（5）重收费，轻服务。改革行政审批制度，就是要把不该由政府机关审批的事项减下来，把企业的生产经营权和投资决策权真正交给企业，把可以通过市场机制由社会自我调节和管理的职能交给社会中介组织，把群众自治范围内的事情交给群众自己依法办理，做到政府部门只当"裁判员"，不当"运动员"。

2001年9月前，各省、自治区、直辖市已经开始着手行政审批制度改革，有24个省、自治区、直辖市对省一级政府部门审批项目初步进行了清理和处理。

2001年9月24日，国务院办公厅发出《关于成立国务院行政审批制度改革工作领导小组的通知》，规定领导小组的主要职责，一是指导和协调全国行政审批制度改革工作。二是研究提出国务院各部门需要取消和保留的行政审批项目并拟定有关规定。三是督促国务院各部门做好行政审项目的清理和处理工作。四是研究处理与行政审批制度改革有关的其他重要问题。

2001年10月18日，国务院批转了监察部、国务院法制办、国务院体改办、中央编办起草的《关于行政审批制度改革工作的实施意见》。该实施意见明确要求不符合政企分开和政事分开原则、妨碍市场开放和公平竞争以及实际上难以发挥有效作用的行政审批，予以取消；可以用市场机制代替的行政审批，通过市场机制运作；对于需要保留的行政审批，建立健全监督制约机制，做到审批程序严密、审批环节减少、审批效率明显提高、审批责任追究制得到严格执行。

在行政审批制度改革中，还必须遵循五项原则。（1）合法原则。只有国家法律、行政法规、地方性法规和依照法定职权、程序制定的规章，以及国务院各部门根据国务院的决定、命令和要求，可以设定行政审批，其他机关、文件设定的行政审批都应取消。（2）合理原则。设定行政审批要符合社会主义市场经济发展的要求，有利于政府实施有效管理，符合行政审批自身的规律和要求。凡是通过市场机制和中介组织、行业自律能够解决的事项，都不需要行政审批。（3）效能原则。进行行政审批改革，要合理划分和调整部门之间的行政审批职能，简化程序，减少环节，规定合理时限，提高工作效率，在限定期限内及时办结。（4）责任原则。按照"谁审批、谁负责"的原则，在赋予行政机关行政审批权时，规定其相应的责任。行政机关不按规定的审批条件、程序实施行政审批，甚至越权审批、滥用职权、徇私舞弊，以及对审批对象不依法履行监督责任或者监督不力、对违法行为不予查处的，审批机关的主管领导和直接责任人员必须承担相应的法律责任。（5）监督原则。行政审批的内容、对象、条件、程序必须公开，未经公开的，不得作为行政审批的依据。行使行政审批权的行政机关应当建立健全制度，依法加强对审批对象是否按照取得行政许可时确定的条件、程序从事有关活动的监督检查。

2001年10月，国务院召开行政审批制度改革工作电视电话会议，要求国务院各部门按照以下步骤和要求展开工作：第一步，各部门全面清理并提出审批项目的初步处理意见；第二步，国务院行政审批制度改革领导小组研究确定审批项目处理意见；第三步，国务院公布审批项目处理决定；第四步，各部门对保留的行政审批制定监督制约的措施。

经过清理，国务院65个有行政审批职能的部门和单位共有审批项目

4159 项，其中经济管理和社会管理方面的审批项目各占一半左右。国务院行政审批制度改革领导小组办公室自 2002 年年初开始对国务院部门审批项目进行全面审核和处理，其间组织实施了对国家经贸委审批项目的审核试点，探索并形成了开展审核和处理工作的基本规范和做法。2002 年 6 月国务院召开行政审批制度改革工作会议后，领导小组办公室按照会议的要求，集中力量对国务院部门拟第一批取消的审批项目进行了重点审核和论证。到 2002 年 11 月，审核、论证工作完成，国务院决定取消 789 项行政审批项目，标志着国务院各部门行政审批制度改革迈出了实质性的一步。①

各省、自治区、直辖市的行政审批制度改革也有了一些新的进展。如广东省深圳市 1997—2002 年进行了三轮行政审批制度改革。1997—1999 年的第一轮改革，重点是清查市政府的行政审批事项，并将原来的 1091 项审批事项减少到 628 项。2001 年的第二轮改革，又将 628 项行政审批事项减少了 277 项。2002 年开始的第三轮改革，重点是改善审批服务方式，提高审批服务质量。为实现从分散审批到集中审批的转变，深圳市特别建立了行政服务大厅——市民中心，实行各部门联合办公，以降低企业和市民的审批申请成本。②

（四） 实施价格决策听证

价格决策听证是政府改革的一项重要措施。广州市是较早实行价格听证的地方。1998 年广州地铁一号线建成后，市政府向社会公布了地铁票价方案，市民们认为票价过高。当年 11 月，市政府就地铁票价举行了听证会，经过群众讨论和政府“万户网络”调查，原定全程 8 元的地铁票价降到 6 元，市民第一次从听证会得到了实惠。1999 年，广州市又举行了停车场收费听证会，经过多方讨论，新制定的停车场收费标准大大低于原收费标准。2000 年，广州市决定实行车辆年票制，最初定价为小型汽车每年 1280 元。市交通部门举行的汽车年票制听证会，经过车主、市民和交通部门充分协商和讨论，最终年票价定为 980 元，各方都表示接受。

---

① 2001—2002 年“行政审批制度改革”的政策案例说明，引自田昕《促进中国政府职能转变的行政审批制度改革政策》，载《中国公共政策分析，2003 年卷》，第 17—33 页。

② 陈雪莲：《公共行政体制的创新——深圳市行政审批制度改革》，载俞可平主编《地方政府创新与善治：案例研究》，社会科学文献出版社 2003 年 9 月版，第 96—121 页。

广州市还就自来水价格、生活垃圾处理费标准、药品定价等问题举行过听证会，并且建立了专家论证制度。①

2000年9月23日，山东省青岛市举行了出租车价格听证会。听证会由青岛市物价局局长主持，参加听证会的正式代表35人，包括10名出租车代表、7名消费者代表和市人大代表、市政协委员、专家学者等。听证会实行电视和广播现场直播。围绕出租车价格调整的四个方案，出席会议的代表经过3个小时的发言，显示主要支持第三种调价方案，但是后来政府的定价选择的是第一种调价方案，因为这两种方案差别不大，第一种方案更能兼顾出租车主与乘客双方的利益。②

2001年7月2日，国家发展计划委员会发布《政府价格决策听证暂行办法》，要求制定（包括调整）实行政府指导价或者政府定价的重要商品和服务价格前，由政府价格主管部门组织社会有关方面，对制定价格的必要性、可行性进行论证，论证的主要形式是听证会。实行政府价格决策听证的项目是中央和地方定价目录中关系群众切身利益的公用事业价格、公益性服务价格和自然垄断经营的商品价格。政府价格决策听证应当遵循公正、公开、客观的原则，充分听取各方面的意见。除涉及国家秘密外，听证会一律公开举行，听证过程应当接受社会监督。

听证主持人由政府价格主管部门有关负责人担任。听证会代表应该具有一定的广泛性、代表性，一般由经营者代表、消费者代表、政府有关部门代表以及相关的经济、技术、法律等方面的专家、学者组成。听证会代表可以向申请人提出质询，对制定价格的可行性、必要性以及定价方案提出意见，查阅听证笔录和听证纪要。听证会代表应当如实反映群众和社会各方面对制定价格的意见，遵守听证纪律，维护听证秩序，保守国家秘密和商业秘密。公开举行的听证会，公民可以向政府价格主管部门提出旁听申请，经批准后参加旁听。

听证会应按下列程序进行。（1）听证主持人宣布听证事项和听证会纪律，介绍听证会代表。（2）申请人说明定价方案、依据和理由。（3）政府价格主管部门介绍有关价格政策、法律、法规、初审意见及其他需要说明的情况。（4）有关评审机构说明评审依据及意见。（5）听证会代表对申请

---

① "人民网" 2001年12月8日载文《广东春运公路客运价格听证会透视》。
② 宁骚主编：《公共政策学》，高等教育出版社2003年8月版，第338—339页。

人提出定价方案和有关评审机构的评审依据及意见进行论证。（6）申请人陈述意见。（7）听证主持人总结。（8）听证会代表对听证会笔录进行审阅并签名。

价格决策部门定价时应当充分考虑听证会提出的意见。听证会代表多数不同意定价方案或者对定价方案有较大分歧、难以确定时，价格决策部门应当协调申请人调整方案，或由政府价格主管部门再次组织听证。需要提请本级人民政府或者上级价格决策部门批准的最终定价方案，凡经听证会论证的，上报时应当同时提交听证纪要和有关材料。

《政府价格决策听证暂行办法》发布后首次举行的省级政府的价格听证会，是广东省 2001 年 12 月 8 日举行的春运公路客运价格听证会。2002年 1 月 12 日国家计委举行的部分铁路实行政府指导价听证会，则是首次由中央的政府机关举行的价格听证会。出席铁路价格听证会的正式代表33 人，其中消费者代表 12 人，经营者代表 7 人，人大政协代表 4 人，专家学者代表 5 人，其他相关利益代表 5 人。尽管每个代表的发言时间是均等的（都要求限制在 5 分钟之内），但是在整个听证过程中，显示出消费者代表与生产者代表的"谈判"地位并不完全平等，消费者代表与生产者代表的"谈判"能力有较大差距，因为消费者代表确实难以深入了解价格构成机制，只能提出一些泛泛的意见或者带有感情色彩的看法。尽管价格听证还存在不少问题，但至少在政策过程中多了一种重要的民主方法，还是应该肯定其积极方面的作用。[①]

（五）地方政府创新

2002 年，中共中央编译局比较政治与经济研究中心和中共中央党校世界政党研究中心联合发起了首届"中国地方政府创新奖"的评选活动。此次评选活动产生了十名优胜奖获得者，除前述深圳市的行政审批制度创新外，还显示了三类地方政府创新做法。

一是政府采购创新。1996 年财政部明确提出试行政府采购制度后，广东省深圳市以及河北省、上海市、重庆市等地都进行了政府采购制的试

---

① 刘颖、彭宗超：《听证制度：中国公共决策民主化的新机制——以铁路票价听证会为例》，载李凡主编《中国基层民主发展报告 2002》，西北大学出版社 2003 年 4 月版，第 283—305页。

点。广西壮族自治区南宁市在学习其他地方的试点经验后，建立了一套规范的政府采购制度，不仅定期举行政府采购招标会，还率先开通政府采购网站，并在全国首创了政府采购市场。①

二是政府服务创新。海南省海口市于1997年将各政府部门实行的直接办理制、窗口服务制和社会服务承诺制合称为"三制"，以此来强调政府的办事公开、程序简化、责任明确、强化监督和运用现代办公设备。②2000年10月，江苏省南京市下关区在全国首次模仿商业超市开放、便民的新营业方式，改变原来的封闭式办公模式，在全区各街道办事先后以窗口式和柜台式两种方式开放办公，将民政事务、户籍管理等40多个服务项目集中放在"政务超市"大厅内，实行前厅后室的新型办公模式，并使这种"一门式"服务的开放式办公方式与社区服务项目相结合。③

三是领导干部审计创新。浙江省金华市改革了领导干部经济责任审计办法，建立经济责任审计工作联系会议制度，不仅要求对领导干部进行事前、事中、事后的全程审计，还对审计情况进行公示，并探索了如何有效使用审计结果的途径。④

（六）推动政策过程开放的要素

"十五大"时期的行政改革和政府创新，一个重要的作用就是开放政府的政策过程，由此需要特别注意能够积极推动政策过程开放的九个要素。

一是机构和人员要素。开放的政策过程需要具有开放精神、负责任和能够有效解决问题的政府机构、决策者和政策推行者，改革开放以来力度最大的机构改革，一个重要的宗旨就是塑造新型的管理机构和政策人才。

二是权力要素。开放的政策过程需要开放的和能够被控制的政策权力，行政改革在权力的开放和控制上有五方面的重要举措。一是特别强调

---

① 陈家刚：《规范地方政府公共指出的治理变革——南宁市实施"政府采购"的个案研究》，载《地方政府创新与善治：案例研究》，第1—32页。

② 陈家刚：《以制度创新推动地方治理转型——海口市推行"三制"实践的个案研究》，载《地方政府创新与善治：案例研究》，第33—68页。

③ 王勇兵：《南京市下关区"政务超市"调研报告及分析》，载《地方政府创新与善治：案例研究》，第158—186页。

④ 丁开杰：《完善审计监督，促进廉政勤政——以浙江省金华市领导干部经济责任审计为例》，载《地方政府创新与善治：案例研究》，第122—157页。

了行政权力与公共利益和公民个人利益的密切关系。二是通过机构改革明确了政府各部门的职能，同时也就确定了各部门应有的权力。三是不仅继续向企业放权，还要求向社会组织等放权。四是通过行政审批制度改革，压缩和规范了行政审批权。五是通过价格听证，在一定范围内开放了决策权。

三是法治要素。法治是开放的政策过程的重要基础，由此确实要遵循依法行政、依法决策、依法办事和依法监督等方面的要求。

四是听证要素。在政策过程中引入听证程序，是政策过程开放的一个重大步骤，尽管还只是进行价格听证，但不能低估其对政策过程开放的重要推动作用。

五是服务要素。具有开放性的政府公共服务，在开放的政策过程中占有重要的地位，"十五大"时期的"一站式"或"一门式"服务的创新试点，在开放性的"办事"服务方面，已经迈出了重要的一步。

六是购买要素。开放的政策过程要求政府的购买行为（包括政府购买的各种物品以及政府购买的公共服务）公开和透明，建立规范的政府采购制度，为建立规范的政府购买公共服务制度奠定了良好的基础。

七是信息公开要素。充分的政策信息公开，是政策过程开放的一个重要标志。在机构改革中对政务公开的要求，以及行政审批事项改革中的信息公开，听证会的公开举行（尤其是对听证会进行电视和广播的直播），都是政策信息公开的重大举措，都有助于政策信息公开走向规范化、程序化和常态化。

八是监督要素。开放的政策过程需要有效的政策监督，无论是依法行政强调的行政机关主动接受同级人民代表大会和政协的监督以及注重来自媒体的监督，还是建立新型的审计制度，所注重的都是要真正发挥政策监督的功能，而不是形式化、官样化的监督。

九是参与要素。开放的政策过程要求公民积极的政策参与，在依法行政中强调重视人民群众来信来访，表现的就是对这种政策意见表达方式的肯定。但是在行政改革和政府创新中对民众参与关注不够，显然是一个值得注意的问题。

开放的政策过程还有其他要素（如制度要素、程序要素、价值取向要素等），"十五大"时期还未涉及。从已经涉及的要素看，可以说通过行政改革和政府创新，在开放的政策过程方面，确实有了值得肯定的重大进步。

七　决策民主与政策参与

"十五大"时期对决策民主和决策科学化、民主化提出了一些新的要求，对民众的政策参与也作出了一些制度性的安排。

(一)　决策民主的新要求

决策民主和决策科学化、民主化，仍是中国共产党对决策的基本要求，但是有了一些新的提法和要求。

在民主问题上，一方面强调了发展社会主义民主政治的"三统一"要求，在十五大报告中明确指出，依法治国把坚持党的领导、发扬人民民主和严格依法办事统一起来，从制度和法律上保证党的基本路线和基本方针的贯彻实施。另一方面强调了落实民主的要求，如江泽民所言："发展社会主义民主，最重要的是把社会主义民主落实到国家经济、政治、文化及各项社会事业的决策和管理中去，落实到各项制度和各项实际工作中去，落实到广大人民行使民主权利的实践中去。"[①]

在党的决策功能方面，重点强调的是"三个代表"要求。江泽民明确指出："总结我们党七十多年的历史，可以得出一个重要结论，这就是：我们党所以赢得人民的拥护，是因为我们党在革命、建设、改革的各个历史时期，总是代表着中国先进生产力的发展要求，代表着中国先进文化的前进方向，代表着中国最广大人民的根本利益，并通过制定正确的路线方针政策，为实现国家和人民的根本利益而不懈奋斗。"[②]

在决策机制方面，重点强调的是四方面的要求。(1)注重民情、民意、民智要求。这一要求是十五大报告提出来的，强调的是逐步形成深入了解民情、充分反映民意、广泛集中民智的决策机制，推进决策科学化、民主化，提高决策水平和工作效率。(2)谨慎决策要求。1999年的国务院政府工作报告指出，重大决策特别是涉及广大人民群众利益的政策措施，要谨慎从事，采取适当的形式广泛听取各方面的意见。(3)民主集中制要求。2001年9月24日至26日召开的中国共产党十五届六中全会强

---

① 江泽民：《关于坚持四项基本原则》，《江泽民文选》第3卷，第221页。
② 江泽民：《在新历史条件下更好地做到"三个代表"》，《江泽民文选》第3卷，第2页。

调、集体领导、民主集中、个别酝酿、会议决定，是党委内部议事和决策的基本制度，必须认真执行。集体领导、民主集中是党的领导的最高原则，个别酝酿、会议决定是重要的方法和程序。要充分发挥党的代表大会和党的委员会全体会议的作用。重大问题必须提交党委常委会集体讨论决定，涉及全局和长远的问题还应提交党的委员会全体会议讨论决定。讨论决定问题，要充分发扬民主，广泛听取意见，严格执行规定程序。违反决策程序造成重大失误的，要追究领导责任。①（4）民主讨论要求。江泽民指出："对于什么应该民主讨论决定，以及通过什么程序决定，各级党政领导班子都应作出具体、明确的规定，并认真加以执行。"②

在权力监督方面，十五大报告指出，我们的权力是人民赋予的，一切干部都是人民的公仆，必须受到人民和法律的监督。要深化改革，完善监督法制，建立健全依法行使权力的制约机制。坚持公平、公正、公开的原则，直接涉及群众切身利益的部门要实行公开办事制度。把党内监督、法律监督、群众监督结合起来，发挥舆论监督的作用。加强对党和国家方针政策贯彻的监督，保证政令畅通。加强对各级干部特别是领导干部的监督，防止滥用权力。

在政策参与方面，强调了民众主动参与的重要性。十五大报告明确指出，扩大基层民主，保证人民群众直接行使民主权利，依法管理自己的事情，创造自己的幸福生活，是社会主义民主最广泛的实践。城乡基层政权机关和基层群众性自治组织，都要健全民主选举制度，实行政务和财务公开，让群众参与讨论和决定基层公共事务和公益事业，对干部实行民主监督。坚持和完善以职工代表大会为基本形式的企事业民主管理制度，组织职工参与改革和管理，维护职工合法权益。坚决纠正压制民主、强迫命令等错误行为。全国政协主席李瑞环也强调，社会主义事业是人民群众自己的事业，领导者的责任就是使人民群众认识自己的利益并且团结起来为自己的利益而奋斗，就是把人民群众的积极性充分地调动起来并合理地发挥出去。离开群众的积极性，离开群众的自觉支持和主动参与，什么事情也干不成。当前，智力资源越来越成为经济发展的重要依托，创新能力越来

---

① 《中共中央关于加强和改进党的作风建设的决定》，载中共中央文献研究室编《十五大以来重要文献选编》下，中央文献出版社 2011 年 6 月版，第 243—246 页。

② 江泽民：《推动党风廉政建设和反腐败斗争深入开展》，《江泽民文选》第 3 卷，第 189 页。

越成为经济发展的关键因素，更加需要有一个畅所欲言、心情舒畅、能够激发人们创造精神的社会环境。我们要通过发扬社会主义民主，把十二亿人民的智慧和潜能最大限度地挖掘出来，形成振兴中华的伟大力量，推动各项事业蓬勃发展。[①]

（二）人大制度创新

"十五大"时期，在县、乡人民代表大会代表选举中，为增强选举的公开、透明和更好地体现选举人的意志，出现了四种新做法。[②]

一是以预选的方式确定正式代表候选人。在1979年制定的《选举法》中有预选的规定，但是1986年修改《选举法》时取消了这一规定，使得县、乡人大代表候选人的确定，均采用酝酿和协商方式。在确定代表候选人过程中，以投票表决的"预选"方式确定候选人，更能体现选民的意志，有的地方开始有意地在选举中引入预选程序。1997年10—12月天津市河西区的区人大代表换届选举中，天津市外语学院选区就以选民小组派代表投票的方式，在3名初步候选人中确定了2名正式候选人。1998年10—12月北京市的区县人大代表换届选举中，门头沟区龙泉镇的三家店选区由于提名代表候选人较多，在11月30日举行了全体选民参加的预选，用投票的方式确定了3名正式代表候选人。在2001—2002年的乡级人民代表大会代表选举中，特别安排了一些不同形式的预选试点，如安徽省黄山市歙县溪头镇采用的是各选区召开选民大会投票的预选方式，江西省宜丰县敖桥乡、桥西乡和河北省张家口市桥西区沈家屯镇采用的则是各选区选民代表投票的预选方式。

二是正式代表候选人与选民见面。在县、乡人民代表大会代表选举中，组织正式代表候选人与选民见面，不仅可以增进选民对代表候选人的了解，也可以在代表候选人之间建立一定的竞争关系，因为在见面活动中，不仅候选人要有正式的表态甚至"竞职演讲"，还要回答选民提出的

---

① 李瑞环：《在全国政协九届三次会议闭幕会上的讲话》，载中共中央文献研究室编《十五大以来重要文献选编》中，中央文献出版社2011年6月版，第337—338页。

② 1997—2002年人大代表选举中的创新试点情况，引自史卫民、雷兢璇《直接选举：制度与过程——县（区）级人大代表选举实证研究》，中国社会科学出版社1999年11月版，第188—194、358—365页；史卫民、刘智主编《规范选举：2001—2002年乡级人民代表大会代表选举研究》，中国社会科学出版社2003年4月版，第3—238页。

各种问题。1997 年 10—12 月天津市河西区的区人大代表换届选举中，已采用不同方式组织代表候选人与选民见面。1998 年 11 月 16 日，北京市崇文区选举委员会特别颁布了《关于组织代表候选人与选民见面的几点意见》，对见面活动的程序作了具体规定。在 1998 年 10—12 月北京市的区县人大代表换届选举中，11 个区县的 1364 个选区中，有 755 个选区组织了代表候选人与选民见面活动。在 2001—2002 年的乡级人民代表大会代表选举中，安排了一些不同形式的正式代表候选人与选民见面的试点，安徽省黄山市歙县溪头镇在各选区召开候选人与选民见面的选民大会，江苏省南京市、江西省宜丰县敖桥乡和桥西乡、河北省张家口市桥西区沈家屯镇等，都是在各选区召开候选人与选民代表见面的会议。

三是在人大代表选举中试行"海选"。河北省沧州市运河区在 2002 年 2—4 月的乡镇人民代表大会代表选举中，南陈屯乡和小王庄镇为解决"乱村"的人大代表选举问题，按照"海选"方式设计了选民投票确定乡镇人大代表候选人的提名和投票程序，并在 6 个选区按照这样的程序产生了正式代表候选人。

四是选举农民工代表。浙江省义乌市大陈镇在 2001 年 11—12 月的镇人民代表大会代表选举中，为外来的务工人员在工业区特别设置了 4 个选区，确定了 7 个代表名额，并通过这些"外来"选民的投票选举，产生了 7 名农民工身份的镇人大代表。在大陈镇的新一届人民代表大会第一次会议上，7 名农民工身份的代表共提出了与农民工有关的 7 条意见，显示外来人员中的人大代表清楚地知道自己所代表的选民群体所关心的问题，并能够将其集中地表现出来，真正担负起人大代表的职责。

允许市民旁听人大常委会会议，也是完善人民代表大会制度的重要做法。武汉市和大连市都曾尝试过这样的做法，但是要求旁听会议的市民由单位推荐，并且在旁听过程中不允许市民发言。1999 年 2 月，贵州省贵阳市人大常委会推出的市民旁听人大常委会的新做法，一是扩大了旁听市民的人数（由 5 名增加到 10 名左右），二是实行志愿报名，三是允许市民在常委会会议结束后发言。截至 2002 年 11 月，贵阳市人大常委会举行了 31 次旁听，旁听会议的市民达到 372 人次。通过制度化的旁听会议，人大常委会的会议质量有明显的提高，会议提出的一些引起市民共鸣的意见和建议，能够得到政府的认真对待，政府官员也一定程度上增强了在公开场合发言和辩论的能力，媒体则从人大工作中获得了更多有吸引力的消息。①

在强化人民代表大会对政府的监督方面，则出现了较有影响的"广东人大现象"和"海淀人大现象"。"广东人大现象"发端于 1994 年 11 月 20 日的广东省人大代表对广东省国土厅不当行为的质询。1998 年 1 月的广东省九届人大一次会议，深圳市代表团的 28 名代表对省高级人民法院的工作报告投了弃权票。2000 年 1 月的广东省九届人大三次会议，不仅佛山代表团的 25 名代表对省环保局提出了质询案，省政府提请省人大常委会会议任命的人员中有 2 名未获通过，并在此次会议上通过了《广东省各级人民代表大会常务委员会讨论决定重大事项决定》，使"广东人大现象"开始引起人们的广泛注意。"海淀人大现象"在 2000 年前已经基本成型，主要表现为北京市海淀区人大以创新和发展"老五篇"丰富人代会会议形式：一是在人民代表大会上代表可以自由发言，二是在人民代表大会会议期间召开多次专题座谈会（由各代表团推选代表参加），三是在人民代表大会会议期间邀请市领导与代表面对面座谈，四是在人民代表大会会议期间"一府两院"等单位设置质询台接受代表的质询，五是邀请海淀区选举的市人大代表列席区人代会会议并与区人大代表座谈。②

加强人大代表与民众的联系，对于人大代表更好地反映民意有重要的作用。1998 年辽宁省沈阳市和平区形成了《和平区人大代表联系选区（社区）选民制度（草案）》，1999 年 9 月，和平区人大常委会正式下发了这一文件，并要求人大代表每年下选区（社区）不得少于 4 次。人大代表主动在选区（社区）接触市民后，形成了一些重要的建议，在人民代表大会会议上提出，并由有关部门负责落实，如 2001 年区人大代表在人代会上提出的 233 件建议，落实的有 222 件。③

（三）开展城市社区建设

1986 年在官方文件首次出现"社区"的提法，重点强调的是"社区服务"。1989 年 12 月 26 日通过《中华人民共和国城市居民委员会组织

---

① 杨雪冬：《发挥制度绩效，拓展公民有序参与的渠道——贵阳市人大常委会市民旁听制度所引发的联动性创新》，载俞可平主编《地方政府创新与善治：案例研究》，第 187—220 页。

② 王维国：《"广东人大现象"与"海淀人大现象"比较》，《人大研究》2006 年第 5 期。

③ 李凡：《沈阳市的社区对接人大代表制度》，载李凡主编《中国基层民主发展报告2002》，第 437—446 页。

法》之后，就"社区服务"发出过多个文件。1999 年 1 月，民政部发出《全国社区建设实验区工作实施方案》，"社区建设"成为一个更具影响力的概念，民政部还特别选择了 21 个市作为社区建设试点市。①

在 1999 年社区建设试点的基础上，2000 年 10 月 9 日至 11 日召开的中国共产党十五届五中全会通过《中共中央关于制定"十五"计划的建议》，明确提出了"加强社区民主建设"的要求。2000 年 11 月 19 日，中共中央办公厅、国务院办公厅转发民政部《关于在全国推进城市社区建设的意见》，强调社区建设是指在党和政府的领导下，依靠社区力量，利用社区资源，强化社区功能，解决社区问题，促进社区政治、经济、文化、环境协调和健康发展，不断提高社区成员生活水平和生活质量的过程。社区建设的目标是建设管理有序、服务完善、环境优美、治安良好、生活便利、人际关系和谐的新型现代化社区。社区建设需要遵循的基本原则，一是以人为本、服务居民。二是资源共享、共驻共建。三是责权统一、管理有序。四是扩大民主、居民自治。五是因地制宜、循序渐进。

2000—2002 年城市社区建设全面推开，并显示出了六方面的积极成效。

第一，社区规模调整基本完成。按照城市社区建设的要求，各地对居民委员会管辖的范围进行调整，在调整的基础上组建城市社区，调整后的社区规模一般达到 1000—3000 户。截至 2002 年年底，全国设立的社区居民委员会共计 8.5 万个，比 1999 年的 11.5 万个居民委员会减少 3 万个；全国的社区居民委员会成员 39.7 万人，比 1999 年的 50.1 万人减少 10.4 万人。

第二，社区组织逐步建立健全。通过积极培育城市社区组织，各地逐步建立健全了社区党的组织和社区居民委员会组织，并出现了一些不同的社区组织建设模式。如"沈阳模式"以原来的居民委员会为基础，在进行社区改造后，社区组织体系由社区党组织、社区成员大会（或社区成员代表大会）、社区委员会和社区协商议事委员会四大机构组成。"上海模式"的社区基本定位在街道层面，由街道党工委、街道办事处和城区

---

① 本节所述城市社区建设的情况，未注明出处者，均引自潘小娟、史卫民等《城市基层权力重组：社区建设探论》，中国社会科学出版社 2006 年 8 月版，第 64—73、207—226、266—285、298—318、364—370 页。

管理委员会构成领导系统，由街道办公室和市政委员会、社区发展委员会、社区治安综合治理委员会、财政经济委员会构成执行系统，由社区管理委员会、社区事务咨询协商委员会和居民区组织（包括党组织、居民会议或居民代表会议、居民委员会、小区事物监督委员会等）构成支持系统。"青岛模式"也在街道层面设立社区管理体制，但是不再设立街道办事处，以区委派出机构的社区党工委为领导核心，建立三套工作体系，一是由社区代表会议、社区委员会和居民小区群众性自治组织（包括社区居民委员会、居民会议、居民议事会）构成的自治工作体系，二是由社区事务受理中心负责的行政事务工作体系，三是由社区服务中心、居民小区社区服务站和社区服务志愿者构成的社区服务工作体系。

第三，社区选举有所创新。在城市社区居民委员会选举中，既有规范居民代表或居民小组代表选举社区居民委员会成员的试点，也有将"海选"与户代表选举社区居民委员会结合的试点，还有真正实行社区居民直接选举社区居民委员会的各种试点。在这些选举试点中，大多采用了灵活的候选人提名方式，并就候选人之间的竞争设立了相应的规则和程序。

第四，社区服务全面普及。经过多年努力，不仅建设了各类社区服务设施，社区服务的内容也大大丰富。截至2002年年底，全国城镇共有社区服务设施19.8万处，其中综合性的社区服务中心7898个。社区的便民利民网点，在2000年已经达到45.2万个。以区和街道社区服务中心为骨干、社区居民委员会便民利民服务网点和邻里互助服务为主体的社区服务网络体系在全国已经基本建成。

第五，尝试建立共同决策机制。浙江省宁波市海曙区在社区建设中形成了社区党组织与社区自治组织共同决策的程序化要求。（1）建立议事委员提案制度，要求议事委员在一定时间内就居民普遍关心的问题提出议案。（2）决策项目的选择，坚持"决大事"和"一事一决"，由社区党组织书记主持召开有议事委员会主席、副主席和居民委员会成员参加的专题会议，讨论议事委员的议案并确定具体议题。（3）决策项目的通告，采用两种做法，一种是提前半个月在社区内张榜公布决策项目，说明决策项目的内容、原因和提出时间，鼓励居民提出意见和建议；另一种是提前半个月向议事委员发出《决策项目说明书》，要求各位委员就此作调查研究，提出解决问题的对策。（4）议事委员会召开全体会议，通过对议题的讨论、协商或表决，形成最终决定。（5）以分工负责制执行政策，明确社区党组织、议事委员和居民委员会成员在政策执行中的职责和任务。除了以议事委员会为基础的共同决策外，武汉市江汉区、湖北省黄石市石灰窑区、沈阳市沈河区、广西壮族自治区柳州市的一些社区，都尝试过以居民投票的方式决定重大政策的做法。①

第六，尝试建立社区评议政府机制。2002 年 1 月 11 日—18 日，湖北省武汉市江汉区按照三个步骤对政府的工作进行了评议。第一个步骤是112 个社区均召开评议大会，对在社区工作的警察、计划生育员、卫生员、市容监督员等政府工作人员进行测评。第二个步骤是 13 个街道办事处均召开评议大会，由各社区的党支部书记和社区居民委员会成员对街道办事处的工作进行评议。第三个步骤是江汉区政府召开评议大会，由各街道办事处的副主任和民政科长以及各社区的党支部书记、社区居民委员会主任对公安局、卫生局、城市管理局、文体局、民政局、司法局和计划生育局的工作进行评议。在三个步骤中，都有与会者填写测评表的要求，测评结果或当场公布，或作为区里考核干部的重要参考依据。②

（四）增强政策开放性的"政策民主"

德国学者彭茨（Eberhard Puntsch）指出："开放性体现在公平的决策过程当中：在该作出决策的地方就作出决策。""开放性保障公民有机会获取信息和参与决定：谁将自由置于一系列价值的最高位置，他就必须优先致力于建立公开的信息和决策程序。"③"十五大"时期为适应经济全球化，在中国加入世界贸易组织前后对政策进行了重大调整，除了有针对性地解决一些经济、社会发展面临的难题外，还从九个方面增强了中国政策的开放性。

第一，政府开放。打造一个具有开放性的政府，对于开放性的政策过程而言，是一个重要的前提条件。如托马斯（John Clayton Thomas）所言："对于公民而言，公民参与的优势包括：保证公共服务更适合他们的

---

① 李雪萍、陈伟东：《近年来城市社区民主建设发展报告》，载李凡主编《中国基层民主发展报告 2000—2001》，东方出版社 2002 年 4 月版，第 310—337 页。

② 李凡：《从江汉区的社区评议政府看社区民主的发展》，载李凡主编《中国基层民主发展报告 2002》，第 428—436 页。

③ ［德］埃伯哈德·彭茨：《政治与人类尊严——德国自由主义者的解决途径》，1996 年 2月由林荣远、冯兴元等翻译，第 85—86 页。

需求，促进一个更开放、更具有回应性的公共官员体系形成，以及建立对政府和公民自身更加积极和正面的认识和情感。"① "十五大"时期的政府机构改革、行政审批制度改革以及一些重要的政府创新试点，就是希望使政府更具有开放性，更容易与民众接近，并且能够更积极地回应民众的需求，尤其是公共服务方面的需求。

第二，政策过程开放。"十五大"时期，无论是中央政府和地方政府，还是企业和基层群众自治组织，都有开放政策过程的重大举措，使得政策过程开放成为这一时期"政策民主"实践的一个重要特征。政策过程开放既要注意一些基本要素（如本章第六节列出的机构、人员、权力、法治、听证、服务、购买、信息公开、监督、参与等要素），也要注意从不同的途径来促进政策过程开放。如彼得斯（B. Guy Peters）所言，政府公开意味着制定政策时对公众开放决策过程，这可以用很多方式来完成，一个最基本的方法是公众听证。除了在公众听证中公民和政府的直接联系外，公民参与决策还有别的途径。② 应该说，"十五大"时期的开放决策、开放政策执行、开放政策监督以及开放政策评估等，已经为中国政策过程全方位的开放奠定了重要的基础。

第三，社会开放和权利开放。"十五大"时期中国社会更加开放，不仅人员的流动（尤其是农民工的流动）更为广泛，生活方式更多体现现代生活特征，民众的政策意见表达也更加活跃和开放。社会开放是政策开放的重要民主基础，正如查尔斯·威廉·莫里斯（Charles William Morris）所言，如果有所指地使用"民主"一词，它就是"开放自我的开放社会"的同义语。莫里斯还强调必须以"开放自我的开放社会"来替代"封闭自我的封闭社会"，因为开放自我的开放社会承认并尊重多样性，追求"差别的平等权利"。③ 在开放社会中保障公民权利，需要注重公民个体的权利和利益，"十五大"时期一方面通过具有"个体化"取向的政策来保障下岗职工、城乡贫困人口、适龄学童等的权利和利益，另一方面通过农

---

① ［美］约翰·克莱顿·托马斯：《公共决策中的公民参与》，孙柏瑛等译，中国人民大学2010年9月版，第22页。

② ［美］盖伊·彼得斯：《官僚政治》，聂露、李姿姿译，中国人民大学出版社2006年7月版，第262页。

③ ［美］查尔斯·威廉·莫里斯：《莫里斯文选》，涂纪亮编，涂纪亮等译，社会科学文献出版社2009年1月版，第320—321、326页。

村的村民自治和城市社区建设来保障城乡居民的自治权利等，都是权利保障方面不可忽视的进步。

第四，权力开放。权力开放尤其是政策权力的开放，在"十五大"时期至少有四种重要的表现。一是在权力认识层面，不仅明确强调权力是人民赋予的，一切干部都是人民的公仆，必须受到人民和法律的监督；还强调了行政权力的运用密切联系着社会公共利益和公民的个人利益。二是在权力责任层面，通过机构改革明确了不同机构的职责和相应的权力。三是在权力运行层面，公开限制政府对市场、企业行使过多、过细的干预权力，并通过行政审批制度改革，大大压缩政府（尤其是政府部门）的行政审批权力。四是在权力监督层面，要求建立健全依法行使权力的制约机制，坚持公平、公正、公开的原则，实施有效的权力监督，防止滥用权力；在实际运作中，也已经出现了人民代表大会有效运用监督权力的"广东人大现象"和"海淀人大现象"。

第五，参与开放。更具开放性的选举和更具开放性的政策参与，在"十五大"时期都有突出的表现。无论是人大代表选举、基层国家机关领导人员选举、基层党组织选举，还是村民委员会选举和社区居民委员会选举，都在一些重要的试点中体现了"开放性"的特征，不仅向民众开放了更多的选举机会，也向候选人开放了有序竞争的舞台。国企改革攻坚、三大政策攻关、三农政策的发展、环境保护、西部大开发、城市社区建设乃至具体的价格听证、政策评估等，都给予了民众重要的参与机会，并且通过参与获取更好的政策效果，已经成为不少地方的"创新"共识。詹姆斯·博曼（James Bohman）指出："'公众'不但意味的是公民体，而且还意味的是原则上对每个人都开放的决策、商讨以及信息收集的重叠领域的存在。"① 彼得斯也指出："如果员工与顾客能通过像全面质量管理这样的方式来参与组织政策的制定，那么他们的决策将更有理论和实践意义。也就是说，凭借因参与的管理方法所建构的开放性政治过程的优势，使决策成为组织的集体共识。"② 恰是通过较广泛的政策参与，才使得中国民众能够更深刻地认识到政策参与的重要作用，更能体会到开放的政策

---

① ［美］詹姆斯·博曼：《公共协商：多元主义、复杂性与民主》，黄相怀译，中央编译出版社 2006 年 9 月版，第 23 页。

② ［美］盖伊·彼得斯：《政府未来的治理模式》，吴爱明、夏宏图译，中国人民大学出版社 2001 年 11 月版，第 79 页。

过程对自身的重要意义。

第六，信息开放。政策信息开放，是政府开放和政策过程开放的重要表象，之所以将其专门列出来，是因为政策信息开放对政策沟通和政策支持具有不可忽视的作用，"十五大"时期恰是通过宏观调控政策的信息公开、政务公开、村务公开以及办事公开、服务公开等，增强了全社会的政策沟通，并取得了必要的政策支持。应该承认，"十五大"时期确实破解了一些政策难题，政策信息开放在其中发挥了不容忽视的作用。

第七，制度开放。通过一定的制度创新，以新制度或新机制来破除影响政策执行的制度性障碍，在"十五大"时期有多方面的进展。在中国共产党的组织制度方面，有基层党委选举的制度创新和党代表常任制的试点。在人民代表大会制度方面，有基层人大代表选举的制度创新（引入预选和候选人与选民见面等）、市民旁听人大常委会会议和人大代表联系选区等试点。在政府行政管理方面，有建立行政服务中心、实施政府采购、民众评议政府等试点。在基层群众自治方面，则除了完善村民自治制度外，还着手建立与城市社区建设有关的各种制度。这些制度创新，使中国的各种制度更具有开放性，可以更好地吸纳新机制，使制度更能适应政策的需要。

第八，价值开放。在政策价值方面，公开、公平、公正的价值原则，公共利益、公共服务、公共事业等显示"公共性"的价值标准等，在"十五大"时期已经进入中国的政策话语体系，显示了在价值开放方面的重大进步。

第九，注重政策的法治基础。政策开放必须建立在法治基础之上，"十五大"时期不仅对依法治国作了更全面的解释，还就依法行政、依法办事、依法决策提出了新的要求，实际上就是要将政策、民主与法治有机地联系在一起。如果从这个角度看"三统一"的要求，可以得出的解释是党的领导主要表现为党的政治领导和政策领导，尤其要强调政策是党的领导的具体体现；人民当家作主是重要的民主要求，既可以通过人民代表大会制度来体现人民的民主诉求，也可以通过人民的广泛政策参与和政策支持来体现真实的民主行为；依法治国作为重要的法治要求，强调的则是政策领导、民主行为都要以法治为基础，不能率意而为。

"政策民主"的实践，不但需要有利的国内政策环境，还需要有利的国际政策环境。应该说，经济全球化以及中国加入世界贸易组织，确实为中国的"政策民主"实践提供了重要的助力，一方面经济全球化要求中国的政策过程更加开放和透明，更能适应通行的国际规则；另一方面中国的经济发展和社会建设，也更急迫地需要政策过程的进一步开放。由此为中国"政策民主"实践带来的重大任务，就是要通过多方面的努力，营造更具有开放性的政策过程。应该看到，"十五大"时期确实较好地完成了这一任务，并且以事实证明，中国的政策发展，确实需要经历一个政策过程开放的重要时期，为此后"制度化"的政策过程开放奠定基础。

第六章 营造政策保障体系
（2002年11月—2007年9月）

2002 年 11 月至 2007 年 9 月的中国共产党"十六大"时期，为应对突发公共安全事件和解决经济发展、社会建设存在的深层次问题，政策选择的重心移向为民众提供全方位的保障，以国家之力构建了较为完整的政策保障体系。

一 危机处理保障

2003 年爆发的"非典型肺炎"（简称"非典"）疫情，对中国传统的危机应对机制带来了重大的冲击，在处理重大危机的过程中，形成了新的危机管理政策模式。

（一）抗击非典型肺炎的政策过程

从 2002 年 11 月出现非典型肺炎患者，到 2003 年 6 月非典型肺炎疫情解除，中国政府抗击非典型肺炎危机的政策过程可以分为四个阶段。

2002 年 11 月 16 日至 2003 年 2 月 24 日是抗击非典型肺炎疫情的第一阶段，以局部性的危机处理应对突发疫情，政策过程主要表现出三方面的特征。一是由于广东省多地出现非典型肺炎病例，引起民众恐慌，并出现了抢购药品、食醋、食盐和大米的风潮。二是官方发布的信息与民众间传播的非典型肺炎信息出现了重大的反差。三是面对突然暴发的非典型肺炎疫情，广东省政府采用的是"内紧外松"的传统危机应对方式，工作重点放在临床治疗而不是切断传染链条，疫情对公众和国际社会保密而不是公开，各地区、各部门的应对措施是孤立的、分散的，彼此之间封锁消息而不是交换情报。所有这些做法，全部违反流行病控制的基本常识，使得危机向更大范围蔓延。

2003 年 2 月 25 日至 3 月 31 日是抗击非典型肺炎疫情的第二阶段，出现了全国性危机兆头和危机处理"空窗期"。由于 2 月底到 3 月中旬是中国共产党第十六次全国代表大会召开后的第一次全国人民代表大会和全国政协会议的会期，各媒体停止报道非典型肺炎情况。不但报道出现真空，也没有采取控制疫情蔓延的有效措施。3 月 15 日，世界卫生组织将"非典型肺炎"正式定名为"严重急性呼吸系统综合征"（Severe Acute Respiratory Syndrome，简称 SARS）。3 月中下旬，非典型肺炎开始在香港流行，北京、山西等地都出现了非典型肺炎患者，预示可能出现全国性的危机。

2003 年 4 月 1 日至 5 月 15 日是抗击非典型肺炎疫情的第三阶段，由于在 25 个省、自治区、直辖市的 266 个县（市、区）先后发生非典型肺炎疫情，北京、河北、山西、内蒙古、天津等地还先后被世界卫生组织发出旅游警告，非典型肺炎已经成为一次影响全国的传染病危机。为了迅速化解这一危机，中央政府采取了十三项紧急措施。（1）如实报道疫情。2003 年 4 月 1 日，非典型肺炎疫情的公布由中央接管。4 月 20 日，卫生部决定将原来五天公布一次疫情，改为每天公布疫情。（2）成立应急机构。2003 年 4 月 2 日，卫生部非典型肺炎防治工作领导小组正式成立。4 月 23 日，正式成立国务院防治非典型肺炎指挥部，国务院副总理吴仪任总指挥。（3）调整政策措施。2013 年 4 月 13 日，国务院召开全国非典型肺炎防治工作会议，决定采用应对非典型肺炎危机的七项政策措施。一是切实加强对疫情的预防和监测，做到早发现、早报告、早隔离、早治疗，对飞机、火车、轮船、汽车以及出入境口岸加大检疫力度。二是对疫情不同的地区采取不同的应对方法。三是集中优势力量联合攻关，力争较快查出确切病因。四是各地都要指定专门医院，增强收治能力。五是抓紧建立全国应对公共卫生事件的应急处理机制。六是加强国际和地区间防治工作的合作和交流，特别是加强同世界卫生组织的合作，加强同香港、澳门两个特别行政区的合作。七是定期公布疫情，坚持用事实说话。2003 年 5 月 6 日，国务院又召开了全国农村非典型肺炎防治工作电视电话会议，要求抓紧制定农村疫病防治预案，加强农村疫情监测，对在城市的农民工患者绝不能送回原籍或推向社会，对农民患者一律实行免费医疗。（4）中央领导人亲临疫区考察。2003 年 4 月 14 日，中共中央总书记、国家主席胡锦涛考察广东省非典型肺炎疫情。此后，胡锦涛和国务院总理温家宝等又考察了北京市收治非典型肺炎病人的医院，鼓励医疗工作者积极抗击非典型肺炎，并以此来稳定人心。（5）启动问责机制。2003年4月20日，由于防治非典型肺炎不力，卫生部部长张文康和北京市委副书记、北京市市长孟学农被免职。4月22日，王岐山出任北京市代市长。4月26日，国务院副总理吴仪兼任卫生部部长。（6）安排专项资金。2003年4月23日，国务院常务会议决定中央财政设立总额为20亿元的非典型肺炎防治基金，中央财政还根据国务院建立突发公共卫生事件应急反应机制的要求，安排专项资金3.1亿元用于第一阶段应急反应机制的建设，地方各级财政也安排了近80亿元非典型肺炎防治经费。（7）紧急隔离和停课。2003年4月23日，对北京市的人民医院实行整体隔离。同日，北京市决定中小学暂时停课，企事业单位可根据情况暂停上班。（8）紧急立法。2003年4月25日的十届全国人大常委会第二次会议专门听取并审议了国务院关于非典型肺炎防治工作的报告，并根据《立法法》的规定，授权国务院制定行政法规。2003年5月7日国务院第七次常务会议通过了《突发公共卫生事件应急条例》，5月9日公布施行。（9）提供人力、物力保障。中央从各地紧急调集力量，参与非典型肺炎的防控和治疗。2003年5月1日，由军队紧急援建的北京市第一家专门治疗非典型肺炎的临时性传染病医院小汤山医院开始接收病人。北京市政府还专门成立了抗击非典型肺炎物资保障组，负责为北京市所有重点、后备医院以及广大市民提供物资保障。（10）减轻企业负担。国务院减轻企业负担部际联席会议于2003年5月9日作出决定，自2003年5月1日起至2003年9月1日止，对受非典型肺炎影响较大的餐饮、旅店、娱乐、民航、旅游、公路、水路客运、出租汽车等行业实行减免部分行政事业性收费的政策。（11）广泛的社会动员。为形成全社会规模的群防群控格局，采用了四项基本措施：一是采取严格措施防止出现社区疫情暴发和群体感染；二是加强对流动人口群体的疫情监测工作；三是建立县、乡镇、村的联防线，严防疫情在边远贫困地区暴发和扩散；四是采取一系列措施减少医院内的交叉感染。（12）公共教育和媒体宣传。通过媒体发布指引和公布重要药方，以及《传染性非典型肺炎防治管理办法》，向公众进行非典型肺炎传染病预防与救护知识的宣传，以求达到稳定大局、提高公众抗击灾难信心的效果。（13）开展全球合作。在抗击非典型肺炎的过程中，中国积极参与了遏制非典型肺炎在全球蔓延的行动，并开展了与世界卫生组织、全球暴发警告与反应网络、无国界医生组织的合作以及与亚洲各国的合作，尤其是与多国科研机构合作，确认了非典型肺炎的病原体。

2003 年 5 月 16 日至 7 月 28 日是抗击非典型肺炎疫情的第四阶段，紧急的危机处理表现出了四种积极的政策效果。（1）疫情明显缓解。2003年 5 月 16 日，广州市宣布接受治疗的非典型肺炎患者大多数完全康复，非典型肺炎病死率已经下降到 3% 以下。6 月 2 日，北京疫情统计首次出现新收治直接确诊病例为零、疑似转确诊病例为零、死亡人数为零。其他地方统计的非典型肺炎病例，也在 5 月底到 6 月初实现了零记录。（2）北京中学复课和正常高考。2003 年 5 月 22 日，北京市高三学生在严格体温检测的条件下复课，其他年级的中学生和小学，也陆续复课。2003年 6 月北京市的高考，也在严格医疗监控的条件下正常举行。（3）逐步解禁。2003 年 6 月 13 日，世界卫生组织宣布解除对河北、山西、内蒙古、天津的旅游警告。6 月 24 日，世界卫生组织宣布解除对北京的旅游警告。（4）总结政策经验。2003 年 7 月 28 日召开的全国防治非典型肺炎工作会议，对抗击非典型肺炎作了全面的总结。统计数据显示，截至2003 年 6 月 14 日，全国累计报告非典型肺炎病例 5327 例（其中医护人员累计病例 969 例），治愈出院 4956 例，治愈率为 93%；死亡 346 例，死亡率为 6.5%。[①]

（二）积极应对禽流感

继 2003 年的非典型肺炎疫情后，2004 年中国又出现了禽流感的重大疫情。2004 年 1 月 23 日，广西壮族自治区隆安县丁当镇暴发禽流感，方圆三公里内的 14000 羽家禽被捕杀。1 月 26 日，湖北省武穴市和湖南省武冈县也暴发了禽流感。1 月 27 日，农业部宣布国家禽流感参考实验室最终确诊广西壮族自治区隆安县丁当镇的禽只死亡为 H5N1 亚型高致病性禽流感，这是中国内地首次确诊禽流感疫情。此后，上海、西藏等地也出现了禽流感疫情。

---

① "抗击非典型肺炎"的政策案例说明，引自郭巍青、朱亚鹏、李莉《SARS 危机应对政策：从灾难中学习》，载中国社会科学院公共政策研究中心、香港城市大学亚洲管治研究中心编《中国公共政策分析，2004 年卷》，中国社会科学出版社 2004 年 2 月版，第 199—229 页。

2004 年 1 月 29 日，国务院第 37 次常务会议专门研究高致病性禽流感防治问题，提出了应对禽流感的八项政策措施。（1）已经发现疫情的地区，要按照规定的程序及时、准确公布疫情，按照防疫工作要求，坚决扑杀，彻底消毒，严格隔离，强制免疫，坚决防止疫情扩散。（2）未发现疫情的地区，要抓紧做好防疫的各项工作，同时完善疫情应急预案。（3）对发生高致病性禽流感地区扑杀家禽的损失，要给予合理的补偿，对家禽强制免疫实行免费，使群众无后顾之忧。（4）组织对高致病性禽流感病毒及其防治进行科技攻关，合理安排高致病性禽流感疫苗的生产和储备，积极开展高致病性禽流感防治的国际交流与合作。（5）加强对进出口禽类及其产品的检疫工作，防止疫情传入传出。（6）认真做好高致病性禽流感防治科普知识的宣传工作，使广大群众了解高致病性禽流感传播的特点和预防知识。（7）坚决防止高致病性禽流感对人的感染，重点是对疫区和高危人群的医学监测和预防工作。（8）加紧建立和完善疫情监测、检疫网络。

2004 年 1 月 30 日，全国防治高致病性禽流感指挥部成立，由国务院副总理回良玉任总指挥，国务委员兼国务院秘书长华建敏任副总指挥。

2004 年 2 月 11 日，国务院常务会议又专门研究禽流感问题，批准了《关于应对禽流感疫情扶持家禽业发展的若干政策》，强调一手抓防治禽流感，一手抓农业增产和农民增收，及时处理和解决防治工作中出现的问题，维护正常的生产生活秩序和社会稳定。

2004 年 2 月 22 日，第一个确诊禽流感疫情的广西隆安县宣布解除疫区封锁。2 月 23 日，上海禽流感疫区解除封锁。3 月 16 日，农业部宣布解除广西壮族自治区南宁市和西藏自治区拉萨疫区的封锁，中国内地确诊的 49 起高致病性禽流感疫情已经全部扑灭。

为进一步完善危机管理政策，2004 年 4 月 6 日国务院办公厅发出关于印发《国务院有关部门和单位制定和修订突发公共事件应急预案框架指南》的函件，7 月 30 日又发出了关于印发《省（区、市）人民政府突发公共事件总体应急预案框架指南》的函件，供有关部门和单位制定和修订突发公共事件应急预案时参照。中共中央办公厅和国务院办公厅还于 2003 年发出《关于进一步改进和加强国内突发事件新闻报道工作的通知》，2004 年又发出《关于改进和加强国内突发事件新闻发布工作的实施意见》，要求各有关部门依照有关法律和规定建立和完善新闻发布制度，配合新闻宣传部门，及时、准确地做好国内突发事件新闻发布工作。①

（三）建立四级应急响应体系

以抗击非典型肺炎危机和应对禽流感为契机，中央政府对自然灾害管理政策也作了系统性的调整，并依据 2005 年 5 月国务院颁布的《国家自然灾害救助应急预案》，建立了四级自然灾害救助应急响应体系。

国家自然灾害救助应急综合协调的机构是国家减灾委员会（1989 年成立的中国国际减灾十年委员会，2000 年更名为中国国际减灾委员会，2005 年又更名为国家减灾委员会），主要职责是研究制定国家减灾工作的方针、政策和规划，协调开展重大减灾活动，指导地方开展减灾工作，推进减灾国际交流与合作，组织、协调全国抗灾救灾工作。

依托国家减灾委员会，建立了由中央各灾害信息管理部门参与的中央月度灾情会商机制和应急预警机制。国家建立的预警预报体系，包括气象灾害监测预报体系、地震监测预报体系、洪水预警预报体系、森林和草原防火预警体系、农作物和森林病虫害预报体系、海洋环境和灾害监测体系、地质灾害预警预报体系以及民政灾情综合管理信息系统等。

中央层级对各种灾害的应急救助响应，按照灾情的轻重，分为四个级别。

Ⅰ级响应为最高级别的国务院应急响应。启动条件是死亡 200 人以上，需要紧急转移的人口在 100 万人以上，倒塌房屋在 20 万间以上。

Ⅱ级响应为民政部部长启动的应急响应。启动条件是死亡 100 人以上，需要紧急转移的人口在 80 万人以上，倒塌房屋 15 万—20 万间。

Ⅲ级响应为民政部副部长启动的应急响应。启动条件是死亡 50 人—100 人，需要紧急转移的人口在 30 万—80 万人之间，倒塌房屋 10 万—15 万间。

Ⅳ级响应为民政部救灾司司长启动的应急响应。启动条件是死亡 30 人—50 人，需要紧急转移的人口在 10 万—30 万人，倒塌房屋 1 万—10 万间。

---

① "应对禽流感"的政策案例说明，引自中国社会科学院公共政策研究中心、香港城市大学公共管理及社会政策比较研究中心《2004 年/2005 年中国公共政策选择的基本走向》，载中国社会科学院公共政策研究中心、香港城市大学亚洲管治研究中心编《中国公共政策分析，2005 年卷》，中国社会科学出版社 2005 年 1 月版，第 1—22 页。

　　按照国务院的要求，地方和基层也要建立相应的应急预案，即省、市、县、乡四级政府及工厂、学校等，都要制订应对自然灾害的应急预案。

　　为支持国家的四级应急响应体系，还着手建立或完善了六大保障系统。

　　一是救灾物资储备与救灾装备系统。1998年，总结应对特大洪涝灾害的经验，国家决定建立中央救灾物资储备库，储备一定的救灾物资以供应急使用。2002年12月12日，民政部和财政部联合制定了《中央级救灾储备物资管理办法》。至2006年，全国已经建立了11个国家级的储备库，省、地（市）、县级政府也开始着手建立救灾物资储备库。

　　二是灾害救助社会动员系统。为了有效地动员社会力量支持救灾，对救灾社会动员系统作了进一步的完善，使得发生大灾后的社会捐助、经常性捐助、地区对口捐助和集中捐助活动等能够按既定规范顺利进行。

　　三是全国灾后恢复重建工作管理系统。全国灾区民房的恢复重建由民政部统一指导，在地方，省级一般由民政厅负责，市、县则主要由政府直接领导和组织，民政部门负责落实。恢复重建规定的目标，一般要求在当年内完成，保证灾民春节前能够住上新房。

　　四是春荒与冬令救助管理系统。由于灾害的袭击，全国每年都要产生需要给以不同程度帮助的救助对象7000万—8000万人。救助的基本时段是，冬令救助为每年的12月至第二年2月，主要是春节期间的救助；春荒救助为每年的3月至5月，一季作物区则要延长到7月。救助的标准通常按照每人每天一斤粮食救助，中央财政补助三分之一。

　　五是救灾与减灾科技应用推广系统。2003年2月，国务院批准环境与灾害监测预报小卫星星座计划立项。按照该计划，2008—2010年将发射4颗光学小卫星和4颗雷达小卫星组成的卫星系统。在此基础上形成的减灾卫星系统和航空遥感快速反应系统，将以卫星导航、通信、灾害预警等为应急救灾指挥调度系统和地面预警监测网络系统提供重要的帮助。

　　六是自然灾害管理工作系统。为全面加强灾害应急管理工作，重点建立了六种应急机制。（1）民政系统灾情报送工作机制。县级民政部门对于本行政区域内突发的自然灾害，凡造成人员伤亡和较大财产损失的，应在第一时间了解掌握灾情，及时向地（市）民政部门报告初步情况，最迟不得晚于灾害发生后2小时。对造成死亡（含失踪）10人以上或其他严重损失的重大灾害，应同时上报省级民政部门和民政部；民政部接到重、特大灾情报告后，要在2小时内向国务院报告。（2）灾情监测机制。

依托国家减灾中心建立的国家灾情 24 小时监测机制，每天早晨 8 时以前必须发出《昨日灾情》，内容包括昨日 7 时至当日 7 时中国和全世界发生的重大灾情。（3）应急联络机制。全国救灾系统建立了以电话号码为"83559999"为中枢的应急联络工作机制和相应的灾情联络电话系统。（4）自然灾害应急响应启动机制。为落实 24 小时国家减灾委救灾工作组到达灾区现场的规定，民政部特别作出规定，四级响应必须由民政部的司、局级公务员带队，三级响应则要由民政部副部长带队，二级响应由民政部部长带队。（5）24 小时救助到位机制。为了保证应急救助落实到位，明确规定在灾情发生后，县级政府必须在 24 小时之内启动应急预案，做到紧急转移受灾群众并保证灾民有临时住所、有饭吃、有衣穿、有干净的水喝、有病能医。（6）应急拨款机制。在达到国家规定的 4 级响应标准后，省级政府相关部门立即启动相关预案，向民政部、财政部提出申请应急资金的请求报告，民政部和财政部则需要立即做出反应。①

（四）危机管理政策模式的形成

改革开放以来，按照民主集中制的要求，中国已经形成了政策制定、政策执行、政策监督、政策评估的一套成系统的做法，可以称之为中国的"典型公共政策模式"（也可称为中国的"标准公共政策模式"）。"十六大"时期对突发公共事件的处理以及建立自然灾害救助应急响应体系，使中国有了与"典型公共政策模式"不同的"危机管理公共政策模式"。两种公共政策模式相比，在政策的制定、执行、评估方面都有一些明显的区别。

在政策制定方面，"典型公共政策模式"遵循的是确定政策问题、调查研究、草拟政策方案、上报政策方案、政策方案咨询、"核心会议"决定政策方案、以合法形式正式通过政策方案、发出政策文件八个主要步骤。"危机管理公共政策模式"在政策制定方面则有不同的步骤。一是对突发性的政策问题，不仅要求建立全面的预警系统和紧急情况报告系统，还要求对突发公共安全事件和重大自然灾害有应对预案，并按照规定启动

---

　　① 四级响应灾害应急体制的说明，引自王振耀、田小红《巨灾之年的政府应对与公共政策调整：2008 年中国自然灾害救援实践分析》，载白钢、史卫民主编《中国公共政策分析，2009 年卷》，中国社会科学出版社 2009 年 4 月版，第 160—184 页。

四级应急响应。二是追究失职责任，对于处理突发公共安全事件和自然灾害不力并负有直接责任的有关领导，及时作出撤职等处分。三是迅速通过"核心会议"确定解决问题的政策思路和具体政策措施，并由媒体及时公布，立即开始实施。四是调整信息渠道，要求及时、准确地上报各种情况，为政策调整提供必要的资讯。五是依据法律、法规决策，全国人大常委会授权国务院制定并颁布的《突发公共卫生事件应急条例》，以及国务院颁布的《国家自然灾害救助应急预案》等，是紧急、快速决策的法定依据，在整个政策过程中还可以根据需要颁布新的条例和法规性文件。

在政策执行方面，"典型公共政策模式"遵循的是政策试点、动员、宣传、全面铺开、检查、总结六个主要步骤。"危机管理公共政策模式"在政策执行方面也有不同的步骤。一是成立危机处理或灾害救助指挥机构，对政策执行作出紧急性的统一安排。二是启动应急系统，各级政府从上到下逐级建立和落实应急机制、责任机制和具体的工作措施。三是提供应急保障，财政紧急拨款，积极调运物资，并集中调配需要投入的人力。四是以人为本，无论是突发公共安全事件还是重大自然灾害，首先强调的是"救人"，以抢救生命作为政策的核心要素。五是政策信息公开，及时准确公布突发公共安全事件和自然灾害的各种信息，宣传防护知识并正面说明政府的政策努力与成就。六是进行广泛的社会动员，或是以群防群控防止重大传染病疫情蔓延，或是积极组织群众参与自然灾害救助，并稳定民众的情绪，维持稳定的社会秩序。七是开展科学研究和加强国际合作，以科学手段和系统性的行动降低突发公共安全事件和重大自然灾害的损害程度。

在政策评估方面，"典型公共政策模式"要求的是在政策主管部门评估、人大政协评估、社会各界评估的基础上，确定政策内容是否需要进行调整，是否需要启动新的政策过程。"危机管理公共政策模式"在政策评估方面的不同，一是要求进行综合性的政策评估，不仅有政府内部的政策效果评估，还有多种形式的社会评估甚至是国际评估；二是在政策延续上，强调的是继续保持和完善危机管理的政策框架，而不是重构新的政策过程。

也就是说，与中国的"典型公共政策模式"相比，"危机管理公共政策模式"更具有果断、快速、公开、透明和广泛的民众参与等特征。但是需要特别注意的是，"危机管理公共政策模式"只适用于突发公共事件和重大自然灾害所面临的政策问题，其他政策问题还需按照"典型公共政策模式"设定的政策程序来处理。①

二　反哺三农保障

2004 年至 2007 年，中共中央又连续四年以"一号文件"阐释三农政策，不仅再次凸显对三农问题的重视，还为解决农村、农业、农民所面临的深层次问题提出了新的政策理念和政策措施，着手建立为三农提供"反哺"保障的政策体系。

（一）取消农业税的税费改革

"十五大"时期开始的农村税费改革试点，在 2003 年 2 月 14 日国务院发出的《关于全面推进农村税费改革试点工作的意见》中得到了进一步的强调，并明确 2003 年农村税费改革试点工作的总体要求是总结经验，完善政策，巩固改革成果，防止农民负担反弹。尤其需要注意的是，该意见明确提出了"健全和完善农业税减免制度"的要求，强调农业税（包括农业税附加）灾歉减免应坚持"轻灾少减，重灾多减，特重全免"的原则，认真落实农村各项社会减免政策，加大对革命老区、贫困地区、少数民族地区，以及革命烈士家属、在乡革命残废军人的农业税减免力度。中央和省级财政每年应在预算中安排一定资金用于农业税减免，逐步缩小农业特产税征收范围，降低税率，为最终取消这一税种创造条件。2003 年，全国共减免因灾歉收农户税收 151 亿元，减免烈军属、鳏寡孤独等农户税收 50.92 亿元，减免种粮大户税收 2.67 亿元，受益农民累计达到 6.14 亿人次。

2003 年 10 月 11 日至 14 日召开的中国共产党十六届三中全会，通过了《中共中央关于完善社会主义市场经济体制若干问题的决定》，明确要求取消农业特产税，在完成试点工作的基础上，逐步降低农业税率，切实减轻农民负担。

2004 年的中央"一号文件"即 2003 年 12 月 31 日发出的《中共中

---

① 对中国"典型公共政策模式"和"危机管理公共政策模式"的比较，引自史卫民《"政策主导型"的渐进式改革——改革开放以来中国政治发展的因素分析》，第 606—616 页。

央、国务院关于促进农民增加收入若干政策的意见》，明确要求 2004 年农业税税率总体降低 1 个百分点，并在五年内取消农业税。降低税率后减少的地方财政收入，沿海发达地区原则上由自己消化，粮食主产区和中西部地区由中央财政通过转移支付解决。2004 年已经有 8 个省份完全免除了农业税，全国农业税和农业特产税减免税收 280 亿元，相当于农民人均减负 36.43 元。[①]

2005 年的中央"一号文件"即 2004 年 12 月 31 日发出的《中共中央、国务院关于进一步加强农村工作提高农业综合生产能力若干政策的意见》，要求在国家扶贫开发工作重点县实行免征农业税试点，在其他地区进一步降低农业税税率，在牧区开展取消牧业税试点。2005 年的国务院政府工作报告则强调，2005 年将对 592 个国家扶贫开发工作重点县免征农业税，并全部免征牧业税。中央财政为此新增支出 140 亿元，用于这方面的支出总额将达到 664 亿元。2006 年将在全国全部免征农业税，原定 5 年取消农业税的目标，3 年就可以实现。

2006 年的国务院政府工作报告指出，2005 年 28 个省（区、市）全部免征了农业税，全国取消了牧业税，2006 年将在全国彻底取消农业税。农村税费改革不仅取消了原先 336 亿元的农业税赋，而且取消了 700 多亿元的"三提五统"和农村教育集资等，还取消了各种不合理收费，农民得到了很大的实惠。为保证基层政权正常运转和农村义务教育的需要，从 2006 年起，国家财政将每年安排支出 1030 多亿元，其中中央财政转移支付每年将达到 780 多亿元，地方财政每年将安排支出 250 多亿元。

2007 年的国务院政府工作报告正式宣布，2006 年已经在全国范围内取消了农业税和农业特产税，终结了延续 2600 多年农民种田交税的历史，加上取消各种收费，共计减轻农民负担超过 1335 亿元。

2007 年全国农村人口为 72750 万人，农村居民家庭人均纯收入为 4140.4 元。[②] 取消农业税赋和各种收费 1335 亿元，相当于农村人口人均减负 183.5 元，占农村居民家庭人均纯收入的 4.43%。尤其需要注意的是，取消税费的重大政策举措，使得"十五大"时期以来的税费改革终

---

① 王修达：《减免农业税的政策效果分析》，载《中国公共政策分析，2005 年卷》，第 103—133 页。

② 中华人民共和国国家统计局编：《中国统计年鉴—2008》，中国统计出版社 2008 年 9 月版，第 87、317 页。

于走出了困局，因为只要允许地方政府和基层群众组织向农民征收税费，就不可能实现真正的减负。

（二）发放三项补贴

为发展粮食产业和促进种粮农民增加收入，2004 年的中央"一号文件"明确提出了发放三项补贴的要求。一是为保护种粮农民利益，建立对农民的直接补贴制度。2004 年国家从粮食风险基金中拿出部分资金，用于主产区种粮农民的直接补贴。其他地区也要对本省（区、市）粮食主产县（市）的种粮农民实行直接补贴。要本着调动农民种粮积极性的原则，制定便于操作和监督的实施办法，确保补贴资金真正落实到农民手中。二是增加资金规模，在小麦、大豆等粮食优势产区扩大良种补贴范围。三是提高农业机械化水平，对农民个人、农场职工、农机专业户和直接从事农业生产的农机服务组织购置和更新大型农机具给予一定补贴。2004 年的国务院政府工作报告也强调，2004 年国家从粮食风险基金中拿出 100 亿元，直接补贴种粮农民，以调动农民种粮的积极性。当年 29 个省份实际发放的种粮补贴为 116 亿元。

2004 年 3 月 24 日，财政部印发《实行对种粮农民直接补贴，调整粮食风险基金使用范围的实施意见》，指出实行对种粮农民直接补贴有三种方式可供选择，即按计税面积补贴、按计税常产补贴、按粮食种植面积补贴。实行对种粮农民直接补贴的具体方式，由各省根据本省的实际情况自行决定。对种粮农民直接补贴资金的兑现方式，可以与农民缴纳农业税同步进行，分开操作，缴归缴补归补；也可采取直接抵扣应缴农业税的办法；农业税全免的省，可以单独直接对农民补贴。粮食直接补贴资金兑付工作由乡镇财政所承担，年初向农民发放《粮食补贴通知书》，农民凭通知书到乡镇财政所领取补贴或抵扣农业税，不允许集体代领。对种粮农民直接补贴资金的兑付，要做到公开、公平、公正。每个农户的补贴面积、享受补贴的粮食数量、补贴标准、补贴金额都要张榜公布，接受群众的监督。

2005 年的中央"一号文件"更明确指出，减免农业税、取消除烟叶以外的农业特产税，对种粮农民实行直接补贴，对部分地区农民实行良种补贴和农机具购置补贴，是党中央、国务院为加强农业和粮食生产采取的重大措施，对调动农民种粮积极性、保护和提高粮食生产能力意义重大。这些行之有效的政策不能改变，给农民的实惠不能减少，支农的力度要不断加大。

2005 年 2 月 3 日,财政部、国家发改委、农业部、国家粮食局、中国农业发展银行联合印发了《关于进一步完善对种粮农民直接补贴政策的意见》,对规范种粮补贴款的发放提出了进一步的要求。(1)坚持粮食直补向产粮大县、产粮大户倾斜的原则。(2)2004 年补贴标准过低、农民意见较大的地区,2005 年要新增一部分补贴资金专项解决这个问题。新增资金的分配,必须用在标准确实过低的产粮大县和产粮大户身上,不搞平均分配。(3)对种粮农户的补贴方式,粮食主产省、自治区原则上按种粮农户的实际种植面积补贴,如采取其他补贴方式,也要剔除不种粮的因素,尽可能做到与种植面积接近;其他省、自治区、直辖市要结合当地实际选择切实可行的补贴方式,具体补贴方式由省级人民政府根据当地实际情况确定。(4)粮食直补资金的兑付方式,可以采取直接发放现金的方式,也可以逐步实行"一卡通"或"一折通"的方式,向农户发放储蓄存折或储蓄卡。兑现直接补贴可以与农民缴纳农业税同步进行,但要分开操作,缴归缴补归补,不许采取直接抵扣农业税的办法,也严禁抵扣其他任何税费。(5)当年的粮食直补资金尽可能在播种后 3 个月内一次性全部兑现到农户,最迟要在 9 月底之前基本兑付完毕。(6)要健全粮食直补财务公开制度,地方各级财政部门要加强对粮食直补资金的监管,确保直补资金及时兑付到种粮农民手中,禁止集体代领,坚决杜绝截留、挤占、挪用补贴资金现象的发生;省级人民政府要采取切实措施,保证将粮食直补资金及时足额地兑现到农民手中。2005 年中央财政安排的粮食直补资金为 116 亿元,良种补贴资金为 28.5 亿元,农机具购置补贴资金为 0.7 亿元,中央财政安排的三项补贴资金共计 145.2 亿元。

尽管 2005 年中央政府已经明确要求不得以种粮补贴抵扣农业税,但是有的地方依然采用了这种做法。如河北省是 2005 年仅剩的依然征收农业税的四个省份之一,保定市的农民种粮补贴发放,不仅各县的粮食直补标准不同,并且在计算方法上尽量使粮食直补的钱数与农民实际缴纳的农业税相同,使得农民的种粮补贴确实发放了,但是绝大多数人没有拿到现金,而是直接抵了农业税。①

2006 年的中央"一号文件"即 2005 年 12 月 31 日发出的《中共中

---

① 《百姓》杂志 2005 年 8 月 1 日载文《河北保定市粮食直补遭抵扣》。

央、国务院关于推进社会主义新农村建设的若干意见》指出，对农民实行的"三减免、三补贴"和退耕还林补贴等政策，深受欢迎，效果明显，要继续稳定、完善和强化。2006 年，粮食主产区要将种粮直接补贴的资金规模提高到粮食风险基金的 50% 以上，其他地区也要根据实际情况加大对种粮农民的补贴力度，适应农业生产和市场变化的需要，建立和完善对种粮农民的支持保护制度。2006 年中央财政安排的粮食直补资金为 132 亿元，良种补贴资金为 38.7 亿元，农机具购置补贴资金为 3 亿元，中央财政安排的三项补贴资金共计 173.7 亿元；加上其他农资综合直补项目，中央财政的补贴资金达到了 262 亿元。

2007 年的中央"一号文件"即 2006 年 12 月 31 日发出的《中共中央、国务院关于积极发展现代农业扎实推进社会主义新农村建设的若干意见》也强调，近几年实行的各项补贴政策，深受基层和农民欢迎，要不断巩固、完善和加强，逐步形成目标清晰、受益直接、类型多样、操作简便的农业补贴制度。2007 年中央财政对种粮农民的粮食直补和农资综合直补总额为 427 亿元，比 2006 年增加 165 亿元，增幅达到了 63%。

（三）保证粮食安全的政策措施

中国的粮食总产量，1998 年达到 51229.5 万吨，此后五年持续下降（1999 年 50838.6 万吨，2000 年 46217.5 万吨，2001 年 45263.7 万吨，2002 年 45705.78 万吨，2003 年 43069.5 万吨）。[1] 2004 年之所以要通过宏观调控使中国经济发展减速，一个重要的原因就是农业生产形势严峻，即便 2004 年的粮食总产量达到 46000 万吨，但是根据国家粮食局的测算，2004 年的粮食总消费大约在 48500 万吨以上，供给与需求之间仍有大于 2000 万吨的缺口。中国作为一个粮食生产大国，还要依赖大量的粮食进口，粮食安全问题不容忽视。[2]

为扭转粮食生产的不利局面，2004 年的中央"一号文件"除了强调降低农业税和实行三项补贴以提高农民的种粮积极性外，还要求采用加强粮食主产区生产能力建设、支持主产区进行粮食转化和加工、增加对粮食

---

[1] 本节所述历年粮食总产量和粮食进口量，见《中国统计年鉴—2008》，第 462、724 页。
[2] 温铁军：《中国的"粮食安全"问题：粮食与人口结构变化之间的相关政策问题分析》，载《中国公共政策分析，2005 年卷》，第 134—148 页。

主产区的投入、全面提高农产品质量安全水平、加强农业科研和技术推广等措施，支持粮食主产区发展粮食产业。2005 年的中央"一号文件"则指出，要坚持立足国内实现粮食基本自给的方针，以市场需求为导向，改善品种结构，优化区域布局，着力提高单产，努力保持粮食供求总量大体平衡。要完善和落实粮食省长负责制，粮食主销区和产销平衡区也要认真抓好粮食生产，保证必要的粮食储备，维护粮食市场的稳定。2006 年的中央"一号文件"更明确提出了"粮食安全"的概念，指出确保国家粮食安全是保持国民经济平稳较快增长和社会稳定的重要基础，必须坚持立足国内实现粮食基本自给的方针，稳定发展粮食生产，持续增加种粮收益，不断提高生产能力，适度利用国际市场，积极保持供求平衡。2007 年的中央"一号文件"要求继续坚持立足国内保障粮食基本自给的方针，逐步构建供给稳定、调控有力、运转高效的粮食安全保障体系，加强对粮食生产、消费、库存及进出口的监测和调控，建立和完善粮食安全预警系统，维护国内粮食市场稳定。

促进粮食生产和保证粮食安全的政策措施取得了积极效果，2004—2007 年粮食总产量持续上升（2004 年 46946.9 万吨，2005 年 48402.2 万吨，2006 年 49804.2 万吨，2007 年 50160.3 万吨）。谷物和谷物粉进口的数量，也由 2004 年的 974 万吨，下降到 2007 年的 155 万吨（2005 年 628 万吨，2006 年 358 万吨）；谷物和谷物粉进口的金额，则由 2004 年的 2222.88 百万美元，下降到 2007 年的 533.94 百万美元（2005 年 1408.87 百万美元，2006 年 838.65 百万美元）。粮食安全的形势，经过几年的持续努力，已经有了明显的好转。

（四）建立农村最低生活保障制度

建立农村最低生活保障制度（简称农村"低保"）的动议是 1994 年由民政部提出来的，但是各地推行农村最低生活保障的情况所有不同。截至 2002 年年底，在开展农村"低保"工作的地区，有 407.8 万村民、156.7 万户家庭得到了最低生活保障，月人均资助 14.5 元，救助资金共计 7.1 亿元。在未开展农村"低保"工作的地区，按传统救济方式救济困难户 1468.1 万人、五保户 162.2 万人、其他救济对象 250.5 万人。

针对农村最低生活保障制度的缺陷，民政部决定调整农村"低保"政策。2003 年 4 月，民政部要求中西部没有条件的地方不再实行有名无实的农村"低保"，只在沿海发达地区和大城市郊区继续实行农村"低保"。北京市、上海市、天津市和浙江省、广东省、江苏省、辽宁省决定继续推行农村"低保"，山东省则决定在本省东部地区农村继续实行最低生活保障制度。尤其需要注意的是，2003 年 3 月至 4 月，福建省对农村特困家庭进行了全面排查，并要求从 2004 年 1 月 1 日起在全省全面建立农村最低生活保障制度，以家庭人均年收入 1000 元作为全省农村最低生活保障的统一标准，所需 3 亿元资金由省、市、县、乡四级财政共同负担，省级建立农村最低生活保障专项补助资金 2 亿元左右，对困难地方进行补助。

民政部还于 2003 年全面排查了农村特困户底数，初步建立了农村特困户救助制度。截至 2003 年年底，农村共定期救济困难群众 1160.5 万人。在开展农村"低保"工作的地区，有 367.1 万村民、176.8 万户家庭得到了最低生活保障，月人均资助 21.16 元，救助资金共计 9.32 亿元。在未开展农村"低保"工作的地区，共有 793.4 万人、456 万户家庭得到了救助。[①]

2004 年的中央"一号文件"明确提出了"有条件的地方要探索建立农村最低生活保障制度"的要求。截至 2004 年年底，全国有 8 个省份、1206 个县（市）建立了农村最低生活保障制度，有 488 万村民、235.9万户家庭得到了农村最低生活保障，月人均资助 27.66 元，救助资金共计 16.2 亿元。没有开展农村"低保"工作的地区，初步建立了农村特困户救助制度，2004 年共有 914.1 万人、545.7 万户家庭得到了救助。

2005 的中央"一号文件"继续要求"有条件的地方要探索建立农村最低生活保障制度"。截至 2005 年年底，全国有 13 个省份、1308 个县（市）建立了农村最低生活保障制度，有 825 万村民、406.1 万户家庭得到了农村最低生活保障，月人均资助 28 元，救助资金共计 28 亿元。在没有开展农村"低保"工作的地区，2005 年共有 1066.8 万人、654.8 万户家庭得到了特困救助。

2006 的中央"一号文件"依然要求"有条件的地方要探索建立农村最低生活保障制度"。截至 2006 年年底，全国有 23 个省份、2133 个县

---

① 2003 年及以前的"农村低保"政策案例说明，引自王振耀《中国农村社会救助政策的调整》，载《中国公共政策分析，2004 年卷》，第 191—198 页。

（市）建立了农村最低生活保障制度（湖北、安徽、广西、云南、青海、宁夏、贵州、新疆 8 个省、自治区还未全面建立农村最低生活保障制度），有 1593.1 万村民、777.2 万户家庭得到了农村最低生活保障。在没有开展农村"低保"工作的地区，2006 年共有 1066.8 万人、654.8 万户家庭得到了特困救助。2006 年全国农村最低生活保障的平均标准为 1014元（月均 84.5 元），中部地区平均标准为 725 元（月均 60.4 元），西部地区平均标准为 644 元（月均 53.7 元）。建立农村最低生活保障制度存在的主要问题，一是保障标准较低，中西部地区的平均保障标准甚至低于农村食物贫困线。二是实际救助对象难以确认，需要有更明确的标准。三是由于地方财政困难，不少省份难以做到"应保尽保"。在已经全面建立农村最低生活保障制度的 23 个省、自治区、直辖市中，西藏由中央财政补贴达到"应保尽保"，北京、上海、浙江、江苏、广东、福建基本实现了"应保尽保"，其他省份均未达到"应保尽保"的水平。[1]

2007 年的国务院政府工作报告明确指出，当年要在全国范围建立农村最低生活保障制度。2007 年 5 月 23 日的国务院常务会议对全面建立农民最低生活保障制度作了具体部署。2007 年 7 月 11 日，国务院发出《关于在全国建立农村最低生活保障制度的通知》，要求将符合条件的农村贫困人口全部纳入农村最低生活保障范围，通过在全国范围建立农村最低生活保障制度，稳定、持久、有效地解决全国农村贫困人口的温饱问题。

2007 年湖北、安徽、广西、云南、青海、宁夏、贵州、新疆 8 个省、自治区均全面建立了农村最低生活保障制度，在全国范围内建立农村最低生活保障制度的目标得以实现。截至 2007 年年底，已有 3451.9 万人（1572.5 万户）享受了农村最低生活保障，比 2006 年增加 1948.2 万人，平均保障标准为人均每月 70 元。全年共发放农村最低生活保障资金104.1 亿元，人均补差每月 37 元。由于全国普遍建立了农村最低生活保障制度，绝大多数农村特困户转为享受农村最低生活保障，只有 30 万（14.7 万户）农村人口享受农村特困救济，另有 508.5 万人次得到了农村临时救济。[2]

---

① 2004—2006 年"农村低保"的政策案例说明，引自郭洪泉《中国农村最低生活保障的政策选择》，载白钢、史卫民主编《中国公共政策分析，2007 年卷》，中国社会科学出版社 2007年 2 月版，第 173—203 页。

② 《2007 年民政事业发展统计公报》，引自"中华人民共和国民政部网站"。

（五）保障农民工权益

农民工是中国改革开放和工业化、城镇化进程中涌现的新型劳动大军，2001—2005 年，全国农民工数量每年增加 600 万—800 万人，外出进城务工农民已达到 1.2 亿人，加上在本地乡镇企业就业的农村劳动力，农民工总数超过了 2 亿人。根据第五次人口普查资料，农民工占从业人员的比例，在第二产业中占 57.6%，在第三产业中占 52%，在加工制造业中占 68%，在建筑业中占 80%。农民工每年给城市创造的增加值有 10000 亿—20000 亿元，带回农村的现金收入在 5000 亿元以上。农民工面临的问题，主要是工资偏低并且拖欠现象严重，劳动时间长，安全条件差，劳动合同签订率低，缺乏社会保障，培训就业、子女上学、生活居住等方面也存在诸多困难，经济、政治、文化权益得不到有效保障。一些地方出现的"民工荒"现象，既反映了农民工不满意低收入的状况，又折射出经过专业技能培训的农民工短缺。①

2002 年，全国各地累计拖欠农民工工资达 400 多亿元，当年劳动监察部门仅追回 14 亿元。为了追讨欠薪，许多农民工不得不采取非常手段。各地接连发生多起农民工讨薪引发的恶性事件，引起社会各界的广泛关注。

2003 年 1 月 5 日，国务院办公厅发出《关于做好农民进城务工就业管理和服务工作的通知》，明确指出解决农民工问题的政策原则是"公平对待、合理引导、完善管理、搞好服务"，并强调了六方面的政策规定：一是取消针对农民工的歧视性政策规定以及不合理收费；二是解决拖欠克扣农民工工资问题，保障农民工权益；三是改善农民工在城市的生活居住条件及工作环境，对农民工进城务工做好跟踪服务；四是对农民工进行职业培训；五是解决农民工子女的义务教育问题；六是加强对农民工的管理。

2003 年 10 月 24 日，国务院总理温家宝飞抵重庆万州走访三峡移民，云阳县龙泉村农家妇女熊德明向总理提出了有关包工头拖欠农民工工资问题。熊德明说，现在农民的收入主要靠打工，村里大多数劳力都在云阳新

---

① 关于农民工的整体情况，见国务院研究室课题组《中国农民工调研报告》，中国言实出版社 2006 年 4 月版。

县城搞建筑，一年收入有五六千元左右，但是在修建新县城中心广场阶梯的过程中，包工头拖欠农民工的工钱一直不还。她爱人李建明有 2000 多元的工钱已拖欠了一年，影响娃儿们缴学费。听完熊德明的叙述，温家宝表示"欠农民的钱一定要还"。进了云阳县新城，温家宝一见到县里的负责人，就追问了农民务工工资被拖欠的事。当天夜里 11 时多，熊德明和丈夫就拿到了拖欠的 2240 元务工工资。

2003 年年底，温家宝总理帮农妇熊德明讨完工钱回到北京后不久，建设部等 6 部委联合召开电视电话会议，要求各地切实解决建设领域拖欠工程款问题，国务院办公厅也于 2003 年 11 月 22 日发出《关于切实解决建设领域拖欠工程款问题的通知》，要求各级政府及其建设、劳动保障等部门高度重视农民工欠薪问题。一场全国范围内的清欠运动迅速推进，各地纷纷成立清欠工作领导小组和工作班子，积极筹措资金解决政府投资工程的工资拖欠问题。到 2004 年 1 月中旬，全国已偿付历年拖欠工资款215 亿元，清欠率68%，其中 2003 年发生的"新债"已兑付89%。由于此次各地动作颇大，被舆论称为"清欠风暴"。

2004 年的国务院政府工作报告明确指出，要切实保障农民工工资按时足额支付，用三年时间基本解决建设领域拖欠工程款和农民工工资问题。清欠要从政府投资的工程做起，同时督促各类企业加快清欠；对拖欠农民工工资拒不支付的企业和经营者，要坚决依法查处。要建立健全及时支付农民工工资的机制，从源头上防止新的拖欠。

2004 年 11 月 10 日的国务院常务会议专门研究了如何改善农民进城就业环境的问题，要求重点做好以下几项工作。（1）继续清理拖欠农民工工资，当年年底开展一次检查，督促地方和企业落实清欠计划。（2）加快清理和取消针对农民进城就业的歧视性规定、不合理限制和乱收费。（3）加大劳动监察执法力度，完善农民工劳动合同管理制度，落实最低工资制度，严厉查处拖欠克扣工资、随意延长工时、使用童工和劳动环境恶劣损害人身健康等问题。（4）改善就业服务，积极发展有组织的劳务输出，开放城市公共职业介绍机构，免费向农民工提供就业信息、职业指导和职业介绍服务，加强农民工职业技能培训。（5）整顿劳动力市场秩序，严厉打击职业介绍领域的各种违法犯罪活动，取缔非法职业中介机构，规范企业招用工行为。（6）以农民工集中、工伤和职业病风险程度比较高的建筑、矿山等行业作为重点，大力推进农民工工伤保险。

2004 年 12 月 27 日，国务院办公厅依据会议精神发出了《关于进一步做好改善农民进城就业环境工作的通知》。

2005 年 10 月，劳动和社会保障部表示，将采取四大措施进一步改善进城务工人员的就业环境，一是进一步消除限制农村劳动力合理流动的歧视性政策，二是为进城务工人员提供良好的就业服务，三是加大劳动保障监察执法力度，四是进一步做好劳动保障法制的普及宣传工作。

2006 年 1 月 31 日，国务院发出《关于解决农民工问题的若干意见》，要求按照五条基本原则（公平对待、一视同仁；强化服务、完善管理；统筹规划、合理引导；因地制宜、分类指导；立足当前、着眼长远），建立农民工工资支付保障制度，严格执行劳动合同制度，逐步实行城乡平等的就业制度，积极稳妥地解决农民工社会保障问题，把农民工纳入城市公共服务体系，健全维护农民工权益的保障机制。

为切实做好农民工工作，加强部门间的协调配合，根据劳动社会保障部的建议，国务院于 2006 年 3 月 31 日同意建立由 31 个部门和单位组成的"国务院农民工工作联席会议"，主要职责是研究拟订农民工工作的重大政策措施，为国务院决策提供意见建议。

农民工政策的重大转变，核心问题是不能再把农民工当成盲流，对其进行围堵和控制，而是要将农民工视为"产业工人重要组成部分"和"工人阶级的新成员"，并将农民工问题纳入劳动政策（包括与就业有关的社会保障政策）范畴，让农民工在工资、福利、社会保障和其他社会权益方面与城市职工享有同等待遇，让农民工有自己的利益代表，为农民工提供表达利益和要求的制度渠道和平台，让农民工有依靠自身力量维护权益的能力，彻底改变农民工"非工非农"的特殊状况。[①]

（六）推进新农村建设

2005 年 10 月 8 日至 11 日召开的中国共产党十六届五中全会，通过《中共中央关于制定国民经济和社会发展第十一个五年规划的建议》，明确提出了"建设社会主义新农村"的五点要求，一是积极推进城乡统筹发展，二是推进现代农业建设，三是全面深化农村改革，四是大力发展农

---

① 2002—2007 年"农民工政策"的政策案例说明，引自岳经纶《农民工：中国劳动政策的新议题》，载《中国公共政策分析，2007 年卷》，第 204—220 页。

村公共事业，五是千方百计增加农民收入。

2006 年的中央"一号文件"明确指出社会主义新农村建设要按照"生产发展、生活宽裕、乡风文明、村容整洁、管理民主"的要求，协调推进农村经济建设、政治建设、文化建设、社会建设和党的建设。2006 年 1 月 25 日，中共中央政治局举行第 28 次集体学习，强调了对社会主义新农村建设的几点重要认识。(1) 在产业发展上形成新格局，是建设社会主义新农村的首要任务，必须加快建设现代农业，坚持用现代物质条件装备农业，用现代科学技术改造农业，用现代经营形式发展农业，用现代发展理念指导农业，大力繁荣农村经济，提高农村生产力水平。(2) 农民生活要实现新提高，是建设社会主义新农村的根本目标，必须千方百计增加农民收入，改善农民消费结构，提高农民生活水平和生活质量。(3) 乡风民俗要倡导新风尚，是建设社会主义新农村的重要内容，必须加强农村精神文明建设，发展农村社会事业，培育造就新型农民。(4) 乡村面貌要呈现新变化，是建设社会主义新农村的关键环节，必须搞好乡村建设规划，加强农村基础设施建设，改善农村人居环境。(5) 乡村治理要健全新机制，是建设社会主义新农村的有力保障，必须深化农村各项改革，加强基层民主和基层组织建设，创建平安乡村、和谐乡村。

建设社会主义新农村要求继续坚持 2004 年提出的"多予、少取、放活"的"反哺"农村、农业、农民政策取向，重点实施十大政策。①

第一，财政支持政策。尽管 2004 年和 2005 年都加大了对三农的财政投入，2006 年的中央"一号文件"仍明确强调要在"多予"上下功夫，不断增加对农业和农村的投入，努力实现"三个高于"的目标，即 2006 年国家财政支农资金增量要高于上年，国债和预算内资金用于农村建设的比重要高于上年，其中直接用于改善农村生产生活条件的资金要高于上年，并逐步形成新农村建设稳定的资金来源。2007 年的中央"一号文件"则要求逐步形成农民积极筹资投劳、政府持续加大投入、社会力量广泛参与的多元化投入机制。

第二，耕地保护政策。继续实行最严格的耕地保护制度，是"十六

---

① 十大政策未注明出处的，均引自白钢、史卫民《2007 年/2008 年中国公共政策选择的基本立足点：加快转变经济发展方式，实现全面协调可持续发展》，载白钢、史卫民主编《中国公共政策分析，2008 年卷》，中国社会科学出版社 2008 年 3 月版，第 1—26 页。

大"时期反复强调的要求。为规范土地管理，不仅建立了国家土地督察制度和省级政府耕地保护责任目标考核制度，[①] 还严格实行问责制，并在2006年9月27日的国务院常务会议上，对河南省郑州市违法批准征收占用集体土地14877亩建设龙子湖高校园区的事件作出了处理决定。对征地补偿和林地承包改革，也作出了新的规定。[②]

第三，农业结构调整政策。农业和农村经济结构战略性调整，既要求延续以往的总体调整方向，又要求有所发展。2004年中央"一号文件"确定的主要调整目标是全面提高农产品质量安全水平、加快实施优势农产品区域布局规划和稳步推进城镇化。[③] 2006年中央"一号文件"则进一步明确，按照高产、优质、高效、生态、安全的要求，调整和优化农业结构。

第四，农产品流通政策。为保证市场经济下农产品的顺畅流通，在2004年中央"一号文件"所要求的深化粮食流通体制改革、改善农产品流通条件和扩大优势农产品出口的基础上，2006年中央"一号文件"要求加强农村现代流通体系建设，促进入市农产品质量等级化、包装规格化；2007年中央"一号文件"更明确要求发展适应现代农业要求的物流产业，加强农产品进出口调控，积极发展多元化市场流通主体，加快培育农村经纪人、农产品运销专业户和农村各类流通中介组织，构建开放统一、竞争有序的农村市场体系。

第五，农业科技创新政策。为提高科技对农业增长的贡献率，2006年和2007的中央"一号文件"不仅要求深化农业科研体制改革、改善农业技术创新的投资环境、加强农业高技术研究、加快农业技术推广体系改革、大力推进农业机械化，还明确要求加强农业科技创新体系建设，并强调要把农业科研投入放在公共财政支持的优先位置，提高农业科技在国家科技投入中的比重。

第六，农村基础设施建设政策。为整体改变农村的面貌，农村基础设

① 党国英：《中国农村土地制度改革的现状与问题》，载《中国公共政策分析，2005年卷》，第75—102页。
② 王修达：《中国征地补偿政策分析》，载《中国公共政策分析，2008年卷》，第192—222页；关晶焱：《中国林地承包政策分析》，载《中国公共政策分析，2007年卷》，第221—237页。
③ 宋洪远、赵长保、张照新：《农业结构战略性调整的政策分析》，载《中国公共政策分析，2006年卷》，第73—89页。

施建设的政策取向出现了由"工程建设"向"环境建设"的转变。2004年和2005年都要求国家基本建设投资和国债资金重点支持农田水利、中低产田改造和"六小工程"（节水灌溉、人畜饮水、乡村道路、农村沼气、农村水电、草场围栏六种工程）建设等。2006年的中央"一号文件"则明确提出了"加强农村基础设施建设，改善社会主义新农村建设的物质条件"的目标，不仅要求加强村庄规划和人居环境治理，还要求加快农村公路建设，到"十一五"期末基本实现全国所有乡镇通油（水泥）路，东、中部地区所有具备条件的建制村通柏油（水泥）路，西部地区基本实现具备条件的建制村通公路，并要积极推进农业信息化建设，强化面向农村的广播电视电信等信息服务，重点抓好农业综合信息服务平台建设工程。

第七，减轻农民负担政策。在全面取消农业税费之后，仍要继续执行减轻农民负担的政策。2006年6月16日，国务院办公厅发出《关于做好当前减轻农民负担工作的意见》，指出有的地方巧立名目乱收费、乱罚款以及各种集资、摊派现象有所抬头，各项支农惠农政策在不同程度上存在着不落实或落实不到位等问题，在征地和安置补偿过程中损害农民权益的问题仍比较突出。为进一步减轻农民负担，特别强调了"加强政府监管"的五条要求：（1）规范涉及农民负担的行政事业性收费的管理，加强对涉及农民负担文件出台、项目公示的审核；（2）加强对农业生产性费用和村集体收费的监管，对农民反应强烈的农业灌溉水费电费、排涝排渍收费、农业生产资料价格等实行重点监管，同时要将与农民负担有关的承包土地、"册外地"、草地等方面的不合理收费纳入监管范围；（3）强化对村民"一事一议"筹资筹劳的监管，要纠正违背农民意愿、超范围超标准向农民筹资筹劳和强行以资代劳等不良走向，防止将"一事一议"筹资筹劳变成加重农民负担的新口子；（4）加强对农民专业合作经济组织收费的监管，遏制乱收费、乱摊派，保护农民专业合作经济组织及其成员的合法权益；（5）做好对农民补贴补偿和对村级财政性补助资金的监管，并将农民反应强烈的征地补偿等涉及农民权益的问题纳入监管范围。

第八，农村教育政策。2003年9月17日发出的《国务院关于进一步加强农村教育工作的决定》明确指出，农村教育在全面建设小康社会中具有基础性、先导性、全局性的重要作用。发展农村教育，办好农村学校，是直接关系8亿多农民切身利益，满足广大农村人口学习需求的一件大事。农村学校作为遍布乡村的基层公共服务机构，在培养学生的同时，还承担着面向广大农民传播先进文化和科学技术，提高农民劳动技能和创业能力的重要任务。在政策导向上，2001—2006 年农村教育政策实现了四个重要的转变。一是农村教育投入由专项资金转变为全面纳入公共财政。二是由农民办教育转变为政府办教育。三是由农村教育"以乡为主"转变为"以县为主"。四是农村的义务教育，由核定收费标准的"一费制"，转变成了普遍实行免除学杂费的免费教育。①

第九，农村医疗保障政策。2004 年建立新型农村合作医疗制度的试点大面积铺开，基本做法是自愿参加合作医疗的农民，以家庭为单位按每人每年 10 元（部分东、中部地区稍高）缴到乡财税所或乡镇卫生院，再集中上缴县财政局，纳入合作医疗基金财政专用账户，同各级政府每年每人补助的 20 元一起形成合作医疗基金，存放在由县级以上新型农村合作医疗管理委员会确定的国有商业银行或农村信用社管理。参加合作医疗的农民每次到县（市）内定点医疗机构就诊时，可直接报销部分医药费用。2006 年明确提出了争取到 2008 年在全国农村基本建立新型农村合作医疗制度和医疗救助制度的目标，截至 2007 年年底，全面建立农村合作医疗制度的已有 16 个省份，农村合作医疗制度覆盖 80% 以上县的有 13 个省份，仍在进行农村合作医疗制度试点的只有安徽、江西 2 个省份。

第十，培育新型农民政策。2006 年的中央"一号文件"指出，提高农民整体素质，培养造就有文化、懂技术、会经营的新型农民，是建设社会主义新农村的迫切需要。要继续支持新型农民科技培训，提高农民务农技能，扩大农村劳动力转移培训阳光工程实施规模，提高补助标准，增强农民转产转岗就业的能力。2007 年的中央"一号文件"则强调，必须发挥农村的人力资源优势，大幅度增加人力资源开发投入，全面提高农村劳动者素质，为推进新农村建设提供强大的人才智力支持。建设现代农业，最终要靠有文化、懂技术、会经营的新型农民，不仅需要培育现代农业经营主体，加强农民转移就业培训和权益保护，还要加快发展农村社会事业，提高农村公共服务人员能力。

---

① 高书国：《中国农村教育政策分析》，载《中国公共政策分析，2005 年卷》，第 149—170 页；高书国：《中国农村教育政策的进展与困惑》，载《中国公共政策分析，2007 年卷》，第 238—254 页。

（七）"反哺"三农的政策效果

从 2004 年开始实行"反哺"的三农政策后，中央财政安排的三农支出持续增加。按照十届全国人大历次会议政府工作报告提供的数字，2004 年中央财政的三农支出为 2626 亿元，比 2003 年增长 22.5%；2005 年中央财政的三农支出为 2975 亿元，比 2004 年增加 349 亿元，增长 13.3%；2006 年中央财政的三农支出为 3397 亿元，比 2005 年增加 422 亿元，增长 14.2%；2007 年中央财政的三农支出为 4318 亿元，比 2006 年增加 921 亿元，增长 27.1%。

中央财政对三农投入的持续增加，作为"反哺"的一个代表性指标，不仅带来了连续数年的粮食丰收和增产，也带来了农村居民家庭人均纯收入的一定幅度增长。农村居民家庭人均纯收入 2002 年为 2475.6 元，2003 年为 2622.2 元，比 2002 年增长 5.9%；2004 年为 2936.4 元，比 2003 年增长 12.0%；2005 年为 3254.9 元，比 2004 年增长 10.8%；2006 年为 3587.0 元，比 2005 年增长 10.2%；2007 年为 4140.4 元，比 2006 年增长 15.4%。[①] 比较 2004—2007 年的三农财政投入增长率和农村居民家庭人均纯收入增长率，可以看出后者的增长明显低于前者。也就是说，财政对三农的"反哺"性支持，不仅仅反映在农民的人均收入提高上，还反映在农村基础设施建设和农民生活条件改善上。如 2008 年十一届全国人大一次会议的政府报告所言，2003—2007 年共解决了 9748 万农村人口饮水困难和饮水安全问题，就是一个重要的例证。

更需要注意的是，"十六大"时期完成的由"汲取"到"反哺"的三农政策转变，为农村、农业、农民提供了八种基本的政策保障。

一是对农民个体基本权益的保障。为改变农民个体基本权益严重受损的不利局面，"十六大"时期不仅以取消农业税、农业特产税和提留统筹等收费的方法，解决了困扰农民多年的税费负担过重难题；还着力解决拖欠农民工工资问题，维护了农民工的基本收入权益；并明确要求进一步遏制"乱收费"等对农民的"剥夺"行为，为防止农民权益尤其是经济权益受损确立了基本规则。

二是对农民经济行为的保障。为使农民能够有更自主和自由的经济行

---

① 《中国统计年鉴—2008》，第 317 页。

为，并以此来再次唤起农民的积极性，"十六大"时期不仅以发放三项补贴的方式对种粮农民提供重要的支持和保护，还开始尝试用劳工政策为农民工提供基本的支持和保护，并已着手为农村富余劳动力的大规模转移营造不受歧视的政策环境。

三是对农村贫困人口的救助保障。为从根本上解决农村的贫困问题，"十六大"时期一方面继续开展"扶贫工程"，尽量减少农村"赤贫"人口；另一方面通过建立农村最低生活保障制度，将农村的五保户和贫困户等都纳入常态化的社会保障体系之内；这两方面的政策措施，都强调了贫困人口的救助水平必须与经济发展水平同步提高。

四是农村教育保障。农村的教育，既有针对适龄儿童的学校教育，也有针对文盲的扫盲教育，还有针对广大农民的技术和技能教育。"十六大"时期不仅以农村教育政策的四个转变提高了普及农村义务教育和扫除文盲的水平，在一定程度上减轻了农民承担的教育负担；还按照"培育新型农民"的要求，着手建立针对农民和农民工的技术、技能培训体系，使教育成为提升农民知识、技能水平的重要手段。

五是农村医疗保障。为解决农民"看病难""看病贵"的问题，"十六大"时期通过全面建立新型农村合作医疗制度，将农民纳入了基本医疗保障的范畴，并开始研究"城乡一体化"的医疗保障问题。

六是支持三农的资金保障。"十六大"时期不仅中央财政持续增加支持三农的支出，地方财政也按照中央的要求，增加了支持三农的支出，并要求建立稳定的三农财政支出体制和机制，集中体现的就是以"反哺"形式为改变农村面貌、发展农业生产、增加农民收入提供基本的财政保证。

七是市场经济保障。在社会主义市场经济的条件下，需要按市场规律办事，为此"十六大"时期不仅明确要求建立有利于农产品流通的市场体系，并且确立了基本的市场运行规则。

八是资源和环境保障。三农问题的解决，不能以破坏生态环境和浪费资源为代价，为此"十六大"时期特别强调了通过耕地保护、环境保护和资源保护，尤其是通过社会主义新农村建设，改变农村的生产和生活条件，不仅要实现农业的现代化，也要实现农村生活的现代化。

正是因为三农政策的重大变化，带来了这些基本的保障，使得中国农村的发展摆脱了延续十几年的"徘徊"困境，进入了新的发展时期，并为国家经济发展和社会进步奠定了新的基础。

三　经济发展保障

"十六大"时期继续用宏观调控的方法为中国经济的较快发展提供基本保障,并且重点解决了一些难点问题。

(一)　维持经济快速增长

2003 年的国务院政府工作报告指出,发展社会主义市场经济,必须加强和改善宏观调控。宏观调控要着眼于保持经济稳定较快增长,敏锐把握国际国内经济形势变化,增强预见性、针对性和有效性。2007 年的宏观调控目标是保持经济发展良好势头,经济增长预期目标为7％左右,继续实施积极的财政政策和稳健的货币政策,保持消费需求和投资需求对经济增长的双拉动。

从 2003 年年初开始,中国经济增长加速,同时出现的结构性经济过热,带来了两个突出的问题。一是粮食问题,粮食供求关系趋紧的问题逐步凸显。二是投资问题,固定资产投资增长过猛,新开工项目过多,在建规模过大,一些行业和地区投资过度扩张。更为严重的是,在总量扩张的同时,结构并没有改善,不仅已经关闭的小钢厂、小水泥厂恢复生产,而且又新上了一批资源消耗大、技术水平低、污染严重的项目。粮食大幅减产和投资需求膨胀"双碰头",经济运行可能会起"波澜"。如果不及时采取有针对性的调控措施,势必使资源和环境问题更加突出,加剧经济结构不合理的矛盾,出现大量生产能力过剩,一旦市场发生变化,将导致企业倒闭、失业增加、银行呆坏账增多,最终会造成经济大起大落。为防止苗头性和局部性问题演变为全局性问题,2003 年下半年实施了调整银行存款准备金率,清理整顿开发区和整顿土地市场秩序,抑制钢铁、水泥、电解铝等行业盲目投资等调控措施。

2003 年 GDP 实际增长 9.1％,人均 GDP 达到 1090 美元。根据消费经济学理论和国际经验,当人均 GDP 达到 1000 美元时,居民消费结构将从生存型向享受、发展型转变,消费结构的升级将促进经济结构和社会结构的转变。

2004 年的国务院政府工作报告对 2004 年的宏观调控目标作了明确说

明：当年经济工作的基本着眼点，是把各方面加快发展的积极性保护好、引导好、发挥好，实现经济平稳较快发展，防止经济出现大起大落。中央提出今年经济增长预期目标为7%左右，既考虑了保持宏观调控目标的连续性，也考虑了经济增长速度与能源、重要原材料、交通运输等实际条件的衔接，减轻对资源和环境的压力。

2004年4月9日至10月22日半年多时间内，国务院共召开了21次常务会议，其中有6次会议专门分析经济形势或设有经济形势分析专题，对宏观调控中的重大问题进行研究。为强化宏观调控的作用，采取了以下重要政策措施。（1）严格控制新开工项目，认真清理在建项目，支持符合国家产业政策和市场准入条件的建设项目。（2）加强金融调控和信贷管理，适度控制货币信贷增长，控制固定资产投资规模，实施稳健的货币政策采取适度从紧的取向，并支持有市场、有效益的企业的正常流动资金贷款。（3）切实保护广大投资者利益，促进资本市场稳步健康发展。（4）严肃查处重大违法违规的经济案件。（5）加强经济运行协调，运用价格杠杆有效缓解煤电油运供求矛盾。（6）加强市场物价监管，保持物价基本稳定，依法严厉打击扰乱市场秩序的行为。

由于此次宏观调控具有预防性主动调控、冷热兼治、不急刹车、不一刀切四个特点，产生了较好的政策效果。2004年GDP实际增长9.1%，GDP总值的世界排序由第四位上升到第三位。居民消费价格指数（CPI）上升3.9%。9%的经济增长率和4%左右的物价上涨率，构成了一个比较理想的经济总量组合和运行状态。中国经济不仅防止了"总体过热"，经济运行也避免了总量失衡，某些"局部过热"的现象已经在有效控制之中。[①]

尽管宏观调控的效果正逐步显现，国内外经济学界仍存在一些争论和疑虑，尤其是在以下问题上，存在明显分歧：（1）中国经济是否已经达到"过热"的水平；（2）中国经济是否会出现"硬着陆"；（3）在宏观调控中是否过分倚重行政手段；（4）宏观调控是治"标"还是治"本"；（5）宏观调控是否会抑制中西部地区经济发展；（6）宏观调控是否对非公有经济不利；（7）宏观调控是否影响经济快速发展。应该看到，对宏观经济政策的公开讨论，尽管在短时间内还难以达成比较一致的意见，但

---

① 2003—2004年"宏观调控"的政策案例说明，引自萧国亮、隋福民《处于十字路口的中国经济：2004年宏观调控政策分析》，载《中国公共政策分析，2005年卷》，第23—42页。

可以使决策者能够从不同方面和不同渠道得到重要的信息和意见，更好地把握宏观调控的方向。①

　　2005年宏观调控政策的重点有所变化，强调推进经济结构调整和增长方式转变，既要保持经济平稳较快发展，也要保持价格总水平基本稳定。2005年确定的经济发展目标是国内生产总值增长8%左右，居民消费价格总水平涨幅控制在4%，国际收支保持基本平衡。为实现这些目标，2005年在政策上有以下调整。一是在投资规模已经很大、社会资金增加较多的条件下，2005年由扩张性的积极财政政策转向松紧适度的稳健财政政策，要求适当减少财政赤字，适当减少长期建设国债发行规模，严格控制一般性支出增长，保证重点支出需要。二是实行有利于扩大消费的财税、金融和产业政策，稳步发展消费信贷等新型消费方式，努力改善消费环境，引导消费预期，增强消费信心，增加即期消费。三是保持粮食等主要农产品价格在合理水平上基本稳定，重点抑制生产资料价格和房地产价格过快上涨，加强市场和价格监管，坚决制止哄抬物价行为。②

　　2005年GDP实际增长9.9%，居民消费价格指数上升1.8%，国民经济呈现了增长较快、效益较好、价格较稳的良好局面。为维系这样的发展格局，2006年确定的国民经济和社会发展主要预期目标是国内生产总值增长8%左右，居民消费价格总水平涨幅控制在3%，国际收支基本平衡。为达到这样的预期目标，中央政府以稳定政策、适度微调的政策取向，保持宏观经济政策的连续性和稳定性，主要是继续实施稳健的财政政策和稳健的货币政策，正确把握宏观调控的方向和力度，注重区别对待、分类指导，有针对性地解决经济发展中的突出矛盾。

　　2006年国民经济持续高位运行，第一季度国内生产总值较上年同期增长10.2%，世界银行随即将中国2006年经济增长预期从9.2%调高至9.5%；第二季度国内生产总值较上年同期增长11.3%，第三季度国内生产总值较上年同期增长10.7%。按照专家的预测，2006年全年国内生产总值应较上年增长10.0%或10.5%，大大高于年初提出的预期目标。为防止经济增长由偏快转为过热，中央政府根据形势变化，及时作出判断并采取了

---

① 中国社会科学院公共政策研究中心、香港城市大学公共管理及社会政策比较研究中心：《2004年/2005年中国公共政策选择的基本走向》。

② 白钢、史卫民：《2005年/2006年中国公共政策选择的走向》，载《中国公共政策分析，2006年卷》，第1—24页。

相应的调控措施。第一季度统计数据公布后，立即上调了金融机构贷款基
准利率。上半年统计数据公布后，又上调了金融机构存款准备金率和存贷
款利率，加强了土地调控，并对新开工项目进行全面清理。第三季度统计
数据发布不久，为进一步巩固调控成果，又上调了存款准备金率，使存款
准备金率累计上调 1.5 个百分点。中央宏观调控政策的效果在 2006 年第三
季度开始显现，出现了国内生产总值增速高位回落、工业生产增速回落、
固定资产投资增速回落和货币信贷增速高位趋稳的"三落一稳"态势。[①]

　　尽管 2006 年的宏观调控已经"初见成效"，但还不是"卓有成效"，
经济过热和投资过热依然是经济学家关注的问题，在房地产价格、出口贸
易及粮油价格方面都还存在一些急需解决的问题。[②]

　　2006 年 GDP 实际增长 10.7%。尽管经济增长连续四年达到或略高于
10%，但没有出现明显的通货膨胀，所以 2007 年确定的目标依然是国内
生产总值增长 8% 左右，并强调在社会主义市场经济条件下，政府提出国
内生产总值增长速度的目标，是一个预期性、指导性指标，是提出财政预
算、就业、物价等宏观经济指标的依据，更重要的是以此目标引导各方面
把工作重点放到优化结构、提高效益、节能降耗和污染减排上来，防止片
面追求和盲目攀比增长速度，实现经济又好又快发展。

　　2007 年 GDP 实际增长 11.4%。尽管对中国经济是否过热仍有不同的
看法，但是已有经济学家明确指出在发挥宏观调控的有效作用下，2003—
2007 年中国经济发展状况之好是史无前例的。[③]

　　需要注意的是，2007 年的经济发展出现了两个值得注意的现象，一
是物价过快上涨，二是股票市场过热。

　　2006 年 11 月出现了粮油价格上涨现象，由于政府及时干预，未造成
居民消费价格指数（CPI）大幅度上升，2006 年仅比 2005 年上升 1.5 个
百分点。2007 年 1—4 月，猪肉价格持续上涨，至 5 月上中旬，全国 36 个
大中城市的猪肉平均批发价格达到了每公斤 14.5 元，比 2006 年同期上涨

　　① 白钢、史卫民：《2006 年/2007 年中国公共政策选择的走向》，载《中国公共政策分析，2007 年卷》，第 1—27 页。
　　② 袁钢明：《2006 年宏观经济政策走向的几个重点问题》，载《中国公共政策分析，2007 年卷》，第 28—40 页。
　　③ 萧国亮：《2007 年的宏观调控与 2008 年的经济走势》，载《中国公共政策分析，2008 年卷》，第 27—30 页。

4.4 元，涨幅达到 43.1%。猪肉价格快速上涨，主要是由于生猪价格周期性波动影响，养殖成本增加，猪肉消费需求上升，以及受 2006 年上半年养猪比较效益低的影响，一些地区农户生猪饲养有所减少。猪肉价格上涨，带动了牛羊肉和蛋类产品价格上涨，粮油价格也再度上涨，并使居民消费价格指数较大幅度上涨，2007 年 5 月全国居民消费价格指数上涨 3.4%，创 27 个月以来新高，2007 年 6 月则上涨 4.4%。

CPI 上涨不仅直接影响低收入家庭的生活，对国民信心和社会稳定也构成一定的威胁，中央政府及时作出了反应。根据国务院的指示，国家发改委、财政部、农业部、商务部、质检总局和工商总局等七部委成立了应对猪肉等主要副食品价格上涨的应急领导小组，对市场反映的情况及时进行分析，研究对策。2007 年 7 月 25 日，国务院常务会议专门研究促进生猪生产发展和稳定市场供应问题，针对生猪价格过低、饲养成本上升、部分地区发生疫情等影响生猪生产的因素，确定采取六项政策措施，建立生猪生产稳定发展机制并解决生猪生产、流通、消费和市场调控方面存在的矛盾和问题。2007 年 9 月 19 日，国务院常务会议又专门研究了促进油料生产和奶业发展问题。2007 年 10 月 24 日的国务院常务会议研究部署第四季度经济社会发展工作，除强调进一步落实促进生猪生产、油料生产、奶业发展的政策措施和加强动物疫病防控外，还要求加强市场监管，抑制消费品价格过快上涨，密切监测主要农产品市场供求和价格变动情况，保证市场供应，加大价格监督检查力度，坚决打击各种价格违法行为。

中央政府的各项政策措施，受生产周期等因素的影响，需要一定的时间才能显示出稳定市场价格的效果。2007 年第三季度 CPI 继续上涨，7 月上涨 5.6%，8 月上涨 6.5%，9 月上涨 6.2%。央行已预测 2007 年全年的居民消费价格指数将比 2006 年上升 4.5%，实际上 2007 年全年的居民消费价格指数比 2006 年上升 4.8%。

CPI 尽管持续上涨，但是政府宏观调控部门认为中国并没有出现严重的通货膨胀，没有出现由于总需求严重超过总供给而引起的全面的、持续的、大幅度的价格上涨。这一轮的物价上涨，主要是受农产品特别是食品价格大幅度上涨的影响（2007 年 1—9 月 CPI 同比上涨的 4.1%，3.5 个百分点是由于食品价格的上涨引起的；按照国际上一些通行的核算方法，扣除消费物价指数中的食品价格和石油价格，中国前 8 个月的核心价格指数只上升了 0.8%）。由于农产品生产的周期性，价格总水平仍可能在高位持续一段时间，但是整个价格大幅继续上涨的可能性不大。

解决食品等价格上涨问题，应通过宏观调控的各项措施来解决，不能随意使用行政干预手段。2007 年 7 月 3 日，兰州市物价部门规定凡兰州市普通级牛肉面馆，大碗牛肉面售价不得超过 2.5 元，小碗与大碗差价为 0.2 元，违规者将严厉查处。这样的做法，尽管得到不少民众的认可，但是已经被国家发改委认定为政府部门用行政手段干预本应由市场调节的商品价格，不符合市场经济发展规律。就公共政策选择而言，国家发改委的观点显然是正确的。

与经济发展速度有密切关系的股票市场，2007 年出现了巨大变化。2001—2006 年中国股市大多处于低迷状态，以具有代表性的上证综合指数为例，2000 年 7 月 19 日首次突破 2000 点大关，2001 年 6 月 13 日达到 2242 点后持续下跌，直到 2006 年 11 月 20 日才再次突破 2000 点。2007 年上证综合指数迅速上扬，2 月 16 日突破 3000 点，5 月 9 日突破 4000 点，8 月 23 日突破 5000 点，10 月 15 日突破 6000 点。沪深股市的总市值，2005 年 7 月为 3 万亿元，2006 年 5 月达到 5 万亿元，2006 年年底至 2007 年年初，在 20 天内连续突破 8 万亿元、9 万亿元和 10 万亿元关口，2007 年 8 月 9 日达到 21.14 万亿元，超过了 2006 年的国内生产总值（21.08 万亿元），2007 年 10 月 10 日则突破了 27 万亿元。2007 年开始出现的"牛市"，吸引了大量的新股民。2006 年年初，中国股民的数量为 7300 万户；2007 年 1 月，股民数量超过 8000 万户；2007 年 4 月，股民数量超过 9000 万户；2007 年 8 月，股民数量超过 1.1 亿户；"全民炒股"已成为各主要媒体经常关注的话题。

中国股市的快速发展，是否会导致股市泡沫化，形成"股灾"，不仅是国内外经济学界密切关注的问题，也引起中央政府的重视，政府官员和部分学者不断提醒股民冷静看待股市的跌涨，作出理智的投资选择。尽管中国股市已呈现一定的经济"晴雨表"作用，并成为社会各层面管理财富的一个平台，但是在证券期货监管等方面显然还需要更具效能的政策手段，以防范股市风险对经济社会发展带来的冲击。[1]

---

[1] 2007 年"物价和股市"的政策案例说明，引自白钢、史卫民《2007 年/2008 年中国公共政策选择的基本立足点：加快转变经济发展方式，实现全面协调可持续发展》，载《中国公共政策分析，2008 年卷》，第 1—26 页。

（二）调整人民币汇率

在 2003 年 2 月 21 日召开的七国财政部长会议上，日本财政大臣盐川正十郎公开指称人民币汇率过低，呼吁中国政府改变人民币汇率制度，使人民币能够反映真实的汇率水平。盐川正十郎表示，人民币汇率过低不仅导致了日本通货紧缩，也导致世界经济不景气，因此"中国有必要制定一个有利于世界经济的政策"。盐川正十郎的这次讲话，是大国政府第一次以正式的方式提出人民币汇率问题，尽管这一提案遭到否决，但美国国际经济研究所所长伯格斯坦公布了其主编的一份《美元高估与世界经济》的研究报告，认为人民币需要升值以缓解美元贬值的压力。

中国政府多次在各种场合明确地表达了人民币稳定对国内经济、亚洲经济以及世界经济的重要性，但是人民币升值的实际压力依然存在。至 2003 年 8 月底，中国外汇储备总额达到 3647 亿美元。多年的进出口贸易顺差和外汇储备高速增长，成为国际社会要求人民币升值的主要理由。

如果选择人民币升值，中国政府将不得不面临以下问题。一是人民币升值将使外国农产品的相对价格优势进一步扩大，直接导致中国农民生存状况的不良化。中国农民与城市居民收入水平上的巨大差距，决定了中国社会容忍人民币升值的能力要比日本社会脆弱得多。二是支撑中国强大出口能力的是中国劳动力的低廉价格，人民币升值将直接提高中国的劳动力价格，削弱中国在国际经济体系中最重要的比较优势，进而导致中国国内失业率的扩大。如果考虑到劳动力密集型企业在中国出口中所占到的份额，有理由判断人民币升值对中国失业问题将具有负面影响。三是人民币升值虽然可以提升城市中高收入居民对进口产品的消费能力和消费胃口，但不仅与中国贫困人口的消费满足感无关，还将减少贫困人口的就业机会，而就业恰是贫困人口的重要诉求。中国阶层分化对汇率的敏感性，也是人民币汇率政策不得不考虑的一个重要因素。也就是说，人民币汇率政策的制定，是中国社会各阶层、各行业博弈的结果，在中国国内各种问题逐渐显现的情况下，人民币汇率政策的调整将主要取决于各种国内问题的压力，以及中国领导人在各种压力集团利益之间的权衡，国内因素的考虑远高于国际因素，人民币汇率实质上是一个关乎中国社会稳定的典型的国内政策问题。

2003 年 10 月，中国共产党十六届三中全会决议明确提出要"完善人民币汇率形成机制，保持人民币汇率在合理、均衡水平上的基本稳定"，国务院也确定了先进行国有商业银行改革，同时逐步放宽外汇管制，推进外汇市场建设，然后再进行汇率改革的次序。中国领导人对人民币汇率问题保持审慎态度，显然是正确的，因为在中国对外贸依存度较大的情况下，人民币汇率政策上的任何错误决策都可能严重影响中国经济延续了20多年的增长趋势。①

2004年，国有商业银行改革全面推进，在此背景下，国务院成立了专门小组，研究制定人民币汇率形成机制改革方案。在制定相应政策的过程中，强调的是"主动性、可控性、渐进性"三个原则："主动性"是主要根据中国自身改革和发展的需要，决定汇率改革的方式、内容和时机，汇率改革要充分考虑对宏观经济稳定、经济增长和就业的影响；"可控性"是人民币汇率的变化要在宏观管理上能够控制得住，既要推进改革，又不能失去控制，避免出现金融市场动荡和经济大的波动；"渐进性"是根据市场变化，充分考虑各方面的承受能力，有步骤地推进改革，重在人民币汇率形成机制的改革，而非人民币汇率水平在数量上的增减。

2005年，中国外汇管制逐步放宽，外汇市场建设不断加强，市场工具逐步推广，金融领域改革已经取得了实质性进展，宏观调控成效显著，国民经济继续保持平稳较快增长势头，世界经济运行平稳，美元利率稳步上升，都为人民币汇率形成机制改革创造了有利条件。加之中国经常项目和资本项目双顺差持续扩大，加剧了国际收支失衡，至2005年6月末，中国外汇储备达到7110亿美元，对外贸易顺差迅速扩大，贸易摩擦进一步加剧，使人民币汇率形成机制改革成为迫切的需要。

2005年7月21日，中国人民银行发出《关于完善人民币汇率形成机制改革的公告》，宣布自2005年7月21日起，开始实行以市场供求为基础、参考一篮子货币进行调节、有管理的浮动汇率制度，人民币汇率不再盯住单一美元，形成更富弹性的人民币汇率机制；2005年7月21日19：00时，美元对人民币交易价格调整为1美元兑8.11元人民币（升值2%），作为次日银行间外汇市场上外汇指定银行之间交易的中间价，外汇指定银行可自此时起调整对客户的挂牌汇价；现阶段，每日银行间外汇市场美元对人民币的交易价仍在人民银行公布的美元交易中间价上下千分之三的幅度内浮

---

① 2003年"人民币汇率"的政策选择说明，引自中国社会科学院公共政策研究中心、香港城市大学公共管理及社会政策比较研究中心《2004年/2005年中国公共政策选择的基本走向》。

动，非美元货币对人民币的交易价在人民银行公布的该货币交易中间价上下一定幅度内浮动。此后，财政部和央行的高层领导多次强调人民币汇率不再进行官方或行政手段调整，人民币是否升值将由市场供求决定。①

2006年2月，中国外汇储备超过日本，成为全球外汇储备最高的国家。2006年7月，人民币汇率突破1美元对人民币8元的"心理价位"。2006年11月8日，银行间外汇市场美元对人民币汇率的中间价为1美元对人民币7.8719元，人民币对美元再度创出自汇改以来的新高纪录。2007年12月28日，人民币对美元汇率中间价升至7.3046元，年内升值幅度为6.85%。由于进口快速增长，出口以更快的速度增长，顺差更大，导致流动性过剩，使通货膨胀压力和物价上涨压力增大，说明人民币升值幅度不够，其实与欧元、澳元等强势货币相比，人民币实际上还处在贬值之中。为改变这种不合理的状况，有学者强调应使人民币更快的升值，但不是一步到位的升值，必须有外贸政策的配合，让人民币升值能够有效地增加进口，减少出口，同时还要加强对游资的监管。②

（三）四大区域经济协调发展

2005年10月8日至11日召开的中国共产党十六届五中全会，提出了新的区域协调发展理念，将中国过去的"东中西"三个区域划分，改为东部、中部、西部和东北老工业区四大区域，实行符合各地特点、发挥比较优势、各有侧重又紧密联系的区域发展战略，并强调继续推进西部大开发，振兴东北地区等老工业基地，促进中部地区崛起，鼓励东部地区率先发展；区域协调发展所依赖的"四大机制"，是市场机制、合作机制、互助机制和扶持机制。在这样的战略构想下，已经形成了东部率先、中部崛起、西部加快、东北攻坚的完整政策思路。

为保持东部地区率先发展的格局，中央的要求是东部地区要在优化经济结构、深化体制改革、转变增长方式等方面走在前面，更加注重提高经济整体素质和国际竞争力，进一步发展外向型经济，更加注重促进城乡、经济社会协调发展，切实加强耕地保护、资源节约和生态环境建设。

---

① 2005年"人民币汇率形成机制改革"的政策案例说明，引自白钢、史卫民《2005年/2006年中国公共政策选择的走向》。

② 萧国亮：《2007年的宏观调控与2008年的经济走势》。

为促进中部地区崛起，中央的要求是充分发挥中部地区的区位优势和综合经济优势，加强现代农业特别是粮食主产区建设，加强综合交通运输体系和能源、重要原材料基地建设，加快发展有竞争力的制造业和高新技术产业，发展大流通，开拓中部地区大市场。

为继续推动西部大开发，中央不仅强调在总结实施西部大开发战略五年经验的基础上，继续从政策措施、资金投入、产业布局、人才开发等方面加大对西部地区的支持，还要求西部地区继续加强基础设施建设和生态环境建设，做好退耕还林、退牧还草工作，大力开发优势资源，发展特色产业，提高加工增值能力，积极扩大对内对外开放，加强与周边国家和地区的经济技术合作。

为实现东北地区的振兴，中央的要求是东北地区要大力发展现代农业，加强国家商品粮基地建设，加快产业结构调整升级和重点企业改革改组改造，研究建立资源型城市衰退产业援助机制，促进经济转型，并特别强调东北等老工业基地要在加快改革、扩大开放中，主要依靠体制机制创新，走出一条实现振兴的新路子。[①]

（四）外国人眼中的"北京共识"

"十六大"时期的宏观调控政策为中国经济的快速发展提供了重要的保障，也使得中国的经济发展成就成了世界瞩目的现象。美国《时代》周刊前国际版编辑乔舒亚·库珀·雷默（亦译拉莫，Joshua Cooper Ramo）于2004年5月明确提出了与"华盛顿共识"不同的"北京共识"的概念，强调"北京共识"既涉及经济变化，也涉及社会变化，核心点是利用经济学和统治权来改善社会，并且涉及三个定理：一是使创新的价值重新定位；二是要求建立一种将可持续性和平等性作为首要考虑而非奢谈的发展模式，超越人均国内生产总值这样的衡量尺度，把重点放在生活质量上；三是强调运用战略杠杆应对霸权大国的自主理论，建造有史以来最大的非对称超级大国。"北京共识"从结构上说无疑是邓小平之后的思想，但是它与邓小平的务实思想密切相关，即实现现代化的最佳途径是"摸着石头过河"，而不是采取"休克疗法"，实现大跃进。

---

① 中国"区域经济协调发展"的政策案例说明，引自萧国亮、隋福民《区域经济发展战略与中国经济发展的政策选择》，载《中国公共政策分析，2006年卷》，第25—46页。

雷默认为"北京共识"已有两方面的影响。一是不管中国的改革成功与否,"北京共识"已经引出一系列新的思想,这些思想与来自华盛顿的思想截然不同。二是适用于发展的"北京共识"的出现标志着中国的一大变化,一个易受外部影响的不成熟改革进程已经转变成一个自我实现的改革进程,它像连锁反应一样进行,更多地由内部动力决定,而不是靠外部因素推动。"北京共识"是一项多方位而且得到充分论证的安全观的革命,它至少给人们一种希望:每个国家都可以凭借自身的实力成为强国,虽然不足以统治世界,但能做到自主自决。

在雷默看来,无论有关中国的辩论中你的倾向是什么,站在哪一方,你所应用的政策领域都是一样的。如果你试图在一些事关国家实力的重要领域,例如货币问题或者台湾和西藏等领土问题上左右中国,那基本上都是浪费时间。均衡发展的愿望可以视为中国最近宏观经济形势稳定及年增长率达到10%的巅峰后的一件奢侈品,但是均衡发展和自力更生的模式对其他国家具有吸引力,是很容易理解的。中国的决策者有望开始意识到,在国家的未来发展中,提高透明度是一项必不可少的内容,通过这种方式可以让北京值得借鉴之处与它内部存在的问题同时为外界所知。在中国不断寻求新的解决方法来应对发展中的巨大挑战之际,透明将越来越有助于而不是危及稳定。[①]

雷默在2006年9月更强调了"创新型中国"的重要性,并指出经济的高速发展以及由此带来的文化与社会巨变,是中国的活力之源,这也是生活在这个国家的任何人都有目共睹的。不过,真正的原因其实在于:十亿中国人民开始自由选择他们的生活。主导人们生活的将是自我创新,中国和世界在这一点上观念最为接近,或许这将为中国与世界之间的相互沟通和了解架起一座桥梁。尽管中国具有创新精神,但是在互相联系和影响的国际社会中,中国离不开全球市场的善意支持。反过来,这种善意支持又取决于中国的可信度以及国际社会对中国的了解程度。中国应该在国际战略中优先考虑一项重点工作,那就是寻找合适的途径来培养和积累国际社会对中国的信任和理解。[②]

---

① ［美］乔舒亚·库珀·雷默:《北京共识》,载乔舒亚·库珀·雷默等《中国形象:外国学者眼里的中国》,沈晓雷等译,社会科学文献出版社2008年6月第2版,第43—93页。

② ［美］乔舒亚·库珀·雷默:《淡色中国》,载《中国形象:外国学者眼里的中国》,第1—42页。

尽管对"北京共识"甚至呼之欲出的"中国模式"有不同的看法，但是在政策层面有几点认识应该是能够被人们所普遍接受的。一是以自主性的政策保证中国经济较快发展，对中国具有极为重要的意义。二是以政策刺激和保护中国人的自我创新和自我奋斗精神，是中国保持经济活力的关键所在。三是中国确实需要增强政策的透明度，重大的经济决策对国际和国内都需要透明，并以此来进一步提升国民对政策的信任和支持水平。

四　基本安全保障

在经济快速增长的同时，安全成为突出的问题。食品安全、药品安全、饮水安全以及生态安全、人身安全等，是政府必须为民众提供的基本安全保障，"十六大"时期为此作出的政策调整，目标就是尽快建立维系公民基本安全的政策体系。

（一）食品安全的政策选择

2003 年至 2006 年，中国的食品安全事故频发，造成严重损失的重大事件，至少可以列举出 15 起。（1）2003 年 3 月 19 日，辽宁海城学生饮食豆奶中毒，中毒 3000 多人，3 人死亡。（2）2003 年 6 月 6 日，广西玉林市师范学校、环西学校、育英高中、新民小学发生食物中毒事件，中毒 87 人，该事件由非法添加"吊白块"的"毒粉丝"引起。（3）2003 年 7 月 3 日，一些不法厂商用"毛发水"兑制的有毒酱油流入市场，其中 76 吨已被市民买走，剩余 9 吨被当场查封；"毛发水"中含有砷、铅等有害物质，且在配兑酱油时加入的酱色中，含有可致人惊厥甚至可诱发癫痫症的 4 - 甲基咪唑。（4）2003 年 7 月 28 日，广州发现大米中黄曲霉素 B1 超标，查处了 3 家劣质大米生产加工窝点，当场查封了劣质大米 300 吨。（5）2004 年 4 月 20 日，安徽阜阳查处了导致"大头娃娃"的劣质奶粉，因食用劣质婴儿奶粉出现营养不良综合征的婴儿达到 171 人，其中因并发症导致死亡的 13 人。（6）2004 年 5 月，山东烟台发生"龙口粉丝案"，招远和龙口的一些粉丝生产企业为了降低成本，在加工粉丝过程中加入碳酸氢铵，导致粉丝中含有可能产生强致癌的亚硝酸盐和亚硝胺。（7）2004 年 5 月，四川省彭州市的一些泡菜厂在制作泡菜时，超量使用食品防腐剂苯甲酸钠；为了降低成本，在腌制泡菜时用的是工业盐；更为触目惊心的是，为了防止泡菜生虫长蛆，这些厂家居然在泡菜上喷洒"敌敌畏"。（8）2004年5月，广州市发生用工业酒精勾兑的假酒致人中毒事件，7天时间内中毒者达到56人，死亡11人。（8）2005年2月，英国食品标准署就食用含有添加可致癌物质苏丹红色素的食品向消费者发出警告，全球哗然，并引起中国的高度关注，在全国范围内追缴亨氏辣椒酱。（9）2005年6月，国内牛奶巨头光明乳业在郑州的生产基地陆续被曝光有大量"过期牛奶回炉"和"早产奶"，其他乳业企业的产品质量也引起一系列的质疑。（10）2006年6月，北京第一例食用福寿螺导致的广州管圆线虫病患者确诊，截至8月21日，北京市卫生局统计，全市确诊的广州管圆线虫病病例达到70例。（11）2006年7月，湖北武汉等地发现大量的"人造蜂蜜"，假蜂蜜几乎没有营养价值可言，而且糖尿病、龋齿、心血管病患者食用还可能加重病情。（12）2006年9月，上海市发生多起因食用猪内脏、猪肉导致的疑似瘦肉精食物中毒事故，截至9月16日已有300多人到医院就诊；9月17日，上海市食品药品监管部门确认中毒是由瘦肉精引起的。（13）2006年10月，台湾卫生部门发布消息，称从昆山阳澄湖水产公司进口的约3吨阳澄湖大闸蟹验出致癌物质硝基呋喃代谢物。（14）2006年10月，河北某禽蛋加工厂生产的"红心咸鸭蛋"，在北京被查出含有苏丹红Ⅳ号。（15）2006年11月，上海市公布了对30件冰鲜或鲜活多宝鱼的抽检结果，30件样品中全部被检出硝基呋喃类代谢物，部分样品还被检出环丙沙星、氯霉素、红霉素等多种禁用鱼药残留，部分样品土霉素超过国家标准限量要求；香港地区食环署食物安全中心对15个桂花鱼样本进行化验，结果发现11个样本含有孔雀石绿；孔雀石绿是有毒的三苯甲烷类化学物，既是染料，也是杀菌剂，可致癌。①

食品安全事故之所以在几年中密集出现，一方面的原因是中国正面临一个转折点，正处在由长期食物短缺转向食物相对剩余时期，由重点解决食物供需转向主要解决食品质量安全问题的时期，政府部门的管理、生产者的能力以及食品安全观念、消费者观念都还没能跟上这个转变；另一方面的原因是食品安全法律法规的系统性、协调性较差，罚则较轻，威慑力明显不足。

---

① 陈晨：《中国食品安全问题的公共政策分析》，载《中国公共政策分析，2008年卷》，第98—113页。

尤其需要注意的是，食品安全政策执行体系中存在严重的多头管理、管理交叉、职责不清问题，并带来了三种表现。第一种表现是政出多门，没有一个统一的权威主体。第二种表现是执法手段的非常规性，缺乏规范化和持续化。第三种表现是行政机制无效率的惩罚式管理。

2004年4月安徽阜阳的劣质奶粉事件，引起了中央决策层对食品安全问题的关注。2004年7月21日召开的国务院常务会议专门研究部署加强食品安全工作，提出了保证食品安全的十项措施。（1）严格实施食品质量安全市场准入制度，严格企业生产条件审查，严格按标准组织生产，严格产品出厂检验，关闭和取缔不具备食品安全生产条件的加工企业。（2）从源头上防止农产品污染。（3）全面落实市场巡查制度，严格实行不合格食品退市制度。（4）建立健全食品安全标准和检验监测体系，加快食品安全信用体系和信息化建设。（5）搞好食品安全专项整治。（6）集中力量及时查处食品安全案件。（7）建立严格的食品安全监管责任制和责任追究制。（8）强化地方政府对食品安全监管的责任。（9）切实加强基层执法队伍建设。（10）充分发挥新闻媒体的舆论监督作用。

2004年9月1日，国务院发布《关于进一步加强食品安全工作的决定》，要求继续坚持"全国统一领导、地方政府负责、部门指导协调、各方联合行动"的食品安全工作机制，并强调了食品安全的政策目标，是使食品生产经营秩序得到明显好转，生产、销售假冒伪劣和有毒有害食品的违法犯罪活动得到有效遏制，大案要案得到及时查处，食品安全事故大幅度下降，人民群众食品消费安全感增强，我国食品信誉得到恢复和提高；在此基础上，经过不懈努力，使食品安全法律法规和监管体制更加完善，标准体系、检验检测体系、信用体系更加科学有效，行业协会和中介组织的作用得到充分发挥，企业的安全责任和意识进一步增强，食品产业持续健康快速发展，人民群众日益增长的食品安全和健康需求不断得到满足。

为贯彻落实《关于进一步加强食品安全工作的决定》，国家质检总局于2004年9月24日发布了《关于大力整顿食品生产加工业确保食品安全的通知》，要求在2004年基本完成10类食品质量安全市场准入工作，从2005年7月1日起，质监部门将开始对未取得食品生产许可证而擅自生产这10类食品的违法行为依法进行查处。

食品安全问题的产生，既有市场失灵的因素，也有政府失灵的原因。由于食品安全是公共产品，政府在这方面担当着关键角色。要确保食品安全，不仅要完善相关的政策法规体系和监管系统，更重要的是政府监管部门必须拥有有效的政策工具。为此，需要特别注意发挥以权威为本、以组织为本、以信息为本和以财政为本四类政策工具的作用。尤其是在以组织为本的政策工具方面，地方的经验值得借鉴。如广东省政府于2004年6月23日成立广东省食品安全委员会，作为广东省人民政府设立的常设议事机构，其主要职责就是统一组织领导全省的食品安全工作。2005年9月16日，广东省食品安全委员会还成立了广东省食品安全专家委员会，专家委员会的主要职责是提出政策建议、参与制订各种安全标准和安全规划、参与食品安全风险评估并为政府预防和控制突发食品安全事件提供咨询和技术指导。①

以多种政策工具解决食品安全问题的设想，在2007年的相关政策选择中有所体现。

在以权威为本的政策工具方面，2007年10月31日的国务院常务会议通过了《中华人民共和国食品安全法（草案）》，并于12月26日首次提请全国人大常委会讨论，进入法定的立法审议过程。

在以组织为本的政策工具方面，2007年8月13日，国务院办公厅发出《关于成立国务院产品质量和食品安全领导小组的通知》，强调新成立的国务院产品质量和食品安全领导小组有两项主要职责，一是统筹协调产品质量和食品安全重大问题，统一部署有关重大行动；二是督促检查产品质量和食品安全有关政策的贯彻落实和工作进展情况。

在以信息为本和以财政为本的政策工具方面，2007年8月5日发出的《国务院关于加强产品质量和食品安全工作的通知》有了一些明确的规定。（1）以食品安全为重点，全面加强产品质量监管，坚持从源头抓质量，严把货架关和餐桌关，加强进出口商品检验检疫，开展集中整治，引导企业提高产品质量。（2）强化基础，加快标准体系建设，完善国家标准，涉及健康和安全的主要指标要符合国际标准，加强监管能力建设。（3）加大对外交涉力度，旗帜鲜明地反对那些借产品质量和食品安全之

---

① 2003—2006年"食品安全"的政策案例说明及政策建议，引自岳经纶《食品安全问题及其政策工具选择》，载《中国公共政策分析，2006年卷》，第122—144页。

名，行贸易保护和歧视之实的行为；加强与有关国家对口部门的对话与磋商，积极开展同国外相关产业协会和企业的交流与合作，尊重国际规则，消除在产品质量和食品安全问题上的分歧。（4）完善风险预警和快速反应机制，切实防范和妥善处置产品质量和食品安全突发事件。（5）加强舆论宣传，树立中国产品的良好形象；建立统一、科学、权威、高效的产品质量和食品安全信息发布制度；鼓励和支持新闻媒体开展舆论监督，对个别恶意炒作、制造和传播虚假信息的媒体和个人，要依法处理。（6）以产品质量诚信体系为重点，加强质量法制建设和宣传教育，落实执法责任追究制度，强化地方人民政府和监管部门的责任。

根据有关部门的检测，2006 年全国食品国家监督抽查合格率达到77.9%，2007 年上半年食品专项国家监督抽查合格率达到85.1%；全国31 个省、自治区、直辖市食品质量平均合格率为89.2%，其中14 个省份达到90% 以上；消费量最大的前 10 类食品（食用油及油脂制品、酒类、水产制品、粮食加工品、饮料、肉制品、乳制品、调味品、淀粉及淀粉制品、食糖），除水产制品抽样合格率为85% 外，其余 9 类食品专项抽查合格率均在90% 以上，其中肉制品抽样合格率达到了97.6%。2007 年上半年的监测结果还显示，蔬菜中农药残留平均合格率为93.6%；畜产品中"瘦肉精"污染和磺胺类药物残留监测平均合格率分别为 98.8% 和99.0%；水产品中氯霉素污染的平均合格率为99.6%，硝基呋喃类代谢物污染监测合格率为91.4%，产地药残抽检合格率稳定在95% 以上。也就是说，通过"十六大"时期的艰苦努力，食品安全已经有了一定的保障，当然还需要作进一步努力，才能为民众提供更全面的食品安全保障。①

（二）药品安全的政策措施

2006 年 4 月 22 日和 4 月 24 日，广东省某医院住院的重症肝炎病人中先后出现 2 例急性肾功能衰竭症状，4 月 29 日、30 日又出现多例相同病症病人，引起该院高度重视，及时组织肝肾疾病专家会诊，怀疑可能是患者新近使用齐齐哈尔第二制药有限公司生产的"亮菌甲素注射液"引起不

---

① 2007 年"食品安全"的政策案例说明，引自白钢、史卫民《2007 年/2008 年中国公共政策选择的基本立足点：加快转变经济发展方式，实现全面协调可持续发展》。

良症状。广东省食品药品监督管理局和卫生厅接获医院上报情况后，立即派有关人员赶赴现场处置，组织省内肾病专家进行再次会诊，专家初步认定该事件与药物的毒副作用有关。5月3日，广东省食品药品监督管理局和卫生厅决定采取紧急措施，积极抢救病人，由广东省药品不良反应监测中心向国家药品不良反应监测中心报告有关情况，封存该院在该批患者治疗过程中使用的和药品供应商库存的"亮菌甲素注射液"，抽样送检，并由广东省药品检验所对抽取的样品进行检验，分析、查找原因，同时下发文件通知全省药品经营单位、医疗卫生机构，停止销售和使用齐齐哈尔第二制药有限公司生产的"亮菌甲素注射液"。经广东省药品检验所技术人员检验，齐齐哈尔第二制药有限公司生产的"亮菌甲素注射液"是含有不明成分杂质的假药。国家食品药品监督管理局在接到广东省食品药品监督管理局报告后，立即责成黑龙江省食品药品监督管理局暂停齐齐哈尔第二制药有限公司"亮菌甲素注射液"的生产，封存库存药品，部署在全国范围内对该厂生产的"亮菌甲素注射液"进行检查并暂停使用。至5月中旬，齐齐哈尔第二制药有限公司生产的药品已在全国范围内被"封杀"。

无独有偶，2006年7—8月又发生了"欣弗"事件。7月27日，西宁市出现使用安徽华源生物药业有限公司生产的克林霉素磷酸酯葡萄糖注射液（"欣弗"）不良反应者，随后在15个省（自治区）发现118人发生同样的不良反应，11人因此致命。卫生部于8月3日发出紧急通知，不仅禁止该药品的临床使用，还责令药品生产企业立即全部收回该企业6月份以来所生产的所有批次克林霉素磷酸酯葡萄糖注射液，暂停该产品的生产、销售和使用，确保不良事件不再蔓延和重复发生。

舆论纷纷质疑国家药监部门监管的有效性，主要集中在以下几点。一是新药审批中存在的标准模糊、把关不力等制度缺陷，为大量违规报批和权力寻租的行为提供了土壤。新药滥批不仅使药品生产厂家得以规避国家限价政策，导致药品价格调控政策失灵，而且加剧了一药多名的现象，产生了药品安全隐患。二是对药品不良反应的报告不够重视，反应迟钝；在"欣弗"事件发生前，已经报告了530多例克林霉素注射液产生的不良反应，但是没有引起药监部门足够的重视。三是执法不严，重审批，轻监管，没有履行好对药品生产日常监管的法定职责，从而导致了药品安全事故的发生。

为了有效解决上述问题，2006年3月国家药监局下发《关于进一步规范药品名称管理的通知》，明确规定药品必须使用通用名称，药品商品名称不得有夸大宣传、暗示疗效作用。2006 年 7 月 30 日，国务院办公厅发出《关于印发全国整顿和规范药品市场秩序专项行动方案的通知》，要求围绕药品研制、生产、流通、使用四个环节，用一年左右的时间进行专项治理，严格准入管理，强化日常监管，打击违法犯罪，查处失职渎职，并且在全国各地药品监管部门建立药品安全监管责任制，实行药品安全事故问责制度，以期达到尽快扭转药品生产和流通等领域监督和管理混乱局面，确保药品规范生产和上市质量、人民群众用药安全感普遍增强的目标。

药品安全问题源于药品交易中的信息严重不对称。消费者在药品的质量、用途及使用上掌握的知识是不完全的，在交易中处于绝对的被动地位，需要承担额外的交易成本。具有信息优势的生产者和销售者可以通过隐瞒信息，牺牲消费者的健康甚至生命来牟利，从而产生使资源配置偏离帕累托效率的市场失灵问题。这种由于内部性问题产生的市场失灵，广泛表现在产品、服务、医疗、广告、作业场所等方面出现的质量问题或交易中的坑蒙诈骗行为上。这种内部性问题无法完全通过市场及司法程序得以解决，因而世界各国对药品安全普遍采取政府管制的方式。对药品的政府管制，主要体现在四个方面：一是形成并建立标准；二是预防和尽早发现可能产生的药品安全问题；三是有效制裁机会主义，增强企业自律；四是信息公开，便于消费者进行理性选择。[1]

2008 年 7 月 18 日国务院新闻办发布的《中国药品安全监管状况白皮书》指出，2007 年国家对中成药、化学药品、生物制品等开展了评价性抽验，共抽验 13595 批次，总体合格率为 98.0%。其中，化学药品抽验7398 批次，合格率为 98.0%；抗生素抽验 2586 批次，合格率为 98.1%；中成药抽验 3611 批次，合格率为 97.6%。流感疫苗的抽验合格率，连续两年为 100%。对抽验不合格的药品、医疗器械，药品监管部门采取了责令召回、撤市以及行政控制等措施，依法进行处理。同时，国家采取一系列措施严厉打击制售假冒伪劣药品行为，确保公众用药安全。白皮书还对药品监管的政策体系作了全面的说明。一是为了从源头保障药品质量安

---

[1] 2006 年"药品安全"的政策案例说明，引自袁林、何鸣《药品安全的政府管制分析》，载《中国公共政策分析，2007 年卷》，第 87—112 页。

全，国家对药品品种、药品生产经营企业以及相关涉药人员实行审批和资格认证制度，包括实行药品注册、生物制品批签发管理、药品包装材料标签和说明书审批管理、执业药师资格认证等。二是建立药品质量管理规范，推行药物非临床研究质量管理规范（简称药物 GLP）认证和药物临床试验质量管理规范（简称药物 GCP）资格认定，实行药品生产质量管理规范（简称药品 GMP）认证和药品经营质量管理规范（简称药品 GSP）认证。三是严格实行药品分类管理制度、特殊管理药品监管制度、医疗器械监管制度和国家基本药物制度。也就是说，在相关政策的约束下，药品安全可以得到基本的保障。

（三）　饮水安全的基本保障

2007 年 5 月中旬，太湖出现大面积蓝藻积聚现象；5 月 29 日，无锡市自来水受到影响，出现异味混浊现象，无法饮用，市民争购纯净水，导致纯净水供不应求。针对城市突然爆发的"饮用水危机"，江苏省和无锡市迅速采取措施，增加"引江济太"调水容量和加快实施梅梁湖调水，促进太湖水体流动，加大对蓝藻的打捞力度，视天气情况实施人工增雨作业，努力改善太湖水质，并要求无锡市自来水总公司采取技术措施强化处理，提高自来水出厂水质，水质监测相关部门加大监测力度，商贸部门提高纯净水采购能力，力保市场供应和稳定。6 月 3 日，无锡市出厂自来水水质基本合格，蓝藻污染导致的异味基本清除，市民除做饭和饮用依赖纯净水外，其他生活用水恢复正常。6 月 11 日，国务院太湖水污染防治座谈会在无锡召开，要求继续开展打捞太湖蓝藻作业，加强对水源地的环境监测预警，健全应急处置预案和管理制度，密切关注水源地水质变化，做好供水安全保障工作，严格饮用水水源保护区划分和管理，完善自来水深度处理措施，进一步做好调水引流工作，增强水体自净能力，并要切实整治重点污染源，分步取消太湖围网养殖，大力整治周边严重污染企业，尽快减少入湖污染。

2007 年 6 月至 7 月，安徽省的巢湖、湖北省武汉市的东湖、吉林省长春市的新立城水库等，都出现蓝藻积聚现象，对城市用水安全构成一定威胁。全国城市饮用水安全形势严峻，113 个环保重点城市的 222 个地表饮用水水源地，平均水质达标率只有 72%；大中城市浅层地下水不同程度遭受污染，约一半城市市区地下水污染较为严重，饮用水安全存在隐患。

2007 年 8 月 22 日召开的国务院常务会议专门研究城市饮用水安全保障问题，要求"十一五"期间重点解决 205 个水量不足或水质尚未达标的城市和 350 个问题突出的县级政府所在地城镇饮用水安全问题，到 2020 年全面改善设市城市和县级政府所在地城镇的饮用水安全状况。为达到这样的目标所采取的政策措施，一是加强水源地保护和水污染防治，科学规划水源保护区，建设水源地隔离防护设施，实施污染源综合治理和生态修复工程，保障水质安全。二是在节约用水的前提下，合理调配水源，科学改造和扩建现有水源地，科学规划新建水源地工程，提高供水能力。三是加快城市供水设施改造和建设，改进净水工艺，改造供水管网设施，统筹安排新增供水工程。四是建立健全从水源地到供水末端全过程的饮用水安全监测体系，制定和完善应急供水预案。五是加大投入力度，理顺价格机制，完善饮用水安全法律法规和评价标准体系。会议还讨论并原则同意发改委、水利部、建设部、环保总局、卫生部等部门编制的《全国城市饮用水安全保障规划》。

与城市饮用水安全相比，农村饮用水安全问题更为突出，全国有 3 亿多农村人口存在饮用水不安全问题，水利部计划用 10 年时间解决 3 亿农村人口饮用水安全问题，重点是西部地区，争取每年解决 3000 万人的饮用水问题。

2006 年 12 月 29 日，国家标准委和卫生部联合发布了经过修订的《生活饮用水卫生标准》和 13 项生活饮用水卫生检验方法国家标准（均为 1985 年发布后首次修订），自 2007 年 7 月 1 日起实施。《生活饮用水卫生标准》强制性国家标准，指标由原标准的 35 项增至 106 项，并对原标准 35 项指标中的 8 项进行了修订。大幅度提高生活饮用水卫生标准的指标数量，主要是由于中国地域广阔，一些地方水源水质较差。标准规定的各类指标，可能对人体健康产生危害或潜在威胁的指标占 80% 左右，属于影响水质感官性状和一般理化指标即不直接影响人体健康的指标约占 20%。《生活饮用水卫生标准》的检验项目分为常规检验项目和非常规检验项目两类，常规检验项目 42 项，非常规检验项目 64 项；非常规指标及限值所规定指标的实施项目和日期由各省级人民政府根据实际情况确定，并报国家标准委、建设部和卫生部备案，自 2008 年起三个部门对各省非常规指标实施情况进行通报，全部指标最迟于 2012 年 7 月 1 日实施。

解决城市和农村饮用水安全问题，既要注重改变水质的"先天不足"，对受地质条件影响水中附含的有害物质较高水体进行综合治理；更要重视因污染造成的水质"后天不足"，在治理污染方面积极采用各种政策工具，尤其是注重各有关部门的责任和协作关系、信息公开和提高国民的饮用水安全意识和节水意识，并善用价格杠杆调节各方利益，尽快摆脱治理水污染常见的"污染—治理—再污染—再治理"的怪圈，使相关政策措施不只发挥短期效应，而是能够成为长效安全机制的保障。①

（四）安全生产事故的处理和防范

2003年12月23日晚21时15分，地处重庆市开县高桥镇小阳村境内的中石油西南油气田分公司川东北气矿罗家16H井起钻时，突然发生井喷，富含硫化氢的气体从钻具水眼喷涌达30米高程，硫化氢浓度达到100ppm以上，失控的有毒气体随空气迅速传播，导致在短时间内发生大面积灾害。截至12月25日18时，累计死亡人数达191人。2004年2月5日晚7时45分左右，密云县密虹公园灯展由于游人过多，在大量游人拥上云虹桥观看燃放烟花时出现严重拥挤、践踏，导致37人死亡，15人受伤送入医院抢救。2004年2月5日，吉林省吉林市中百商厦发生火灾，造成53人死亡，70人受伤。这三起事件发生后，都及时组织了救援，并由中央立即派出调查组，协助地方救援和处理善后工作，调查事故原因和有关人员责任。事故调查组认定这三起特大事故都是责任事故，发生的原因主要是管理不严格、安全措施不落实，有关领导干部对此负有重要领导责任，建议对三起事故涉及的68名责任人作出处理，其中移交司法机关处理13人，给予党纪、政纪处分及组织处理55人。②

2004年1月9日，国务院发出《关于进一步加强安全生产工作的决定》，明确指出安全生产的政策目标是到2007年，建立起较为完善的安全生产监管体系，全国安全生产状况稳定好转，矿山、危险化学品、建筑等重点行业和领域事故多发状况得到扭转，工矿企业事故死亡人数、煤矿百万吨死亡率、道路交通运输万车死亡率等指标均有一定幅度的下降。到

---

① 2007年"饮水安全"的政策案例说明，引自白钢、史卫民《2007年/2008年中国公共政策选择的基本立足点：加快转变经济发展方式，实现全面协调可持续发展》。

② 中国社会科学院公共政策研究中心、香港城市大学公共管理及社会政策比较研究中心：《2004年/2005年中国公共政策选择的基本走向》。

2010年，初步形成规范完善的安全生产法治秩序，全国安全生产状况明显好转，重特大事故得到有效遏制，各类生产安全事故和死亡人数有较大幅度的下降。力争到2020年，我国安全生产状况实现根本性好转，亿元国内生产总值死亡率、十万人死亡率等指标达到或者接近世界中等发达国家水平。

《关于进一步加强安全生产工作的决定》还提出了四方面的具体政策要求。一是在完善安全生产政策方面，要求加强产业政策的引导、加大政府对安全生产的投入、深化安全生产专项整治、健全完善安全生产法制、建立生产安全应急救援体系、加强安全生产科研和技术开发。二是在强化安全生产管理方面，要求依法加强和改进生产经营单位安全管理、开展安全质量标准化活动、搞好安全生产技术培训、建立企业提取安全费用制度、依法加大生产经营单位对伤亡事故的经济赔偿。三是在制度建设方面，要求加强地方各级安全生产监管机构和执法队伍建设、建立安全生产控制指标体系、建立安全生产行政许可制度、建立企业安全生产风险抵押金制度、强化安全生产监管监察行政执法、加强对小企业的安全生产监管。四是在安全责任和政策宣传方面，要求认真落实各级领导安全生产责任、构建全社会齐抓共管的安全生产工作格局、做好宣传教育和舆论引导工作。

也就是说，国家的安全生产政策要求尽快实现"五个转变"。一是从人治向法治转变，依法规范，依法监管，建立和完善安全生产法制秩序。二是从被动防范向源头管理转变，严格实行安全生产许可制度，严格市场准入，管住源头，防止不具备安全生产条件的单位进入生产领域。三是从集中整治向规范化、经常化、制度化管理转变，建立安全生产长效机制。四是从事后查处向强化基础转变，切实抓好基层安全工作，强化企业安全生产责任主体。五是从以控制伤亡事故为主，向全面做好职业安全健康工作转变，全面提高国家的职业安全水平。①

由于2007年连续发生重大和特别重大安全生产事故，如广东省九江大桥被撞垮塌（6月5日）、河南省陕县煤矿透水（7月29日）、湖南省凤凰县堤溪大桥垮塌（8月13日）、山东省新泰市煤矿淹井（8月17

---

① "安全生产"的政策说明，引自张本清《中国安全生产发展趋势及政策取向》，载《中国公共政策分析，2005年卷》，第171—188页。

日）、山东省邹平县铝水外溢（8月19日）、重庆市高速公路隧道坍塌（9月13日）等，2007年5月还揭出了山西省洪洞县黑砖厂虐待工人和使用童工事件，需要中央决策层作出及时的回应。2007年8月29日国务院常务会议研究安全生产问题，就加强安全生产提出了八项要求：（1）完善安全生产法律法规，严格执法监管；（2）严格安全生产责任制和责任追究制；（3）加强安全科研开发和技术改造，用现代科技手段提高各行业事故防范和处置能力；（4）排查事故隐患，做到经常化、制度化，不留死角；（5）深入开展专项整治，对隐患突出、不具备安全生产条件的企业，该退出的要坚决退出，该关闭的要坚决关闭；（6）高度重视防范自然灾害引发事故灾难；（7）全面完善应急预案；（8）严肃查处事故，依法追究责任，及时公布调查处理结果。根据此次国务院常务会议的精神，国务院办公厅于2007年8月30日发出了《关于进一步加强安全生产工作，坚决遏制重特大事故的通知》，2007年9月18日又发出了《关于开展重大基础设施安全隐患排查工作的通知》。国务院还同意由监察部牵头，建立重特大生产安全事故责任追究沟通协调工作部际联席会议制度。[①]

在安全生产问题上，加强监管是必要的，但是不能忽视其中的"劳工"问题。以煤矿安全生产为例，不能只从安全生产角度或者只从"官煤勾结"的政治腐败角度来分析中国的矿难问题，而应该把矿难问题看成是一个实实在在的劳工问题。煤矿生产中之所以安全事故频繁发生，之所以各种整治煤矿安全的措施无力，一个重要原因是排斥了工会组织在煤矿安全中的作用。矿主们之所以能够忽视安全生产，罔顾矿工生命安全，官员们之所以敢与矿主结盟，形成"官煤勾结"的堡垒，一个基本原因就是矿工缺乏自己的工会组织，不能依靠集体的力量来迫使矿主改善安全生产条件、保障自己的生命安全，以集体的力量来要求地方政府加强对安全生产的执法监督，切实落实中央政府的各项煤矿安全治理措施。2007年7月10日，在河南登封磴槽煤矿现场调研的国家安全生产监督管理总局局长李毅中在井下对矿工们指出："抓好煤矿安全首先要靠工人，你们最知道哪里有隐患，发现了就跟矿长提，要维护自己的权益，这才体现工

---

① 白钢、史卫民：《2007年/2008年中国公共政策选择的基本立足点：加快转变经济发展方式，实现全面协调可持续发展》。

人当家作主，你们有知情权还有监督权。"这一判断非常切合中国政府"以人为本"的执政理念。问题是，如何让工人们当家作主、维护自己的权益。在这方面，政府可以作为的空间很大。首先是要改变纯技术的思维方式，认识到煤矿安全问题实质上是劳工问题。其次，要对劳动者进行充权，让工人们不仅有条件，而且有能力当家作主。政府和工会组织既要致力于加强对矿工的安全教育，让工人们获得接受煤矿安全生产的信息和知识的机会；也要让矿工们学会运用他们的集体权力去抵制矿主罔顾工人安全的生产活动，赋予工人拒绝工作的权利，使他们在面临安全威胁的时候，可以拒绝生产。也就是说，解决煤矿安全问题，只靠政府"自上而下"地利用行政强制手段推行政策是不够的，还要靠有组织的劳工"自下而上"地自发主动地维护自身的利益，问题的彻底解决才有希望。①

（五）公民人身安全保障

2003 年 3 月 17 日，在广州工作的 27 岁大学毕业生孙志刚，因外出未携带任何证件，被广州市黄村街派出所收审，在转到收容站之后被殴打致死。这一事件被媒体报道后引起广泛的社会关注。2003 年 5 月 14 日，一份题为《关于审查〈城市流浪乞讨人员收容遣送办法〉的建议书》传真到全国人大常委会，提交建议书的三个人作为中华人民共和国公民，认为国务院 1982 年 5 月 12 日颁布的《城市流浪乞讨人员收容遣送办法》与国家宪法和有关法律相抵触，特向全国人大常委会提出审查《城市流浪乞讨人员遣送办法》的建议。

2003 年 6 月 22 日，国务院第十二次常务会议通过的《城市生活无着的流浪乞讨人员救助管理办法》正式公布，于 2003 年 8 月 1 日起施行，1982 年 5 月 12 日国务院发布的《城市流浪乞讨人员收容遣送办法》同时废止。

一新一旧两个办法，都是要对城市流浪乞讨人员有所救助（至少初衷是这样的），但根本不同反映在对受助对象权利的态度上，旧办法对受助对象的权利多有限制，新办法则以尊重和赋予受助对象权利为核心，体现了人道主义的关怀。新办法规定的受助人员的权利，一是获得救助的权

---

① 岳经纶：《中国煤矿安全治理：劳动政策的视角》，载《中国公共政策分析，2008 年卷》，第 114—124 页。

利，城市中的流浪乞讨人员只要符合"生活无着"这一条件，就有获取国家和政府救助的权利；二是人身自由权不受限制，人身自由权是人身权利中最根本的权利，新办法取消了强制功能，把救助完全变成了一种自愿行为，实行来去自由的开放式管理；三是人格尊严不受侵犯，受助人员在受助期间其人格权得到尊重和保护；四是现有的财产不受剥夺。

在现代法治国家，程序在限制行政权力和保护公民利益方面的作用已越来越受到重视，新办法的进步意义还体现在对行政程序的重视，在程序方面为受助人规定了提出请求的权利、获得正当的说明理由的权利和获取告知的权利。

受助人员的权利，也是政府相关部门及救助站的义务。政府相关部门及救助站依照新办法履行职责的过程，就是依法保护和救助城市生活无着流浪乞讨人员的过程。新法规执法主体发生了变化，改变了过去公安部门作为强制机关过多介入对城市生活无着的流浪和乞讨人员救助的做法，以民政部门作为执法的主体，加强了社会福利与救济的意义，体现的是政府对社会弱者的责任；对救助站和救助站工作人员的一系列禁止性规定，也显示了新办法的政府福利救助性质，而非治安管理的性质。随着人道主义和人文关怀越来越成为世界性的潮流，使政府救助和社会救助最大地人性化，充分体现了公共政策选择的人道主义价值取向。[①]

(六)　安全保障中的民主要素

"十六大"时期针对食品安全、药品安全、饮水安全、安全生产以及人身安全等问题对相关政策进行重大调整，都是为了改变安全环境，提升整个社会的安全水平，使民众获得必要的安全保障和安全感。需要注意的是，在成系统的安全保障政策体系中，至少含有四种不可忽视的民主要素。

第一种是"供给"要素。政府通过输出政策产品，为公民提供基本的安全保障，是"民主的政策"或"符合民主精神的政策"的重要表现形式。如阿尔蒙德 (Gabriel A. Almond) 等人所言，政策产品包括福利、安全、自由等，安全作为一个国内政策产品由两部分构成：人身和财产安

---

① "公民人身安全"的政策案例说明，引自中国社会科学院公共政策研究中心、香港城市大学公共管理及社会政策比较研究中心《2003年/2004年中国公共政策选择的价值基点》。

全不受侵犯以及公共安宁和秩序。安全是社会和政治过程的混合产品。违反公共秩序的行为通常同不得人心的公共政策相联系，或是同公共政策未能解决严重的不满有关。[①] 雷蒙·阿隆（Raymond Aron）也指出："即使不通过多党制和在西方认为政治自由不可或缺的反对党的合法性，其他国家仍然有可能实现它们所向往的具体民主（安全、福利、晋升的机会、集体生活的参与）。"[②] 罗纳德·英格尔哈特（Ronald Inglehart）则强调："繁荣和安全状况普遍能促进多元化，特别是民主。这有助于解释一个早先的发现，即富裕的国家比贫穷的国家更有可能变得民主。""不久之前，不安全一直是人类生存状态的中心组成部分。直到最近才出现一些国家，生活在其中的大多数人不用担心生存安全。"[③] 也就是说，由政府"供给"的安全政策，无论是通过强制行为，还是通过分配行为和引导行为，由于都是积极回应和解决民众普遍关注的安全问题，不仅本身就是不容忽视的"具体"民主行为，还能够通过以安全保障促进繁荣和消解民众的不满情绪，使国家的民主有整体性的发展。

第二种是"获得"要素。公民能够得到来自政府的安全保证，不断增强"个人安全感"，是符合政治理性的重要民主方法。如德博拉·斯通（Deborah Stone）所言："由于政治理性是一种说服过程，它也就是寻找标准和为选择论证其合理性的过程。平等、效率、自由、安全、民主、公正以及其他诸如此类的目标都仅仅是一个共同体的渴求。"[④] 罗伯特·B.登哈特（Robert B. Denhard）更明确指出："采取民主的方法，一个人必须有高度的个人安全感，并对个人的立场和自身状况有充分的了解，他需要有一种非常个人化的理论。"[⑤] 从政治理性的角度看，尽管中国的各种"安全事件"和"安全事故"，可能会削弱民众的"个人安全感"，感觉个人生活在食品、药品、饮水都不安全的环境中，甚至工作和人身安全都面临不小的威胁，但是绝大多数人都不可能由此选择彻底地"离开"，而

① ［美］阿尔蒙德、鲍威尔：《比较政治学——体系、过程和政策》，第 426 页。

② ［法］雷蒙·阿隆：《论自由》，姜志辉译，上海译文出版社 2009 年 3 月版，第 62 页。

③ ［美］罗纳德·英格尔哈特：《现代化与后现代化——43 个国家的文化、经济与政治变迁》，严挺译，社会科学文献出版社 2013 年 7 月版，第 39 页。

④ ［美］德博拉·斯通：《政策悖论：政治决策中的艺术》（修订版），顾建光译，中国人民大学出版社 2006 年 12 月版，第 375—376 页。

⑤ ［美］罗伯特·B.登哈特：《公共组织理论》，扶松茂、丁力译，中国人民大学出版社 2003 年 5 月版，第 219 页。

是希望能够看到政府在努力改变"安全环境"。"个人安全感"的保持和提高，关键点在于民众对于能够获得安全保证满怀希望，而不是彻底的失望。"十六大"时期政府对基本安全政策的重大调整，尽管还有不少需要改进的地方，但一个不可忽视的重要事实是安全政策确实产生了积极的效果，不能说民众已经普遍有了安全感，但可以说在一定程度上遏制了失望情绪的蔓延。就政治理性的说服过程而言，"十六大"时期基本安全政策的发展，就是用政府努力提供安全保障的"事实"，对民众起到了极为重要的"说服"作用。

第三种是"权利"要素。马歇尔（Thomas Hamphrey Marshall）指出："社会的要素指的是从某种程度的经济福利与安全到充分享有社会遗产并依据社会通行标准享受文明生活的权利等一系列权利，与这一要素紧密相连的机构是教育体制和社会公共服务体系。"[①] 安全权利作为公民的一种基本社会权利，至少需要得到两方面的保证。一方面是决策者对公民安全权利的重视，不仅强调公民有获得食品安全、药品安全、饮水安全、工作安全、人身安全的权利，而且对各种安全都应享有知情权和监督权。另一方面是公民对自身安全权利的重视，不但主动关注安全形势的变化，以积极的态度维护自己"应得"的安全权利，还要增强安全意识和安全知识，在共创安全环境中落实自己的权利、责任和义务。应该看到，"十六大"时期的安全政策，在权利保障的两个方面都有了不可忽视的进步。

第四种是"参与"要素。民主注重民众的政策参与，无论是哪一方面的安全政策，都应该注意民众的参与问题。因为无论是食品安全、药品安全、饮水安全，还是工作安全、人身安全等，都是公民随时可能碰到的问题，也是公民最应该发表意见甚至采取行动的问题，但是应该承认，各种安全政策的一个共同点是只注重了对公民的保护，使民众主要充当的是被动的"被保护者"的角色，这当然是必要的，但是显然忽视了民众还应该充当积极的"参与者"的角色，不仅可以对相关政策提出批评、意见和建议，还可以参与政策的执行和监督，并对政策效果作出实事求是的评估。要彻底改变政府对各种安全事件忙于"应付"

---

① ［英］马歇尔、吉登斯等：《公民身份与社会阶级》，郭忠华、刘训练编，江苏人民出版社 2008 年 9 月版，第 13 页。

的局面，鼓励和支持民众的政策参与显然是一个可行的并且成本较低的路径。

五　资源与环境保障

经过改革开放二十多年的经济较快发展，中国的资源紧张和生态环境恶化，已经成为突出的问题，"十六大"时期对相关政策进行了重大调整，并提出了"节约型社会"等新的政策理念。

（一）解决"电荒"问题的政策要求

中国较大范围的缺电始于 20 世纪 70 年代，到 1997 年才首次实现全国电力供需平衡。不幸的是，电力富裕的好日子只过了 5 年，2002 年全国电力供需再度进入紧张状态，全国有 12 个省级电网在夏季高峰和冬季枯水期出现拉闸限电，2003 年则发展到 23 个省级电网缺电。2004 年电力紧张情况加剧，上半年仅国家电网公司系统拉闸限电就达到 75.7 万条次，损失电量 194.53 亿千瓦时；夏季全国缺电范围比 2003 年明显扩大，电力负荷高峰出现在 6 月 11 日，比 2003 年提前 9 天，此后用电负荷持续走高，多次刷新历史纪录，全国共计 24 个省级电网出现拉闸限电，经济发达地区缺电尤为严重。由于城乡居民对电的依赖程度增强，对停电的接受能力普遍下降，因此全国范围内新一轮的缺电现象被称之为"电荒"。按照国家电力监管委员会估计，2004 年全国的用电缺口将达到 600 亿千瓦时，由于缺电主要集中在经济发达地区，因此中国缺电对经济造成的损失应在 400 亿元人民币左右，难怪不少媒体认为缺电之害猛于"非典"。

造成"电荒"的原因应该是多方面的。国家电网公司在总结 2004 年夏季"电荒"时，将原因归结为四点：一是国民经济快速增长带来电力需求迅猛增加；二是电源及电网建设不能满足电力持续快速增加的需要；三是持续高温、高湿天气，使空调负荷骤增；四是煤炭供应紧张和来水偏枯。从公共政策的角度分析，之所以出现新一轮缺电现象，还有三个方面的原因：一是对电力发展规律认识不足；二是对电力供需平衡的认识不足；三是发电市场化、电价国家统一制定的"一头放开，一头管死"，带来了市场与计划之间的矛盾。

为解决"电荒"问题，2003 年 1 月国家发展计划委员会以特急文件向国务院上报了《国家计委关于当前电力工业形势分析及调整"十五"电力规划的请示》，指出"十五"规划确定的到 2005 年实现发电量 1.73 万亿千瓦时的目标，将不能满足国民经济发展的需要，预计今后几年全国电力需求增长速度将为 7%—8%，到 2005 年全社会用电量预计将达到 2 万亿—2.1 万亿千瓦时；"十五"末发电装机水平应由原定的 3.7 亿—3.8 亿千瓦，提高到 4.2 亿—4.3 亿千瓦，发电装机增长率应由原定的 3.6% 调整到 6%，开工规模由原定的 7700 万—8000 万千瓦调整为 1 亿—1.1 亿千瓦，增加新开工规模 2300 万—3000 万千瓦，即"十五"期间在已开工 4000 万千瓦发电容量的基础上，后三年平均每年需要开工 2300 万—3000 万千瓦。通过调整电力发展规划，简化审批程序，2003 年全国共批准新开工电站项目 41 项，总规模 3111 万千瓦。

为了应对 2004 年的夏季用电高峰，必须采取果断措施。2004 年 6 月 4 日召开的国务院常务会议决定对企业"限电"，优先保证居民生活用电，并出台了八项具体措施。(1)加强电力需求侧管理，加大移峰填谷工作力度，确保居民生活、农业生产、重点单位和高科技等优势企业合理用电，限制高耗能、高污染企业用电。(2)运用价格杠杆调节电力供求，实行差别电价，引导均衡、科学用电。(3)优化电力调度，充分发挥现有设施潜力。(4)加强运输保障，加大紧缺地区电煤运量，努力增加电煤库存。(5)加快在建煤电油运项目建设进度，努力提高供给能力。(6)推进节能降耗工作，提高资源综合利用效率。(7)加快制定和实施煤电油运建设布局规划，抓紧大型煤炭后备基地的勘探及建设前期准备工作。(8)及时排查安全隐患，严厉打击各类破坏电力、输油气管道等设施的违法犯罪行为，确保煤电油运生产安全。

2004 年迎峰度夏期间，由于各级政府一手抓电力供给，一手抓电力需求侧管理，全国没有发生重大电力供应事故，供用电秩序基本稳定，最大限度地减轻了电力不足对人民生活和经济发展的影响。[1]

2005 年夏季，电力供需形势仍然偏紧，全国电力缺口预计超过 2500 万千瓦，可能突破 3000 万千瓦。[2] 由于电力建设速度加快，2005 年全国

---

[1] 2003—2004 年"应对电荒"的政策案例说明，引自朱法华、王圣《中国电力发展与电力政策走向》，载《中国公共政策分析，2005 年卷》，第 284—304 页。

[2] 《中国企业报》2006 年 6 月 14 日载文《夏季用电高峰来临，电荒年如何确保电力安全》。

电力装机突破 5 亿千瓦（50841 万千瓦），由装机总量 4 亿千瓦到 5 亿千瓦，只用了 19 个月的时间。全国发电量达到 24747 亿千瓦时，比 2004 年增长 12.8%；全国的用电量达到 24689 亿千瓦时，比 2004 年增长 13.45%。

2006 年夏季的"电荒"情况有所缓解，电力建设再上一层楼，2006 年全国电力装机突破 6 亿千瓦（62200 万千瓦）。全国发电量达到 28344 亿千瓦时，比 2005 年增长 13.5%；全国的用电量达到 28248 亿千瓦时，比 2005 年增长 14.0%。

2007 年基本实现了电力供需基本平衡，全国电力装机突破 7 亿千瓦（71329 万千瓦），全国发电量达到 32559 亿千瓦时，比 2006 年增长 14.44%；全国的用电量达到 32458 亿千瓦时，比 2006 年增长 14.42%。2003—2007 年全国新增电力装机 3.5 亿千瓦，是 1950—2002 年 53 年电力装机的总和。

在节能减排方面，2004—2007 年也有重要的进展。全国供电煤耗由 2004 年的 376 克/千瓦时，下降到 2007 年的 357 克/千瓦时（2005 年 374 克/千瓦时，2006 年 367 克/千瓦时），2007 年还关停小火电 1438 万千瓦。[①]

与加快电力建设同步进行的是电价改革。2003 年 7 月 9 日，国务院办公厅印发《电价改革方案》，指出作为电力体制改革的核心内容，电价改革势在必行。电价改革的近期目标是在厂网分开的基础上，建立与发电环节适度竞争相适应的上网电价机制，初步建立有利于促进电网健康发展的输配电价机制，实现销售电价与上网电价联动，优化销售电价结构。电价改革的长远目标是在进一步改革电力体制的基础上，将电价划分为上网电价、输电价格、配电价格和终端销售电价，发电、售电价格由市场竞争形成，输电、配电价格由政府制定，同时，建立规范、透明的电价管理制度。《电价改革方案》还强调了销售电价的调整，采取定期调价和联动调价两种形式。定期调价是指政府每年对销售电价进行校核，如果年度间电价水平变化不大，应尽量保持稳定。联动调价指上网电价同方向超过一定幅度时对销售电价作相应调整，适用范围仅限于工商业及其他用户。

① 电力装机、发电量和节能等统计数据，见 2005—2007 年《全国电力工业统计快报》，引自"百度文库网"。

按照《电价改革方案》的要求，2003 年 12 月 21 日，国家发改委发出《关于调整电价的通知》，宣布将全国省级及以上电网调度的燃煤机组上网电价一律提高每千瓦时 0.007 元（含税），用以解决 2003 年、2004 年煤炭价格上涨对发电成本增支的影响，调整电价自 2004 年 1 月 1 日起执行。2004 年 5 月，国家发改委对销售电价作出调整，调整幅度按全国平均每千瓦时提高 0.014 元人民币，并取消地方自行出台的优惠电价，以进一步疏导电价矛盾。为减轻农民负担，此次调价中对农业、中小化肥企业用电价格不作调整，其中农业生产中电价较高的部分种植业和养殖业用电电价还有所降低；商业电价也按照与工业用电合理比价的原则进行了有升有降的调整，大部分地区居民生活电价未做调整，部分地区需要调整居民生活电价的，应依照法定程序召开听证会广泛听取公众意见。2005 年 5 月 1 日，国家发改委又调整了销售电价，平均每千瓦时提高 0.0252 元人民币。2005 年 5 月 28 日，国家发改委印发了《电价改革实施方案》（该方案包括《上网电价管理暂行办法》、《输配电价管理暂行办法》和《销售电价管理暂行办法》）。2006 年 6 月 28 日，国家发改委发出《关于调整南方电网电价的通知》，要求从 6 月 30 日起上调广东、广西、云南、贵州、海南的上网电价（调整幅度在 1.04 分钱至 2.06 分钱之间）。2007 年，国家未出台全国性电价调整政策，只对个别地方电价矛盾进行了疏导。2007 年全国发电企业平均上网电价为 336.28 元/千千瓦时，电网企业平均输配电价为 160.12 元/千千瓦时，电网企业平均销售电价为 508.51 元/千千瓦时，平均购电价为 348.39 元/千千瓦时。[①]

电价调整是运用价格杠杆调节电力供求关系，实行差别电价，引导均衡、科学用电，其政策选择的基点显然是正确的，但只能部分解决"电荒"问题，并最终会在是否全面提高居民生活电价上作出全局性的选择。

（二）开启石油战略储备

1993 年，中国由石油出口国变成石油进口国，正是在这一年，中国的石油战略储备工作开始酝酿。2002 年年底，国务院总理办公会听取并审议批准了《国家计委关于建立国家石油储备实施方案的请示》，标志着

---

① 国家电力监管委员会：《2007 年度电价执行情况监管报告》，引自"国家电力监管委员会网站"。

国家石油储备基地建设正式启动。

在国家石油储备的决策过程中，需要重点研究和论证的是三个问题。

第一个问题是在哪个地方开始建设。国家筹备建设战略石油储备是一项全新的工作，必须先试点，积累经验再全面铺开。为此，国家发改委邀请中国国际工程咨询公司组织专家对国家石油储备基地工程的选址及其他建设条件、项目投资、安全生产设施等进行评估，提出的建议是建立国家石油储备基地应按照统一规划、合理布局、规范管理、循序渐进的原则，充分依托和利用现有设施布点建设，一期建设应先解决有无的问题，尽快选择在东部沿海地区建设。之所以选择东部沿海地区建设石油储备基地，是因为东部地区石油需求量较大，现有炼油厂较多，石油储备能够就近服务炼油厂，同时东部沿海地区又有便于海运进口原油的有利条件。

第二个问题是该采取何种管理体制。有人提出中国的石油战略储备管理可以完全仿照美国的管理模式；还有人提出建立"一竿子到底"的石油储备办公室（简称储备办）的设想，基地的人财物、产供销统统归储备办管理，形成一个从上到下的管理体系。经过讨论，最终采纳的是建立具有中国特色石油储备的三级管理模式，即设立一个石油储备办归属国家能源局，属于政府管理机构，负责顶层的储备政策和规划，代表政府决定收储规模和动用石油储备；由一个类似于美国项目管理办公室的机构作为中间层的事业单位，具体负责项目的实施、运行管理；操作层则委托就近的国有企业，负责承建和管理对口的石油储备基地并承担安全责任，原油储备投放根据石油储备办编制的国家计划由企业负责操作。

第三个问题是建地上油库还是建地下储备库。有人认为战略石油储备关系国家能源安全，应该建设地下储备库，最大限度地保障储备安全，但中国东部没有地下盐穹，建设洞库只能直接在地下开凿洞穴，建设成本将远远超过在地面建设储罐。为解决成本和安全之间如何平衡的问题，经过多次开会讨论，综合分析了影响储备安全的主要影响因素，包括战争因素和恐怖袭击因素，确定了地上油库与地下储备库相结合的方式，一期的4个基地全部采用地上储罐的方式。由于曾经在烟台、汕头等地建设过LPG的地下水封岩洞库，为了积累地下储备库的经验，也考虑了在地面空间有限以及地下地质结构较好的黄岛等地规划建设大型地下水封洞库。

2003年5月，国家发改委能源局加挂牌子的石油储备办公室正式运作。按照办公室推出的发展计划，国家的石油战略储备不是短期目标，而是长期规划，总投资预计超过 1000 亿元，其中包括油库等硬件设施以及储备油投入，计划用 15 年时间分三期完成。一期工程选择在辽宁大连、山东黄岛、浙江舟山和宁波镇海建立战略石油储备基地，预计到 2005 年年底，战略石油储备将达到 1600 万立方米或 1 亿桶，根据中国当前的石油需求量，这样的储备规模将提供约 20 天的石油供给量。二期工程的选址工作也已经开始，三期工程即在内陆腹地的石油战略储备油库也在规划中。整个工程完成以后，中国石油战略储备将相当于 90 天的净进口量。

2004 年 3 月，国家发改委召开了国家石油储备基地一期项目建设启动会，镇海基地第一个开工建设。镇海、黄岛、大连和舟山基地分别于 2006 年 9 月、2007 年 12 月、2008 年 11 月及 2008 年 12 月建成并投入运行。一期项目建成之时，正遇上 2008 年全球金融危机爆发，国际油价从 150 美元/桶下跌到 50 美元/桶。4 个基地抓住时机，收储了大批廉价原油，并于 2009 年上半年注油完毕。当时平均收储成本仅为约 56 美元/桶，基地建设和原油收储都取得了巨大的成功。

2007 年 12 月 18 日，国家石油储备中心正式成立，先是作为国家发改委的事业单位，后来调整为国家能源局的事业单位，在石油储备管理体系充当中间层角色，行使出资人权利，负责国家石油储备基地的建设和管理，承担战略石油储备收储、轮换和动用任务，同时监测国内外石油市场的供求变化。操作层是国家出资，委托国有企业管理的储备基地公司。一期的 4 个基地，舟山基地委托中化公司管理，镇海、黄岛基地委托中石化的镇海石化公司和青岛炼油厂管理，大连基地委托中石油大连炼油厂管理。[①]

（三）鼓励公众参与的环境保护政策

资源相对短缺，生态环境脆弱，环境容量不足，在"十六大"时期已经成为影响中国发展的重大问题，为此建立的环境保护政策体系，主要包括九方面的内容。

第一，环境保护的法制基础。国家不仅加强了环境保护的立法工作，形成了系统性的环境保护法律、法规体系，还建立了国家和地方环境保护标准体系。

---

① 张国宝：《国家战略石油储备：一个英明且及时的决策》，引自"中国石油新闻中心网站"。

第二，环境保护的执法机制。在环境保护政策的执行方面，实行各级政府对当地环境质量负责、环境保护行政主管部门统一监督管理、各有关部门依照法律规定实施监督管理的环境管理体制，并以环境执法检查和行政执法为主要的政策执行方式。

第三，环境保护的主要治理目标。工业污染防治的重点是淘汰和关闭一批技术落后、污染严重、浪费资源的企业，开展循环经济试点，积极防范突发环境事件，对工业危险废物实行全过程管理，实行严格的核与辐射安全管理。重点地区污染治理的重点是"三河"（淮河、辽河、海河）、"三湖"（太湖、滇池、巢湖）水污染治理，涉及 27 个省、自治区、直辖市的 175 个城市、总面积约为 109 万平方公里的酸雨控制区和二氧化硫控制区的污染防治，北京市的大气污染治理以及渤海的污染治理。城市环境保护的重点是减轻烧煤污染，改善空气质量，提高城市污水处理率和生活垃圾无害化处理率等。农村环境保护的重点是发展旱作节水农业，开发新能源，建设生态农业和生态示范区。生态保护的重点是造林绿化、退耕、退牧还草、耕地保护、水土保持、防沙治沙、海洋环境保护、生物多样性保护、湿地保护等。

第四，环境保护的财政措施。为支持国家的环境保护，不仅加大了环境保护的资金投入，还在 2006 年将环境保护支出科目正式纳入国家财政预算。国家实行环境收费政策，重点征收排污费特别是二氧化硫排污费，城市污水、垃圾、危险废物处理等也建立了相应的收费制度。国家制定的有利于环境保护的价格税收政策，主要是建立可再生能源费用分摊机制和相应的税收体系，制定有利于汽车产业升级、减轻汽车污染的税收政策，以及陆续提高煤炭、原油、天然气等矿产品的资源税税额标准等。

第五，环境影响评价。继续实行建设项目环境保护设施同时设计、同时施工、同时投产使用的"三同时"的环境影响评价制度。仅 2006 年 2 月，就对 10 个投资约 290 亿元人民币的违反"三同时"制度的建设项目进行了查处。

第六，公众参与。2006 年 2 月 14 日，国家环保总局颁布了《环境影响评价公众参与暂行办法》（2006 年 3 月 18 日起执行），强调国家鼓励公众参与环境影响评价活动，公众参与实行公开、平等、广泛和便利的原则。公众参与主要针对的是对环境可能造成重大影响、应当编制环境影响报告书的建设项目。公众参与的一般要求是公开环境信息和征求公众意见，要求建设单位或者其委托的环境影响评价机构在发布信息公告、公开环境影响报告书的简本后，采取调查公众意见、咨询专家意见、座谈会、论证会、听证会等形式，公开征求公众意见。调查公众意见可以采取问卷调查等方式，咨询专家意见包括向有关专家进行个人咨询或者向有关单位的专家进行集体咨询。以座谈会或者论证会的方式征求公众意见的，应当根据环境影响的范围和程度、环境因素和评价因子等相关情况，合理确定座谈会或者论证会的主要议题。听证会必须公开举行，参加听证会的代表人数一般不得少于 15 人，并按照规定的程序进行。(1) 听证会主持人宣布听证事项和听证会纪律，介绍听证会参加人；(2) 建设单位的代表对建设项目概况作介绍和说明；(3) 环境影响评价机构的代表对建设项目环境影响报告书作说明；(4) 听证会公众代表对建设项目环境影响报告书提出问题和意见；(5) 建设单位或者其委托的环境影响评价机构的代表对公众代表提出的问题和意见进行解释和说明；(6) 听证会公众代表和建设单位或者其委托的环境影响评价机构的代表进行辩论；(7) 听证会公众代表作最后陈述；(8) 主持人宣布听证结束。听证结束后，听证笔录应当交参加听证会的代表审核并签字；无正当理由拒绝签字的，应当记入听证笔录。经过公众参与和专家咨询后，不仅建设单位等在报送的环境影响报告书中要附具对意见采纳或者不采纳的说明，环境保护主管部门在审查报告时也要重点审查是否有公众参与和专家咨询，以及是否附具了对意见采纳或者不采纳的说明。审批机关在审批过程中则要充分考虑公众意见以及关于公众参与内容审查结果的处理建议，未采纳审查意见中关于公众参与内容的处理建议的，需作出说明并存档备查。

第七，宣传教育与环境信息公开。为加强环保宣传教育，国家制定《全国环境宣传教育行动纲要 (1996—2010 年)》和《2001—2005 年全国环境宣传教育工作纲要》。截至 2005 年年底，全国所有地级以上城市实现了城市空气质量自动监测，并发布空气质量日报。环保部门还组织开展重点流域水质监测，发布十大流域水质月报和水质自动监测周报；定期开展南水北调东线水质监测工作；113 个环保重点城市开展集中式饮用水源地水质监测月报；建立环境质量季度分析制度，及时发布环境质量信息。各级政府和环保部门亦定期或不定期召开新闻发布会，及时通报环境状况、重要政策措施、突发环境事件、违法违规案例等，保障社会各界对环境保护的知情权。

第八，公众环境权益维护。截至 2005 年年底，全国有 4 个直辖市、312 个地级市、374 个县级市、677 个县开通了环保举报投诉热线电话，覆盖了全国 69.4% 的县级以上行政区。随着公众环境意识和对环境质量的要求不断提高，反映环境权益被侵害的来信来访数量逐年增加，2001—2005 年，各级政府环保部门共受理群众来信 253 万余封，群众来访 43 万余批次、59.7 万余人次。

第九，国际环境保护合作。中国不仅积极参与联合国等国际组织开展的环境事务，参加了《联合国气候变化框架公约》及其《京都议定书》等协约，还加强和推动与周边国家或相关地区的合作，积极参与环境保护区域合作机制化建设和环境保护领域的双边合作。[①]

2003—2006 年，全国的环境污染与破坏事故持续下降（2003 年 1843次，2004 年 1441 次，2005 年 1406 次，2006 年 842 次），但是污染事故赔、罚款数额呈上升态势（2003 年 2392 万元，2004 年 3964 万元，2005年 3082 万元，2006 年 8416 万元），污染造成的直接经济损失也呈上升趋势（2003 年 3375 万元，2004 年 36366 万元，2005 年 10515 万元，2006年 13471 万元）。这样的现象一方面说明环境保护监管的力度增强后，起到了一定的控制和减少污染事故的作用；另一方面显示环境保护形势不容乐观，因为只要发生重大的环境污染事件，不仅会带来巨大的直接经济损失，还会带来严重的间接损失。2007 年的情况有全面好转，全国发生环境污染与破坏事故 462 次，污染事故赔、罚款仅为 807 万元，污染造成的直接经济损失为 3278 万元。[②]

（四）"节约型社会"的政策选择

在总体性的能源和环境保护政策取向上，"十六大"时期完成了由"节能型社会"向"节约型社会"的过渡。

2004 年 6 月 30 日召开的国务院常务会议讨论并原则通过了《能源中长期发展规划纲要（2004—2020 年）》（草案），并就发展节能型经济、

---

①　"环境保护"的政策要求，见《中国的环境保护（1996—2005）白皮书》，引自"中华人民共和国国务院新闻办公室网站"。

②　中华人民共和国国家统计局编：《中国统计年鉴—2009》，中国统计出版社 2009 年 9 月版，第 426 页。

建设节能型社会提出了以下具体要求。（1）坚持把节约能源放在首位，实行全面、严格的节约能源制度和措施，显著提高能源利用效率。（2）大力调整和优化能源结构，坚持以煤炭为主体、电力为中心、油气和新能源全面发展的战略。（3）搞好能源发展合理布局，兼顾东部地区和中西部地区、城市和农村经济、社会发展的需要，并综合考虑能源生产、运输和消费合理配置，促进能源与交通协调发展。（4）充分利用国内外两种资源、两个市场，立足于国内能源的勘探、开发与建设，同时积极参与世界能源资源的合作与开发。（5）无论是能源开发还是能源节约，都必须重视科技理论创新，广泛采用先进技术，淘汰落后设备、技术和工艺，强化科学管理。（6）切实加强环境保护，充分考虑资源约束和环境的承载力，努力减轻能源生产和消费对环境的影响。（7）高度重视能源安全，搞好能源供应多元化，加快石油战略储备建设，健全能源安全预警应急体系。（8）制定能源发展保障措施，完善能源资源政策和能源开发政策，充分发挥市场机制作用，加大能源投入力度，深化改革，努力形成适应全面建设小康社会和社会主义市场经济发展要求的能源管理体制和能源调控体系。

2005年6月21日召开的国务院常务会议，专门研究建设节约型社会和发展循环经济问题，提出了加快建设节约型社会和发展循环经济的六项措施。（1）抓好规划编制和宏观指导，把加快建设节约型社会和发展循环经济作为国民经济和社会发展中长期总体规划和其他各类专项规划的重要内容。（2）全面推进资源节约和综合利用，大力开展节能、节水、节材、节约用地工作。（3）依靠科技进步，加大对资源节约和循环利用关键技术的攻关力度，加快新技术、新产品、新材料推广应用，积极支持资源节约和发展循环经济的重大项目建设。（4）深化改革，建立节约资源和发展循环经济的体制机制和政策体系，充分发挥市场机制和经济杠杆的作用，逐步理顺资源性产品价格，完善有利于节约资源的财税政策，继续实行限制高耗能、高耗材、高污染产品出口的政策。（5）抓紧制定和修订促进资源有效利用的法律法规，通过科学管理、严格管理，制止浪费行为。（6）加大宣传力度，增强全民节约意识，组织开展创建节约型城市、节约型政府、节约型企业、节约型社区活动。

按照国务院的部署，不仅上海市出台了贯彻《国务院关于做好建设节约型社会近期重点工作的通知》的实施意见，提出在浦东新区开展建设节约型城区的试点、建设崇明综合生态岛、继续推进上海化工区等循环型工业园区试点和创建一批节能省地型住宅和 100 家节约型企业的目标；其他省、自治区、直辖市也相继作出了建设节约型社会和发展循环经济的部署。2005 年 11 月，在国家发展和改革委员会、国家环保总局等六部委联合下发的通知中，钢铁、有色金属、煤炭、电力、化工、建材和轻工七大重点行业率先进入了第一批循环经济试点。①

2006 年 10 月 11 日中国共产党十六届六中全会通过的《中共中央关于构建社会主义和谐社会若干重大问题的决定》，提出了"加强环境治理保护，促进人与自然相和谐"的全面要求。（1）以解决危害群众健康和影响可持续发展的环境问题为重点，加快建设资源节约型、环境友好型社会。（2）优化产业结构，发展循环经济，推广清洁生产，节约能源资源，依法淘汰落后工艺技术和生产能力，从源头上控制环境污染。（3）实施重大生态建设和环境整治工程，有效遏制生态环境恶化趋势。（4）统筹城乡环境建设，加强城市环境综合治理，改善农村生活环境和村容村貌。（5）加快环境科技创新，加强污染专项整治，强化污染物排放总量控制，重点搞好水、大气、土壤等污染防治。（6）完善有利于环境保护的产业政策、财税政策、价格政策，建立生态环境评价体系和补偿机制，强化企业和全社会节约资源、保护环境的责任。（7）完善环境保护法律法规和管理体系，严格环境执法，加强环境监测，定期公布环境状况信息，严肃处罚违法行为。

（五）注重资源与环境保护的五种政策机制

无论是强调建设"节能型社会""节约型社会"，还是强调建设资源节约型、环境友好型社会，其核心点都是通过政策为国家和公民的发展提供必要的资源保障和较好的生态环境保障，并且充分体现了五种重要政策机制的作用。

一是政策规划机制。全方位的构建"节约型社会"，在整体的政策思维上已不再是被动或主动地回应具体政策问题，而是立足于长远，作出带有预见性的全面政策规划。应该承认，从较为简单的政策问题回应，到相

---

① "节约型社会"的政策案例说明，引自白钢、史卫民《2005 年/2006 年中国公共政策选择的走向》。

当复杂的政策规划，就决策过程而言，无疑是一个重要的进步。

二是政策约束机制。倡导节约资源和保护生态环境，既是对政府自身的约束，要求各级政府、政府工作部门以及政府工作人员作出节约资源和保护生态环境的表率性行为；也是对企业和工商业者等的约束，要求在生产和经营中注意节约资源和注重环境保护；还是对公民的普遍性约束，要求公民主动采取节约资源和保护环境的行为。这些约束都具有"自我约束"的特征，只有达到高水平的"自我约束"，才可能真正建成"节约型社会"。

三是政策管控机制。在节约资源和保护生态环境"自我约束"水平较低的状态下，需要增强政策的管控能力，以行政强制的方法维系不可逾越的"红线"，遏制浪费资源和破坏生态环境的行为。但需要注意的是，"管控"是手段而不是目标，在资源和环境保护的"他控"（政府约束）和"自控"（自我约束）两种方法中，确实需要一个由"他控"为主向"自控"为主的转变过程。

四是政策教育机制。节约资源和保护生态环境，都需要进行广泛的政策教育，并且这样的政策教育，不仅仅是针对普通公民，也是针对决策者、管理者和经营者的；需要教育的内容，既有理念层面的，如人与自然、人与环境和谐相处的理念，高度重视资源与能源问题的理念，节约为荣浪费为耻的理念，共同维护生态环境的理念等；也有政策层面的，对资源政策、环境保护政策等，都需要作全面的解释和深入人心的教育。在政策教育方面，还要特别注意改变理念教育过多、政策教育过少的做法，因为缺乏实际政策内容的理念教育，很容易变成空洞的"说教"，难以取得真实的教育效果。

五是政策合作机制。能源政策和环境保护政策的执行过程，往往是政策合作的过程，无论是政府与企业的合作，管理者与经营者的合作，还是监督者与被监督者的合作，乃至来自公民个人的合作，都是不可缺少的，并且需要建立必要的合作规则和规范的合作机制。从政策合作的角度看，国家环保总局倡导的环境保护政策的公众参与和专家咨询，只是一种合作方式，还可以开发更多的合作方式，并且需要特别强调"知情"是各方合作的重要基础，能源政策和环境保护政策的规划者显然已经注意到了这一点，由此就有了能源和环境保护信息充分公开的各种规范性的要求和做法。

六　收入分配保障

经济较快发展，公民的收入水平也应较快提高。"十六大"时期除了反复强调增加农民收入外，在城市居民收入方面也作了重要的政策调整。

（一）落实最低工资标准

最低工资标准始见于 1993 年 11 月 24 日劳动部颁发的《企业最低工资规定》。1994 年 7 月 5 日八届全国人大常委会第八次会议通过的《中华人民共和国劳动法》明确规定，国家实行最低工资保障制度，最低工资的具体标准由省、自治区、直辖市人民政府规定，报国务院备案。用人单位支付劳动者的工资不得低于当地最低工资标准。1994 年 10 月 8 日，劳动部发出《关于实施最低工资保障制度的通知》，要求各省、自治区、直辖市人民政府力争在 1995 年 1 月 1 日《劳动法》正式实施前拟出最低工资标准，保证最低工资保障制度顺利执行。

2004 年 1 月 20 日，劳动和社会保障部发布《最低工资规定》，2004 年 3 月 1 日起执行。实行最低工资的对象，包括企业、民办非企业单位、有雇工的个体工商户和与之形成劳动关系的劳动者，以及国家机关、事业单位、社会团体和与之建立劳动合同关系的劳动者。最低工资标准一般采取月最低工资标准和小时最低工资标准的形式，月最低工资标准适用于全日制就业劳动者，小时最低工资标准适用于非全日制就业劳动者。确定和调整月最低工资标准，应参考当地就业者及其赡养人口的最低生活费用、城镇居民消费价格指数、职工个人缴纳的社会保险费和住房公积金、职工平均工资、经济发展水平、就业状况等因素。省、自治区、直辖市范围内的不同行政区域可以有不同的最低工资标准。最低工资标准每两年至少调整一次。在劳动者提供正常劳动的情况下，用人单位应支付给劳动者的工资在剔除延长工作时间工资、特殊津贴和福利待遇后，不得低于当地最低工资标准。用人单位违反规定的，由劳动保障行政部门责令其限期补发所欠劳动者工资，并可责令其按所欠工资的 1—5 倍支付劳动者赔偿金。各级工会组织对最低工资标准执行情况进行监督，发现用人单位支付劳动者工资违反规定的，有权要求当地劳动保障行政部门处理。

各省、自治区、直辖市在确定最低工资标准时，往往将辖区划分为三类或者四类区域，分别执行不同的标准。2004—2007 年各省、自治区、直辖市确定的月最低工资标准，大致分为五个级别（括号内为 2004 年和 2007 年的标准，均采用一类区标准或最高标准）。

第一级在 2007 年已经超过 800 元，包括江苏省（620—850 元）、浙江省（620—850 元）、上海市（635—840 元）3 个省份。

第二级在 2007 年已经超过 700 元，包括广东省（684—780 元）、山东省（530—760 元）、福建省（480—750 元）、天津市（530—740 元）、北京市（545—730 元）、辽宁省（450—700 元）6 个省份。

第三级在 2007 年已经超过 600 元，包括内蒙古自治区（420—680 元）、贵州省（400—650 元）、河南省（380—650 元）、吉林省（310—650 元）、湖南省（400—635 元）、山西省（520—610 元）6 个省份。

第四级在 2007 年已经超过 500 元，包括黑龙江省（390—590 元）、河北省（520—580 元）、海南省（500—580 元）、湖北省（460—580 元）、广西壮族自治区（460—580 元）、四川省（450—580 元）、新疆维吾尔自治区（440—580 元）、重庆市（400—580 元）、江西省（360—580 元）、安徽省（410—560 元）、宁夏回族自治区（380—560 元）、陕西省（490—540 元）、云南省（470—540 元）13 个省份。

第五级在 2007 年已经超过 400 元，包括西藏自治区（490—495 元）、青海省（370—460 元）、甘肃省（340—430 元）3 个省份。①

最低工资标准的差距尽管很大（最低标准与最高标准差将近 1 倍），但是强制执行最低工资标准的要求是相同的，问题在于不按最低工资标准支付工资的单位尤其是企业较少被处罚，使得不少地方的最低工资标准形同虚设。劳动和社会保障部门以及工会系统定期或不定期的最低工资标准执行情况检查，也只能起一定的监督作用，关键还是要在企业内部建立必要的约束机制。

（二）提高城市最低生活保障标准

城市居民最低生活保障（简称城市"低保"）作为一种经常性的社会救助制度安排，加强制度建设，规范日常管理，更有效地发挥制度功能，是完善保障工作的重点。2002 年 10 月，民政部在沈阳召开全国城市"低

---

① 根据各省、自治区、直辖市公布的调整最低工作标准的文件整理。

保"工作会议，明确提出了对城市"低保"的"完善制度、规范管理"要求。从 2003 年起，各省、自治区、直辖市根据 1999 年颁布的《城市居民最低生活保障条例》，制定了本行政区域内的"实施办法"和"操作规程"。2004 年年初，经中央编办同意，民政部成立最低生活保障司，专司城乡居民最低生活保障工作，标志着国家对城市"低保"工作的管理力度进一步加大，使城市居民最低生活保障有了四方面的积极变化。

第一，坚持"应保尽保"。全国城市"低保"的保障对象，在"十六大"时期基本稳定在 2200 万人的水平上（2003 年 930 万户、2246.8 万人，2004 年 955.5 万户、2205 万人，2005 年 994.7 万户、2234.2 万人，2006 年 1029.7 万户、2240.1 万人，2007 年 1064.3 万户、2272.1 万人）。

第二，保障标准逐步提高。全国城市居民最低生活保障的月平均标准，2003 年为 149 元，2004 年为 152 元，2005 年为 156 元，2006 年为 169.6 元，2007 年为 182.4 元。2007 年与 2003 年相比，月平均标准提高了 22.4%。

第三，补助水平逐年上升。全国城市居民最低生活保障的人均月补助水平（月人均保障水平），2003 年为 58 元，2004 年为 65 元，2005 年为 72.3 元，2006 年为 83.6 元，2007 年为 102.7 元。2007 年与 2003 年相比，月补助水平提高了 77.1%。

第四，财政投入逐年加大。各级财政支出的城市居民最低生活保障资金，2003 年为 151 亿元（中央财政支出 92 亿元），2004 年为 172.7 亿元（中央财政支出 102 亿元），2005 年为 191.9 亿元（中央财政支出 112 亿元），2006 年为 224.2 亿元（中央财政支出 136 亿元），2007 年为 277.4 亿元（中央财政支出 160 亿元）。2007 年与 2003 年相比，城市"低保"的财政总支出增长 83.7%，中央财政的投入增长 73.9%。[①]

（三）国家机关、事业单位工资改革

"十六大"以前，国家机关和事业单位有过两次工资改革，一次是 1985 年，一次是 1993 年。2006 年，又进行了一次国家机关和事业单位工资改革。

2006 年 6 月 14 日，国务院发出《关于改革公务员工作制度的通知》，

---

① 2003—2007 年"城市低保"的政策案例说明，引自刘喜堂《城市贫困治理中的居民最低生活保障制度》，载《中国公共政策分析，2008 年卷》，第 152—169 页。

强调改革公务员工资制度，理顺收入分配关系，构建科学合理、公平公正的公务员收入分配体系，关系广大公务员积极性、主动性和创造性的发挥。新的工资方案于 2006 年 7 月 1 日起执行。公务员工资改革的原则是合理拉开不同职务、级别之间的工资差距，健全公务员工资水平正常增长机制，有效调控地区工资差距，逐步将地区工资差距控制在合理范围之内。

按照新的公务员工资标准，公务员基本工资由职务工资和级别工资构成。职务工资主要体现公务员的职责大小，一个职务对应一个工资标准（领导职务最低的乡科级副职为每月 430 元，最高的国家级正职为每月 4000 元；非领导职务最低的办事员为每月 340 元，最高的厅局级正职为每月 1290 元）。级别工资主要体现公务员的工作实绩和资历，公务员的级别由原来的 15 级调整为 27 级。公务员晋升职务后，执行新任职务工资标准，并按规定晋升级别和增加级别工资。对年终考核称职（合格）及以上的工作人员，发放年终一次性奖金，奖金标准为本人当年 12 月的基本工资。

2006 年 6 月 15 日，人事部和财政部联合发出《关于印发事业单位工作人员收入分配制度改革方案的通知》，强调改革事业单位工资制度，建立符合事业单位特点、体现岗位绩效和分级分类管理的收入分配制度，是落实科学发展观和构建社会主义和谐社会的要求，也是深化事业单位改革的重要内容，对于理顺分配关系、规范分配秩序、构建和谐的收入分配格局具有重要意义。新的工资方案也于 2006 年 7 月 1 日起执行。事业单位工资改革的原则，一是贯彻按劳分配与按生产要素分配相结合的原则，建立与岗位职责、工作业绩、实际贡献紧密联系和鼓励创新创造的分配激励机制。二是适应事业单位聘用制改革和岗位管理的要求，以岗定薪，岗变薪变，加大向优秀人才和关键岗位的倾斜力度。三是建立体现事业单位特点的工资正常调整机制，使事业单位工作人员收入与经济社会发展水平相适应。四是坚持搞活事业单位内部分配，进一步增强事业单位活力。五是实行分级分类管理，加强宏观调控，规范分配秩序，理顺分配关系。

按照工资改革的要求，事业单位实行岗位绩效工资制度。岗位绩效工资由岗位工资、薪级工资、绩效工资和津贴补贴四部分组成，其中岗位工资和薪级工资为基本工资。岗位工资主要体现工作人员所聘岗位的职责和要求，专业技术岗位设置 13 个等级（最低的助理研究员级为每月 550 元，最高的正高级为每月 1420 元），管理岗位设置 10 个等级（最低的办事员为每月 550 元，最高的正部级为每月 2750 元），工勤技能岗位分为技术工岗位和普通工岗位，技术工岗位设置 5 个等级，普通工岗位不分等级。薪级工资主要体现工作人员的工作表现和资历。对专业技术人员和管理人员设置 65 个薪级（1 级每月 85 元，65 级每月 2600 元），在年度考核的基础上，对考核合格及以上等次的工作人员每年正常增加一级薪级工资。绩效工资主要体现工作人员的实绩和贡献，国家对事业单位绩效工资分配进行总量调控和政策指导，事业单位在核定的绩效工资总量内，按照规范的程序和要求，自主分配。事业单位实行绩效工资后，取消年终一次性奖金，将一个月基本工资的额度以及地区附加津贴纳入绩效工资。

（四）城市收入水平的快速提高

国家机关、事业单位工资调整以及城市居民最低生活保障标准的提高，加之各地最低工资标准较大幅度的提高，使得"十六大"时期的城市居民收入水平有了快速的提升。

全国城市居民家庭人均可支配收入，2002 年为 7702.8 元，2003 年为 8472.2 元，2004 年为 9421.6 元，2005 年为 10493 元，2006 年为 11759.5 元，2007 年为 13785.8 元。[①] 2007 年与 2002 年相比，城市居民人均收入增长了 79%。

全国城市居民家庭人均可支配收入的年增长率，2003 年为 10.0%，2004 年为 11.2%，2005 年为 11.4%，2006 年为 12.1%，2007 年为 17.2%。与同期的 GDP 增长（2003 年和 2004 年均为 9.1%，2005 年为 9.9%，2006 年为 10.7%，2007 年为 11.4%）相比，2003—2007 年城市居民人均收入的增长速度都高于 GDP 增长速度，显示经济与收入同步快速增长在城市已经体现出来。

农村的情况显然没有城市乐观，农村居民家庭人均可支配收入 2007 年比 2002 年增长 67.2%，增长幅度小于城市居民；农村居民家庭人均可支配收入的年增长率与城市居民相比，2003 年低 4.1 个百分点，2004 年高 0.8 个百分点，2005 年低 1.3 个百分点，2006 年低 1.9 个百分点，2007 年低 1.8 个百分点。由此造成了城乡收入差距的扩大而不是缩小，

---

① 《中国统计年鉴—2008》，第 317 页。

2002 年城市居民人均收入是农村居民的 3.11 倍，2007 年城市居民人均收入是农村居民的 3.33 倍（2003 年 3.23 倍，2004 年 3.21 倍，2005 年 3.22 倍，2006 年 3.28 倍）。

就全国的收入分配情况而言，根据国家统计局 2013 年公布的中国基尼系数，2003 年为 0.479，2004 年为 0.473，2005 年为 0.485，2006 年为 0.487，2007 年为 0.484，都高于 0.4 的警戒线，显示的是收入差距较大的形态。① 也就是说，尽管工资改革等政策措施为民众提供了一定的收入保障，但是在相对的收入公平方面，中国还需要做更长时间的努力。

七　公共服务保障

"十六大"时期在政治体制方面进行的一系列重要改革，重要的目标就是建立"服务型政府"，为公民提供全方位的公共服务保障。

（一）行政许可法与公务员法的颁布

2003 年 8 月 27 日，十届全国人大常委会第四次会议通过《中华人民共和国行政许可法》（简称"行政许可法"），于 2004 年 7 月 1 日起施行。该法是继国家赔偿法、行政处罚法、行政复议法之后又一部规范政府行为的重要法律，其所确立的行政许可设定制度、相对集中行政许可权制度、行政许可的统一办理制度、行政许可实施程序制度、行政机关对被许可人的监督检查制度、实施行政许可的责任制度等，都是对现行行政许可制度的规范和重大变革。

行政许可是一项重要的行政权力，涉及行政权力的配置及运作方式等诸多问题。行政许可法将"行政许可"界定为行政机关根据公民、法人或者其他组织的申请，经依法审查，准予其从事特定活动的行为，并明确规定以下六类事项可以设定行政许可：一是直接涉及国家安全、公共安全、经济宏观调控、生态环境保护以及直接关系人身健康、生命财产安全等特定活动，需要按照法定条件予以批准的事项；二是有限自然资源开发利用、公共资源配置以及直接关系公共利益的特定行业的市场准入等，需要赋予特定权利的事项；三是提供公众服务并且直接关系公共利益的职

业、行业，需要确定具有特殊信誉、特殊条件或者特殊技能等资格、资质的事项；四是直接关系公共安全、人身健康、生命财产安全的重要设备、设施、产品、物品，需要按照技术标准、技术规范，通过检验、检测、检疫等方式进行审定的事项；五是企业或者其他组织的设立等，需要确定主体资格的事项；六是法律、行政法规规定的其他事项。行政许可法规定可以不设行政许可的，一是公民、法人或者其他组织能够自主决定的事项；二是市场竞争机制能够有效调节的事项；三是行业组织或者中介机构能够自律管理的事项；四是行政机关采用事后监督等其他行政管理方式能够解决的事项；在这方面，行政许可法体现了个人自治、市场优先、自律优先、事后机制优先等立法精神。

行政许可法确定的行政许可的设定主体，是全国人民代表大会及其常委会、国务院以及省、自治区、直辖市人民代表大会及其常委会和省、自治区、直辖市人民政府，其他国家机关，包括国务院部门，一律无权设定行政许可。行政许可法确定的行政许可的设定形式，是以法律、行政法规、国务院决定、地方性法规以及省、自治区、直辖市人民政府规章在规定的权限范围内设定行政许可，其他规范性文件，包括国务院部门规章，一律不得设定行政许可。

行政许可法确立了有限政府的观念，将市场主体做得了而且做得好的事项完全交给市场主体，大大缩小了政府审批的范围，从根本上实现了还权于民。行政许可法的颁布，是中国公民和其他市场主体权利的一次大解放，为中国公共政策选择确立"以民为本"的价值原则提供了可靠的制度保障。①

2005 年 4 月 27 日，十届全国人大常委会第十五次会议通过《中华人民共和国公务员法》（简称"公务员法"），于 2006 年 1 月 1 日起施行，1993 年公布的《国家公务员暂行条例》同时废止。

按照公务员法的规定，公务员制度需要坚持六条原则：一是党管干部原则；二是公开、平等、竞争、择优原则；三是监督约束与激励保障并重的原则；四是任人唯贤、德才兼备、注重工作实绩原则；五是分类管理原则；六是法律保护原则，公务员依法履行职务的行为受法律保护。

---

① 对行政许可法的说明，引自中国社会科学院公共政策研究中心、香港城市大学公共管理及社会政策比较研究中心《2003 年/2004 年中国公共政策选择价值基点》。

与《国家公务员暂行条例》明显不同的是，公务员法明确规定了公务员应当具备的条件：（1）具有中华人民共和国国籍；（2）年满十八周岁；（3）拥护中华人民共和国宪法；（4）具有良好的品行；（5）具有正常履行职责的身体条件；（6）具有符合职位要求的文化程度和工作能力；（7）法律规定的其他条件。

对公务员的义务，公务员法增加了"按照规定的权限和程序认真履行职责，努力提高工作效率"的规定。对公务员的权力，公务员法取消了"获得履行职责所应有的权力"的规定。对公务员的职务、级别、录用、考核等，公务员法也有一些新的规定。

尤其需要注意的是，公务员法新增了政策执行责任的规定：公务员执行公务时，认为上级的决定或者命令有错误的，可以向上级提出改正或者撤销该决定或者命令的意见；上级不改变该决定或者命令，或者要求立即执行的，公务员应当执行该决定或者命令，执行的后果由上级负责，公务员不承担责任；但是，公务员执行明显违法的决定或者命令的，应当依法承担相应的责任。

公务员法的颁布，为规范公务员的行为尤其是服务于民众的行为，提供了更具权威性的法律依据。

（二）"服务型政府"取向的改革要求

2005年的国务院政府工作报告不仅明确提出了"服务型政府"的概念，还对深化行政体制改革提出了六方面的要求。

一是深化政府机构改革的要求。按照精简、统一、效能的原则和决策、执行、监督相协调的要求，完善机构设置，理顺职能分工，严格控制编制，实现政府职责、机构和编制的科学化、规范化、法定化。

二是转变政府职能的要求。进一步推进政企分开、政资分开、政事分开，坚决把政府不该管的事交给企业、市场和社会组织，充分发挥社会团体、行业协会、商会和中介机构的作用。政府应该管的事情一定要管好，在继续抓好经济调节、市场监管的同时，更加注重社会管理和公共服务，把财力物力等公共资源更多地向社会管理和公共服务倾斜，把领导精力更多地放在促进社会事业发展和建设和谐社会上。认真贯彻行政许可法，继续深化行政审批制度改革，进一步清理、减少和规范行政审批事项。

　　三是改进经济管理方式的要求。要彻底改变计划经济的传统观念和做法，各级政府抓经济发展，主要是为市场主体服务和创造良好发展环境，不能包办企业投资决策，不能代替企业招商引资，不能直接干预企业生产经营活动。

　　四是建设服务型政府的要求。创新政府管理方式，寓管理于服务之中，更好地为基层、企业和社会公众服务。整合行政资源，降低行政成本，提高行政效率和服务水平。政府各部门要各司其职，加强协调配合。健全社会公示、社会听证等制度，让人民群众更广泛地参与公共事务管理。大力推进政务公开，加强电子政务建设，增强政府工作透明度，提高政府公信力。

　　五是提高依法行政能力的要求。认真贯彻依法治国基本方略，全面实施国务院颁布的依法行政纲要，加快建设法治政府，各级政府及其部门都要严格遵守宪法和法律，依照法定权限和程序行使权力，履行职责，接受监督。实行行政执法责任制，坚决克服多头执法、执法不公的现象。强化行政问责制，对行政过错要依法追究。进一步扩大公民、社会和新闻舆论对政府及其部门的监督。

　　六是加强政风建设的要求。坚持以人为本、执政为民，牢固树立正确政绩观，大兴求真务实之风，抓紧研究建立科学的政府绩效评估体系和经济社会发展综合评价体系。坚决反对形式主义和虚报浮夸，不搞劳民伤财的"形象工程""政绩工程"。减少会议和文件，改进会风和文风。严格规范和控制各种检查、评比、达标活动。加强对公务员的教育、管理和监督，努力建设一支人民满意的公务员队伍。

　　2006年10月11日中国共产党十六届六中全会通过的《中共中央关于构建社会主义和谐社会若干重大问题的决定》，更明确了建设服务型政府、强化社会管理和公共服务职能的具体要求。（1）为人民服务是各级政府的神圣职责和全体公务员的基本准则，要按照转变职能、权责一致、强化服务、改进管理、提高效能的要求，深化行政管理体制改革，优化机构设置，更加注重履行社会管理和公共服务职能。（2）以发展社会事业和解决民生问题为重点，优化公共资源配置，注重向农村、基层、欠发达地区倾斜，逐步形成惠及全民的基本公共服务体系。（3）创新公共服务体制，改进公共服务方式，加强公共设施建设。（4）深化行政审批制度改革，进一步减少和规范行政审批事项，简化办事程序，创新管理制度，为群众和基层提供方便快捷优质服务。(5)推行政务公开,加快电子政务建设,推进公共服务信息化,及时发布公共信息,为群众生活和参与经济社会活动创造便利条件。(6)完善公共服务政策体系,提高公共服务质量,增强政府公信力。(7)推进政事分开,支持社会组织参与社会管理和公共服务。

2007年的国务院政府工作报告特别指出了政府自身建设存在的问题:一是政府职能转变滞后,政企不分依然存在,有些部门职责不清,办事效率低;二是公务消费不规范,奢侈浪费,行政成本高;三是一些地方、部门和少数工作人员还存在官僚主义、形式主义,脱离群众,失职渎职,甚至滥用权力,贪污腐败。针对这些问题,国务院政府工作报告重点强调了与政策过程有关的三项要求。(1)民主决策要求。各级政府要坚持科学民主决策,完善重大问题集体决策制度、专家咨询制度、社会公示和听证制度、决策责任制度,依法保障公民的知情权、参与权、表达权、监督权。(2)依法执行政策要求。加强和改善行政执法,落实行政执法责任制。执法部门要严格按照法定权限和程序行使权力、履行职责。(3)监督权力运行要求。进一步加强行政监督,各级政府及其工作人员都要带头遵守宪法和法律,严格依法办事。要自觉接受人民代表大会及其常委会的监督,接受人民政协的民主监督,认真听取民主党派、工商联、无党派人士和各人民团体的意见。接受新闻舆论和社会公众监督。支持监察、审计部门依法独立履行监督职责。通过加强对权力运行的制约和监督,确保人民赋予的权力用于为人民谋利益。

(三) 农村综合改革试点

推动农村综合改革,尤其是对乡镇管理体制进行综合性的改革试点,是建立"服务型政府"的重要举措,"十六大"时期重点进行了五方面的改革。

第一,乡镇机构改革。继2000—2003年以撤并乡镇为主的乡镇机构改革后,2004—2005年进行了新一轮的乡镇机构改革,主要采用的是四种做法。(1)进一步撤并乡镇,通过降低乡镇数量达到减少人员的改革目标。(2)既撤并乡镇,也减少乡镇党政机构办事机构。(3)撤并乡镇的工作已经基本完成,在新一轮改革中重点压缩乡镇内设机构和行政编制、事业单位编制。(4)在全面改革前冻结乡镇机构和人员,明确规定一定时间内乡镇机构只减不增，乡镇人员只出不进。乡镇机构改革的重点在于减少乡镇政府机构和人员，以减轻财政负担和农民负担，但是这样的改革将涉及 1200 万—1300 万乡镇行政编制和事业编制人员的去留问题，动作过快过猛，可能影响农村的稳定，所以在政策把握上，各地大多持的是谨慎的态度。①

第二，乡镇管理体制综合改革试点。2004 年 11 月 4 日，湖北省委、省政府发出《关于推进乡镇综合配套改革的意见（试行）》，要求在咸宁市咸安区试点的基础上，2004 年在全省推进乡镇综合配套改革，2005 年年底完成此项改革。在这轮综合体制改革中，湖北省规定乡镇不再设立政协机构，乡镇党委设党委委员 7—9 名，党委书记原则上兼任乡镇长，每个乡镇只设"三办（党政综合办公室、经济发展办公室、社会事务办公室）一所（财政所）"或"一办（党政综合办公室）一所"。2004 年，安徽省在宣城市选择 7 个乡镇进行试点，试行乡镇党委书记、乡镇长"一人兼"，党政领导班子成员交叉任职，乡镇机构统一精简为"四室一部"。2005 年 6 月，安徽省委办公厅、安徽省政府办公厅发出《关于开展农村综合改革试点建立农村基层工作新机制的意见》，要求在每个市选择一个县（市、区）先行开展农村综合改革试点（实际选择了 17 个市的 18 个县），试点的主要内容是转变乡镇政府职能，建立农村基层管理新体制，建立农村公共产品供给新机制，建立"三农"社会化服务新体系。② 2003 年 8 月，重庆市城口县坪坝镇还进行了一次流产的综合政治体制改革试点，改革的主要内容是镇长由选民直接选举产生，镇党委书记由全体党员选举产生，建立镇常任党代表制度和镇专职人大代表制度，两个常任（专职）制度的主要职能是监督镇党委和镇政府的工作。③

第三，"乡财县管"改革试点。"乡财县管"改革始于安徽省，改革的动因是缓解县乡财政困境，巩固农村税费改革成果。2003 年 5 月 11 日，安徽省人民政府办公厅转发了省财政厅《关于开展乡镇财政管理方式改革试

① 王修达：《乡镇行政管理体制改革的政策选择走向》，载白钢、史卫民主编《中国公共政策分析，2006 年卷》，第 90—121 页。
② 史卫民：《乡镇改革的路径选择》，载史卫民、潘小娟、郭巍青、郭正林等《乡镇改革：乡镇选举、体制创新与乡镇治理研究》，第 500—549 页。
③ 史卫民、史惟勤：《重庆市城口县坪坝镇政改方案分析报告》，载《乡镇改革：乡镇选举、体制创新与乡镇治理研究》，第 482—499 页。

点意见的通知》，选择和县、五河等9个县进行"乡财县管"改革试点。在试点中，强调了"三权"不变原则，即乡镇预算管理权不变、乡镇资金所有权不变、财务审批权不变，使此项改革绕开了"一级政府一级财政"的敏感话题。改革的主要内容是以乡镇为独立核算主体，实行"预算共编、账户统设、集中收付、采购统办、票据统管"的财政管理方式，由县级财政主管部门直接管理并监督乡镇财政收支，并实行县财政局（农税局）对乡镇财政所（农税所）的垂直管理（可以理解为把"口子"扎住后，先保工资发放，再保运转和重点支出）。和县等9个县的改革试点取得成功后，安徽省决定从2004年7月份起在全省全面实施"乡财县管"。2005年，安徽省又启动了"县乡财政振兴工程"，并选择庐江、南陵和怀远三县作为深化县乡财政体制改革试点联系县，按照实施农村综合改革的要求，转变县乡政府职能，科学界定县乡政府事权和财权，明确划分县乡收入范围，合理确定乡镇财力保障水平，使乡镇财力与其承担的支出责任相适应。其他省份也从2004年开始进行"乡财县管"试点或全面铺开工作。实行"乡财县管"，在一定程度上可以缓解乡镇的财政困难，但是难以从根本上解决问题，所以只能视为一种过渡性的改革措施，并且热衷于"乡财县管"改革的大多是"穷省"或者是"富省"中的相对贫穷地区。[①]

第四，化解乡村债务。农村税费改革，尤其是取消提留统筹收费，对乡镇财政造成严重冲击，财政赤字和债务问题颇为突出，有人根据调查指出，全国80%左右的乡镇难以足额按时发放工资，几乎所有乡镇都有拖欠工资的现象。乡镇财政紧张，不仅影响了基层政权的正常运转，巨额赤字与债务还可能使乡镇干部置中央政府关于减轻农民负担、禁止向农民随意摊派的政策于不顾，以各种名义向农民收费和集资，进一步加重农民负担。2005年7月12日，国务院办公厅发出《关于坚决制止发生新的乡村债务有关问题的通知》，要求采用五条政策措施抑制乡村债务。（1）纠正乡镇经济管理中不规范行为，从源头上防止新的乡村债务发生。凡违反规定形成新债的，一经查实，按照"谁签字、谁负责"的原则，追究当事人的责任。（2）加强和完善村务管理，完善"一事一议"制度，兴办公益事业要坚持量入为出的原则，严格按规定的程序办事，不得超出"一事一议"控制标准，不得借债兴办公益事业。（3）各地区、各有关部门

要切实保障乡镇机构运转和人员工资发放，不得开展要求乡村和农民出钱出物的达标升级和检查评比验收活动，不得对乡镇下达不切实际的财政收入指令性计划，不得对乡镇下达招商引资的指标。（4）改革基层干部考核体系，树立不借新债、减少旧债也是政绩的观念，把制止新债、化解旧债作为考核乡镇干部任期目标和工作实绩的重要内容。（5）建立健全乡村新债责任追究和领导干部离任债务审计制度，对违反规定发生新债的乡村，必须追究主要负责人的责任，视情节轻重和数额大小，给予相应的纪律处分，并依法追究其经济和行政责任。①

第五，农村金融改革。农村信用社改革自 2003 年 8 月的 8 省（市）试点至 2005 年的全面铺开，历时两年有余，按照"明晰产权关系、强化约束机制"的总体目标，各地农村信用社改革有了一定效果。截至 2005 年 6 月末，全国农村信用社各项存款达到 30694 亿元，成为继工行、农行、建行后第四个存款突破 3 万亿元的金融机构；各项贷款 21968 亿元，其中农业贷款达到 10299 亿元，占全部金融机构农业贷款的比重上升到 87.5%。2005 年上半年，全国农信社实现轧差盈余 93.36 亿元，同比增盈 80.69 亿元。2005 年 5 月，央行将陕西、四川、贵州、山西 4 省确定为实施小额信贷的试点地区，并规定 4 省小额信贷的试点，一是"只贷不存"；二是对小额信贷利率实行放开，但不能是高利贷，不能超过法定利率的 4 倍；三是主要服务于"三农"；同时规定小额信贷只能在所在的行政区域，原则上不能跨区域。央行还规定，单笔贷款限额最多 10000 元。央行出台的这些规定有助于扩大农村信贷的资金来源，鼓励民间金融在小额信贷的政策框架下获得一定的发展。②

（四）政务公开的新要求

2005 年 3 月 24 日，中共中央办公厅、国务院办公厅发出《关于进一步推行政务公开的意见》，指出在政务公开方面存在的主要问题：一是有的领导干部对政务公开的重要性认识不足，推行政务公开的力度不够；二是一些行政机关工作人员依法行政的观念和政务公开的意识还比较淡薄，

①　朱钢：《乡村债务的特征、产生机制与化解》，载《中国公共政策分析，2006 年卷》，第 155—172 页。

②　党国英：《农村改革与新农村建设》，载《中国公共政策分析，2007 年卷》，第 113—154 页。

依法行政的能力和水平有待进一步提高；三是有的地区和部门政务公开制度不健全，程序不规范，工作不落实，甚至存在形式主义倾向。这些问题在一定程度上影响了政务公开工作的落实，妨碍了人民群众知情权、参与权和监督权的行使。

推行政务公开的原则性要求是严格按照法律法规和有关政策规定，对各类行政管理和公共服务事项，除涉及国家秘密和依法受到保护的商业秘密、个人隐私之外，都要如实公开。要按照规定的制度和程序，对应该公开的事项，采用方便、快捷的方式及时公开。推行政务公开的目标是经过不懈努力，使政务公开成为各级政府施政的一项基本制度，政府工作透明度不断提高，政府与群众沟通的渠道更加畅通，人民群众的知情权、参与权和监督权等民主权利得到切实保障。

各级政府在政务公开方面有不同的重点。(1) 乡（镇）政府重点公开贯彻落实中央有关农村工作政策，以及财政、财务收支，各类专项资金、财政转移支付资金使用，筹资筹劳等情况。(2) 县（市）、市（地）政府重点公开本地区城乡发展规划，财政预决算报告，重大项目审批和实施，行政许可事项办理，政府采购，征地拆迁和经营性土地使用权出让，矿产资源开发和利用，税费征收和减免政策的执行，突发公共事件的预报、发生和处置等情况。(3) 省级政府及其工作部门重点公开本地区本部门经济建设和社会发展的相关政策与总体规划，财政预决算报告，行政许可事项的设定、调整、取消以及行政许可事项办理，国有企业重组改制、产权交易等情况。(4) 国务院各部门要结合实际，确定公开的重点内容。

政务公开可以采用多种形式，并要特别注意四种形式。一是新闻媒体公开。不仅要完善政府新闻发布制度，通过政府新闻发布会定期发布政务信息；还要继续通过政府公报、政务公开栏、公开办事指南和其他形式公开政务，并充分利用报刊、广播、电视等媒体，发挥其在政务公开中的作用。二是会议公开。积极探索通过社会公示、听证和专家咨询、论证以及邀请人民群众旁听政府有关会议等形式，对行政决策的过程和结果予以公开。三是服务机构公开。通过各类综合或专项行政服务中心，对行政许可、公共服务等事项予以公开。四是网络公开。加强政府网站建设，推进电子政务，逐步扩大网上审批、查询、缴费、办证、咨询、投诉、求助等服务项目的范围，为人民群众提供快捷、方便的服务。

政务公开要做到及时、真实、可靠、有用,需要建立必要的评议制度和追责制度等。《关于进一步推行政务公开的意见》为此明确要求建立三种制度。一是政务公开评议制度,要求把政务公开纳入社会评议政风、行风的范围,组织人民群众对政务公开的内容是否真实、准确、全面,时间是否及时,程序是否符合规定,制度是否落实到位等进行评议。二是政务公开责任追究制度,要求明确政务公开工作各部门和单位的责任,对工作不力、搞形式主义的,要严肃批评,限期整改;对弄虚作假、侵犯群众民主权利、损害群众合法利益、造成严重后果的,要严肃查处。三是政务公开监督制度,要求地方各级人民政府和国务院各部门自觉接受同级人大及其常委会和政协对政务公开工作的监督;认真听取群众团体和人民群众对政务公开的意见和建议,接受人民群众和新闻媒体的监督;上级行政机关要加强对下级行政机关政务公开工作的层级监督;监察、审计等机关要按照各自的职责,对政务公开工作实行专门监督。

在中央的要求下,一些地方开始进行推进政务公开的试点。河北省2005 年开展的行政权力公开透明运行试点工作,要求全面清理政府权力并给权力划定边界,将清理确认后的权力编制成职权目录和权力运行流程图,并利用现代化的技术手段,推进网上审批,让权力行使过程在最大范围内公开。作为省级试点单位的邯郸市,继 2005 年对市长权力进行明确界定后,2006 年又对市政府及所属 64 个职能部门的行政权力进行了全面清理,共清理出各种权力 2100 多种并制定了相应的权力流程图。黑龙江省大庆市 2006 年依法清理了行政权力和服务项目,编制了政务公开目录,并创造了 "1 + 5" 政务公开推进模式。2006 年 6 月,江苏省南京市召开"构建权力阳光运行机制工作动员会",确定了 "阳光行政" 四步走目标:第一步,各行政部门自建行政执法电子系统,实行网上运作;第二步,实现机关联网办公,行政执法信息网上公开;第三步,推进网上实时监控;第四步,建立健全公众服务机制。广东省深圳市 2006 年成为全国第一个电子政务试点市,当年 8 月深圳市正式推出了《关于加强电子政务工作的意见》和八套配套措施。①

① 《领导决策信息》2006 年第 27 期载文《全国政务公开典型经验比较》。

(五) 行政服务中心的普及

在行政服务方面，重点是建立和普及行政服务中心。2003—2004 年，河南、山西、江苏、云南、安徽、吉林等省都扩大了在乡镇、街道建立行政服务中心或便民服务中心的试点，有的地方 (如河南省焦作市) 还试行了村"代办员"制度。此后，在乡镇、街道和城市社区建立行政服务中心的做法逐渐在全国普及。最早出现的县级行政服务中心是浙江省金华市 (县级市) 于 1998 年 9 月 25 日建立的政府集中办事大厅 (2000 年 9 月改名为金华市行政服务中心)。2000 年 5 月，安徽省芜湖市建立了全国第一个市级行政服务中心；2001 年 3—6 月，河南省焦作市建立了市、县两级行政服务中心体系。2001 年 10 月 9 日，四川省人民政府政务服务中心正式对外办公，成为全国第一个省级行政服务中心。此后，省、市、县三级行政服务中心在全国逐渐普及。①

依托行政服务中心系统，可以进行全方位的行政服务。如天津市南开区政府行政许可服务中心 2003 年 1 月开始实行的"超时默认"机制，2004 年 1 月改为"超时默许"机制，规定行政许可审批部门受理申请后，在公开承诺的时限内，如果既不批准也不批驳，又无法定事由准许延长时限，则由事先授权的信息管理系统自动生成并印发不危及安全、健康的许可决定，送达申请人。之后，按规定追究相关部门和人员的责任，并补齐相关手续。再如山东省莱西市于 2003 年开始推行为民服务代理制，在市、镇、村 (居) 三级设立代理服务机构，群众提出办事申请并提供相关材料后，各级服务代理机构在规定时限内为群众提供无偿全程代理服务，使群众办事能够做到"小事不出村 (居)、大事不出镇"。2004—2006 年，浙江省宁波市建立了集行政审批、资源配置、行政监察和社会服务于一体的综合性行政服务平台，实现了信息公开、办事公开和集中监督的统一，有效承担了全市 80% 以上的行政审批和社会服务职能。②

---

① 史卫民：《"政策主导型"的县政发展》，中国社会科学出版社 2013 年 5 月版，第 87—88 页。

② 俞可平：《过去十年中国的政府创新：对 114 个中国地方政府创新奖入围项目的评析》，载白钢、史卫民主编《中国公共政策分析，2010 年卷》，中国社会科学出版社 2010 年 7 月版，第 44—59 页。

（六）建立公共服务新机制

在公共服务和提供公共产品方面，"十六大"时期逐渐摆脱政府提供公共服务的单一模式，将"多向结合"的社会关系（注重国家、市场、单位或组织、公民个人四个要素的结合，详见本书第四章）引入公共服务领域，通过建立包容政府、市场、组织和公民的新型公共服务机制，为民众提供了基本的公共服务保障。

政府尤其是县、乡政府，仍然承当公共服务主要提供者的角色。为发挥公共服务主角的作用，政府主要有四种作为。一是公共服务的整体规划和公共服务项目的限定，已经成为各级政府的重要工作内容。二是县、乡政府用于公共服务的资金，除了"向上伸手"并开始建立中央—省—市—县—乡的公共服务财政保障机制外，亦不得不提高"自我筹款"的能力。三是创新政府公共服务机制，各地都有了一些有益的探索。四是政府可以成为公共服务或公共产品的购买者，通过购买或委托方式为民众提供必要的服务。

市场介入公共服务，主要有三种方式。一是企业或投资者参与政府的公共服务建设，既包括资金的投入（有一定的利润返还），也包括具体建设项目的承建和维护。二是向政府或各种组织提供低利润或无利润的可供购买的公共服务项目。三是企业或投资者等在一定范围内提供的低成本或低利润的公共服务。

组织参与公共服务，主要有两种主要形态。一种是基层群众自治组织（包括村民委员会和社区居民委员会），在本身能力范围内或政府支持下，为村落或社区内的居民提供服务。另一种是各种社会组织，包括慈善型社会组织、娱乐健身型社会组织、亲友型社会组织甚至宗教组织，为民众提供一定的公共服务或公共产品（下文提到的"组织"，即指这两类组织）。

将公民个人纳入公共服务体系，是中国现代化进程中提升公共服务水平的一个重要的制度性选择。受经济发展水平的制约，中国不可能以"福利国家"的方法解决公共服务问题，即便是在公共服务中引入市场机制和组织机制，也难以满足公共服务的巨大资金需求。将公民纳入公共服务体系，使公民也成为公共服务的"出资人"，以"三个一点"（国家或政府出一点，单位或组织出一点，个人出一点）的方式均摊一些公共服务项目所需经费，一方面降低了国家或政府提供公共服务的成本，另一方面也密切了公民与公共服务的关系，使其不得不关注公共服务问题（尽管主要的形态还是公民"被纳入"公共服务体系，而不是公民"主动参与"公共服务，但是已经注意到了对进入公共服务项目公民"自愿选择"的尊重）。

在提供公共服务的实践过程中，四种要素的结合可能显示出一种递进的关系。首先，政府既不可能也无能力包揽全部公共服务，需要借助市场的支持，由此促成了政府与市场两大要素的结合，但是在这样的结合中，不但要限制市场的获利或弄虚作假等行为，也要限制政府的获利行为。其次，政府与市场的结合，往往还不能有效解决公共服务面临的难题，还需要来自组织的一定程度的资金支持，并且更为需要的是基层群众自治组织在行动方面的配合，由此需要建立相应的机制，使政府、市场、组织三大要素结合起来，并且尤为重要的是明确基层群众自治组织承载的具体公共服务职责，使之成为公共服务的"前哨阵地"。再次，政府、市场、组织的结合，依然不能满足日益增长的公共服务需求，尤其是难以化解公共服务水平提高的成本压力，只有把公民拉进来，使之承担一定的公共服务成本，使政府、市场、组织、个人四大要素结合起来，才可能有效解决面临的问题；这样的结合，在中国的公共服务体系内，造就了公民的双重身份，即公民既是公共服务的享受者，也是基本公共服务的提供者和参与者。只有了解了公民的这种基本定位，才能在未来的公共服务发展中采取正确的策略，避免错误决策减弱公民对公共服务的理解和支持。[①]

八　和谐社会的民主保障

"十六大"时期明确提出了"科学发展观"和构建社会主义和谐社会的概念，并在理论和实践层面对民主发展提出了一些新的要求。

（一）提高执政能力的政策要求

2003年8月28日至9月1日，胡锦涛在江西考察时首次提到了"科学发展观"的概念。2004年9月16日至9月19日召开的中国共产党十

---

① "建立公共服务新机制"的政策案例说明，引自史卫民《"政策主导型"的县政发展》，第89—92页。

六届四中全会通过《中共中央关于加强党的执政能力建设的决定》，特别强调了"坚持以人为本、全面协调可持续的科学发展观，更好地推动经济社会发展"的六条要求。（1）深入体察人民群众的意愿，切实把维护和实现最广大人民的根本利益体现在党领导发展的大政方针和各项部署中，落实到经济社会发展的各个方面。（2）把推进经济建设同推进政治建设、文化建设统一起来，促进社会全面进步和人的全面发展。（3）推动建立统筹城乡发展、统筹区域发展、统筹经济社会发展、统筹人与自然和谐发展、统筹国内发展和对外开放的有效体制机制。（4）建立体现科学发展观要求的经济社会发展综合评价体系。（5）在指导方针、政策措施上注重加强薄弱环节，特别要重视解决好农业、农村、农民问题，重视实施西部大开发战略和振兴东北地区等老工业基地战略，重视扩大就业再就业和健全社会保障体系，重视发展教育、科技、文化、卫生、体育等各项社会事业，重视计划生育、节约资源、保护环境和安全生产，大力发展循环经济，建设节约型社会。（6）贯彻落实科学发展观，要坚持从实际出发，因地制宜，分类指导，积极推进。

提升党的政策水平，强化党的政策能力，是加强党的执政能力建设的重要内容，《中共中央关于加强党的执政能力建设的决定》为此特别提出了以下要求。

第一，党的执政能力，就是党提出和运用正确的理论、路线、方针、政策和策略，领导制定和实施宪法和法律，采取科学的领导制度和领导方式，动员和组织人民依法管理国家和社会事务、经济和文化事业，有效治党治国治军，建设社会主义现代化国家的本领。

第二，必须坚持科学执政、民主执政、依法执政，不断完善党的领导方式和执政方式。要结合中国实际不断探索和遵循共产党执政规律、社会主义建设规律、人类社会发展规律，以科学的思想、科学的制度、科学的方法领导中国特色社会主义事业。

第三，及时全面分析经济形势，增强预见性，准确把握经济运行中的主要矛盾和突出问题，适时提出和有效贯彻应对的方针政策，防止大起大落，推动经济持续、快速、协调、健康发展。

第四，坚持对外开放的基本国策，密切关注世界经济形势变化，制定和实施正确的涉外经济方针政策，在更大范围、更广领域、更高层次上参与国际经济技术合作和竞争。

第五，按照发展社会主义市场经济的要求，完善党领导经济工作的体制机制和方式。党领导经济工作，主要是把握方向，谋划全局，提出战略，制定政策，推动立法，营造良好环境。地方党委要结合本地实际，确定经济社会发展的基本思路和工作重点，加强和改进对经济社会重大事务的综合协调，确保中央的方针政策和各项部署的贯彻落实。涉及国民经济和社会发展规划、重大方针政策、工作总体部署以及关系国计民生的重要问题，由党委集体讨论决定，经常性工作由政府及其部门按照职责权限决策和管理。

第六，支持人民通过人民代表大会行使国家权力，支持人民代表大会及其常委会依法履行职能，密切人大代表同人民群众的联系，使国家的立法、决策、执行、监督等工作更好地体现人民的意志，维护人民的利益。坚持和完善中国共产党领导的多党合作和政治协商制度，加强同民主党派合作共事，健全有关重大问题决策前协商的制度，真诚接受民主党派监督，巩固同党外人士的联盟。

第七，加强党对立法工作的领导，善于使党的主张通过法定程序成为国家意志，从制度上、法律上保证党的路线方针政策的贯彻实施，使这种制度和法律不因领导人的改变而改变，不因领导人看法和注意力的改变而改变。

第八，完善重大决策的规则和程序，通过多种渠道和形式广泛集中民智，使决策真正建立在科学、民主的基础之上。对涉及经济社会发展全局的重大事项，要广泛征询意见，充分进行协商和协调；对专业性、技术性较强的重大事项，要认真进行专家论证、技术咨询、决策评估；对同群众利益密切相关的重大事项，要实行公示、听证等制度，扩大人民群众的参与度。建立决策失误责任追究制度，健全纠错改正机制。

第九，善于把人民群众的实践经验升华为理论，善于用理论创新的成果指导路线方针政策的制定，通过理论创新推动制度创新、科技创新、文化创新以及其他各方面的创新，大力营造理论创新的社会环境。

第十，坚持把最广大人民的根本利益作为制定政策、开展工作的出发点和落脚点，正确反映和兼顾不同方面群众的利益。高度重视和维护人民群众最现实、最关心、最直接的利益，坚决纠正各种损害群众利益的行为。综合运用政策、法律、经济、行政等手段和教育、协商、调解等方法，依法及时、合理地处理群众反映的问题。建立健全社会利益协调机制，引导群众以理性合法的形式表达利益要求、解决利益矛盾，自觉维护安定团结。

第十一，坚持科学发展观和正确政绩观，重实际、说实话、办实事、求实效，坚决反对形式主义、官僚主义和弄虚作假。从中央做起，改革会议制度，大力精简会议、文件和简报，切实改进文风。严格规范和控制各种检查、评比、达标活动，健全领导干部联系基层、联系群众制度。

（二）构建社会主义和谐社会的民主要求

2006 年 10 月 8 日至 10 月 11 日召开的中国共产党十六届六中全会通过《中共中央关于构建社会主义和谐社会若干重大问题的决定》，要求以科学发展观统领经济社会发展全局，按照民主法治、公平正义、诚信友爱、充满活力、安定有序、人与自然和谐相处的总要求，以解决人民群众最关心、最直接、最现实的利益问题为重点，着力发展社会事业、促进社会公平正义、建设和谐文化、完善社会管理、增强社会创造活力，走共同富裕道路，推动社会建设与经济建设、政治建设、文化建设协调发展。

十六届六中全会对构建社会主义和谐社会提出了全面的政策构想，并要求以五种民主机制来保证政策构想的实现。

一是权利保障机制。要求丰富民主形式，实现社会主义民主政治制度化、规范化、程序化，保障人民享有广泛的民主权利；从各个层次扩大公民有序的政治参与，保障人民依法管理国家事务、管理经济和文化事业、管理社会事务；推进决策科学化、民主化，深化政务公开，依法保障公民的知情权、参与权、表达权、监督权。

二是法律保障机制。要求维护社会主义法制的统一和尊严，树立社会主义法制权威；坚持公民在法律面前一律平等，尊重和保障人权，依法保证公民权利和自由；加快建设法治政府，全面推进依法行政，严格按照法定权限和程序行使权力、履行职责，健全行政执法责任追究制度，完善行政复议、行政赔偿制度；加强对权力运行的制约和监督，加强对行政机关、司法机关的监督；拓展和规范法律服务，加强和改进法律援助工作；深入开展法制宣传教育，形成全体公民自觉学法守法用法的氛围。

三是司法保障机制。要求加强社会和谐的司法保障，坚持司法为民、公正司法，推进司法体制和工作机制改革，建设公正、高效、权威的社会主义司法制度，发挥司法维护公平正义的职能作用；加强司法民主建设，健全公开审判、人民陪审员、人民监督员等制度，发挥律师、公证、和解、调解、仲裁的积极作用。

四是沟通保障机制。要求统筹协调各方面利益关系，妥善处理社会矛盾，适应我国社会结构和利益格局的发展变化，形成科学有效的利益协调机制、诉求表达机制、矛盾调处机制、权益保障机制；拓宽社情民意表达渠道，推行领导干部接待群众制度，完善党政领导干部和党代表、人大代表、政协委员联系群众制度，健全信访工作责任制，建立全国信访信息系统，搭建多种形式的沟通平台，把群众利益诉求纳入制度化、规范化、法制化的轨道；坚持依法办事、按政策办事，发挥思想政治工作优势，积极预防和妥善处置人民内部矛盾引发的群体性事件，维护群众利益和社会稳定。

五是增强活力机制。要求坚持人民群众是历史创造者的观点，党和政府的重大决策和工作部署都要从人民群众的创造性实践中汲取智慧、经受检验，都要依靠人民群众付诸实践、取得实效；坚持把创新精神贯穿到治国理政的各个环节，使一切有利于社会进步的创造才能得到发挥，保护创新热情，鼓励创新实践，完善创新机制，宽容创新挫折，增强自主创新能力，建设创新型国家；倡导自主创业、艰苦创业、和谐创业，营造鼓励人们干事业、支持人们干成事业的社会环境，共同致力于建设中国特色社会主义伟大事业。

（三）党内民主的新发展

在倡导科学发展观、构建社会主义和谐社会和增强党的执政能力的背景下，2003—2007 年党内民主有了新的进展，主要体现在四个方面。

第一，建立保障党员权利的新规范。2004 年 9 月 22 日，中共中央颁布了《中国共产党党员权利保障条例》。该条例是在 1995 年 1 月 7 日中共中央印发的《中国共产党党员权利保障条例（试行）》基础上修订而成的，对党员的知情权、参与权、选择权和监督权等各项权利作了更明确的规定，对党员权利的保障措施作了进一步规范，对党的各级组织、各级纪检机关和党的组织、宣传等工作部门以及党的各级领导干部在保障党员权利方面应承担的责任也提出了规范性的要求。

第二，在党代表常任制基础上的综合改革试点。由于中国共产党第十六次全国代表大会明确提出了"扩大在市、县进行党的代表大会常任制的试点，积极探索党的代表大会闭会期间发挥代表作用的途径和形式"，党代表常任制试点迅速铺开，全国的多数省份都进行了县、乡党代表常任制的试点。在党代表常任制的基础上，有的地方还进行了党内组织结构调整的试点。如湖北省罗田县 2003 年 3 月至 2007 年 5 月的改革试点，核心是在党代表常任制的基础上取消县委常委会，具体做法是实行"六制"：一是党代表直选制；二是党代会年会制；三是党代表常任制；四是县委委员制（设县委委员 15 名，候补委员 6 名；县委书记主持全面工作，其他委员分任县长、人大常委会主任、政协主席和纪委书记等职）；五是重大事项表决制（分全委会表决和代表大会表决两个层次）；六是评议制，每年对县委委员进行多方参与的评议。

第三，乡镇党委选举改革试点。2003—2005 年乡镇党委选举制度改革的试点，重点集中在三个方面。一是继续进行"公选"试点。江苏省宿迁市宿豫县（区）在 2003 年 4 月进行"公推竞选"乡镇党委书记试点之后，又于 2004 年 3—4 月进行了"公推公选"乡镇党委书记试点。二是进行党员直接选举乡镇党委书记的试点。2003 年至 2004 年，四川省成都市新都区木兰镇、江苏省宿迁市宿豫区黄墩镇和蔡集镇、重庆市渝北区龙兴镇都以"公推直选"方式选出了镇新一届党委书记。截至 2005 年 10 月底，至少已经有 7 个省、直辖市进行了乡镇党委书记"直选"的试点。三是进行党员直接选举乡镇党委班子的试点。具有代表性的 2004 年 1 月 1 日至 7 日四川省平昌县在 9 个乡镇中试行公推直选乡镇党委领导班子的试点，2004 年 7—8 月云南省红河哈尼族彝族自治州泸西县 10 个乡镇的"公推直选"乡镇党委班子的试点，以及江苏省宿迁市从 2004 年年底开始在所属区、县展开较大规模的乡镇党委领导班子成员直接选举试点（试点在 2005 年全部完成）。

第四，推广"票决制"。为改变考察和确定领导干部人选"一言堂"或"少数人说了算"的做法，在党委常委会或全委会讨论干部人选时采用无记名投票方式表决（简称"票决制"），已经从 1998—2002 年的试点，在 2003—2007 年进入推广阶段。2003 年，吉林省省委八届三次会议和五次会议以全体委员无记名投票方法表决了 3 名市委书记和 4 名市长推荐人选。2003 年 2 月，河南省委全委会通过《中共河南省第七届委员会第四次全体会议关于部分省辖市、省直单位、省管高校正市厅级领导干部拟任、推荐人选表决办法》，以无记名投票方法表决了 32 名正市厅级领导干部拟任、推荐人选。2003 年 4 月 15 日，安徽省委全委会通过《中共安徽省委任用省辖市党政正职表决办法》，以无记名投票方法表决了 11 名省辖市党政正职拟任和推荐人选。云南省则在 2003 年规定省、州、县三级党委常委会任免干部全部实行票决。各地还陆续出台了实行"票决制"的实施办法或试行办法等规范性文件。

恰是因为党内民主有了重要的进展，在《中共中央关于加强党的执政能力建设的决定》中不仅重申了"以发展党内民主带动人民民主"的提法，还特别写入了"逐步扩大基层党组织领导班子成员直接选举的范围"的内容。①

（四）更高层级的国家机关领导人员选举改革试点

2003—2005 年，全国又出现了新一轮的乡镇长"公选"或"直选"的试点。2003 年 4 月至 2004 年 2 月，江苏省宿迁市宿豫县用"公推竞选"方法产生了 37 名乡镇长，在试点中不仅设立了公开推荐、公开竞争的程序，还引入了党委"差额票决"和候选人"实地调研"两个程序，比以前的"公选"乡镇长有了明显的进步。2004 年 3—4 月，宿豫区（已由县改区）又在黄墩镇等乡镇进行了"公推公选"乡镇长试点。2004 年 12 月 22 日，浙江省衢州市柯城区姜家山乡由选民投票选出了 2 名乡长候选人。2005 年 2—4 月，重庆市渝北区在张关镇进行了"三推一选"镇长试点。尤其需要注意的是，2004 年 2 月至 4 月，云南省红河哈尼族彝族自治州在石屏县成功地进行了乡镇长"直推直选"试点。石屏县有 9 个乡镇，除 2 个乡镇的领导班子刚刚调整不参加试点外，其他 7 个乡镇的乡镇长全部由选民直接选举产生。如此大范围的乡镇长直选试点，还是第一次，引起了不少人的关注。

在县级国家机关领导人选举中，也进行了局部的"公选"试点。2002 年，四川省扩大"公选"范围，从参加"公选"笔试的报考者中，选择了 23 个副县长人选。2003 年 10 月至 2004 年 1 月，江苏省在南京市白下区、雨花台区进行了"公推公选"区长试点，在徐州市沛县进行了"公推公选"县长试点，在常州市金坛市（不设区的市）进行了"公推公

---

① 2003—2007 年"党内民主"的政策案例说明，引自史卫民、潘小娟等《中国基层民主政治建设发展报告》，第 336—347 页。

选"市长试点。区长、县长、市长的产生程序相同,均以组织推荐、群众举荐和个人自荐相结合的办法报名,经过两轮推荐之后确定候选人初步人选,初步人选驻点调研并撰写调研报告后,通过演说答辩与民意测验,确定差额考察人选,(地级市)市委全委会差额票决确定提名人选,作为人民代表大会主席团提名的区、县、市长候选人,在区、县、市人民代表大会上进行选举。2004 年 2—3 月,浙江省衢州市在龙游、常山、开化三县进行了"民主提名推荐,差额竞争选举"(简称"民推竞选")副县长(3 个县各 1 名副县长)试点,候选人人选的产生与江苏大致相同(没有驻点调研),不同的是江苏省在人民代表大会上实行的是等额选举,浙江省实行的则是差额选举。2004 年 5 月 15 日至 7 月 5 日,湖北省在襄樊市进行了老河口市市长和樊城区区长"双推双选"试点。2004 年 8—9 月,江苏省在洪泽县、盱眙县和泗阳县进行了公推公选县长的试点。2005 年 7 月,江苏省又进行了"公推公选"丰县县长、句容市市长、兴化市市长试点。也就是说,至 2005 年 7 月底,至少已经有 5 个省把"公选"国家机关领导人员的层级从乡镇提高到了县、不设区的市和市辖区一级,并且在制度安排上各有创新。①

(五)"参与式预算"改革试点

2003—2007 年,中国出现了"协商民主恳谈""人代会恳谈""参与式预算"等试点,尽管各种试点的做法有所不同,但都突出了预算过程中的"参与"问题,所以可以统称为"参与式预算"试点。从各地试点的情况看,"参与式预算"已经有了五种模式。

第一种是"协商民主恳谈"模式。2005 年 4 月,浙江省温岭市泽国镇以"协商民主恳谈"方式确定年度城镇建设项目,主要有五个步骤:第一步是镇政府听取各方面意见,提出 30 个需要建设的项目,由 12 位专业人员组成的专家组对 30 个项目的可行性方案进行研究并提出每个项目的资金预算。第二步是以随机抽样方式从全镇 12 万人口中抽选 275 名代表,参加城镇建设项目的协商。第三步是召开协商恳谈会,在召开会议10 天前向协商代表送发 30 个项目的说明材料,并在召开会议前要求协商

---

① 2003—2005 年"国家机关领导人选举改革"的政策案例说明,引自史卫民、潘小娟等《中国基层民主政治建设发展报告》,第 375—380 页。

代表填写一份调查问卷；恳谈会以随机抽样方式将协商代表分为16个小组，每位代表就各项目的优缺点发表自己的看法，各小组讨论时最关注的问题和最集中的意见在大会上发言，12位专家分别回答各小组提出的问题，镇政府全体成员列席会议旁听；大会发言后各小组再次进行讨论，再集中意见在大会上发言；第二次大会发言后，要求协商代表再次填写调查问卷，将两次调查问卷的数据处理后，得出每个项目的得分和排序。第四步是镇政府召开办公会议，将第二次问卷调查排序在前12名的项目拟为2005年城镇建设基本项目。第五步是在镇人民代表大会上表决通过镇政府提出的年度城镇建设项目报告。

第二种是"人代会恳谈"模式。2005年7—11月，浙江省温岭市新河镇以"人代会恳谈"方式确定全年预算，并建立了预算监督机制，具体做法是将财政预算民主恳谈会列入镇人民代表大会会议议程，镇人大代表全部参加会议，还允许部分人旁听，镇长和副镇长代表镇政府接受人大代表的公开质询。根据财政预算民主恳谈会提出的主要问题，镇人大预算审查小组与镇政府班子举行联席会议，形成《关于2005年财政预算报告项目调整的说明》，如果人大代表仍有不同意见，经人大主席团决定，可以将有不同意见的条目列出，由全体人大代表逐项表决，决定其是否继续修改。新河镇还将镇人大财经小组设立为常设机构，负责对预算执行情况进行监督，并参与下一年的财政预算编制。2006年审议财政预算时，新河镇又增加了一项新内容，如果对修改后的预算草案仍有不同意见，5名以上人大代表可以联名提出"修正案"交大会表决。

第三种是"民主点菜"模式。上海市南汇区惠南镇从2003年开始实行镇人大代表以"点菜"方式决定"实事工程"，具体做法是基层领导和人大代表在农村、社区征集群众对"实事工程"的意见，镇政府将收集到的信息汇总后，交给镇人大主席团编制"实事工程"征询表，或可称为"菜单"，发给全体镇人大代表；每位代表按照这份"菜单"进行"点菜"，然后按得票率高低进行排序，提交镇长办公会议讨论，办公会根据票选情况和当年可安排财力状况，初步形成实事工程项目方案，在镇人大代表会上提交代表审议通过后实施。2004—2006年，经"点菜"确定的"实事工程"共有32项。2007年，惠南镇又进一步明确了"实事工程"是指使用财政资金于当年计划完成的与民生有关的公共投资项目，在公开征求意见基础上汇总拟实施的"实事工程"项目，均编制相应的预算草案，交给代表票决；每年的"实事工程"资金应占当年预算总支出的15%以上，已完成的"实事工程"项目应当接受1/2以上的镇人大代表测评。

第四种是街道层面的"参与式预算"模式。2006年，江苏省无锡市在北塘区北大街街道和滨湖区河埒街道进行"参与式预算"试点，2007年无锡市的试点单位扩大到16个街道，采用的程序大体相同。（1）建立参与式预算工作领导小组，选定试点单位，制定试点方案和工作计划。（2）通过召开群众座谈会、听证会和发放征求意见表等形式，以恳谈方式选择候选建设项目。（3）确定群众代表，除了以试点区域内的人大代表、政协委员为代表外，还在各社区选出代表（包括社区居民委员会干部、居民小组长、居民群众代表、个体工商户、外来民工等）。（4）召开群众代表大会，介绍候选建设项目，代表讨论后投票，投票结果（依得票多少进行项目排序）作为本年度建设项目选择的主要依据。（5）确定建设项目并作出预算安排。（6）项目公开招标，实行政府采购，群众代表参与招标、采购、工程监督等过程，并不定期向居民公布工程进展情况。（7）项目完成后进行专项审计，及时公布审计结果。（8）组织社区群众和有关专家对项目实施效果进行满意度测评和绩效评估，对试点工作进行全面总结。

2006年，黑龙江省哈尔滨市在阿城区和平街道、胜利街道和道里区安静街道、工程街道、太平镇进行"参与式预算"试点，2007年将试点扩大到阿城区、道里区、香坊区和巴彦县4个区县。在街道、乡镇一级的试点，程序大致相同。（1）根据资金来源，确定用于"参与式预算"项目的资金额度，经批准后对外公布。（2）向试点单位辖区居民发放征求意见表，对反馈意见进行梳理，形成备选建设项目，进行初步设计和项目概预算，对外公布。（3）按辖区居民5%的比例产生群众代表，代表可由选举、推荐、自荐等方式产生。（4）召开群众代表大会，介绍工程项目情况，代表讨论并提出意见、建议，对建设项目进行投票表决。（5）根据群众代表大会提出的意见和建议，对工程预算等进行修改，并由财政评审机构审查后，由区人大常委会通过。（6）组织项目招标，公示施工单位，并由村民、居民代表对施工情况进行检查和监督。（7）组织工程验收，进行绩效评估，对"参与式预算"工作进行总结。

第五种是县级财政的"参与式预算"试点。2007年，黑龙江省哈尔滨市巴彦县年度预算的生产建设资金为 3000 万元，占全县预算总支出的 5.8%；能否在有限的建设资金下，解决困扰该县十余年的兴隆镇自来水厂改造问题，巴彦县用"参与式预算"试点作出了决定，试点的具体步骤如下。(1) 成立以县长为组长的参与式预算领导小组，召开群众代表会议（包括人大代表、政协委员、街道办事处主任和居民代表等），征求意见，选择进行建设的优先项目。(2) 发布优先建设项目概预算及项目的社会收益和居民收益等信息。(3) 按人口比例确定群众代表人数并产生代表（包括街道和社区干部、居民代表、个体工商户等），召开群众代表大会，讨论优先建设项目并进行投票表决。(4) 财政部门按照群众代表大会投票结果，对拟建设项目进行资金分配，排序第一的兴隆镇自来水厂改造工程，预算投资 1700 万元。县政府对各项目进行审查后，由县人大通过优先建设项目。(5) 群众代表大会监督建设项目执行过程，并由参与式预算领导小组组织代表对项目执行情况进行一次集中视察。(6) 建设工程结束后，进行综合评估，并总结"参与式预算"试点情况。

参与式预算的不同试点，绝大多数涉及公共财政投入的基础建设项目，实质上要解决的都是如何有效提供公共产品的政策问题。此类问题因为涉及社会各方面的利益，往往要面对有限资源和不断扩大的需求之间的矛盾，并受现有体制的影响，使政府和公共机构不得不在结构不良的政策问题中进行选择，既要关注不同决策者或决策部门的价值取向和目标选择，也要承担决策后果不确定性带来的风险。参与式预算的一个重大进步，就是通过改变政策议程，解决政府建构政策问题面临的难题。一方面，参与式预算使参与政策议程的行为者，不再局限于政治领导人、行政官员、政府机构以及权力机关，还包括了专家、人大代表以及普通民众；另一方面，在具体问题的选择上，参与式预算创造了讨论与协商的空间，使政府和社会力量（包括社会团体和个人）两大类政策议程行为者的诉求趋于一致，有效排除政府和社会力量都较为消极的议题，并使社会力量积极而政府消极或政府积极而社会力量消极的议题依然在政府决策的视野之内。也就是说，政策问题的确定，尽管在多数参与式预算试点中只涉及基础设施建设、"实事工程"等局部问题，但是已经产生了一种新的机制，并在政策过程中开始发挥重要作用。

参与式预算对公共政策方案制定的作用最为明显，主要表现在以下几个方面。一是政策规划的基本原则如公正原则、普遍受益原则、个人受益原则、劣者受益原则、连续原则、紧急原则等，以及政策规划的目的性、前瞻性、可行性、过程性、整体性等，都能够在有限度的民众参与中，得到较好地体现。二是信息的公开化，改变了以往政策方案制定过程中的信息不对称局面，大大降低了盲目参与、随意选择和独断决定政策方案的概率。三是政策方案的制定在政府与社会力量的互动中进行，既有体制内运作的参与，如"人代会恳谈"和人大代表的"民主点菜"；也有体制外运作的参与，如在群众中选择代表参加政策方案的讨论。不仅扩大了政策方案的民意基础，亦增加了政策方案的可选择性。四是参与式预算要求政府的政策论证更加充分，尤其是增加细节的说明（如拟建设项目的预算金额、建设设计、预计效果等），并通过广泛的讨论和协商，实现政策方案的评估和择优；以问卷方式或票决方式确定拟建项目的先后次序，或者以不同的表决方式干预预算等，都使政策方案制定成为一个真正进行选择和博弈的过程。

参与式预算的一些试点，并未局限在决策过程内，对公共政策的执行也有所影响。首先，政府确定的建设项目，全部实行公开招标，并将发包过程等置于代表（人大代表或从民众中选择的代表，下同）的监督之下，以公开的形式和公众的监督，防范不规范运作和"寻租"等腐败行为。其次，以代表集中视察或不定期视察的方式了解工程进度和相关问题，或要求施工单位定期提供有关工程的信息和资料，保证代表对政策执行可进行随时监督。这样的做法，已经基本构成了公共政策执行过程中公众的"全程式"参与。

注重政策效果的评估，尤其是绩效和群众满意度的测评，是多数参与式预算试点具有的共同特征，并且既能够采用专家评估的做法，也较多采用代表评估的做法，使政策效果的评估更为科学和客观。

参与式预算在公共政策监控方面的贡献，除了上述代表的监督行为外，最突出的是在乡镇一级人民代表大会建立财经小组，对政府预算执行情况进行全面监控。尽管财经小组能否作为常设机构还有待进一步讨论，但公众对公共政策的监控，已经成为此类改革的一项重要内容，则是不容置疑的事实。①

---

① "参与式预算"的政策案例说明，引自史卫民、赵树凯《参与式预算与公共政策选择》，载《中国公共政策分析，2008年卷》，第289—300页。

（六）行政机关民主决策的程序性规定

2004年3月22日，国务院印发了《全面推进依法行政实施纲要》，对各级行政机关建立健全科学民主决策机制提出了三方面的要求。一是健全行政决策机制，要求科学、合理界定各级政府、政府各部门的行政决策权，完善政府内部决策规则，建立健全公众参与、专家论证和政府决定相结合的行政决策机制，实行依法决策、科学决策、民主决策。二是完善行政决策程序，要求除依法应当保密的外，决策事项、依据和结果要公开，公众有权查阅；涉及全国或者地区经济社会发展的重大决策事项以及专业性较强的决策事项，应当事先组织专家进行必要性和可行性论证；社会涉及面广、与人民群众利益密切相关的决策事项，应当向社会公布，或者通过举行座谈会、听证会、论证会等形式广泛听取意见，重大行政决策在决策过程中要进行合法性论证。三是建立健全决策跟踪反馈和责任追究制度，要求行政机关应当确定机构和人员，定期对决策的执行情况进行跟踪与反馈，并适时调整和完善有关决策；加强对决策活动的监督，完善行政决策的监督制度和机制，明确监督主体、监督内容、监督对象、监督程序和监督方式；按照"谁决策、谁负责"的原则，建立健全决策责任追究制度，实现决策权和决策责任相统一。

为规范行政机关的决策行为，2003—2007年，部分省、市人民政府也就行政机关的民主决策程序作出了具体规定。根据这些规定的具体内容，可以区分为三类不同的要求。

第一类是只针对决策听证的要求。2003年12月15日颁布的《青岛市人民政府重大社会公共事项决策听证试行办法》、2004年6月2日颁布的《重庆市行政决策听证暂行办法》以及2004年6月24日颁布的《济南市人民政府重大社会公共事项决策听证暂行办法》等，都对重大决策的听证事项和听证程序作了明确的规定。2005年11月1日开始施行的《太原市政府重大事项决策听证办法（试行）》、2006年1月1日开始施行的《贵阳市重大行政决策听证规定（试行）》以及2006年5月22日开始施行的《武汉市人民政府重大行政决策事项听证办法（试行）》（同时施行的还有《武汉市人民政府重大行政决策事项专家咨询论证办法（试行）》）等，都明确要求听证后形成的报告或者纪要，应当作为行政机关决策的重要依据。2006年8月1日开始施行的《鞍山市政府重大决策事项合法性论证程序规定》强调的则是以座谈会、论证会、协调会、书面征求意见以及媒体、市政府网站等形式听取社会各方面的意见，作为重大决策合法性论证的重要方式。此外，还有一些规定重点强调了"公示"与"听证"的结合，如 2004 年 3 月 26 日发布的《成都市重大行政决策公示和听证暂行办法》不仅对决策听证程序有具体的规定，还对重大决策的公示内容和公示程序作了规定，并明确要求公示后要形成正式的公示报告；2006 年 6 月 15 日发布的《深圳市人民政府重大决策公示暂行办法》尽管只是对公示程序作了具体规定，但是强调了市政府决策会议审议重大决策草案时应当充分考虑公示情况反映的各种意见和建议。

第二类是对民主决策程序提出全面的要求。2004 年 11 月 23 日颁布的《昆明市人民政府重大事项决策程序规定》，对重大决策涉及的事项、重大事项的确认程序、重大和特别重大事项的决策程序、政策听证和政策公开征求意见等都作了具体的规定。2005 年 1 月 6 日颁布的《湖北省人民政府关于推进行政决策科学化民主化的若干意见》，则不仅强调了行政决策的一般程序，还明确要求建立六种制度，即重大行政决策依法向人大及其常委会报告制度、重大行政决策民主协商制度、专家咨询制度、社情民意反馈制度、监督制度、决策失误责任追究制度。

第三类是对政策过程提出全面的民主要求。2005 年 4 月 6 日颁布的《河北省人民政府关于建立健全科学民主决策制度的实施意见》，不仅对决策事项、备选方案（可准备两种以上方案）、选定决策方案的程序作了具体规定，还确定了先试点、后铺开等政策执行程序，并要求在政策监督方面建立四大制度，即重大决策报告制度、重大决策通报制度、重大决策评价制度、重大决策责任追究制度。2005 年 11 月 1 日颁布的《重庆市政府重大决策程序规定》，除了要求继续执行 2004 年的听证规定外，还对决策形式、方案准备、审议决定、决策执行、法律责任等作了具体规定，并强调参加决策方案评审的专家享有知情权、独立表达意见权、取得服务报酬权和其他权利，人大代表、政协委员依法对政府重大决策及其执行进行监督；决策执行机构在执行过程中发现政府重大决策所依赖的客观条件发生变化导致决策目标全部或部分不能实现的，应当向决策机关提出停止执行、暂缓执行或修正决策的建议。2006 年 6 月 26 日颁布的《黑龙江省人民政府重大决策规则》，对决策权限、决策程序（包括公开征求意见、举行听证会、专家论证等程序）、决策的执行和督察、决策监督和责任追究作了具体规定，并明确要求对决策事项的全部或者部分内容要拟定两种以上供选择的决策方案；省政府审议决策事项时，可以根据议题需要，邀请省委、省人大、省政协、省法院、省检察院、民主党派、工商联、人民团体有关负责人以及省人大代表、政协委员、政府参事、有关专家学者和群众代表列席；省政府建立决策及其执行效果的社会评议机制，通过互联网或者有关媒体定期听取公众对省政府决策及其执行效果的评价，作为改进工作的依据。2007年3月19日颁布的《甘肃省人民政府重大决策程序暂行规则》，对决策事项、决策准备、决策审定、决策执行、决策监督、责任监督等作了具体规定，并强调要进行多方案比较研究的问题或者存在争议经协商仍达不成一致意见的事项，应当根据不同意见拟订两个以上决策备选方案。2007年11月26日颁布的《广西壮族自治区行政机关重大决策程序暂行规定》，对决策事项、决策调研、咨询论证、征求意见、合法性审查、会议决定、决策纠错和决策责任等作了具体规定，并要求自治区的各级行政机关都要按照这样的规定实施重大决策。

尽管三类要求的内容有所不同，但是共同的特征都是既强调了科学决策、民主决策和依法决策（或合法决策）的原则，也强调了程序规范、决策或整体性的政策过程的公开、包容以及鼓励广泛的政策参与，对于改变地方政府政策过程的封闭状态和提升民主决策水平，确实起了重要的推动作用。

（七）提供基本保障的"政策民主"

"十六大"时期强调科学发展观并要求构建社会主义和谐社会，搭建起了为民众福祉和经济、社会发展提供基本保障的政策体系，并重点强调了八方面的保障。

第一，政策权力正确运行保障。西蒙（Herbert A. Simon）曾明确指出："我们可以把'权威'定义为指导他人行动的决策制定权力。权威是'上级'和'下属'之间的关系，上级制定并传达预期下属会接受的决策，下属预计上级制定的政策，并根据这些决策来决定个人的行动。""我们可以把职权层级描述成按人进行的职权分工，即给每个人授以管理一群下属的职权。我们同样可以按事务类别来分解职权，给每个人授以管辖组织某方面工作的职权，这在文献中常常被叫做按'职能'来分配权威。各类事务的管理权是通过分发命令通知文件来分配的。这类通知包括指示和职责守则等等，它们澄清了每个群体成员的活动范围以及群体指定权威性决策的范围。""在以权力为导向的世界里，'控制者'是谁成了中心议题，使得'实现了什么目标'黯然失色。……另一种解决办法是，想办法把渴望权力的注意力，转移到对成就感和归属感的需要。……在组织内创造一种环境，使得权威能够作为完成组织目标的有效工具，而不至于把权威本身当成目的，同时又不会刺激上司或下属心中潜在的纯粹为了权力而实施权力的冲动，这是一项基本的管理任务。"① 为保证"权威"性决策，"十六大"时期既注重了对决策权力的约束，要求以集体决策的方式（尤其是普遍采用"票决制"的方法决定重大问题）抑制滥用权力，并且开始进行"理清权力边界"和"权力阳光运行"的试点；也注重了按"职能"划分职权，不仅对行政许可权力作了严格的限定，明确要求各级政府及其部门必须依照法定权限和程序行使权力，履行其应有的指责；还强调了对权力的监控，要求通过加强对权力运行的制约和监督，确保人民赋予的权力用于为人民谋利益，并且特别强调了反对形式主义、虚报浮夸和劳民伤财的"形象工程"等，将"正确的政绩观"（将以权力为导向的政绩观改变为以服务的成就感和归属感为导向的政绩观）纳入了监督和管理的范畴。尽管在权力制约方面还需要作出更多的努力，但是必须注意到这些措施已经为正确行使政策权力提供了基本的保障。

第二，公民权利保障。阿伦特（Hannah Arendt）指出："国家作为一种机构，它的最高任务是保护和保障人作为人的权利、作为公民的权利，以及作为民族成员的权利。"② "十六大"时期在"保护和保障人作为人的权利"方面，既注重了能够为公民带来实际利益的"应得权利"的保障，不仅为中国民众提供了全方位的安全权利保障，还为特定人群如农民以及农民工、城乡的享受低保人员、流浪人员等提供了必要的权利保障，尤其是收入和基本生活条件的保障；也注重了能够使公民参与政策过程的"支配权利"的保障，并特别强调了要依法保障公民的知情权、参与权、表达权和监督权。权利保障需要根据经济和社会的发展增加新的内容，"十六大"时期显然对这一点给予了高度的重视。

---

① [美]赫伯特·A. 西蒙：《管理行为》，詹正茂译，机械工业出版社 2007 年 7 月版，第 28、156、162、166—167、177—178 页。

② [美]汉娜·阿伦特：《极权主义的起源》，林骧华译，生活·读书·新知三联书店 2008 年 6 月版，第 313—314 页。

　　第三，人民利益保障。"十六大"时期重点强调了政策过程中的人民利益原则，明确要求把最广大人民的根本利益作为制定政策、开展工作的出发点和落脚点，正确反映和兼顾不同方面群众的利益，高度重视和维护人民群众最现实、最关心、最直接的利益，坚决纠正各种损害群众利益的行为。人民利益原则在改革开放以来的各时期中也多有提及，但是"十六大"时期的表述最为完整。尤其需要注意的是，"十六大"时期特别关注了对弱势群体利益保障的问题，而这样的做法确实符合民主理论的特定要求。如德博拉·斯通（Deborah Stone）所言："民主理论在如何认定弱小和强大的利益、要求政府如何保护弱小利益方面各不相同。但是，它们在以下两个核心假定上是相同的：至少有一些重要而良好的利益过于弱小无法靠自身的力量显示出来，政府至少有一项重要的功能就是要支持这些弱小的利益。"[①]在经济和社会发展的特定阶段，决策者既注意了对弱势群体弱小利益的认定，如农民负担问题、农民工基本收入和社会保障问题、流浪人员的人身和利益问题、城乡贫困人口救助问题，以及因食品、药品、饮水、环境、工作等事件和事故中民众的利益受损问题，又注意到了使用各种政策工具来解决这些问题，尽管不能杜绝侵害弱势群体利益的现象，但至少可以减少这样的现象，并保证弱势群体在遭遇利益侵害后可以得到必要的利益补偿。

　　第四，"经济社会"保障。胡安·林茨（Juan J. Linz）和阿尔弗雷德·斯特潘（Alfred Stepan）认为，"经济社会"就是现代巩固民主制所需要的一套在国家与市场之间起调节作用、在社会政治方面精心构造、同时也为大家公认的规范、制度和管制措施："如果一个民主制，它的政策从来不能在教育、健康和交通领域产生政府托管的公共物品，不能为公民提供一种经济保障的体系，针对总体的经济不平等提供一些缓解措施，它就不可能维持下去。把这么一些公共政策从合法的公共论争议程上拿走，这在理论上自然是反民主的。因而，即使假想存在一种极端的情形，民主制以纯粹的市场经济开始，而现代民主政治的运作就会使纯粹的市场经济转入混合经济——或者是我们称为'经济社会'的那套规范、管制措施、政策和制度。这个问题无论我们怎样分析，结论都是民主的巩固必须把一个政治上受到管制的经济加以制度化。它要求有一个经济社会，反过来，

---

①　[美] 德博拉·斯通：《政策悖论：政治决策中的艺术》，第223—224页。

这又要求有一个有效率的国家。"① 应该承认，"十六大"时期以宏观调控保障经济快速增长，并建立了"经济社会"的必要规范，尤其是科学发展、和谐发展的规范，显示的恰是中国政府在管制经济方面确实既注意到了"制度化"的问题，也注意到了"有效率"的问题。

第五，公共服务保障。狄骥（Leon Duguit）曾明确指出："公共服务就是指那些政府有义务实施的行为。""国家政策必须由它所处的整个环境来加以决定，因此，对一项公共服务可以给出如下定义：任何因其与社会团结的实现与促进不可分割，而必须由政府来加以规范和控制的活动，就是一项公共服务，只要它具有除非通过政府干预，否则便不能得到保障的特征。"② 罗伯特·B. 登哈特（Robert B. Denhardt）和珍妮特·V. 登哈特（Jannet V. Denhardt）则强调了政府为公民提供的服务质量应通过便利、保障、可靠性、个人关注、解决问题的途径、公正、财政责任、公民影响八个标准进行测量。③ 应该说，"十六大"时期明确提出"服务型政府"的概念，推出提升公共服务水平的一系列政策措施，以及进行改善服务环境的各种试点，确实是在认识上和实践上都把公共服务提高到了更重要的层级，使民众能够更好地得到来自政府的公共服务保障。

第六，公民参与保障。林德布洛姆（Charles E. Lindblom）和伍德豪斯（Edward J. Woodhouse）指出："策略性分析与政治参与者之间的相互调适，是民主政治体系对于其所采取的行动达成相当明智性的基本策略。""民主政治体系具有较大的异质性，因而使更多的社会需求得到更好的保障。""人们了解政策的个别能力、自信能影响政策的信念，及其对政策所能发挥的效果大不相同。""若要形塑更美好的世界，便要培养一般公民思考社会问题的能力。"④ 达仁道夫（Ralf Dahrendorf）也指出："关键是保障人人都有机会参与政治共同体、（劳动）市场和公民社会生

① ［美］胡安·林茨、［英］阿尔弗雷德·斯特潘：《走向巩固的民主制》，载［日］猪口孝、［英］纽曼、［英］基恩编《变动中的民主》，林猛等译，吉林人民出版社1999年12月版，第56—81页。

② ［法］狄骥：《公法的变迁》，郑戈译，辽海出版社、春风文艺出版社1999年6月版，第50、53页。

③ ［美］珍妮特·V. 登哈特、罗伯特·B. 登哈特：《新公共服务：服务，而不是掌舵》，第44—46页。

④ ［美］林德布洛姆、伍德豪斯：《最新政策制定过程》，序言，第6页；正文，第42—43、138—139页。

活，这类机会仿佛构成人人都赖以立足的共同的基础。"① "十六大"时期不仅强调了某些政策过程（如危机应对政策、各类安全政策以及环境保护政策）各阶段（决策、政策执行、政策监督、政策评价）的民众参与，还在构建"服务型政府"的要求中特别表示了对民众广泛参与的关注，并且在政府创新尤其是"参与式预算"改革中为民众参与提供了一定的保障。有机会参与和有能力参与（重点是思考社会问题的能力）是实现有效政策参与的两个重要条件，"十六大"时期显然已经开始关注这两个条件，并且在给予机会和提高能力方面都有了一些重要的进步。

第七，政策合作保障。弗雷德里克（Carl J. Friedrich）指出："执行命令的观念现在要让位于使得政策有效的观念。对现代政府的绝大多数政策来说，为了保证它们的实施，在民主条件下，无论如何，需要的是合作而不是强力。"② 无论是促进经济发展、构建和谐社会，还是应对各种危机和公共安全事件，在政策层面都需要各方的合作。应该承认，"十六大"时期在建立政策合作关系方面确实着力较多，无论是危机处理中的各方配合和国内外合作，还是解决三农问题、加强安全保障、改变生态环境中的多方合作，以及在公共服务中注重政府、市场、组织、公民四种主体的合作，都显示了对新型政策合作关系的重视，并且恰恰是在合作中更加彰显了政策的有效性。

第八，政策程序保障。"十六大"时期不仅创造了一种新的政策模式（危机管理政策模式），还设定了一些新的政策程序，如行政许可程序、公共服务中心运行程序、参与式预算程序以及地方政府重大决策规定中的公开征求意见程序（"公示"程序）和公众参与决策听证、参与政策监督、参与政策评价等程序，并且通过政务公开，明确提出了政策公开、透明的要求。程序性的保障，使得"民主的政策"或"民主的政策过程"越来越多地被民众所感受和认知，并在推动中国民主发展中扮演越来越重要的角色。

如果承认民主是为民众提供基本保障的重要手段，那么就应该认识到，这样的保障主要来自政策，并由此体现了"政策民主"实践的双重

---

① ［英］拉尔夫·达仁道夫：《现代社会冲突》，林荣远译，中国社会科学出版社 2000 年 3 月版，第 231 页。

② ［美］卡尔·弗雷德里克：《公共政策与行政责任的本质》，载颜昌武、马骏编译《公共行政学百年争论》，中国人民大学出版社 2010 年 1 月版，第 3—12 页。

功能，即一方面用民主的方法或民主的路径构建完整的政策保障体系（体现的是"政策的民主"所发挥的作用），另一方面以具有民主精神的政策来回应公民乃至全社会的保障需求（体现的是"民主的政策"所发挥的作用）。应该看到，经历了二十余年的改革开放后，中国不仅急需构建面对全民需求的政策保障系统，并且具备了建立保障系统的能力。在"政策民主"的实践过程中，主观认知转变和客观条件允许相结合的政策输出，带来的不仅是中国总体保障水平的提升，还是中国现代化的重大进步，因为没有基本的保障，就没有真正意义的现代化。

第七章　应对国际金融危机
（2007年10月—2012年9月）

2007 年 10 月至 2012 年 9 月的中国共产党"十七大"时期，为应对国际金融危机和解决经济、社会发展面临的新问题，中国的公共政策在程序化和制度化方面都有了重大的进步。

一　着力于中国经济稳定增长

2007 年 2 月浮出水面的美国次贷危机，2007 年 8 月已经影响到美国、欧盟、日本等世界主要金融市场，逐渐形成一场全球性的金融危机。在国际金融危机的重大冲击下，中国能否"独善其身"，对中国的宏观调控政策体系而言确实是一次重大的考验。

（一）"保八"和"保七"的努力

2007 年 12 月 15 日至 21 日召开中国共产党第十七次全国代表大会时，国际金融危机对中国的影响还未充分显现，在大会的中央委员会报告（简称"十七大报告"）中，重点强调的是增强发展协调性，努力实现经济又好又快发展。2008 年的国务院政府工作报告确定的经济发展预期目标是 2008 年 GDP 增长 8% 左右，防止片面追求和盲目攀比经济增长速度，宏观调控的重点是防止经济增长由偏快转为过热，并要求继续实行稳健的财政政策和从紧的货币政策。

2008 年第一季度 GDP 增长 10.6%，第二季度 GDP 增长 10.0%。经济增长速度放缓，本应是宏观调控希望达到的政策效果，但是在国际金融危机的影响下，GDP 增幅下落，可能导致全面的经济衰退，2008 年 7 月召开的中央经济形势分析会将宏观调控的首要任务调整为"保持经济平稳较快发展，控制物价过快上涨"。2008 年前三季度 GDP 增长 9.9%，比 2007 年同期下降了 2.3 个百分点。

2008 年 10 月后国际经济形势急转直下，对中国经济的不利影响明显加重，中国政府的宏观调控政策再作调整，重点转向防止经济增速过快下滑，开始实行积极的财政政策和适度宽松的货币政策，并推出了扩大内需、促进经济增长的一些具体措施。宏观调控政策的及时调整，对稳定 2008 年的中国经济形势发挥了一定的作用。2008 年第四季度 GDP 增长 6.8%，全年 GDP 增长 9.0%，GDP 增幅比 2007 年（11.4%）下降了 2.4 个百分点。[①]

2009 年的国务院政府工作报告对中国经济发展形势作出了三条基本判断。一是国际金融危机还在蔓延，仍未见底，国际市场需求继续萎缩，全球通货紧缩趋势明显，贸易保护主义抬头，外部经济环境更加严峻，不确定因素显著增多。二是受国际金融危机影响，经济增速持续下滑已成为影响全局的主要矛盾；一些行业产能过剩，部分企业经营困难，就业形势十分严峻，财政减收增支因素增多，农业稳定发展、农民持续增收难度加大。三是长期制约中国经济健康发展的体制性、结构性矛盾依然存在，有的还很突出。在基本形势判断的基础上，中央政府明确提出了"保八"的政策目标，即 2009 年的预期目标是 GDP 增长 8% 左右。

2009 年的国务院政府工作报告还明确提出了应对国际金融危机的四条原则。一是坚持把扭转经济增速下滑趋势作为宏观调控最重要的目标，把扩大国内需求作为促进经济增长的长期战略方针和根本着力点，增加有效需求，加强薄弱环节，充分发挥内需特别是消费需求拉动经济增长的主导作用。二是坚持把推进经济结构调整和自主创新作为转变发展方式的主攻方向，变压力为动力，坚定不移地保护和发展先进生产力，淘汰落后产能，整合生产要素，拓展发展空间，实现保增长和调结构、增效益相统一，增强国民经济整体素质和发展后劲。三是坚持把深化改革开放作为促进科学发展的根本动力，进一步解放思想，加大重点领域和关键环节改革力度，消除体制机制障碍，激发创造活力。四是坚持把保障和改善民生作为经济工作的出发点和落脚点。在此基础上，明确了应对国际金融危机一

---

①　2008 年"宏观调控"的政策案例说明，引自史卫民、潘迎春《2008 年/2009 年应对灾变和金融危机的中国公共政策选择》，载《中国公共政策分析，2009 年卷》，第 1—28 页。

揽子计划的四个重点：（1）大规模增加政府投资，实施总额4万亿元的两年投资计划，其中中央政府拟新增1.18万亿元，实行结构性减税，扩大国内需求；（2）大范围实施调整振兴产业规划，提高国民经济整体竞争力；（3）大力推进自主创新，加强科技支撑，增强发展后劲；（4）大幅度提高社会保障水平，扩大城乡就业，促进社会事业发展。

在宏观调控政策的影响下，2009年第一季度GDP增长6.1%，增速比2008年第四季度低0.7个百分点。尽管扩大内需、促进经济平稳较快发展的一揽子计划已初见成效，经济运行出现积极变化，形势比预料的好，2009年4月15日召开的国务院常务会议还是强调经济回升的基础并不稳固，内外部环境还十分严峻，国际金融危机还在蔓延，对中国经济的影响还在加深，要求以八项措施全面落实应对危机的一揽子计划。2009年第二季度GDP增长7.9%，上半年GDP增长7.1%，已接近"保八"的目标。在经济运行处于企稳回升的关键时期，国务院继续强调坚定不移地实施积极的财政政策和适度宽松的货币政策，全面贯彻落实好应对国际金融危机的一揽子计划。2009年第三季度GDP增长8.9%，第四季度GDP增长10.7%，全年GDP增长8.7%，实现了"保八"的预期政策目标。①

2010年的国务院政府工作报告指出，2010年发展环境虽然有可能好于2009年，但是必须全面、正确判断形势，决不能把经济回升向好的趋势等同于经济运行根本好转，要增强忧患意识，充分利用有利条件和积极因素，努力化解矛盾，更加周密地做好应对各种风险和挑战的准备。2010年的预期目标依然是GDP增长8%左右。为提高宏观调控水平，保持经济平稳较快发展，重点强调的是四方面的政策要求。（1）继续实施积极的财政政策，保持适度的财政赤字和国债规模，继续实施结构性减税政策，优化财政支出结构，有保有压，把钱花在刀刃上。（2）继续实施适度宽松的货币政策，保持货币信贷合理充裕，优化信贷结构，积极扩大直接融资，加强风险管理，保持人民币汇率在合理、均衡水平上的基本稳定。（3）积极扩大居民消费需求，增强居民特别是中低收入者消费能力，促进消费结构优化升级，继续实施和完善鼓励消费的各项政策措施。

---

① 2009年"宏观调控"的政策案例说明，引自白钢、史卫民《国际金融危机影响下的2009年/2010年中国公共政策选择》，载《中国公共政策分析，2010年卷》，第1—22页。

（4）着力优化投资结构，资金安排主要用于项目续建和收尾，切实防止出现"半拉子"工程，坚决避免以扩大内需为名，搞劳民伤财的形象工程和政绩工程，确保公共投资真正用于推进经济、社会发展和改善人民生活，经得起实践和历史的检验。

2010 年第一季度 GDP 增长 11.9%，达到国际金融危机爆发以来中国单一季度 GDP 增长的最高点，此后增速回落（第二季度 10.3%，第三季度 9.6%，第四季度 9.8%），全年 GDP 增长 10.3%，GDP 的世界排名由 2009 年的第 3 名上升到第 2 名。

2010 年 12 月 10 日至 12 日召开的中央经济工作会议强调 2011 年宏观经济政策的基本取向是"积极稳健、审慎灵活"，实施积极的财政政策和稳健的货币政策，使得货币政策由两年来的"适度宽松"转向了"稳健"。2011 年的国务院政府工作报告指出，世界经济将继续缓慢复苏，但复苏的基础不牢。我国经济运行中一些长期问题和短期问题相互交织，体制性矛盾和结构性问题叠加在一起，加大了宏观调控难度。为防止经济出现大的波动，2011 年的预期目标依然是 GDP 增长 8% 左右，并要进一步扩大内需尤其是居民消费需求。2011 年四个季度的 GDP 增长持续下落，第一季度 9.7%，第二季度 9.5%，第三季度 9.1%，第四季度 8.9%，全年的 GDP 增长为 9.2%。[①]

2012 年的国务院政府工作报告明确指出当年的预期目标是 GDP 增长 7.5%，并强调国内生产总值增长目标略微调低，主要是为了与"十二五"规划目标逐步衔接，引导各方面把工作着力点放到加快转变经济发展方式、切实提高到经济发展质量和效益上来，以利于实现更长时期、更高水平、更好质量发展。由此，经济发展的目标由"保八"变成了"保七"，并要求继续实施积极的财政政策和稳健的货币政策，根据形势变化适时适度预调微调，进一步提高政策的针对性、灵活性和前瞻性。2012 年四个季度的 GDP 增长继续下落，第一季度 8.1%，第二季度 7.6%，第三季度 7.4%，第四季度 7.9%，全年的 GDP 增长为 7.7%，实现了年初设定的增长目标。

---

① 2010—2011 年"宏观调控"的政策案例说明，引自白钢、史卫民《2010—2011 年的政策选择与政策目标检验》，载白钢、史卫民主编《中国公共政策分析，2011—2012 年卷》，中国社会科学出版社 2012 年 10 月版，第 1—37 页。

经过五年的努力，中国顶住了国际金融危机的压力，成功遏制了经济快速下滑的势头，保持了经济的平稳、较快发展，为整个社会的稳定和发展提供了重要的保证。

（二）抑制 CPI 上涨趋势

2007 年 8—12 月居民消费价格指数（CPI）较大幅度上升，使中国再次面临通货膨胀风险。2007 年 12 月，国家发改委提出了 2008 年抑制 CPI 上涨的六项政策措施。（1）增加粮食、食用植物油、肉类等基本生活必需品和其他紧缺商品的生产和供应，确保供应不断档、不脱销；切实落实"米袋子"省长负责制和"菜篮子"市长负责制，强化政府保障居民生活必需品供给和稳定物价的责任；严格控制工业用粮和粮食出口，适当增加国内紧缺重要消费品进口。（2）对中央管理的成品油、天然气、电力价格，地方管理的城市供电、供气、供水、供暖、公共交通等公用事业价格，以及游览参观点门票价格，近期一律不得提高；对必须调整的资源性产品价格和公共服务收费也要严格控制，防止出现轮番涨价。（3）对部分重要的居民基本生活必需品实行临时价格干预措施；依法严厉查处捏造散布涨价信息、串通涨价、囤积居奇、哄抬价格等行为。（4）加强市场价格监测，做好应对市场供应和价格异常波动的预案。（5）完善对低收入群众的补助办法，特别是增加对生活困难群众和家庭经济困难学生的补贴。（6）正确引导社会舆论，稳定消费者心理预期。

2008 年第一季度 CPI 继续快速上涨（1 月 7.1%，2 月 8.7%，3 月 8.3%），为遏制 CPI 快速上涨趋势，2008 年 3 月的国务院政府工作报告中明确提出了将 CPI 涨幅控制在 4.8% 左右的政策目标，并要求以九项政策措施稳定市场物价：（1）大力发展生产；（2）严格控制工业用粮和粮食出口；（3）加快健全储备体系；（4）把握好政府调价的时机和力度；（5）健全大宗农产品、初级产品供求和价格变动的监测预警制度；（6）加强市场和价格监管；（7）及时完善和落实对低收入群众的补助办法；（8）遏制生产资料尤其是农业生产资料价格过快上涨；（9）坚持实行"米袋子"省长负责制和"菜篮子"市长负责制。

2008 年第二季度出现 CPI 涨幅回落现象（4 月 8.5%，5 月 7.7%，6 月 7.1%），显示价格干预政策开始发挥作用。2008 年第三季度 CPI 涨幅继续下行（7 月 6.3%，8 月 4.9%，9 月 4.6%），将 2008 年前三季度 CPI

上涨的幅度拉低到 7.0%。2008 年第四季度 CPI 涨幅已回归 3% 警戒线下（10 月 4.0%，11 月 2.4%，12 月 1.2%），将 2008 年全年 CPI 上涨的幅度拉低到 5.9%，虽然略高于将 CPI 涨幅控制在 4.8% 左右的预期目标，但总体上达到了控制物价上行、防范通货膨胀的政策效果。由于在短期内实现了对 CPI 涨幅的控制，使 CPI 在 2009 年可能出现负增长，宏观调控的重点由防范通货膨胀转向了防范通货紧缩。[①]

2009 年提出的政策目标是将 CPI 涨幅控制在 4.0% 左右，但实际上确实出现了 CPI 负增长的现象。2009 年第一季度 CPI 下降 0.6%，并出现了 2 个月的负增长（1 月 1.0%，2 月为 -1.6%，3 月为 -1.2%）；第二季度和第三季度 CPI 出现连续 6 个月的负增长后，第四季度出现反弹（10 月为 -0.5%，11 月 0.6%，12 月 1.9%），但 2009 年全年的 CPI 总体下降了 0.7%。[②]

2010 年明确提出了将 CPI 涨幅控制在 3% 左右的政策目标。2010 年前半年 CPI 涨幅大体维持在 3% 以下，但是 7—9 月 CPI 涨幅均在 3% 以上，10—12 月 CPI 涨幅均高于 4% 并且在 11 月达到 5.1% 的年度最高水平；尽管如此，2010 年全年的 CPI 涨幅为 3.3%，基本符合 3% 左右的预定目标。依据 CPI 的变化情况，2011 年要求将 CPI 涨幅控制在 4% 左右。2011 年 1、2 月 CPI 涨幅均为 4.9%，3—10 月 CPI 涨幅均高于 5% 并在 7 月达到 6.5% 的年度最高水平，11—12 月 CPI 涨幅回落到 4.2% 和 4.1%，2011 年全年的 CPI 涨幅为 5.4%，高于 4% 的预定目标，使控制 CPI 过快增长又成为突出的问题。[③]

2012 年依然要求将 CPI 涨幅控制在 4% 左右，并在国务院政府工作报告中特别指出，保持物价总水平基本稳定，是关系群众利益和经济社会发展全局的重点工作，要在有效实施宏观经济政策、管好货币信贷总量、促进社会总供求基本平衡的基础上，搞好价格调控，防止物价反弹。2012 年 1—6 月 CPI 涨幅呈现回落态势，7—9 月 CPI 涨幅回归到 2% 以下，10—12 月 CPI 涨幅又略呈上升态势（10 月 1.7%，11 月 2.0%，12 月 2.5%）。2012 年全年的 CPI 涨幅为 2.6%，实现了将 CPI 涨幅控制在 4%

---

① 2007—2008 年"控制 CPI 上涨"的政策案例说明，引自史卫民、潘迎春《2008 年/2009 年应对灾变和金融危机的中国公共政策选择》。

② 白钢、史卫民：《国际金融危机影响下的 2009 年/2010 年中国公共政策选择》。

③ 白钢、史卫民：《2010—2011 年的政策选择与政策目标检验》。

左右的预定目标。

也就是说，"十七大"时期在保证经济稳定增长的同时，也有效地遏制了 CPI 上涨的势头，以较稳定的物价为人民生活提供了基本保证，并使得国民较少体会到国际金融危机的影响。

（三）低位运行的股市

在"股市泡沫"和国际金融危机的双重影响下，中国股票市场在 2008 年呈现了"大跌"局面。上证综合指数全年下跌 3444.19 点，跌幅为 65.42%；深证成指全年下跌 11370.64 点，跌幅为 63.68%。中国股市由"牛市"转向"熊市"，使股民尤其是中小股民蒙受重大损失，政府不得不面临日益增强的"救市"压力。从 2008 年 4 月开始，中央政府相继采用了规范大小非、印花税下调、控制新股发行节奏、鼓励大股东增持、降息托市、启动融资融券试点等"救市"政策，但是对于受多重原因影响的中国股市而言，这些措施并没有发挥太大的作用。[①]

2009 年受 4 万亿元经济刺激计划的影响，中国股市出现止跌回升的景气。上证综合指数 2009 年 1 月 5 日以 1849.02 点开盘，12 月 31 日以 3277.14 点收盘，全年上升 1428.12 点，增幅为 77.24%。深证成指 2009 年 1 月 5 日以 6557.42 点开盘，12 月 31 日以 13699.97 点收盘，全年上升 7142.55 点，增幅为 108.92%（深证综合指数 2009 年的收盘点为 1201.34 点，比 2008 年的收盘点 553.30 点上升 648.04 点，增幅为 117.12%）。

2010—2012 年中国经济发展基本稳定，股市表现出了"低位运行"的较稳定状态，股市政策也不再倚重于政府的"救市"，而是转向较为严格的监管。上证综合指数 2010 年 1 月 4 日以 3289.75 点开盘，12 月 31 日以 2808.08 点收盘，全年下降 481.67 点，减幅为 14.64%；2011 年 1 月 4 日以 2825.32 点开盘，12 月 30 日以 2199.42 点收盘，全年下降 625.90 点，减幅为 22.15%；2012 年 1 月 4 日以 2212 点开盘，12 月 31 日以 2269.13 点收盘，全年上升 57.13 点，升幅为 2.58%。深证综合指数 2010 年以 1290.86 点收盘，比 2009 年的收盘点上升 89.52 点，升幅为 7.45%；2011 年以 866.65 点收盘，比 2010 年的收盘点下降 424.21 点，减幅为 32.86%；2012 年以 881.17 点收盘，比 2011 年的收盘点上升 14.52 点，

---

① 史卫民、潘迎春《2008 年/2009 年应对灾变和金融危机的中国公共政策选择》。

升幅为 1.68%。①

中国股市由下挫、回升到"低位运行",击碎了大多数中国股民"炒股发财"的幻想,确实引发了股民的抱怨,也显示了中国股市存在严重缺陷。但是从另一方面讲,让股市"低位运行"并以此来遏制"全民炒股",避免股市彻底崩盘,也是一种重要的政策选择,并且是与抗击国际金融危机一揽子计划密切配合的政策选择。

(四) 中国经济结构战略性调整

十七大报告明确提出了中国经济结构战略性调整的要求,强调实现未来经济发展目标,关键要在加快转变经济发展方式、完善社会主义市场经济体制方面取得重大进展,要大力推进经济结构战略性调整,更加注重提高自主创新能力、提高节能环保水平、提高经济整体素质和国际竞争力。经济结构战略性调整主要包括三方面的内容。一是以"提高自主创新能力,建设创新型国家"作为国家发展战略的核心和提高综合国力的关键所在,坚持走中国特色自主创新道路,把增强自主创新能力贯彻到现代化建设各个方面。二是以"加快转变经济发展方式,推动产业结构优化升级"作为关系国民经济全局紧迫而重大的战略任务,坚持走中国特色新型工业化道路,坚持扩大国内需求特别是消费需求的方针,促进经济增长由主要依靠投资、出口拉动向依靠消费、投资、出口协调拉动转变,由主要依靠第二产业带动向依靠第一、第二、第三产业协同带动转变,由主要依靠增加物质资源消耗向主要依靠科技进步、劳动者素质提高、管理创新转变。三是以"推动区域协调发展,优化国土开发格局"作为区域发展总体战略,坚持缩小区域发展差距,注重实现基本公共服务均等化,引导生产要素跨区域合理流动;走中国特色城镇化道路,按照统筹城乡、布局合理、节约土地、功能完善、以大带小的原则,促进大中小城市和小城镇协调发展。

在国际金融危机全面爆发的背景下,中国的经济结构战略性调整也全面展开,重点强调的是七方面政策措施。

第一,增大科技投入,推进自主创新。为支持国家重大科技专项研究

---

① 中华人民共和国国家统计局:《中国统计年鉴—2013》,中国统计出版社 2013 年 9 月版,第 672 页。

和企业的技术改造等，国家加大了科学技术的财政投入力度。国家财政支出的科学技术研究经费，由 2008 年的 2129.21 亿元上升到 2012 年的 4452.63 亿元，增加了 1.09 倍。① 在财政投入的支持下，核心电子器件高端通用芯片及基础软件产品专项、极大规模集成电路制造装备与成套工艺专项、新一代宽带无线移动通信网专项、高档数控机床与基础制造装备专项、大型油气田及煤层气开发专项、大型先进压水堆及高温气冷堆核电站专项、水体污染控制与治理专项、转基因生物新品种培育专项、重大新药创制专项、艾滋病和病毒性肝炎等重大传染病防治专项、大型飞机专项、高分辨率对地观测系统专项、载人航天与探月工程专项等 16 个国家重大专项研究都有了重要的进展，并利用技改专项资金等支持了 4441 个技改项目。

　　第二，制定和实施十大重点产业调整振兴规划。2009 年 1 月 14 日至 2 月 25 日，国务院以常务会议的形式分批次审议并通过了钢铁产业、汽车产业、纺织工业、装备制造业、船舶工业、电子信息产业、轻工业产业、石化产业、有色金属产业、物流业十大重点产业的调整振兴规划。2009 年的国务院政府工作报告明确要求认真实施十大重点产业调整振兴规划，着力解决这些行业发展中存在的突出矛盾和问题，推进结构调整和优化升级。2010 年的国务院政府工作报告又要求大力培育战略性新兴产业，积极发展新能源、新材料、节能环保、生物医药、信息网络和高端制造产业，使新能源汽车、"三网"融合取得实质性进展，加快物联网的研发应用，加大对战略性新兴产业的投入和政策支持。2013 年的国务院政府工作报告则明确指出，2008—2012 年产业调整振兴的成果使我国制造业规模跃居全球首位，高技术制造业增加值年均增长 13.4%，成为国民经济重要先导性、支柱性产业；清洁能源、节能环保、新一代信息技术、生物医药、高端装备制造等一批战略性新兴产业快速发展，五年中还淘汰了落后炼铁产能 1.17 亿吨、炼钢产能 7800 万吨、水泥产能 7.75 亿吨。

　　第三，支持中小企业发展。2009 年 9 月 19 日国务院发出的《关于进一步促进中小企业发展的若干意见》指出，受国际金融危机冲击，去年下半年以来，我国中小企业生产经营困难。中央及时出台相关政策措施，加大财税、信贷等扶持力度，改善中小企业经营环境，中小企业生产经营

————————————
① 《中国统计年鉴—2009》，第 264 页；《中国统计年鉴—2013》，第 330 页。

出现了积极变化，但发展形势依然严峻，主要表现在融资难、担保难问题依然突出，部分扶持政策尚未落实到位，企业负担重，市场需求不足，产能过剩，经济效益大幅下降，亏损加大等。为帮助中小企业克服困难，转变发展方式，实现又好又快发展，国务院特别强调了八方面的政策要求。（1）进一步营造有利于中小企业发展的良好环境，完善中小企业政策法律体系和政府采购支持中小企业的有关制度，加强对中小企业的权益保护。（2）切实缓解中小企业融资困难，完善中小企业信用担保体系，发挥信用信息服务在中小企业融资中的作用。（3）加大对中小企业的财税扶持力度，加大财政资金支持力度，落实和完善税收优惠政策，进一步减轻中小企业社会负担。（4）加快中小企业技术进步和结构调整，引导中小企业集聚发展，加快发展生产性服务业。（5）支持中小企业积极开拓国内市场和国际市场，支持中小企业提高自身市场开拓能力。（6）努力改进对中小企业的服务，加快推进中小企业服务体系建设，完善政府对中小企业的服务。（7）引导和支持中小企业加强管理，大力开展对中小企业各类人员的培训，加快推进中小企业信息化。（8）成立国务院促进中小企业发展工作领导小组，加强对中小企业工作的统筹规划、组织领导和政策协调。2010 年不仅将中央财政扶持中小企业发展专项资金提高到了106 亿元，还要求对部分小型微利企业实行所得税优惠政策，中央财政预算内技术改造专项投资也要覆盖中小企业。2011 年中央财政扶持中小企业发展专项资金达到 128.7 亿元。由于中小企业多数是私营企业，从私营企业的发展情况可以看出中小企业扶持政策产生了一定的积极效果。全国私营企业的户数，由 2008 年的 657.4 万户上升到 2012 年的 1085.7 万户，增长 65.15%。私营企业的就业人数，由 2008 年的 7904.0 万人上升到2012 年的 11296.1 万人，增长 42.92%。私营企业的投资者，由 2008 年的 1507.4 万人上升到 2012 年的 2200.1 万人，增长 45.95%。尽管私营工业企业的单位数由 2008 年的 245850 个下降到 2012 年的 189289 个，减少23%；但是私营工业企业的利润总额由 2008 年的 8302.06 亿元上升到2012 年的 20191.90 亿元，增加了 1.43 倍。①

第四，快速建设高铁。在应对国际金融危机 4 万亿元政府投资的刺激下，机场、高速公路等基础设施建设提速，最重要的是中国的高速铁路建

---

① 《中国统计年鉴—2009》，第 132 页；《中国统计年鉴—2013》，第 130、492—493 页。

设有了迅速的发展。2008 年 10 月，国家发改委批准《中长期铁路网规划（2008 年调整）》，明确提出了建设"四纵四横"总计 1.6 万公里以上"客运专线"（即高速铁路）的要求。按照时速 350 公里设计的高速铁路，在 2012 年年底前已经建成并正式开通运营的有武广高铁、郑西高铁、沪宁高铁、沪杭高铁、京沪高铁、哈大高铁、京广高铁。按照时速 300 公里设计的高速铁路，在 2012 年年底前已经建成并正式开通运营的有广深港高铁。2011 年 7 月 23 日 20 时 30 分 05 秒，甬温线浙江省温州市境内由北京南站开往福州站的 D301 次列车与杭州站开往福州南站的 D3115 次列车发生动车组列车追尾事故，共有六节车厢脱轨，造成 40 人死亡、172 人受伤，中断行车 32 小时 35 分。尽管此次事故是调度事故而不是时速事故，但是带来了高铁时速大降速，运营时速从 350/250 公里降低为 300/200 公里（2015 年才开始逐步恢复 350/250 公里的时速），但是高速铁路的建设速度并没有因为这次事故而放缓。快速的高速铁路建设在"十七大"时期已经开始产生重大的效益。2008 年全国高速铁路运营里程为 672 公里，占铁路运营里程的 0.8%；客运量 734 万人，仅占铁路客运量的 0.5%。2012 年全国高速铁路运营里程为 9356 公里，与 1.3 万公里的原定目标有不小差距，但是已占铁路运营里程的 9.6%；客运量 38815 万人，已占全国铁路客运量的 20.5%。[①]

第五，扭转对外贸易下滑趋势。受国际金融危机影响，2009 年第一季度对外贸易进出口总额下降 24.9%。2009 年 3 月的国务院政府工作报告明确指出，面对外部需求急剧萎缩、贸易保护主义抬头的严峻形势，要清理和调整外贸政策，加大对进出口工作的支持力度，坚持出口市场多元化和以质取胜战略，巩固传统出口市场，大力开拓新兴市场。为此特别要求采用七条政策措施。（1）充分运用国际通行的财税政策支持出口，适度扩大外贸发展基金规模，重点支持中小企业开拓国际市场和培育出口品牌。（2）改善对进出口的金融服务，扩大出口信用保险覆盖面，鼓励金融机构发展出口信贷，创新出口企业融资担保方式。（3）稳步推进加工贸易转型升级，改善加工贸易发展环境，调整加工贸易禁止类和限制类目录，鼓励出口加工业向中西部地区转移。（4）抓紧完善鼓励服务贸易的政策措施，大力发展国际服务外包。（5）努力扩大进口，重点引进先进

---

① 《中国统计年鉴—2013》，第 579 页。

技术装备，增加关键零部件元器件、重要能源资源和原材料进口。
(6) 提高贸易便利化水平，优化海关、质检、外汇等方面监管和服务，
加强边境口岸建设。(7) 营造良好的国际经贸环境，积极推动多哈回合
谈判，加快实施自由贸易区战略，妥善应对贸易摩擦。2009 年第二季度
和第三季度对外贸易进出口总额仍呈下降趋势，到年底才出现转机
(2009 年 12 月进口上升 55.9%，出口上升 17.7%)，2009 年全年进出口
货物总值 22075 亿美元，比 2008 年下降 13.9% (出口 12016 亿美元，下
降 16.0%；进口 10059 亿美元，下降 11.2%)。[①] 为改变对外贸易的不利
状况，2010 年的国务院政府工作报告强调主要的着力点是拓市场、调结
构、促平衡，坚持实施市场多元化战略和以质取胜战略，落实和完善出口
退税、出口信贷、出口信用保险等各项政策措施，继续改善海关、质检、
外汇等方面的服务，敦促发达国家放宽高新技术产品出口限制。由于各项
政策措施发挥了积极作用，2010 年对外贸易形势出现重大转变，全年进
出口货物总值 29740 亿美元，比 2009 年上升 34.7%，比 2008 年上升
16.0%。2011 年和 2012 年对外贸易持续增长，2011 年进出口货物总值比
2010 年增长 22.5%，2012 年进出口货物总值比 2011 年增长 6.2%。[②]

　　第六，发展现代服务业。2008 年的国务院政府工作报告已经明确提
出了加快发展服务业特别是现代服务业的要求。2010 年的国务院政府工
作报告更对发展现代服务业提出了六条要求。(1) 进一步提高服务业发
展水平和在国民经济中的比重。(2) 大力发展金融、物流、信息、研发、
工业设计、商务、节能环保服务等面向生产的服务业，促进服务业与现代
制造业有机融合。(3) 大力发展市政公用事业、房地产和物业服务、社
区服务等面向民生的服务业，加快发展旅游业，积极拓展新型服务领域。
(4) 农村服务业基础薄弱、发展潜力大，要加快构建和完善以生产销售、
科技信息和金融服务为主体的农村生产生活服务体系。(5) 加快建立公
开平等规范的服务业准入制度，鼓励社会资本进入。(6) 进一步完善促
进服务业发展的政策，逐步实现国家鼓励类服务业用电、用水、用气、用
热与工业基本同价。2011 年的国务院政府工作报告又强调了加快发展生
产性服务业、积极发展生活性服务业、大力发展和提升软件产业的要求。

---

① 　白钢、史卫民：《国际金融危机影响下的 2009 年/2010 年中国公共政策选择》。
② 　《中国统计年鉴—2013》，第 224 页。

在相关政策的刺激下，中国的第三产业有了快速的发展，第三产业总产值由 2008 年的 131340 亿元上升到 2012 年的 231406 亿元，增长 76.2%；第三产业产值占国内生产总值的比例，由 2008 年的 41.8% 上升到 2012 年的 44.6%，上升了 2.8 个百分点；从 2011 年开始，第三产业已经成为三次产业中就业人数最多的产业（第一产业 26594 万人，第二产业 22544 万人，第三产业 27282 万人）。但是需要注意的是，第三产业对国内生产总值的贡献率变化不大（2008 年 45.0%，2012 年 45.6%），对国内生产总值增长的拉动作用还有所降低，由 2008 年的 4.3 个百分点下降到 2012 年的 3.5 个百分点。[①]

第七，提高城镇化水平。区域协调发展的战略在"十七大"时期继续实施，2013 年的国务院政府工作报告特别指出，2008—2012 年颁布实施了全国主体功能区规划，制定西部大开发新十年指导意见和一系列区域发展规划，加快推进西藏、新疆等地区跨越式发展，使中西部和东北地区主要发展指标增速都高于全国平均水平，东部地区产业转型升级步伐加快，各具特色、良性互动的区域发展格局正在形成。五年内转移农村人口 8463 万人，使城镇化率由 2007 年的 45.9% 提高到 2012 年的 52.6%，城乡结构发生了历史性变化（2011 年城镇化率已达到 51.3%）。

（五）中国经济政策成功的要素

在国际金融危机的背景下，中国经济发展的成就令世界瞩目，不仅显示中国的经济政策效果良好，也显示中国已经有了比较成熟和成功的经济发展范式。中国经济发展之所以成功，应该特别注意支撑中国经济发展的七个要素。

一是"服从"和"支持"要素。改革开放以来，中国国民仍带有来自历史和文化的具有传统意义的"服从性"，这样的服从，既可以表现为对权威、国家、政党、政府等的服从，也可以表现为对政策及相关利益分配的服从；在中国经济发展的过程中，国民对重大经济政策的服从和支持，始终是一个重要的条件，其他国家、地区的民众，未必具有这么强的国民"服从性"。2011 年中国社会科学院政治学研究所的问卷调查显示，对于"即便我不了解政策，我也会按照政策要求去做"的说法，71.70%

---

① 《中国统计年鉴—2013》，第 44—45、55、123 页。

的受访者表示同意，就是对中国国民"服从性"的一个重要的证明。① 当然，这样的服从不是盲目的服从，而是经历了二十几年的政策发展，大多数人都认识到了政策确实给国家发展和个人发展带来了好处，因此愿意服从和支持政策。

二是"国际"要素。中国改革开放之后利用有利的国际环境发展经济，在一定程度上成为"经济全球化"的受益者；即便是受到国际金融危机的影响，中国依然有发展经济的国际空间。尤其需要注意的是，国际金融危机不仅带来一定的压力，也带来了不少重要的机遇，而只有成为能够融入全球经济体系的具有一定实力的巨大经济体，才可能抓住并利用这样的机遇，中国恰好具有这样的有利条件，在全球经济疲软的状态下跃升为仅次于美国的第二大经济体。

三是"华人"要素。中国经济的发展，在很大程度上得益于"大中国"和全球华人的支持，在资金、技术、市场乃至经济管理经验等方面，香港、澳门、台湾以及世界各地的华人、华商等都有重要的贡献，这是一些国家难以得到的特殊条件。在面对国际金融危机时，全球华人的联系更加紧密，"大中国"各区域之间的经济合作关系进一步加强，为各区域的经济发展提供了重要的助力。

四是"纵深"要素。中国作为一个大国，有特定的"纵深"条件和"回旋"空间承载经济发展的各种压力，尤其是在全球性的经济危机或金融危机造成国际市场萎缩的环境下，可以利用中国内部的区域差距和不同的市场需求，分散和消解危机的影响，有效避免全面性的经济下滑和严重的经济衰退。中国五大区域（都会区、东北地区、东部沿海地区、中部地区、西部地区）经济发展不平衡是有目共睹的事实，但是这样的区域性差距，由于各区域的需求有所不同，可以用不同的"内需"分载整体性的外来经济压力。中国应对国际金融危机的一揽子计划，就包括了有效利用"纵深"的"梯次减压"化解危机的做法，并且有效发挥了国家的"纵深"作用。

五是"体制"要素。中国的中央集权体制在支撑中国经济快速发展中起了极为重要的作用。尤其是 1994 年的"分税制"改革之后，经济领

---

① 史卫民、郑建君、李国强、涂锋：《中国公民政策参与研究——基于 2011 年全国问卷调查数据》，中国社会科学出版社 2013 年 3 月版，第 103 页。

域的"中央集权"更加强化而不是弱化，由此一方面增加了中央政府的财政能力，使之能够全面规划和实施现代化国家需要的基础设施建设和重大工程建设；另一方面增强了中央政府宏观调控的能力，压缩了地方政府"各行其事"的空间。中国宏观调控政策之所以能够在应对国际金融危机中有效地发挥作用，依托的就是有效运转的中央集权体制。

六是"红利"要素。中国作为一个人口大国，有充足的劳动力，可以依靠低廉劳动力的"红利"保障经济快速增长；在低廉劳动力"红利"逐步减弱后，可以转向逐步扩大的国内市场需求获取新的"红利"。中国几次经济政策的重大调整，都是为了积极争取"发展红利"，以保证经济发展的可持续性。尤其是在面对国际金融危机时，不但扩大内需可以带来"红利"，加强基础设施建设（如加速建造高铁、高速公路和扩建各地的机场等），也确实带来了不小的"发展红利"。当然，通过经济结构战略性调整，提升中国的整体性经济能力，则是在争取更高层次上的"红利"，尤其是新技术和新产品带来的"红利"。

七是"政策主导市场"要素。"政策主导市场"而不是"市场主导政策"的基本方略，对中国经济发展起着重要的"定调"作用，并由此解决了两方面的问题。一方面的问题是中国能否发展市场经济，这一问题在"十七大"以前已经解决，但是引入市场经济并不一定能够保证中国经济持续快速增长，市场经济既可能被政治形势变化所"腰斩"，也可能因市场的过度扩张或无序等造成"市场失灵"，严重影响经济的发展，因此需要对市场进行必要的控制，并产生了另一方面的问题，即宏观调控问题。中国政府在经济发展过程中以宏观调控的经济手段控制市场、控制资源和控制发展速度，应对"经济全球化"带来的各种问题，抵御和化解金融危机，取得了明显的效果，实际上显示的就是"政策主导市场"的基本导向。从这一点看，中国确实不符合西方自由主义学者倡导的"市场经济"要求，但确实能够带来中国经济的快速发展，尤其是在全球经济萎缩状态下的经济快速发展。但需要注意的是，市场经济显然更适应于政策干预而不是直接的行政干预。改革开放初期中国经济的发展既得力于政策支持，也得力于行政干预；随着社会主义市场经济体制的建立，行政干预逐渐减弱，政策干预更趋强化，市场不仅形成了对政策的适应性，甚至带有较强的政策"依赖性"。也就是说，"政策主导市场"与"行政干预市场"是有本质区别的，"政策主导市场"强调政府对经济的引导或指导作用，"行政干预市场"则是政府直接介入经济活动；改革开放初期两者的区分确实不够清晰，在"十七大"时期显然已经有了明确的区分，尽管还存在一些需要改进的地方，但"行政干预市场"的弱化乃至最终退场已经成为不可逆转的趋势，这恰是中国经济政策能够成功的一个重要的保证。①

二　化解金融危机压力的三农政策

延续数年的国际金融危机，对中国的农村、农业和农民也带来了较大的影响，中央政府及时对三农政策进行了调整，使之在减轻金融危机对中国的压力方面起了重要的作用。

（一）　及时调整三农政策的侧重点

"十七大"时期依然保持了每年以中央一号文件阐释三农政策的做法，继续强调实施以"反哺"为基本导向的三农政策，但是随着经济形势的变化，每年的政策侧重点都有所调整。

2008 年的中央一号文件即 2007 年 12 月 31 日发出的《中共中央、国务院关于切实加强农业基础建设进一步促进农业发展农民增收的若干意见》，重点强调的是按照形成城乡经济社会发展一体化新格局的要求抓好三农工作，加快构建强化农业基础的长效机制，切实保障主要农产品供给，突出抓好农村基础设施建设，强化农业科技和服务体系基本支撑，逐步提高农村基本公共服务水平，完善农村基本经营制度和深化农村改革。2008 年 10 月 9 日至 12 日召开的中国共产党十七届三中全会通过的《中共中央关于推进农村改革发展若干重大问题的决定》，则强调要把建设社会主义新农村作为战略任务，把走中国特色农业现代化道路作为基本方向，把加快形成城乡经济社会发展一体化新格局作为根本要求，坚持工业反哺农业、城市支持农村和多予少取放活方针，创新体制机制，加强农业基础，增加农民收入，保障农民权益，促进农村和谐，充分调动广大农民的积极性、主动性、创造性，推动农村经济社会又好又快发展。决定强调

---

① "中国经济成功"各要素的说明，引自史卫民、张小兵《中国政治发展范式的选择》，第 18—21 页。

农村改革发展主要有四方面的任务，一是大力推进改革创新，加强农村制度建设；二是积极发展现代农业，提高农业综合生产能力；三是加快发展农村公共事业，促进农村社会全面进步；四是加强和改善党的领导，为推进农村改革发展提供坚强政治保证。

2009 年的中央一号文件即 2008 年 12 月 31 日发出的《中共中央、国务院关于 2009 年促进农业稳定发展农民持续增收的若干意见》指出，国际金融危机持续蔓延、世界经济增长明显减速，对我国经济的负面影响日益加深，对农业农村发展的冲击不断显现。2009 年可能是新世纪以来我国经济发展最为困难的一年，也是巩固发展农业农村好形势极为艰巨的一年。必须切实增强危机意识，充分估计困难，紧紧抓住机遇，果断采取措施，坚决防止粮食生产滑坡，坚决防止农民收入徘徊，确保农业稳定发展，确保农村社会安定。为克服困难提出的政策措施，主要包括八方面的内容：（1）进一步增加农业农村投入；（2）较大幅度增加农业补贴；（3）保持农产品价格合理水平；（4）加大力度扶持粮食生产；（5）加强农产品进出口调控；（6）实行最严格的耕地保护制度和耕地节约制度；（7）积极开拓农村市场；（8）完善国家扶贫战略和政策体系。

2010 年的中央一号文件即 2009 年 12 月 31 日发出的《中共中央、国务院关于加大统筹城乡发展力度　进一步夯实农业农村发展基础的若干意见》，要求把统筹城乡发展作为全面建设小康社会的根本要求，把改善农村民生作为调整国民收入分配格局的重要内容，把扩大农村需求作为拉动内需的关键举措，把发展现代农业作为转变经济发展方式的重大任务，把建设社会主义新农村和推进城镇化作为保持经济平稳较快发展的持久动力。为此提出的五方面任务：一是健全强农惠农政策体系，推动资源要素向农村配置；二是提高现代农业装备水平，促进农业生产方式转变；三是加快改善农村民生，缩小城乡公共事业发展差距；四是协调推进城乡改革，增强农业农村发展活力；五是加强农村基层组织建设，巩固党在农村的执政基础。

2011 年的中央一号文件即 2010 年 12 月 31 日发出的《中共中央、国务院关于加快水利改革发展的决定》指出，2010 年西南地区发生特大干旱、多数省区市遭受洪涝灾害、部分地方突发严重山洪泥石流，再次警示我们加快水利建设、扭转农业主要"靠天吃饭"局面刻不容缓，要把水利作为国家基础设施建设的优先领域，把农田水利作为农村基础设施建设的重点任务，把严格水资源管理作为加快转变经济发展方式的战略举措，努力走出一条中国特色水利现代化道路。对农村水利建设的具体要求，一是大兴农田水利建设，二是加快中小河流治理和小型水库除险加固，三是抓紧解决工程性缺水问题，四是提高防汛抗旱应急能力，五是继续推进农村饮水安全建设，六是继续实施大江大河治理，七是搞好水土保持和水生态保护，八是加大公共财政对水利的投入。

2012 年的中央一号文件即 2012 年 2 月 1 日正式公布的《中共中央、国务院关于加快推进农业科技创新 持续增强农产品供给保障能力的若干意见》，要求紧紧抓住世界科技革命方兴未艾的历史机遇，坚持科教兴农战略，把农业科技摆上更加突出的位置，围绕强科技保发展、强生产保供给、强民生保稳定，进一步加大强农惠农富农政策力度，奋力夺取农业好收成，合力促进农民较快增收，努力维护农村社会和谐稳定。

也就是说，三农政策的侧重点，2008 年是"城乡发展一体化"，2009年是"克服困难和保持稳定"，2010 年是"统筹城乡发展"，2011 年是"大兴水利"，2012 年是"科技兴农"。尽管侧重点略有不同，但具体政策措施大多带有延续性的特征。

（二）以增加投入和补贴保证粮食丰收

"十七大"时期每年都强调要增加三农的投入，使中央财政的三农投入持续增长。按照历年国务院政府工作报告提供的数据，中央财政实际用于三农的投入 2008 年为 5955 亿元，比 2007 年增长 37.9%；2009 年为7253 亿元，比 2008 年增长 21.8%；2010 年为 8579.7 亿元，比 2009 年增长 18.3%；2011 年为 10419 亿元，比 2010 年增长 21.4%；2012 年为12493 亿元，比 2011 年增长 19.9%；五年中央财政实际用于三农的投入共计 44699.7 亿元。

"十六大"时期对农民发放的"三项补贴"，"十七大"时期继续发放，并且提高了补贴标准和扩大了补贴范围。按照历年国务院政府工作报告提供的数据，2008 年粮食直补、农资综合补贴、良种补贴、农机具购置补贴资金达到 1030 亿元。2009 年中央财政实际补贴资金 1274.6 亿元，除了继续增加粮食直补外，还要求加大良种补贴力度，提高补贴标准，实现水稻、小麦、玉米、棉花全覆盖，扩大油菜和大豆良种补贴范围，实施油茶良种补贴；农机具购置补贴覆盖到全国所有农牧业县（场），并要求根据农资价格上涨幅度和农作物播种面积及时增加农资综合补贴。2010年中央财政补贴资金为 1226 亿元，2012 年中央财政实际补贴资金则达到了 1923 亿元。

尽管外有国际金融危机影响、内有自然灾害影响，但是在增加三农投入和增大对农民生产补贴的刺激下，"十七大"时期获得了连续五年粮食丰收的重大成果（全国的粮食总产量，2008 年 52870.9 万吨，2009 年 53082.1 万吨，2010 年 54647.7 万吨，2011 年 57120.8 万吨，2012 年 58958.0 万吨）。连续性的粮食丰收，为中国提供了重要的粮食安全保障。油料作物产量也持续上升（全国的油料作物产量，2008 年 2952.8 万吨，2009 年 3154.3 万吨，2010 年 3230.1 万吨，2011 年 3306.8 万吨，2012 年 3436.8 万吨），但是棉花产量呈现的是下降态势（全国的棉花产量，2008 年 749.2 万吨，2009 年 637.7 万吨，2010 年 596.1 万吨，2011 年 659.8 万吨，2012 年 683.6 万吨）。[①]

（三）提高农产品收购价格和减轻农民负担

在国际金融危机的背景下，要提高农民的收入，除了发展生产外，还有两个重要的渠道，一是通过提高农产品收购价格，直接增加农民收入；二是通过减轻农民负担，间接增加农民收入。

2008 年的中央一号文件已经明确提出合理调控重要农产品和农业生产资料价格的要求，2008 年的国务院政府工作报告也提出了根据情况提高粮食最低收购价的要求，《中共中央关于推进农村改革发展若干重大问题的决定》也强调要稳步提高粮食最低收购价，改善其他主要农产品价格保护办法。2008 年三次较大幅度提高粮食最低收购价，提价幅度超过20%。2009 年的中央一号文件要求密切跟踪国内外农产品市场变化，适时加强政府调控，灵活运用多种手段，努力避免农产品价格下行，防止谷贱伤农，保障农业经营收入稳定增长；2009 年的国务院政府工作报告则明确表示当年小麦、稻谷最低收购价平均每斤分别提高 0.11 元和 0.13元。2010 年的中央一号文件要求落实小麦最低收购价政策，继续提高稻谷最低收购价；2010 年的国务院政府工作报告则明确了提高收购价的具体标准是早籼稻、中晚籼稻、粳稻每 50 公斤分别提高 3 元、5 元和 10

---

① 《中国统计年鉴—2013》，第 453—454 页。

元，小麦每 50 公斤提高 3 元。2011 年的国务院政府工作报告要求继续实施粮食最低收购价政策，当年小麦最低收购价每 50 公斤提高 5 到 7 元，水稻最低收购价每 50 公斤提高 9 到 23 元。2012 年的国务院政府工作报告则表示当年的小麦、稻谷最低收购价平均每 50 公斤分别提高 7.4 元和 16 元；2012 年与 2007 年相比，小麦、稻谷最低收购价累计提高了 41.7% 和 86.7%。实施粮食最低收购价政策，提高了种粮农民的卖粮积极性，农村居民家庭平均每人出售的粮食，由 2008 年的 441.45 公斤，提高到 2012 年的 529.75 公斤，增长 20%（但中间三年有所变化，每人平均出售的粮食 2009 年达到 482.93 公斤，2010 年下降到 460.46 公斤，2011 年又上升到 481.45 公斤）。[①]

　　为防止取消农业税之后农民负担反弹，2008 年 6 月 12 日农业部、国务院纠风办、财政部、发展改革委、国务院法制办、教育部、新闻出版总署联合发出《关于印发〈关于 2007 年农民负担检查情况和 2008 年减轻农民负担工作的意见〉的通知》，指出在农民负担方面存在的主要问题是涉农乱收费乱罚款仍然存在，部分地区农业水费负担重，部分地区农村公路建设摊派集资问题突出，村集体承担许多不合理费用，农民补贴补偿款被抵扣截留。为解决这些问题，通知除了强调要狠抓涉农乱收费乱罚款问题的重点治理、解决农业用水负担过重问题、完善村民一事一议筹资筹劳制度外，还明确要求建立健全"五项制度"：（1）涉及农民负担收费文件"审核制"；（2）涉农价格和收费"公示制"；（3）农村公费订阅报刊"限额制"；（4）农民负担"监督卡制"；（5）涉及农民负担案件"责任追究制"。2009 年 3 月 12 日农业部、国务院纠风办、财政部、发展改革委、法制办、教育部、新闻出版总署又联合发出《关于做好 2009 年减轻农民负担工作的意见》，要求重点监管与农民负担有关的四方面情况。一是明确由政府承担的农村公共基础设施、基本公共服务费用和所需劳务，是否转由农民或村集体承担。二是向农民和农民专业合作社收取的各种行政事业性收费、农业生产性费用和其他费用，有无政策依据，是否超标准、超范围收取。三是向农民筹资筹劳，是否符合一事一议筹资筹劳的适用范围、议事程序和限额标准等规定。四是农民应得到的补贴补助和补偿，是否被截留、抵扣或挪用。2010 年 4 月农业部、国务院纠风办、财

---

① 《中国统计年鉴—2013》，第 465 页。

政部、发展改革委、法制办、教育部、新闻出版总署联合发出的《关于做好 2010 年减轻农民负担工作的意见》重点强调的是深入开展重点领域农村乱收费问题的治理和继续实施重点地区农民负担问题的综合治理。2011 年 6 月 21 日农业部、国务院纠风办、财政部、发展改革委、法制办、教育部、新闻出版总署联合发出《2011 年减轻农民负担工作要点》，明确要求在减轻农民负担工作做到"五个结合"：（1）实行多予与少取结合，加大公共财政向农村倾斜力度，逐步消除城乡隔离的体制机制性障碍；（2）实行治标与治本结合，加大解决深层次问题的力度，逐步从源头上消除加重农民负担的隐患；（3）实行全面监管与重点监管结合，加大综合治理与专项治理、综合检查与专项检查实施力度，切实构筑防止农民负担反弹的坚固防线；（4）实行预防与查处结合，加大制度约束和责任追究力度，继续保持减轻农民负担工作的高压态势；（5）实行统一政策与分级负责结合，加大上下联动力度，继续保持农民负担监管工作的整体合力。

2012 年 4 月 17 日，国务院办公厅发出《关于进一步做好减轻农民负担工作的意见》，明确提出了"坚决纠正违反政策规定加重农民负担的行为，确保农民负担继续控制在较低水平"的要求，除了重申农业部等部门强调的减负重点和实行农民减负"五项制度"外，还提出了七条新的政策措施。（1）要在总结农业综合水价改革试点经验的基础上，进一步完善有关政策措施，降低农民水费支出。（2）一事一议项目不需农民投工或农民投工难以完成的，不得筹劳；确需农民投工的，要按实际需要合理确定筹劳数量；自愿以资代劳的，要严格控制数量、比例及工价标准，防止用自愿以资代劳名义变相向农民筹资。（3）村级组织不得擅自设立项目向农民收费，严禁用罚款和违规收取押金、违约金等方式来管理村务。（4）建立和完善农民负担监测制度，扩大监测范围，提高监测质量，为政府决策提供科学依据。（5）加大对涉及农民筹资筹劳事项的专项审计力度，及时公布审计结果，接受农民群众监督。（6）进一步畅通农民负担信访渠道，加强综合协调，推动解决信访反映的重点难点问题。（7）坚持实行减轻农民负担"一票否决"制度，继续保持减轻农民负担的高压态势。

2012 年 11 月下旬至 12 月上旬，国务院减轻农民负担联席会议派出检查组对辽宁、河南、湖南、宁夏四个省份的农民负担情况进行了检查，并在 2013 年 5 月 30 日农业部、财政部、发展改革委、国务院法制办、教育部、新闻出版广电总局发出的《2012 年农民负担检查情况和 2013 年减轻农民负担工作意见》中指出，从农民负担检查和各地反映情况看，农民负担继续保持在较低水平，但减负惠农政策落实不到位的问题仍然存在，这些问题有的是一些部门违反政策规定，变换形式向农民和村级组织乱收费、集资摊派；有的是地方政策规定与中央的减负政策不一致，增加了农民的不合理负担；还有的是农村发展建设中出现的新情况，相关领域农民负担监管缺乏政策依据。

2008—2012 年持续的减轻农民负担高压态势，在防止农民负担反弹方面确实发挥了重要的作用，尽管还需要解决一些深层次的新老问题，但是已经为防止农民被无端剥夺建立了有一定效力的"防火墙"，并且基本达到了以减负保增收的政策目标。

（四）解决农民工"倒流"问题

在金融危机和其他因素的影响下，2008 年下半年开始出现较大规模的农民工失业、倒流现象。2008 年 12 月 20 日国务院办公厅发出《关于切实做好当前农民工工作的通知》，要求采取更加积极的就业政策，广开农民工就业门路，落实中央关于扩大内需、减轻企业负担、促进经济增长的政策措施，帮助企业解困，在加快发展方式转变和结构调整中创造更多的就业机会；积极扶持中小企业、劳动密集型产业和服务业，增强吸纳农民工就业的能力；发挥政府投资和国有企事业单位对稳定就业的导向作用，尽可能提供较多的就业岗位；对生产经营遇到暂时困难的企业，要引导其与农民工开展集体协商，采取灵活用工、弹性工时、组织培训等办法，尽量不裁员或少裁员，稳定现有就业岗位；引导企业履行社会责任，防止出现大规模集中裁员现象；对可能出现的大规模裁员，要采取有效措施进行调控；对符合享受失业保险待遇条件的农民工，要按规定及时核发一次性生活补助。

2009 年的中央一号文件针对农民工就业困难和工资下降等问题，明确要求实施八条政策措施。（1）引导企业履行社会责任，支持企业多留用农民工，督促企业及时足额发放工资，妥善解决劳资纠纷。（2）对生产经营遇到暂时困难的企业，引导其采取灵活用工、弹性工时、在岗培训等多种措施稳定就业岗位。（3）城乡基础设施建设和新增公益性就业岗位，要尽量多使用农民工。（4）采取以工代赈等方式引导农民参与农业农村基础设施建设。（5）输出地、输入地政府和企业都要加大投入，大规模开展针对性、实用性强的农民工技能培训，有条件的地方可将失去工作的农民工纳入相关就业政策支持范围。（6）落实农民工返乡创业扶持政策，充分挖掘农业内部就业潜力，拓展农村非农就业空间，鼓励农民就近就地创业。（7）抓紧制定适合农民工特点的养老保险办法，解决养老保险关系跨社保统筹地区转移接续问题。（8）建立农民工统计监测制度。在相关政策的影响下，农民工"倒流"现象有所缓解。按照国家统计局的农民工监测调查结果推算，2009年全国农民工达到22978万人，比2008年的22542万人增加436万人；其中外出农民工14533万人，比2008年的14041万人增加492万人。外出农民工占农民工总数的比例由2008年的62.28%上升到2009年的63.25%。外出农民工的月平均工资，2008年为1340元，2009年为1417元，增长5.75%，雇主和单位拖欠农民工工资的比例由2008年的4.1%下降到了2009年的1.8%。[1]

由于2009年已经出现了农民工就业快速回升的势头，2010年的中央一号文件重点强调的是健全农民工社会保障制度，深入开展工伤保险全覆盖行动，加强职业病防治和农民工健康服务，将与企业建立稳定劳动关系的农民工纳入城镇职工基本医疗保险，抓紧落实包括农民工在内的城镇企业职工基本养老保险关系转移接续办法，落实以公办学校为主、以输入地为主解决好农民工子女入学问题的政策。2010年的国务院政府工作报告也强调要有计划有步骤地解决好农民工在城镇的就业和生活问题，逐步实现农民工在劳动报酬、子女就学、公共卫生、住房租购以及社会保障方面与城镇居民享有同等待遇。2010年2月5日，国务院办公厅还特别发出了《关于切实解决企业拖欠农民工工资问题的紧急通知》，指出最近在一些地区接连发生因企业特别是建设领域企业拖欠农民工工资引发的群体性事件，严重影响社会稳定，要求深入开展农民工工资支付情况专项检查。对于拖欠时间长、涉及数额大、一时无法解决的拖欠工资，要通过动用应急周转金等资金渠道先行垫付部分工资，或给予被拖欠工资的农民工必要的生活救助，帮助其解决生活困难。2010年全国农民工达到24223万人，

---

① 2009—2012年与农民工有关的统计数据，见国家统计局2009—2012年的《农民工检测调查报告》，引自"中华人民共和国国家统计局网站"。

比 2009 年增加 1245 万人；其中外出农民工 15355 万人，比 2009 年增加 802 万人，外出农民工占农民工总数的比例为 63.39%。2010 年外出农民工的月平均工资为 1690 元，比 2009 年增长 19.27%，雇主和单位拖欠农民工工资的比例下降到 1.4%。

2011 年的国务院政府工作报告要求因地制宜，分步推进，把有稳定劳动关系并在城镇居住一定年限的农民工，逐步转为城镇居民；要充分尊重农民在进城和留乡问题上的自主选择权，切实保护农民承包地、宅基地等合法权益。2011 年全国农民工达到 25278 万人，比 2010 年增加 1055 万人；其中外出农民工 15863 万人，比 2010 年增加 528 万人，外出农民工占农民工总数的比例为 62.75%，比 2009 年和 2010 年略有下降。2011 年外出农民工的月平均工资为 2049 元，比 2010 年增长 21.24%，雇主和单位拖欠农民工工资的比例下降到 0.8%。

2012 年的国务院政府工作报告要求加强对农民工的人文关怀和服务，着力解决农民工在就业服务、社会保障、子女入园上学、住房租购等方面的实际问题，逐步将城镇基本公共服务覆盖到农民工；关爱留守儿童、留守妇女和留守老人，让农民无论进城还是留乡，都能安居乐业、幸福生活。2012 年全国农民工达到 26261 万人，比 2011 年增加 983 万人；其中外出农民工 16336 万人，比 2011 年增加 473 万人，外出农民工占农民工总数的比例为 62.21%，已经低于 2008 年水平。2012 年外出农民工的月平均工资为 2290 元，比 2011 年增长 11.76%，雇主和单位拖欠农民工工资的比例下降到 0.5%。

也就是说，经过几年的努力，全国农民工的数量有较大增长，外出农民工的数量也呈上升趋势，但是外出农民工占农民工总数的比例 2011 年和 2012 年都有一定幅度下降，显示农民就地务工的意愿有所增强。尽管外出农民工的平均工资有较大幅度提升，拖欠农民工工资的现象大大减少，但是将部分农民工真正转变为"城市人"，确实还需要更长时间的努力。

（五）维系农村发展动力

无论是"统筹城乡发展"还是"城乡发展一体化"，其核心要求都是夯实农村发展基础和维系农村发展动力。从"十七大"时期的三农政策看，重点维系的是农村发展的五种动力。

一是植根于土地的发展动力。土地是农村的最基本生产资料，对土地的保护和开发利用，可以扩大土地收益并使之成为支持农村发展的重要动力。"十七大"时期继续实行最严格的耕地保护制度，使耕地面积持续保持在18.2亿亩以上，持续多年的粮食丰收，就是土地收益的基本表现。为保持这样的收益，一方面需要提高土地的质量，由此有了大力开展农村土地整治和着手建设高标准农田的要求和行动；另一方面需要进一步明确土地关系，使土地使用者可以放心地在土地上投资投力，为此不仅较大规模地开展了农村土地承包经营权登记试点和全面推进农村集体土地确权颁证工作，还基本完成了集体林权制度主体改革，并为完善农村集体土地征收补偿制度做了大量准备工作。

二是节约型发展的动力。农村尤其是农业的发展，受资源和环境影响及制约，需要在节约资源和保护环境的基础上凝聚新的发展动力。2011年的中央一号文件要求全面开展农村水利建设，就是要使节水、增产和增收成为发展农业的新型动力。吉林省、黑龙江省在2011年即进行了节水、增产、增收的试点。2012年中央决定开展"东北四省区节水增粮行动"，要求黑龙江省、吉林省、辽宁省和内蒙古自治区通过中央支持和地方自主安排，以玉米主产区为重点，集中连片大规模推广应用高效节水农业灌溉技术，提高粮食综合生产能力和农业灌溉用水系数，实现节水、增粮的目的，计划2012—2015年，在整合现有小农水专项资金、农业综合开发资金、现代农业发展资金、农业科技推广资金的基础上，发展高效节水灌溉工程3800万亩，总投资380亿元，其中中央财政补助60%。截至2012年年底，四省区已经完成高效节水灌溉工程800万亩。[1] 全国农田的有效灌溉面积，由2008年的58471.7千公顷上升到2012年的63036.4千公顷，增长7.81%；全国农田的节水灌溉面积，则由2008年的2142.5万公顷上升到2012年的3121.7万公顷，增长45.70%，在2011年以前全国还完成了7356座大中型水库和重点小型水库除险加固，为农村的环境安全提供了基本保证。[2]

三是改善生产生活条件的发展动力。不断改善农村生产、生活条件是带动农村全面发展的重要动力源，加强农村基础设施建设则是维系这种动

---

[1]　"中国农田水利网"载2013年《农田节水灌溉专题报告》。
[2]　《中国统计年鉴—2013》，第442、444页。

力源的主要方法。按照 2013 年国务院政府工作报告提供的数据，2008—2012 年农村基础设施建设有了重大的进展，不仅改造农村危房 1033 万户，新建改建农村公路 146.5 万公里，还解决了 3 亿多农村人口的饮水安全问题和无电区 445 万人的用电问题，新增了 800 万户农村沼气用户，并使得互联网的农村宽带接入用户由 2010 年的 2475 万户上升到 2012 年的 4076 万户。农村生产、生活条件的重大改善，不仅为未来的农村发展奠定了重要的基础，亦使农民对生产、生活条件的提高有了新的要求，并有进一步的动力去实现这样的要求。

四是技术进步带来的发展动力。2012 年的中央一号文件强调实现农业持续稳定发展、长期确保农产品有效供给，根本出路在科技；农业科技是确保国家粮食安全的基础支撑，是突破资源环境约束的必然选择，是加快现代农业建设的决定力量，具有显著的公共性、基础性、社会性特征。以科学技术作为农村发展的重要动力，一方面着重的是科学技术的应用，各种科技创新和技术推广都是为现代农业的发展提供基本的支持；另一方面着重的是人的培养，既需要加快培养农业科技人才和大力培训农村实用人才，也需要大力培育新型农民，还需要支持社会化服务组织的发展。中央的决策者显然已经高度关注这两方面的问题，但是由关注到真正形成有利于发展的"技术动力"，显然还需要一段时间的持续努力。

五是政府与农民结合的发展动力。从"十七大"时期的三农政策可以看出，政府在农村发展方面始终保持着强大的推动力，但是这样的推动力只有和农民自身发展的动力结合，才能实现农村的真正发展。换言之，不仅要保护农民的发展积极性，还要调动农民的发展积极性，并使之与政府的积极性有机地结合。如果说政府以高压态势强制减轻农民负担是保护农民积极性的重要措施，那么发放三项补贴、提高粮食收购价格和防止农民工"倒流"等，则是调动农民积极性的有效措施。从"十七大"时期的农村发展情况看，农民确实又有了较高的积极性，并且真实地看到了自身发展动力与来自政府的推动力结合产生的良好效果。而这样的效果，对于抗击国际金融危机的压力起了不小的作用。恰如 2013 年的国务院政府工作报告所言，在 2008—2012 年的三农政策支持下，集中力量办成了一些关系农业农村长远发展、关系农民切身利益的大事；农业农村发展的好形势，为应对国际金融危机和各种自然灾害严重冲击、稳定经济社会发展大局提供了重要支撑。

三　以危机管理政策模式应对自然
灾害和公共安全事件

在应对国际金融危机的同时，中国政府还以危机管理政策模式应对了一系列的重大自然灾害和公共安全事件，并进一步完善了危机管理政策模式。

（一）南方低温雨雪冰冻灾害的救灾过程

2008年1月10日至2月15日，中国南方和西部地区20个省区的范围内持续了一个多月极为严重的国际社会称之为"冰暴"的低温雨雪冰冻灾害。民政部2月23日汇总各地的初步核定数据，各地受灾人口2亿人，因灾直接经济损失达到1516.5亿元，因灾死亡129人，失踪4人，紧急转移安置166万人；农作物受灾面积1.78亿亩，成灾8764万亩，绝收2536万亩；倒塌房屋48.5万间，损坏房屋168.6万间。

此次灾害发生的过程以及对社会的影响也较为复杂。一是南方大旱之后降雪降雨，一开始被人们视为"瑞雪"，未意识到将有重大灾害发生。二是南方意外出现严重冰雪气候天气，南方人没有处理的经验与工具，措手不及。三是正值春运高峰，客流量极高，而灾情最为直接的后果是中断电力和交通。四是正遇物价上涨，煤油紧张，全社会的注意力以及行政工作的重点是控制物价和解决煤电油紧张问题。五是正逢省级人代会召开期间，省、市两级官员变动幅度较大，新老班子正在过渡，紧急指挥行动受到某种程度影响。多重因素的综合作用，使灾害造成的损失和影响呈现叠加放大效应，给灾区群众生产生活造成了多方面困难。

南方低温雨雪冰冻灾害的救灾工作，大体可以划分为四个阶段。

2008年1月10日至20日是第一阶段，主要表现为灾害形成与地方局部救灾。1月14日，湖北首先报告灾情，接着，安徽、重庆、湖南、四川也报告发生局部灾情，地方政府开始着手救灾工作。

2008年1月21日至1月27日是第二阶段，主要表现为灾害加剧与中央投入救灾。1月21日，湖北报告该省发生特大灾害，国家减灾委、民政部立即启动四级响应；1月22日，民政部、财政部决定提前下拨第二笔冬春救助资金；1月23日，国务院对湖南启动四级响应；1月26日，对贵州、广西启动四级响应；1月27日，对安徽启动四级响应。

2008年1月28日至2月15日是第三阶段，主要表现为灾害全面升级与中央总体组织救灾。1月25日后，京珠高速公路等五纵七横干线2万公里交通瘫痪，22万余公里普通公路受阻，造成几百万返乡旅客滞留在车站、机场和铁路、公路沿线。1月28日，贵州铜仁地区出现一斤猪肉60元、一斤大米20元的现象，国家减灾委办公室与有关省份的县直接通电话了解灾情，得出此次灾害比1998年抗洪还要复杂得多的判断，立即召开由总参作战部、财政、交通、铁路、民航、农业、气象等部门协调会议，决定调整救灾政策，部队全面投入救灾，全社会全面动员，当日电视与多个网站即播放了这一消息。1月29日，党中央、国务院开始总体部署救灾工作，国家减灾委针对各个重灾省将响应等级提升为二级。1月30日，国家减灾委对全国救灾工作作出具体部署。此后，胡锦涛总书记、温家宝总理等中央政治局常委和国务院领导分别到重灾区指挥救灾。2月1日，国家发展改革委员会宣布成立国务院煤电油运和抢险抗灾应急指挥中心。2月3日，指挥中心又成立了各类救灾指挥部，分别负责有关系统的救灾工作，并确定将通电、通路、保民生作为救灾工作重点。2月6日，农历年三十，南方大部分地区晴到多云，中断多天的城市和县城开始恢复通电或者安装发电机以及发放蜡烛等，灾区形势开始出现重大转折，灾情日趋稳定，受灾群众生活救助全面展开。2月15日，全国灾情基本稳定，国家减灾委、民政部终止对于重灾省的二级响应。

2008年2月16日至2月底是第四阶段，主要表现为局部应急救灾及全面开启恢复重建工作。2月18日，云南灾情加重，国家减灾委、民政部再次启动四级响应。但就全国而言，已经转入了系统核实灾情和恢复重建的工作。2月23日至24日，全国灾区群众生活安排和恢复重建工作会议在北京召开，回良玉副总理代表中央作出工作部署，南方大面积低温雨雪冰冻灾害的紧急应对基本终止。①

（二）汶川大地震灾害的紧急救援过程

2008年5月12日14点28分发生的汶川8.0级特大地震，灾区面积

---

① 2008年"南方低温雨雪冰冻灾害救助"的政策案例说明，引自王振耀、田小红《巨灾之年的政府应对与公共政策调整：2008年中国自然灾害救援实践分析》，载《中国公共政策分析，2009年卷》，第160—184页。

达到 44 万平方公里，波及中国四川、甘肃、陕西、重庆、云南、河南、湖北、贵州、湖南、山西 10 个省（市）的 417 个县（市、区）、4656 个乡镇、47789 个村庄；四川省的极重灾区包括汶川、北川、绵竹、什邡、青川等 10 个县市，较为严重的受灾人口 4624 万人，紧急转移需要进行不同程度安置的人口为 1510 万人；地震中 69226 人死亡，17923 人失踪，直接经济损失超过万亿元。

汶川大地震的灾害紧急救援是一次更为复杂的危机管理过程，从 5 月 12 日地震发生到 10 月 8 日，地震救灾应急的过程可以划分为五个阶段。

第一阶段（5 月 12 日至 5 月 15 日）是突发性紧急应对阶段。5 月 12 日下午大地震发生后立即成立了国务院抗震救灾总指挥部，国务院总理温家宝于当天到达灾区并在一线展开救灾。5 月 15 日，国家主席、军委主席胡锦涛也到达灾区，国家进入了最高动员体制。同时，灾区各级政府也全面动员，建立了一体性的指挥体制。中央政府投入大量救灾资金并投入十万以上的兵力特别是消防部队到达灾区救灾，全力搜救生存人员，同时动员全国各个地方支援灾区，并第一次正式启动国际合作机制。同时，国务院新闻办公室开始每日通报灾区信息，并确定了灾区信息全面透明的机制，外国记者可以在灾区自由采访。5 月 15 日，国务院抗震救灾总指挥部决定在四川正式设立前方指挥部，并由副总理回良玉担任前方总指挥。

第二阶段（5 月 16 日至 5 月 31 日）是全面展开抢救生命与临时紧急安置灾区群众生活阶段。救灾部队和从各地调来的专业救援队以及各国的救援队，在地震灾区进行拉网式的排查工作，全力寻找和抢救生存者。在地震救灾的第一阶段和第二阶段，共计从废墟中抢救生还者 8.4 万人。为解决灾民的紧急安置问题，全国各地与国际社会展开了物资大支援，许多志愿者到灾区直接参与救灾，灾区整个形势开始改观。

第三阶段（6 月 1 日至 6 月 26 日）是处置次生灾害与初步系统安置灾区群众生活阶段。一方面是防止灾区发生次生灾害，救灾工作的重点是唐家山堰塞湖抢险工作；另一方面是灾区道路逐渐打通，各项救灾物资源源不断运到灾区，政府将恢复重建提上了议事日程。6 月 8 日，国务院正式颁布《汶川地震灾后恢复重建条例》。6 月 10 日，唐家山堰塞湖抢险工作取得决定性进展，下泄的洪峰顺利通过绵阳市区，没有造成人员伤亡。6 月 12 日，民政部、财政部、住房和城乡建设部下发关于农户住房重建工作的指导意见，决定中央财政对汶川地震房屋倒塌或严重损坏、无家可归的农户重建住房，原则上按每户平均 1 万元的标准补助，中央财政下达了 400 亿元的重建资金。灾区的群众基本得到了临时安置，每户能够有一处临时性简易住所。

第四阶段（6 月 27 日至 7 月 18 日）是政府深化各项救灾政策与进一步安排灾区群众生活阶段。6 月 29 日，国务院发出《关于支持汶川地震灾后恢复重建政策措施的意见》，就中央财政建立地震灾后恢复重建基金、财政支出标准等作了具体规定。7 月 11 日，民政部、国家发改委、财政部、国土资源部、国家地震局、国家汶川地震专家委员会会同四川、甘肃和陕西三省政府共同完成了地震灾害范围评估工作。7 月 18 日，民政部、财政部下发《关于对汶川地震灾区困难群众实施后续生活救助有关问题的通知》，要求对灾区孤儿、孤老、孤残人员、生活困难的遇难者和重残者家庭人员、异地安置人员、因灾住房倒塌损坏且生活困难的受灾群众实施进一步生活救助。

第五阶段（7 月 19 日至 10 月 8 日）是中央和地方政府系统建立恢复灾后重建机制，并全面落实各项政策阶段。进入夏季以后，灾区多雨，不时有局部的洪涝灾害，加剧了灾区的严峻形势。同时，恢复重建也进入了关键时期。9 月 19 日，国务院正式下发《汶川地震灾后恢复重建总体规划》，对灾后的恢复重建进行了统一部署。10 月 8 日，中共中央、国务院、中央军委召开全国抗震救灾表彰大会，标志地震紧急救援工作基本结束。

具体分析汶川大地震的紧急救灾过程，在灾害管理的体制、政策与工作机制方面又有了一些新的做法。

第一，调整最高指挥体制。在国家的救灾预案中，一次灾害遇难人员超过千人、万人，国家最高指挥体制如何建立，还没有明确的预案。在汶川地震当天，中共中央政治局就决定组建国务院抗震救灾总指挥部，随后又决定在成都设立前方总指挥部。这种最高指挥体制的调整，对于统一指挥各项救灾事务起了决定性的作用。

第二，建立跨区域跨部门一体性紧急安置灾区群众生活的体制。汶川地震中，紧急转移人员达到 1500 万人以上，各地在救灾中均启动了全方位安置受灾群众的机制，四川绵阳的体育馆就是紧急安置灾区群众的一个重要场所，所有从北川方向转移出来的人都先到这里报到，然后再分散安置，成都平原临近灾区的几乎所有城镇都成了灾民安置场所。

第三，启动国际紧急救援合作体制。由国际紧急救援队到中国进行救灾，在中国的救灾历史上没有先例。汶川地震中，中国政府第一次邀请国际救援力量参与应急救灾，同时也呼吁各国支援。中国台湾、香港、澳门地区及海外华侨也十分积极地参与了救灾过程，台湾运输救灾物资的飞机直接从台北飞到成都，这在两岸尚未实现"三通"的条件下是十分有意义的事件。

第四，紧急启动建设临时住所机制。汶川地震中紧急转移后需要较长时期安置的人口就有几百万，需要至少上百万顶帐篷。为了满足临时住所的急需，总指挥部5月20日即决定紧急采购90万顶帐篷与几千吨篷布和彩条布，并要求于6月20日前完成，同时又决定采购百万套板房并立即由各省开始定点援建，以充分保障灾民的临时住所。

第五，制定三个月临时生活救助政策。一般救灾，紧急救援时期，中央政府按照一人补助150元的标准下拨地方，紧急采购物资，以保障紧急转移的群众生活。但是，大地震中，这个政策就远远不够了，因为许多地方的群众要在外面生活较长的时间。5月20日，总指挥部决定对于无房可住、无生产资料和无收入来源的困难群众给予3个月的临时生活救助，标准为每人每天10元补助金和1斤成品粮，从而使受灾困难群众得到了稍高于一美元的国际最低标准的救助。

第六，确定遗体处理政策与建立抚慰金制度。在汶川地震中，近七万遇难者的遗体如何妥善地迅速处理，是救灾工作的一大挑战。如果处理不当，造成遗体腐烂，可能产生大的疫情。为此，民政、公安、卫生等部门及时制定了遗体处理的有关政策，并给予每个遇难者的家庭5000元抚慰金，使遇难者的遗体得到了较为及时的处置。

第七，制定医疗卫生救助政策和孤儿、孤老、孤残人员救助政策。汶川地震中受伤者为374171人，有的伤势严重。卫生等部门启动了特别机制，动员各省接受重伤员，并给予平均每人28000元的医疗补助以及对陪护人员及返程的补助等，一般伤员的救治则全部实行免费。此外，民政部还专门制定了对于孤儿、孤老、孤残人员的特别救助政策，每人每月的补助标准为600元，明显高于一般受灾人员。

第八，建立一省支援一个重灾县的体制。为了提高救灾效率，在汶川地震紧急救援的过程中，民政部于5月22日已决定建立一个省支持一个县的对口应急支援体制。6月11日，中央正式决定建立全方位的"一省帮一重灾县"的恢复重建对口支援体制。

第九，建立科技力量系统投入机制。在汶川地震中，国务院组建了国家汶川地震专家委员会，同时又组建了国家减灾委员会——科技部抗震救灾专家组。专家学者的许多意见送达指挥部，为决策提供了重要支持。此外，中国的卫星遥感、北斗通信系统、无人驾驶飞机等，在救灾工作中也发挥了重要作用。

第十，广泛发动社会捐赠。截至 2008 年 9 月底，国内外社会各界为汶川地震累计捐款捐物达到 592 亿元，远远超过历年捐赠纪录。

第十一，政府鼓励志愿者服务全面开展，支持社会互助。据不完全统计，到达灾区的志愿者达 120 万人以上。由于中国志愿者组织不够发达，汶川地震救灾的志愿服务主要以自发为主，他们到达灾区后立即进行自我分类组织，很快与地方政府紧密结合，形成不同的服务网络，创造了一种新的志愿工作模式。

第十二，建立全国哀悼日制度。国务院决定 2008 年 5 月 19 日至 21 日为全国哀悼日。5 月 19 日 14 时 28 分起，全国人民默哀 3 分钟，届时汽车、火车、舰船鸣笛，防空警报鸣响。这是中国历史上第一次将普通人的遇难作为国丧，而对普通人的遇难进行全国哀悼，对于动员全国人民万众一心投入救灾起到了巨大的社会凝聚作用。①

（三）处理"三鹿奶粉事件"

2008 年 7 月和 8 月，互联网和一些新闻媒体已经出现过使用"三鹿奶粉"导致婴幼儿肾结石的报道，但是都被三鹿集团否认，并且刻意隐瞒已经在奶粉中查出三聚氰胺的信息。

2008 年 9 月 8 日，甘肃省岷县 14 名婴儿同时患有肾结石病症的现象被报道后，引起外界关注。9 月 11 日，甘肃全省已发现 59 例肾结石患儿，部分患儿已发展为肾功能不全，并死亡 1 人，这些婴儿均食用了三鹿奶粉。卫生部高度怀疑三鹿牌婴幼儿配方奶粉受到了三聚氰胺污染。三聚氰胺是一种化工原料，掺入奶制品后可以提高蛋白质检测值，人如果长期摄入则会导致膀胱、肾结石，并可诱发膀胱癌。9 月 12 日，三鹿集团声称此事件是由于不法奶农为获取更多的利润向鲜牛奶中掺入了三聚氰胺。截至 2008

---

① 2008 年"汶川大地震灾害救助"的政策案例说明，引自王振耀、田小红《巨灾之年的政府应对与公共政策调整：2008 年中国自然灾害救援实践分析》。

年 9 月 21 日，因使用三鹿婴幼儿奶粉而接受门诊治疗咨询且已康复的婴幼儿累计 39965 人，住院的 12892 人，已治愈出院 1579 人，死亡 4 人。

2008 年 9 月 13 日启动了国家重大食品安全事故一级响应，并在 2008年 9 月 17 日的国务院常务会议上作出决定：全力救治患者，落实免费治疗政策，尤其要重视对农村和边远地区婴幼儿患者的检查；不合格的产品要全部下架、封存和销毁，不留死角；对奶制品进行全面检查，整顿奶制品行业；严格监管奶制品生产企业，确保生产的奶制品质量安全；尽快修订监管法规，严格法律追究制度；对奶农实施扶持政策，支持产品质量好的企业增加生产，确保市场供应；彻底查明事故原因，及时公布调查结果；坚决依法惩处违法犯罪分子，对负有责任的企业、监管部门和行政负责人严肃追究责任。国家质检总局亦于 9 月 17 日宣布取消食品业的国家免检制度，所有已生产的产品和印制在包装上已使用的国家免检标志不再有效。商务部也发出通知，要求各地商务主管部门严格排查生产、出口奶制品、食品、药品、玩具、家具等企业，杜绝存在质量安全隐患的产品出口。对责任确属中国企业的质量安全事件，要敦促企业承担出口产品质量第一责任，立即回收问题产品。

河北省对三鹿奶粉事件进行了紧急处置，不仅迅速拘留了向鲜牛奶中掺入三聚氰胺的 19 名嫌疑人，还决定三鹿集团立即停产整顿，并对有关责任人做出了处理：三鹿集团董事长和总经理田文华被免职，石家庄市分管农业生产的副市长张发旺以及市长冀纯堂相继被撤职，石家庄市委书记吴显国也被免职。2008 年 9 月 22 日，国家质检总局局长李长江引咎辞职，成为此次事件中去职的级别最高的官员。

2008 年 9 月 19 日，国家质检总局宣布撤销蒙牛、伊利和光明三个牌子液态奶产品的"中国名牌"产品称号，因为这三个品牌的液态奶被检出含有三聚氰胺。国家质检总局对全国婴幼儿奶粉三聚氰胺含量进行检查，显示有 22 家婴幼儿奶粉生产企业的 69 批次产品检出了含量不同的三聚氰胺，被要求立即下架。

2008 年 10 月 6 日的国务院常务会议审议并原则通过了《乳品质量安全监督管理条例（草案）》，提请全国人大常委会审议。①

---

① "处理三鹿奶粉事件"的政策案例说明，引自史卫民、潘迎春《2008 年/2009 年应对灾变和金融危机的中国公共政策选择》。

"三鹿奶粉事件"再次引起了民众对食品质量和产品质量的担心，也对产品安全政策提出了新的要求。2008年的国务院政府工作报告已经强调了加强产品质量安全的四项措施。（1）加快产品质量安全标准制定和修订，今年要完成7700多项食品、药品和其他消费品安全国家标准的制定修订工作，健全食品、药品和其他消费品安全标准体系；食品、消费品安全性能要求及其检测方法标准，都要采用国际标准；出口产品除符合国际标准外，还要符合进口国标准和技术法规的要求。（2）完善产品质量安全法制保障，加快制定修订涉及产品质量安全的法规，完善行政执法与刑事司法紧密衔接的机制，加大对违法违规企业的惩处力度。（3）健全产品质量安全监管体系，严格执行生产许可、强制认证、注册备案制度，严把市场准入关；提高涉及人身健康和安全产品的生产许可条件和市场准入门槛。（4）认真落实产品质量安全责任制，一定要让人民群众吃得放心、用得安心，让出口产品享有良好信誉。2009年则开展了整顿和规范市场秩序专项行动以及"质量和安全年"活动，尤其着重的是对食品药品安全的专项整治。

（四）应对甲型 H1N1 流感

从2008年3月18日开始在墨西哥爆发的"人感染猪流感"，后来被世界卫生组织定名为"甲型 H1N1 流感"。为防止甲型 H1N1 流感在全球蔓延，世界卫生组织2009年4月27日起将警告级别由3级提升到4级，4月29日又提升到5级，6月11日则提升到最高级别的6级。

经历2003年的"非典"疫情后，中国已经建立了应对突发疫情的危机管理机制，并以不同的步骤遏制甲型 H1N1 流感在国内的蔓延。

第一步是防止甲型 H1N1 流感传入中国，并为应对甲型 H1N1 流感暴发提供资金准备。2009年4月28日和5月5日召开的国务院常务会议，主要议题就是如何防控甲型 H1N1 流感，要求采用的主要措施是加强出入境检验检疫，对来自疫病流行国家和地区的入境人员实行严格的医学排查和跟踪医学调查，对来自这些地区的交通运输工具和货物实施严格消毒等卫生检疫处理，强化疫情监测报告工作，并密切跟踪境外疫情发展情况。中央财政为防控甲型 H1N1 流感安排50亿元专项资金，还要求地方各级财政也要为防控工作拨出专款。卫生部于2009年5月8日公布了《甲型 H1N1 流感诊疗方案（2009年试行版第一版）》。

第二步是防止甲型 H1N1 流感在中国大面积流行。2009 年 5 月 11 日，中国内地出现了首例确诊甲型 H1N1 流感患者。当天召开的国务院常务会议针对形势变化，除了要求继续严把出入境检验检疫关和密切跟踪全球疫情变化情况外，还要求强化疫情监测报告工作，确保做到早发现、早报告、早隔离、早诊断、早治疗，增强防控工作透明度，并要加大甲型 H1N1 流感可防、可控、可治的宣传力度，普及科学防病知识，正确引导社会舆论，加快疫苗研发和生产进度，增加抗病毒药物储备。2009 年 7 月 3 日召开的国务院常务会议，根据甲型 H1N1 流感疫情状况，又提出了四条新要求：一是加强学校、医院等公共场所的重点防控工作，防止疫情传播；二是加强重症病例救治工作，努力降低重症患者发生率和病死率；三是加强疫苗研发，重视发挥中医药的作用；四是制定患者的医疗救治费用管理办法。2009 年 7 月 10 日，卫生部公布了《甲型 H1N1 流感诊疗方案（2009 年试行版第二版）》。

第三步是以接种疫苗控制甲型 H1N1 流感。2009 年 9 月 7 日召开的国务院常务会议要求在内防扩散、外堵输入的基础上，进一步强化预防措施，严控社区传播，加强重症救治，全力减少疫情危害，并指出疫苗研发已通过专家评审，可在安全有效的前提下分批开始使用。2009 年 10 月 13 日，卫生部公布了《甲型 H1N1 流感诊疗方案（2009 年试行版第三版）》。截至 2010 年 1 月 10 日，全国已经完成甲型 H1N1 流感疫苗接种 5567 万人。

截至 2009 年 12 月 27 日，甲型 H1N1 流感在全球已造成至少 12220 人死亡，其中美洲地区死亡人数最多。中国内地截至 2010 年 1 月 10 日，已有 124764 例甲型 H1N1 流感确诊病例，其中 744 例死亡。中国不仅有效控制了甲型 H1N1 流感的蔓延，也没有因疫情变化而引起全国性或较大区域性恐慌。[①]

（五）危机管理政策的经验积累

2008 年的两次大规模救灾实践，以及 2008 年和 2009 年的两次应对突发公共安全事件，为中国政府的危机管理政策模式至少积累了九条成功

---

① "应对甲型 H1N1 流感"的政策案例说明，引自白钢、史卫民《国际金融危机影响下的 2009 年/2010 年中国公共政策选择》。

经验。

第一，政府有长远、清晰的政策目标，在政策的基础知识上形成了应对危机的策略和机制。2003年暴发SARS事件后，中央政府和地方政府都制定了危机处理预案，进一步完善救灾物资储备，建立专业救灾队伍，形成了有效的紧急状态响应机制，并加强了全国的灾情监测和灾情预报，使政府预见风险和管理危机的能力大大提高，面对突发的危机事件（包括重大自然灾害和公共安全事件，下同）能够作出及时、正确的反应。

第二，为危机管理提供必要的组织和人员保证。面对重大危机事件，中央和相关地方、单位都成立临时领导机构，负责救灾和处理公共安全事件的组织、协调工作。重大危机事件发生后，不仅就地动员和组织救灾或医疗队伍，调用专业抢险队伍，还及时调动武警和军队参加救灾工作，为危机管理提供了充足的人力支持。

第三，提供充足的经费和物资保证。无论是应对重大自然灾害，还是应对公共卫生安全事件，都能够迅速调集救灾物资或专用药品，并及时拨付专用经费，以保证应付危机事件的紧急需求。

第四，注重危机管理的系统性和科学性。大规模救灾和抗击传染病都是系统性的工程，不仅涉及大量的人员组织、调配和物资调运工作，更涉及灾民的生活安置和患者的医疗保障等，既要科学调度，也要采用先进的科学技术，技术支持在应对危机事件中的作用已经越来越显著。

第五，注重危机管理中的政策支持。在危机事件处理过程中出台新的政策措施，尤其是发出新的规范性的政策文件，甚至形成新的法令，既是政策基础知识的运用和发展，也是政策体系完善的重要步骤。

第六，危机事件中及时、准确的信息公开，不隐瞒不粉饰，是达到危机管理效果的必要政策手段，不仅可以引导社会各界形成共识，更能有效防止因不知情或信息混乱产生的恐慌。

第七，注重危机管理过程中的公民参与。在2008年的两次救灾行动中，都有公民的积极参与。公民参与的途径，一是主动向灾区捐款、捐物；二是积极自救或自发参加救援行动；三是通过社会组织向灾区提供帮助；四是参与救灾政策和措施讨论（尤其是在互联网上的讨论），提出意见和建议；五是对救灾行动中的政府行为等进行监督，包括救灾现场的观察、监督和来自互联网"网民"的监督等。公民的主动参与，对政府应对危机事件起了不可忽视的支持作用。

第八，强调危机管理的人本主义和人文关怀。在面对风雪冰冻灾害时注重受灾群众的生活问题和受困群众的安置、返家等问题，在地震灾害中坚持把抢救人的生命放在第一位，在公共卫生事件中强调治病救人和防范疫情蔓延等，都体现了强烈的人本主义。在2008年的救灾行动中，还注意到了道德关怀和心理救治等人文关怀问题，是相关政策措施的重大进步。

第九，注意责任追究和政策检验。在危机事件结束后，既有对有功人员的表彰，也有问责处理等。更重要的是对危机管理中的政策措施进行科学评估，认真分析政策执行中的体制问题和其他问题，将危机中的政策学习提高到新的层次。①

四 减轻社会压力的民生政策

国际金融危机为中国创造的一个有利机会，就是将一部分政府投资用于国内的社会建设，并以此来提升国家的社会保障水平，在整体上缓解社会矛盾和减轻社会发展的压力。为此，2008—2012年的国务院政府工作报告都强调了着力或切实保障和改善民生的要求，并使民生政策有了一些重要的进展。

（一）提高标准的开发式扶贫政策

2000年完成"八七"扶贫攻坚后开始实施《中国农村扶贫开发纲要（2001—2010年）》，扶贫标准由2001年的年人均纯收入865元上升到2007年的1067元，全国的贫困人口由2001年的9029万人下降到2007年的4320万人。②

尽管全国农村的贫困人口数量持续下降，2008年的中央一号文件仍强调要继续坚持开发式扶贫的方针，增加扶贫开发投入，逐步提高扶贫标准，加大对农村贫困人口和贫困地区的扶持力度，继续做好整村推进、培训转移和产业化扶贫工作。《中共中央关于推进农村改革发展若干重大问

---

① "危机管理经验积累"的说明，引自史卫民、潘迎春《2008年/2009年应对灾变和金融危机的中国公共政策选择》。

② 本节所述与扶贫有关的各种数据，见"人民网"2016年10月17日载文《中国贫困人口数为何大起大落》。

题的决定》则要求实现农村最低生活保障制度（简称农村"低保"）和扶贫开发政策有效衔接，实行新的扶贫标准，对农村低收入人口全面实施扶贫政策，把尽快稳定解决扶贫对象温饱并实现脱贫致富作为新阶段扶贫开发的首要任务。2008 年将扶贫标准上调至年人均纯收入 1196 元，全国贫困人口仍有 4007 万人。

2009 年的中央一号文件要求制定农村"低保"与扶贫开发有效衔接办法，重点提高农村贫困人口的自我发展能力。2009 年的国务院政府工作报告则强调要将 1196 元的新标准覆盖到 4007 万人的扶贫对象身上。按照 1196 元的标准，2009 年的全国贫困人口下降到 3597 万人。

2010 年的中央一号文件要求逐步扩大扶贫开发和农村"低保"制度有效衔接试点，确保扶贫开发工作重点县农民人均纯收入增长幅度高于全国平均水平，并研究制定未来 10 年扶贫开发纲要和相关规划。2010 年将扶贫标准上调至年人均纯收入 1274 元，全国贫困人口下降到 2688 万人。

2011 年 12 月 1 日，中共中央、国务院正式公布了《中国农村扶贫开发纲要（2011—2020）》，要求提高扶贫标准，加大投入力度，把连片特困地区作为主战场，把稳定解决扶贫对象温饱、尽快实现脱贫致富作为首要任务；坚持开发式扶贫方针，实行扶贫开发和农村最低生活保障制度有效衔接，把扶贫开发作为脱贫致富的主要途径，鼓励和帮助有劳动能力的扶贫对象通过自身努力摆脱贫困；把社会保障作为解决温饱问题的基本手段，逐步完善社会保障体系。在扶贫标准以下具备劳动能力的农村人口，都要作为扶贫工作主要对象，建立健全扶贫对象识别机制，做好建档立卡工作，实行动态管理。在新的扶贫开发中开展的专项扶贫，包括易地扶贫搬迁、整村推进、以工代赈、产业扶贫、就业促进，并要扩大互助资金、连片开发、彩票公益金扶贫、科技扶贫等试点。要逐步提高国家扶贫标准，各省（自治区、直辖市）可根据当地实际制定高于国家扶贫标准的地区扶贫标准。2012 年中央决定将农民人均纯收入 2300 元（2010 年不变价）作为新的扶贫标准，按照这样的标准测算，2011 年的实际扶贫标准为年人均纯收入 2536 元，全国贫困人口陡升至 12200 万人。2012 年的实际扶贫标准为年人均纯收入 2625 元，全国贫困人口下降到 9899 万人，扶贫的任务依然艰巨。

随着扶贫标准的上升，中央财政扶贫资金也大幅度上升，由 2008 年的 167.34 亿元上升到 2012 年的 332.05 亿元（2009 年 197.3 亿元，2010

年222.68亿元。2011年272亿元),增长98.4%。

(二) 注重"应保尽保"的城乡"低保"政策

2008年的国务院政府工作报告明确要求重点完善城乡居民最低生活保障制度(简称城乡"低保"),建立与经济增长和物价水平相适应的救助标准调整机制。2008年全国共有2334.8万人得到城市居民最低生活保障(简称城市"低保"),各级财政共支出城市"低保"资金393.4亿元,比2007年增长41.8%,平均标准为每人每月205.3元,月人均补助143.7元。2008年全国共有4305.5万人得到农村最低生活保障,平均标准为每人每月82.3元,人均月补助50.4元,全年共发放农村"低保"资金228.7亿元,比2007年增长109.6%,农村"低保"正向"应保尽保"的目标迈进。①

2009年的国务院政府工作报告强调"农村低保要做到应保尽保"。2009年全国共有2345.6万人得到城市最低生活保障(比2008年增加10.8万人),各级财政共支出城市"低保"资金482.1亿元(中央财政补助资金359.1亿元,包括春节一次性补贴的34.2亿元),比2008年增长22.5%,平均标准为每人每月227.75元,月人均补助172元。2009全国有4760.0万人得到农村最低生活保障(比2008年增加454.5万人),平均标准为每人每月100.84元,人均月补助68元,全年共发放农村最低生活保障资金363.0亿元(中央补助资金255.1亿元,包括春节一次性生活补贴39.6亿元),比2008年增长58.7%。

2010年的国务院政府工作报告要求加强城乡"低保"工作,逐步提高保障水平,切实做到动态管理、应保尽保。2010年全国共有2310.5万人得到城市最低生活保障(比2009年减少35.1万人),各级财政共支出城市"低保"资金524.7亿元(中央财政补助资金365.6亿元),比2009年增长8.8%,平均标准为每人每月251.2元,月人均补助189元。2010全国共有5214万人得到农村最低生活保障(比2009年增加454万人),平均标准为每人每月117元,人均月补助74元,全年共发放农村"低保"资金445亿元(中央补助资金269亿元),比2009年增长22.6%,

---

① 本节所述城乡"低保"数据,见2008—2012年民政事业发展统计公报,引自"中华人民共和国民政部网站"。

并基本实现了农村"低保"的"应保尽保",达到了"最低生活保障制度实现全覆盖"的目标。

2011 年全国共有 2276.8 万人得到城市最低生活保障(比 2010 年减少 33.7 万人),各级财政共支出城市"低保"资金 659.9 亿元(中央财政补助资金 502 亿元),比 2010 年增长 25.8%,平均标准为每人每月 287.6 元,月人均补助 240.3 元。2011 全国共有 5305.7 万人得到农村最低生活保障(比 2010 年增加 91.7 万人),平均标准为每人每月 143.2 元,人均月补助 106.1 元,全年共发放农村"低保"资金 667.7 亿元(中央补助资金 502.6 亿元),比 2010 年增长 50%。

2012 年 9 月 26 日,国务院发出《关于进一步加强和改进最低生活保障工作的意见》,强调最低生活保障要坚持应保尽保、公平公正、动态管理、统筹兼顾四条原则,健全救助标准与物价上涨挂钩的联动机制,逐步缩小城乡差距、区域差距;最低生活保障标准应低于最低工资标准;发放最低生活保障要规范申请、审核、民主评议、审批、公示、发放程序,并要深入开展最低生活保障政策宣传,利用广播、电视、网络等媒体和宣传栏、宣传册、明白纸等群众喜闻乐见的方式,不断提高最低生活保障信息公开的针对性、时效性和完整性;充分发挥新闻媒体的舆论引导作用,大力宣传最低生活保障在保障民生、维护稳定、促进和谐等方面的重要作用,引导公众关注、参与、支持最低生活保障工作,在全社会营造良好的舆论氛围。2012 年全国共有 2143.5 万人得到城市最低生活保障(比 2011 年减少 133.3 万人),各级财政共支出城市"低保"资金 674.3 亿元(中央财政补助资金 439.1 亿元,比 2011 年减少 62.9 亿元),比 2011 年增长 2.2%,平均标准为每人每月 330.1 元,月人均补助 239.1 元(比 2011 年下降 1.2 元)。2012 全国共有 5344.5 万人得到农村最低生活保障(比 2011 年增加 38.8 万人),平均标准为每人每月 172 元,人均月补助 104 元,全年共发放农村"低保"资金 718 亿元(中央补助资金 431.4 亿元,比 2011 年减少 71.2 亿元),比 2011 年增长 7.5%。

从"十七大"时期城乡"低保"政策的执行情况可以看出,城市"低保"的对象大体呈现基本稳定、略有下降态势;农村"低保"的对象也在 2009 年和 2010 年共增加 900 万人后,大体稳定在 5300 万人的水平上。尽管城乡"低保"为保障对象提供了基本保障,但是总体保障水平依然处于较低水平。以 2012 年为例,城市"低保"的年平均保障标准为 3961.2 元,只占当年城镇居民家庭人均可支配收入（24564.7元）的16.1%；农村"低保"的年人均保障标准（2067.8元）则占农村居民家庭人均纯收入（7916.6元）的26.1%。也就是说，随着经济的发展和城乡人均收入水平的快速提高，城乡"低保"标准确实还需要更大幅度的提高。

（三）城乡合一的社会养老保险政策

为实现城乡一体化的发展，"十七大"时期将原来分设的城镇居民社会养老保险和新型农村社会养老保险逐步统一成了城乡居民社会养老保险政策，并继续实施城镇职工基本养老保险政策。

在"十五大"时期国企改革攻坚中曾发挥重要作用的城镇职工基本养老保险，在"十六大"时期继续扩大覆盖面，参加保险的人员由2002年的10181.6万人上升到2007年的20136.9万人。2008年的国务院政府工作报告不仅要求进一步完善社会统筹与个人账户相结合的城镇职工基本养老保险制度，还要求抓紧制定适合农民工特点的养老保险办法，并鼓励各地开展农村养老保险试点。2008年全国参加城镇职工基本养老保险的人员达到21891.1万人。

2009年的国务院政府工作报告明确提出了新型农村社会养老保险（简称"新农保"）试点要覆盖全国10%左右的县（市）的要求。2009年8月18日召开了全国新型农村养老保险试点工作会议，并于2009年9月1日发出《关于开展新型农村社会养老保险试点的指导意见》，强调新农保试点的基本原则是"保基本、广覆盖、有弹性、可持续"，一是从农村实际出发，低水平起步，筹资标准和待遇标准要与经济发展及各方面承受能力相适应；二是个人（家庭）、集体、政府合理分担责任，权利与义务相对应；三是政府主导和农民自愿相结合，引导农村居民普遍参保；四是中央确定基本原则和主要政策，地方制定具体办法，对参保居民实行属地管理。

对于新农保的试点，有以下具体要求。（1）年满16周岁（不含在校学生）、未参加城镇职工基本养老保险的农村居民，可以在户籍地自愿参加新农保。（2）新农保基金由个人缴费、集体补助、政府补贴构成。参加新农保的农村居民按规定缴纳养老保险费，缴费标准设为每年100元、200元、300元、400元、500元5个档次，地方可以根据实际情况增设缴费档次；参保人自主选择档次缴费，多缴多得；国家可依据农村居民人均纯收入增长等情况适时调整缴费档次。（3）有条件的村集体应当对参保人缴费给予补助，补助标准由村民委员会召开村民会议民主确定；鼓励其他经济组织、社会公益组织、个人为参保人缴费提供资助。对农村重度残疾人等缴费困难群体，地方政府为其代缴部分或全部最低标准的养老保险费。（4）政府对符合领取条件的参保人全额支付新农保基础养老金，其中中央财政对中西部地区按中央确定的基础养老金标准给予全额补助，对东部地区给予 50% 的补助；地方政府对参保人缴费给予补贴，补贴标准不低于每人每年 30 元。（5）国家为每个新农保参保人建立终身记录的养老保险个人账户，个人缴费、集体补助及其他经济组织、社会公益组织、个人对参保人缴费的资助，地方政府对参保人的缴费补贴，全部记入个人账户。（6）养老金待遇由基础养老金和个人账户养老金组成，支付终身。中央确定的基础养老金标准为每人每月 55 元。地方政府可以根据实际情况提高基础养老金标准，对于长期缴费的农村居民，可适当加发基础养老金，提高和加发部分的资金由地方政府支出。（7）新农保制度实施时，已年满 60 周岁、未享受城镇职工基本养老保险待遇的，不用缴费，可以按月领取基础养老金，但其符合参保条件的子女应当参保缴费；距领取年龄不足 15 年的，应按年缴费，也允许补缴，累计缴费不超过 15 年；距领取年龄超过 15 年的，应按年缴费，累计缴费不少于 15 年。（8）原来已开展以个人缴费为主、完全个人账户农村社会养老保险（"老农保"）的地区，应在妥善处理老农保基金债权问题的基础上，做好与新农保制度衔接。在新农保试点地区，凡已参加了老农保、年满 60 周岁且已领取老农保养老金的参保人，可直接享受新农保基础养老金；对已参加老农保、未满 60 周岁且没有领取养老金的参保人，应将老农保个人账户资金并入新农保个人账户，按新农保的缴费标准继续缴费，待符合规定条件时享受相应待遇。

为推进新农保试点，国务院成立了新农保试点工作领导小组，并要求2020 年之前基本实现对农村适龄居民的全覆盖。2009 年全国有 320 个县开展了新型农村社会养老保险试点，全国参加新型农村社会养老保险的人员达到 7277.3 万人，当年参保 2016.6 万人；全国参加城镇职工基本养老保险的人员上升到 23549.9 万人。[①]

---

① 2009 年"新农保试点"的政策案例说明，引自白钢、史卫民《国际金融危机影响下的2009 年/2010 年中国公共政策选择》。

2010 年的国务院政府工作报告要求把新型农村社会养老保险试点的范围扩大到 23% 的县，当年新农保试点实际覆盖了 24% 的县，参保人员达到 10276.8 万人。2011 年的国务院政府工作报告要求把新型农村社会养老保险试点的范围扩大到 40% 的县，当年全国已有 2343 个县进行了新农保试点，占全国县总数（2856 个）的 82%，参保人员达到 32643.5 万人，山东省率先实现了新农保全覆盖。①

2011 年的国务院政府工作报告要求推进城镇居民养老保险试点，解决集体企业退休人员养老保障的历史遗留问题，建立企业退休人员基本养老金正常调整机制。2011 年 6 月 7 日，国务院发出《关于开展城镇居民社会养老保险试点的指导意见》，要求 2011 年 7 月 1 日启动试点工作，实施范围与新型农村社会养老保险试点基本一致，2012 年基本实现城镇居民养老保险制度全覆盖。城镇居民养老保险的基本原则与新农保相同，具体做法也基本保持一致，只是个人缴费标准暂时设为每年 100 元、200 元、300 元、400 元、500 元、600 元、700 元、800 元、900 元、1000 元 10 个档次。指导意见还特别要求有条件的地方城镇居民社会养老保险应与新型农村社会养老保险合并实施，其他地方应积极创造条件将两项制度合并实施。城镇居民社会养老保险与职工基本养老保险等其他养老保险制度的衔接办法，由人力资源社会保障部会同财政部制定。2011 年全国共有 2147 个县（市、区）进行了城镇居民社会养老保险试点，1334 万人参保。

2012 年的国务院政府工作报告要求年底前实现新型农村社会养老保险和城镇居民社会养老保险制度全覆盖。2012 年 8 月，新型农村社会养老保险和城镇居民社会养老保险合并为城乡居民社会养老保险，并于当年年底实现了城乡居民社会养老保险全覆盖。全国参加城乡居民社会养老保险的人员为 48369.5 万人，加上当年参加城镇职工基本养老保险的 30426.8 万人，两类养老保险参保人员共计 78796.3 万人。②

（四）实施更积极的就业政策

2008 年的国务院政府工作报告指出，在世界上人口最多的国家解决

---

① 白钢、史卫民：《2010—2011 年的政策选择与政策目标检验》。
② 《中国统计年鉴—2013》，第 851、858 页。

就业问题是一项极为艰巨的任务，我们要用百倍的努力把这项关系民生之本的大事做好。2009 年的国务院政府工作报告还特别提出了实施更加积极的就业政策的要求。从"十七大"时期就业政策的发展看，除本章前面已经提到的为农民工在城市就业提供保障外，还有五个着重点。

第一，重视高校毕业生就业。随着中国高等教育的快速发展，高等学校的本科、研究生的毕业人数累年增加。2008—2012 年每年都有 500 万人以上的本科生毕业（本科生毕业人数，2008 年 512 万人，2009 年 531 万人，2010 年 575 万人，2011 年 608 万人，2012 年 624 万人，五年累计 2850 万人），每年都有 30 万人以上的研究生毕业（研究生毕业人数，2008 年 34 万人，2009 年 37 万人，2010 年 38 万人，2011 年 43 万人，2012 年 49 万人，五年累计 201 万人）。[①] 面对持续增加的高等学校毕业生，2009 年的国务院政府工作报告已经要求把促进高校毕业生就业放在突出位置，2011 年的国务院政府工作报告更强调继续把高校毕业生就业放在就业政策的首位。2011 年 5 月 31 日国务院发出《关于进一步做好普通高等学校毕业生就业工作的通知》，强调了促进高校毕业生就业的七条要求：（1）在构建现代产业体系中努力创造更多适合高校毕业生的就业机会。（2）鼓励中小企业吸纳高校毕业生就业。（3）鼓励引导高校毕业生面向城乡基层、中西部地区以及民族地区、贫困地区和艰苦边远地区就业。（4）鼓励支持高校毕业生自主创业，稳定灵活就业。（5）支持高校毕业生参加就业见习和技能培训。（6）鼓励科研项目单位吸纳高校毕业生就业。（7）大力加强就业指导、就业服务和就业援助，保障就业权益。

第二，加强就业和创业培训。2010 年 10 月 20 日，国务院发出《关于加强职业培训促进就业的意见》，强调职业培训是提高劳动者技能水平和就业创业能力的主要途径，要努力实现"培训一人、就业一人"和"就业一人、培训一人"的目标，使新进入人力资源市场的劳动者都有机会接受相应的职业培训，使企业技能岗位的职工得到至少一次技能提升培训，使每个有培训愿望的创业者都参加一次创业培训，为促进就业和经济社会发展提供强有力的技能人才支持。

第三，完善公共就业服务体系。2008 年的国务院政府工作报告已经明确要求加快建设城乡统一规范的人力资源市场，完善公共就业服务体

---

① 《中国统计年鉴—2013》，第 685 页。

系，促进形成城乡劳动者平等就业制度。2012年12月26日人力资源和社会保障部、财政部发出《关于进一步完善公共就业服务体系有关问题的通知》，指出保基本、可持续、均等化是公共就业服务的三条基本原则，政府公共就业服务就是向所有劳动者免费提供就业政策法规咨询、职业供求信息发布、职业指导和职业介绍、组织就业见习、开展创业服务、对就业困难人员实施就业援助、对高校毕业生和农村转移劳动者等重点群体提供专门就业服务、劳动人事档案管理服务、失业人员管理等。各地要按照统一领导、统一制度、统一管理、统一服务标准、统一信息系统的要求，统筹规划公共就业和人才交流服务机构建设，形成覆盖城乡的公共就业服务体系。为提升公共就业服务水平，既要全面实施统一的基本服务免费制度、就业信息服务制度、大型专项就业服务活动制度、就业与失业登记管理制度、就业援助制度、劳动人事档案管理服务、就业信息监测制度，也要探索建立政府购买基本公共就业服务的制度，提高公共就业服务专业化、标准化、信息化水平，以"数据向上集中、服务向下延伸、网络到边到底、信息全国共享"为目标，整合各类就业管理服务信息资源，并研究建立公共就业服务绩效考核管理制度，切实提高公共就业服务效率和水平。

第四，鼓励自主创业。2008年的国务院政府工作报告明确提出了以创业带动就业的要求，鼓励城乡居民自谋职业和自主创业，支持创办小型企业。2009年的国务院政府工作报告更强调要大力支持自主创业、自谋职业，促进以创业带动就业，在市场准入、财税金融、经营用地等方面提供便利和优惠，鼓励更多劳动者成为创业者；对自主创业、农民工返乡创业要进一步降低门槛，给予更大支持。

第五，帮助特定人群就业。残疾人、零就业家庭和退伍转业军人，都是需要政府给予帮助的特定就业困难人群，由此"十七大"时期既开始着手研究退伍转业军人安置制度改革问题，也明确提出了建立帮助残疾人和零就业家庭解决就业困难长效机制的要求。

实施更积极的就业政策需要加大政府的财政投入。按照2013年国务院政府工作报告提供的数据，2008—2012年累计投入就业专项资金1973亿元，实现高校毕业生就业2800万人，城镇就业困难人员就业830万人。也就是说，2008—2012年的3051万名高校毕业生（包括本科生和研究生），有91.8%实现了就业。全国登记的城镇失业人口，2008—2012年都在 900 万人上下，失业率都在 4.1% 至 4.3% 之间。[①]

（五）建立城市住房保障体系

通过 1988—1998 年的城市住房货币化改革，中国的城市居民不再享受"福利分房"待遇，在单位不再直接提供住房的条件下，城市居民的住房需求只能通过房地产市场解决，从而推动了房地产业的高速发展和繁荣。虽然 1999—2007 年中国城市居民的住房水平有了显著的提高，但也显示出了商品房价格迅速上涨、房地产投资迅速增长与投资过热、严重的住房不平等和住房供给结构失衡等问题，中央政府的政策重点主要放在房地产调控上，但政策效果并不理想，需要对城市居民住房政策进行全方位的重构。[②]

2008 年的国务院政府工作报告明确提出了抓紧建立住房保障体系的要求，显示重构城市住房政策的总体思路已经成型。建立住房保障体系总的指导原则是：（1）坚持从我国人多地少的基本国情出发，建立科学、合理的住房建设和消费模式；大力发展省地节能环保型住宅，增加中小套型住房供给，引导居民适度消费。（2）坚持正确发挥政府和市场的作用，政府主要制定住房规划和政策，搞好土地合理供应、集约利用和管理，重点发展面向中低收入家庭的住房，高收入家庭的住房需求主要通过市场调节解决。（3）坚持加强对房地产市场的调控和监管，规范和维护市场秩序，促进房地产业持续稳定健康发展。2008 年还重点采取了加快廉租住房建设、增加中小套型住房用地、防止房价过快上涨、加强市场监管四项措施。

2009 年面对国际金融危机的影响，在国务院政府工作报告中一方面要求采取更加积极有效的政策措施，稳定市场信心和预期，稳定房地产投资，推动房地产业平稳有序发展；另一方面要求用三年时间，解决 750 万户城市低收入住房困难家庭和 240 万户林区、垦区、煤矿等棚户区居民的住房问题。2009 年中央财政安排保障性安居工程资金 493 亿元，加大对廉租房建设和棚户区改造的投资支持力度，并要求选择一些有条件的地区进行试点，把部分住房公积金闲置资金用于经济适用住房建设，积极发展公共租赁住房。2009 年中央财政对保障性安居工程实际补助资金 551 亿

---

① 《中国统计年鉴—2013》，第 121 页。

② 朱亚鹏：《解决住房问题的出路：从房地产调控到住房政策重构》，载《中国公共政策分析，2007 年卷》，第 69—86 页。

元,比年初的资金安排多 58 亿元,全年共新建、改扩建各类保障性住房 200 万套,棚户区改造解决住房 130 万套。

2010 年的国务院政府工作报告要求坚决遏制部分城市房价过快上涨势头,并强调了四条政策措施。(1)继续大规模实施保障性安居工程,中央财政拟安排保障性住房专项补助资金 632 亿元,建设保障性住房 300 万套,各类棚户区改造住房 280 万套。(2)继续支持居民自住性住房消费,增加中低价位、中小套型普通商品房用地供应,加快普通商品房项目审批和建设进度;规范发展二手房市场,倡导住房租赁消费,盘活住房租赁市场。(3)抑制投机性购房,加大差别化信贷、税收政策执行力度,完善商品房预售制度。(4)大力整顿和规范房地产市场秩序,完善土地收入管理使用办法,抑制土地价格过快上涨,加大对圈地不建、捂盘惜售、哄抬房价等违法违规行为的查处力度。2010 年中央财政对保障性安居工程实际补助资金 765 亿元,比年初的资金安排多 133 亿元。

2011 年的国务院政府工作报告要求再开工建设保障性住房、棚户区改造住房共 1000 万套,中央财政预算安排补助资金 1030 亿元,坚决遏制部分城市房价过快上涨势头,制定并向社会公布年度住房建设计划,在新增建设用地计划中,单列保障性住房用地,做到应保尽保,重点增加中小套型普通商品住房建设。2011 年还特别提出了建立健全考核问责机制的要求,省级人民政府对稳定房价和住房保障负总体责任,市县人民政府负直接责任,要加快完善巡查、考评、约谈和问责制度,对稳定房价、推进保障性住房建设工作不力,从而影响社会发展和稳定的地方追究责任。2011 年中央财政对保障性安居工程实际补助资金 1713 亿元,比年初的资金安排多 683 亿元,比 2010 年增加 1.2 倍;全年城镇保障性住房基本建成 432 万套,新开工建设 1043 万套。

2012 年的安居工程建设目标是基本建成 500 万套,新开工 700 万套以上。到 2012 年年底,保障性住房的覆盖面达到了 12.5%。

需要注意的是,尽管通过城市住房政策重构解决了一部分中低收入家庭的住房问题,但是一线城市房价快速上涨的势头依然强劲,住房不平等的问题依然较为严重,还需要作进一步的政策调整。

(六)覆盖学前到研究生教育的国家助学政策

由于十七大报告明确提出了促进义务教育均衡发展和健全学生资助制

度等要求，国家助学政策发生了重大的变化，其目标就是全面减轻国民的教育负担和帮助困难人员获得受教育机会，并由此形成了覆盖学前教育至研究生教育的国家助学政策要求。

2010 年 5 月 5 日国务院常务会议审议并通过的《国家中长期教育改革和发展规划纲要（2010—2020 年）》，明确要求到 2020 年普及学前一年教育，基本普及学前两年教育，有条件的地区普及学前三年教育。2010 年 11 月 21 日国务院发出《关于当前发展学前教育的若干意见》，要求实施学前教育三年行动计划，有效缓解学前儿童"入园难"问题。国家建立学前教育资助制度，资助家庭经济困难儿童、孤儿和残疾儿童接受普惠性学前教育，发展残疾儿童学前康复教育。中央财政设立专项经费，支持中西部农村地区、少数民族地区和边疆地区发展学前教育和学前双语教育；地方政府也要加大投入，重点支持边远贫困地区和少数民族地区发展学前教育，规范学前教育经费的使用和管理。2011—2013 年的学前教育三年行动，中央财政投入学前教育项目经费 500 亿元，带动地方各级财政投入 1600 多亿元，使全国财政性教育经费中的学前教育经费占比从 2010 年的 1.7% 提高到 2012 年的 3.4%。2013 年全国共有幼儿园 19.86 万所，比 2010 年增加 4.82 万所，增长 32%；在园幼儿达到 3895 万人，比 2010 年增加 918 万人，增长 31%；全国学前三年儿童毛入园率达到 67.5%，比 2010 年增加了 10.9 个百分点。[①]

经过跨世纪的"两基"攻坚，到 2002 年年底全国的"两基"人口覆盖率达到 91.8%，青壮年文盲率降低到 5% 以下，但由于区域之间教育发展不均衡，西部地区"两基"人口覆盖率只有 77%，仍有 410 个县级行政单位未实现"两基"。"十六大"时期为完成"两基"攻坚后续任务，持续加大政策支持力度，到 2007 年年底全国"两基"人口覆盖率达到 99%，青壮年文盲率下降到 3.58%；西部地区"两基"人口覆盖率提高到 98%，青壮年文盲率下降到 4% 以下，只有 42 个边远贫困县未实现"两基"目标。在此基础上提出的促进义务教育均衡发展的新目标，将义务教育的国家资助由农村扩展到了城市。2008 年的国务院政府工作报告明确要求在全国城乡普遍实行免费义务教育，从 2008 年秋季起全面免除

[①] "中国教育新闻网" 2014 年 2 月 27 日载文《我国学前三年毛入园率提前实现"十二五"目标》。

城市义务教育学杂费，并由国家财政安排 32.5 亿元帮助解决北方农村中小学取暖问题。全面实现城乡九年免费义务教育，受益的是全国 1.6 亿名初中学生和小学学生及其家庭。2009 年的国务院政府工作报告一方面要求提高农村义务教育公用经费标准，把小学、初中学生人均公用经费分别提高到 300 元和 500 元；另一方面要求实施全国中小学校舍安全工程，推进农村中小学标准化建设，把学校建成最安全、家长最放心的地方。2010 年的国务院政府工作报告又要求为农村中小学班级配备多媒体远程教学设备，让广大农村和偏远地区的孩子共享优质教育资源。2011 年西部 42 个边远贫困县实现"两基"目标，"两基"全国人口覆盖率达到 100%，青壮年文盲率下降到 1.08%；全国已免除 3000 多万名农村寄宿制学生住宿费，其中 1228 万名中西部家庭经济困难学生享受了生活补助。① 2012 年的国务院政府工作报告还特别提出了"办好农村寄宿学校、实施好农村义务教育学生营养改善计划"和"加强校车和校园安全管理、确保孩子们的人身安全"的要求，营养改善计划可惠及 3000 多万农村义务教育阶段的学生。

2007 年 5 月 13 日国务院发出的《关于建立健全普通本科高校、高等职业学校和中等职业学校家庭经济困难学生资助政策体系的意见》，要求中央与地方共同设立国家助学金，用于资助普通本科高校、高等职业学校全日制本专科在校生中家庭经济困难学生和中等职业学校所有全日制在校农村学生及城市家庭经济困难学生，并要大力开展生源地信用助学贷款。国家助学金资助面平均约占全国普通本科高校和高等职业学校在校生总数的 20%，平均资助标准为每生每年 2000 元；国家助学金资助所有全日制中等职业学校在校农村学生和城市家庭经济困难学生，资助标准为每生每年 1500 元，国家资助两年，第三年实行学生工学结合、顶岗实习。从 2007 年起，对教育部直属师范大学新招收的师范生全部实行免费教育。2010 年对国家助学金制度作了调整，从当年秋季学期起，普通高等学校国家助学金平均资助标准由原来的年生均 2000 元提高到 3000 元；中等职业教育免学费范围由涉农专业学生和家庭经济困难学生，扩大到所有农村（含县镇）学生、城市涉农专业学生和家庭经济困难学生。2010 年还开始

---

① "中国教育新闻网"2012 年 9 月 9 日载文《我国全面实现"两基"：书写人类教育史上的奇迹》。

实施普通高中助学金制度，资助对象是具有正式注册学籍的普通高中在校生中的家庭经济困难学生，资助面约占全国普通高中在校生总数的 20%，平均资助标准为每生每年 1500 元，研究生则继续实行公费教育。2013 年的国务院政府工作报告特别指出，2008—2012 年国家助学制度不断完善，实现了从学前教育到研究生教育各个阶段全覆盖，每年资助金额近 1000 亿元，资助学生近 8000 万人次。国家财政性教育经费也快速增长，五年累计支出 7.79 万亿元，年均增长 21.58%，2012 年教育经费占国内生产总值比例已经达到了 4%。

（七）提高收入和消费水平的收入分配政策

提高城乡居民的收入水平和消费水平，既是应对国际金融危机的重要宏观调控措施，也是重要的民生政策。2008 年的国务院政府工作报告已经明确指出，增加城乡居民收入，关键要调整国民收入分配格局，深化收入分配制度改革，逐步提高居民收入在国民收入分配中的比重，提高劳动报酬在初次分配中的比重。为增加收入采取的政策措施，一是多渠道增加农民收入，确保农民工工资按时足额发放。二是提高企业职工工资水平，建立企业职工工资正常增长和支付保障机制，推动企业建立工资集体协商制度，完善工资指导线制度，健全并落实最低工资制度。三是进一步提高企业退休人员基本养老金水平。四是深化公务员工资制度改革，加快推进事业单位收入分配制度改革。增加收入的同时要进一步完善消费政策，拓宽服务消费领域，稳定居民消费预期，扩大即期消费，并强调只有把经济发展成果合理分配到群众手中，才能得到广大群众的拥护，才能促进社会和谐稳定。2008 年城镇居民家庭人均可支配收入达到 15781 元（按当年平均汇率，可折合为 2271 美元，下同），比 2007 年实际增长 8.4%（扣除价格上涨因素，下同）；农村居民家庭人均纯收入 2008 年达到 4761 元（685 美元），比 2007 年实际增长 8.0%，城乡居民收入的实际增长速度都低于当年 GDP 增长速度（9.0%）。[①]

2009 年侧重的是以扩大消费拉动内需来消解国际金融危机的影响，在国务院政府工作报告中重点强调的是增加政府支出用于改善民生、扩大

---

① 2007—2012 年城乡居民收入的统计数据，见 2008—2012 年《全国国民经济和社会发展统计公报》，引自"中华人民共和国国家统计局网站"。

消费的比重，增加对城镇低收入群众和农民的补贴，培育消费热点，拓展消费空间，做好"家电下乡""农机下乡""汽车、摩托车下乡"等工作。2009 年城镇居民家庭人均可支配收入为 17175 元（2515 美元），比 2008 年实际增长 9.8%；农村居民家庭人均纯收入为 5153 元（754 美元），比 2008 年实际增长 8.5%，只有城镇居民收入的实际增长速度高于当年 GDP 增长速度（8.7%）。

2010 年的政府报告强调不仅要通过发展经济把社会财富这个"蛋糕"做大，还要通过合理的收入分配制度把"蛋糕"分好。为此所提出的收入分配要求，一是加大财政、税收在收入初次分配和再分配中的调节作用，创造条件让更多群众拥有财产性收入。二是深化垄断行业收入分配制度改革，完善对垄断行业工资总额和工资水平的双重调控政策，严格规范国有企业、金融机构经营管理人员特别是高管的收入，完善监管办法。三是进一步规范收入分配秩序，保护合法收入，调节过高收入，提高最低工资标准，取缔非法收入，逐步形成公开透明、公正合理的收入分配秩序，坚决扭转收入差距扩大的趋势。2010 年城镇居民家庭人均可支配收入为 19109 元（2823 美元），比 2009 年实际增长 7.8%；农村居民家庭人均纯收入为 5919 元（874 美元），比 2009 年实际增长 10.9%，只有农村居民收入的实际增长速度高于当年 GDP 增长速度（10.3%）。

2011 年要求在收入分配方面重点采取三方面措施。一是着力提高城乡低收入群众的基本收入，稳步提高职工最低工资、企业退休人员基本养老金和城乡居民最低生活保障标准，严格执行最低工资制度。二是加大收入分配调节力度，提高个人所得税工薪所得费用扣除标准，合理调整税率结构，切实减轻中低收入者税收负担。三是大力整顿和规范收入分配秩序，坚决取缔非法收入，加快建立收入分配监测系统。2011 年城镇居民家庭人均可支配收入为 21810 元（3376 美元），比 2010 年实际增长 8.4%；农村居民家庭人均纯收入为 6977 元（1080 美元），比 2010 年实际增长 11.4%，继续保持了农村居民收入的实际增长速度高于当年 GDP 增长速度（9.2%）的态势。

2012 年的国务院政府工作报告明确提出了"城乡居民收入实际增长和经济增长保持同步"的要求，并强调要增加中低收入者收入，加快构建扩大消费的长效机制。2012 年城镇居民家庭人均可支配收入为 24565 元（3893 美元），比 2011 年实际增长 9.6%；农村居民家庭人均纯收入为

7917 元（1255 美元），比 2011 年实际增长 10.7%，城乡居民收入的实际增长速度都高于当年 GDP 增长速度（7.7%），实现了 2012 年年初提出的收入分配增长目标。

2008—2012 年，城镇居民家庭人均可支配收入年均实际增长 8.8%，农村居民家庭人均纯收入年均实际增长 9.9%。在国际金融危机的大背景下，农村居民收入的增长幅度总体高于城镇居民，并且跨过了年人均收入 1000 美元的大关，使城乡居民之间的收入差距有所缩小；城市居民的年均收入则已接近 4000 美元，达到了中等发达国家的水平。

收入的变化带来了消费性支出的变化。城镇居民人均现金消费支出，由 2007 年的 9997 元上升到 2012 年的 16674 元，增长 66.79%。农村居民人均消费支出，则由 2007 年的 3224 元上升到 2012 年的 5908 元，增长 83.25%。每百户拥有的移动电话，城镇居民家庭由 2007 年的 165.18 部上升到 2012 年的 212.64 部，即每个家庭平均 2 部手机；农村居民家庭由 2007 年的 77.84 部上升到 2012 年的 197.80 部，基本达到了每个家庭平均 2 部手机的水平。每百户拥有的计算机，城镇居民家庭由 2007 年的 53.77 台上升到 2012 年的 87.03 台，农村居民家庭由 2007 年的 3.68 台上升到 2012 年的 21.36 台。每百户拥有的家用汽车，城镇居民家庭由 2007 年的 6.06 辆上升到 2012 年的 21.54 辆，农村居民家庭由 2010 年的 2.75 辆，上升到 2012 年的 6.59 辆。[①]

国内外旅游也成了城乡居民的重要消费支出项目。国内旅游的旅客数，由 2007 年的 1610 百万人次，上升到 2012 年的 2957 百万人次，增长 83.66%。城镇居民的国内旅游人数由 2007 年的 612 百万人次上升到 2012 年的 1933 百万人次，增长 115.85%，人均旅游花费由 2007 年的 906.9 元上升到 2012 年的 914.5 元，增长 0.84%。农村居民的国内旅游人数由 2007 年的 998 百万人次上升到 2012 年的 1024 百万人次，增长 2.61%，人均旅游花费由 2007 年的 222.5 元上升到 2012 年的 491 元，增长 120.67%。也就是说，城镇居民旅游平均消费水平变化不大，但旅游人数增加了一倍多；反之，农村居民旅游人数变化不大，但是旅游平均消费水平提高一倍多。全国因私出境人数由 2007 年的 3492.40 万人次上升到

---

① 2007—2012 年城乡居民消费的统计数据，见《中国统计年鉴—2013》，第 384、406、655 页。

2012 年的 7705.51 万人次,增加 1.2 倍,其中相当一部分人是出境旅游的城乡居民。

(八) 注重民生政策的降压作用

在民生政策的社会作用方面,需要注意两种理论。第一种是"SPI 理论",是美国学者保罗·扎克(Paul J. Zak)提出来的一种政策理论。扎克分析了"社会政治不稳定"(socio-political instability,SPI)与"发展政策"(提高人均收入增长率的政府行为)的关系,认为 SPI 会影响甚至破坏经济发展的美好前景,SPI 就是制度失效,因为它足以说明政府用来化解冲突的手段是失败的。发展政策必须是动态的,理想的发展政策不仅取决于它对经济增长的影响,也取决于它对 SPI 的影响。降低 SPI 的政策会促进更快的发展并带来政治稳定,产生 SPI 的压力会随着收入的增加而消失,这类政策可能包括减少不公平的收入再分配政策。任何旨在促进发展的政府政策同时都要避免加剧 SPI。① 第二种是"社会分歧线理论",又翻译为"冲突交叉论"或"冲突线理论",是由德国社会学家奇美尔、美国社会学家罗斯(Edward Ross)、美籍德国社会学家考斯尔(Lewis A. Coser)所发展的一种分析方法,该方法认为单一社会分歧线将引起社会分裂和巨大的冲突,社会分歧线越多,社会被沿着许多方向的许多对立撕裂时,陷入暴力冲突和破裂的危险越小。②

从"SPI 理论"的视角看"十七大"时期的民生政策,可以得出的一个重要结论,就是作为"发展政策"的收入分配政策,所起的作用不仅仅是改善了中国人的生活条件,还有效地防止了 SPI 即"社会政治不稳定"。也就是说,经济增长、国民收入增加和社会政治稳定是一种联动的关系,快速提高国民收入和消费水平的民生政策,在其中确实扮演着至关重要的角色。

从"社会分歧线理论"的视角看改革开放以来的中国社会,可以看出中国并不是只有单一的社会分歧线,如贫富悬殊的社会分歧线、阶级对立的社会分歧线或者意识形态分裂的社会分歧线,而是存在众多的社会分

---

① [美] 保罗·扎克:《社会政治不稳定与发展问题》,载 [美] 布鲁斯·布恩诺·德·梅斯奎塔(Bruce Bueno De Mesquita)、希尔顿·鲁特(Hilton L. Root)主编《繁荣的治理之道》,叶娟丽、王鑫等译,中国人民大学出版社 2007 年 6 月版,第 164—184 页。

② [挪威] 拉尔森(Stein Ugelvik Larsen)主编:《政治学理论与方法》,第 283—299 页。

歧线，收入分配差距、住房不平等、就业不平等、社会保障缺失、教育不公平等等，都是比较显著的社会分歧线。恰是由于多条社会分歧线将社会压力分散在不同的点上，使得中国社会能够维持相对稳定的状态。如果对多条社会分歧线反映的各种社会问题，能够通过民生政策加以解决，就可以进一步减轻社会压力，使社会更趋稳定。由此，需要特别注意民生政策的以下降压作用。

一是扶贫政策和城乡"低保"政策不仅为城乡的绝对贫困和相对贫困人口提供了基本的生活保障和改善贫困状况的机会，还减轻了可能迟缓社会发展的整体性的贫困压力。

二是城镇职工养老保险和城乡合一的社会养老保险政策不仅将全民纳入"老有所养"的社会保障体系，还在一定程度上减轻了"老年社会"所带来的压力，因为从中国人的年龄构成看，已经显示出了走向"老年社会"的趋势。

三是（下节将重点叙述的）医疗卫生体制改革带来了"全民医保"政策，在一定程度上减轻了城乡居民的医疗负担，并可在整体上降低"看病难、看病贵"的社会压力。

四是实施更积极的就业政策不仅使高等学校的毕业生绝大多数能够顺利就业，也使农民工的就业得到一定程度的保障，使得劳动力快速增长不至于形成严重的社会负担，并因为失业问题严重造成社会的撕裂，而是将新生劳动力转换成了有助于社会发展的重要动力。

五是建立住房保障体系不仅为城市中低收入家庭解决住房问题提供了一定的帮助，也通过城市棚户区和农村危房改造等，整体提高了国民的住房水平，在一定程度上减轻了人口增长和住房需求激增带来的压力。

六是强调义务教育均衡发展和全部实现"两基"目标，尤其是城乡全部实行免费教育，不仅保证了适龄儿童的受教育机会，也大幅度减轻了国民所承担的义务教育负担；实行从学前教育到研究生教育的全覆盖性国家助学制度，也在一定程度上减轻了非义务教育的国民负担，在推进教育快速发展的同时，也使社会承受的教育压力有所降低。

七是通过收入分配政策，不仅大大提高了城乡居民的收入水平，还在一定程度上调整了收入结构，在使国民普遍享受经济发展成果的同时，有效避免了可能由严重收入不均带来的社会危机。

也就是说，通过大力推行"利好"的民生政策，建立不带歧视性、普及城乡居民的社会保障体系，保障中国公民的基本权利和基本人身利益，确实可以起到为社会全面降压的作用。尤其需要注意的是，民生政策的社会降压作用越强和越明显，民众对民生政策的期望值和依赖性会越高，民众的"被剥夺感"或"被抛弃感"会越弱，这恰是为中国社会基本稳定提供保证的重要逻辑关系，并且不能轻易破坏这样的逻辑关系。

五　医疗体制改革引入的新政策模式

"十六大"时期开始设计的总体性医疗体制改革方案，在"十七大"时期作出最终的决策，不仅为中国带来了"全民医保"的政策保障体系，还引入了一种新的政策模式。

（一）来自香港医疗融资制度改革的启示

为进行香港医疗融资制度改革以解决公共医疗系统负荷过重问题，香港特区政府已经考虑了五种方案：一是增加税收；二是增加医疗服务收费；三是实行强制式医疗储蓄计划；四是实行自愿或强制式医疗保险计划；五是建立医疗保健组织（HMO）制度。这五种方案各有利弊，难以取舍。

1997年年底，香港特区政府用500万港币聘请哈佛大学公共医疗学院的萧庆伦教授为顾问，领导一个专家小组，对香港的医疗制度进行全面评估，并就如何改革医疗制度的融资安排提出建议。萧庆伦教授于1998年12月向香港政府提交研究报告（简称《哈佛报告》），并于1999年4月将报告正式公布。

《哈佛报告》主要采纳的是五种改革方案中的第三方案和第四方案，一方面要求每一个市民均须开设个人"护老储蓄户口"，把薪金的1%存入户口，存款由雇主和雇员分担；另一方面要求实施联合保健，用来支付住院和一些慢性病的专科门诊服务。

《哈佛报告》提出的医疗融资方案，受到社会的广泛批评，所以香港特区政府采取了搁置方案的做法。按照原定计划，在报告的咨询期过后，特区政府会研究收集到的意见，然后发表一份医疗改革绿皮书，提出新的改革方案。

《哈佛报告》尽管没有直接带来香港医疗融资制度改革，但是为中国内地的医疗体制改革带来了三点重要的启示。一是可以在多种改革方案中进行选择，而不是拘泥于一种方案。二是可以借用"外力"或"外脑"设计改革方案，而不是由政府自己来设计改革方案。三是可以对改革方案进行公开的讨论和批评，而不是政府内部的"关门决策"。①

（二）中国医疗体制改革的政策议程调整

2003 年年初，国务院发展研究中心社会发展研究部与世界卫生组织北京代表处合作确定了"中国医疗卫生体制改革"研究课题。2005 年 7 月，国务院发展研究中心社会发展研究部发布了课题研究报告，指出当前的一些改革思路和做法都存在很大问题，其消极后果主要表现为医疗服务的公平性下降和卫生投入的宏观效率低下，医疗卫生体制出现的商业化、市场化的倾向是完全错误的，违背了医疗卫生事业的基本规律。此后不少学者介入医疗卫生体制改革的讨论，并大致形成了"全民免费医疗"的政府主导派和"全民医疗保险"的市场派等不同意见。

2006 年 6 月 30 日，国务院常务会议决定成立由国家发改委和卫生部牵头、14 部委（后增添至 16 部委）组成的深化医疗卫生体制改革部际协调工作小组，由当时的国家发改委主任马凯和卫生部部长高强组成"双组长"格局，办公室设在国家发改委社会发展司。按照国务院的要求，由协调工作小组负责研究新一轮医疗体制改革的总体思路和政策措施。②

2006 年 8 月 17 日，协调工作小组召开第一次会议，明确将第一阶段工作分为管理和运行机制、卫生投入机制、医疗保障体制和药品市场监管四个专题研究组开展工作。会后，这些专题小组分别就以上问题在全国20 多个省市进行专题调研，为政策方案设计提供基本信息。2006 年 9 月26 日，协调工作小组在国家发改委官方网站主页开通"我为医改建言献策"栏目，并公布了热线电话，欢迎社会各界对医疗体制改革发表意见和建议。

2007 年 1 月 8 日，高强对卫生部主导制订的医疗体制改革新方案作了公开说明，表示要建立四项基本制度，即覆盖城乡居民的基本卫生保健

① "香港医改"的政策案例说明，引自陈浩文《香港医疗融资制度：改革还是改良》，载《中国公共政策分析，2001 年卷》，第 225—237 页。

② "中国医疗体制改革"的决策过程说明，引自王绍光、樊鹏《中国式共识型决策："开门"与"磨合"》，中国人民大学出版社 2013 年 6 月版，第 83—100 页。

制度、国家基本药物制度、多层次的医疗保障制度和公立医疗制度。但是具体的改革方案并没有公布,只是在3月的十届全国人大五次会议上有概要性的说明。

2007年3月23日,为借助外脑,集思广益,提高医药卫生体制改革方案决策的科学性和可操作性,协调工作小组决定委托世界银行、世界卫生组织、国务院发展研究中心、北京大学、复旦大学、麦肯锡(中国)公司和北京师范大学等七家国内外机构开展"中国医药卫生体制改革总体思路和框架设计"的独立平行研究,由此实现了医疗体制改革政策议程的重大调整,即不再由卫生部垄断新方案的设计,而是由多个单位并行设计多种方案。

(三) 由七套改革方案到九套改革方案

按照深化医疗卫生体制改革部际协调工作小组的要求,七家受委托单位在2007年5月都提出了各自的医疗卫生体制改革方案。

北京大学方案注重的是"政府主导模式"的改革,强调以政府职能和市场机制相结合的政府购买医疗服务方式,使人人享有安全、有效、方便、价廉的基本医疗卫生服务。在医疗卫生体制改革中,政府应该供需皆补、双管齐下,一方面扩大医疗保障的覆盖面和覆盖水平,另一方面加大对基本医疗卫生的投入,能够让老百姓在最短时间内受益。医疗卫生体制改革可以分三步进行。第一步扩大保障覆盖、筹资规模、服务提供能力,提高城乡居民对医疗卫生服务的可及性,并完善各项监管职能,改善管理,实现基本的全民覆盖。第二步整合保障项目、筹资渠道,改变服务体系的组织结构,调整管理监督机构,提高各环节的效率。第三步实现长远目标——在全面高效的管理监督下,将基本医疗卫生服务制度和社会医疗保险整合成统一的、以税收为主要筹资方式、服务提供体系多元化、按人头和按绩效购买服务的全民医疗卫生保障体系。

世界银行方案注重的也是"政府主导模式"的改革,建议中国在20年后建立一个"国民健康服务体系",即公立医疗卫生机构为全体民众提供自付比不超过20%的医疗卫生服务,而这些医疗卫生机构的运行经费主要来自政府拨款。在未来的20年中,中国现行的社会医疗保险制度依然需要保留,但必须通过不断提高政府对民众参保的补贴水平,渐进地向国民健康服务体系过渡。

国务院发展研究中心方案注重的是更单纯的"政府主导模式"的改革，强调未来医疗体制改革的方向应该是"建立政府买单的全民基本卫生保健制度"，即通过政府财政投入，按照确定的服务项目，向城乡居民提供大致均等的、免费的公共卫生服务和只需要个人分担少量成本的基本医疗服务。政府必须坚持对医疗机构的主导地位，必须坚持公益性质，政府投钱直接办公立医院，拒绝医疗领域的市场化和民营化，建立实行"保小病"和"补供方"的基本卫生保健公费医疗制度而非全民医保制度。

世界卫生组织方案注重的则是"市场主导模式"的改革，要求用"公平、效率（控制成本）、质量"三项原则定义中国医疗卫生系统的改革目标。为了实现这样的目标，首先是要厘清政府和市场作用的边界。中国政府的核心作用应该体现在五个方面：一是确保基本卫生服务（包括基本药物）能够使大众公平的获得；二是通过财政转移来确保对卫生服务提供支持；三是确保建立针对脆弱和贫困人群的卫生安全网；四是加强监管框架即保证卫生服务的安全和质量；五是确保建立私营机构和市场有效参与的框架。为了避免卫生领域的"政府失败"（如服务提供方面出现垄断、缺乏竞争等），应该在医疗卫生服务的提供和定价上积极地发挥市场机制的作用，即鼓励私营卫生机构和民营资本参与医疗服务的提供，政府的责任是制定明确的规则，提供市场所需要的确定性；医疗保险应该逐步强制化，并普及到流动人群等更多的社会成员身上。

麦肯锡（中国）公司方案注重的也是"市场主导模式"的改革，要求国家就所有公立医疗设定一个"基础待遇"部分，强制所有国民参保；参保者无论在哪里参保，均可以在异地无条件享受这一部分的待遇，并应推进公私医保机构的合作和竞争。合理的偿付应该让医疗机构承担适当的财务风险，如果不承担财务风险，医疗机构就不会有控制成本的动力并由此造成医疗费用高涨；如果医疗机构承担的财务风险过大，就会向患者转嫁风险，损害患者利益，所以要对这两个方面进行必要的权衡。政府制定政策、监管、服务提供三项职能应该分开，经办管理方面应引入市场机制，并大力发展中介组织和行业组织。

北京师范大学方案注重的则是更单纯的"市场主导模式"改革，主要思路是通过政府向医疗机构购买服务的方式，实现低花费、高效率、保证人人享有的基本卫生保健。通过医疗体制改革可以带来三种变化。一是全民加入医保体系，政府从一般税收和社会保险两个途径筹措医保资金，凡是有支付能力的人都必须缴纳医保费用（城、乡标准可以有别），人人都要加入医疗保障体系；对于实在没能力支付的人群（如城市贫民、学生以及儿童），则由国家投入200多亿元，建立医保系统，从而保证人人参保。二是政府向医疗机构直接购买服务，按照参加医疗保险的人数，通过核算确定每个人每年的基本医疗费用，政府直接向医疗机构支付；患者无需向医院付费，而是直接将保费缴给政府的医疗保险机构。三是医生不再盼望患者盈门，由于人人都加入了医疗保障体系，医保资金的筹措以政府为主导得以解决，医患之间的关系将会发生重大变化。为实现这样的变化，公立医疗保险机构应逐渐整合，向各地政府甚至人大常委会负责，而不是隶属于不同的部门，还应推进公立医疗机构与民营医疗保险的合作与竞争。公立医疗保险机构应首先实行"开放式守门人"制度，允许参保者自主选择首诊机构。政府只有放开医疗服务的市场化和民营化，才能节约大量原本不得不直接投入公立机构的资源，才可能有余力实现公共卫生资源的再配置。为彻底解决"以药养医"问题，应实行以全民医保为杠杆的市场化药品制度。医疗卫生监管体系改革的关键点是监管者必须处在独立第三方的位置，因此需要通过管办分离重建监管机构。

复旦大学方案注重的是与"政府主导模式""市场主导模式"不同的"社会主导模式"改革。所谓的"社会主导"，就是在筹资方面强调公共和公平的原则，政府将发挥领导作用；在供给方面强调竞争和效率的原则，市场将发挥重要作用；两者的有机结合，则体现了公平与效率相结合的社会主体需求。对现有医疗卫生体制的进一步改革，并不意味着必须彻底抛弃任何形式的市场成分和市场体制，回到完全由政府主导的另一个极端；更不意味着应当不顾一切、不分青红皂白地推进彻底的市场化。新医疗体制的基本思路是将医疗卫生体制的两个基本支柱区别对待，在筹资结构上突出公共性原则，在组织结构上强调竞争性原则。公共性或社会性的筹资有助于实现公平和宏观效率，而竞争性和市场化的生产有助于实现微观效率，从而有利于将公平和效率、社会和市场、集中和竞争有机地结合起来。

未受协调工作小组委托的中国人民大学于2007年5月提出了第八套方案，主张不应简单以"政府主导"还是"市场主导"来规划改革，而是要科学界定卫生、医疗、药品、医疗保障产品的性质和相应提供方式。政府主导与市场机制要合理搭配，财政补供方与补需方要并重（医疗单位和医疗保险都要有拨款）；对医院改革要坚持疏导政策，让医生有活路、医院有出路；长期改革政策兼顾短期见效政策（如完善医保制度，短期内可以见效）；实行积极的医疗干预政策体系，侧重"小病"早诊断、早治疗；均衡渐进，顾及医改中的现实利益平衡。政府既要尽责，又要谨防包揽过多，应构建一个"尽责的有限政府"。政府既要有效监督管理，投入和提供部分公共产品，同时也应该大力培植市场，推进医疗市场和医疗保险市场建设。市场能做的，交市场做，现在市场没有条件做的，应创造条件培育市场，否则政府将背上沉重的社会事务负担，难以实现"小政府、大社会"的发展目标。医疗卫生体制改革的近期目标是"人人能看上病，药品价格趋向合理"；中期目标则是通过调控卫生医疗资源配置，进一步提高卫生医疗服务的公平性、可及性和宏观效率，建立可持续发展的卫生服务和健康保障体系。从公共管理角度制定医改方案，应以明晰健康责任为前提：一是政府承担的健康责任，是通过合理调配服务资源，方便居民就医以及获得基本卫生医疗服务，使低收入、无保障的居民能免费或者部分免费享受到基本医疗。二是国有医疗机构应提供带有福利性、公益性的服务项目，提供非国有医院不愿提供而居民又需要的诊疗服务。三是高层次的医疗消费，由居民通过参加社会医疗保险、商业健康保险或者自费解决。[1]

2007年5月30日至5月31日，协调工作小组在钓鱼台国宾馆召开中国医药卫生体制改革国际研讨会，对提交的八套医疗卫生体制改革方案进行认真的讨论。除了八套方案的制定者外，正在设计医疗卫生体制改革方案的清华大学（与哈佛大学合作）也派代表出席了会议。会后，清华大学正式向协调工作小组提交了第九套方案。

清华大学方案主张政府干预与市场机制的有效结合，构建全民医疗信用保障制度，并指出应针对中国不同地区的各种发展差异进行分类，分别制定不同的医改措施，如区分贫困地区和发达地区的不同医改方案、建立以"健康保险中央调剂基金"为主的满足流动人口需要的医保制度、把个人医保账户资金从个人享有医保扩大到整个家庭享有医保。该方案还提出了九大政策建议。一是建立一个覆盖城乡的急救保障体系。二是改进公

---

① "八套医改方案"的介绍，引自中国经济体制改革研究会公共政策研究部《走向高度行政化还是有管理的市场化——新医改八家方案评述》（全文见"豆丁网"）。

共卫生体系的资金投入方式和组织方式，开征"公共卫生专项税"并将香烟消费附加税确定为公共卫生筹资。三是在一般地区建立一个以社会医疗保险为主体的医疗保障体制。四是在边远贫困地区建设基本卫生保健制度，为农民提供医疗保障。五是利用管办分开、扩大自主权、分类管理、引入竞争等手段，促进公立医疗机构的改革。六是加强保险机构的购买者功能，以支付制度的改革为核心理顺医药价格体系。七是充分利用市场机制调整医疗服务体系的结构，促进社区卫生服务网络的发展和合理转诊体系的建立。八是成立跨部门的"国民健康委员会"。九是重视现代信息技术以及其他适宜技术在医疗卫生领域的应用，促进科技创新。

（四）新医改方案的讨论与征求意见

2007年9月28日，深化医疗卫生体制改革部际协调工作小组在综合九套方案的基础上，形成了《关于深化医药卫生体制改革的总体方案（征求意见稿）》，并在国家发改委网站上全文公布，征求社会各方面意见。此次征求意见，共收到意见和建议15000多条，来信600多封。

2007年10月17日至18日，国家发改委牵头分别在南昌、天津召开了南北两大片区的"医改座谈会"。2008年1月14日和15日，吴仪副总理两次主持座谈会，分别听取全国人大教科文卫委员会和全国政协教科文卫体委员会部分委员对医改总体方案的建议意见。

2008年2月2日，由中国科学院生物与医学部立项、广东医疗卫生界专家参与制定的《我国现行医疗体制改革的建议》上报国务院，成为第十套医疗改革方案。该方案重点强调的是建立城乡一体的全民医疗保障体系，并提出了五条建议。一是绝大多数农村人口及城镇经济困难人口均一视同仁地被列入低收入人群，数目应在8亿左右。对这一占全国人口中大多数的人群，政府应担负他们的主要医疗保险费。二是逐步打破城乡差距，将新型农村合作医疗和城镇居民医疗保险合二为一，实行城乡居民一体化管理。三是政府应该立法强制性实施雇主与雇员共同购买城镇职工医疗保险的措施，确保雇主承担不低于80%的医疗保险费用。四是通过保险制度引导小病去社区医院，让病人形成"要想看病报销多，就往社区医院走"的思维。对于"社区卫生"的发展，还要特别注意补上硬件、人才和医保三个短板。五是建立一个由多部委组成的"国家健康委员会"，对医改涉及的各类问题进行有效协调。

2008 年 2 月 29 日，国务院常务会议首次听取协调工作小组关于医疗卫生体制改革方案的汇报。根据与会国务院领导的意见，协调工作小组对方案进行进一步修改，形成了《关于深化医药卫生体制改革的意见（征求意见稿）》。

2008 年 4 月 11 日和 15 日，温家宝总理分别主持召开深化医药卫生体制改革工作座谈会，听取医务工作者、专家学者、药品生产和流通企业负责人、教师、城镇居民、农民、农民工等群众代表对《关于深化医药卫生体制改革的意见（征求意见稿）》的意见和建议。

2008 年 9 月 10 日，温家宝总理再次主持召开国务院常务会议，对《关于深化医药卫生体制改革的意见（征求意见稿）》进行审议。此次会议原则通过了《关于深化医药卫生体制改革的意见（征求意见稿）》，并决定公开向社会征求意见。

2008 年 10 月 14 日，深化医疗卫生体制改革部际协调工作小组公布《关于深化医药卫生体制改革的意见（征求意见稿）》全文，要求社会各界人士从 10 月 14 日到 11 月 14 日向协调工作小组反馈意见。在为期一个月的征求意见内，协调工作小组不仅收到了 31 个省（区、市）和 72 个国务院部委（机构）及 8 个民主党派、人民团体的反馈意见，还收到群众意见 35929 件，其中网民意见 31320 条，传真 584 份，信件 4025 封。

尤其需要注意的是，中国社会科学院医改课题组于 2008 年 11 月提交《关于本轮医改若干重大问题的政策建议》，不仅对《关于深化医药卫生体制改革的意见（征求意见稿）》提出了具体意见，还强调了六方面的政策建议。（1）本轮医改的总体目标，应是在社会可以承受的税负和社保缴款限度内，逐步增加政府财政的医疗卫生支出和扩大社会医疗保障的覆盖面；在保证医疗保险资金平衡的前提下，尽最大可能保持消费者对医疗机构的自由选择权，以形成医疗机构间有效竞争的局面。为此要特别注意避免医疗费用总量过快增长、避免医疗卫生管理体制的过度行政化和行为官僚化、避免因医疗卫生体制缺乏竞争性而导致的供给减少和服务质量下降、避免医药定价方式的行政化严重扭曲供求关系。（2）推进和健全全民医疗保险是本轮医改的突破口，不仅要加速参保扩面、强制参保并最终实现跨体系参保的自由选择，还应强调医疗保险付费机制的转型是新医改的核心，以医保预付制取代病人报销制，以综合医疗服务包取代大病统筹，以多元付费方式取代按项目付费制。（3）公共财政的投入要通过推进医改来增强公益性，由此必须强调新增财政投入主要用于健全医疗保障体系，并且注意唯有强化第三方购买者的功能，整个医疗服务体系的改革才有坚实的基础。(4)医疗服务体系改革的关键在于放松医疗机构准入管制，使公立医疗机构在政事分开原则下实行法人化以及部分公立医疗机构的民营化。(5)通过若干外部制度的改革，能够完善基本药物供应的市场保证体系，而无需重建行政化的基本药物制度。(6)在管办分离得到落实的前提下，医药卫生行政部门应该也必须成为医疗卫生事业全行业的监管者，因此，医疗卫生监管体系的整合必须提上议事日程；这一整合的必然选择就是"卫生大部制"，可行的组织形式应该是"国家健康委员会"。应该说，中国社会科学院实际上提出了医疗卫生体制改革的第十一套方案。

(五)　政策决定与政策内容

2008年12月，为进一步协调部门之间的利益分歧，更好统筹组织医疗卫生体制改革工作，深化医疗卫生体制改革部际协调工作小组升格为国务院深化医药卫生体制改革领导小组。

2009年1月21日，国务院常务会议再次审议并原则通过了《关于深化医药卫生体制改革的意见》和《2009—2011年深化医药卫生体制改革实施方案》。2009年2月5日，中共中央政治局常委会审议并原则通过了这两个文件。

2009年3月17日中共中央、国务院发出的《关于深化医药卫生体制改革的意见》，2009年4月6日由新华社全文公布。2009年3月18日国务院发出的《关于印发〈医药卫生体制改革近期重点实施方案(2009—2011年)〉的通知》，2009年4月7日由新华社全文公布。

深化医疗卫生体制改革方案着重强调的是四点重要的政策理念。一是"人民利益"理念，要求坚持以人为本，把维护人民健康权益放在第一位；坚持医药卫生事业为人民健康服务的宗旨，以保障人民健康为中心，以人人享有基本医疗卫生服务为根本出发点和落脚点，从改革方案设计、卫生制度建立到服务体系建设都要遵循公益性的原则，把基本医疗卫生制度作为公共产品向全民提供，着力解决群众反映强烈的突出问题，着力解决人民群众最关心、最直接、最现实的利益问题，努力实现全体人民病有所医。二是"立足国情"理念，要求坚持从基本国情出发，实事求是地总结医药卫生事业改革发展的实践经验，准确把握医药卫生发展规律和主要矛盾；坚持基本医疗卫生服务水平与经济社会发展相协调、与人民群众的承受能力相适应；充分发挥中医药（民族医药）作用；坚持因地制宜、分类指导，发挥地方积极性，探索建立符合国情的基本医疗卫生制度。三是"政府主导与发挥市场机制作用相结合"理念，要求强化政府在基本医疗卫生制度中的责任，加强政府在制度、规划、筹资、服务、监管等方面的职责，维护公共医疗卫生的公益性，促进公平公正；同时，注重发挥市场机制作用，动员社会力量参与，促进有序竞争机制的形成，提高医疗卫生运行效率、服务水平和质量，满足人民群众多层次、多样化的医疗卫生需求。四是"统筹兼顾"理念，要求从全局出发，统筹城乡、区域发展，兼顾供给方和需求方等各方利益，注重预防、治疗、康复三者的结合，正确处理政府、卫生机构、医药企业、医务人员和人民群众之间的关系；既着眼长远，创新体制机制，又立足当前，着力解决医药卫生事业中存在的突出问题。

深化医药卫生体制改革的总体目标是建立健全覆盖城乡居民的基本医疗卫生制度，为群众提供安全、有效、方便、价廉的医疗卫生服务。为实现这样的目标，改革将分为两个阶段。一是到2011年基本医疗保障制度全面覆盖城乡居民，基本药物制度初步建立，城乡基层医疗卫生服务体系进一步健全，基本公共卫生服务得到普及，公立医院改革试点取得突破，明显提高基本医疗卫生服务可及性，有效减轻居民就医费用负担，切实缓解"看病难、看病贵"问题。二是到2020年覆盖城乡居民的基本医疗卫生制度基本建立，普遍建立比较完善的公共卫生服务体系和医疗服务体系，比较健全的医疗保障体系，比较规范的药品供应保障体系，比较科学的医疗卫生机构管理体制和运行机制，形成多元办医格局，人人享有基本医疗卫生服务，基本适应人民群众多层次的医疗卫生需求，人民群众健康水平进一步提高。

深化医药卫生体制改革要求建设覆盖城乡居民的公共卫生服务体系、医疗服务体系、医疗保障体系、药品供应保障体系，形成四位一体的基本医疗卫生制度。并重点提出了四方面的政策要求。（1）建立健全疾病预防控制、健康教育、妇幼保健、精神卫生、应急救治、采供血、卫生监督和计划生育等专业公共卫生服务网络，完善以基层医疗卫生服务网络为基础的医疗服务体系的公共卫生服务功能，建立分工明确、信息互通、资源共享、协调互动的公共卫生服务体系，提高公共卫生服务和突发公共卫生事件应急处置能力，促进城乡居民逐步享有均等化的基本公共卫生服务。（2）坚持非营利性医疗机构为主体、营利性医疗机构为补充，公立医疗机构为主导、非公立医疗机构共同发展的办医原则，建设结构合理、覆盖城乡的医疗服务体系。（3）加快建立和完善以基本医疗保障为主体，其他多种形式补充医疗保险和商业健康保险为补充，覆盖城乡居民的多层次医疗保障体系。（4）加快建立以国家基本药物制度为基础的药品供应保障体系，保障人民群众安全用药。

深化医药卫生体制改革还要求建立或完善八方面的机制或制度。（1）建立协调统一的医药卫生管理体制。（2）建立高效规范的医药卫生机构运行机制。（3）建立政府主导的多元卫生投入机制。（4）建立科学合理的医药价格形成机制。（5）建立严格有效的医药卫生监管体制。（6）建立可持续发展的医药卫生科技创新机制和人才保障机制。（7）建立实用共享的医药卫生信息系统。（8）建立健全医药卫生法律制度。

由于深化医药卫生体制改革是一项涉及面广、难度大的社会系统工程，需要采用"渐进式"的方法，为此中央特别强调了2009—2011年要着力抓好五项重点改革：一是加快推进基本医疗保障制度建设，二是初步建立国家基本药物制度，三是健全基层医疗卫生服务体系，四是促进基本公共卫生服务逐步均等化，五是推进公立医院改革试点。

在政策执行方面，中央明确提出了四点要求。一是国务院有关部门要认真履行职责，密切配合，形成合力，加强监督考核；地方政府要因地制宜制定具体实施方案和有效措施，精心组织，有序推进改革进程，确保改革成果惠及全体人民群众。二是鼓励地方结合当地实际，开展多种形式的试点。三是广泛宣传改革的重大意义和主要政策措施，积极引导社会预期，增强群众信心，使这项惠及广大人民群众的重大改革深入人心，为深化改革营造良好的舆论环境。四是加强财力保障，各级政府要认真落实各项卫生投入政策，调整支出结构，转变投入机制，改革补偿办法，切实保障改革所需资金；为了实现改革的目标，经初步测算，2009—2011年各级政府需要投入8500亿元，其中中央政府投入3318亿元。

深化医疗卫生体制改革试点2009年全面展开，2010年的国务院政府工作报告特别指出，2009年中央财政医疗卫生支出1277亿元，比2008年增长49.5%；城镇职工和城镇居民基本医疗保险参保4.01亿人，新型农村合作医疗制度覆盖8.3亿人;中央财政安排429亿元,解决关闭破产国有企业退休人员医疗保险问题;基本药物制度在30%的基层医疗卫生机构实施;中央财政支持建设了一批县级医院、乡镇中心卫生院和社区卫生服务中心。2012年的国务院政府工作报告也强调,2011年基本医疗保险覆盖范围继续扩大,13亿城乡居民参保,全民医保体系初步形成;政策范围内住院费用报销比例提高,重大疾病医疗保障病种范围进一步扩大;各级财政对城镇居民医保和新农合的补助标准由每人每年120元提高到200元;国家基本药物制度在政府办基层医疗卫生机构实现全覆盖,基本药物安全性提高、价格下降,基层医疗卫生服务体系基本建成,基本公共卫生服务均等化取得了新进展。截至2012年年底,全国加入新型农村合作医疗的80530.9万人,参加城镇基本医疗保险的53641.5万人,共计134192.4万人参保;在全国的2852个县(市、区)中,已经有2566个实行了新型农村合作医疗,占89.97%。①

(六)外来政策模式与中国典型政策模式的结合

对于中国深化医疗卫生体制改革的决策过程,王绍光和樊鹏称之为"中国式共识型决策"模式,并指出这样的模式有"开门"和"磨合"两个重要的机制。"开门"显示的是中央决策的大门除了"闯进来"之外,还有"请进来"和"走出去",其中最关键的是"走出去";长期以来,中国的决策体制形成了"走出去"、调查研究、了解国情的优良传统,即在制定重大公共政策时,通过下基层、下一线,展开各种形式的调查研究,倾听民意,"摸透下情",化解矛盾,使决策建立在实事求是的基础之上。"磨合"显示的是在政策出台之前,不同决策主体之间会以不同方式进行"多轮互动",直到达成最终方案,而这个方案正是"群体决策"的结果;"磨合"可以有三种方式:"下层协商"即决策部委之间的政策协商,"中层协调"即各类横向部际协调和领导机构的协调,"顶层协议"即集体决策、领导拍板。在这两个机制的有效运行下,"中国式共识型决策"模式可以实现更大的包容性与参与性,并将不同的政策偏好"集结"起来,通过政治系统的整体协作实现有效决策。②

---

① 《中国统计年鉴—2013》,第768、854页。
② 王绍光、樊鹏:《中国式共识型决策:"开门"与"磨合"》,第272—309页。

我们则认为此次深化医疗卫生体制改革的决策,是决策者积极借鉴了外来的政策模式,并有意将外来政策模式与中国典型政策模式结合,创造了一种新的政策模式。这样的政策模式,主要是在决策过程中引入了一些新的做法,使其与典型政策模式相比,有六方面的重大变化。

第一,政策议程打破了政府内部议程设置与受外部影响的议程设置相互排斥的原有方式,出现了内外结合的政策议程新方式。

第二,引入独立机构提供的政策方案,尤其是国际机构提供的政策方案,打破了完全由政府垄断政策方案的既有方式,使决策过程更具开放性和包容性特征。

第三,将单一政策方案的起草过程,改变成了多种方案汇入单一方案的公共选择过程。

第四,引入政策争论机制,广泛开展政策方案评议,并允许争议公开化,改变了以往政府方案只在小范围讨论、听证的方式。

第五,政策信息充分公开,改变了以往政策出台前内部信息共享、局部信息公开的做法。

第六,吸引民众参与,不仅相关政策争论引起了民众的关注,亦为民众参与政策讨论并对政策方案提出修改意见提供了多次机会和更便利的条件。

在政策执行过程中,医疗卫生体制改革则依然采用了中国典型政策模式的先试点、后推广等做法,并且在监督方面明显增强了民众参与的力度。[①]

六　"决策民主"的实践发展

在医疗体制改革的决策过程中,将外来政策模式与中国典型政策模式结合,创造新的政策模式,是"决策民主"的一次重要实践。除此之外,"十七大"时期还采用了一些新做法,积极推动了"决策民主"实践的发展。

(一) 国家立法中的公开征求意见

由于不断发生食品安全事件,食品安全立法已经成为社会关注的问

---

① "外来政策模式与中国典型政策模式结合"的新做法,引自史卫民《"政策主导型"的渐进式改革——改革开放以来中国政治发展的因素分析》,第617—619页。

题。经过广泛的征求意见，将修订《食品卫生法》改成制订《食品安全法》已经形成共识。2007 年 10 月 31 日，国务院常务会议原则通过《中华人民共和国食品安全法（草案）》，修改后由国务院提请全国人大常委会审议。

2007 年 12 月十届全国人大常委会第三十一次会议第一次审议《中华人民共和国食品安全法（草案）》，除提出修改意见外，还要求公开征求对立法草案的意见。

2008 年 4 月 20 日全国人大常委会发出《关于公布〈中华人民共和国食品安全法（草案）〉征求意见的通知》，要求各省、自治区、直辖市人大常委会负责征求、收集本地区全国人大代表和有关部门、法学教学研究等有关单位的意见，于 2008 年 5 月 20 日前将意见汇总报送全国人大常委会法制工作委员会；社会各界人民群众的意见可以寄送各省、自治区、直辖市人大常委会，也可以直接寄送全国人大常委会法制工作委员会，或者直接登录中国人大网站。在征求意见过程中，共收到意见 11327 件；其中民众参与 2858 人，提出了 9694 条意见。从回馈的意见看，食品安全管理体制、食品安全风险评估、食品安全标准和食品召回制度是社会各方关注的焦点问题。

2008 年 8 月和 10 月全国人大常委会对《中华人民共和国食品安全法（草案）》进行了第二次和第三次审议。2009 年 2 月全国人大常委会对《中华人民共和国食品安全法（草案）》进行第四次审议，并于 2 月 28 日以 158 票赞成、3 票反对、4 票弃权通过了《食品安全法》。①

一些重要法律的制定和修订，也采用了公开法律草案全文，征求社会各界群众意见的方法。2007 年 10 月至 2012 年 9 月，全国人大常委会就法律草案或法律修订案公开征求意见共计 44 次，可列举一些法律的征求意见情况。

《中华人民共和国社会保险法》草案，公开征求意见的时间是 2008 年 12 月 28 日至 2009 年 2 月 15 日；截至 2008 年 12 月 31 日中午 12 时，仅"中国人大网"就收到意见 28667 条，平均每天近万条。最终统计的参与人数 9924 人，提出了 68208 条意见。

---

① "食品安全法"制定过程的说明，引自史卫民、潘迎春《2008 年/2009 年应对灾变和金融危机的中国公共政策选择》。

《中华人民共和国行政强制法》草案，公开征求意见的时间是 2009 年 8 月 28 日至 2010 年 9 月 30 日，参与人数 443 人，提出了 3874 条意见。

《中华人民共和国全国人民代表大会和地方各级人民代表大会选举法修正案》草案，公开征求意见的时间是 2009 年 11 月 6 日至 2009 年 12 月 5 日，参与人数 60 人，提出了 348 条意见。

《中华人民共和国村民委员会组织法》修订草案，公开征求意见的时间是 2009 年 12 月 26 日至 2010 年 1 月 31 日，参与人数 861 人，提出了 6526 条意见。

《中华人民共和国人民调解法》草案，公开征求意见的时间是 2010 年 7 月 1 日至 2010 年 7 月 31 日，参与人数 435 人，提出了 2871 条意见。

《中华人民共和国水土保持法》修订草案，公开征求意见的时间是 2010 年 8 月 29 日至 2010 年 9 月 30 日，参与人数 419 人，提出了 7189 条意见。

《中华人民共和国全国人民代表大会和地方各级人民代表大会代表法修正案》草案，公开征求意见的时间是 2010 年 8 月 29 日至 2010 年 9 月 30 日，参与人数 326 人，提出了 1984 条意见。

《中华人民共和国刑事诉讼法》修订草案，公开征求意见的时间是 2011 年 8 月 30 日至 2011 年 9 月 30 日，参与人数 7489 人，提出了 80953 条意见。

《中华人民共和国民事诉讼法》修订草案，公开征求意见的时间是 2011 年 10 月 29 日至 2011 年 11 月 30 日，参与人数 788 人，提出了 8030 条意见。

《中华人民共和国资产评估法》的草案，公开征求意见的时间是 2012 年 2 月 29 日至 2012 年 3 月 31 日，参与人数 6372 人，提出了 156122 条意见。

《中华人民共和国证券投资基金法》修订草案，公开征求意见的时间是 2012 年 7 月 6 日至 2012 年 8 月 5 日，参与人数 1132 人，提出了 88226 条意见。

《中华人民共和国劳动合同法》修订草案，公开征求意见的时间是 2012 年 7 月 6 日至 2012 年 8 月 5 日，参与人数 131912 人，提出了 557243 条意见，是"十七大"时期回馈意见最多的法律修订草案。

《中华人民共和国老年人权益保障法》修订草案，公开征求意见的时间是 2012 年 7 月 6 日至 2012 年 8 月 5 日，参与人数 1418 人，提出了

56861 条意见。

《中华人民共和国预算法》修订草案，公开征求意见的时间是 2012 年 7 月 6 日至 2012 年 8 月 5 日，参与人数 19115 人，提出了 330960 条意见。

《中华人民共和国环境保护法》修订草案，公开征求意见的时间是 2012 年 8 月 31 日至 2012 年 9 月 30 日，参与人数 9582 人，提出了 11748 条意见。①

从列出的法律草案征求意见情况可以看出，与公民经济权益和社会权益有关的法律，如劳动合同法、证券投资基本法、资产评估法、老年人权益保障法、刑事诉讼法、社会保险法、环境保护法等，都会有较多民众参与；对约束政府行为的法律，如预算法，也有较多的民众参与；对规范"民主"行为的法律，如选举法、代表法、村民委员会组织法等，民众参与的人数相对较少，提出的意见和建议也偏少。也就是说，在"开门立法"成为常态行为后，民众参与的特征已由"普遍性参与"（表现为每次征求意见都有数万甚至数十万人参与）转向了"选择性参与"（表现为各次征求意见的参与者数量有相当大的差距），表明民众的意见发表，已经能更多地体现出自身的议题偏好，这显然是参与方面的一个重大进步。

（二）个人所得税起征点的争论

法律的修改也会涉及重大的政策选择问题，为修改《中华人民共和国个人所得税法》，在个人所得税起征点问题上曾展开过较激烈的争论。

2007 年 12 月 29 日，十届全国人大常委会第三十一次会议表决通过了关于修改个人所得税法的决定，个人所得税起征点自 2008 年 3 月 1 日起由 1600 元提高到 2000 元。但是不久后即有专家指出 2000 元的起征点还是过低，应调整为 3000 元或 3500 元。

2011 年 3 月 1 日的国务院常务会议讨论并原则通过《中华人民共和国个人所得税法修正案（草案）》，提请全国人大常委会对修正案（草案）进行审议。综合考虑各方面的情况，修正案（草案）拟将个人所得税起征点由每月 2000 元上调至 3000 元，并强调个人所得税起征点上调后会减少个人所得税收入 990 亿元，调整工薪所得税率级次级距后会减少税收约

---

① 见"中国人大网"所载"法律草案征求意见"专栏。

100 亿元，调整生产经营所得税率级距减收约 110 亿元，合计全年约减少财政收入 1200 亿元。

2011 年 4 月 20 日至 4 月 22 日召开的十一届全国人大常委会第二十次会议第一次审议《中华人民共和国个人所得税法修正案（草案）》，决定向社会公开修正案（草案），广泛征求意见。2011 年 4 月 25 日，全国人大常委会办公厅发出《中华人民共和国个人所得税法修正案（草案）》公开征求意见的通知，要求社会各界人士在 5 月 31 日前对修正案（草案）提出意见。

2011 年 6 月 15 日，"中国人大网"公布了全国人大常委会法制工作委员会经济法室整理的《社会公众对个人所得税法修正案（草案）的意见》，对征求意见的总体情况作了六点说明。

第一，征求意见的基本情况。2011 年 4 月 25 日 16 时至 5 月 31 日 24 时，"中国人大网"共收到 82707 位网民提出的 237684 条意见（每位网民可以对草案的 4 条规定分别提出意见），另有群众来信 181 封。从数量上看，意见主要集中在草案向社会公布后的前三天，共收到 63921 位网民提出的 174672 条意见，占全部意见的 73.49%。第一天最多，41472 位网民提出了 118641 条意见，占全部意见的 49.92%。从地区上看，提出意见前 3 位的是北京、广东、上海，提出了 103317 条意见，占全部意见的 43.47%；后 3 位的是西藏、青海、宁夏，提出了 843 条意见，占全部意见的 0.35%。从职业分类上看，提出意见居于前 3 位的依次是专业技术人员、其他从业人员和商业服务业从业人员，提出了 178806 条意见，占全部意见的 75.23%。从月收入分布上看，集中于 3000 元至 7500 元的人群，提出了 116848 条意见，占全部意见的 49.16%。

第二，肯定草案基本精神和征求意见的做法。多数网民认为，全国人大常委会适时修改个人所得税法，是关注民生的表现。草案贯彻了"高收入者多缴税，中等收入者少缴税，低收入者不缴税"的原则。网民对草案将扣缴义务人和纳税人每月申报缴纳税款时间从原来的次月 7 日内延长至次月 15 日内，普遍表示欢迎和赞成。有人还建议全国人大常委会应尽快通过修正案，让群众尽快享受税收优惠。辽宁省辽阳市退休干部侯权忠、中医药大学退休职工朱惠民来信认为，全国人大常委会对个人所得税法的修改向全民征求意见，是以人为本、关心人民群众切身利益的具体体现，是我国民主政治生活的一大进步，有利于调动广大群众参与社会管理的积极性。

第三，对个人所得税起征点 3000 元的不同看法。网上共有 82536 人对个人所得税起征点上调至 3000 元发表了意见。其中赞成以 3000 元作为起征点的 12313 人，占 14.92%；要求修改的 39675 人，占 48.07%；反对的 28985 人，占 35.12%；持其他意见的 1563 人，占 1.89%。按月收入分类，对个人所得税起征点 3000 元持赞成意见的主要集中在月收入 3000 元以下和 3000 元至 4500 元的人群。不少网民建议适当提高个人所得税起征点，数额从 3500 元至 10000 元不等，其中较多人建议提高至 5000 元，并且指出用不了两年城镇居民月平均收入就会超过 3000 元的起征点，短期内发达城市大部分普通工薪阶层都会成为征税对象，无法起到降低中低收入者税收负担的作用。亦有人认为 3000 元的个人所得税起征点过高，应下调至 2500 元。

第四，注重地区差异的建议。不仅有专家提出了根据不同地区的生活成本分别适用 5000 元、4000 元、3000 元的个人所得税起征点的建议，也有网民建议授权各省、市、自治区根据本辖区收入的实际情况，在法律规定的基础上另行规定个人所得税起征点，如东部省份 6000 元、中部省份 4000 元、西部省份 3000 元等。还有人认为，应当建立月收入额减除费用形成的长效机制，使个人所得税起征点与 GDP 和 CPI 挂钩，并授权国务院每年调整后发布，不要经常修改法律。

第五，对工资薪金所得税率结构的看法。对于将以往的工薪所得的适用税率由原来的 9 级改为 7 级，网上共有 75690 人发表了意见，其中赞成 27470 人，占 36.29%；要求修改 25383 人，占 33.54%；反对 21712 人，占 28.69%；其他意见 1125 人，占 1.48%。赞成的意见，按月收入分类主要集中于 3000 元以下和 3000 元至 4500 元的人群。要求修改和反对的意见，按月收入分类，主要集中于 4500 元至 12000 元的人群；按地区分类，上海、北京、广东列于前三位；按职业分类，专业技术人员居于首位。

第六，完善个人所得税税制的建议。有专家指出，建立综合与分类相结合的个人所得税税制，可以照顾到纳税人的不同负担情况；一味提高起征点，减少个人所得税在税收总收入中的比例，不符合改革方向。这次个人所得税法的修改，不应在个人所得税起征点上做文章，而应通过适当扩大减免税范围，增加与民生相关的特殊减免税项目，如扶养人口、房贷支出、教育支出等达到减税的目的。可以选取合适的城市开展合并各类收入和考虑实际家庭负担的税制改革试点，允许以家庭为单位进行所得税申报，以身份证为识别标记申报扶养人口。

2011年6月27日至6月30日十一届全国人大常委会第二十一次会议第二次审议《中华人民共和国个人所得税法修正案（草案）》。6月27日上午提供会议审议的修正案（草案）依然维持个人所得税起征点3000元的规定，只是将工资、薪金所得适用的个税第1级税率由5%修改为3%。草案提供者强调，没有进一步提高个人所得税起征点，不意味着不尊重、不采纳民意，而是在听取公众意见、坚持民主立法前提下科学论证的结果。立法过程中，兼顾"民主"与"科学"，才能体现民意。经有关部门和专家测算，个人所得税起征点从现行2000元提高至3000元后，全国工薪所得纳税人占全部工薪收入人群比重将由28%下降到12%左右。如果继续提高个人所得税起征点，纳税人范围会进一步减少，致使个税将基本不能发挥调节收入分配的作用；甚至单纯提高个人所得税起征点对缩小贫富差距会起到反向调节作用，即收入越高的群体获得的减税越多，低收入群体收益相对较少。另外，减少纳税面也不利于公民纳税意识的培育。税制改革的大方向是要加大包括个人所得税在内的直接税占整个税收收入的比重，降低像营业税这样的间接税的比重，来达到激励经济主体、更直接地体现社会公平的目的，仅仅提高个人所得税起征点，与国家税制改革总体目标不一致。

2011年6月27日下午的分组审议中，常委会组成人员对草案展开了热烈的讨论。有常委会委员指出，网上征求意见中，要求提高起征点的占83%。对如此集中的意见，草案未充分回应，很难向公众解释清楚。程贻举委员甚至表示："我认为个人所得税法不是5000元、3000元的问题，而是如何更认真地对待群众意见和老百姓的关注问题。"6月28日和6月29日，全国人大法律委员会两次召开会议逐条研究了常委会组成人员的审议意见。6月30日，全国人大常委会通过关于修改个人所得税法的决定，将个人所得税起征点提高至3500元。

个人所得税起征点调整到3500元之后，全国纳税人数将由约8400万人减至约2400万人，可以大幅度减轻中低收入纳税群体的负担。个人所得税收入全年减收1600亿元左右，其中提高个人所得税起征点和调整工薪所得税率级距带来的减收大约是 1440 亿元，占 2010 年个人所得税的 46%。①

（三）地方人大的"开门立法"和"公开议事"

在全国人大常委会"开门立法"的带动下，各省、自治区、直辖市人民代表大会在制定地方性法规中，也积极实行"开门立法"，出现了一些值得注意的做法。

一是地方性法规普遍实行公开征求意见的办法。湖北省人大常委会自 2010 年 5 月 5 日至 2012 年 12 月 12 日，共公布了 81 项立法草案，征求社会各界人士对草案的意见。上海市人大常委会 2011 年 6 月至 2012 年 12 月公布了 20 项立法草案，公开征求民众意见。广西壮族自治区人大常委会在 2012 年一年内公布了 15 项立法草案，征求民众的意见。北京市不仅对一些重要的地方性法规公开征求意见，还从 2007 年开始公布公开征求意见的情况和意见采纳情况，如 2007 年就有 13 项法规、规章草案公开征求意见，共有 7427 人次通过网络提出意见，其中《北京市实施〈中华人民共和国车船税暂行条例〉办法》参与的人数最多，达到了 7023 人。②

二是公开征集立法项目。吉林省人大常委会从 2003 年开始公开征集立法规划项目，至 2012 年共向社会征集到立法项目建议 150 多件，经过研究论证后采纳 30 多件，并强调公开征集立法项目主要是为了开门立法，有利于集中民智，扩大公民的立法参与，激发人民群众参与国家事务重大决策的主人翁意识和责任感，同时也使立法工作进一步扩大视野，更适应社会发展实际。③

三是制定公众参与立法的法规。甘肃省人大常委会在已经形成公开征集立法建议项目、法规草案公示、法规草案择优委托起草、立法顾问、地方立法联系点、立法听证、公民旁听立法会议等制度的基础上，将《甘肃省公众参与制定地方性法规条例》列入 2010 年度省人大常委会委托起草立法项目，由常委会法工委委托甘肃省行政法制研究会承担法规起草事务。2010 年 6 月，根据委托协议，甘肃省行政法研究会提出了《甘肃省

---

① 2001 年"个人所得税起征点"的讨论情况，引自"中国人大网"所载"个人所得税法修正案草案"专栏。

② 见湖北、上海、广西、北京人大网站所载"法规草案征求意见"专栏。

③ 《新文化报》2013 年 4 月 16 日载文《吉林省人大常委会向社会公开征集地方立法项目》。

公众参与制定地方性法规条例（框架/思路建议稿）》，并与省人大常委会法工委就立法过程中涉及的重大理论问题和技术、程序问题，先后三次召开专题论证会，在反复讨论研究的基础上，于2010年9月底前向常委会法工委提交了《甘肃省公众参与制定地方性法规条例》（草拟稿）。之后，法工委先后组织有关专家和省直有关部门具体起草法规的同志对草拟稿进行了多次论证，着重从条例的可操作性、规范性等方面进行了修改，形成了条例草案。2012年9月至2013年7月，经过省人大常委会三次审议，正式形成了《甘肃省公众参与制定地方性法规办法》。①

浙江省温州市下辖的乐清市，则就县级人大常委会的"公开议事"进行了"人民听证"的试点。2007年4月，乐清市人大常委会决定在常委会期间以专题会议的形式，听取各位副市长年初、年中、年末关于分管的专项工作情况报告。2008年乐清市形成了"人民听证"的规范性做法，包括以下要求。（1）每年"两会"后、9月底和下年"两会"前都要召开常委会专题会议听取和审议副市长的工作报告。（2）各位副市长在专题会议召开前需就其分管的工作向人大常委会提交专项工作报告。（3）在两次专题会议之间，人大常委会针对副市长的报告组织调研并形成调研报告；人大常委会的调研活动计划经常委会主任会议通过后，函告市政府，各位副市长可据此确定或调整向常委会报告工作的主要议题。（4）每次专题会议均邀请市政府组成人员、市政协领导、市"两院"负责人、与会议议题有关单位的负责人以及部分市人大代表及各乡镇人大主席列席。（5）每次专题会议前将会议议题和议程通过《乐清日报》向社会公布，市民可以报名旁听会议。（6）专题会议听取副市长的工作报告和人大常委会的调研报告后，就有关问题进行讨论，与会的常委会组成人员、列席的人大代表和各乡镇人大主席团成员以及旁听市民均有权发言。（7）专题会议形成对各位副市长工作报告的审议意见，并于会后提交市政府。（8）专题会议情况由温州新闻网进行网络直播，乐清电视台和《乐清日报》等也及时作出相应的报道。2009年和2010年乐清市又要求市政府有关部门以及检察院、法院也向专题会议报告工作，并要求在人代会的人大代表议案中选取"人民听证"的重要议题。截至2011年1月，乐清市举行了"人民听证"专题会议15次，旁听会议的市民代表2009

---

① "中国甘肃网"2013年8月7日载文《甘肃省公众参与制定地方性立法条例出台》。

年前大致在 10 人上下，2009 年则扩大到了 30 人上下。通过开放性的人大议事过程，不仅强化了人民代表大会对"一府两院"的监督，也为解决当地的政策难题提供了一种重要的机制。①

（四）地方政府的开放式决策

地方政府的"开放式决策"是由杭州市最先提出来的。2007—2008年杭州市已经尝试了开放决策程序的不同做法。2009 年 2 月 6 日，杭州市人民政府公布了《开放式决策程序规定》，此后又对规定作了修改，于2009 年 8 月 6 日公布《杭州市人民政府重大行政事项实施开放式决策程序规定》，对决策过程的"开放"作出了十二方面的规定。

第一，开放决策参与人员。行政机关、咨询机构、行业协会、中介组织、利益相关主体和人民团体等的代表，市人大代表、市政协委员、专家和其他公民等个人代表，均可以参与市政府的开放式决策。

第二，开放政策议案。除市长、副市长提出开放式决策事项外，各区、县（市）政府及市政府各部门、各单位都可以组织征集并提出决策事项建议，公民、法人或其他组织也可以向杭州市人民建议征集办公室提出决策事项建议。对较为复杂或存在较大争议的决策事项，应当提出两个以上比选方案并进行成本效益分析。

第三，开放性的征求意见。开放式决策事项草案可以采用三种方式征求意见。一是征求有关区、县（市）政府和市政府有关部门的意见和建议，进行充分沟通和协商。二是通过召开座谈会、听证会、协商会等方式征求咨询机构、行业协会、中介组织、人民团体、利益相关主体和其他社会公众的意见。三是涉及人民群众切身利益的重大公共政策事项，应当通过向社会公示征求意见，保证利益相关主体平等表达意见。开放式决策事项承办单位可以同时或单独采取以下方式公示决策事项草案。（1）在"中国杭州"政府门户网站上公示。（2）在报刊、广播、电视等新闻媒体上公示。（3）在有关公共场所或社区宣传栏公示。（4）在特定地点设立专门公示牌公示。（5）通过法律、法规规定的其他途径公示。

第四，开放性的论证和听证。对重大、复杂的开放式决策事项草案，

① 韩旭：《乐清"人民听证"的公民参与维度论析》，载《中国政治参与报告（2011）》（政治参与蓝皮书），社会科学文献出版社 2011 年 5 月版，第 292—305 页。

应当举行专家论证会,邀请专家或有关研究机构、咨询机构进行可行性论证。对涉及人民群众切身利益的重大公共政策事项,开放式决策事项承办单位应当召开听证会,形成听证报告,作为重大公共政策事项的决策依据。

第五,修改政策草案。开放式决策事项承办单位应当认真收集、整理各方面的意见和建议,及时修改完善决策事项草案。在提请市政府审议决策事项草案时,应当同时提交决策事项草案的起草说明。

第六,向人大、政协通报决策情况。市政府常务会议审议开放式决策事项草案前,市政府依照法定程序适时向市人大常委会、市政协通报重大、复杂决策事项的有关情况,并征求其意见和建议。

第七,开放决策信息和决策过程。除依法不得公开或公开后不利于决策实施和社会稳定的决策事项外,市政府常务会议审议开放式决策事项应当通过"中国杭州"政府门户网站、广播电视、无线通信等方式进行直播,并与市民代表通过互联网、电话等开展互动,听取意见和建议。市政府可视情将市政府常务会议的视频直播扩大至其他媒体。市政府办公厅应当在会前5个工作日通过《杭州日报》、"中国杭州"政府门户网站等媒体预告会议时间、内容及市民参与方式等信息,并将与开放式决策事项草案有关的材料在"中国杭州"政府门户网站上开设专栏予以公布。有关新闻媒体可以按照规定向市政府办公厅报名后选派记者参加市政府常务会议,进行有序的采访报道。

第八,开放列席决策会议人员。市政府常务会议审议开放式决策事项时,应当邀请市人大代表、市政协委员和市民代表列席会议,并听取其意见和建议。根据开放式决策事项的审议需要,市政府常务会议可以邀请有关专家或咨询机构、行业协会、中介组织、利益相关主体、人民团体等的代表列席会议。

第九,开放民众参与。杭州市民可以选择以下方式参与市政府常务会议的重大行政事项决策。(1)通过互联网视频连线、电话发表意见或建议。(2)通过自愿报名,申请列席会议。(3)通过"中国杭州"政府门户网站、广播电视、无线通信等方式收看收听会议直播。(4)通过"中国杭州"政府门户网站,在会议直播论坛上发表意见和建议。(5)通过市政府规定的其他方式参与市政府常务会议的重大行政事项决策。

第十,开放式的决策会议要求。市政府常务会议审议开放式决策事项按下列程序进行。（1）开放式决策事项承办单位汇报决策事项草案的内容及起草说明。（2）参加会议的市政府有关部门和单位负责人发表意见和建议。（3）列席会议的市人大代表、市政协委员、市民代表发表意见和建议。（4）列席会议的专家或咨询机构、行业协会、中介组织、利益相关主体、人民团体等的代表发表意见和建议。（5）市政府秘书长或相关副秘书长汇报市民网上参与情况及有代表性的意见和建议。（6）参加互联网视频连线、电话发言的市民代表发表意见和建议。（7）市政府领导发表意见和建议。（8）市长作出决策。

第十一，开放式的意见回复。开放式决策事项承办单位应当在市政府常务会议后3个工作日内，对市民通过"中国杭州"政府门户网站就开放式决策事项提出的意见和建议作出在线答复；遇特殊情况，无法在规定时间内答复的，报经市政府领导批准后可适当延期答复。

第十二，开放政策评估。开放式决策事项实施单位应当按照有关规定自行或委托中介组织等其他机构适时对开放式决策事项执行情况进行评估，并将评估结果向社会公开。

杭州市作出"开放式决策"的规定后，其属下的上城区、拱墅区、建德市、铜庐县等也先后作出了开放式决策的程序规定。

其他地方尽管在重大决策程序的规定中没有使用"开放式决策"的提法，① 但是也提出了一些有利于决策过程开放的新要求。

一是增强政策方案的多样性。2012年7月13日发布的《西宁市人民政府重大行政决策程序规定》，强调决策建议方案、草案可由承办单位自行起草，也可以委托有关专家或者专业研究机构起草；凡需要进行多方案比较研究的重大行政决策，应当拟订两个以上可供选择的决策备选方案。

二是增强决策咨询的权威性。2008年9月18日发布的《汕头市人民政府健全完善科学民主决策制度规定》要求充分发挥咨询、研究机构的作用，密切联系高校和科研院所及国内外专家学者，形成完善的政府决策咨询系统。2009年6月26日修订的《吉林省人民政府决策咨询工作规则》和《吉林省人民政府决策咨询工作细则》，对经济社会发展与环境决

---

① "开放式决策"在2013年才影响到其他省份，2013年2月印发的《四川省人民政府2013年推进依法行政工作安排》明确要求2013年全面试行开放式决策；2013年2月22日还公布了《南充市人民政府开放式行政决策程序规定》，2013年9月24日则公布了《甘孜藏族自治州人民政府开放式决策程序规定》。

策咨询委员会、科学技术与工程决策咨询委员会、法律顾问团、立法决策咨询委员会和金融决策咨询委员会等决策咨询机构的运行程序作了新的规定，并要求聘请具有国内先进学术水平和国际发展战略视野同时又熟识省情并取得重要研究成果的高层次决策咨询专家，参与决策咨询机构的各种活动。

三是增强民众参与的实效性。2010年10月18日公布的《广州市重大行政决策程序规定》强调除了公开决策征求意见稿外，还可以通过听证会、座谈会、问卷调查或者其他方式征求社会公众意见；以民意调查方式征求公众意见的应当委托独立调查研究机构进行，并作出书面调查报告。公众可就决策征求意见稿提出意见和建议，也可以提出其他决策方案。完成公众参与工作后，决策征求意见稿应当经决策起草部门的法制机构审核，并经决策起草部门领导集体讨论通过后，形成决策草案，并对公众意见的采纳情况作出说明。2010年12月15日公布的《南昌市人民政府重大行政决策听取意见办法》也强调听取意见可以采取书面征求意见、发放调查问卷、召开座谈会、举行听证会、专家咨询论证、公示等方式进行，决策承办单位可以根据决策事项的性质和对公众影响的范围、程度选择一种或者多种方式听取意见。征求公众意见时，应当综合考虑地域、职业、专业、受影响程度等因素，合理选择征求意见对象。以发放调查问卷形式征求意见的，决策承办单位应当根据重大决策规定的主要内容和措施科学设计问卷内容和形式，同时根据影响范围大小确定发放数量和方式，并采取有效措施提高问卷回收率。决策承办单位应当对通过各种方式征集的意见和建议进行归纳整理，形成听证报告、咨询论证报告、公示报告和听取意见情况报告等，作为市政府决策的重要依据。

四是增强决策会议的民主性。2008年5月23日公布的《天津市人民政府重大事项决策程序规则》要求市人民政府召开全体会议或者常务会议讨论决定重大事项决策时，根据需要可以邀请市人民代表大会常务委员会或者政治协商会议派员列席会议，也可以邀请经济、科技、法律以及与重大事项决策方案相关的其他专家或者实际工作者参加会议提出意见和建议。2011年11月19日公布的《合肥市人民政府重大行政决策程序规定》也要求市政府召开全体会议或者常务会议讨论决定重大行政决策事项时，根据需要可以邀请人大代表、政协委员、政府法律顾问以及与重大行政决策事项的专家或公民代表列席会议。

　　五是增强重大决策的责任性。2009 年 9 月 3 日公布的《深圳市行政决策责任追究办法》强调决策责任追究应当坚持谁决策谁负责、惩处与责任相适应、教育与惩处相结合的原则，并要求进行三类责任追究。第一类是政策方案论证过程中的责任追究，擅自提出政策方案、未按规定提供决策备选方案、未进行社会稳定风险评估、未征求各有关部门意见、未征求社会各界和市民意见、未进行专家咨询论证、未经合法性审查、未协调分歧意见、材料不真实等，都被列为追责的事项。第二类是审议过程中的责任追究，主要追究的是不认真审查报送材料和缺少审议会议记录的责任。第三类是决策过程中责任追究，未建立重大事项决策议事规则、超越权限决策、违法决策、以传阅会签或个别征求意见等形式代替集体议事和会议表决、集体讨论人数不足并缺乏会前征求意见、会议准备不足、行政首长未听取领导集体其他成员的意见决策、决策会议纪录不全或纪录未存档等，都被列为追责的事项。2010 年 12 月 15 日公布的《南昌市人民政府重大行政决策责任追究办法》不仅要求对未按规定听取意见或者未如实将听取意见情况向市政府报告、应当听证而未听证、未经合法性审查、未经集体讨论作出决策的行为追究责任，还强调了可以采用责令作出书面检查、告诫、取消当年评优评先资格、扣发当年奖金、通报批评、给予行政处分等六种重大决策责任追究方式。

（五）限制决策权力的改革试点

　　为使地方党政机关能够更好地行使政策权力，"十七大"时期进行了一些重要的限制决策权力的改革试点。

　　2009 年浙江省绍兴市在 28 个中心镇进行"权力规制"试点，要求各中心镇必须建立健全重大事项决策、重大投资项目管理等制度，确立权力运作程序并制成流程图，形成《乡镇权力运行规范指数评估办法》和《乡镇权力运行责任追究办法》。改革的核心内容是建立六大规制。一是决策规制，要求健全完善党委政府议决事规则，并要做到会前公开议事内容、会中人人发表意见、会后形成会议纪要。二是行权规制，要求党政"一把手"用权时做到"三不直接"，即不直接审批财务、不直接分管权力事项、不直接承诺同意事项，并强调任何人不得在无明确规定情况下直接批准管理事项，不得对未明确规定不能办理的事项使用否决权。三是信息规制，要求制定并实施重要信息披露制度。四是特例规制，要求针对例外事项实行特例决策公开化的做法。五是道德规制，要求建立"以德立制"的廉政建设机制。六是绩效规制，为预防行政不作为和滥用权力，在细化工作职责的基础上，实行年度"百项挂牌工作"责任制和年度百项责任追究。

在浙江省余姚市试行"三个不直接分管"（党政一把手不再直接分管人事、财务、工程项目）的启发下，重庆市南川区于2009年12月开始起草《南川区加强党政主要负责人监督管理暂行规定》，并于2010年2月23日正式公布这一规定，开始实施"党政一把手五不直管分权改革"，要求党政一把手把权力分给副手，一是不直接管财务，分出"签字权"；二是不直接管人事，分出"话语权"；三是不直接管工程项目，分出"操控权"；四是不直接管行政审批，分出"审批权"；五是不直接管行政执法，分出"裁量权"。2010年4月19日湖南省委公布《加强对市州和省直厅局级单位党政正职监督的暂行办法》，明确要求厅局级党政"一把手"执行"三个不直接分管"制度，即不直接分管人事、财政和工程。2010年7月13日中共甘孜州委办公室、甘孜州人民政府办公室发出的《关于建立党政正职"三不直接分管"制度的通知》，则强调党政正职不直接分管财务、不直接分管工程招投标、不直接分管物资采购。辽宁省也在2010年发出了《关于实行党政主要领导不直接分管人事、财务、物资采购和工程项目的暂行规定》。

2009年3月，中共中央纪律检查委员会和中共中央组织部在徐州举办"县委权力公开透明运行试点部署会"，确定江苏省睢宁县、河北省成安县、四川省成都市武侯区作为三个试点县、区。三个县、区试点的侧重点有所不同。河北省成安县在清理权力清单（确定县委职权50项，县委常委职权185项）的基础上，推行县委"通透式办公"，实施常委会票决制、全委会票决制、群众认可度测评制、社会旁听制、公开通报制等。四川省成都市武侯区推行"确权勘界"（确定党代会权力4项，全委会权力7项，常委会权力9项，区委书记权力30项）、"限权"和公开，取消了书记办公会，要求常委会向全委会负责，全委会向党代会负责，建立相应的监督体制。江苏省睢宁县推行的是严管干部的系统化改革，对县委实行"一述（县委书记、县长述职）双评（党内评与党外评）三监督（专门机关监督、群众监督、舆论监督）"，并向群众直播县委常委会开会情况，公布了县领导干部职务分工和联系电话，还由县委书记、县长等"组团上网"回应民众关注的主要问题。

2010 年 11 月，中共中央纪律检查委员会和中共中央组织部联合发出《关于开展县委权力公开透明运行试点工作的意见》，要求扩大县委权力公开透明运行试点范围，明确划分县党代会、县委全委会、常委会及其成员、县委各职能部门的职责和权限，尤其要加强对县委书记职权的规范；提高权力运行程序化、规范化水平，公开决策事项，并坚持党内监督与党外监督、专门机关监督与群众监督相结合。该文件发出后，各省、自治区、直辖市又安排了一些新的试点单位并推出了一些新做法。如 2011 年 3 月四川省确定成都市锦江区、泸州市龙马潭区和巴中市南江县为试点单位，试点的四项任务是明确职责权限、规范运行程序、公开决策事项和实施全面监督；2011 年重庆市以渝中区、开县等 3 个区、县为试点单位，试点的内容是科学厘清县委权力、理清关系、规范权力运行程序、打造立体公开模式、构建多维监督网络。①

（六）民主决策的程序化要求

综观"十七大"时期从中央到地方的重要"决策民主"实践，可以看出在民主决策方面，至少提出了十二方面的程序化要求。

一是约束权力的程序化要求。通过权力规制、党政一把手分权、权力公开运行等试点，强调以程序化、制度化的规定约束党政机关的政策权力尤其是与决策有关的各种权力。

二是议程设置的程序化要求。通过正式公布的重大决策程序规则或规定，事先设定了决策的议程安排，并强调非紧急情况不能随意改变决策的各项议程。

三是选择政策问题的程序化要求。不仅强调了决策部门在政治系统内部提出政策问题的规范化要求（主要表现为对重大决策事项作出明确规定，还要求主管领导以及下属部门或人大代表、政协委员等提出政策议题或政策方案），还强调了从政府系统外部提出政策问题的规范化要求（主要表现为通过公开向民众征求意见或问卷调查等方式，找出民众最需解决的政策问题，并鼓励民众提出政策方案，或者由决策部门委托专家或专业

---

① "限制决策权力改革试点"的政策案例说明，引自史卫民《"政策主导型"的县政发展》，第 114—116、230—231 页。

部门就设定的政策问题起草政策方案）。

四是政策方案的程序化要求。不仅要求政策方案要有成本和社会风险等评估，还要求对有争议的政策问题或者事关民众重大利益的问题，提供两个以上的政策方案，可以进行方案对比并选择较适用的方案。

五是专家咨询的程序化要求。一方面强调了政策方案的专家咨询是必不可少的决策步骤，另一方面规范了专家参与的组织形式和运作形式，并对参与政策咨询的专家提出了明确的专业素质和承担决策责任等要求。

六是方案协商的程序化要求。不仅有内部性的协商（包括领导之间的协商、上下级之间的协商、政府决策部门与同级人大、政协的协商等），还有外部性的协商（包括与企业或公司、社会组织、基层群众自治组织以及民众代表、利益相关者等的协商），其要点都是要使政策方案能更符合多方面的要求，并且用协商的办法协调各方利益，解决政策可能面临的难点问题。

七是信息公开的程序化要求。既强调要及时公开决策信息，也强调要公开决策过程，既注意用传统方式（如电视、报纸等媒体）公开信息，也注意用新媒体（互联网）公开信息并展开"网络对话"，以使对决策的"知情"成为社会的普遍现象。

八是征求民众意见的程序化要求。无论是"开门立法"还是政府政策草案的公示或通过媒体（包括传统媒体和新媒体）征求意见，以及采用问卷调查或座谈会等形式征求意见，都强调了对民众意见的重视，并要求对是否采纳意见作出及时的反馈。

九是听证会的程序化要求。既明确了在何种情况下应召开听证会，也明确了参加听证会的人员和听证会的基本程序，还明确了听证结果如何使用，使政策听证能够真正起到提高政策质量和政策认受性的作用，而不是形式主义的"走过场"和只是表示赞同政策方案的"备书"行为。

十是合法性审查的程序化要求。通过对政策方案提出过程的审查以及对政策方案本身的合法性审查，使之符合"政策法治化"的基本要求。

十一是决策会议的程序化要求。不仅为决策会议确定了基本的规则和准则，还扩大了决策会议列席者和旁听者的范围，并且允许在决策会议上广泛发表意见甚至进行争论，进而对决策会议的情况进行"现场直播"，都使得具有关键性作用的决策行为更具有公开、透明、互动等特征，并且使得"集体决策"的方式更具有活力。

十二是决策追责的程序化要求。既强调了需要追究决策责任的各种行为，也强调了决策追责的主要方式，其核心点就是形成责任压力，使"政策问责"在起点上即可发挥重要的作用。

这些程序化的要求，尽管还没有构成新的决策模式（杭州市的"开放式决策"还不能算作一种新的决策模式，只是在典型政策模式下采用了一些更开放的决策方法），但是已经表现出在决策民主方面确实又有了重要的进步。

七　"政策执行民主"的实践发展

在政策过程中，除了注重"决策民主"或"民主决策"外，还需要注重"政策执行民主"。"政策执行民主"强调在政策执行过程中，无论是政策试点和全面推行，还是政策监督和政策评估，都要以规范化的程序来实现民主的基本要求，"十七大"时期在"政策执行民主"方面也有了一些重要的发展。

（一）政策执行的民主要求和程序规定

2009 年的国务院政府工作报告对政策执行提出了明确的民主要求，强调各项决策都要做到程序依法规范、过程民主公开、结果科学公正；政府重大决策的形成和执行都要加强调查研究，做到察民情、听民意、聚民智，要让人民群众知道政府在想什么、做什么，赢得人民群众的充分理解、广泛支持和积极参与。国务院总理温家宝 2010 年 8 月 27 日在全国依法行政工作会议上又明确指出，在决策执行过程中，要定期通过多种途径了解决策实施情况，全面评估决策执行效果，根据评估结果，适时调整和完善有关决策，及时采取补救措施或停止执行错误决策，最大限度地减少损失；对违反科学民主决策规定、出现重大决策失误、给国家和人民造成重大损失的，要按照谁决策、谁负责的要求追究责任。

"十七大"时期公布的省、市政府重大事项决策的程序规定中，特别强调了与政策执行过程有关的六方面要求。

一是明确政策执行程序。如 2008 年 5 月 23 日公布的《天津市人民政府重大事项决策程序规则》即明确规定了政策执行的基本程序是制定政策实施方案、报告政策执行情况、明确政策执行职责、争议问题处理、政策执行检查和监督、政策评估和必要的政策措施调整。

二是明确政策执行任务。如 2008 年 8 月 20 日公布的《江西省县级以上人民政府重大行政决策程序规定》即明确要求政府办公厅(室)应当及时对政府重大行政决策进行工作任务和责任分解,明确决策执行单位和工作要求。

三是明确试点要求。如 2008 年 9 月 18 日公布的《汕头市人民政府健全完善科学民主决策制度规定》特别强调了社会利益牵动面大的重大行政决策,可先进行试点,取得经验后逐步推广。

四是明确监督要求。如 2009 年 2 月 10 日公布的《青海省人民政府重大行政决策程序规定》对政策执行的监督有四条具体的要求。(1)省政府办公厅负责决策执行的督查、考核等工作,根据决策内容和省政府工作部署,采取跟踪检查、督促催办等方式,确保决策的正确执行,并及时向省政府报告督查情况。(2)省政府有关重要决策的实施和完成情况,将纳入省政府有关部门、西宁市、各自治州人民政府、海东行署的年度目标责任考核内容,作为奖惩的依据。(3)省政府决策及其执行应当自觉接受省人大及其常委会的监督,接受省政协的民主监督,听取民主党派、工商联、无党派人士和各人民团体的意见,接受新闻舆论和社会公众的监督。(4)监察部门应当加强对决策执行机构执行重大行政决策情况的监察,审计部门应当依法加强审计监督,对决策执行机构违反国家法律、法规的行为依法作出处理。

五是明确政策评估要求。如《江西省县级以上人民政府重大行政决策程序规定》强调县级以上人民政府要建立政府重大行政决策实施情况评价制度,通过抽样检查、跟踪调查、评估等方式,及时发现决策执行中存在的问题,适时调整和完善决策;《青海省人民政府重大行政决策程序规定》也要求建立决策及其执行效果的社会评价机制,听取社会各界对决策及其执行效果的评价,作为改进工作的依据。2010 年 10 月 18 日公布的《广州市重大行政决策程序规定》,则就政策评估提出了五条具体要求:(1)评估组织单位为决策执行主办部门;(2)评估应当定期进行,其周期视决策所确定的决策执行时限或者有效期而定;(3)评估委托专业研究机构进行的,该专业研究机构应当未曾参与决策起草阶段的相关论证、评估工作;(4)评估应当征询公众意见,公民、法人或者其他组织可以对决策执行情况提出评估意见和建议,评估组织单位应当就采纳情况作出书面答复并说明理由；（5）评估组织单位应当制作决策后评估报告提交政府，决策后评估报告应当就决策内容、决策执行情况作出评估，并提出继续执行、停止执行、暂缓执行或者修改决策内容等决策执行建议。

六是明确绩效评估要求。如 2011 年 12 月 31 日公布的《南京市重大行政决策程序规则》明确要求对重大行政决策执行的情况实行绩效评估，由政府办公厅（室）督促执行单位建立绩效评估指标，明确评估方法和标准；执行单位需要在重大行政决策颁布实施一年内作出决策执行情况的绩效评估报告，可以委托第三方实施重大行政决策绩效评估，绩效评估情况作为对执行单位工作评价的重要依据。重大行政决策绩效评估报告需包括以下内容：（1）决策执行的基本情况；（2）决策执行的经济成果；（3）决策执行的社会效益；（4）社会评价；（5）相关执法体制、机制适应情况；（6）后续措施建议。2012 年 7 月 13 日公布的《西宁市人民政府重大行政决策程序规定》也要求将重大行政决策执行情况纳入全市年度目标责任考核，执行单位应当在重大行政决策颁布实施本年内作出决策执行情况的绩效评价报告，报市政府办公厅审查。

对政策执行过程的上述要求，尽管有不少是重复以前的要求，但是对于"十七大"时期的"政策执行民主"实践而言，确实起了规范执行过程的重要作用。

（二）依法行政的创新做法

2008 年 5 月 12 日，国务院发出《关于加强市县政府依法行政的决定》，对依法行政和依法决策提出了以下具体要求。（1）大力提高市县行政机关工作人员依法行政的意识和能力，健全领导干部学法制度，加强对领导干部任职前的法律知识考查和测试，加大公务员录用考试法律知识测查力度，强化对行政执法人员的培训。（2）完善市县政府行政决策机制，完善重大行政决策听取意见制度，推行重大行政决策听证制度，建立重大行政决策的合法性审查制度，坚持重大行政决策集体决定制度，建立重大行政决策实施情况后评价制度，建立行政决策责任追究制度。（3）建立健全规范性文件监督管理制度，严格规范性文件制定权限和发布程序，完善规范性文件备案制度，建立规范性文件定期清理制度。（4）严格行政执法，改革行政执法体制，完善行政执法经费保障机制，规范行政执法行为，加强行政执法队伍建设，强化行政执法责任追究。（5）强化对行政行为的监督，充分发挥社会监督的作用，加强行政复议和行政应诉工作，积极推进政府信息公开。

为落实《关于加强市县政府依法行政的决定》，省、市、县、乡四级政府推出了八种有新意的做法。

一是开展依法行政示范或试点工作。各省、自治区、直辖市都选择了一些市县或乡镇进行依法行政示范或试点，并提出了一些新的要求。如河南省孟津县在2009年的试点中注重完善制度和创新机制，建立了行政行为的先行审核把关制度、规范性文件审查备案制度、政府常务会议学法制度以及试行了行政执法记分制度。贵州省绥阳县在2009年的试点中要求县政府工作部门、直属事业单位和垂直领导部门实行依法行政报告制度，报告内容包括建立健全科学民主决策机制、提高制度建设质量、深化行政管理体制改革、化解社会矛盾、规范行政执法行为、强化行政监督、提高行政机关工作人员依法行政观念、能力等方面的情况。甘肃省宁县2009年选择两个乡镇进行依法行政试点，试点的内容主要是建立依法行政责任制、加强执法培训、严格执法管理、推行政务公开、开展群众评议和"下评上"活动以及开展便民维权活动。

二是制定政府依法行政指标评估体系。2009年1月12日深圳市发布的《法治政府建设指标体系（试行）》，确定了法治政府的12个一级指标和44个二级指标。一级指标包括政府立法工作、机构职责编制、行政决策、公共财政管理和政府投资、行政审批、行政处罚、行政服务、政府信息公开、行政救济、行政监督、行政责任十一项法治化指标以及"行政观念和能力"指标。2009年11月30日四川省人民政府印发《四川省市县政府依法行政评估指标细则（试行）》，要求以行政决策规范化、公共服务规范化、行政执法规范化、化解争议规范化、行政监督规范化、保障措施落实6个一级指标和30个二级指标评估市县政府的依法行政水平。2010年3月15日，四川省人民政府又印发了《四川省市县政府依法行政评估指标》，将6项一级指标改为规范行政决策、提升公共服务、改进行政执法、有效化解争议纠纷、自觉接受监督、落实保障措施，二级指标由30个减少到18个。陕西省周至县2009年提出的依法行政指标评分标准，分为组织领导、行政决策和政务公开、规范性文件管理、推行行政执法责任制、行政执法行为、行政复议行政诉讼6个一级指标和29个二级指标。陕西省潼关县2010年提出的依法行政考核量化评分标准，分为组织领导、行政决策和政务公开、依法行使行政执法职权、行政监督工作、行政复议与行政诉讼、行政审批清理工作、防范化解社会矛盾工作7个一级指标和28个二级指标。甘肃省则在2010年形成了依法行政目标责任考核标准，设立了20个考核指标，并从2011年开始按照标准对14个市州政府和60个省直部门进行考核。

三是规范行政审批行为。"十七大"时期规范行政审批行为的改革试点较多，可列举几个影响较大的试点。（1）海南省的"三集中"试点。2008年7月1日开始运行的海南省人民政府政务服务中心，强调以审批事项集中、审批权力集中、审批人员集中的"三集中"方式科学配置行政审批权，第一步将全省34个省直机关的232名工作人员集中到政务服务中心，负责处理1217项行政审批和行政服务事项；第二步完善了政务服务中心对内和对外的运行机制；第三步建立了行政审批动态管理制度，并广泛实行网上审批和服务。（2）成都市的"网上政务大厅"试点。2009年，成都市政府提出推进行政权力网上公开透明运行的要求，为此特别建立了网上政务大厅，确立了6183项行政审批事项的裁量基准要求，并将行政权力事项名称、承诺时限、收费标准等都在网上公开，网上政务大厅与实体政务中心和政府部门相互支撑，使得多数事项能够在网上政务大厅的公开运行中得到较快的批复。（3）宁波市的"标准化"试点。2010年5月，宁波市政府发出《关于深化行政审批制度改革推进行政审批服务标准化建设的实施意见》，要求大力推进行政审批服务标准化和联合审批运作机制建设。截至2011年年底，宁波市政府42个有审批职能的部门编制完成并发布了564个行政审批事项、1028个子项的办理指南，并开始实施"6+1"会商机制和"9+X"会审制度。"6+1"会商机制由发改、节能、规划、国土资源、住建、环保六个部门和审管办进行会商，从产业政策、规划建设条件、用地政策、环境影响和经济社会发展需要等方面对基本建设项目的可行性作出评价，定期分析项目审批推进情况和存在的问题。"9+X"会审制度则是由六个会商部门加上公安局、城管局、人防办三个部门，与行业主管部门及水、电、气等公用事业单位对基本建设的具体项目进行审议和联合审批。（4）北京市朝阳区的"评查案卷"试点。2004年北京市朝阳区组织了第一次行政许可案卷评查工作，按照行政许可申请、受理、审查决定、送达等程序要求，对各部门的许可程序及文书进行检验和规范。2005年则要求将39个具有行政许可职能部门的许可案卷评查成绩计入区政府行政执法评议考核总成绩。截至 2012 年，该区共集中评查行政许可案卷 1575 本，日常抽查的案卷则有 8500 余本。

四是约束行政处罚的自由裁量权。2008 年 10 月 1 日起施行的《云南省规范行政处罚自由裁量权规定》要求各级行政执法主体细化行政处罚自由裁量权档次及内容，并主动向社会公开。按照云南省的规定，昆明市政府法制办公室 2009 年明确提出了行政处罚自由裁量权规范化的要求，市政府各部门随即出台了行政处罚裁量规则，对具体行政处罚事项作出了量化和细化规定，并立即在全市范围内实施。广州市政府于 2009 年发出《规范行政执法自由裁量权规定》，要求对行政处罚、行政许可、行政征收、行政强制、行政确认等各类行政执法行为的自由裁量权提出具体规范原则，以规范性文件的形式对行政执法自由裁量权予以合理细化和量化，并在 2012 年年底前基本完成了对所有行政执法行为自由裁量权的规范工作。

五是建立新的行政复议机制。2007 年 7 月 31 日哈尔滨市发出《关于成立哈尔滨市政府行政复议委员会的通知》，明确市政府行政复议委员会是直接对政府主要领导负责的行政复议议决机构，经市政府授权审查议决市政府受理的行政复议案件。行政复议委员会设主任 1 名，副主任 2 名，委员 18 名，主任由常务副市长兼任，副主任由市政府法制办主任和分管副主任兼任，委员会委员实行聘任制，教授、律师、人大代表、政协委员等非政府官员的委员占一半以上。行政复议案件议决会议由委员 3 至 9 人单数委员参加，非政府官员的委员须占参加议决委员的半数以上，采用少数服从多数的表决方式形成行政复议决定意见，并以市政府名义作出复议答复。2011 年 10 月，哈尔滨市成立第二届行政复议委员会，委员的人数增加到48 人，继续实施政府官员与非政府官员的委员共同议决行政复议案件的做法。2011 年 4 月，山东省济宁市也成立了行政复议委员会，聘请 90 多名专家、律师作为委员，由行政复议委员会集中了包括公安、国土、交通等 45个市政府工作部门和地税、工商等 6 个省垂直管理部门的行政复议权，将原由市政府和各部门分散办理复议案件的模式，改成了由市政府"集中受理、集中审理、集中决定，并以市政府名义做出复议决定"的模式。

六是建立行政诉讼应诉机制。江苏省海安县自 2004 年 7 月县长代表县政府在一起行政诉讼中出庭应诉后，正式形成了行政诉讼案件行政机关首长必须出庭的规定，2009 年又要求行政机关负责人出庭应诉情况与所在部门全体人员年终考核奖直接挂钩。截至 2011 年年底，海安已有两任县长、213位部门或镇行政机关负责人出庭应诉,行政机关负责人出庭应诉率几年中都保持了100%的纪录。

七是加强规范性文件管理。2010年12月24日厦门市政府公布《厦门市行政机关规范性文件管理办法》,不仅对文件起草与审查、决定和发布、备案与监督等作了具体规定,还要求起草的规范性文件直接涉及公民、法人或者其他组织的重大利益或对本地区、本行业建设发展有重大影响的,应当向社会公布,征求社会各界的意见;法律、法规、规章规定必须举行听证会的,应当举行听证会,并明确要求规范性文件在发布前需交由其所属的法制工作机构进行审查。

八是行政和政策绩效评估。杭州市从2000年开始,每年年底请市民为政府机关打分、提意见,参与对政府机关的绩效考评,并在2007—2012年形成了规范性的"公民导向的综合考评"做法。山东省青岛市从2007年开始用民意调查、市民评议、第三方评价等方式对党政机构进行考核,被称之为"多样化民考官机制"。江苏省江阴市制定了《幸福江阴综合评价指标体系(2007—2010)》和《幸福江阴综合评价指标体系(2011—2013)》,客观指标分为"好工作、好收入、好环境、好心情、好身体"五类,主观指标则体现满意度和幸福感等。客观评价指标主要通过年终的统计数据,重点反映各级政府部门在改善民生工作中的主要成绩;主观评价指标则主要通过"第三方"测评机构的民意调查数据,计算出综合指数。北京市政府2009年7月17日公布的《市级国家机关绩效管理暂行办法》,要求实行"三效一创"(履职效率、管理效能、服务效果和创新创优)的绩效评估方法,并为此设立了八个评估指标:(1)职责任务;(2)依法行政;(3)能力建设;(4)服务中央;(5)协同配合;(6)公众评价;(7)领导评价;(8)创新创优。年终绩效管理综合得分经市政府绩效管理联系会议审议,报市政府党组会审定后进行通报;完成绩效管理任务的,发放年度绩效奖金;凡被行政问责或未完成市政府重大绩效管理任务的,由专项考评部门提出,经市政府绩效管理联系会议审议并报市政府党组审定,减发5%的年度绩效奖金;年度考评结果提交市委组织部门,作为考核领导班子职责绩效的重要依据。[1]

---

[1] "依法行政改革试点"的政策案例说明,引自史卫民《"政策主导型"的县政发展》,第129—134、234—239页。

从广义的政策执行看，应该包括各级政府的依法行政行为，所以依法行政的各种新做法，都对"政策执行民主"的实践发展起了重要的作用。

(三)"政社互动"的改革试点

《关于加强市县政府依法行政的决定》要求建立政府行政管理与基层群众自治有效衔接和良性互动的机制，江苏省苏州市辖下的太仓市为落实这一要求，开展了"政社互动"的试点，试点主要分为十二个步骤。

第一，制定工作方案，分解调研任务。2008年5月，太仓市法制办和民政局开始制定工作计划，主要研究三大问题：一是如何提高村民自治组织的自治功能；二是如何合理有效地整合农村资源；三是如何改变市、乡政府的行政管理模式。太仓市专门成立了针对课题研究的试点小组，由一名副市长为组长，并下拨了工作经费。

第二，召开主题研讨会。2008年11月14日，太仓市召开建立政府行政管理与基层群众自治互动衔接机制的主题研讨会，民政部亦派人出席会议，对课题调研的方向等作了分析。

第三，全面调研。2008年11月，太仓市与苏州大学金太军教授的团队合作，在太仓市展开了全面的调研，并在调研的基础上形成了初步的政策建议。

第四，出台政府文件。2009年2月开始草拟政府文件，金太军教授等参加了文件的讨论。2009年5月12日，太仓市政府发出《关于建立政府行政管理与基层群众自治互动衔接机制的意见》，就增强基层群众自治组织的自治功能提出了七条要求：一是强化自治组织建设；二是增强群众自治意识；三是扩大群众自治范围，积极承接政府转移出来的部分行政管理和服务职能；四是完善群众自治制度；五是促进社区组织发展；六是支持村级经济建设；七是加快新农村建设。《意见》还对规范政府行为、保障基层群众自治权利提出了五条要求：（1）积极转变政府职能，加快市级机构、乡镇机构改革；（2）完善工作指导方式；（3）规范协助管理行为，对需要基层自治组织协助政府办理的行政事务，实行项目准入制度，要组织对基层群众自治组织协助政府办理的具体行政事务进行全面清理；（4）实行委托购买服务；（5）加强行政行为监督。

第五，认真梳理基层群众自治组织协助政府工作事项，形成第一份清单。根据调查研究，太仓市清理出基层群众自治组织协助政府工作事项

72 项,参照法律、法规和中央、省、苏州市的规范性文件,取消 30 余项,保留有法律和文件依据的 40 余项;经过与各政府部门协商,将 40 余项项目合并为 27 大项、涉及 18 个政府部门的基层群众自治组织协助政府工作清单。

第六,认真梳理基层群众自治组织职责,形成第二份清单。根据《村民委员会组织法》《城市居民委员会组织法》及其他法律法规,将基层群众自治组织依法履行职责的事项归纳为 10 个大项(涉及 24 项职责)的清单。

第七,发布两份清单。2010 年 3 月 19 日,太仓市政府发出《关于公布基层群众自治组织协助政府工作事项和基层群众自治组织依法履行职责事项的通知》,要求切实减轻基层群众自治组织工作负担,形成"政社互动"的行政管理格局;各镇(区)、政府各部门要对照已公布的《基层群众自治组织协助政府工作事项》,明确本单位延伸至基层群众自治组织工作事项的具体内容、工作目标,按照"费随事转、权随责走"的原则,基层群众自治组织协助政府工作事项试行委托管理,除法定要求外,不再签订行政责任书。未列入公布事项的,不得以行政命令要求群众自治组织予以协助,基层群众自治组织也有权拒绝协助工作。

第八,两个镇的先行试点。2010 年 5 月 11 日,太仓市政府办公室发出《关于印发太仓市"政社互动"试点工作实施方案的通知》,要求城厢镇、双凤镇就基层群众自治组织协助政府工作事项试行委托管理,通过签订委托管理协议书形式落实工作责任,不再签订行政责任书。试点分为五个阶段。一是动员部署(2010 年 5 月前),建立试点工作班子,确定试点工作方案,进行试点工作部署,各试点镇动员部署并进行骨干培训。二是签订委托协议(2010 年 5 月),确定需要委托给基层群众自治组织管理的具体项目,明确委托管理项目目标要求,明确年度履约评估方法,明确政府提供的必要条件、委托管理经费和支付方式,拟定委托协议书文本,对协议内容进行协商后,进行委托管理协议书集中签约。三是落实责任阶段(2010 年 6—10 月),既落实政府责任,也落实基层群众自治组织责任。四是履职评估(2010 年 11—12 月),试行以试点镇党委、政府以及各有关部门人员、村(居)干部、群众代表等组成多元化评估主体,对政府和基层群众自治组织双方履约情况进行全方位评估,评估后向社会公示,并根据评估结果兑现经费和实施奖励。五是总结提高(2010 年 12 月),

通过分析总结，确定在全市各镇全面推广的方式和具体措施。

第九，全面推行"政社互动"。2011年4月2日，中共太仓市委、太仓市人民政府发出《关于全面推进"政社互动"实践的实施意见》，中共太仓市委办公室、太仓市人民政府办公室亦发出《关于印发太仓市"政社互动"推进工作实施方案的通知》，将全市推行"政社互动"工作分为动员部署（2011年4月上旬）、签订协助协议（2011年4月中、下旬）、履行协议（2011年5—11月）、履约评估（2011年12月上、中旬）、总结提高（2011年12月下旬）五个阶段。截至2011年5月，各乡镇、街道都完成了与村民委员会、社区居民委员会的协议签订，并开始履行协议。

第十，对"政社互动"实施双向评估。2012年12月28日，太仓市"政社互动"推进工作领导小组办公室发出《关于印发"政社互动"双向履约评估操作办法的通知》，要求采用以下评估程序。（1）制定评估细则。评估采用百分制，各镇（区）根据实际情况自行制定完善评估细则。（2）会议布置。各镇（区）召开双向履约评估工作布置会，明确评估工作程序安排。（3）评估打分。双方评估小组根据实际履约情况各自向对方进行评估和打分。（4）交换评估意见。适时召开评估情况协商会，由镇人大组织人大代表作为第三方介入并主持会议。会议由5人组成，村（居）两委会负责人2人，镇（区）党委、政府相关领导2人，人大代表1人（人大代表不参与所在村居的评估协商，实行回避制度）。达成共识后，形成书面评估结论并三方签署《履约评估意见书》。（5）结果公示。基层政府对基层群众自治组织的评估结果与兑现金额于形成书面评估结论后7天内，在各自治组织内进行公示；基层群众自治组织对基层政府及下属部门的评估结果于形成书面评估结论后7天内，在各镇（区）政府机关及基层群众自治组织内公示。

第十一，建立"民主决策日"机制。从2011年开始，太仓市将1月10日和7月10日确定为全市的"民主决策日"，要求各村民委员会、社区居民委员会在这两个"民主决策日"召开村民或居民代表会议，就重大事项收集意见和进行决策。2012年的"民主决策日"则与"政社互动"通报会结合，重点解决"政社互动"面临的具体问题，并且在浮桥镇、新区、沙溪镇试行了政府负责人与民众面对面的公共服务专题对话活动。

第十二，推动"三社联动"。2012年2月，太仓市全面启动"三社联动"工作，要求通过"政社互动"促成社区、社会组织和社会工作人才的"联动"，2012年5月还专门建立了"三社联动"工作联席会议制度。

太仓市的"政社互动"试点在2012年已经取得重要成果，中共苏州市委办公室、苏州市人民政府办公室于2012年6月2日发出《关于在全市开展"政社互动"试点工作的指导意见》，要求各市（县）、区选取2个镇或街道先行开展"政社互动"试点工作。截至2012年年底，苏州市已在其他市（县）、区的8个镇（街道）启动了"政社互动"试点工作。

"政社互动"改革试点既是将深化行政体制改革与发展基层群众自治有机结合的一次重要尝试，也是规范政策执行"末梢"行为的重要尝试，因为党和国家的重大政策多数要通过基层政府和基层群众自治组织、社会组织的密切配合，才能得到贯彻和落实，尤其是基层的村民委员会和社区居民委员会，承担着大量的政策执行任务，在政策执行过程中起着重要的"末梢"作用。"政社互动"改革试点的重点不在于机构的调整和变化，而在于新机制的建立，并且在政策执行方面建立了九种新机制。

一是"限权"机制。基层群众自治组织协助政府工作事项的"清单"，既是明确政策执行范畴的"任务清单"，也是规范政策执行权力的"限权清单"，限定了政府部门在基层的"扩权"行为，约束了政策执行过程中的自由裁量权，对于理清政策执行过程中的权力关系有着不可忽视的作用。

二是"委托"机制。在行政管理工作和政策任务执行中，以"委托制"取代以往的"责任制"，是太仓市"政社互动"改革试点的最大亮点。这样的做法，使"命令式"的政策执行方式变成了"委托式"和"合作式"的政策执行方式，并且明确了政府部门、基层政府和基层群众自治组织都是关系平等并需要相互尊重的政策执行主体。

三是"契约"机制。基层群众自治组织与基层政府通过"签约"方式履行协助政府工作和落实政策措施的职责，每年都对签约方的行为进行考核和"双向评估"，并按照"履约"情况实施奖惩，实际上是将"契约式"的方式引入了政策执行过程，并使得契约化的责任关系得以建立，解决了以往政策执行过程中责任关系不够清晰的制度性难题，对培育提高政策效率水平的"契约精神"亦有重要的推动作用。

四是"服务"机制。基层公共服务既是政府责任所在，也是基层群众自治组织责任所在，且两者目标一致，需要一个机制衔接，这个机制就是"政社互动"。"政社互动"构建的"基层公共服务新机制"作为一种制度安排，包括顶层、中层和底层三个层面的设计：顶层是政府主导和基层群众自治组织的有效衔接，中层是市场力量和社会组织的引入，底层是公民个人的积极参与；其运行机制就是通过政府、基层群众自治组织及社会组织、市场、公民有机结合，达成保障公共利益、满足公共需求、提供公共服务的目标。将公共服务新机制注入村民自治、居民自治和城乡社区建设，还有一个重要的意义，就是可以产生"激活"效应，为基层民主的发展找到新的立足点。

五是"评估"机制。"政社互动"以"双向评估"检测改革成效和政策执行效果，改变了过分依赖政府内部考核和内部政策评价的办法，不仅使政策评估公开化，也使只针对一方的政策评价变成了可以针对多方的政策评价，并为建立多元化的政策监督体系提供了重要的契机。

六是"拒绝"机制。在"政社互动"试点中，已经明确规定基层群众自治组织可以拒绝不在签约范围内的工作任务和政策行为，尽管在实践中基层群众自治组织较少使用"拒绝权"，但这一要求的提出，对于制约和防范政策执行的随意性确实有重要的意义。

七是"对话"机制。在政策执行过程中注重对话和沟通，可以及时解决政策落实中的难点问题。太仓市试行的政府负责人与民众对话，尽管还没有达到常态化和规范化的水平，但不失为尝试建立政策沟通机制的重要努力。

八是"联动"机制。"政社互动"改革试点不仅要求政府与基层群众自治组织有效衔接和良性互动，也要求建立社区、社会组织和社会工作人才的"三社联动"机制，其要点就是通过规范化的互动和联动，激发基层的政策执行活力，并为行政管理和政策推行建立更牢靠的基础。

九是"充权"机制。应该看到，"政社互动"改革试点是一次重要的"充权"行为，既有对基层群众自治组织和社会组织的充权（包括明确自治组织和社会组织的职能和职权以及授予这些组织谈判权、签约权、执行权、评估权和监督权等），也有对村（居）民代表和民众的充权（包括知情权、表达权、参与权等）。在政策执行过程中保障权利的一个重要做法就是为基层充权，"政社互动"在这方面确实提供了一个重要的榜样。①

（四）"网络舆情"对政策执行的影响

随着互联网的快速发展，"网络舆情"开始对政策尤其是政策执行过程产生影响，出现了一些较具代表性的政策案例。

2006 年 11 月在厦门市海沧区开工建设的对二甲苯（PX）化工厂，由于建厂地点距离厦门风景区和人口密集区较近，引起厦门市民对化工生产污染的担心。在 2007 年 3 月的全国政协会议上，中国科学院院士赵玉芬等 105 名全国政协委员联名签署提案，建议厦门 PX 项目迁址，厦门的一些网络社区和论坛上更是出现了"保卫厦门""还我蓝天"等口号，厦门市民也通过报纸、网络、手机短信等方式纷纷表达对这一项目的不满，并在 2007 年 6 月 1 日至 2 日以"散步"的形式在厦门市政府门前表示抗议。2007 年 6 月 7 日国家环保总局宣布对厦门市 PX 项目重新进行环境评价，12 月 5 日公布了不利于 PX 项目的环境评价报告。12 月 8 日至 9 日厦门网开通的"环评报告网络公众参与活动"的投票平台，绝大多数参与者投票反对 PX 项目建设。12 月 13 日和 14 日厦门市政府两次召开与市民代表、人大代表、政协委员的座谈会。12 月 16 日，福建省政府召开针对厦门 PX 项目的专项会议，决定将 PX 项目迁建至距离厦门市百公里外的漳州古雷半岛。

2007 年 10 月 12 日陕西省林业厅召开新闻发布会，公布了猎人周正龙用数码相机和胶片相机拍摄的华南虎照片。第二天，网上论坛即出现了质疑照片真伪的帖子，很快在网上形成了"周老虎"风波。尤其是 2011 年 11 月 16 日有网友指出所谓的华南虎照片可能来自老虎年画后，网上的"打假"呼声更为强烈。2008 年 2 月 4 日，陕西省林业厅就"草率发布发现华南虎的重大信息"发出《向社会公众的致歉信》。2008 年 6 月 29 日，陕西省政府举行新闻发布会，向公众通报"华南虎照片事件"调查处理情况，宣布周正龙已被公安机关以涉嫌诈骗罪提请检察机关批准逮捕，对陕西省林业厅等有关部门和公务人员也作出了行政追责等处理。

---

① "政社互动改革试点"的政策案例说明，引自陆留生、王剑锋、史卫民主编《中国和谐社区：太仓模式——太仓市"政社互动"调研报告》，社会科学文献出版社 2012 年 12 月版，第 1—35 页。

2009年5月19日工信部发出通知，要求7月1日后在中国境内生产和销售的计算机出厂时应预装"绿坝·花季护航"软件最新适用版本，进口计算机在国内销售前也应预装该软件。绿坝软件可以起到过滤不良信息、保护青少年上网人群的作用，并且按照"国际通常做法"可以由政府倡导安装，但不是以行政命令进行强制安装，由此不仅引起网民的普遍不满，亦有来自国外各种机构的质疑，成为一个引起社会普遍关注的"网络事件"。2009年6月30日工信部宣布暂缓安装绿坝软件，8月13日工信部又宣布中国不会强制要求在个人电脑及其他消费产品上大规模安装绿坝互联网过滤软件。

2009年2月12日，被云南省晋宁县公安局刑事拘留的李荞明死亡，2月8日的调查通报指李荞明与狱友在天井玩"躲猫猫"游戏时意外受伤而死。这一信息经网络传播后引发普遍的质疑。2月19日，云南省委宣传部发布公告，征集网民参与调查"躲猫猫"事件真相。2月20日，网友调查委员会发布调查报告，称查看监控录像和会见当事人的要求都被拒绝，晋宁县公安局向调查委员会公布的"躲猫猫"事件调查结果，仍称是游戏中的意外事件。2月27日，云南省政府新闻办召开新闻发布会公布检察机关调查结论，指李荞明是被殴打致死，行凶者以故意杀人罪被起诉，对看守所有关警察的渎职行为进行法律追究，晋宁县公安局和看守所的领导则因发布不负责任的调查报告和言论等给予行政处分。

2009年9月，广州市番禺区大石镇的居民从媒体、网络等民间渠道得知要在该镇的会江村建立垃圾焚烧厂。10月25日，数百名业主发起反对建立垃圾焚烧厂的签名活动。10月30日，番禺区政府召开新闻发布会，请四位专家解释垃圾焚烧疑问。11月5日，广东省省情中心对垃圾焚烧厂8公里内的12个小区调查证明，97.1%受访居民反对建立垃圾焚烧厂，但同日的《番禺日报》以头版头条报道《建垃圾焚烧发电厂是民心工程》，称番禺区人大代表70多人视察了项目选址现场，认为这是"为民办好事、办实事的民心工程"。11月23日，几百名居民到广州市信访局上访，番禺区区长则已与30多名业主座谈，明确表示"环评不通过不动工，绝大多数群众反映强烈不动工"。12月1日和2日，分别有网友指有领导人与垃圾焚烧厂有利益关联，并指为焚烧垃圾辩护的四位专家有"做垃圾焚烧生意"的嫌疑。12月10日，番禺区政府宣布暂缓垃圾焚烧厂选址和建设工作，并启动选址的全民讨论。12月20日，番禺区委书记与业主代表座谈，并郑重说明会江村项目已经停止。[①]

2011 年 8 月 8 日，强台风"梅花"席卷大连，大连 PX 项目防波堤坝被冲毁，70 万吨级化工罐体陷入险境，前来采访的中央电视台记者遭到 PX 项目员工的围攻，引起微博热议。8 月 13 日，"周日，8 月 14 日上午 10 点，大连人请到人民广场抗议大连福佳大化（PX 项目）"的信息在大连市民中传开。8 月 14 日清晨，集体"散步"的人群最早在友好广场聚集，"散步"至市委后转往人民广场。大连市委书记于上午 10 时半赶到广场，并向聚集的民众明确表示已决定福佳大化立即停产并且搬迁后，广场上的市民才陆续离开。[②]

在"网络舆情"的影响下，使政策做法或政府的说法有所改变，是上述案例的共同特征，并使得政策执行过程不得不关注网民的政策议论，尤其是要注意网络反映的意见可能"促成"争取改变政策的实际行动。也就是说，民意的表达因技术手段的提高会更加快速和便捷，决策者和政策执行者必须适应这样的变化，才能及时对政策诉求作出积极的回应。

（五）地方"维稳"的政策模式

在社会管理和特定的政策执行过程中，可能因为各种因素激化矛盾，导致大规模的群体性事件。仅 2008—2009 年，就发生了一系列造成较大影响的群体性事件，其中既有社会维权事件，如 2008 年 11 月 17 日甘肃陇南拆迁户围攻市委事件、2009 年 6 月 15 日江西南康家具业主群体上访事件、2009 年 6 月 17 日河南民办教师集体上访事件；也有社会泄愤事件，如 2008 年 6 月 28 日贵州瓮安一女生非正常死亡引起的事件、2008 年 7 月 3 日陕西府谷交警"追死"司机事件、2009 年 6 月湖北石首的"抢尸"事件；还有社会冲突事件，如 2009 年 6 月 25 日广东韶关群体性斗殴事件。从政府处理群体性事件的经验看，"抓幕后黑手""拘捕带头闹事者""把组织者绳之以法""宣布组织非法"等做法，不仅不利于形成制度化的利益表达渠道，而且也不利于形成"有组织的抗议"，反而会促成无组织的群体性事件。打压民间组织的发展，抑制群众社团的成长，排斥

---

① "网络舆情"的政策案例说明，引自杨思派《公共舆论对中国公共政策的影响》，载《中国公共政策分析，2010 年卷》，第 164—186 页。

② 郑东阳：《大连反 PX 项目"散步"事件始末》，引自"中国论文网"。

非政府的社会组织活动，这些政策行为的结果是使社会处于低组织化或无组织水平。在这种状态下，社会成员的利益诉求既不能通过非政府组织得到合理释放，也无法有组织地面对政府并有序地输入到政府决策过程中。站在政府管理的立场上看，这种状况的好处是民众难以组织起有计划的抗议行动，也难以产生强大的谈判对手；但是，它的坏处也显而易见，即如果民怨积聚到一定程度，就很容易发生以打砸抢烧等暴力行为为特点的无组织的群体事件。[1]

为维护社会稳定，降低群体性事件发生的几率，有些地方已经尝试一些新的做法。如深圳市龙岗区 2007 年 8 月将 16 类 64 项基层社会管理职能有机整合，设立区、街道、社区三级"大综管"工作中心，形成了综合管理、综合治理、综合服务"三位一体"的社会管理新机制。四川省遂宁市从 2005 年开始实施的重大工程社会风险评估，2006 年扩展到重大决策的社会风险评估，2007 年确定了由 5 个大项和 14 个子项组成的社会稳定风险评价体系，明确要求重大决策出台前都要进行合法性、合理性、可行性、安全性和可控性五个方面的稳定风险评估，并要采用决策单位初评、维稳部门综合评估、征求群众意见、专家评审、运用评估结果决策的"五步工作法"进行风险评估；2011 年遂宁市发出《社会稳定风险评估工作细则》，更明确要求把社会稳定风险评估纳入党政部门的决策程序。2008 年 4 月，辽宁省沈阳市改革信访机制，在市、区两级建立信访大厅，实行一站式接待、一条龙办理、一揽子解决、一竿子插到底的工作方法，快速解决或回应群众信访提出的各种问题。2007 年 1 月，江苏省淮安市信访局在全国最早研发了信访查询系统；2011 年年初，淮安市进一步整合电话、短信、网上信访、视频等资源，创立了全国首个电子网络信访服务中心，设立了投诉、查询、评价、人民建议、分析、监督六个服务平台，并将这一服务中心称之为"阳光信访"，使之在解决信访问题中发挥了重要的作用。这些新做法的共同特征，就是强调了积极的"化解矛盾"，而不是消极的"应对事变"。[2]

除了试行"以防为主"的新机制外，为处理突发性的群体性事件，

---

① 燕继荣：《群体事件频发的政治学解读》，载《中国公共政策分析，2010 年卷》，第136—155 页。

② 史卫民：《"政策主导型"的县政发展》，第235—237 页。

"地方政府的维稳政策模式"在"十七大"时期已经成型，政策过程大体按以下程序进行。（1）压力凸显。不同因素导致社会不稳定，出现群体性事件前兆或已爆发群体性事件。（2）积极应对或消极应对。积极应对表现为领导及时赶到现场、形成应对方案、及时向上级报告；消极应对表现为在地领导相互推诿责任、等待上级指示、不作为甚至逃离现场。（3）控制信息渠道。为防止信息外溢，不仅控制媒体报道，还要紧急统一发布信息的口径。（4）成立临时指挥机构。为迅速解决突发事件临时成立的指挥机构，由不同系统的负责人组成，可以紧急调用公安、武警和应急物资等。（5）启动谈判机制。以会议或领导与民众代表见面等方式展开谈判、协商或说服，争取以和平方式解决问题。（6）恢复社会秩序。必要时动用武力，抓捕犯罪人员，尽快恢复社会秩序。（7）责任追究。启动问责机制，追究并处理有关责任人。（8）事件评估。事件结束后，评估事件造成的损失、事件成因、处理是否得当、经验和教训等，逐级上报。（9）政策发展。有关部门认真研究事件所暴露的政策问题，或补充、修改既有政策，或制定新政策。

中央政府的危机管理政策模式和地方政府的维稳政策模式，共同点是政策制定与政策执行几乎同步展开，并且全部采用的是非常规的"应急"手段，因此区别于中国的典型政策模式。但是，危机管理政策模式与维稳政策模式也有明显的不同，至少表现在五个方面。（1）应急准备不同。危机管理政策模式已经有自成系统的预警和应急政策框架，可以随时启动应急系统。维稳政策模式依托的则是"维稳系统"，只能靠各种"维稳力量"做好日常性的"防控"工作。（2）应急方式不同。危机管理政策模式以"救助"为主，采用的是和平方式；维稳政策模式以"平息事态"为主，既可能和平解决问题，也可能采用武力解决方式。（3）信息处理方式不同。危机管理政策模式要求充分的信息公开，维稳政策模式则大多采用控制信息或封锁消息的做法。（4）对民众参与的态度不同。危机管理政策模式动员和鼓励民众的广泛参与，维稳政策模式则恰恰相反，希望严控民众在事件中的参与。（5）对政策评估的做法不同。危机管理政策模式要求进行公开、透明的政策评估，并鼓励多方参与尤其是学术界参与的政策评估，并且在评估中着重于经验的积累。维稳政策模式则往往是内部的、封闭性的政策评估，评估结果仅供内部参考,着重的则是如何汲取教训。[1]

八 深化政治体制改革的政策选择

"十七大"时期不仅提出了深化政治体制改革的要求,也在制度层面有了一些重要的建树,为中国的政策发展提供了更有活力的制度基础。

(一) 维系中国政策发展的重要理念

十七大报告明确要求全面认识工业化、信息化、城镇化、市场化、国际化深入发展的新形势新任务,深刻把握我国发展面临的新课题新矛盾,更加自觉地走科学发展道路。在国际金融危机的大背景下,为使中国的政策发展适应国际形势和国内形势的变化,"十七大"时期特别强调了十三点重要的政策理念。

一是"改革开放"理念。改革开放作为中国的"总政策" (或者"元政策"),不仅需要继续坚持,还要成为深入人心的政策理念。如十七大报告所言,改革开放作为一场新的伟大革命,不可能一帆风顺,也不可能一蹴而就,最根本的是改革开放符合党心民心、顺应时代潮流,方向和道路是完全正确的,成效和功绩不容否定,停顿和倒退没有出路。坚持改革开放,还要注重十七大报告强调的在理论导向和政策取向上的十个结合。(1)坚持马克思主义基本原理同推进马克思主义中国化结合。(2)坚持四项基本原则同坚持改革开放结合。(3)尊重人民首创精神同加强和改善党的领导结合。(4)坚持社会主义基本制度同发展市场经济结合。(5)推动经济基础变革同推动上层建筑改革结合。(6)发展社会生产力同提高全民族文明素质结合。(7)提高效率同促进社会公平结合。(8)坚持独立自主同参与经济全球化结合。(9)促进改革发展同保持社会稳定结合。(10)推进中国特色社会主义伟大事业同推进党的建设新的伟大工程结合。

二是"道路"理念。中国走什么样的道路,关乎政策的总体走向,所以十七大报告特别强调,改革开放以来我们取得一切成绩和进步的根本

---

[1] "地方维稳政策模式"的说明,引自史卫民《"政策主导型"的县政发展》,第228—229页。

原因，归结起来就是开辟了中国特色社会主义道路。中国特色社会主义道路，就是在中国共产党领导下，立足基本国情，以经济建设为中心，坚持四项基本原则，坚持改革开放，解放和发展社会生产力，巩固和完善社会主义制度，建设社会主义市场经济、社会主义民主政治、社会主义先进文化、社会主义和谐社会，建设富强民主文明和谐的社会主义现代化国家。2008年12月18日胡锦涛在纪念党的十一届三中全会三十周年的讲话中更明确指出，要做到思想上坚信不疑、行动上坚定不移，决不走封闭僵化的老路，也决不走改旗易帜的邪路，而是坚定不移地走中国特色社会主义道路。

三是"发展"理念。持续性的发展对于现代化进程中的中国极为重要，由此不仅要继续强调"发展是硬道理"的理念，也要强调把"发展作为党执政兴国的第一要务"，如十七大报告所言，发展对于全面建设小康社会、加快推进社会主义现代化具有决定性意义。要牢牢扭住经济建设这个中心，坚持聚精会神搞建设、一心一意谋发展，不断解放和发展社会生产力。要更好实施科教兴国战略、人才强国战略、可持续发展战略，着力把握发展规律、创新发展理念、转变发展方式、破解发展难题，提高发展质量和效益，实现又好又快发展。要坚持生产发展、生活富裕、生态良好的文明发展道路，建设资源节约型、环境友好型社会，实现速度和结构质量效益相统一、经济发展与人口资源环境相协调，使人民在良好生态环境中生产生活，实现经济社会永续发展。

四是"不折腾"理念。改革开放以来的实践已经证明，中国必须坚持既定的政策路线和政策方向，不能左右摇摆，更不能像"文化大革命"那样的"折腾"。胡锦涛在纪念党的十一届三中全会三十周年的讲话中强调，我们的伟大目标是到我们党成立一百年时建成惠及十几亿人口的更高水平的小康社会，到新中国成立一百年时基本实现现代化，建成富强民主文明和谐的社会主义现代化国家。只要我们不动摇、不懈怠、不折腾，坚定不移地推进改革开放，坚定不移地走中国特色社会主义道路，就一定能够胜利实现这一宏伟蓝图和奋斗目标。

五是"统筹兼顾"理念。统筹兼顾是中国长期坚持的处理重大政策问题的根本方法和重要的政策理念，十七大报告特别明确了对统筹兼顾的以下要求：要正确认识和妥善处理中国特色社会主义事业中的重大关系，统筹城乡发展、区域发展、经济社会发展、人与自然和谐发展、国内发展和对外开放，统筹中央和地方关系，统筹个人利益和集体利益、局部利益和整体利益、当前利益和长远利益，充分调动各方面积极性；统筹国内国际两个大局，树立世界眼光，加强战略思维，善于从国际形势发展变化中把握发展机遇、应对风险挑战，营造良好国际环境。

六是"价值"理念。无论是制定政策还是执行政策，都会表现出一些基本的价值理念，"十七大"时期重点强调了五种政策价值理念。（1）"以人为本"理念。"以人为本"强调的是人民利益至上的基本政策理念，十七大报告特别指出，要始终把实现好、维护好、发展好最广大人民的根本利益作为党和国家一切工作的出发点和落脚点，尊重人民主体地位，发挥人民首创精神，保障人民各项权益，走共同富裕道路，促进人的全面发展，做到发展为了人民、发展依靠人民、发展成果由人民共享。胡锦涛在纪念党的十一届三中全会召开三十周年的讲话中更明确要求把人民拥护不拥护、赞成不赞成、高兴不高兴、答应不答应作为制定各项方针政策的出发点和落脚点，一切以是否有利于发展社会主义社会生产力、有利于增强社会主义国家综合国力、有利于提高人民生活水平这"三个有利于"为根本判断标准，坚持问政于民、问需于民、问计于民，既通过提出和贯彻正确的理论和路线方针政策带领人民前进，又从人民的实践创造和发展要求中获得前进动力。（2）"公共"理念。以政策满足社会的"公共性"需求，是一种基本的政策理念，十七大报告重点强调的"公共"理念，包括完善公共服务体系、实现基本公共服务均等化、建立公共医疗卫生体系、覆盖全社会的公共文化服务体系、完善公共财政体系、管理基层公共事务和公益事业等。（3）"公平正义"理念。在中国的政策话语中，往往将"正义"和"公平"两种价值理念合称为"公平正义"理念，如十七大报告强调实现社会公平正义是中国共产党人的一贯主张，是发展中国特色社会主义的重大任务；要更好地保障、维护、促进社会公平正义；加强公民意识教育，树立社会主义民主法治、自由平等、公平正义理念。但是"公平"理念也可单独使用，十七大报告就多次提到社会公平的概念，并指出教育公平是社会公平的重要基础，合理的收入分配制度是社会公平的重要体现，初次分配和再分配都要处理好效率和公平的关系，再分配要更加注重公平；要打破经营垄断，创造机会公平，等等。（4）"诚信"理念。"诚信"是在中国传统文化基础上形成的一种政策价值理念，十七大报告特别强调了要以增强诚信意识为重点，加强社会公德、职业道德、家庭美德、个人品德建设，发挥道德模范榜样作用，引导人们自觉履行法定义务、社会责任、家庭责任。（5）"幸福"理念。公共政策的一个基本价值取向就是追求全民的幸福，为此，十七大报告不仅强调了我们党自诞生之日起就勇敢担当起带领中国人民创造幸福生活的历史使命，还特别强调了社会建设与人民幸福安康息息相关。

七是"权利"理念。在政策过程中，既要保障公民的"支配权利"，也要保障公民的"应得权利"，是将权利观念转变为政策理念的基本要求。在"应得权利"方面，十七大报告重点强调的是尊重和保障人权，依法保证全体社会成员平等参与、平等发展的权利；在"支配权利"方面，十七大报告重点强调的则是依法实行民主选举、民主决策、民主管理、民主监督，保障人民的知情权、参与权、表达权、监督权。

八是"权力"理念。对政策权力加以必要的约束，是适应时代发展的重要政策理念。十七大报告特别强调了要保证人民赋予的权力始终用来为人民谋利益，确保权力正确行使，必须让权力在阳光下运行。要坚持用制度管权、管事、管人，建立健全决策权、执行权、监督权既相互制约又相互协调的权力结构和运行机制，健全组织法制和程序规则，保证国家机关按照法定权限和程序行使权力、履行职责。

九是"活力"理念。中国政策的成功之处就在于能够保持经久不衰的活力，所以保持和增强"活力"已经成为重要的政策理念。十七大报告既强调了改革开放是国家发展进步的活力源泉，也明确提出了要保持以下九种活力：（1）社会主义新的生机活力；（2）社会主义市场经济体制活力；（3）社会活力及社会创造活力；（4）体制机制活力；（5）文化发展活力；（6）党和国家活力；（7）基层民主活力；（8）创新活力；（9）创业活力。胡锦涛在纪念党的十一届三中全会召开三十周年的讲话中又强调了放手让一切劳动、知识、技术、管理、资本的活力竞相迸发，让一切创造社会财富的源泉充分涌流。尤其需要注意的是，保持"活力"是与全面调动积极性密切联系的，所以十七大报告特别强调了历史上从未有过的大改革大开放，极大地调动了亿万人民的积极性，使我国成功实现了从高度集中的计划经济体制到充满活力的社会主义市场经济体制、从封闭半封闭到全方位开放的伟大历史转折。

十是"信息"理念。公共政策建立在大量的信息流通基础之上，充分的信息公开由此成了必不可少的政策要求和政策理念。十七大报告已明确要求完善决策信息和智力支持系统，增强决策透明度和公众参与度，制定与群众利益密切相关的法律法规和公共政策原则上要公开听取意见。温家宝在全国依法行政工作会议上的讲话更明确指出，政府的绝大多数政务信息都与人民群众的利益密切相关。进一步推进政务公开，就是要让人民群众更好地了解政府运行、更广泛地参与政府管理、更直接地监督政府行为，要使公开透明成为政府依法行政的一项基本制度。

十一是"参与"理念。鼓励广泛的政策参与，既是一种程序性、制度性的安排，也是重要的政策理念。从十七大报告的要求看，除了选举参与外，在政策层面的参与还包括决策参与、政策执行参与、社会管理参与、公共服务参与以及基层民主参与、社区建设参与、社会组织参与等。按照参与理念，不仅要支持这些参与，还要保护这些参与，尤其是保护民众参与的积极性。

十二是"法治"理念。"法治"理念是与"人治"理念相对立的政策理念，在强调"依法治国"理念的同时也要强调"依法决策"理念。十七大报告重点强调的是"依法治国"理念，要求坚持依法治国基本方略，树立社会主义法治理念，建设社会主义法治国家，实现国家各项工作法治化。2009年8月8日，中国共产党十七届四中全会通过的《中共中央关于加强和改进新形势下党的建设若干重大问题的决定》则明确要求提高科学决策、民主决策、依法决策水平。温家宝在全国依法行政工作会议的讲话明确提出的"依法决策"要求，则强调合法是决策的第一要件，要坚决防止越权决策、违法决策；各级政府及其工作人员要全面正确履行职责，依法行使决策权；对于重大决策，必须进行合法性审查，超出法定权限或与法律法规抵触的，不得作出决策。

十三是"共识"理念。通过民主的方法取得重要的政策共识，既是重要的政策理念，也是重要的政策文化表现。《中共中央关于加强和改进新形势下党的建设若干重大问题的决定》对基于民主决策的"共识"提出了以下要求：加强党委决策咨询工作，做好重大问题前瞻性、对策性研究，广泛听取党员、群众、基层干部意见和建议，发挥咨询研究机构、专家学者、社会听证在决策过程中的作用，完善集体领导与个人分工负责相结合的制度，提高运用民主方法形成共识、开展工作本领，注意听取不同意见，防止个人或少数人说了算。

这些政策理念有的是对以往政策理念的继承，有的是根据形势发展提出来的新理念，但重要的不仅仅是这些理念的表述，而是这些理念在"十七大"时期的政策过程中已经发挥了不可忽视的作用。

（二）"大部制"改革的政策取向

"大部制"改革的要求，在十七大报告中已经有明确的表述，强调的是抓紧制定行政管理体制改革总体方案，着力转变职能、理顺关系、优化结构、提高效能，形成权责一致、分工合理、决策科学、执行顺畅、监督有力的行政管理体制，加大机构整合力度，探索实行职能有机统一的大部门体制，健全部门间协调配合机制，精简和规范各类议事协调机构及其办事机构，减少行政层次，降低行政成本，着力解决机构重叠、职责交叉、政出多门问题。

2008年3月15日，十一届全国人大一次会议通过了国务院机构改革方案。此次国务院机构改革涉及调整变动的机构共15个，正部级机构减少4个，主要的改革要求是：（1）合理配置宏观调控部门职能，国家发展和改革委员会要减少微观管理事务和具体审批事项，集中精力抓好宏观调控；国家发展和改革委员会、财政部、中国人民银行等部门要建立健全协调机制，形成更加完善的宏观调控体系。（2）加强能源管理机构，设立高层次议事协调机构国家能源委员会；组建国家能源局，由国家发展和改革委员会管理。（3）组建工业和信息化部，不再保留国防科学技术工业委员会、信息产业部、国务院信息化工作办公室；组建国家国防科技工业局，由工业和信息化部管理；国家烟草专卖局改由工业和信息化部管理。（4）组建交通运输部，不再保留交通部、中国民用航空总局；组建国家民用航空局，由交通运输部管理；国家邮政局改由交通运输部管理。（5）组建人力资源和社会保障部，不再保留人事部、劳动和社会保障部；组建国家公务员局，由人力资源和社会保障部管理。（6）组建环境保护部，不再保留国家环境保护总局。（7）组建住房和城乡建设部，不再保留建设部。（8）国家食品药品监督管理局改由卫生部管理，明确卫生部承担食品安全综合协调、组织查处食品安全重大事故的责任。经过机构改革后，除国务院办公厅外，国务院下属组成部门27个、直属特设机构1个、直属机构15个、办事机构4个、直属事业单位14个。新一轮的国务院机构调整尽管距离实行大部门体制还有一段距离，但是作为深化行政管理体制改革的重要步骤，在优化组织结构、规范机构设置和完善运行机制方面具有重要的意义。

2008 年 3 月 3 日，中共中央、国务院发出《印发关于〈深化行政管理体制改革的意见〉的通知》，提出近五年的工作主要是加快政府职能转变、深化政府机构改革和加强依法行政和制度建设，并就相关政策要点作了具体说明。

深化行政管理体制改革要以政府职能转变为核心，需要注重四方面的工作。一是加快推进政企分开、政资分开、政事分开、政府与市场中介组织分开，把不该由政府管理的事项转移出去，把该由政府管理的事项切实管好，从制度上更好地发挥市场在资源配置中的基础性作用，更好地发挥公民和社会组织在社会公共事务管理中的作用，更加有效地提供公共产品。二是要全面正确履行政府职能，改善经济调节，更多地运用经济手段、法律手段并辅之以必要的行政手段调节经济活动，增强宏观调控的科学性、预见性和有效性，促进国民经济又好又快发展。三是各级政府要按照加快职能转变的要求，结合实际，突出管理和服务重点。四是合理界定政府部门职能，明确部门责任，确保权责一致，健全部门间协调配合机制。

推进政府机构改革，既要深化国务院机构改革，也要推进地方政府机构改革，还要精简和规范各类议事协调机构及其办事机构，推进事业单位分类改革。要根据各层级政府的职责重点，合理调整地方政府机构设置，在中央确定的限额内，需要统一设置的机构应当上下对口，其他机构因地制宜设置。

加强依法行政和制度建设，一是要求规范行政决策行为，完善科学民主决策机制，加强和改进政府立法工作，健全行政执法体制和程序，完善行政复议、行政赔偿和行政补偿制度。二是要求推行政府绩效管理和行政问责制度，建立科学合理的政府绩效评估指标体系和评估机制，健全以行政首长为重点的行政问责制度，明确问责范围，规范问责程序，加大责任追究力度，提高政府执行力和公信力。三是要求健全对行政权力的监督制度，各级政府要自觉接受同级人大及其常委会的监督，自觉接受政协的民主监督；加强政府层级监督，充分发挥监察、审计等专门监督的作用；依照有关法律的规定接受司法机关实施的监督；高度重视新闻舆论监督和人民群众监督；完善政务公开制度，及时发布信息，提高政府工作透明度，切实保障人民群众的知情权、参与权、表达权、监督权。四是要求加强公务员队伍建设，完善公务员管理配套制度和措施，建立能进能出、能上能下的用人机制。

省级政府机构改革从 2008 年 8 月开始，截至 2009 年 5 月 20 日，除四川省因地震灾情推迟上报机构改革方案外，其他 30 个省、自治区、直辖市上报的政府机构改革方案都已由中央批准并组织实施，四川省也在 2009 年 12 月 22 日正式启动了机构改革。

广东省作为行政管理体制改革的试点单位，在《珠江三角洲地区改革发展规划纲要（2008—2020 年）》中明确提出了改革的具体要求。（1）支持深圳市等地按照决策权、执行权、监督权既相互制约又相互协调的要求，在政府机构设置中率先探索实行职能有机统一的大部门体制，条件成熟时在珠江三角洲地区及全省推行。（2）选择部分有条件的地方推行机构编制科学化、规范化、法制化管理试点，探索机构编制管理与财政预算、组织人事管理的配合制约机制，合理配置行政事业编制。（3）选择有条件的地方合理调整行政区划，试行省直管县体制，进一步扩大县级政府经济社会管理权限。（4）积极推进乡镇机构改革，按照强镇扩权的原则，对具备一定人口规模和经济实力的中心镇赋予部分县级经济社会管理权限；对与县级政府驻地联系紧密的乡镇，在条件成熟时转为县级政府的派出机构；对规模较大和城镇化水平较高的特大型乡镇，整合设立地级市的市辖区；创新乡镇事业站所管理体制，构建新型农业社会化服务体系。（5）支持中山市开展创新审批方式改革试点，改进企业登记方式，试行告知承诺制。（6）推进行政事业性收费改革，减少收费项目，率先在珠江三角洲地区实行审批管理"零收费"制度。（7）建立和完善跨部门统一互联的电子政务平台，积极推行网上办公和政务处理。（8）推进基层社会管理体制改革，理顺政府与城乡自治组织的关系；整合社会管理资源，增强基层自治功能；完善社区管理体制，构建社区公共资源共享机制和综合治理机制；鼓励社会组织和企业参与提供公共服务，提高公共服务的能力和效率；支持珠海等市开展社会管理综合改革试点。（9）推进决策科学化、民主化，扩大公民有序的政治参与，引导公民依法行使权力和履行义务；加强新闻舆论监督，充分发挥互联网的监督作用；加强科学决策程序的研究和制定，保障公民的知情权、表达权、参与权和监督权等合法权益。

也就是说，2008 年启动的新一轮行政体制改革，不仅涉及机构合理配置，更重要的是对各级行政机构的政策科学化、民主化、法治化提出了更高的要求。①

（三）实施党政领导干部问责制

2009年6月30日开始实施的《关于实行党政领导干部问责的暂行规定》，使酝酿已久的问责制在制度化方面迈出了重要的一步。

按照《关于实行党政领导干部问责的暂行规定》，中共中央、国务院的工作部门及其内设机构的领导成员，县级以上地方各级党委、政府及其工作部门、内设机构的领导成员，乡（镇、街道）党政领导成员，都在问责范围之内。

党政领导干部问责制的原则，一是严格要求、实事求是；二是权责一致、惩教结合；三是依靠群众、依法有序。问责的方式分为责令公开道歉、停职检查、引咎辞职、责令辞职、免职五种。引咎辞职、责令辞职、免职的党政领导干部，一年内不得重新担任与其原任职务相当的领导职务。

《关于实行党政领导干部问责的暂行规定》列出了对党政领导干部实行问责的七种情形：（1）决策严重失误，造成重大损失或者恶劣影响的；（2）因工作失职，致使本地区、本部门、本系统或者本单位发生特别重大事故、事件、案件，或者在较短时间内连续发生重大事故、事件、案件，造成重大损失或者恶劣影响的；（3）政府职能部门管理、监督不力，在其职责范围内发生特别重大事故、事件、案件，或者在较短时间内连续发生重大事故、事件、案件，造成重大损失或者恶劣影响的；（4）在行政活动中滥用职权，强令、授意实施违法行政行为，或者不作为，引发群体性事件或者其他重大事件的；（5）对群体性、突发性事件处置失当，导致事态恶化，造成恶劣影响的；（6）违反干部选拔任用工作有关规定，导致用人失察、失误，造成恶劣影响的；（7）其他给国家利益、人民生命财产、公共财产造成重大损失或者恶劣影响等失职行为的。对于干扰、阻碍问责调查，弄虚作假、隐瞒事实真相，对检举人、控告人打击、报复、陷害的，要求从重问责；对于主动采取措施，有效避免损失或者挽回影响，以及积极配合问责调查，并且主动承担责任的，可以从轻问责。

---

① "大部制改革"的政策案例说明，引自史卫民、潘迎春《2008年/2009年应对灾变和金融危机的中国公共政策选择》。

对党政领导干部实行问责，按照干部管理权限进行。问责的程序为：（1）对因检举、控告、处理重大事故事件、查办案件、审计或者其他方式发现的党政领导干部应当问责的线索，纪检监察机关按照权限和程序进行调查后，对需要实行问责的，按照干部管理权限向问责决定机关提出问责建议。（2）对在干部监督工作中发现的党政领导干部应当问责的线索，组织人事部门按照权限和程序进行调查后，对需要实行问责的，按照干部管理权限向问责决定机关提出问责建议。（3）问责决定机关可以根据纪检监察机关或者组织人事部门提出的问责建议作出问责决定。（4）问责决定机关作出问责决定后，由组织人事部门办理相关事宜，或者由问责决定机关责成有关部门办理相关事宜。（5）对于事实清楚、不需要进行问责调查的，问责决定机关可以直接作出问责决定。（6）对经各级人民代表大会及其常务委员会选举或者决定任命的人员实行问责，按照有关法律规定的程序办理。（7）作出问责决定前，应当听取被问责的党政领导干部的陈述和申辩，并且记录在案；对其合理意见，应当予以采纳。（8）问责决定机关按照干部管理权限对党政领导干部作出的问责决定，应当经领导班子集体讨论决定。（9）问责决定一般应当向社会公开。（10）被问责的党政领导干部对问责决定不服的，可以提出书面申诉；被问责的党政领导干部申诉期间，不停止问责决定的执行。

县级以上党委、政府直属事业单位以及国有企业、国有金融企业领导人员实行问责，也参照执行《关于实行党政领导干部问责的暂行规定》。为了约束国有企业领导人员，中共中央办公厅、国务院办公厅还于2009年7月1日制定了《国有企业领导人员廉洁从业若干规定》。

尽管问责制的有关规定还需进一步明确，尤其是问责处罚过轻，对问责的有效性难免质疑，但相应问题可以在问责制实施过程中逐步得到解决，不能操之过急。

（四）政策信息公开的规范性程序

2007年4月5日，国务院颁布《中华人民共和国政府信息公开条例》，对政府的信息公开（包括政策信息）作出了程序化的规定。

政府信息公开的主管部门，中央是国务院办公厅，地方是政府办公厅（室）或专设的政府信息公开工作主管部门。

行政机关应当遵循公正、公平、便民的原则，及时、准确地公开政府信息,尤其是四种信息应当主动公开:(1)涉及公民、法人或者其他组织切身利益的;(2)需要社会公众广泛知晓或者参与的;(3)反映本行政机关机构设置、职能、办事程序等情况的;(4)其他依照法律、法规和国家有关规定应当主动公开的。

县级以上各级政府及其部门重点公开以下政府信息:(1)行政法规、规章和规范性文件;(2)国民经济和社会发展规划、专项规划、区域规划及相关政策;(3)国民经济和社会发展统计信息;(4)财政预算、决算报告;(5)行政事业性收费的项目、依据、标准;(6)政府集中采购项目的目录、标准及实施情况;(7)行政许可的事项、依据、条件、数量、程序、期限以及申请行政许可需要提交的全部材料目录及办理情况;(8)重大建设项目的批准和实施情况;(9)扶贫、教育、医疗、社会保障、促进就业等方面的政策、措施及其实施情况;(10)突发公共事件的应急预案、预警信息及应对情况;(11)环境保护、公共卫生、安全生产、食品药品、产品质量的监督检查情况。

乡镇政府重点公开下列政府信息:(1)贯彻落实国家关于农村工作政策的情况;(2)财政收支、各类专项资金的管理和使用情况;(3)乡(镇)土地利用总体规划、宅基地使用的审核情况;(4)征收或者征用土地、房屋拆迁及其补偿、补助费用的发放、使用情况;(5)乡(镇)的债权债务、筹资筹劳情况;(6)抢险救灾、优抚、救济、社会捐助等款物的发放情况;(7)乡镇集体企业及其他乡镇经济实体承包、租赁、拍卖等情况;(8)执行计划生育政策的情况。

政府信息通过政府公报、政府网站、新闻发布会以及报刊、广播、电视等便于公众知晓的方式公开。属于主动公开范围的政府信息,应当自该政府信息形成或者变更之日起20个工作日内予以公开。行政机关应当编制、公布政府信息公开指南和政府信息公开目录,并及时更新。公民、法人或者其他组织可以按条例规定的程序向行政机关申请获取政府信息。

各级人民政府应当建立健全政府信息公开工作考核制度、社会评议制度和责任追究制度,定期对政府信息公开工作进行考核、评议,并对下列行为追究行政责任或刑事责任:(1)不依法履行政府信息公开义务;(2)不及时更新公开的政府信息内容、政府信息公开指南和政府信息公开目录;(3)违反规定收取费用;(4)通过其他组织、个人以有偿服务方式提供政府信息;(5)公开不应当公开的政府信息。

2008 年 4 月 29 日国务院办公厅发出《关于施行〈中华人民共和国政府信息公开条例〉若干问题的意见》，要求各级行政机关特别是国务院各部门（单位）、各省（区、市）人民政府及其部门（单位）要建立健全政府信息主动公开机制，增强工作的主动性和实效性，并逐步完善政府信息公开目录及网上查询功能，为公众提供优质服务。

（五）认同与压力体现的政策支持

2012 年，中国社会科学院政治学研究所进行了改革开放以来的首次"中国公民政治认同与危机压力"全国性问卷调查。调查结果显示，按照 5 分的分值，在六种重要的认同中，身份认同得分最高（4.19 分），第二是发展认同（3.74 分），第三是政党认同（3.63 分），第四是政策认同（3.59 分），文化认同和体制认同的得分最低（均为 3.44 分）；在六种重要的危机压力中，按照 5 分的分值，生态危机压力得分最高（3.08 分），第二是国际压力（3.02 分），第三是社会危机压力（2.83 分），第四是文化危机压力（2.76 分），第五是政治危机压力（2.56 分），经济危机压力得分最低（2.32 分）。从这样的得分情况可以看出，"十七大"时期显示的是中国民众具有较高水平的政治认同和中等水平的危机压力。与政治认同和危机压力有关的权利认知、利益认知、政治沟通认知、政治参与行为、公民满意度五个因素下的 10 个子项，按照 5 分的分值，"权利认知"因素下的"权利重要性认知"得分（3.67 分）高于"权利保障评价"（3.25 分）；"利益认知"因素下的"利益保障评价"得分（3.16 分）高于"公民利益取向"（2.77 分）；"政治沟通认知"因素下的"政治沟通重要性认知"得分（3.61 分）高于"政治沟通现状评价"（3.19 分）；"政治参与行为"因素下的"政治参与认知"得分（3.10 分）略高于"实际政治参与"（3.08 分）；"公民满意度"因素下的"个人生活满意度"得分（3.35 分）高于"公共服务满意度"（3.12 分）。问卷调查还显示，在政策所具有的法治性、公平性、科学性、民主性、有效性方面，选择"公平性"的人最多（44.39%），其次是"民主性"（19.14%），再次是"有效性"（14.06%），第四是"法治性"（13.49%），选择"科学性"的最少（8.92%）。①

---

① "中国公民政治认同与危机压力"全国性问卷调查的具体情况，见史卫民、周庆智、郑建君、田华《政治认同与危机压力》，中国社会科学出版社 2014 年 5 月版。

中国社会科学院政治学研究所 2011 年进行的"中国公民政策参与"全国问卷调查显示,民众的政策参与处于偏低水平,按照 10 分的分值,政策参与客观状况总体得分为 4.21 分;评估政策参与客观状况的五个一级指标,"政策重要性认知"(1.00 的分值)得分为 0.52 分,"权利与途径认知"(1.50 的分值)得分为 0.97 分,"政策内容认知"(2.50 的分值)得分为 1.18 分,"政策过程认知"(3.00 的分值)得分为 1.31 分,"实际政策参与"(2.00 的分值)得分为 0.22 分。从政策参与的主观状况看,按照 5 分的分值,"政策参与意愿"得分最高(3.37 分),"政策参与效能"得分次之(3.15 分),"政策参与满意度"得分最低(2.80分)。调查还显示,在可能影响中国现代化进程的制度、民主、法治、文化、公民社会、社会冲突、国际影响、政策八个因素中,民众关注度较高的是制度、法治、政策、民主四个因素;在政治、经济、社会、文化、生态五类政策中,民众关注度较高的是经济政策和社会政策;民众了解政策的主要途径还是电视广播和报纸,而不是互联网;对于政策执行过程中的财政保障、严格考核、实施问责、防止共谋、组织协助、多方监督、信息公开七种主要做法,民众关注度较高的是实施问责、财政保障、严格考核三种做法;在政策评估方面,民众较普遍认为媒体和政府的政策评估可信程度高于互联网和专家;在网络参与、听证参与、意见征求参与、信访参与四种主要政策参与方式中,后三种参与的民众(10% 上下)都比网络参与的民众(14%)略少一些。①

(六)走向制度化的"政策民主"

将政策发展纳入"制度化"的轨道,是"政策民主"的一个重要要求。走向制度化的"政策民主"可以有不同的路径,"十七大"时期的重大政策进步,就是强调了以坚持改革开放的路径提升"政策民主"的制度化水平,并至少在十个方面取得了重要的进展。

第一,提升组织形态的制度化水平。按照亨廷顿(Samuel P. Huntington)的说法,制度化的标准与组织形态有密切的关系:"复杂社会里的政治共同体依赖于该社会政治组织和政治程序的力量,而这种力量的强

---

① "中国公民政策参与"全国性问卷调查的具体情况,见史卫民、郑建君、李国强、涂锋《中国公民政策参与研究——基于 2011 年全国问卷调查数据》。

弱又取决于这些组织和程序获得支持的广度及其制度化的程度。""组织和程序与其制度化成正比例。"亨廷顿还特别列出了制度化的四个标准。(1)适应性—刻板性,组织和程序的适应性越强,其制度化程度就越高。(2)复杂性—简单性,一个组织越复杂,其制度化程度越高。(3)自主性—从属性,缺乏自主性的政治组织和政治程序就是腐败的。(4)内聚力—不团结,一个组织越团结,越具有内聚力,其制度化程度也就越高。①"十七大"时期在组织形态方面的重要调整,无论是发展和完善党的制度体系,还是深化行政管理体制改革,都是要使中国的制度、体制和机制能够对政策体系形成更有力的支持,并且能够更充分地体现适应性、复杂性、自主性的特征,更好地发挥组织系统的内聚力作用。

第二,以制度化的体系增强政府应对能力。约翰斯顿(Michael Johnston)指出:"在制度化完善的体系里,国家、政治组织和公民社会既要缓和政治要求又要有助于表达其心声,通过制定正确的政策以提高政府应对能力。"②"十七大"时期为应对国际金融危机采取的一系列政策,经过实践的检验不仅证明是正确的政策,并且确实进一步提升了中国政府的应对能力,而支撑这些政策的恰恰是不断提升制度化水平的政治体系和已趋成熟的经济发展范式。我们之所以强调中国经济成功要注重支持、国际、华人、纵深、体制、红利和政策主导市场七个要素,就是因为这些要素较集中的体现了制度化体系的特征。

第三,更多采用制度化的宏观调控方法。波普尔(Karl Raimund Popper)认为国家的经济干预有两种方法,第一种方法是设计一种保护制度的"法律框架",可以称为"制度化的"或"间接的"干预;第二种方法是授权给国家机构,让它们(在一定限度内)视统治者所承担的目标必须随时采取行动,可以称为"个人的"或"直接的"干预。从制度化的政策选择和民主控制的观点看,只要可能的话,明显的政策必然是使用第一种方法,并把第二种方法限制在第一种方法不适应的情形中(如财政预算)。只有"制度化"的方法使依照讨论和经验进行调整成为可能,

---

① [美]塞缪尔·亨廷顿:《变化社会中的政治秩序》,王冠华、刘为等译,上海人民出版社 2008 年 7 月版,第 10—19 页。

② [美]迈克尔·约翰斯顿:《腐败征候群:财富、权力与民主》,第 38 页。

它唯一使将试错的方法应用于我们的政治行动成为可能，它具有长期性。[1] 中国在"十七大"时期已经具备了成熟的宏观调控政策体系，即便是在应对国际金融危机压力有一些"直接的"干预经济措施，但更多强调的是"制度化的"或"间接的"经济干预，并使得"行政干预市场"的弱化乃至最终退场成为了不可逆转的趋势。也就是说，在具体政策尤其是经济政策的制度化方面，中国确实有了极为重要的进步。

第四，强化控制权力的制度化要求。夏皮罗（Ian Shapiro）指出："'权力导致腐败，而绝对权力导致绝对腐败'——可能有点言过其实了，但是它还是被广泛地认为体现了大部分事实。""揭露腐败和欺诈行为的机制也必须成为任何合法的政治体制的一个组成部分。民主比现行其他政治体制要好，就是因为它将这种机制制度化，鼓励有政治抱负的人把阳光引入黑暗的角落里，揭露彼此的错误和虚伪。因此，民主是医治政治权力垄断的一剂良药。""我们最好把民主看成是了一种慢性病的基本药物，而绝不是使得治疗变得多余的根治之法。"[2] "十七大"时期不仅强调了"让权力在阳光下运行"和"保证人民赋予的权力始终用来为人民谋利益"等政策理念，还采纳了控制权力尤其是政策权力的一系列新做法，如确定权力清单、建立权力规制、权力公开透明运行、实施党政领导干部问责制，尤其是控制党政一把手的签字权、话语权、操控权、审批权、裁量权，就是要以民主的方法来控制权力，达到抑制权力垄断和防范政策领域中滥用权力的目标。

第五，为权利提供制度化的保障。莫里斯·罗奇（Maurice Roche）认为，在未来更新社会权利的过程中，下述两个方面的联系必须加以重新肯定和重新制度化：一方面是社会权利与社会义务之间原初的、基本的联系；另一方面是社会权利与公民更一般的市民的、政治的、文化的权利和义务之间的联系。[3] 齐格蒙·鲍曼（Zygmunt Bauman）也强调："如果没有团结，没有制度化的、受法律保护并由权威推动的团结，社会权利就几

---

①　[英] 波普尔：《开放社会及其敌人》，陆衡、郑一明等译，中国社会科学出版社1999年8月版，第2卷，第208—209页。

②　[美] 夏皮罗：《政治的道德基础》，姚建华、宋国友译，上海三联书店2006年6月版，第238、274页。

③　[英] 莫里斯·罗奇：《社会公民权：社会变迁的基础》，载载伊辛、特纳主编《公民权研究手册》，王小章译，浙江人民出版社2007年5月版，第94—116页。

乎没有机会存在。"① "十七大"时期不仅在理念上再次强调了保障公民"支配权利"和"应得权利"的要求，在实践层面也通过各种社会政策来保证社会权利和社会义务的结合，并使得权利保障确实成为增强社会团结的重要手段。

第六，注重依法决策的制度化要求。哈贝马斯（J. Habermas）指出："一种民主宪政的建立，能够使我们的公正原则得以制度化。"② 中国改革开放以来尽管只是学术界倡导宪政，在党和政府的文件中强调的是"依法治国"和"依法决策"等法治理念，但是"依法治国"和"依法决策"不仅有自身的制度化、程序化要求，也突出强调了使公正原则能够制度化的要求，并且恰是落实了这些要求，才能真正提高政策法治化的水平。

第七，提升公民参与的制度化水平。在公民参与的制度化方面，需要特别注意两种不同的要求。第一种要求是决策中制度化的公民角色，按照托马斯（John Clayton Thomas）的说法，要保证公民参与的长期有效，最好的方法莫过于在决策制定中使参与角色的作用制度化。常规化的、影响政府重要决策的机会不仅有助于公民利益的维持，也有助于公民保持积极主动的态势和精神。③ "十七大"时期已经常态化的公民立法参与和决策参与，显然是有助于形成决策中制度化公民角色的重要做法。第二种要求是区分群众社会和参与社会，按照亨廷顿的说法，群众社会和参与社会两者都具有高水平的政治参与，它们的区别在于各自政治组织和程序的制度化程度。在群众社会里，政治参与是无结构的、无常规的、漫无目的和杂乱无章的。而参与社会则不是这样，它的民众高度参政是通过政治制度来进行组织和安排的，大众参与政治并不一定意味着大众控制政府。④ 中国经过"文化大革命"后，不再提倡群众社会的政策参与方法，而是重点强调参与社会的政策参与方法，"十七大"时期鼓励公民政策参与的各种做法，其宗旨就是要继续提升公民政策参与的制度化水平。

---

① ［英］齐格蒙·鲍曼：《免于国家干预的自由、在国家中的自由和通过国家获得的自由：重探马歇尔的权利三维体》，载［英］马歇尔、吉登斯等《公民身份与社会阶级》，第320—336页。

② ［德］哈贝马斯：《对话论理学与真理的问题》，沈清楷译，中国人民大学出版社2005年9月版，第36页。

③ ［美］约翰·克莱顿·托马斯：《公共决策中的公民参与》，第105页。

④ ［美］塞缪尔·亨廷顿：《变化社会中的政治秩序》，第67—68页。

　　第八，为政策讨论制度化奠定基础。"讨论制度化"不仅涉及民众的政策参与，也涉及决策者和咨询者的交往和平等参与。如巴伯（Benjiamin R. Barber）所言："讨论是我们借以重新检验并重新持有我们信念的首要机制，这意味着没有将讨论制度化的民主将会使自主的公民消亡。"巴伯还就民主讨论的制度化、民主决策制定的制度化和民主行动的制度化提出了具体的要求。① 哈贝马斯也指出："按照实用主义的模式，把技术成果和战略成果有效地转变为实践，有赖于政治公众社会作中介，因为专家同政治决断当局之间的交往，必须以一个给定的社会生活世界的社会利益和价值导向为出发点。""那种在实用主义的模式中所规定的、使政治实践科学化的交往，其形成不能不依赖于在政治实践科学化之前已经在进行的交往。但是，这种交往可以在公民大众中以公开讨论的民主形式制度化。"② 应该看到，"十七大"时期在政策讨论方面确实有了重要的进展，不仅在党政重大事项决策程序中强化了讨论的规定，还要求政策讨论情况即时公开（如政府的"开放式决策"和人大的"人民听证"的讨论现场直播），并且允许就重大问题展开公开争论（如对医疗卫生体制改革方案和个人所得税起征点的争论），以及当民众对政策提出质疑时，可以进行面对面的讨论和谈判等。当然，这样的进展需要进一步的规范化和制度化，否则难以持久。

　　第九，注重信息化与制度化的关系。杰弗里·卢克（Jeffrey Luke）认为"催生化领导"包含四项具体的工作任务：（1）通过把该问题提上公共议程和政策议程来集中注意力；（2）通过把处理该问题所需要的不同人员、机构和利益集团召集起来使人们参与这种活动；（3）促成多种行动战略和行动选择；（4）通过恰当的制度化以及迅速的信息化共享和反馈来管理这些相互联系进而继续行动和保持势头。③ "催生化领导"所强调的信息化与制度化的关系，在"十七大"时期确实已经引起了决策者的高度重视，其重要表现就是对公开政府信息（包括政策信息）提出

① ［美］本杰明·巴伯：《强势民主》，彭斌、吴润洲译，吉林人民出版社2006年5月版，第222、311—344页。
② ［德］哈贝马斯：《作为"意识形态"的技术与科学》，李黎、郭官义译，学林出版社1999年1月版，第104页。
③ 卢克的论点，引自［美］珍妮特·V.登哈特、罗伯特·B.登哈特《新公共服务：服务，而不是掌舵》，第109页。

了程序化和规范化的要求。

　　第十，提升政策程序的制度化水平。塞拉·本哈比（Seyla Benhabib）指出，在协商模式看来，是协商的程序产生了合法性，并保证了某种程度的实践理性。这种协商式的民主模式是程序性的，因为它首先强调的就是制度化的程序和实践，并将其置于最重要的位置，旨在借此达成对所有人都有约束力的决策。① 罗素·哈丁（Russell Hardin）也指出，将许多领域的民主程序制度化的最大价值在于，它们打破了寡头政治领袖对议程和政策进行的任何连贯的控制，或至少是削弱其前景。它们并不严格地要求领导人负有责任，而是在关键时刻或主要问题上能扰乱领导人早已做好的计划，并迫使他们默认我们总体上的协作。② 应该承认，"十七大"时期通过医疗卫生体制改革方案的制定，实现了外来政策模式与中国典型政策模式的结合，就是打破政府垄断政策方案的一次重要实践；地方决策中的多方案选择要求，也确实体现了专家和民众在提出政策议案方面可以有所作为。至于危机管理政策模式的经验积累、地方"维稳"政策模式的日趋成熟，以及对"决策民主"的各种程序化要求等，都显示了在提升中国政策程序制度化水平上确实有了不可忽视的重大进步。

　　中国的"政策民主"实践发展，确实需要一个规范化、程序化乃至制度化的过程，"十七大"时期已经启动了这样的过程，并且有了重要的进步，不仅为未来"政策民主"水平的进一步提升奠定了重要的基础，也明确了"政策民主"需要继续前行，任何倒退都可能使三十几年的"政策民主"实践所积累的成果损失殆尽，并且不得不从头再来。

---

　　① ［美］塞拉·本哈比：《走向协商模式的民主合法性》，载［美］塞拉·本哈比主编《民主与差异：挑战政治的边界》，黄相怀、严海兵等译，中央编译出版社 2009 年 4 月版，第 71—95 页（第 4 章）。

　　② ［美］罗素·哈丁：《自由主义、宪政主义和民主》，第 199—200 页。

第八章　推动民主理论发展的政策民主实践

本书前七章不仅梳理了 1976 年 10 月至 2012 年 9 月中国政策发展的基本脉络，也对不同时段政策民主实践的发展作了概要性的说明，所要强调的是政策民主在中国已经扎根并且对中国人民产生了极为重要的影响。在这样的实践描述基础上，可以进一步讨论一些与中国民主发展有关的理论问题，使读者对中国民主的走向有更清晰的认识。

一　人民民主理论与政策民主实践

以人民民主作为中国民主的基本表现形式，是中国共产党多年坚持的民主发展原则。基于这样的原则，可以说中国的民主发展，就是人民民主的理论和实践的发展。为此，既需要简洁地说明人民民主的理论渊源和理论含义，也需要指明人民民主理论与政策民主实践之间所具有的内在联系。

（一）人民民主概念的提出和发展

"人民民主"的概念是由中国共产党人提出的，但是这样的概念与马克思主义的民主观和民主概念有密切的关系。

马克思和恩格斯使用的与"资产阶级民主"不同的无产阶级的民主概念是"民主主义的无产阶级"，[①] 并强调"民主已经成了无产阶级的原则，群众的原则"。[②] 恩格斯还特别指出："在各文明国家，民主主义的必

---

① 恩格斯：《瑞士的内战》，《马克思恩格斯全集》第 4 卷，第 391—392 页。
② 恩格斯：《在伦敦举行的各族人民庆祝大会》，《马克思恩格斯全集》第 2 卷，第 664 页。

然结果就是无产阶级的政治统治，而无产阶级的政治统治是实行一切共产主义措施的首要前提。"①

列宁明确提出了"无产阶级民主"的概念，不仅强调无产阶级民主与资产阶级民主有重大区别，还强调"历史上有代替封建制度的资产阶级民主，也有代替资产阶级民主的无产阶级民主"。② 列宁还将"无产阶级民主"与"苏维埃民主"视为同义词，基本要求是真正实现大多数人享受的民主制度，使大多数人即劳动者实际参加国家的管理，实现真正的民主制度，即一切劳动者的真正平等，劳动群众能够广泛、经常、普遍、简便地行使选举权，无产阶级和农民能实际享受权利和自由。列宁还特别指出："苏维埃制度是供工人和农民享受的最高限度的民主制，同时它又意味着与资产阶级民主制的决裂，意味着具有世界历史意义的新型民主制即无产阶级民主制或无产阶级专政的产生。"③ 斯大林基本承袭了列宁的说法，并特别强调"无产阶级专政下的民主是无产阶级的民主，是多数被剥削者的民主"。④

在民主主义革命时期，毛泽东较少使用"无产阶级民主"或"无产阶级专政"的概念，而是提出和广泛使用了"人民民主""人民民主主义""人民民主专政""人民民主制度"等概念，并明确指出："西方资产阶级的文明，资产阶级的民主主义，资产阶级共和国的方案，在中国人民的心目中，一齐破了产。资产阶级的民主主义让位给工人阶级领导的人民民主主义，资产阶级共和国让位给人民共和国。这样就造成了一种可能性：经过人民共和国到达社会主义和共产主义，到达阶级的消灭和世界的大同。"⑤ "我们不采取资产阶级共和国的国会制度，而采取无产阶级共和国的苏维埃制度。代表会议就是苏维埃。自然，在内容上我们和苏联的无产阶级专政的苏维埃是有区别的，我们是以工农联盟为基础的人民苏维埃，'苏维埃'这个外来语我们不用，而叫做人民代表会议。"⑥ 中华人民共和国建立后，毛泽东一方面继续沿用"人民民主""人民民主制度"和

---

① 恩格斯：《共产主义者和卡尔·海因岑》，《马克思恩格斯全集》第4卷，第306页。
② 列宁：《无产阶级革命和叛徒考茨基》，《列宁全集》第35卷，第243页。
③ 列宁：《十月革命四周年》，《列宁全集》第42卷，第172页。
④ 斯大林：《论列宁主义基础》，《斯大林全集》第6卷，第100—103页。
⑤ 毛泽东：《论人民民主专政》，《毛泽东选集》第4卷，第1408页。
⑥ 毛泽东：《在中共七届二中全会上的总结》，《毛泽东文集》第5卷，第265—266页。

"人民民主专政"的概念，强调"我们的民主不是资产阶级的民主，而是人民民主，这就是无产阶级领导的、以工农联盟为基础的人民民主专政"；① 另一方面也采用了"无产阶级专政"概念，强调"无产阶级专政的实质，就是工人阶级经过共产党对国家政权的领导"。② 需要注意的是，毛泽东也使用过与"无产阶级民主"有关的概念，并特别指出："在我们国家，如果不充分发扬人民民主和党内民主，不充分实行无产阶级的民主制，就不可能有真正的无产阶级的集中制。"③

邓小平沿用了"人民民主""人民民主制度""人民民主专政""无产阶级专政"等概念，但是特别强调了"人民民主"与"社会主义民主"的同一性："中国人民今天所需要的民主，只能是社会主义民主或称人民民主，而不是资产阶级的个人主义的民主。"④

在1976年10月至2012年9月中国共产党和中国政府的重要文件中，也坚持以"人民民主"作为最重要的民主概念。

十一大报告明确要求充分发扬人民民主和党内民主，十一届三中全会则进一步提出了"为了保障人民民主，必须加强社会主义法制"的要求。1979年的国务院政府工作报告还特别强调："社会主义民主，或人民民主，就是全体人民在共同享有对生产资料的不同形式的所有权、支配权的基础上，享有管理国家的最高权力。"

十二大报告强调的是"我们的国家制度是人民民主专政制度。这种制度，一方面保证占人口绝大多数的劳动人民当家作主，另一方面保证对极少数破坏社会主义的敌对分子实行专政"。1982年修改宪法的报告也强调："人民民主专政的国家性质决定，在我国，人民，只有人民，才是国家和社会的主人。"1987年1月22日全国人大常委会通过的《关于加强法制教育维护安定团结的决定》则强调了人民民主专政是社会主义民主即人民民主得以实现的保障。

十三大报告强调的是"社会主义民主政治的本质和核心，是人民当

---

① 毛泽东：《关于中华人民共和国宪法草案》，《毛泽东文集》第6卷，第326页。

② 毛泽东：《对中共八大政治报告稿的批语和修改》，《建国以来毛泽东文稿》第6册，第146页。

③ 毛泽东：《在扩大的中央工作会议上的讲话》，《建国以来毛泽东文稿》第10册，第24—25页。

④ 邓小平：《坚持四项基本原则》，《邓小平文选》第2卷，第175—176页。

家作主，真正享有各项公民权利，享有管理国家和企事业的权力"。1989年12月30日发出的《中共中央关于坚持和完善中国共产党领导的多党合作和政治协商制度的意见》则明确指出："在我国，关系国计民生的重大问题，广泛听取各民主党派、各人民团体以及各族各界代表人士的意见，进行充分的政治协商和民主监督，体现了我国广泛的人民民主。"

十四大报告明确指出："人民民主是社会主义的本质要求和内在属性。没有民主和法制就没有社会主义，就没有社会主义的现代化。""十四大时期"对全国人大和全国政协的要求，都重申了十四大报告的提法。

十五大报告对"人民民主"有如下表述："社会主义民主的本质是人民当家作主，国家一切权力属于人民。我国实行的人民民主专政的国体和人民代表大会制度的政体是人民奋斗的成果和历史的选择，必须坚持和完善这个根本政治制度，不照搬西方政治制度的模式，这对于坚持党的领导和社会主义制度、实现人民民主具有决定意义。"

十六大报告特别强调了"我们党历来以实现和发展人民民主为己任"。2004年9月15日，胡锦涛在首都各界纪念全国人民代表大会成立五十周年大会上的讲话中也特别指出："中华人民共和国的成立，标志着中国政治实现了向人民民主的伟大跨越，开辟了中国历史上从未有过的人民当家作主的新纪元，亿万中国人民真正成为国家、社会和自己命运的主人。""全国人民代表大会的成立和宪法的公布施行，开创了我国人民民主的全新阶段。""必须充分发扬人民民主，保证人民当家作主。"2004年9月19日中国共产党十六届四中全会通过的《中共中央关于加强党的执政能力建设的决定》则进一步强调了"坚持和发展人民民主，是我们党执政为民的本质要求和根本途径"。

十七大报告不仅重申了"必须充分发扬人民民主，保证人民当家作主"的提法，还特别强调"人民民主是社会主义的生命"。2008年2月27日通过的中国共产党十七届二中全会公报，则有了"发展社会主义民主政治是党始终不渝的奋斗目标，必须更高地举起人民民主的旗帜"的表述。

对"人民民主"的全面理解，还需要特别注意三点基本的认识。

第一点是马克思主义经典作家提出的民主概念具有"同质性"的特征。无论是"民主主义的无产阶级"或"无产阶级民主"，还是"人民民主"，都强调了与资产阶级民主在本质上的不同，都强调了马克思主义所倡导的民主是曾经受到剥削压迫的无产阶级（工人阶级）和人民群众的民主。尤其是将"无产阶级民主"转换成适用于中国的民主形态，强调的是"无产阶级民主"在中国就表现为"人民民主"，两者在本质上是相同的。

第二点是马克思主义经典作家的民主观具有"递进性"的特征。在马克思、恩格斯明确提出无产阶级的基本民主理念和民主学说后，列宁发展出了无产阶级民主学说，毛泽东等中国共产党人又发展出了人民民主学说，显示的是马克思主义民主学说的持续和递进发展的关系。从"理论联系"的视角看，人民民主学说不仅来源于马克思主义，也是对马克思主义的继承和重要发展。

第三点是马克思主义经典作家的民主观具有"适应性"的特征。马克思和恩格斯在欧洲资本主义发展时期提出无产阶级的民主理念和民主学说，尤其是恩格斯明确提出"民主在今天就是共产主义"，[①] 强调的是民主需要适应当时国际性的无产阶级革命的需要。列宁将无产阶级民主等同于苏维埃民主，强调的是民主需要适应俄罗斯的无产阶级革命以及建立无产阶级政权的需要。中国共产党人提出"人民民主"的概念而不完全采用"无产阶级民主"的概念，是适应中国国情的选择，因为"人民"的涵盖面大大超过"无产阶级"，可以为在中国发展民主构建更广泛的群众基础，并且更适应人民民主革命的要求。中华人民共和国成立后继续沿用"人民民主"的概念并使之与"社会主义民主"基本等同，则是为了适应在中国建设和发展社会主义的需要。也就是说，理论的发展必须适应实践的需要，在不同时期和不同的国度，马克思主义的民主观都需要根据实践的需要提出新的理念和学说，这恰是历史唯物主义的基本要求。

经过长期的发展，人民民主已经成为系统性的学说和理论，主要涉及权力、权利、参与、价值、社会、法治、制度、政策、文化、政治发展十个范畴的内容，并且与1996年10月至2012年9月的中国政策民主实践有着紧密的联系，需要逐项作出概要的说明。

（二）人民民主权力观在政策领域的体现

在权力范畴，人民民主重点强调的是一切权力属于人民和人民当家作

---

① 恩格斯：《在伦敦举行的各族人民庆祝大会》，《马克思恩格斯全集》第2卷，第664、676页。

主。对于这样的权力要求，一方面要清楚地认识到国家权力尤其是作为"基础性权力"的公共权力、政治权力、经济权力和社会权力，既来源于人民（或者说是人民赋予的），也要由人民掌握；中国共产党执政，就是要体现人民民主的基本权力原则，领导和支持人民掌握国家权力，真正成为国家的主人。另一方面要注意权力的运行，既有表现为纵向关系的中央权力、地方权力和基层权力，也有表现为横向关系的行政权、审判权、检察权等，还有表现为政策关系和管理结构的决策权、执行权、监督权和自主权、管理权等。

为了使权力真正被用来为人民谋利益，并体现人民有效掌握权力和控制权力的基本民主原则，人民民主的权力观还特别强调了六点具体要求。

第一，树立正确的权力观念。人民民主强调的正确权力观念，是要真正认识到权力是人民给的，并要真正做到权为民所用，在人民的监督下正确行使权力。树立正确的权力观念，就是要坚决抵制"以权谋私""滥用权力"等理念和做法。

第二，注重集体行使权力。无论是中国共产党党内，还是政府、人大、政协，以及企事业单位和基层群众自治组织等，都要按照"集体领导"的原则集体行使权力，集体决定问题，并且强调在决定问题时，大家拥有的权力是完全平等的，必须严格依照规则、程序办事，善于运用表决的形式，按少数服从多数的原则集体行使权力。

第三，防止权力过分集中。权力既不能集中在个人手中，也不能过分集中于中央，要有适度的分权和下放权力，由此不仅要明确区分党、人大、政府的权力，还要明确政府各部门的权力、企事业单位的权力以及基层群众自治组织的权力等。

第四，强化对权力的监督。对于权力的运行，既需要党的监督、人民代表大会的监督、政协和民主党派及人民团体的监督，也需要法律监督和舆论监督，更需要直接来自人民的监督。只有将权力监督系统化、规范化、制度化，尤其是坚持用制度管权管事管人，才能真正实现对权力的有效监督和制约。

第五，强调权力公开运行。"让权力在阳光下运行"，让权力公开、透明运行，不仅可以打破权力的"黑箱"运作和对权力的垄断，遏制基于权力的各种腐败行为，还能使人民真正地了解权力和监督权力，使权力真正能在正确的地方做正确的事情。

第六，使人民真正行使权力。保证和支持人民当家作主不是一句口号，也不是一句空话，必须落实到国家政治生活和社会生活之中。保证人民依法有效行使管理国家事务、管理经济和文化事业、管理社会事务的权力，是中国共产党的一贯主张，并强调通过制度化、规范化的程序来落实这样的主张。

体现人民行使权力的权力运行过程主要依赖的是"委托制"和"代议制"的制度性安排，但是权力的最大"输出"是政策，即以能够有效行使的权力提出政策问题、确定政策方案、保证政策推行、监督政策执行情况并通过政策评估等进行政策反馈。恰是因为有这样的"输出"，使人民民主权力观在政策领域的表现极为突出，并展现出了十二种"实化"人民民主权力观的重要政策民主实践。

一是纠错实践。权力尤其是政策权力过分集中，导致重大的决策失误，曾将中国引入灾难性的内乱。"文化大革命"结束不久，中央和地方领导人即以决策者的权力否定"文化大革命"的错误政策，不仅改变了中国政策发展的方向，也形成了"有错必纠"的政策实践要求，成为善用人民赋予的权力的一个重要典范。

二是放权实践。中国的权力下放，一个突出的表现是政策权力的下放，由此带来的实践行为，既有在农村对基层组织和农民的放权，也有对企业的放权，还有对沿海开放地区的放权，以及中央对地方的放权、在社会领域对社会组织的放权，等等。放权的重要目标就是要在一定程度上实现不同的"自主权"，而这恰是人民民主的一个基本要求。

三是分权实践。在政策领域的分权实践，大致分为三个阶段。"十一大"到"十三大"时期是第一阶段，重点强调的是"政企分开"和"党政分开"，要求政府和企业、党和政府的权力尤其是政策权力分开，各自行使和运行。"十四大"和"十五大"时期是第二阶段，重点强调的是在社会主义市场经济的条件下，政府权力（或行政权力）与市场权力的分离，尤其是在政策运行中减少行政权力对市场的干预。"十六大"和"十七大"时期是第三阶段，重点强调的为分权体系建立必要的规制，不仅在政策领域进一步明确了党、政的权力关系，还通过行政改革进一步明确了政、企的权力关系，并建立了针对不同决策权力的规制。分权是控权的基础性措施，既可以起到调动积极性的作用，也可以起到权力相互制约的作用，并由此成为人民民主权力观的必不可少的内容。

　　四是限权实践。限制权力的政策民主实践有三个重点。第一个重点是限制决策权集中在个人手中，除了强调以"集体决策"的方式限制个人权力外，还有了控制党政一把手决策权力的要求和试点。第二个重点是限制过多、过滥的行政审批权，经过全面的行政审批制度改革，基本把与政策运行有关的审批权控制在了比较确定和合法、合理的范围内。第三个重点是限制行政管理和政策运行中的自由裁量权，尤其是对于运用政策尺度和行政执法、行政处罚的自由裁量权的控制，已经有了不少成功的试点，并明确提出了一些规范性的要求。应该承认，只有做到有效的限权，才能使人民赋予的权力良好地运行，才能避免个人和决策机构滥用决策权力和政策执行权力为私人牟利，才能真正铲除制造腐败的温床。

　　五是确权实践。在政策领域的确权实践最初强调的是理清不同决策部门的权力边界，尤其是党、政府、人大以及政府各部门的政策职责和权力边界；在出现"权力清单"的试点后，发现"权力清单"是确权的较有效工具，于是在党的系统、政府系统乃至自治组织系统，都有了制订"权力清单"的试点并形成了按"权力清单"运行权力的一些规范性要求。通过确权明晰权力关系，确实是保证权力良好运行的一个重要进步。

　　七是权力委托实践。在"十七大"时期进行的"政社互动"试点中，开启了政府将行政管理权力和政策执行权力委托给基层群众自治组织和社会组织的做法，尽管这样的做法还有待普及，但是使权力委托由"可能"变成"现实"，并且在政策过程中引入"契约"机制，使权力的运行更接近基层和群众，其发展方向确实值得注意和肯定。

　　八是权力服务实践。以新的权力运作方式直接服务于企业和民众等，主要采用的是两种方法。一种方法是由政府购买公共服务，直接满足社会的服务需求。另一种方法是建立行政服务中心，使权力的服务在中心甚至在互联网上进行。这两种做法到"十七大"时期都已经普及，并且使服务成为落实政策措施的重要手段，使民众更能直接体会到权力良好、快速运行带来的益处。

　　九是权力公开实践。"让权力在阳光下运行"的政策民主实践，既有"村务公开""厂务公开""政务公开""党务公开"等大范围的实施，也有政策过程尤其是决策过程全面公开的各种做法，其宗旨就是使人民群众能够更好地了解权力运行的过程和结果。

　　十是监督权力实践。为使权力监督真实有效的政策民主实践，一方面是完善了广义政府（包括党、政府、人大、政协、检察院和法院）内部的权力监督体系，并且特别强调了人大、政协对"一府两院"的监督，尤其是人大代表、政协委员等对重大决策和政策执行情况的监督；另一方面是扩大了政府外部的监督，强调媒体、社会组织乃至公民个人都可以监督政府的政策行为。尽管对权力的内部监督和外部监督都还需要进一步加强，但不能否定确实有了一些重要的进步。

十一是权力问责实践。从处理突发公共卫生事件和安全生产事件的个别问责，到全面实行党政领导问责制，尽管经历了不短的时间，但是毕竟有了针对权力问责的规范性要求，并且特别强调了"谁决策、谁负责"的政策问责要求，对于构建权力向人民负责的政策体系确实起了重要的推动作用。

十二是权力规范运行实践。为了在政策领域规范权力的运行，经过多年的政策民主实践，不仅对重大决策的程序提出了规范性的要求，还建立了重大决策跟踪反馈和评估机制，以实现决策权和决策责任的统一。科学设置决策权、执行权、监督权的做法，也有了一些重要的试点，其宗旨都是使这三种权力既相互制约又相互协调，以有效的权力控制机制来避免重大的政策失误。推动权力的现代化是人民民主的一项重要内容，而在政策过程中规范权力的运行，恰是"权力现代化"的一个必不可少的步骤。

尽管有了以上的实践，还不能说中国已经建立了真正有效的权力控制体系，只能说在这方面确实作出了积极的努力。进一步落实人民民主权力观，尤其是以规范化、程序化、制度化的方法保证"权为民所用"，依然是政策民主实践必须承担的重要任务。

（三）　政策民主对人民民主权利观的发展

在权利范畴，人民民主的理论表述较为简略，主要强调的是充分尊重和保障人民的民主权利，以及积极发扬人民的民主权利。为丰富人民民主理论，可以引入政策民主的权利观念，对人民民主的权利观作出更系统的阐释。

人民民主要求保障的人民民主权利，应该区分为两类权利。一类是属于"支配权利"的政治权利，如选举权、罢免权、表达权、知情权、参与权等；另一类是属于"应得权利"的法律权利、经济权利、社会权利和文化权利等。由此，需要注意"支配权利"和"应得权利"有四方面的区别。

一是从权利的获得而言，"支配权利"显示的主要是人民的主动性，因为此类权利往往要求人民主动行使甚至去积极争取；"应得权利"显示的主要是人民的被动性，即便人民本身没有行动，也应该并且可以得到。从这一意义上讲，人民的"支配权利"具有的是积极权利或肯定性权利的特征，人民的"应得权利"具有的是消极权利或否定性权利的特征。

二是就整体与个体而言，"支配权利"显示的主要是人民的整体性或集体性特征，因为此类权利往往需要多人而不是个体的行动，并且只能在整体性或集体性参与中才能发挥作用；"应得权利"显示的主要是人民的个体性特征，即每个人都应该平等地获得权利保障，而不是以集体形式获取保障。从这一意义上讲，人民的"支配权利"具有的是"合作性权利"的特征，人民的"应得权利"具有的是"独立性权利"的特征。

三是就政策而言，"支配权利"主要反映的是通过人民的政策参与，可以改变政策走向并解决人民所关注的政策问题；"应得权利"主要反映的是政策给予人民的各种益处，以满足人民的要求。从这一意义上讲，人民的"支配权利"具有的是"解决权利"的特征，人民的"应得权利"具有的是"供给性权利"和"要求权利"的特征。

四是就政府而言，"支配权利"涉及的主要是"统治方式"问题，即政府是否允许以民主的方式来处理问题；"应得权利"涉及的主要是"统治责任"问题，即政府必须承担其对人民的责任。从这一意义上讲，人民的"支配权利"更具有"柔性"权利的特征，人民的"应得权利"更具有"刚性"权利的特征。

尽管人民的"支配权利"和"应得权利"有明显的区别，还是应该从三个方面来理解这两类权利的关联性。

第一，正是因为有了这两类权利，才构成了人民权利的完整性。改革开放以来所强调的充分保障人民权利，就是既包括了人民"支配权利"的保障，也包括了人民"应得权利"的保障。

第二，从两类权利的逻辑关系上讲，既可以说"支配权利"是"应得权利"的基础，人民只有积极行使"支配权利"，才能获得更多的"应得权利"；也可以说"应得权利"是"支配权利"的动力来源，只有人民认识到了"应得权利"的重要性并依据此类权利提出越来越多的"要求"，才使得人民有合理的动机去采取行动并行使"支配权利"。无论认可哪一种逻辑关系，所表现的都是两类权利缺一不可，不能忽视两者之间的互动关系。

第三，两类权利都需要得到制度性的保障，并且需要改变在实践中重视人民"应得权利"轻视人民"支配权利"的做法。

在政策民主的实践层面，已经出现了保障人民"支配权利"和人民"应得权利"的多种做法，并且集中体现了五种"政策绑定"关系。

第一种是人民权利和人民利益的"绑定"关系。以政策保障人民权利，尤其是人民的"应得权利"，往往要落实到具体的人民利益上，使得权利和利益合为一体，在话语表述上也往往统称为"保障人民权益"。这样的"绑定"关系首先带来的可能是人民的"利益觉醒"，尔后才是人民的"权利觉醒"，但无论是哪种觉醒，都会起到调动人民积极性的重要作用。

第二种是人民权利和人民生活的"绑定"关系。以保障人民权利的做法提高人民的生活水平，尤其是使弱势群体的基本权利得到保障并使其生活、就业状况有根本性的改变，中间的一个重要媒介就是政策。政策通过提出要求和解决问题，将权利问题和生活问题"绑定"，可以不断提出新的政策目标（如"使一部分人先富起来""扶贫攻坚""共同富裕""走向小康社会"等）并逐步落实这样的目标，使人民切身感受到基于权利保障的重大生活变化，才能创造出具有真实意义的"幸福感"。

第三种是人民权利和人民支持的"绑定"关系。中央领导人之所以强调要以人民拥护不拥护、赞成不赞成、高兴不高兴、答应不答应作为制定各项方针政策的出发点和落脚点，所要表达的愿望就是使政策获得人民的真心支持，而政策支持背后就是被政策"绑定"的权利行为，即一方面人民可以明确表示对政策的不同态度（行使"支配权利"），另一方面人民可以亲身感受政策带来的好处并增强对"好政策"的认同（保障"应得权利"）。中国民众对政策的支持度和满意度之所以能够保持在较高水平上，在很大程度上就是依靠了这样的"绑定"关系。

第四种是人民权利和国家发展的"绑定"关系。保障人民权利和促进国家发展尤其是推进国家的现代化进程，看似关系不大，但是在政策介入之后，就会出现紧密的联系，因为政策将基于权利保障的个人发展与国家的整体性发展"绑"在了一起，一方面强调个人发展普遍受挫会影响国家发展，另一方面强调国家发展受挫也会严重影响个人发展。一旦明确了这样的关系，也就知道了"权利现代化"对"国家现代化"确实具有不可忽视的作用。

第五种是人民权利与政策机制的"绑定"关系。人民权利在政策领域的行使，尤其是"支配权利"的行使，需要一种有效的机制，在政策民主的实践中已经创造了这样的机制，就是将国家、市场、单位或组织、公民个人四个要素都纳入政策体系，共同解决重要的社会政策问题或公共服务方面的问题。这样的机制不仅兼顾了各方面的权利，也起了分担政策责任和政策成本的作用，使得相关的政策能够更顺利地执行并达到较好的政策结果。

在权利问题上中国尽管有了重大的进步，但在基本的权利取向上，还是既要注重主政者对人民权利的重视和为人民提供必要的权利保障，也要注重对人民的权利意识和权利行为进行必要的教育和引导。使人民能够正确地认识和行使权利，以及使主政者能够以正确的态度看待人民权利，并且用政策将这两方面的作用结合起来，应该成为人民民主权利观的最基本要求。

（四）政策参与体现的人民民主参与观

在参与范畴，人民民主沿承了列宁的"劳动者实际参加国家的管理"的说法，强调人民享有管理国家、管理企事业单位、管理公共事务等的权力，并在这些管理中鼓励和支持人民广泛的参与和有序的参与。

广泛的参与既包括不同类型的参与，如参与民主选举、民主决策、民主管理、民主监督和参与基层群众自治、参与社区建设、参与人民团体、参与社会组织、参与公共服务等，也包括各层次、各领域的参与，以及使用各种媒介的参与。

有序的参与重点强调的是四点要求：一是以宪法和法律为人民的参与提供法律保证，对破坏参与的行为给予法律制裁；二是人民要依法参与，遵循法律和法规的规定，实施合法的参与行为；三是为人民的参与设定规范的程序，使参与在既定的程序中有序地进行；四是使人民了解参与的目标是为了政治稳定和社会进步，而有序参与正是为了实现这一目标提出的基本要求。

还需要注意的是，人民民主更重视人民的有效参与，不仅注重人民参与的广泛性，也注重人民参与的实际效果。尤其是在政策层面，坚持问政于民、问需于民、问计于民，坚持畅通无阻、运转协调、规范有效的民意反映机制，准确掌握群众所思、所忧、所盼，让群众更多参与关系自身利益的决策过程和政策执行过程，才能使"深入了解民情、充分反映民意、广泛集中民智、切实珍惜民力"成为真实的政策行为。

恰是因为人民的政策参与更具有真实性和有效性，对政策民主实践带来的四类政策参与表现形式应该给予特别的关注。

第一类是表决式参与。中国从未就政策问题进行过"全民公决"（就法律草案和重大政策问题向全体公民征求意见，不能等同于"全民公决"），但是并不表示中国没有表决式的政策参与实践。在决策机构内部以表决的方式决定重大政策问题，如各级人民代表大会就重大事项的决定或政策方案的表决，各级党委的"票决制"，以及各级政府就重大决策事项的表决等，就是既有核心决策者（或集体决策者）平等参与的表决，也有决策参与者（尤其是各级人大代表）平等参与的表决。在决策机构外部以民众代表投票或民众直接投票的方式在不同的政策方案中作出选择，尽管投票结果对决策者而言只具有参考作用而不具有决定作用，但是也应该算作表决式参与的重要形式，至少应该将其视为表决式参与的"初级版本"，并要继续鼓励地方更多地进行这样的试点。

第二类是表达式参与。在改革开放后的政策民主实践中，表达式参与的发展最为重要，并且主要发展了八种参与形式。（1）讨论。从国家层面的政策问题到基层的政策问题，都可以展开讨论，并且使讨论起到优化政策的作用，已经有不少具有代表性的例证；为民众参与讨论政策提供更多的机会，也已经成为重要的民主要求。（2）辩论。就政策议题或政策方案展开辩论，尽管并不多见，而且能够参加辩论的主要是专家和学者，但是毕竟有了一些重要的实例（如"十七大"时期对医疗卫生体制改革方案的辩论以及对个税起征点的辩论等）。（3）协商。以协商的方式参与决策过程，一方面体现为在政治协商制度框架内的政策协商，另一方面体现为决策机构广泛开展与社会各阶层、各组织、各团体以及普通群众的政策协商。尽管两种政策协商都形成了一些程序化的规定，但是协商参与的有效性还有待增强。（4）意见和建议。就立法草案或政策方案等向民众公开征求意见的做法，不仅在"十七大"时期已经在全国普及，并且已经成为政策过程中的基本程序性要求。由于公开征求意见为民众提供了较多的参与机会，使得民众的"选择性"参与成为常态行为，并且突出体现了"政策议题"左右参与的基本特征。（5）听证。以听证会的方式论证政策方案的做法始于"十五大"时期，到"十七大"时期已经成为决策过程中的重要程序，尤其是在政府重大决策中实施听证已经成了较普遍的现象，并且对听证会的程序设定也更为规范，但也显示出了听证机制所存在的形式主义、代表性不强、民众参与较少等问题。（6）民意调查。以民意调查的方法了解民众的政策倾向和民众所关注的政策问题，征求民众对政策方案的取舍意见，以及对政策执行效果进行评估，在 2000 年以后已经成为较普遍的做法。但是需要注意的是，受中国政策体系的影响，就政策问题进行专门的全国性问卷调查较少，地方性的小范围专门性问卷调查较多，使得问卷调查带来的被调查者的政策参与，大多局限于地方层级甚至基层的参与，而不是全国性的参与。（7）上访。群众的来信和来访，既是决策机构发现政策问题和收集政策诉求的重要渠道，也是民众政策参与的一种重要方式，因为来信来访绝大多数涉及的是政策问题。对于这样的参与方式，一直有"堵"与"疏"的不同做法，中央政府重点强调的是"疏"，地方政府重点实施的是"堵"。"十六大"和"十七大"时期之所以出现不少的上访机制改革试点，就是要以"疏"的思路为民众尤其是有上访意愿的群众提供更顺畅的意见表达途径。（8）网络参与。随着计算机和手机的普及，通过网络表达政策意愿已经成为一种新的政策参与方式，不仅吸引了大量网民的参与，也引起了决策者和政策执行者的关注，并且出现了一些具有代表性的"网络参与"政策案例。"网络参与"的发展，既需要政府的鼓励和支持，而不是阻塞网络言路；也需要以法律或法规的形式规范参与行为，使网络上的政策讨论趋于理性化，更具有建设性而不是破坏性，这恰是政策民主实践发展需要解决的一个重大问题。

第三类是组织式参与。改革开放后的组织式政策参与，主要强调的是五种组织形态的参与。一是工会组织的参与，在政策领域主要体现为支持职工参与企业的民主管理、开展工资集体协商、为职工争取福利待遇和安全保障等。二是妇联组织的参与，主要是为妇女维权并开展有利于提升知识水平和技术能力的妇女培训。三是共青团组织的参与，主要是针对青少年学习和健康发展的教育、文体活动，间或安排一些社会调查和社会实践活动。四是自治组织的参与，着力于将农村的村民和城镇的居民纳入村民委员会和城镇社区居民委员会的组织体系，以"自治"和"社区建设"

的形态参与政策过程尤其是政策执行过程，使基层的民众既成为重大政策的获益者，也能发挥一定的政策执行参与者和监督者的作用。五是社会组织的参与，由于改革开放后发展出了多样性的社会组织，也就有了多样性的社会组织的政策参与行为，较具代表性的是以社会组织的形式表达政策意愿、参与公共服务和各种维权参与。各种组织式的政策参与尽管都有了较大的发展，但是存在的共同问题是组织成员的参与积极性不高，使得各种组织形态的实际政策参与都处在较低的水平上。

第四类是行为式参与。行为式的政策参与主要有社会运动、抗议、示威与游行、请愿、服务、管理参与等形式。在否定了"文化大革命"的"大民主"形式后，运动、示威与游行等已经不再是主要的行为式政策参与方式，但是抗议和请愿的行动方式依然存在，并且间或改为"散步"的行动方式，对政策产生了一定的影响，尤其是阻止了一些违背当地民众意愿的工程项目的实施。在服务参与方面，社区内的公民自我服务、基层群众自治组织的辅助性服务以及志愿者服务等，都呈现出了积极发展的势头，并在满足基层公共服务需求方面开始发挥重要的作用。在管理参与方面，主要体现的是基层群众对公共事务的管理行为，并且这样的管理行为突出表现为群众代表（村民代表或居民代表）的参与，而不是群众的普遍性的参与。

四类政策参与表现形式不仅为人民民主参与观提供了重要的实践基础，也提出了发展人民民主参与观的客观要求。在国家现代化背景下人民民主参与观的发展，需要重视六点要求。一是"包容"，既要求对所有人平等参与的包容，也要求对各种组织和社会团体政策参与的包容，还要求对参与影响政策的包容。二是"信任"，在政策过程尤其是政策参与过程中是既要建立民众与主政者、民众与政府之间的信任关系，也要建立民众对政策的信任关系，还要建立政策参与者之间的信任关系。三是"教育"，因为教育是提升民众政策参与水平的重要手段，所以要特别强调公益精神教育、判断力教育、心理和技能教育、知识和能力教育、机会均等和平等教育以及普适性的政策教育的作用。四是"均衡"，要求把握好政策参与的"度"，重点是政策参与多少的尺度、参与成功与失败的尺度和政策期望值的尺度。五是"积极"，要使民众能够有积极的政策参与行为，既要注意保持"参与者"和"合作者"合一的积极参与身份，也要注重积极的参与态度和参与目的，更要注重政策参与能够带来的优化政策的积极作用。六是"有效",不仅要重视政策参与过程的有效性,也要注重参与影响政策的有效性和政策评价的有效性,使得广泛的政策参与能够带来真正有效的结果。

(五) 人民民主价值观的政策化特征

在价值范畴,人民民主强调的是人民利益至上和坚持社会主义民主的基本价值取向。这两种基本价值取向,代表了人民民主的两类价值观。

第一类是"区别"型的价值观,着重强调的是以人民民主为基础的社会主义民主不同于资产阶级民主,中国不仅要坚持符合中国国情的社会主义民主发展方向,还要真正实现绝大多数人民享有的高度的民主。

第二类是"建构"型的价值观,强调以人民利益为基点,坚持七点重要的价值认识。(1) 人民民主是社会主义的本质要求,这种民主是实现全体人民利益的民主。(2) 人民民主是社会主义的生命,没有民主就没有社会主义,就没有社会主义的现代化。(3) 只有建设高度的社会主义民主,才能使各项事业的发展符合人民的意志、利益和需要,使人民增强主人翁的责任感,充分发挥主动性和积极性。(4) 人民民主要真正维护和发展中国人民的根本利益,保证和促进中国的稳定和发展,保证广大人民的意志和利益在国家生活、社会生活中得到切实的体现。(5) 全心全意为人民服务,始终代表最广大人民根本利益,是实行和发展人民民主的重要前提和基础。(6) 坚持实事求是,就要坚持为了人民利益坚持真理、修正错误;要有光明磊落、无私无畏、以事实为依据、敢于说出事实真相的勇气和正气。(7) 人民民主要求保证人民依法享有广泛权利和自由,促进人的全面发展,维护社会公平正义。

在实践层面能够集中体现人民民主价值观的是政策,由此需要注意人民民主的两类价值观都具有政策化的特征。而所谓的价值观政策化,就是将基本价值理念转变为实际和具体的政策要求,并且要特别注意政策民主实践带来的三种要求。

一是对政策的真理标准要求。坚持真理是人民民主的重要价值诉求,经过"真理标准讨论"和思想解放确定的"实践是检验真理的唯一标准"的价值理念,不仅彻底否定了以"两个凡是"为代表的错误价值理念,还以实事求是的政策评价标准对以往的政策失误作出了客观评价,并使"实践是检验路线、方针、政策是否正确的唯一标准"成了极为重要的政策要求。

二是对市场经济的要求。由计划经济转向市场经济，强调了社会主义也要有市场经济的价值理念，并且为建立适应社会主义市场经济的政策体系提出了系统化的要求。

三是"好政策"的要求。人民民主的两类价值观，在政策实践中集中表现出了对"好政策"的以下要求：（1）有利于生产力的发展和中国的现代化建设；（2）有利于中国的开放；（3）有利于社会主义制度的自我完善；（4）有利于安定团结；（5）有利于"以民为本"和"以人为本"，真正保障人民的权利和利益；（6）有利于提高人民的生活水平和为人民谋幸福，走向共同富裕；（7）有利于及时解决群众关心的问题；（8）有利于对弱势群体的人道主义和人文关怀；（9）有利于拿事实说话，实事求是；（10）有利于建立公开、公平、公正、诚信的政策关系。

正是有了这三种要求，使人们对人民民主价值观有了更深刻的认识，并对符合实践发展提出新的政策要求给予了高度的关注。

（六）人民民主社会观与政策的联系

在社会范畴，人民民主重点强调的是在社会主义社会的条件下，既要坚持走群众路线，也要注重社会建设和社会生活的民主化。

人民民主视群众为推动社会发展的基本动力，并强调走群众路线需要特别注意五方面的要求。

一是在民主政治建设中坚持和体现群众观点，是中国民主政治的显著特征和固有优势，也是发展社会主义民主政治的必然途径和基本方法。

二是在基层政权和基层社会生活中实现人民的直接民主，既要求群众积极参与基层的民主管理，也要求群众支持和参与基层群众自治和城乡社区建设，还要求基层民主生活制度化，保证工人、农民、知识分子和广大群众当家作主，其目的都是为了把人民群众和基层组织的积极性、创新性调动起来，自觉地进行改革和创造良好的社会治理环境。

三是高度重视社会稳定问题，因为人民群众要求稳定和发展，任何社会动荡和混乱都不利于经济发展、社会建设和改革开放的进行，都会严重损害全国各族人民的根本利益，都严重违背广大群众的意愿。

四是国家各项工作都要贯彻党的群众路线，密切同人民群众的联系，倾听人民呼声，回应人民期待，不断解决人民最关心最直接最现实的利益问题，努力凝聚人民的智慧和力量。

五是要保证决策正确，执行有效，必须坚持从群众中来到群众中去的基本方法，确定涉及群众利益的重大政策和工作目标任务时充分考虑不同群众的利益和承受能力，有利于群众的就干，不利于群众的就不干，绝不能干劳民伤财、违反群众意愿的事。

以群众路线的观点发展社会主义民主，还要坚持政治生活民主化、经济管理民主化和社会生活民主化的目标，因为这些民主化都离不开群众积极和广泛的参与。换言之，人民民主起着重要的政治建设、经济建设、社会建设作用，而这样的作用，只能通过信任群众和依靠群众才能充分发挥出来。

需要特别注意的是，政策民主实践除了体现群众路线的要求外，还发挥了与人民民主社会观有密切联系的七种作用。

第一种是改变社会发展方向的作用。"文化大革命"结束后的政策纠错实践，将以"斗争"和"运动"为主要特征的社会形态转变成了强调"发展"和"建设"的社会形态，不仅改变了社会发展的方向，也推动了重大的社会转型。

第二种是调动人民积极性的作用。无论是"政策放开""政策扶持"，还是"政策救助""政策保护""政策性反哺"等，所要强调的都是调动和保护人民的积极性，而这样的积极性确实是促进社会发展必不可少的要素。

第三种是维系社会发展动力的作用。社会发展需要持续存在的强大动力，改革开放后的各种"利好"政策，其基本特征就是通过政策维系社会发展的主要动力：既注意维系个体性的发展动力，也注意维系群体性（如知识分子群体、农民工群体、私营企业者群体）的发展动力；既注意维系发展生产的动力，也注意维系改善生活和享受生活的动力；既注意维系企业动力和劳动力动力，也注意维系市场动力；既注意维系农村发展动力，也注意维系城镇和城市发展动力；既注意维系沿海地区的发展动力，也注意维系东北地区、中部地区和西部地区的发展动力；既注意维系教育、科技自身的发展动力，也注意使教育、科技成为技术发展和社会进步的重要推动力。将各种通过政策维系的动力凝聚在一起，就形成了国家的要求改革、要求开放、要求进步的整体性和持久性的发展动力，并强调了任何弱化动力的行为，都可能产生经济滑坡和社会动荡的不良效果。

　　第四种是保持社会活力的作用。社会的进步和发展既需要内在的动力，也需要外在表现的各种活力，政策通过"给机会""给支持""给保障""给刺激"等方法，既焕发了农村活力、城市活力、特区活力，也焕发了经济活力、社会活力、教育活力、科研活力、文化发展活力，还焕发了创新活力、创业活力，并且既注重了激发劳动、知识、技术、管理、资本的活力，也注重了保持体制机制活力、党和国家活力，不断增强社会主义的生机活力。

　　第五种是促进社会流动和社会开放的作用。在政策的允许和鼓励下，中国的社会流动性急剧增强，不但有内部性的农民工的大规模流动、城乡居民的双向流动以及职业转换的流动、高端人才流动等，也有外部性的求学、经商、旅游等大规模的国际流动，使中国已经真正成为流动的社会。大规模的社会流动使中国社会更加开放而不是封闭，并使中国的生活方式更多地体现了现代生活的特征

　　第六种是增强民众承受力的作用。在经济和社会发展中，总会出现一些波折，总会有一定的风险，并且可能面对政治危机、经济危机、社会危机、文化危机、环境危机及战争危机等多方面的危机压力。为有效地抗击风险和各种危机压力，政策民主实践从四个方面提升了民众的"政策承受力"。一是以不断提高人民收入和不断提升生活水平，使民众具有抗拒风险和危机的基本物质基础。二是以告知实情的方式使人民了解风险或危机的压力程度等，使民众有抗拒风险或危机压力的心理准备，并以此来减少不理性的行为。三是以"渐进式"的政策行为"稀释"由政策变化带来的风险和压力，使民众在较长的时间内适应政策变化，而不是在极短时间内被压力击垮。四是明确要求在制定各种政策尤其是经济政策和社会政策时，都要进行风险评估并认真考虑政策对象的承受能力，作出与人民群众的承受能力相适应的政策安排，使"政策承受力"处于被规划和"管控"的范围之内。正是因为改革开放后中国民众的"政策承受力"不断增强，抗拒风险和危机的意识和能力不断提高，使中国能够成功化解两次国际性金融危机的压力和积极应对突发公共安全事件及重大自然灾害，保证了社会的安定和基本稳定。

　　第七种是建构新型社会结构的作用。改革开放政策改变了计划经济体制下的中国社会结构，建构了使国家、市场、单位或组织、公民个人四个要素能够"多向结合"的新型社会结构，并在此基础上提出了发展和完

善社会治理体系的要求。尽管提升社会治理水平还需要更长时间的努力，但是新型的社会结构已经稳定下来，需要重点解决的主要是机制方面的问题。

一个更加开放、稳定、充满活力和能够自我解决问题、走向现代生活的社会，显然是人民民主社会观期望达到的目标，经过多年的努力中国已经接近了这样的目标，并且在政策的积极支持下最终能使目标全面实现。

（七）人民民主法治观与"政策法治化"的实践

在法治范畴，人民民主法治观在改革开放后有所发展和变化。改革开放初期强调的是民主和法制的统一性，主张社会主义民主和社会主义法制是不可分的，必须坚持民主和法制两手都要抓。"十四大"时期不仅以"法治"取代了"法制"，还明确提出了"依法治国"的要求。"十五大"时期则进一步说明，依法治国就是要把坚持党的领导、发扬人民民主和严格依法办事统一起来。"十六大"时期更强调了发展社会主义民主政治，最根本的是要把坚持党的领导、人民当家作主和依法治国有机统一起来。

坚持党的领导、人民当家作主、依法治国有机统一的人民民主法治观，重点强调的是四条基本要求。（1）党的领导、人民当家作主和依法办事的统一性，是社会主义民主政治的重要优势，党的领导是人民当家作主和依法治国的根本保证，人民当家作主是社会主义民主政治的本质要求，依法治国是党领导人民治理国家的基本方略。（2）党的领导和社会主义法治是一致的，社会主义法治必须坚持党的领导，党的领导必须依靠社会主义法治，只有在党的领导下依法治国、厉行法治，人民当家作主才能充分实现，国家和社会生活法治化才能有序推进。（3）宪法是党和人民意志的集中体现，是通过科学民主程序形成的根本法；坚持依法治国首先要坚持依宪治国，坚持依法执政首先要坚持依宪执政；宪法对人民民主提出的基本要求必须坚持和落实，并通过民主实践来维护宪法法律权威。（4）不仅要推进社会主义民主政治法治化，还要坚持法治国家、法治政府、法治社会一体建设，坚持以"法治"取代"人治"，实现建设社会主义法治国家的目标。

与人民民主法治观的发展合拍，政策民主实践也出现了由"法制"转向"法治"的重要变化。"十一大"至"十三大"时期重点强调的是对政策的"法制"要求，并明确提出要实现四个转变，即由人治转变为法治，由依靠政策办事转变为依靠法制治理国家，由重建设轻法制转变为一手抓建设、一手抓法制，由党纪国法不分转变为党管党内纪律问题、国家和政府管法律范围的问题。"十四大"至"十七大"时期重点强调的是对政策的"法治"要求，不仅在"依法治国"的基础上提出了"依法决策""依法行政""依法管理""依法办事""依法监督"等概念和建设"法治政府""法治国家"等要求，还强调了应将政策、民主与法治有机地联系在一起，使党的领导主要表现为党的政治领导和政策领导，尤其要明确政策是党的领导的具体体现；人民当家作主作为重要的民主要求，既可以通过人民代表大会制度来体现人民的政策诉求，也可以通过人民的广泛政策参与和政策支持来体现真实的民主行为；依法治国作为重要的法治要求，强调的则是政策领导、民主的政策行为都要以法治为基础，不能率意而为。

需要特别注意的是，"政策法治化"是建设"法治国家"的重要基础，改革开放以来政策民主在法治范畴内的重要实践就是不断提升"政策法治化"的水平，并明确提出了"政策法治化"需要坚持的七大原则。

一是宪法至上原则，强调宪法具有最高权威，各种政策的制定和实施，都应该符合宪法规定，违反宪法的政策都需要得到纠正。

二是公民平等原则，不仅要强调法律面前人人平等，坚持司法公正原则（司法改革的各种措施，就是为了保证司法公正）；还要强调政策的公民平等原则，使改革开放的成果能够更多更公平地惠及全体人民。

三是政策合法性原则，要求政策依照法定程序产生，并被授予合法执行政策的权力，由此不仅要完善规范性文件、重大决策合法性审查机制，健全法规、规章、规范性文件备案审查制度，还要求各级人民代表大会和各级政协对具体的政策过程进行有效的合法性审查和监督。

四是政策法治原则，强调严格遵循法治要求，在政策领域遏制带有"人治"特征的各种政策行为，由此在发展"政策法治化"的各种措施中，如以普法教育增强法治观念、建立法治政府建设指标体系、制定并实施法治规划等，都应包含相应的政策法治内容。

五是控制权力原则，核心是构建决策科学、执行坚决、监督有力的权力运行体系，不仅要规范各级党政主要领导干部职责权限，科学配置党政部门及内设机构权力和职能，明确职责定位和工作任务；还要加强和改进对主要领导干部行使权力的制约、监督和政策问责；并且要完善党务、政务和各领域办事公开制度，推进决策公开、管理公开、服务公开、结果公开；在地方层级开展的县委权力公开透明运行试点，亦应尽快扩展为各级党委的权力公开运行改革。

六是廉洁政治原则，中央和各省、自治区、直辖市健全惩治和预防腐败体系的各种措施，都适应于政策领域。尤其是防止"政策性"的腐败，已经成为不能不高度重视的问题。

七是发挥党的优良传统原则，中国共产党要成为法治的践行者，离不开自己的优良传统，尤其是在政策领域，不仅要强调党内思想和行动的统一，还要坚持民主集中制和群众路线，核心点就是完善科学民主决策机制。也就是说，加强党的建设的一个重要目的是为党的决策科学化、民主化、法治化提供重要的组织保证，对于这一点应该给予高度的重视。

要改变传统的"人治"理念和"人治"行为，真正落实人民民主法治观的要求，对中国而言是一个艰难的过程，当然不能因艰难而止步。改革开放以来的政策民主实践已经清楚地表明，只要真诚地付出努力，就能取得法治的不断进步。

（八）人民民主制度观带来的政策制度化发展

在制度范畴，人民民主强调的是符合中国国情的政治制度安排，并强调人民代表大会制度作为中华人民共和国的根本政治制度，是人民掌握政权、行使权力的根本途径和最好组织形式，是中国人民当家作主的最高实现形式。中国共产党领导的多党合作和政治协商制度作为一项基本政治制度，是人民内部各方面在重大决策之前进行充分协商的重要途径和制度保障。民族区域自治制度为中国少数民族当家作主提供了必要的制度保障。基层群众自治制度作为改革开放以来创建的一项基本政治制度，则为基层群众的自我管理、自我服务、自我教育、自我监督提供了必要的制度保障。民主集中制也是与人民民主密切联系的制度，不仅在中国共产党党内要坚持实行民主集中制，在各级人民代表大会、各级人民政协和各级人民政府，也要坚持实行民主集中制。

更需要强调的是，中国人必须按照自己的要求和标准，进行制度选择和作出制度安排。符合人民民主的各项制度，是经过多年的实践和探讨作出的选择，需要继续坚持和完善，尤其是不能照搬西方政治制度的模式。衡量中国的政治制度和政党制度，最根本的是要从中国国情出发，从中国革命、建设、改革实践的效果着眼，一是看能否促进社会生产力持续发展和社会全面进步；二是看能否实现和发展人民民主，增强党和国家的实力，保持和发挥社会主义制度的特点和优势；三是看能否保持国家稳定和社会安定团结；四是看能否实现和维护最广大人民的根本利益。

人民民主制度观对政策也提出了规范性的要求，重点强调的是决策科学化、民主化、制度化和有效化。

决策科学化要求提高决策的科学性，使决策符合现实需要和真正解决问题，避免因误判和官僚主义等导致重大的政策失误。正确的决策来源于对客观实际的周密调查研究，没有调查就没有发言权，没有调查就没有决策权，已经成为一条基本的决策准则。

决策民主化是实现决策科学化的前提，只有充分发扬民主，才能实行正确的集中，制定出符合人民利益的各项方针政策和办法。制定政策措施，拟制工作计划，决定重大事项，都要坚持走群众路线，因为在中国社会主义制度下，有事好商量，众人的事情由众人商量，找到全社会意愿和要求的最大公约数，是人民民主的真谛。由此，需要完善重大决策程序规则，把公众参与、专家论证、风险评估、合法性审查和集体讨论决定作为必经程序加以规范，增强公共政策制定的透明度和公众参与度。

决策制度化、程序化是决策科学化、民主化的保证，不仅要完善重大问题集体决策制度、专家咨询制度、社会公示和社会听证制度、决策问责制度等，还要建立、健全与政策执行、政策评估有关的制度和政策纠错机制。尤其需要注意的是，决策制度化是以依法决策为重要准则的，各项政策制度的建立和完善，都是为了保证公共政策的程序依法规范、过程民主公开和结果科学公正。合法是决策的第一要件，要坚决防止越权决策、违法决策。

决策有效化不仅要求政策具有实效性，还要求以科学、民主的态度对政策进行评估和检验，反对"上有政策，下有对策"等做法，并真正符合"实践是检验政策的唯一标准"的原则性要求。

政策民主实践推动了中国政策制度化、程序化的发展，经过三十多年的努力，有了五方面的重要进步。

一是发展和完善了中国的政策模式。以民主集中制为基础的中国典型政策模式，在"十一大"和"十二大"时期已经基本定型，此后又在决策科学化、民主化、法治化的要求下，有了更严密的程序性规定。以典型政策模式为基础，不仅发展出了危机管理政策模式和地方维稳政策模式，还有了外来政策模式和典型政策模式结合的新政策模式。

二是实践了马克思主义经典作家强调的六种政策纠错方式。为了能够及时发现和纠正重大政策错误，马克思主义经典作家要求采用区分成绩和错误、公开承认错误、重新审查政策、主动改正错误、纠正执行政策中的错误、有错必纠六种政策纠错方式，这六种方式在政策民主实践中都已被采用，并积累了防止出现重大政策错误的各种经验。

三是为政策顺利推行破除制度性障碍。改革开放后的政治体制改革，一个重要的任务就是要为改革开放政策全面、持久的推行破除制度性障碍。在破除制度性障碍中，既注意了"制度完善"，如完善人民代表大会制度、政治协商制度、民族区域自治制度、党内民主制度、行政管理制度等；也注意了"制度转换"，如"撤社建乡"和建立中央顾问委员会等；还注意了"制度创新"，如建立基层群众自治制度、公务员制度、政务公开制度等。尽管破除制度性障碍还要有所发展，但是使制度适应于政策发展的改革确实已经取得了一些不容忽视的成果。

四是坚持"渐进式"的政策发展步骤。改革开放的政策路线强调的是"渐进式"的政策发展，而不是"毕成功于一役"的激进做法，并由此形成了"分步走"的政策安排：第一步是实行先农村后城市的改革政策，第二步是实行先特区后整个沿海地区及全国的开放政策，第三步是实行先国营企业、乡镇企业后私营企业的企业改革和发展政策，第四步是实行先调整整顿、物价闯关后建立社会主义市场经济并融入经济全球化的经济政策，第五步是实行先重点突破后全面覆盖的社会保障政策，第六步是实行先税费改革后全面"反哺"的三农政策。这六大步骤只是表明了重大政策的变化过程，具体政策在改革开放后都有了"渐进式"的变化，在本书各章中已经有所说明，无须赘言。

五是全面提升政策制度化的水平。经过多年的努力，中国的政策制度化水平有了全面的提升，不仅表现为组织形态、应对能力、程序安排的制度化水平提高，也表现为控制权力、保障权利、支持参与、发展讨论、公开信息的制度化水平提高。当然，水平提高并不意味着已经达到了人民民主制度观的要求，中国的政策和政策民主都还需要经历进一步制度化的历程。

（九）人民民主文化观的政策文化要求

在文化范畴，人民民主重点强调的是发展社会主义文化和构建社会主义政治文明。

以人民民主为要旨的中国社会主义民主，是在中国的文化基础上发展起来的，并随着经济、文化和社会的进步，在实践中不断丰富和完善。社会主义的物质文明、精神文明和政治文明建设，都要靠继续发展和完善社会主义民主来得到保证和支持，由此不仅要求吸收和借鉴人类社会一切文明成果，还要求立足国情、构建符合中国现代化进程的政治文明形态。更为重要的是，要使人民民主成为重要的文化因子，成为深深植入中国人民心中的基本信条，并在此基础上形成以"民主文化"和"信任文化"为特征的政治文明形态。为此，必须认真地进行民主教育，因为这样的教育是构建社会主义政治文明必不可少的条件。

人民民主文化观对社会主义条件下的"政策文化"也提出了明确的要求，主要包括以下内容。（1）以政策保障和提高人民的文化生活水平。（2）在文化取向和意识形态取向上，要防止对政策的"左"和"右"的干扰。（3）注重开展普遍和深入的政策教育。（4）要使人民群众理解政策。（5）注重人民对政策的支持。（6）要致力于人民对政策的满意。（7）要努力建立政策信任关系，既要求信任党、信任政府、信任领导，也要求信任群众，更要求信任政策。

为实现人民民主文化观对"政策文化"的要求，改革开放以来的政策民主实践至少从八方面发展了中国的"政策文化"。

一是通过思想解放，改变了带有"左倾"思想的政策话语体系，建立了符合改革开放要求的政策话语体系，并使这样的话语体系成为中国特定的、需要长期坚持的文化现象。

二是由于重大的政策变化给人民带来了好处和更多的希望，使得人民群众由过分"关心政治"转向了主要关注和理解"政策"，实现了文化形态的重大转型。

三是打破了基于"个人崇拜"的"政策迷信"，建立了实事求是的政策评价标准，使得人民群众更注重政策的实效性，更反对说假话、说大话和形式主义的政策行为。

四是通过政策纠错，改变了人民群众不满意的政策，并通过各种

"利好"政策赢得人民群众的满意，使"人民满意"成为一条重要的政策
准则。

五是通过政策宣传、政策教育，尤其是不断的政策实践效果，形成人
民群众对政策的普遍支持，并使得对政策的支持率能够始终保持在较高水
平上。

六是通过政策信息公开，开启了政策沟通的各种渠道，并使得多方互
动的政策沟通也成为重要的文化现象。

七是在政策实践中注重通过"政策学习"提高政策水平，在"政策
学习"过程中提出新的政策理念和政策观念，并使之有效地引导政策选
择和政策规划，已经成为重要的文化风气。

八是"政策文化"发展的集中表现，就是使中国民众在认同方面有
了重大的进步，不仅有了高水平的身份认同，也有了较高水平的政党认
同、发展认同、政策认同、文化认同和体制认同。

（十）人民民主政治发展观与"政策主导"的政治发展范式

在政治发展范畴，人民民主强调的是走中国特色的政治发展道路。中
国共产党始终以发展人民民主为己任，并坚信人民民主的民主发展道路是
符合中国国情的政治发展道路。这样的发展道路，既是党领导人民经过长
期探索和实践开辟出来的，能够充分体现全国各族人民根本意愿和根本利
益并可以得到人民理解和支持，也为实现最广泛的人民民主确立了正确的
方向。

与中国特色的政治发展道路密切结合的是"政策主导型的渐进式改
革"的政治发展范式（简称"政策主导"政治发展范式）。在政策民主实
践的推动下，这一范式经历了三个重要的发展阶段。

1976年10月至1992年9月的"十大"后期至"十三大"时期是
"政策主导"政治发展范式的第一个发展阶段，这一阶段中国公共政策的
主要形态是以"政策松绑"或"政策放开"的形式应对各种政策问题，
带有明显的"被动回应"特征，但已奠定了政策主导政治发展的基本格
局。1978年，中央领导层政策思维的重大变化和随后改革开放政策路线
的形成，首先作用于经济领域，"以政策搞活经济"对解放生产力具有重
要意义，使中国经济开始较快发展。经济领域的变化传导到社会，不仅增
强了社会的流动性，也开始改变中国的社会结构，出现了一些新的社会阶

层。经济体制改革和社会变革要求制度和法制保障，在制度恢复和重视法制的进程中，制度因应政策的需求和经济、社会的发展变化，不仅有一些重要的调整，也开始尝试建立一些新的制度。中国的经济、社会变化以及打开国门后其他文化因素流入中国，不仅使中国的政治文化开始走向多元化，也使中国在 1989—1990 年经历了一次重大的社会震荡，使人们不得不再次检视中国的民主发展问题，并将其就位于坚持和保障渐进式的改革开放政策的基本路径之下。

1992 年 10 月至 2002 年 10 月的"十四大"和"十五大"时期是"政策主导"政治发展范式的第二个发展阶段，这一阶段中国公共政策的主要形态是在建立社会主义市场经济的基本政策导向下，主动应对各种政策问题，对各种政策作重大调整，带有明显的"主动回应"特征。明确建立社会主义市场经济体制的政策目标后，不仅注重以宏观调控政策保证中国经济快速发展，还注意因应经济全球化和加入世界贸易组织的需求，一方面为市场经济发展扫除"制度性障碍"，在机构改革的基础上，展开行政审批制度等改革，并通过一系列发展民主的试点，固化了基层群众自治等制度；另一方面强调法治的保障性功能，并明确提出了"依法决策"的要求。在多种因素作用下，中国的社会转型加速，与利益多元化相关的社会冲突增多，计算机、手机等新技术手段也开始对中国的政治文化产生重要作用。

2002 年 11 月至 2012 年 9 月的"十六大"和"十七大"时期是"政策主导"政治发展范式的第三个发展阶段，这一阶段中国公共政策的主要形态是以发展的眼光"规划"各种政策，带有明显的"积极进取"特征，政策主导政治发展的优势正被越来越多的人所认知和认可。全面系统的政策"规划"，将前两个发展阶段"重经济、轻社会"的基本政策取向改为经济、社会并重的基本政策取向，并以相应的制度建设和法治建设保障经济、社会的良性发展。在经济发展方面，既注意以政策推动中国经济转型，亦积极应对国际金融危机的挑战。在社会发展方面，注重以公民为基点的社会建设和民生保障，除了构建公民权利保障机制和缓解社会冲突的各种机制外，还在社会建设中引入民主机制，扩大公民参与，并以提高公民的幸福感和满意度等影响公民政治文化的发展。

在较长一段时间内，中国可能还需要继续维持"政策主导"的政治发展范式，因为这样的范式符合人民民主发展的方向和要求，并且可以为过渡到比这一范式更高一级的"法治型"政治发展范式奠定基础和准备必要的条件。[①]

二　使发展政策民主成为自觉行为

本书所述中国政策民主的实践发展，要说明的不是"在中国有没有政策民主"的问题，而是重点讨论"在中国如何发展政策民主"的问题。要使发展政策民主成为全民性的自觉行为，既需要总结政策民主实践发展的基本经验，也需要指出发展政策民主所面临的主要问题。

（一）政策民主实践发端的重要条件

中国的政策民主实践之所以发端于"十大"后期和"十一大"时期，是因为这一时期具备了五种重要条件。

一是强烈的求变要求。经过十年"文化大革命"，在社会上已经形成了浓厚的不满情绪，并显示出了四类重要的要求。第一类是结束运动的要求，希望尽快终结"以阶级斗争为纲"的政治运动，使社会恢复到正常状态。第二类是改善生产和生活的要求，希望尽快摆脱物质贫乏和生产积极性不高的状态。第三类是改变命运的要求，无论是在"文化大革命"中受冲击的干部和知识分子等，还是受运动束缚的工人、农民，以及仍在农村的城市知识青年等，都希望尽快改变命运，得到新的发展机会。第四类是改变政策的要求，希望结束"文化大革命"时期的错误政策，以新的政策刺激发展动力，改变中国的落后状态。这些要求汇聚在一起，形成了强烈的变革诉求。

二是对变革要求的积极回应。尽管中央决策层对基本的政策走向有不同意见，但是邓小平等人对强烈的变革要求作出了积极的回应，不仅改变或终止了一些错误政策，还积极支持农民改变命运的做法，并为全面的改革开放作了政策方面的铺垫，使得社会各阶层都真实地看到了变革的希望。

三是摆脱制约变革的思想束缚。真理标准讨论及其所带来的思想解

---

① "政策主导"政治发展范式发展阶段的说明，引自史卫民、张小兵《中国政治发展范式的选择》，第 163—192 页。

放，打破了政策领域的思想束缚，使政策发展开始摆脱"左倾"思想的影响，为巨大的变革作了必要的理论和思想准备，并为中国带来了"不迷信、不搞个人崇拜""积极讨论""实事求是""有错必纠"四种重要的政策风气，使人民相信只要思想解放就能适应一切重大的变革。

四是重建支持变革的制度基础。中华人民共和国成立后确立的人民代表大会制度、政治协商制度、民族区域自治制度以及与政策过程密切相关的民主集中制等，在"文化大革命"结束后都得以恢复和发展，使得政策的发展和变化有基本的制度基础，不因缺乏制度支持而夭折。

五是澄清民主的错误提法和做法。以民主的方法推动变革，必须澄清对民主的基本认识，为此中央决策层不仅明确指出了"大民主"是对民主的误解，也终止了"大民主"的各种做法，并强调了社会主义民主和法制在变革中的重要地位和作用，使民主的发展有了正确的方向。

也就是说，政策民主实践是在特定环境下起步的，要求、回应、思想、制度、民主五种条件的结合，使得在中国实践政策民主由"可能"变成了"现实"。

（二）政策民主实践的基本经验

在中国特定政治环境下政策民主实践之所以能够有长足的发展，是因为政策民主作为一种重要的民主形态，具有四个方面的优势。一是"适应性"的优势，政策民主可以适应并服务于中国共产党的领导体制和中央集权的制度体系，不会带来颠覆领导体制和制度体系的危险。二是"沟通性"和"合作性"的优势，政策民主倡导以沟通和合作的方式解决决策者和政策受众共同关心的问题，使不同的利益方更容易接受这样的民主形式。三是"合法性"的优势，政策民主能够通过民众对政策的支持彰显合法性，并使得这样的合法性来源更能深刻地揭示中国发展的奥秘所在。四是"有效性"的优势，政策民主可以放大政策的作用，带来显而易见的经济发展和社会进步，更易于坚定领导者和群众的发展信心。

政策民主实践的发展，还要靠不断地积累经验和总结经验，由此需要特别注意八条基本的经验。

第一条经验是必须坚持正确的政策路线，根据中国发展需要提出的改革开放政策路线既要长期坚持，也要通过政策民主实践和具体政策措施加以落实，还要牢固树立改革开放"不动摇"的基本信念。

第二条经验是党和国家的政策必须以人民的利益为基本准则，及时解决人民面临的各种问题，并坚持以"人民满意不满意"作为政策的基本出发点；政策和政策民主实践只有获得人民的广泛理解和普遍支持，才能顺利推行和展开，因此必须坚持以"人民支持不支持"作为推行政策和民主的基本依据。

第三条经验是真正解放思想，不仅坚持用新思维、新观念、新思想来解决改革开放带来的新问题，还要警惕意识形态的"左""右"摇摆对政策民主实践的影响，并且真正认识到"不争论"对政策发展所具有的重要指导意义。

第四条经验是鼓励创新，不仅政策发展需要经常更新理念和更新方法，政策民主实践更需要鼓励和支持各种创新做法，并使创新成为推动变革的重要动力，始终保持"不保守"和"不走回头路"的基本态度。

第五条经验是坚持试验先行的做法，在推行重大政策和开展政策民主实践中既要大胆试验，也要使试点成为必不可少的程序，通过试验和试点及时总结经验和发现问题，使"不打无准备之仗"成为基本的政策方法。

第六条经验是始终保持宽松的政策环境，使政策发展和政策民主实践都有一定的施展空间，并且无论是中央还是地方都要以宽容的态度对待新事务，不急于"纠偏"和"打压"，使"不折腾"真正成为维系发展的重要原则。

第七条经验是始终保持积极性，无论是党的积极性、政府机关的积极性、人大政协的积极性，还是企业、事业单位的积极性和基层、地方的积极性，以及人民群众的积极性，都是推行重大政策和开展政策民主实践不可缺少的因素，并且只有保持积极性，才能不断增强社会活力，才能凝聚出推动发展的强大动力。

第八条经验是始终以实事求是的态度对待政策问题和民主问题，不仅要坚持实践是检验政策的唯一标准的政策评价准则，还要坚持有错必纠，真正做到"不浮夸""不护短"，使政策变化和政策民主的进步经得起实践的检验。

要使政策民主实践由主要是领导推动和决策机构推动的行为，转变为全体人民的自觉行为，不仅要注重这八条基本经验，还会在新的实践发展中总结出一些新的经验，为政策民主实践的发展提供更有力的支持。

（三）政策民主实践面临的主要问题

影响中国未来发展的重大障碍和突出问题，可以通过政策民主的实践逐步解决，所以需要特别注意以下六个问题。

第一个是腐败以及与之相关的权力控制问题。严重的腐败和无法有效控制权力，既可能导致全面的信任危机，也可能导致严重的政治危机。为避免这样的危机，必须坚持反腐败的斗争，进行与反腐败有关的各种改革，并以政策民主的方法堵塞可能滋生腐败的政策漏洞。反腐败改革的近期目标是遏制腐败的发展势头，长远目标则是建立有效的防腐和反腐机制，尤其是政策反腐机制。这样的改革势必涉及对权力的控制和对领导者、管理者既得利益的冲击，如果半途而废，会造成党和政府威信的丧失，带来更大的危机，因此必须有坚定的信心和高度的共识才能引入各种改革措施，并要强调反腐败依靠的是"法治"而不是"人治"，既不能靠"运动"（无论是党内的运动还是群众运动），也不能靠"说教"，而是要建立一套完整并且能够有效运作的制度体系。防止权力滥用和遏制腐败，尤其是在政策领域的反腐，应该成为政策民主实践发展的重要目标，需要改变的就是尽管已经付出重大努力但依然表现不够理想的权力控制体制。

第二个是社会冲突以及与之相关的公民权利保障问题。基于各种社会矛盾产生的社会冲突，不仅影响社会稳定，也可能对经济发展带来负面影响。社会冲突的性质不同，产生冲突的原因多种多样，但是大多数冲突涉及公民权利保障、利益保障、社会公正、公民平等问题。减少社会冲突和维持社会稳定，有"堵"和"疏"两种基本做法，目前较多依赖"堵"的做法，以庞大的"维稳"体系甚至网格化的管理办法控制社会，成本过大但是效果并不一定理想，掩盖了矛盾而不是真正解决问题。要解决社会深层次矛盾带来的问题，应该更依赖"疏"的做法，不是将民众视为需要"管控"的对象，而是要相信他们是支持社会稳定的公民，既要为公民提供充分的权利保障，落实"法律面前一律平等"；也要真正关注公民的利益诉求并为利益诉求表达提供有效的途径；还要依靠公民和基层群众自治组织等来疏导基层的矛盾，并且建立多种社会"泄愤"渠道，为降低全社会的危机压力构建"安全阀"系统。建立"疏导"社会矛盾的体系，恰恰可以极大地发挥政策民主的作用，因为政策民主强调的就是以政策解决民众的利益问题，以全方位的社会保障舒缓民众的不满情绪，全面减轻来自各方面的危机压力。

　　第三个是法律与制度不受尊重的问题。改革开放以来，中国已经形成了比较完整的法律体系，但是既没有形成"全民守法"的基本法治形态，也还在很大程度上依赖"文件治国"而不是"依法治国"，更多体现的仍是按政策办事而不是严格依法办事。作为中国基本政治制度和根本政治制度的人民代表大会制度、政治协商制度、民族区域自治制度、基层群众自治制度，大多表现为实践形态与文本形态的制度有一定的差距，并且各种制度都存在"重视形式表现，忽视实质和内容"的问题。法律和制度不受尊重，不仅会延缓法治的进步，给"人治"留下较大的空间；还可能降低民众对法律和制度的信任感，带来"合法性危机"。推进法律和制度的进一步完善是政策民主实践发展的重要要求，重点就是改变文本意义的制度与实践意义的制度的不一致性，并强化对法律和制度的认同与尊重，而最有效的方法则是不断提高"政策法治化"的水平。

　　第四个是不良的政治风气问题。说大话空话、说假话、阿谀奉承、讲排场、形式主义等不良政治风气，一直未能杜绝，与此密切配合的是"官本位"的强化和日趋严密的"官场"等级机制，除党政系统外，事业单位、国营企业单位等也大多被"官本位化"。"官本位"以及各种不良的政治风气，不仅毒化中国的政治生态，起着极坏的示范效应；还可能造成社会的严重割裂甚至官民对立，形成全民性的"仇官"心理。反对"官本位"和杜绝不良政治风气，需要回归中国共产党的传统，强调发扬理论联系实际、密切联系群众、批评和自我批评的作风和实事求是的态度，但是发扬传统不能依赖形式主义的学习和教育，更不能采用"文化大革命"式的群众运动，而是要下决心铲除"官本位"存在的基础，并将"当官"变成一种危险的职业，"决策"变成一种重要的责任担当。政策民主实践发展的重要要求就是铲除政策领域的"官本位"根基，改变不良的政治风气，当然这需要长时期的努力。

　　第五个是政治沟通和政治参与不足问题。改革开放以来，尽管建立了"政务公开"等制度，也建立了一些政治沟通渠道，并且对公民的政治参与（包括政策参与）给予鼓励，但依然存在政治沟通不畅和公民政治参与不足问题，中国的媒体也没有在政治沟通中扮演重要的角色，政府与民众"信息不对称"的问题普遍存在。政治沟通不畅，既可能使民众误解政策并出现不理智的行为，也可能因信息阻隔使政府无法及时应对突发情况和突发事件。政治参与不足则既可能导致全民性的"政治冷漠"和"政治信任下降"，也可能使政府无法真正了解和掌握民意。与互联网有关的"网络参与"的兴起，可能在一定程度上改变政治沟通不畅和公民政治参与不足的现状，但"网络参与"既可以表达民意，也可以将民意"组织"成具体的行为，具有"双刃剑"的功能。增强政治沟通尤其是政策沟通，以及提升公民政策参与的水平，仍然是政策民主实践需要面对的重大任务，并且应将"网络参与"的法治化、规范化列入急需解决的问题之中。

第六个是政策失误问题。改革开放以来中国政策的基本方向和重大决策没有出现严重失误，为中国的发展和稳定提供了重要的保证。但是在一些具体政策上，尤其是一些地方政府推行的政策，发生过严重失误并带来了严重的后果。中国带有封闭性特征的政策过程和典型政策模式，也在一定程度上助长了"长官决策""随意决策"风气，提高了出现错误决策的几率。更为重要的是，政策问责制度在"十七大"时期才建立，并且依然缺乏规范性的政策"纠错"制度，使得一些错误决策难以被及时纠正。中国的"政策主导"政治发展范式之所以能成为一种现实的发展范式，关键在于民众对政策的信任、理解和支持。如果政策屡屡出现重大失误并且不能被及时纠正，甚至没有人对政策失误负责，就可能丧失政策的公信力，进而使"政策主导"政治发展范式丧失其应有的功能。政策民主实践的一项重要功能就是减少政策失误，而真正有效的方法就是将封闭性的政策模式改变为开放型的政策模式，这恰是未来政策民主发展的一个极为重要的目标。

三　中国民主的系统性发展

在人民民主的总体要求下，除了政策民主外，还有其他的民主形态。由于政策民主发展与其他形态民主发展有着密切的联系，确实需要从长远的角度进行战略性思考，提出系统性的民主发展要求。

（一）发展多种形态的民主

民主并不是单一形态的，而是有多种的形态。中国在人民民主的主形态下，除了本书所讨论的政策民主形态外，至少发展出了十种具体的民主形态。

第一种是作为统治形态的民主。民主是一种不同于专制和独裁的统治形态，中国在"作为统治形态的民主"方面强调的是人民民主的统治形态，所要确立的就是一切权力属于人民和"人民当家作主"的民主形态。"作为统治形态的民主"之所以重要，就在于它的基点是来自对民主的基本定义，遵循的是马克思的"人民当权的"的民主定义①和列宁的"人民掌握权力"的民主定义。②

第二种是作为社会形态的民主。民主作为一种社会形态，需要表明的是与民主相联系的是什么样的社会。中国的民主是与特定性质的社会即社会主义社会密切联系的，发展的是社会主义形态的民主或称社会主义民主，与资本主义民主有着本质的区别。"作为社会形态的民主"之所以重要，就在于它对民主起了重要的"定性"作用。

第三种是作为阶级形态的民主。这种形态民主的要旨是没有"纯粹民主"，只有阶级的民主，因此既要区分无产阶级民主与资产阶级民主的不同，也要注意无产阶级民主的一些基本要求。中国在无产阶级民主基础上发展出的人民民主，同样也强调了与资产阶级民主本质上的不同。

第四种是作为国家形态的民主。将民主与国家联系在一起，使用"民主国家"或"民主共和国"等概念，就形成了"作为国家形态的民主"。中国所要求的"作为国家形态的民主"，是不同于资本主义国家的社会主义国家的民主。"作为国家形态的民主"之所以重要，是因为它明确了民主所要求的国家建设目标。

第五种是作为革命形态的民主。民主革命是"作为革命形态的民主"的核心概念，这样的革命最早与资产阶级革命相联系，马克思主义经典作家则将民主革命与无产阶级革命、人民民主革命联系在了一起，使得中国的民主也带有了革命的含义。更为重要的是，邓小平强调"我们把改革当作一种革命"③和"改革是中国的第二次革命"，④使得"作为革命形态的民主"在中国已经转化成了"作为改革形态的民主"，并且至今仍坚持着这种形态的民主。

---

① 马克思：《哥达纲领批判》，《马克思恩格斯全集》第19卷，第29页。
② 列宁：《论国家》，《列宁全集》第37卷，第67页。
③ 邓小平：《我们把改革当作一种革命》，《邓小平文选》第3卷，第82页。
④ 邓小平：《改革是中国的第二次革命》，《邓小平文选》第3卷，第113页。

　　第六种是作为制度形态的民主。将不同的"制度"与"民主"相联系，就形成了"作为制度形态的民主"。中国按照马克思主义的制度理念，以"民主集中制"代表"作为制度形态的民主"，不仅作出了相应的具体制度安排，还发展出了行政民主、协商民主、自治民主、基层民主等不同的民主形式。"作为制度形态的民主"之所以重要，就是因为可以将制度作为重要的标杆，区分中国民主与西方民主的不同。制度是民主的重要载体，不同的制度会带来不同的民主，因此坚持中国选择的适应自己国情的民主制度形态，也就等于坚持了中国民主发展的基本方向。

　　第七种是作为政治形态的民主。将民主视为一种政治形态，产生了"民主政治"和"政治民主"等概念，并使"政治民主"与"经济民主""社会民主"等有所区别。中国强调发展民主政治和进行与政治民主有关的改革，尤其是政治体制改革，在本质上都是要发展和完善社会主义，而不是颠覆社会主义。民主政治或政治民主，既可以在一定的历史时期服从社会主义革命的需要，也可以在一定的历史时期服从于社会主义建设的需要，中国之所以要为民主政治加上社会主义的前缀，使"社会主义民主政治"成为一个基本的政治概念，所要强调的就是"作为政治形态的民主"必须服从于社会主义的不同需要。

　　第八种是作为政党形态的民主。将"政党"与民主联系在一起，即形成了"作为政党形态的民主"。中国所强调的"作为政党形态的民主"，主要指的是中国共产党的"党内民主"。改革开放以来，中央领导层不仅反复强调了发展"党内民主"的重要性，也已对发展"党内民主"提出了一系列的规范性要求。

　　第九种是作为选举形态的民主。选举是一种重要的民主形态，甚至有人认为民主的唯一形态就是选举，这当然是错误的认识。中国有自己的选举，中国的选举承担着重要的民主功能，中国的选举需要发展和完善，是具有共识性的看法。但需要注意的是，必须认清选举的功能和作用，才能确定切合实际的发展目标。

　　第十种是作为参与形态的民主。"民主"重视参与，尤其是人民或公民的参与，而这样的参与，既有参与"讨论"和参与选举，还有管理参与、服务参与、政策参与等其他参与行为。中国在改革开放之后已经具备了多种方式的民主参与，并使平等的参与、真实的参与、自觉的参与、受到保护的参与等成了"作为参与形态的民主"所遵循的重要原则，就是要使"作为参与形态的民主"能够发挥更积极的作用。

（二）需要系统化的中国民主

已经发展出多种具体民主形态的以人民民主为集中代表的中国民主，需要经历一个系统化的过程，因为只有将中国的民主系统化和整体推进，才能使中国的民主成为世界公认的具有比较优势的民主形式。

推进中国民主的系统化，可能有不少具体的要求，但是应该特别注意的是四条基本要求。

第一，民主系统的主轴和核心要素是人民民主，为此需要明确和强调人民民主的全面要求，即本章前文所述的对权力、权利、参与、价值、社会、法治、制度、文化、政治发展以及政策等方面的要求。

第二，中国的民主系统应包含七种基本的民主运行形式，即狭义的人民民主（以人民代表大会制度为载体的民主）、狭义的协商民主（以政治协商制度为载体的民主）、行政民主（以行政管理制度为载体的民主）、自治民主（以民族区域自治制度为载体的民主）、基层民主（以基层群众自治制度为载体的民主）、社会民主（以人民团体和社会组织制度规范为载体的民主）、党内民主（以中国共产党的组织制度为载体的民主）。

第三，中国的民主系统要求四类基本的民主运行方式。这四类方式，一是"选举民主"，在中国体现为直接选举与间接选举相结合的方式。二是"协商民主"，要求各种形态的民主和不同层级的民主都要采纳广义的协商民主方式。三是"参与民主"，强调选举式参与、表决式参与、表达式参与、组织式参与、行动式参与等多种参与方式的综合运用。四是"政策民主"，既要求表现为民主政策过程的"政策的民主"，也要求表现为结果的"民主的政策"或"民主政策"。

第四，中国的民主系统要求明确的系统目标，即要求经济生活的民主化、社会生活的民主化和政治生活的民主化（也可以表述为经济民主、社会民主和政治民主），总目标就是要真正实现人民当家作主。

提出民主系统化的要求，既强调了中国民主发展的整体性逻辑，也区分了不同民主在系统内的功能，并显示了这样的系统完全可以有效地运行，以使之符合民主发展的战略性要求。

（三）民主系统的支持性条件

中国的民主系统需要一些重要的支持性条件，没有这些条件，难以形成有效的民主系统。民主系统要求的支持性条件可能很多，但最重要的应是四个条件。

第一个条件是中国共产党的领导和保证。中国共产党是发展中国民主的主导性力量，没有中国共产党的领导和提供各种必要的保证，中国的民主系统不仅难以建成，即便形式上建成也难以真实、有效地运行。中国共产党要有效实施对中国民主发展的领导，不仅需要强调党对不同形态民主和不同方式民主的统筹和领导，还需要强调共产党本身要成为民主的执政党。从这一意义上讲，"通过发展党内民主，积极推动人民民主发展"以及"以扩大党内民主带动人民民主"的提法，是有其深刻用意的。

第二个条件是民主的法治保障。民主系统需要法治系统的支持和保障，背离宪法和法律规定，不可能实现真正意义的民主；缺乏法治精神，也不可能缔造出真正意义的民主。中国已经明确提出了依法治国的要求，以法治保障民主也已经成为重要的要求，但是还需要认真研究全局性的法治系统如何对系统化的民主提供最有效的支持，以及实现这些支持的基本路径。

第三个条件是人民的理解和支持。系统化的中国民主，其基础就是人民大众，没有人民的理解、支持和积极参与，民主系统将因为缺乏动力源而无法运行。为此，确实需要将已经形成常态的"为民作主"和"替民作主"做法，改变为真正能够吸引民众、调动民众积极性的"人民主导和控制下的民主"。中国的民主运作，往往带有较强的"动员性"特征，缺乏民众的自主性和主动性。对于系统化的民主而言，动员式的民主难以长期发挥作用，应该通过改革和创新，逐渐培育出"自觉式"的民主机制，尤其是使政策民主实践成为全民的自觉行为。

第四个条件是民主文化的培育。系统化的民主既需要中国文化的底蕴，也需要显示民主意识的公民精神，更需要能够约束全社会的民主价值取向和道德规范。民主文化的培育，不仅可以为民主系统提供必要的文化氛围和环境，还可以提供重要的理论支持和国民教育支持，并且可以将民主的文化因子渗入整个民主系统之中，渗入政治、经济、社会各层面，形成主流性的民主意志。应该承认，对于民主文化的培育过去着力不够，应该高度重视这方面的问题。

　　民主系统的四个重要支持性条件，需要相互结合，形成对民主系统的系统性支持。由此提出来的要求应该是不仅要关注中国民主的系统化，也要关注民主支持条件的系统化。只有将这两种系统化结合起来，才能使中国的民主有一个飞跃式的发展。应该相信，中国既然能够使政策民主实践在三十余年中有长足的发展，也就能够在不远的未来实现民主系统发展的目标。

参 考 书 目

《马克思恩格斯全集》（第一版）第 1—50 卷，人民出版社 1956—1985 年版。

《列宁全集》（第二版）第 1—60 卷，人民出版社 1984—1990 年版。

《毛泽东选集》（第一版）第 1—4 卷，人民出版社 1951—1960 年版。

《毛泽东文集》第 1—8 卷，人民出版社 1993—1999 年版。

《建国以来毛泽东文稿》第 1—13 册，中央文献出版社 1987—1998 年版。

《邓小平文选》第 1—3 卷，人民出版社 1983—1993 年版。

白钢、史卫民主编：《中国公共政策分析，2006 年卷》，中国社会科学出版社 2006 年 1 月版。

白钢、史卫民主编：《中国公共政策分析，2007 年卷》，中国社会科学出版社 2007 年 2 月版。

白钢、史卫民主编：《中国公共政策分析，2008 年卷》，中国社会科学出版社 2008 年 3 月版。

白钢、史卫民主编：《中国公共政策分析，2009 年卷》，中国社会科学出版社 2009 年 4 月版。

白钢、史卫民主编：《中国公共政策分析，2010 年卷》，中国社会科学出版社 2010 年 7 月版。

白钢、史卫民主编：《中国公共政策分析，2011—2012 年卷》，中国社会科学出版社 2012 年 10 月版。

曹锦清：《黄河边的中国——一个学者对乡村社会的观察与思考》，上海文艺出版社 2000 年 9 月版。

陈振明：《政策科学》，中国人民大学出版社 1998 年 9 月版。

董辅礽主编:《中华人民共和国经济史》(上、下卷),经济科学出版社 1999 年 9 月版。

朵生春:《中国改革开放史》(上、下卷),红旗出版社 1998 年 7 月版。

甘华敏主编:《公共政策》(上、下),中国国际广播出版社 2002 年 1 月版。

顾洪章主编:《中国知识青年上山下乡始末》,中国检察出版社 1997 年 1 月版。

郭德宏等主编:《党和国家重大决策的历程》(上、下),红旗出版社 1998 年 1 月版。

韩延龙主编:《中华人民共和国法制通史》(上、下),中共中央党校出版社 1998 年 11 月版。

老久、锋子主编:《难言"太学生"——"工农兵学员"酸甜苦辣实录》,红旗出版社 1994 年 1 月版。

李昌平:《我向总理说实话》,光明日报出版社 2002 年 1 月版。

李凡主编:《中国基层民主发展报告 2000—2001》,东方出版社 2002 年 4 月版。

李凡主编:《中国基层民主发展报告 2002》,西北大学出版社 2003 年 4 月版。

李凡主编:《中国基层民主发展报告 2004》,知识产权出版社 2005 年 5 月版。

李同文主编:《中国民生报告:中国社会各阶层的现状与未来》,金城出版社 1998 年 1 月版。

刘德生:《中国人事行政制度概述》,中国社会科学出版社 1996 年 12 月版。

刘溶沧主编:《中国:走向 21 世纪的公共政策选择》(上、下),社会科学文献出版社 1999 年 9 月版。

刘小萌:《中国知青史·大潮(1966—1980 年)》,当代中国出版社 2009 年 2 月版。

刘小萌、定宜庄、史卫民、何岚:《中国知青事典》,四川人民出版社 1995 年 9 月版。

刘政、于友民、程湘清主编:《人民代表大会工作全书》,中国法制出版社 1999 年 1 月版。

刘智、史卫民、周晓东、吴运浩：《数据选举：人大代表选举统计研究》，中国社会科学出版社 2001 年 10 月版。

陆留生、王剑锋、史卫民主编：《中国和谐社区：太仓模式——太仓市"政社互动"调研报告》，社会科学文献出版社 2012 年 12 月版。

罗平汉：《农村人民公社史》，福建人民出版社 2003 年 8 月版。

马立诚、凌志军：《交锋——当代中国三次思想解放实录》，今日中国出版社 1998 年 3 月版。

宁骚主编：《公共政策学》，高等教育出版社 2003 年 8 月版。

全国人民代表大会常委会办公厅研究室编著：《人民代表大会制度建设四十年》，中国民主法制出版社 1991 年 3 月版。

潘小娟、史卫民等：《城市基层权力重组：社区建设探论》，中国社会科学出版社 2006 年 8 月版。

汝信主编：《"小政府大社会"的理论与实践：海南政治体制与社会体制改革研究》，社会科学文献出版社 1998 年 3 月版。

史卫民：《公选与直选：乡镇人大选举制度研究》，中国社会科学出版社 2000 年 3 月版。

史卫民：《政策民主·第一部·马克思主义的理论基础》，中国社会科学出版社 2017 年 9 月版。

史卫民：《政策民主·第二部·西方政治学的理论基础》，中国社会科学出版社 2017 年 9 月版。

史卫民：《政策民主·第三部·理论体系的构建》，中国社会科学出版社 2017 年 9 月版。

史卫民：《"政策主导型"的渐进式改革——改革开放以来中国政治发展的因素分析》，中国社会科学出版社 2011 年 10 月版。

史卫民：《"政策主导型"的县政发展》，中国社会科学出版社 2013 年 5 月版。

史卫民、郭巍青、汤晋苏、黄观鸿、郝海波：《中国村民委员会选举：历史发展与比较研究》，中国社会科学出版社 2009 年 10 月版。

史卫民、雷兢璇：《直接选举：制度与过程——县（区）级人大代表选举实证研究》，中国社会科学出版社 1999 年 11 月版。

史卫民、刘智主编：《规范选举：2001—2002 年乡级人民代表大会代表选举研究》，中国社会科学出版社 2003 年 4 月版。

史卫民、何岚：《知青备忘录——上山下乡运动中的生产建设兵团》，中国社会科学出版社 1996 年 2 月版。

史卫民、潘小鹃等：《中国基层民主政治建设发展报告》，中国社会科学出版社 2008 年 3 月版。

史卫民、潘小娟、郭巍青、郭正林：《乡镇改革：乡镇选举、体制创新与乡镇治理研究》，中国社会科学出版社 2008 年 3 月版。

史卫民、张小兵：《中国政治发展范式的选择》，中国社会科学出版社 2013 年 10 月版。

史卫民、郑建君、李国强、涂锋：《中国公民政策参与研究——基于 2011 年全国问卷调查数据》，中国社会科学出版社 2013 年 3 月版。

史卫民、周庆智、郑建君、田华：《政治认同与危机压力》，中国社会科学出版社 2014 年 5 月版。

宋德福主编：《中国政府管理与改革》，中国法制出版社 2001 年 4 月版。

宋晓明、刘蔚主编：《追寻 1978——中国改革开放纪元访谈录》，福建教育出版社 1998 年 11 月版。

卫清编著：《公务员制度备览》，书目文献出版社 1994 年 6 月版。

王立新：《要吃米，找万里：安徽农村改革实录》，北京图书馆出版社 2000 年 1 月版。

王年一：《大动乱的年代》，河南人民出版社 1988 年 12 月版。

王绍光、樊鹏：《中国式共识型决策："开门"与"磨合"》，中国人民大学出版社 2013 年 6 月版。

王振耀、白钢、王仲田主编：《中国村民自治前沿》，中国社会科学出版社 2000 年 10 月版。

吴爱明、刘文杰：《政府改革：中国行政改革模式与经验》，新华出版社 2010 年 3 月版。

新华月报编辑部编：《新中国五十年大事记》（上、下），人民出版社 1999 年 9 月版。

徐勇：《包产到户沉浮录》，珠海出版社 1998 年 5 月版。

徐勇：《乡村治理与中国政治》，中国社会科学出版社 2003 年 12 月版。

徐勇、贺雪峰主编：《阳集实验：两推一选书记镇长》，西北大学出版社 2004 年 1 月版。

于光远：《我亲历的那次历史转折：十一届三中全会的台前幕后》，中央编译出版社 1998 年 11 月版。

俞可平主编：《地方政府创新与善治：案例研究》，社会科学文献出版社 2003 年 9 月版。

张国庆：《现代公共政策导论》，北京大学出版社 1997 年 9 月版。

张静：《基层政权——乡村制度诸问题》，浙江人民出版社 2000 年 4 月版。

张乐天：《告别理想——人民公社制度研究》，东方出版中心 1998 年 1 月版。

中共中央文献研究室编：《三中全会以来重要文献选编》（上、下），中央文献出版社 2011 年 6 月版。

中共中央文献研究室编：《十二大以来重要文献选编》（上、中、下），中央文献出版社 2011 年 6 月版。

中共中央文献研究室编：《十三大以来重要文献选编》（上、中、下），中央文献出版社 2011 年 6 月版。

中共中央文献研究室编：《十四大以来重要文献选编》（上、中、下），中央文献出版社 2011 年 6 月版。

中共中央文献研究室编：《十五大以来重要文献选编》（上、中、下），中央文献出版社 2011 年 6 月版。

中国社会科学院公共政策研究中心、香港城市大学公共管理及社会政策比较研究中心编：《中国公共政策分析，2001 年卷》，中国社会科学出版社 2001 年 1 月版。

中国社会科学院公共政策研究中心、香港城市大学公共管理及社会政策比较研究中心编：《中国公共政策分析，2002 年卷》，中国社会科学出版社 2002 年 1 月版。

中国社会科学院公共政策研究中心、香港城市大学亚洲管治研究中心编：《中国公共政策分析，2003 年卷》，中国社会科学出版社 2003 年 1 月版。

中国社会科学院公共政策研究中心、香港城市大学亚洲管治研究中心编：《中国公共政策分析，2004 年卷》，中国社会科学出版社 2004 年 2

月版。

中国社会科学院公共政策研究中心、香港城市大学亚洲管治研究中心编《中国公共政策分析，2005年卷》，中国社会科学出版社2005年1月版。

钟岩：《中国新三级学人》，浙江人民出版社1996年7月版。

朱崇实、陈振明主编：《中国公共政策》，中国人民大学出版社2009年12月版。

[美] 阿尔蒙德 (Gabriel A. Almond)、鲍威尔 (G. Bingham Powell)：《比较政治学——体系、过程和政策》，曹沛霖、郑世平、公婷、陈峰译，东方出版社2007年7月版。

[美] 阿尔蒙德、多尔顿 (Russell J. Dalton)、鲍威尔、斯特罗姆 (Kaare Strom) 等：《当代比较政治学：世界视野》（第八版更新版），杨红伟、吴新叶、方卿、曾纪茂等译，上海人民出版社2010年2月版。

[美] 戴维·阿普特 (David E. Apter)：《现代化的政治》，陈尧译，世纪出版集团、上海人民出版社2011年1月版。

[美] 汉娜·阿伦特 (Hannah Arendt)：《极权主义的起源》，林骧华译，生活·读书·新知三联书店2008年6月版。

[法] 雷蒙·阿隆 (Raymond Aron)：《论自由》，姜志辉译，上海译文出版社2009年3月版。

[美] 查尔斯·埃德温·贝克 (C. Edwin Baker)：《媒体、市场与民主》，冯建三译，世纪出版集团、上海人民出版社2008年9月版。

[美] 本杰明·巴伯 (Benjiamin R. Barber)：《强势民主》，彭斌、吴润洲译，吉林人民出版社2006年5月版。

[英] 齐格蒙·鲍曼 (Zygmunt Bauman)：《寻找政治》，洪涛、周顺、郭台辉译，世纪出版集团、上海人民出版社2007年8月版。

[美] 塞拉·本哈比 (Seyla Benhabib) 主编：《民主与差异：挑战政治的边界》，黄相怀、严海兵等译，中央编译出版社2009年4月版。

[美] 詹姆斯·博曼 (James Bohman)：《公共协商：多元主义、复杂性与民主》，黄相怀译，中央编译出版社2006年9月版。

[美] 塞缪尔·鲍尔斯 (Samuel Bowles)、赫伯特·金蒂斯 (Herbert Gintis)：《民主与资本主义》，韩水法译，商务印书馆2013年1月版。

［加］布来顿（Albert Breton）、［法］赛蒙（Pierre Salmon）、［意］卡罗地（Gianluigi Galeotti）、［加］温特伯（Ronald Wintrobe）：《理解民主——经济的与政治的视角》，毛丹等译，学林出版社 2000 年 12 月版。

［美］布赖恩·卡普兰（Bryan Caplan）：《理性选民的神话——为何民主制度选择不良政策》，刘艳红译，世纪出版集团、上海人民出版社 2010 年 10 月版。

［美］小约翰·B. 科布（John B. Cobb, Jr）：《后现代公共政策——重塑宗教、文化、教育、性、阶级、种族、政治和经济》，李际、张晨译，社会科学文献出版社 2003 年 4 月版。

［美］罗伯特·达尔（Robert A. Dahl）：《论民主》，李柏光、林猛译，商务印书馆 1999 年 11 月版。

［美］罗伯特·达尔：《论政治平等》，谢岳译，上海世纪出版集团 2010 年 1 月版。

［美］罗伯特·达尔、布鲁斯·斯泰恩布里克纳（Bruce Stinebrickner）：《现代政治分析》（第六版），吴勇译，中国人民大学出版社 2012 年 6 月版。

［英］拉尔夫·达仁道夫（Ralf Dahrendorf）：《现代社会冲突》，林荣远译，中国社会科学出版社 2000 年 3 月版。

［美］珍妮特·V. 登哈特（Janet V. Denhardt）、罗伯特·B. 登哈特（Robert B. Denhardt）：《新公共服务：服务，而不是掌舵》，丁煌译，中国人民大学出版社 2010 年 8 月版。

［美］罗伯特·B. 登哈特：《公共组织理论》（第三版），扶松茂、丁力译，中国人民大学出版社 2003 年 5 月版。

［法］狄骥（Leon Duguit）：《公法的变迁》、《法律与国家》，郑戈、冷静译，辽海出版社、春风文艺出版社 1999 年 6 月版。

［美］米尔顿·弗里德曼（Milton Friedman）：《资本主义与自由》，张瑞玉译，商务印书馆 1986 年 3 月版。

［美］弗兰西斯·福山（Francis Fuknyama）：《国家构建：21 世纪的国家治理与世界秩序》，黄胜强、许铭原译，中国社会科学出版社 2007 年 1 月版。

［美］弗兰西斯·福山：《政治秩序的起源：从前人类时代到法国大革命》，毛俊杰译，广西师范大学出版社 2012 年 10 月版。

［美］约翰·肯尼迪·加尔布雷斯（John Kenneth Galbraith）：《美好社会——人类议程》，王中宝、陈志宏、李毅译，江苏人民出版社2009年3月版。

［西班牙］奥尔特加·加塞特（Jose Ortega Y Gasset）：《大众的反叛》，刘训练、佟德志译，吉林人民出版社2004年10月版。

［美］阿米·古特曼（Amy Gutmann）、丹尼斯·汤普森（Dennis Thompson）：《民主与分歧》，杨立峰、葛水林、应奇译，东方出版社2007年5月版。

［德］哈贝马斯（J. Habermas）：《作为"意识形态"的技术与科学》，李黎、郭官义译，学林出版社1999年1月版。

［德］哈贝马斯：《对话论理学与真理的问题》，沈清楷译，中国人民大学出版社2005年9月版。

［美］罗素·哈丁（Russell Hardin）：《自由主义、宪政主义和民主》，王欢、申明民译，商务印书馆2009年3月版。

［英］哈耶克（Friedrich A. Von Hayek）：《法律、立法与自由》第2、3卷，邓正来等译，中国大百科全书出版社2000年10月版。

［英］戴维·赫尔德（David Held）：《民主的模式》，燕继荣等译，中央编译出版社2008年12月版。

［英］戴维·赫尔德、安东尼·麦克格鲁（Anthony McGrew）主编：《全球化理论——研究路径与理论论争》，王生才译，社会科学文献出版社2009年5月版。

［德］奥特弗里德·赫费（Otfried Hoffe）：《全球化时代的民主》，庞学铨、李张林、高靖生译，世纪出版集团、上海人民出版社2006年4月版。

［美］悉尼·胡克（Sidney Hook）：《理性、社会神话和民主》，金克、徐崇温译，世纪出版集团、上海人民出版社2006年7月版。

［加拿大］迈克尔·豪利特（Michael Howlett）、［澳大利亚］M.拉米什（M. Ramesh）：《公共政策研究：政策循环与政策子系统》，庞诗等译，生活·读书·新知三联书店2006年5月版。

［美］塞缪尔·亨廷顿（Samuel P. Huntington）：《变化社会中的政治秩序》，王冠华、刘为等译，上海人民出版社2008年7月版。

［美］塞缪尔·亨廷顿：《文明的冲突与世界秩序的重建》，周琪等

译，新华出版社 2002 年 1 月版。

〔美〕罗纳德·英格尔哈特（Ronald Inglehart）:《现代化与后现代化——43 个国家的文化、经济与政治变迁》，严挺译，社会科学文献出版社 2013 年 7 月版。

〔英〕恩靳·伊辛（Engin F. Isin）、布鲁恩（布赖恩）·特纳（Bryan S. Turnur）主编:《公民权研究手册》，王小章译，浙江人民出版社 2007 年 5 月版。

〔美〕迈克尔·约翰斯顿（Michael Johnston）:《腐败征候群: 财富、权力与民主》，袁建华译，世纪出版集团、上海人民出版社 2009 年 1 月版。

〔挪威〕斯坦因·U. 拉尔森（Stein Ugelvik Larsen）主编:《政治学理论与方法》，任晓等译，世纪出版集团、上海人民出版社 2006 年 8 月版。

〔美〕林德布洛姆（林伯隆，Charles E. Lindblom）、伍德豪斯（伍豪斯，Edward J. Woodhouse）:《最新政策制定过程》，陈恒钧、王崇斌、李珊莹译，韦伯文化事业出版社 2001 年 9 月版。

〔美〕史蒂文·卢克斯（Steven Lukes）:《权力: 一种激进的观点》，彭斌译，凤凰出版传媒集团、江苏人民出版社 2012 年 6 月版。

〔英〕马歇尔（Thomas Hamphrey Marshall）、安东尼·吉登斯（Anthony Giddens）等:《公民身份与社会阶级》，郭忠华、刘训练译，江苏人民出版社 2008 年 9 月版。

〔美〕布鲁斯·布恩诺·德·梅斯奎塔（Bruce Bueno De Mesquita）、希尔顿·鲁特（Hilton L. Root）主编:《繁荣的治理之道》，叶娟丽、王鑫等译，中国人民大学出版社 2007 年 6 月版。

〔美〕查尔斯·威廉·莫里斯（Charles William Morris）:《莫里斯文选》，涂纪亮编，涂纪亮等译，社会科学文献出版社 2009 年 1 月版。

〔日〕猪口孝、〔英〕纽曼（Edward Newman）、〔美〕基恩（John Keane）编:《变动中的民主》，林猛等译，吉林人民出版社 1999 年 12 月版。

〔德〕克劳斯·奥菲（Claus Offe）:《福利国家的矛盾》，郭忠华等译，吉林人民出版社 2006 年 5 月版。

〔美〕曼瑟·奥尔森（Mancur Olson）:《权力与繁荣》，苏长和、嵇飞译，世纪出版集团、上海人民出版社 2005 年 4 月版。

[美] 盖伊·彼得斯（B. Guy Peters）：《政府未来的治理模式》，吴爱明、夏宏图译，中国人民大学出版社 2001 年 11 月版。

[美] 盖伊·彼得斯：《官僚政治》（第五版），聂露、李姿姿译，中国人民大学出版社 2006 年 7 月版。

[美] 盖伊·彼得斯、冯尼斯潘（Frans K. M. van Nispen）主编：《公共政策工具——对公共管理工具的评价》，顾建光译，中国人民大学出版社 2007 年 1 月版

[英] 保罗·皮尔逊（Paul Pierson）：《拆散福利国家——里根、撒切尔和紧缩政治学》，舒绍福译，吉林出版集团有限责任公司 2007 年 12 月版。

[英] 波普尔（Karl Raimund Popper）：《开放社会及其敌人》，陆衡、郑一明等译，中国社会科学出版社 1999 年 8 月版。

[美] 罗伯特·帕特南（Robert D. Putnam）：《使民主运转起来——现代意大利的公民传统》，王列、赖海榕译，江西人民出版社 2001 年 9 月版。

[美] 鲁恂·W. 派伊（Lucian W. Pye）：《政治发展面面观》，任晓、王元译，天津人民出版社 2009 年 4 月版。

[美] 乔舒亚·库珀·雷默（Joshua Cooper Ramo）等：《中国形象：外国学者眼里的中国》，沈晓雷等译，社会科学文献出版社 2008 年 6 月第 2 版。

[美] 罗尔斯（John Rawls）：《作为公平的正义：正义新论》，姚大志译，中国社会科学出版社 2011 年 2 月版。

[英] 伯特兰·罗素（Bertrand Russell）：《自由之路》，李国山等译，文化艺术出版社 1998 年 1 月版。

[美] 迈克尔·桑德尔（Michael J. Sandel）：《民主的不满：美国在寻求一种公共哲学》，曾纪茂译，凤凰出版传媒集团 2008 年 4 月版。

[德] 卡尔·施米特（Carl Schmitt）：《政治的浪漫派》，冯克利、刘锋译，世纪出版集团、上海人民出版社 2004 年 8 月版。

[美] 夏皮罗（Ian Shapiro）：《政治的道德基础》，姚建华、宋国友译，上海三联书店 2006 年 6 月版。

[美] 赫伯特·A. 西蒙（Herbert A. Simon）：《管理行为》（第 4 版），

詹正茂译，机械工业出版社 2007 年 7 月版。

〔美〕德博拉·斯通（Deborah Stone）：《政策悖论：政治决策中的艺术》（修订版），顾建光译，中国人民大学出版社 2006 年 12 月版。

〔美〕凯斯·桑斯坦（Cass R. Sunstein）：《权利革命之后：重塑规制国》，钟瑞华译，中国人民大学出版社 2008 年 11 月版。

〔美〕约翰·克莱顿·托马斯（John Clayton Thomas）：《公共决策中的公民参与》，孙柏瑛等译，中国人民大学出版社 2010 年 9 月版。

〔美〕查尔斯·蒂利（Charles Tilly）：《集体暴力的政治》，谢岳译，世纪出版集团、上海人民出版社 2006 年 12 月版。

〔美〕迈克尔·沃尔泽（Michael Walzer）：《正义诸领域：为多元主义与平等一辩》，褚松燕译，译林出版社 2002 年 5 月版。

〔美〕詹姆斯·Q. 威尔逊（James Q. Wilson）：《官僚机构：政府机构的作为及其原因》，孙艳等译，生活·读书·新知三联书店 2006 年 3 月版。